Zeitschrift für Parlamentsfragen

Sonderband

Demokratie in Europa: Zur Rolle der Parlamente

Zeitschrift für Parlamentsfragen
Sonderband zum 25jährigen Bestehen

Demokratie in Europa: Zur Rolle der Parlamente

Herausgegeben für die Redaktion von
Winfried Steffani und Uwe Thaysen

unter Mitarbeit von Kristin Bergmann

Westdeutscher Verlag

ZEITSCHRIFT FÜR PARLAMENTSFRAGEN (Zitierweise: ZParl)

Herausgegeben von der Deutschen Vereinigung für Parlamentsfragen, Beauftragter des Vorstandes: Prof. Dr. *Winfried Steffani*, Universität Hamburg; DVParl-Geschäftsführung: Min.-Rat. *Gunter Gabrysch*, Bundeshaus, D-53113 Bonn, Tel.: (02 28) 16 24 42.

Redaktion: Prof. Dr. *Uwe Thaysen*, zugleich Chefredakteur (Universität Lüneburg); Prof. Dr. *Franz Nuscheler* (Universität – Gesamthochschule – Duisburg); Prof. Dr. *Jörg-Detlef Kühne* (Universität Hannover); Dr. *Suzanne S. Schüttemeyer* (Universität Lüneburg).

Anschrift der Redaktion: Prof. Dr. *Uwe Thaysen*, Institut für Politische Wissenschaft der Universität Hamburg, Allende-Platz 1, D-20146 Hamburg, Telefon (040) 41 23 35 52.

Koordination für Österreich: Dr. *Heinz Fischer* und Prof. Dr. *Anton Pelinka*.

Koordination für die Niederlande: *Willem Breedveld* und Prof. Dr. *M. P. C. M. van Schendelen*.

Koordination für die Schweiz: Prof. Dr. *Gerhard Schmid* und *Annemarie Huber-Hotz*, lic ès sc.éc et soc.

Gezeichnete Beiträge geben nicht in jedem Fall die Meinung der Redaktion wieder. Die Verfasser sind verantwortlich für die Richtigkeit der in ihren Beiträgen mitgeteilten Tatbestände. Für nicht erbetene Manuskripte und Rezensionsexemplare kann keine Gewähr übernommen werden.

Bezugsbedingungen 1995: Die „Zeitschrift für Parlamentsfragen" erscheint vierteljährlich. Das Einzelheft kostet DM 17,–/öS 133,–/sFr 17,–, das Jahresabonnement DM 48,–/öS 375,_/sFr 48,–, jeweils zuzüglich Versandkosten. Jahresabonnement für Studenten gegen Studienbescheinigung DM 34,–/öS 265,–/sFr 34,– zuzüglich Versandkosten. Der Bezugspreis und die Versandkosten unterliegen der Preisbindung. Die Bezugsgebühren enthalten die gültige Mehrwertsteuer. Abbestellungen müssen spätestens 3 Monate vor Ende des Kalenderjahres schriftlich erfolgen.

Verlag: Westdeutscher Verlag GmbH, Postfach 58 29, D-65048 Wiesbaden, Telefon: Vertrieb (0611) 534-389, Anzeigen (0611) 534-388, Telefax (0611) 534-430. Es gilt die Anzeigenpreisliste Nr. 5 vom 1. Januar 1994.

ISSN 0340-1758

Der Westdeutsche Verlag ist ein Unternehmen der Bertelsmann Fachinformation.

Gedruckt auf säurefreiem Papier

Sonderband:
ISBN 978-3-531-12689-0 ISBN 978-3-322-93517-5 (eBook)
DOI 10.1007/978-3-322-93517-5

Inhalt

3 Nationale Parlamente in Europa

4 Vergleichende Parlamentsforschung

Demokratie in Europa nach der Zeitenwende 1989/90

Editorial zum Sonderband aus Anlaß des 25jährigen Bestehens der Zeitschrift für Parlamentsfragen

Uwe Thaysen

Wäre es nur rational – soll hier heißen: nach Selbstverständlichkeiten „pluralistischen" Geschichtsverständnisses – zugegangen, so hätte der Zusammenbruch des Kommunismus im „östlichen" Europa bereits 1989/90 sowohl optimistisch als auch skeptisch stimmen müssen. Tatsächlich war er eine grandiose Bestätigung der Pluralismustheorie, auf welcher die „westlichen" Regierungssysteme basieren. Diese Theorie kennt keine Finalität der Geschichte. Deshalb wäre vom Beginn her zugleich Zweifel angemessen gewesen gegenüber jeglicher Erwartung linearer Weiterentwicklung zum demokratisch Besseren. Umsichtigere Pluralismustheoretiker haben die Ereignisse seit 1985, die Zeitenwende 1989/90 eingeschlossen, auch insoweit nicht als „schwarzen Freitag der Sozialwissenschaften" *(Klaus von Beyme)* erleben müssen, als sie sich an der prognostischen Determinierung der (osteuropäischen) Geschichte konsequenterweise gar nicht erst beteiligt hatten.

Eben weil Geschichte offen ist, ist sie so vielfältig, lohnt sich ihr Studium – Region für Region, Einzelfall für Einzelfall. Dementsprechend wird mit diesem Sonderband der *Zeitschrift für Parlamentsfragen* vornehmlich Rückschau gehalten. Analysiert wird die Entwicklung der europäischen Regierungssysteme – im wesentlichen seit dem Ende der *Post-War-*, dem Anfang der *Post-Wall*-Periode (1989/90). Im Zentrum unserer Ausgabe zum 25jährigen Bestehen dieses Periodikums stehen – wie von uns nicht anders zu erwarten – Europas Parlamente und die jeweils letzten Wahlen, die deren Legitimität begründen.

I

Parlamente, Institutionen überhaupt, sollen, so wird uns heute von manchem Transformations- beziehungsweise Transitionstheoretiker versichert, doch eine größere Bedeutung haben, als zuvor eingeräumt[1]. Die Redaktion dieser Zeitschrift hat sich, so meinen wir, nie dem flachen Institutionenverständnis ausgeliefert, das uns zu fragen verführt hätte, *ob* Parlamente überhaupt „einen Unterschied machen"[2]. Uns ist es immer (wie *Philip Norton* übrigens auch) darum gegangen zu erkennen, *welchen* Unterschied sie bewirken. Daß Parlamente allerdings eine ausschlaggebende Rolle spielen sollten, zumeist eine deutlichere als

1 *Samuel H. Barnes*, The Enduring Importance of Political Mobilization, in: *Laslo Bruszt, Janos Simon* and *Samuel H. Barnes* (Eds.): The Post Communist Citizen, (erscheint 1995). Siehe auch *Wolfgang Merkel*, (Hrsg.), Systemwechsel 1, Theorien, Ansätze und Konzeptionen, Opladen 1994. Den ersten dieser beiden Literaturhinweise verbinde ich mit einem herzlichen Dank an die Freunde und Kollegen am *Center for German and European Studies* der *School of Foreign Service* an der *Georgetown University*, Washington D.C., mit denen ich – diesem Band zugutekommend – das akademische Jahr 1994/95 teilte.

2 *Philip Norton*, Does Parliament Matter? Harvester Wheatsheaf, New York, London 1993.

die tatsächlich wahrgenommene, daran haben wir aus der Sicht entschiedener Demokraten festgehalten – auch dann, als mancher aus der Deskription negativer empirischer Befunde den präskriptiven Schluß ihrer Entbehrlichkeit und Ersetzbarkeit meinte „ableiten" zu müssen.

So dürfte es kaum überraschen, daß dieser Sonderband einen methodologischen Beitrag enthält, der Parlamente ausdrücklich als Schlüsselinstitution(en) demokratischer Systeme begreift und dementsprechend die Analyse von Parlamenten als Schlüssel zum Verständnis von Regierungssystemen empfiehlt. Obendrein traf es sich, daß die wohlbekannte These von der besonderen Adaptationsfähigkeit, institutionellen Flexibilität und nahezu unbeschränkten Lernkapazität parlamentarischer Systeme kaum besser als im Rückblick auf die letzten zehn Jahre zu studieren ist. Mit Glasnost und Perestroika – wodurch auch immer diese vorgängig ausgelöst worden sein mögen – begann 1985 ein Jahrzehnt ungewohnt massiver Veränderungen. In diesem Jahrzehnt ereignete sich, so die zu Recht oft wiederholte Feststellung, so viel Geschichte wie in den gesamten vierzig Jahren zuvor. Die Redaktion der *Zeitschrift für Parlamentsfragen* hat dieser Dynamik dadurch Rechnung zu tragen versucht, daß die Regionen, Länder und Themen der einschlägigen Veränderungen in diesem Sonderband repräsentiert sind:

- natürlich das Baltikum, das in Sachen Glasnost und Perestroika den Schildvortrieb im einst „real existierenden Sozialismus" der Sowjetunion übernahm;
- selbstverständlich Polen und Ungarn, die unter den ostmitteleuropäischen Staaten Vorreiterfunktionen innehatten;
- für manchen eher überraschend der Sonderfall Italien, das unter allen westeuropäischen Staaten von den epochalen Ereignissen 1989/90 am meisten erschüttert wurde und auch deshalb besonderer Analysen bedurfte, weil sich dort Entwicklungen von besorgniserregendem Beispielcharakter ankündigten;
- unverzichtbar der Vergleich der Transformationsprozesse in Ostmitteleuropa mit den Transitionserfahrungen in Südeuropa;
- geographisch wie nach komparativer Systematik naheliegend der Performance-Vergleich dieser erneuerten beziehungsweise neuen Demokratien, zum Beispiel Griechenland und Spanien, mit Italien, einem der klassischen, weil (Gründungs-)Mitglied der Europäischen Gemeinschaft;
- ein Muß, versteht sich, die übrigen „alten" EG-Demokratien: Großbritannien mit seinem House of Commons als der „Mutter der Parlamente", Frankreich mit seiner Assemblée Nationale als Beispiel eines immer noch „gezähmten Parlamentarismus" in einem traditionsreichen Zentralstaat, die Bundesrepublik Deutschland mit ihrer langen Routine in föderativ organisierter Politik – Routine, die vielleicht von Nutzen sein könnte für die institutionelle Gestaltung der weiteren europäischen Integration.
- Österreich als erstes der Länder der dritten EG-Beitrittswelle einzubeziehen, war ebenfalls aus gleich mehreren und weiteren Gründen angemessen. Das dort herkömmlich praktizierte Konkordanzmodell politischer Entscheidungsfindung ist schärfer zu erkennen im Kontrast zum britischen Westminster-Modell. Umgekehrt werden die Kosten des Londoner Konkurrenzmodelles in einer solchen komparativen Konfrontation auffälliger.

Europas Parlamente wurden und werden allenthalben herausgefordert, überhaupt oder gegebenenfalls mehr „plebiszitäre Elemente" politischer Entscheidungsfindung beziehungsweise Entscheidung zuzulassen. Die Wirkungsweise plebiszitärer Willensbildung, insbesondere diejenige des „konsultativen“ Referendums, konnte kaum besser demonstriert werden als an dem Beispiel der Referenda zur EG-Vertiefung in Dänemark, Irland und Frankreich beziehungsweise zum EU-Beitritt in Österreich, Finnland, Schweden und Norwegen. Die Zustimmung der Bürger in Europa zu qualitativ und quantitativ „mehr Europa“ fiel, wie gut erinnerlich, denkbar knapp aus; jenseits der schweizerischen Grenzen und jenseits der norwegischen Demarkationslinien war die zustimmende Majorität bekanntlich nicht mehr zu erreichen. In diesem Sonderband ist nachzulesen, warum und warum nicht. Wo es um Politik mittels Referenda und um das Funktionieren dieses Instrumentariums politischer Willensbildung ging, durfte ein eigenständiger Beitrag über die schweizerische Praxis sowie die daraus abzuleitenden Lehren nicht fehlen.

Unsere *tour d'horizon* zum Stand der Demokratie, insbesondere des Parlamentarismus, in Europas Regierungssystemen mündet schließlich wieder in die Ausgangsfrage dieses Sonderbandes nach dem Demokratie-Dilemma der Europäischen Union, der Frage, ob und gegebenenfalls wie Demokratie auf der Ebene der EU und auf der nationalen Ebene zum Ergebnis von insgesamt mehr Demokratie zu führen ist.

II

Der Vergleich ist das Laboratorium des Sozialwissenschaftlers. Auch dann, wenn er nicht ausdrücklich gezogen wird, liegt der Vergleich doch sehr viel mehr Einzelfallstudien zugrunde als meistens bewußt oder explizit wird. Entsprechend ungezählt sind die vergleichenden Bezüge, die in der *Zeitschrift für Parlamentsfragen* über die vergangenen 25 Jahre in den Darstellungen verschiedenster Parlamente[3] herangezogen wurden. Um so wichtiger ist es, sich von Zeit zu Zeit Rechenschaft abzulegen (a) über die Ergiebigkeit von Parlamentsanalysen für die Politikwissenschaft überhaupt und (b) über die Methoden von Parlamentsstudien.

Werner J. Patzelt ist es, der in der verständigen Untersuchung von Parlamenten den Schlüssel zum Begreifen von Regierungssystemen insgesamt, zumindest und zumal von demokratischen Systemen, findet. Er begründet dies zum einen mit der empirischen Erfahrung ihrer Existenz unter historisch höchst unterschiedlichen Bedingungen und ihrer heutigen Allgegenwart sowie zusätzlich mit der daraus abgeleiteten zentralen heuristischen Hypothese, derzufolge die Institution Parlament politischen Systemen „Bestands- und Entwicklungsvorteile“ verschafft. Für seine „evolutionäre Komparatistik“ betrachtet *Patzelt* politische Systeme als erkenntnisgewinnende Einheiten und kommt zu dem Schluß, daß keine anderen Organe oder Institutionen dieser Einheiten Leistungen wie Anpassung und Innovation besser auszudrücken und zu gewährleisten wissen als Parlamente. Daher das Überleben gerade jener Systeme, die auf hochentwickelten Parlamenten basieren!

Mit seinem Beitrag skizziert *Patzelt* die Grundlinien einer umfassenden „evolutionär-morphologischen“ Geschichte der Parlamente. Er zeichnet den Aufstieg von Vertretungskörperschaften nach. Dabei stößt er auf die insbesondere von Parlamenten bewirkte Komplexitätssteigerung politischer Systeme, welche allein die Befriedung des Steuerungsbedarfs immer differenzierterer Gesellschaften verheißen:

3 Vgl. das 20-Jahres-Register der ZParl (1969–1989) sowie die weiteren Jahresregister seit 1990.

„Der Strukturtyp einer Vertretungskörperschaft beinhaltet also ein gewaltiges Funktionspotential, über das zu verfügen zumindest Chancen bereithält ... Eine Vertretungskörperschaft stellt das strukturelle Ergebnis von Lernprozessen politischer Systeme dar; die dabei gewonnene ‹Intelligenz› ist einem Parlament als Institutionstyp ‹eingebaut›; und sie kann, falls die politische und gesellschaftliche Umwelt einer Vertretungskörperschaft dies erlaubt, sehr rasch genutzt werden."

Die Analyse von Parlamentsfunktionen bringt, so *Patzelt*, „nach und nach, mit wohl nur wenigen Lücken, die wichtigsten Bestandteile eines politischen Systems zur Aufmerksamkeit des Analytikers". Seinem „evolutionär-morphologischen" Ansatz zufolge meint *Patzelt* insbesondere die Bestandskraft politischer Systeme mit Hilfe der vergleichenden Parlamentarismusforschung aufklären zu können. Ein Plädoyer für Parlamente als Orte der Erkenntnis wie als Erkenntnisgegenstand.

Jürgen Plöhn befaßt sich mit der Ergiebigkeit unterschiedlicher Vorgehensweisen zum Vergleich von Parlamenten – nicht nur, aber vornehmlich unterhalb der Ebene des Bundes-/Zentral-/Gesamtstaates[4]. Am Beispiel des Vergleichs der deutschen Landesparlamente – und dort wiederum am Beispiel von deren Praxis parlamentarischer Untersuchungsverfahren, einer Materie, die sich wie kein anderes Spezialthema der Parlamentswissenschaft zum Verstehen parlamentarischer Regierungssysteme eignet – stellt *Plöhn* eine tief ausdifferenzierte Matrix zum Vergleich subnationaler Volksvertretungen vor. Ein grundlegender und aufschlußreicher Beitrag zur komparativen Parlamentarismusforschung.

III

Ob im Baltikum, in Ostmitteleuropa oder auf dem Balkan: Überall erleben die Dissidenten von einst die Renaissance der (gewandelten) Nachfolger der (einstigen) Kommunisten und ihrer Organisationen. Polen, das Land, welches im Prozeß der offenen politischen Demokratisierung den Anfang machte, erlebte die politische Wiederkehr dieser „Postkommunisten" *(Maćków)* auf paradigmatische Weise: als klare Sieger in allgemeinen Parlamentswahlen (1993), jetzt also sogar demokratisch legitimiert. Vorangegangen war der Wahlsieg der Postkommunisten in Litauen. Auf den ersten Blick überraschende Erfolge erzielten auch die ostdeutschen Postkommunisten der PDS in den Kommunal-, Europa- und Bundestagswahlen (im Dezember 1993, Juni 1994 und Oktober 1994). Im Mai 1994 errangen die ungarischen Postkommunisten auf demokratische Weise sogar die absolute Parlamentsmehrheit. Zuletzt folgten die Bulgaren diesem Beispiel.

Axel Reetz dokumentiert die Ergebnisse der letzten Wahlen in den drei baltischen Staaten. Bis 1990 Sowjetrepubliken, verkörpern die heutigen baltischen Staaten besonders deutlich die gewaltige Ambivalenz der Entwicklung des letzten Jahrzehnts in Osteuropa. Seit 1985 in der Pionierfunktion, innerhalb der Sowjetunion Glasnost und Perestroika zu realisieren, sind sie unter allen ostmitteleuropäischen Staaten von den Konsequenzen dieser Politik besonders hart getroffen. Estland, Lettland und Litauen mußten den Weg sowohl zur De-

4 Daß auch die Landtage der deutschen Bundesländer für deren demokratischen Charakter wie für den demokratischen Charakter der Bundesrepublik Deutschland insgesamt unverzichtbar sind, betont *Winfried Steffani*, Der Landtag als Zentrum des parlamentarischen Systems, in: *Rudolf Titzck* (Hrsg.), Landtage in Schleswig-Holstein, gestern – heute – morgen, Husum 1987, S. 219–261.

mokratie als auch zur Souveränität finden. Diese zu behaupten, wird als Voraussetzung und Ziel der weiteren demokratischen Entwicklung begriffen – gerade so wie umgekehrt Demokratie als Voraussetzung und Ziel der Souveränität betrachtet wird.

Der Wandel in Ost-, Ostmittel- und Südosteuropa ist durch die Realisierung von Repräsentationsprinzipien in Gang gesetzt worden. Der politisch-gesellschaftliche Wandel wiederum hat Wandel der Repräsentation zur Folge. Dabei handelt es sich um Prozesse, die nach demokratischem Verständnis idealiter in Parlamenten fokussieren, dort mindestens ihren Niederschlag finden sollten[5].

So schwer sich die Volksvertretungen, die „neuen" im Osten wie die „alten" im Westen, gegenwärtig auch tun, die Folgen der *Post-Wall*-Periode zu bewältigen: Das Zeitalter seit 1989/90 provoziert – mindestens theoretisch und mindestens als Herausforderung an alle Demokraten – die Renaissance eines klassischen Verfassungsorgans: die Renaissance der Parlamente nämlich. Es sind die jeweils bevorstehenden Herausforderungen und Probleme der „Institutionalisierung" („how parlamentary bodies have emerged, taken root, evolved, or changed in different environments"), die die Faszination der Parlamente als Studienobjekte nicht nur, aber besonders der Politologen begründen. *Samuel C. Patterson* und *Gary W. Copeland* halten es sogar für möglich, unsere Zeit als „age of parlaments" zu begreifen[6].

IV

Jerzy Mačków analysiert die Entwicklung des Parlamentarismus in Polen. Selbst Pole, tut er dies als Wissenschaftler *sine ira et studio,* für manchen weniger vorbereiteten westlichen Beobachter: mit erstaunlicher Gelassenheit. Er sieht im polnischen Wahlergebnis nicht nur beklagenswerte Strukturprobleme einer mehr oder weniger konsequenten, mehr oder weniger – zumeist eher weniger – erfolgreichen Enttotalisierung sich irrational entladen, sondern durchaus (auch) rationales Verhalten widergespiegelt: Nunmehr werden die Gegner des *big ban* radikaler Umkrempelung der polnischen Wirtschaft und Gesellschaft nach dem Modell einer *market society* der Chicagoer Schule *(Friedman)* und ihre propagandistischen Trittbrettfahrer, die Linkspopulisten, in die Pflicht genommen – die Anhänger also des behutsameren, des langsameren, des sozialstaatlich stärker abgepufferten Weges in einen sozialdemokratisierten Sozialismus. Sollen sie doch beweisen, ob sie die Transformation der daniederliegenden Nationalökonomie bewerkstelligen können, ob sie weiterreichende soziale Gerechtigkeit zu gewährleisten imstande sein werden als die Sieger der friedlichen Revolutionen von 1989/90! Die dabei zu erwartenden Erfahrungen könnten, so folgert *Mačków* vorsichtig, im gesamten ehemaligen Ostblock zu einer heilsamen Entmythologisierung führen. Sie könnten einer weiteren Pragmatisierung und Rationalisierung der Politik in Ostmitteleuropa also den Weg bahnen.

5 Siehe *Uwe Thaysen* und *Hans Michael Kloth* (Hrsg.), Wandel durch Repräsentation – Repräsentation im Wandel. Entstehung und Ausformung der parlamentarischen Demokratie in Ungarn, Polen, der Tschechoslowakei und der ehemaligen DDR, Baden-Baden 1992; siehe, gleichsam als Aktualisierung dieses Sammelbandes, *Attila Ágh* (Hrsg.), The Emergence of East Central European Parliaments: The First Steps, Budapest 1994.

6 *Gary W. Copeland* and *Samuel C. Patterson* (Eds.), Parlaments in the Modern World. Changing Institutions, Ann Arbor, The University of Michigan Press 1994.

Angesichts des zeitlichen Vorranges, den – zumindest neueren Transformationstheorien zufolge – strukturelle und institutionelle vor ökonomischen Veränderungen zu beanspruchen haben, bleibt es ein bedenkliches Versäumnis der einst im „eingesetzten totalitären Staat" Polen[7] Widerständigen, daß sie für Polen noch immer keine einigermaßen verbindliche Verfassung in Kraft setzen konnten. *Maćków* zufolge muß insbesondere „über den Charakter des politischen Systems der Republik Polen entschieden werden: Sollen das Parlament oder der Präsident oder die Regierung zum wichtigsten Machtorgan werden?" Die Diskussion erinnert – nicht nur in Polen – an die verfassungspolitischen Auseinandersetzungen zu Beginn der Weimarer Republik.

Was für Polen gilt, bestimmt den Prozeß der politischen Ausdifferenzierung gegenwärtig auch anderwärts östlich der Demarkationslinie des ehemals gültigen Monopolanspruches jener einen Partei, die „immer recht" hatte. Dieser Vorgang vollzieht sich jedoch asymmetrisch: fortschreitend auf seiten der (einstigen) Dissidenten/Oppositionellen und rückschreitend auf seiten der einst (und heute wieder, wenngleich essentiell anders) Herrschenden. In den Lagern der ehemaligen Dissidenten (gegen den diktatorischen Anspruch der Kommunisten) vollzieht sich die für freie Gesellschaften typische Pluralisierung. Die programmatische Unterscheidbarkeit der ostmitteleuropäischen Parteien geht jedoch noch immer keineswegs einher mit entsprechenden gesamtgesellschaftlichen Ausdifferenzierungen, die stabil genug wären, als daß sich darin spezifische, soziologisch identifizierbare Elektorate einigermaßen verstetigen könnten. Das Lager der (teils gewandelten) „Ehemaligen" hält dagegen als Verteidigungsgemeinschaft zusammen, wird koalitionsnotwendig, ja – für viele kaum zu fassen – sogar auf demokratische Weise koalitions- und regierungsfähig. In Ostmitteleuropa siegen derzeit „die Disziplinierten und Enttäuschten über die einstigen Dissidenten", wie es zuletzt in Bulgarien hieß. Auf längere Sicht ist jedoch, zumindest *Maćków* zufolge, auch diesem Zusammenhalt nur geringe Bestandskraft einzuräumen: Wie sollen die rückwärtsgewandten Propheten der einst verbindlichen Ideologie sich auf Dauer mit denjenigen ihrer früheren Genossen verständigen, welche – ebenfalls aus der alten Elite kommend – die „Wende" schafften und nunmehr um die Aufrechterhaltung ihrer profitablen Zugehörigkeit zur neuen Elite besorgt sein müssen?

Optimistisch müßte die Regierungslehrer auch stimmen, daß der Test demokratischer Systeme, der Regierungswechsel nämlich, in den ostmitteleuropäischen Ländern bislang allenthalben bestanden wurde – eine Feststellung von durchaus historischem Rang. In Ungarn wurde 1994 erstmals seit 1918 wieder auf demokratische Weise eine alte durch eine neue Regierung ersetzt. Basis dieses von ***Sándor Kurtán*** dokumentierten Wechsels war der Einzug von nicht weniger als 64 Prozent „neuer" Abgeordneten in das ungarische Parlament.

Das ungarische Beispiel zeigt, daß die Fragmentierung der Parteiensysteme in den neuen Demokratien nicht überbewertet werden darf. Diese Parteien sind tendenziell in größeren Einheiten/Lagern koalitionsfähig. In Ungarn etwa lassen sich drei parteipolitische Lager ausmachen: das konservativ-nationale, das liberal-sozialliberale und das sozialistisch-sozialdemokratische. Auch scheint das Wahlverhalten in Ungarn bereits weniger an Personen als an Parteien ausgerichtet zu sein – weniger jedenfalls als im Baltikum (weniger auch als in

7 Vgl. zu diesem analytisch hilfreichen Begriff *Jerzy Maćków*, Die Krise des Totalitarismus in Polen, Münster 1992, S. 78.

Polen?). Eine solche Entwicklung ist vorteilhaft im Blick auf die erforderlichen deutlichen Mehrheiten, derer es bedarf, um der Bevölkerung die unvermeidlichen Opfer der Modernisierungsprogramme nach dem Kollaps des Kommunismus abverlangen zu können[8].
Die ungarische Regierungskoalition aus Sozialisten und Freien Demokraten verfügt gegenwärtig sogar über eine verfassungsändernde Mehrheit. *Sándor Kurtán* nennt sie „übermächtig", weil für eine solche Koalition kein Zwang zur Konsenssuche bestehe. Sie ist obendrein deshalb problematisch, weil sie die Opposition nicht dazu zwingt, „konstruktiv vorzugehen" und insoweit den nächsten Testfall demokratischer Systeme, den Regierungswechsel, zu gewährleisten. Verblüffend, daß sich diese Frage nicht nur in einer der neuen Demokratien wie Ungarn, sondern mitunter gleichermaßen in einer der alten wie Großbritannien stellt?

V

Für den Beitritt der skandinavischen Länder zur Europäischen Union hatten sich die Befürworter auf eine Dominostrategie verständigt. Die entsprechenden Referenda sollten in der Reihenfolge sicher zu erwartender Zustimmung erfolgen: zuerst in Österreich und Finnland, dann in Schweden und am Ende schließlich in Norwegen, dem Land des größten Widerstandes gegen einen EU-Beitritt. Das Kalkül der Befürworter baute darauf, daß Norwegen, seine Isolierung befürchtend, umso eher der EU beitreten werde, je klarer seine Nachbarn, die Finnen und Schweden, sich für die EU entschieden. Tatsächlich folgte die Wirklichkeit zunächst ihrem Design: Finnland und Schweden votierten – siehe den Beitrag von *Wolfgang Luthardt* – in überraschend positiven Referenda für den Beitritt zur EU. Dennoch blieb der letzte Dominostein stehen: An Norwegens Grenzen wurde die Anziehungskraft der EU ausgebremst. Deshalb ist gerade Norwegen ein exemplarischer casus für diesen Sonderband der *ZParl.*
Detlef Jahns Analyse der Storting-Wahl 1993 läßt erkennen, welche interne politische Sprengkraft in dem Konzept einer norwegischen EU-Integration steckt: Es spaltet gesellschaftliche Lager und die politischen Parteien untereinander. Selbst innerhalb der Parteien provoziert es schwere Auseinandersetzungen, ja Sezessionen. „Die dominante Arbeiterpartei konnte ihren Wahlsieg nur erreichen, indem sie das wichtigste politische Thema, das die Tagesordnung der Storting bestimmte, ignorierte und auf ein gesondertes Referendum verschob." Im Beitrag von *Luthardt* ist nachzulesen, *daß* und *wie* das Referendum gegen den EU-Beitritt ausfiel; der Beitrag von *Jahn* macht verständlich, *warum* das EU-Thema „weiterhin das Schicksal der norwegischen Politik bestimmen wird."
Das norwegische „Referendum" war ein „konsultatives" – schon sprachlich eine *contra dictio in adjecto.* Verfassungsrechtlich blieb die Storting legitimiert, das „Referendum" eben deshalb zu ignorieren, weil es nur „konsultativ" war. Politisch aber zeigte sich einmal mehr, daß die Parlamente der Demokratien – von Österreich über Finnland, Schweden und Norwegen – „ihre" Völker tatsächlich nicht „ungestraft" befragen. Die Mehrheiten in diesen Parlamenten hatten sich, mit Ausnahme Norwegens im Falle einer nur ganz knappen Mehrheit zugunsten eines EU-Beitrittes, im Wege ihrer empirisch einsichtigen Fügung in die norma-

8 Siehe hierzu *Klaus von Beyme*, Systemwechsel in Osteuropa, Frankfurt am Main 1994; ferner *August Pradetto* (Hrsg.), Die Rekonstruktion Ostmitteleuropas. Politik, Wirtschaft und Gesellschaft, Opladen 1994.

tive Kraft des Faktischen schon zuvor darauf verständigt, das jeweilige Referendum anzuerkennen, wie auch immer es ausfallen möge. Institutionenkundliche Schlußfolgerung also: Entweder Referendum oder keines, aber kein konsultatives Referendum!?
Für viele norwegische Gegner des EU-Beitritts ging es zugleich um „die Behauptung der letzten Bastion sozialdemokratisch regierter Wohlfahrtsstaaten." Daß die Schweiz und Norwegen der Europäischen Union nicht beitreten mögen, sollte von den Mitgliedstaaten der EU als nützlicher Stachel im Fleische der Union gewertet werden: als ständige Erinnerung an die Preise der Integration und als dauerhaft wirksame Aufforderung, die Kosten der Integration genau zu kennen und so niedrig wie nur irgend möglich zu halten.
Referenda verändern die Rolle, die Parlamente in politischen Systemen der unterschiedlichsten Art zu spielen vermögen. Darüber besteht in der wissenschaftlichen Literatur noch Einigkeit. Durchaus gegensätzlich aber sind die Auffassungen darüber, ob und wann Referenda die Stellung von Parlamenten tatsächlich schwächen oder stärken. Zum großen Thema „Europa" wurden in den Jahren 1992 bis 1994 nicht weniger als 8 vielbeachtete Referenda durchgeführt, die eine Überprüfung der Kontroverse über Rang und Rolle von Volksentscheiden ermöglichen.
Wolfgang Luthardt bietet eine vergleichende Analyse dieser Referenda. In Dänemark, Irland und Frankreich waren die Wahlberechtigten aufgerufen, über ihre intensivere Integration in die EG, mithin über die EG-Vertiefung, abzustimmen. In Österreich, Finnland, Schweden und Norwegen indessen sollte über den Beitritt dieser Länder zur EU, also bereits für oder wider die EU-Erweiterung, votiert werden. In allen genannten Ländern wurden die Referenda mit zusätzlichen institutionellen, politischen sowie personellen Gründen und Motiven durchgeführt.
Teilweise spielten verfassungsmäßige Vorgaben eine Rolle. So ist in Dänemark ein verfassungsverbindliches Referendum, ein Volksentscheid im strengen Sinne des Wortes, dann abzuhalten, wenn eine qualifizierte Zwei-Drittel-Mehrheit für den Transfer staatlicher Kompetenzen auf supranationale Institutionen im nationalen Parlament nicht vorhanden ist. Insoweit handelte es sich im dänischen Falle nicht – wie in den anderen genannten Ländern – um eine Volksbefragung, sondern um einen Volksentscheid.
Die ebenso überraschende wie nahegelegene erste dänische Ablehnung führte zu intensiven Diskussionen und Verhandlungsprozessen zwischen Dänemark und der EG. Die dänische Verhandlungsführung erreichte eine Reihe von Ausnahmebestimmungen, über die schließlich mit einem neuen Referendum votiert wurde: dieses Mal zustimmend.
Das Referendum in Irland am 18. Juni 1992 bot demgegenüber keine Überraschung. Die Zustimmung der Iren lag auf der Linie der bisherigen breiten Zustimmung zur Mitgliedschaft und zur weiteren Vertiefung des EG-Integrationsprozesses, der hierzulande überwiegend positiv beurteilt wird. Das Plebiszit in Frankreich vom September 1992 war institutionell nicht zwingend erforderlich gewesen. Es sollte jedoch der weiteren Bestätigung des großen EG-Integrationsprojektes – jetzt des von Frankreich und Deutschland wesentlich geförderten Vertrages von Maastricht – dienen. Darüber hinaus sollte es die Popularität von Staatspräsident *Mitterrand* verdeutlichen. Beide Ziele wurden zwar nur knapp, aber immerhin doch erreicht.
Die Referenda des Jahres 1994 sollten jeweils weitergehende Politik legitimieren. Bei diesen Referenda ging es um den Beitritt von vier neuen Ländern zur Europäischen Union. Das

Referendum in Österreich verdeutlichte eine klare Mehrheit für den Beitritt. Selbst im Transit-Bundesland Tirol wurden mehr Vorteile als Nachteile gesehen.

Innerhalb des skandinavischen Kontextes hingegen sah die Abstimmungslage wesentlich differenzierter aus. Hier spielten insbesondere außen- und sicherheitspolitische, aber auch innenpolitische Gründe eine offenkundig erhebliche Rolle. (Zur Problemlage in Norwegen siehe in diesem Sonderband *Detlef Jahn.*)

Die Volksabstimmungen haben (mit der Ausnahme von Norwegen) die Regel[9] bestätigt, daß Referenda die jeweilige Regierungsmehrheit stärken. Sie haben zudem gezeigt, daß die Ergebnisse „konsultativer" Referenda denjenigen „echter" Referenda gleichkommen. Die Parlamente folgen den Volksbefragten genauso wie den Volksentscheidenden. Schluß also mit der Augenwischerei „konsultativer Referenda"!?

Echte, soll heißen: faktisch und normativ verbindliche plebiszitäre Willensbildung ist dagegen ein wichtiges Strukturelement der Schweizer Eidgenossenschaft – eines politischen Systems, das insoweit als „verspätete Demokratie" zu klassifizieren ist, als Frauen dort auf Bundesebene erst seit 1971 das Wahlrecht besitzen. ***Silvano Möckli*** warnt davor, aus den von ihm dargestellten Schweizer Beispielen „für alle Staaten gültige Aussagen zu machen über die Funktionen von Initiative und Referendum". Schließlich habe die Schweiz kein parlamentarisches Regierungssystem, „und in diesem wirken Volksabstimmungen deutlich anders als in der Schweiz oder im Staate Kalifornien". „Direkte Demokratie hat, wo sie verwirklicht worden ist, weder die großen Hoffnungen ihrer entschiedenen Befürworter erfüllt, noch die Befürchtungen ihrer Gegner eintreten lassen. Sie ist ein nützliches wenn auch kein magisches Instrument in einer (politisch) unvollkommenen Welt. Angesichts der internationalen, zumal der deutschen Idealisierung der direkten Demokratie in der Schweiz bleibt Skepsis angebracht." Auch in der Schweiz fiel die Entscheidung gegen einen EU-Beitritt letztlich im Wege eines Referendums, begleitet von Abstimmungen gleichen Ergebnisses in den gesetzgebenden Körperschaften – Nationalversammlung und Ständerat – der Alpenrepublik. Die parlamentarischen Demokratien in Europa kennen tendenziell unendlich viele Spielarten der Entscheidungsfindung. *Silvano Möckli* verdeutlicht am schweizerischen Beispiel, wie kompliziert und langwierig nationale Volksentscheide, zumal in föderativen Staaten, zu organisieren sind.

Die skandinavischen Referenda haben noch einmal die kulturelle und soziale Vielfältigkeit Europas ins Bewußtsein gerufen: Hier sei nur an das europäische Nord-Süd-Gefälle der Frauenemanzipation und an die Geltungskraft sozialstaatlicher Normen erinnert. Die Analyse der skandinavischen Referenda ermittelte auch die geopolitische Bedeutung einer Landlinie nur vier Grade unterhalb des Polarkreises: Nördlich des 62. Breitengrades wird unter arktischen Bedingungen produziert, der Fortfall nationaler Subventionen befürchtet und entsprechend gegen die EU der Metropolen und der Multis gestimmt. Am europäischen Polarkreis überwiegt die EU-Skepsis ebenso wie in den ländlichen Regionen des europäischen Oliven-Gürtels.

9 Siehe *Klaus G. Troitzsch*, Volksbegehren und Volksentscheid. Eine vergleichende Analyse direktdemokratischer Verfassungsinstitutionen unter besonderer Berücksichtigung der Bundesrepublik Deutschland und der Schweiz, Meisenheim am Glan 1979.

VI

Das Ende des Kalten Krieges stimmte auch Westeuropa zunächst überwiegend hoffnungsvoll. Mindestens das Freiwerden der „Friedensdividende" führte bei vielen zu der Annahme, daß sich daraus nunmehr auch interne nationale Probleme würden mildern, wenn nicht gar beheben lassen. Sehr schnell aber zeigte sich, daß nicht einmal die fiskalischen Kalkulationen aufgehen sollten.

Nicht nur in Italien, wenngleich dort besonders, wurde sichtbar, wie sehr die Strukturen der Parteiensysteme eines bis dahin vielgepriesenen „Verfassungsbogens" geprägt waren vom – mehr oder minder fundierten – Antikommunismus der Nachkriegszeit. Mit diesem wurden auch jene brüchig. Entgegen der allgemeinen Gleichsetzung des europäischen Einigungsprozesses mit Stabilisierung zeigte dieser auch Entwicklungen innerstaatlicher Desintegration. Andere Offenbarungen kamen hinzu.

So wie Föderalismus mehr ist als bloße Dezentralisation, so ist auch die Europäische Union mehr als jene Organisationsform, in welcher dem Zentrum die Kompetenz-Kompetenz zur Zuweisung von Spielräumen subzentraler Autonomien zusteht. Rousseauistische Souveränitätsvorstellungen, denen zufolge erste und letzte uneingeschränkte Rechte bei den Völkern (entweder der Einzelstaaten oder des Bundes) liegen, greifen nicht gegenüber föderativen Organisationen wie den USA, der Bundesrepublik oder – in gewisser Weise auch schon! – der Europäischen Union[10]. Die Souveränität solcher Systeme ruht in deren Verfassung, im Falle der EU: das dieser zugrunde liegende Vertragswerk von Maastricht. Eben darin liegt die überragende Bedeutung der für 1996 beabsichtigten Revision des Maastrichter Vertrages.

In den Verfassungen der föderativen Unionen finden sich die Zwecke und Ziele ihres Zusammenschlusses. Dabei handelt es sich um solche, die weder von der zentralen noch von der einzelstaatlichen Ebene allein erreichbar sind, auf die aber beide verpflichtet werden. In der Europäischen Union sind es nur zum Teil bereits *life* und *liberty*. Diese zu garantieren, bleibt erklärtermaßen (wenngleich eben schon nicht mehr uneingeschränkt) Aufgabe der Nationalstaaten. *Pursuit of happiness* aber (im Sinne des wirtschaftlichen Wohlergehens und insoweit in mancherlei Hinsicht bereits als Voraussetzung der Freiheit) ist sehr wohl eine Zweckbestimmung der Europäischen Union – gleichermaßen verbindlich für die Union als Ganzes wie für deren Mitgliedstaaten. Der Vertrag von Maastricht hat die Standards dieses Zweckes sehr konkret, sehr viel konkreter zum Beispiel als die über 200 Jahre alte U.S.-Verfassung, benannt.

Daß diese Europäische Union heute schon viel wirklicher ist als vielfach vermutet, ist unter anderem darin zu erkennen, daß von der Definition der ökonomischen Standards, etwa für die Währungsunion, schon jetzt weit- und tiefreichende Wirkungen auf die Mitgliedstaaten ausgehen.

Zum Beispiel wird der Bundesrepublik Deutschland und den in die Europäische Union strebenden ostmitteleuropäischen Staaten jeder antiwestliche Sonderweg erschwert – so er denn wider die derzeitige Faktizität irgendwann gewollt würde. Die Einzelstaaten der Europäischen Union, Deutschland eingeschlossen, tun sich schwer, den Standards der Unions-

10 Dies zu verkennen, war einer der Irrtümer der Kläger gegen den Vertrag von Maastricht vor dem deutschen Bundesverfassungsgericht.

verfassung zu entsprechen. Schon jetzt sind die innenpolitischen Auseinandersetzungen der Bundesrepublik Deutschland mitbestimmt von diesen Standards: Der „Aufbau Ost“ darf nach den Maßgaben der Europäischen Union nicht zu einem Nullsummenspiel mißraten, demzufolge das westliche Deutschland nur in seinen Osten umschichtet, ohne selbst auch zu wachsen. Die Bundesrepublik Deutschland, ursprünglich und wohl auch heute noch der wichtigste Fürsprecher des Maastrichter Vertrages, muß nun, auch und eben wegen des Maastrichter Vertrages, ihren eigenen Finanzhaushalt trotz der Vereinigungsbürden erst einmal selbst nach EU-Vorgaben in Ordnung bringen.

Nirgendwo wurde die in den vergangenen Jahren zum Teil schon faktische, zum Teil nur antizipierte Wirkungsmacht der Europäischen Union in diesem Sinne deutlicher als in Italien. Wenn es derzeit um die Entwicklung der Demokratie in Europa geht, dann verdient Italien auch aus diesem Grunde besondere Aufmerksamkeit.

Peter Weber zitiert in seinem erhellenden Italien-Beitrag zu diesem Sonderband der *Zeitschrift für Parlamentsfragen* den Historiker *Sergio Romano*: „Weit mehr als das Ende des Kalten Krieges war der Vertrag von Maastricht der äußere Faktor, der die italienische Krise beschleunigte.“ Manager der italienischen Wirtschaftsunternehmen und -verbände erkannten, daß „ihre“ politische Führung ohne Fähigkeit, Konzept und Willen hilflos mit den EU-Standards konfrontiert war. Was diese Manager zuvor schon geahnt beziehungsweise gewußt hatten, konnten und wollten sie von nun an nicht mehr tolerieren: Erstmalig in der italienischen Nachkriegsgeschichte wurde der politischen Führung die gesellschaftliche Folgebereitschaft aufgekündigt – eben nicht zuletzt aufgrund der in Maastricht gesetzten Standards.

Daß von diesen ökonomischen Standards, also gleichsam von obenher, ein *spill over* auch auf die demokratischen, rechtlichen und sozialen Standards sich ereignen möge, ist die Hoffnung vieler überzeugter europäischer Föderalisten[11]. Nicht minder bauen diese darauf, daß sich von den Einzelstaaten, also gleichsam von unten her, ein Sog zur Verbesserung der EU-Standards im demokratischen, rechtlichen und sozialen Bereich verstärken möge. Wer wollte bestreiten, daß die europäischen Staaten einander auch unter diesem Aspekt bedürfen?[12]

Zu Recht fanden die Entwicklungen in Italien große Aufmerksamkeit. In keinem anderen der westlichen Systeme war soviel politische Dynamik zu registrieren wie im Italien der *Post-Wall*-Periode. Nicht wenige wurden von ihren italienischen Beobachtungen alarmiert. Diesseits der Befürchtung, daß in Italien die Faschisten wieder hoffähig gemacht und Europa erneut von rechts gefährdet werde, stellte sich die Frage, ob mit der Partei des neuen Ministerpräsidenten, der Forza Italia, das Parteimodell der Zukunft gefunden sei.

Angesichts der allenthalben diagnostizierten Schwächen der westlichen Parteien(systeme) war deshalb *Jörg Seißelbergs* schwerpunktmäßige Analyse gerade der Forza Italia in diesem

11 Siehe die historische Fundierung dieses Pfades gemäß anglo-amerikanischer Sicht in Lehrbüchern wie *John Pinder*, European Community. The Building of a Union, Oxford University Press, Oxford/New York 1992 oder *Desmond Dinan*, Ever Closer Union? An Introduction to the European Community, Lynne Rienner Publisher, Boulder Colorado 1994; ferner *Robert O. Keohane*, *Stanley Hoffmann* (Eds.) The New European Community. Decisionmaking and Institutional Change, Westview Press, Boulder, San Francisco, Oxford 1991.

12 Siehe in diesem Sinne auch die Interpretation der Maastricht-Entscheidung des Bundesverfassungsgerichtes in dem auch ansonsten hilfreichen Band von *Rudolf Strohmeier* (Hrsg.), Die Europäische Union. Ein Kompendium aus deutscher Sicht, Opladen 1994, S. 44ff.

Band besonders willkommen. Seiner minutiösen Analyse zufolge ist die Forza Italia keine „Bewegung". Ihr Aufstieg ist „in der europäischen Parteiengeschichte ohne Beispiel". In etwa vier Monaten wurde sie von nahezu Null zur stärksten politischen Kraft in Italien. Diesem Aufstieg liegt ein genereller, international zu beobachtender Trend zugrunde: ein tiefgreifender Wandel des Wahlverhaltens. An die Stelle des Jahrzehnte praktizierten *„voto d'appartenenza"* gemäß (sub)kultureller Zugehörigkeit und Selbstzuordnung zu einem gleichsam „eingefrorenen Parteiensystem" *(Lipset/Rokkan)* tritt zunehmend das *„voto d'opinione"* gemäß rational interessengeleiteter Meinung in einem System ebenso fluide gewordener Parteien wie flüchtig gewordener Selbstzuordnung der Wähler. Der erfolgreiche Appell an die Öffentlichkeit wäre ohne *Berlusconis* Rückgriff auf die Medien nicht möglich und dieser wiederum ohne die Unterstützung seines Wirtschaftskonzerns nicht finanzierbar gewesen.

Faktisch und bewußt nach dem „Führerprinzip" organisiert, stellt die Forza Italia eine „medienvermittelte Persönlichkeitspartei" dar. Inhaltlich vertritt sie einen rigiden Neoliberalismus à la *Margaret Thatcher* und *Ross Perot.* In den USA wurden zwar medien-rituelle und programmatische Anleihen (bei den *Gingrich*-Republikanern) gemacht, den dort geltenden Maßstäben demokratischer Selektion der politischen Führung aber will sich die Forza Italia nicht stellen. Folgerichtig war die italienische Parlamentswahl 1994 ein Plebiszit für oder gegen die Person *Berlusconis.* Ob die Forza Italia tatsächlich ein Parteimodell für die Zukunft ist, wird sich gegebenenfalls darin erweisen, wie sie ohne *Berlusconi* als Ministerpräsidenten überleben wird. Vorerst hat sie sich wenigstens gegenüber den Faschisten in ihrem Koalitionsbündnis behaupten können.

Seißelbergs Analyse verdeutlicht, warum die Forza Italia, diese „medial vermittelte Persönlichkeitspartei", für die Mitgliederparteien in Europa eine „Herausforderung" darstellt. Den Demokraten Europas bleibt zweierlei übrig: Sie müssen innerparteiliche Demokratie und demokratiefähige Medien fordern. Mit beidem steht es allenthalben nicht zum besten[13].

VII

Die „Transformation" der ostmitteleuropäischen Staaten zielt auf die radikale Umwälzung aller Strukturen sowohl der Politik als auch der Gesellschaft; die „Transition" der südeuropäischen Staaten war und ist – soweit noch erforderlich – dagegen „nur" beziehungsweise vorrangig auf die grundlegende Veränderung der politischen Struktur gerichtet. Die osteuropäischen Gesellschaften stehen am Anfang eines entsprechend langen Weges zur Etablierung einer wirklich freiheitlichen „Marktwirtschaft"; in Südeuropa hatte man diesen Wirtschaftsweg auch in der Zeit der Diktaturen beziehungsweise rechtsautoritären Regime nie gänzlich verlassen. Wie schwer allerdings Fortschritte zu wirklich freiheitlicher Politik zu erreichen sind, welch langen Weg also zumal die ostmitteleuropäischen Bürger noch zu gehen haben, ist am Beispiel von Griechenland, Spanien und Portugal zu erkennen. Auch

13 Siehe die in der ZParl ausführlich zum Thema „innerparteiliche Demokratie" geführte Diskussion sowie zum generell beklagenswerten Zustand der Medienberichterstattung über Politik: *Thomas E. Patterson,* Out of Order, Vintage Books, New York 1994, sowie *Thomas E. Mann* und *Norman Ornstein* (Hrsg.), Congress, the Press, and the Public, American Enterprise Institute and the Brookings Institutions, Washington D.C. 1994.

in diesen Ländern der zweiten Beitrittswelle zur EG wurde und wird auch die faktische Kraft der durch die EG/EU gesetzten demokratischen Normen spürbar. Erstaunlich und ermutigend zugleich, wie stabil diese jungen beziehungsweise erneuerten Demokratien die Erschütterungen der *Post-Wall*-Periode verkraftet haben!

Peter Zervakis analysiert die jüngsten Entwicklungen des Parlamentarismus in Griechenland, der – anders als in Spanien – auf weit zurückreichenden Traditionen fußt. Schließlich ist der griechische Parlamentarismus seit 1875 fest im politischen System dieses Landes verankert. Nach kurzer Unterbrechung wurde das auf Konkurrenz zielende pluralistisch parlamentarische System auf der ägäischen Halbinsel 1974 wieder eingeführt. Allerdings verlagerte sich nun das traditionelle Spannungsverhältnis zwischen den Verfassungsorganen Exekutive und Legislative auf die politischen Institutionen Regierungsmehrheit und Opposition. Solange der Antikommunismus der Nachkriegszeit wohlbegründet und auch danach noch wirksam war, blieb die politische Linke ausgegrenzt und infolgedessen geregelter Machtwechsel unmöglich. Heute sind die Kommunisten wie die Nationalisten integriert – wenngleich nur als drittstärkste (Splitter-)Parlamentsparteien, die um die Dominierung der „legalen Daueropposition" konkurrieren. Seither können die großen Sammlungsparteien der linken und der rechten Mitte in der Führung des Landes alternieren; seither ist es möglich, Parlamentarismus in seiner ausgereiften Form des Wettbewerbs zwischen Regierungsmehrheit und Opposition zu praktizieren. „Mit Hilfe des Abberufungsrechts und der Fraktionsdisziplin leistet die Parlamentsmehrheit der Regierung grundsätzlich nur Folge, solange sie mit der Regierungsführung einverstanden ist und sie der Parlamentsmehrheit zu einem Wahlsieg verhilft." Dieses Prinzip hat sich in Griechenland gegen lang andauernden Klientelismus, Korruption und selbst gegen den in Griechenland besonders ausgeprägten Personalismus nicht zuletzt deshalb durchsetzen können, weil diese Dauergefährdungen jeder Demokratie „jetzt von einer starken parteiorganisatorischen Basis abhängen." Auffällig sind im griechischen – wie übrigens auch im spanischen – System die starken und selbstsicheren Einparteien-Mehrheiten. In Griechenland sind sie wahlrechtsbedingt. Mehrheitsherrschaft ist ebenso gesichert wie oppositionelle Kritik und Kontrolle der Regierungsmehrheit. Es ist der Wähler, der sodann den Machtwechsel entscheiden kann.

Gerald Paschen dokumentiert mit seiner Analyse der politischen Entwicklungen in Spanien den Fall einer gelungenen Transition, insbesondere das Beispiel einer gelungenen „demokratischen Konsolidierung" als „eigenständiges Problem des umfassenden Transitionsprozesses von einer rechtsautoritären Diktatur hin zu einer pluralistischen Demokratie". Er begreift „demokratische Konsolidierung als Festigung, Sicherung und Behauptung demokratischer Strukturen, Verfahrensweisen und Normen". Dies erstreckt sich auch auf wirtschaftliche und sozio-kulturelle Bereiche. Als grundlegende Bedingung des Gelingens der Konsolidierung in diesem Sinne betrachtet *Paschen* die Etablierung der „komplexen Funktionen von Regierungsmehrheit und Opposition sowohl auf der staatlichen institutionellen Ebene als auch in der sozio-politischen Dimension".

Der spanische Erfolg ist um so bemerkenswerter als friedliche Konfliktaustragung – die Quintessenz des Parlamentarismus: ***ballot not bullet*** – ebenso wenig Rückhalt in den Traditionen jenseits der Pyrenäen hat wie die Akzeptanz gewaltlosen Parteienwettbewerbs. Die „faktischen Mächte" – Militär, Kirche, Finanzelite – standen dem länger noch und nachhaltiger als in Griechenland entgegen. Aber wie in Griechenland, so war auch in Spanien die angestrebte Integration in die EG ein Faktor der Demokratisierung eines beachtlichen

Teiles des europäischen Kontinentes. Die spanische Transition ist ein typisch parlamentarischer Prozeß: Er vollzog sich reformerisch, graduell, von unten und von oben. Angesichts der „Vergangenheitsaufarbeitungen" – genauer wohl: ihrer Unterlassungen – in Ostmitteleuropa ist bemerkenswert, daß sich in Spanien auf dem noch nicht abgesunkenen Bürgerkriegstrauma eine „diffuse Aussöhnungsidee" etablierte, derzufolge keine politischen Verantwortlichkeiten für die 40jährige Diktatur eingefordert wurden.

Unter diesen Voraussetzungen entstand in Spanien wie in Griechenland ein „begrenztes Mehrparteiensystem" mit der Bipolarität zwischen einer Mitte-Links- und einer Mitte-Rechts-Opposition. Alle Regierungen wurden von einer einzigen Partei gebildet. Agenturen der Herausbildung des funktionierenden Wechselspiels in der Regierung waren hier wie in Griechenland Parteien, die – defizitär zwar an innerparteilicher Demokratie – dem Wähler immerhin „grobe Orientierungsrahmen" zu bieten hatten. *Paschen* hebt das von den politischen Persönlichkeiten aller Lager wie von den Medien gleichermaßen geübte beachtenswerte Verantwortungsbewußtsein hervor. Am Anfang, in der Phase der „formalen Transition" (1976-78) war Konsenspolitik dominierend, obgleich sich zu dieser Zeit die Profile des späteren Wettbewerbs bereits abzuzeichnen begannen. Mit der Verfassung war dann die Voraussetzung für ein kompetitives System bereitgestellt. Darin konnten mit zunehmender demokratischer Konsolidierung die politischen Institutionen Regierungsmehrheit und Opposition ihre demokratischen Rollen wahrnehmen. Besonders herauszustreichen ist der konstruktive Part der PSOE, der sozialdemokratischen Partei Spaniens, seit 1982. Mit dem Entstehen einer glaubwürdigen Regierungsalternative zu Beginn der 90er Jahre wurde schließlich demokratische Stabilität auch in Spanien erreicht.

Die Bundesrepublik Deutschland hat – zunächst unter der Supervision der Siegermächte, dann aus eigenem Willen – einen anderen Weg eingeschlagen als Spanien und die erwähnten ostmitteleuropäischen Staaten: So schlecht es ihr vor 1989 auch gelungen sein mag, und so unzureichend es ebenfalls nach 1990 immer wieder nur gelingt, weiß sie sich doch als Erbin zweier, auf je eigene Weise perfektioniert brutaler und sublimer Diktaturen zur „Aufarbeitung" gerade dieser Vergangenheit verpflichtet. Es könnte sein und möchte aus unserer Sicht so sein, daß dies hierzulande als ein besonderer Auftrag zur Wahrung und Weiterentwicklung von Demokratie verstanden wird.

Symptomatisch in diesem Sinne ist das juristische Axiom der Entscheidung des deutschen Bundesverfassungsgerichts zum Vertrag von Maastricht. Von „nationaler Souveränität" gemäß überkommener Konnotation mit nationaler Autarkie und nationaler Stärke ist im Karlsruher Urteil keine Rede. Diese Formulierung scheint in dem ganze 85 Seiten umfassenden Entscheid nicht ein einziges Mal auf. Dagegen wird die „Integrationsoffenheit" des Grundgesetzes betont und die EU als ein „auf Fortentwicklung angelegter ... Verbund" gewürdigt. Die „souverän bleibenden" Mitgliedstaaten werden begriffen als Garanten und Gehäuse für das „demokratische Prinzip", für Möglichkeiten der „Teilhabe an einem offenen Kommunikationsprozeß", als verantwortlich für die „Einfluß[nahme] der Bürger auf den politischen Willensbildungs- und Entscheidungsprozeß". Demokratische Legitimation sei zu gewinnen sowohl durch „Rückkoppelung des Handelns europäischer Organe an die Parlamente der Mitgliedstaaten" als auch „durch das von den Bürgern der Mitgliedstaaten gewählte Europäische Parlament". In diesem überaus parlamentsfreundlichen Urteil wird die „Kreations- und Kontrollfunktion" der europäischen Vertretungskörperschaften eingeklagt, die „größere Beteiligung der Parlamente der Mitgliedstaaten" ebenso nachhaltig ge-

fordert wie im einzelnen und konkret begründet. *Hermann Heller* wird zitiert, nicht aber *Carl Schmitt*.
Gibt es einen (juristischen) Text zur Demokratie in der Bundesrepublik Deutschland und in Europa, der die gegenwärtigen Probleme und unverzichtbaren Postulate sorgfältiger als dieser dokumentiert; einen Text, der zudem überzeugender zeigt, daß hierzulande die Lektionen aus demokratie-indifferenter und antiparlamentarischer Vergangenheit gelernt und gelehrt werden wollen?

VIII

Das Ende des Ost-West-Konfliktes hat das innere Gefüge nicht nur des italienischen, sondern auch des französischen Regierungssystems verändert. Anders allerdings als in Italien hat dieses Ende auf der Ebene des Parteiensystems und der politischen Akteure in Frankreich eher Integration denn Fragmentierung bewirkt. *Uwe Jun* verdeutlicht, wie sich solchermaßen die erste Cohabitation (1986 – 1988) – jene Phase also, da im französischen Parlamentarismus der Staatspräsident einerseits und die Regierung mit der Parlamentsmehrheit andererseits verschiedenen politischen Richtungen angehörten – von der zweiten seit 1993 unterschied und bis heute (Anfang 1995) unterscheidet.
Am französischen Beispiel wird allerdings erkennbar, wie sehr die Ära nach dem Fortfall des eisernen Vorhangs zu einer (weiteren) „Globalisierung der nationalen Politiken" geführt hat. Gerade die schwerer wiegenden Probleme der westlichen Demokratien sind offenkundig nur noch transnational zu bewältigen. *Jun* zufolge konnte auch die *Balladur*-Administration die Widersprüche zwischen nationaler Orientierung der Wählerschaft einerseits und zunehmender internationaler Determinierung der Einzelpolitiken andererseits nicht auflösen. Ein wesentlicher Grund liegt in der „Gefahr von rechts": Die Furcht vor der extremen Rechten hat in Frankreich dazu geführt, daß Premier und Präsident die Kooperation mit der Nationalversammlung und miteinander gesucht (und gefunden) haben. Auch Präsident *Mitterrand* hat sich diesem Imperativ gebeugt.
Diese Konstellation hat in Frankreich zwar zu einem bemerkenswerten Terraingewinn der Parteien wie des Parlamentes geführt: „Die Institutionen der V. Republik funktionieren noch." Die Leistungen der etablierten Parteien und ihre „Fähigkeit zur Politik- und Sozialintegration" werden, so *Jun*, jedoch auch in Frankreich „nicht so hoch eingestuft ..., daß ihre Fortexistenz als dominante Akteure im politischen Prozeß weiterhin eindeutig gesichert ist."
Mit dem britischen und den Entscheidungssystemen der EG/EU stehen sich die Philosophien zweier grundsätzlich unterschiedlicher Methoden demokratischer Herrschaft gegenüber: das traditionell in Großbritannien praktizierte *Kokurrenzmodell* einerseits und das von allem Anfang an zur europäischen Integration genutzte *Verhandlungsmodell* andererseits. Beide haben ihre Vor- und Nachteile, ihre Kosten und Nutzen. Aus häufig in Großbritannien verfolgter Sicht scheinen sie einander abzustoßen. Wieviel des britischen Widerstrebens gegenüber europäischer Integration ist auf den Gegensatz dieser Entscheidungsmodelle zurückzuführen? Funktionieren sie wirklich so entgegengesetzt? Sind sie tatsächlich antinomisch? Schon wegen der Relevanz solcher prototypischer Fragen war eine Analyse des „bri-

tischen Parlamentarismus" in diesem Sonderband der *ZParl* unverzichtbar. Andere, nicht minder wichtige kamen hinzu:
Als „Mutter der Parlamente" avancierte das alte und ehrwürdige Londoner Parlament mit dem „Westminster-Modell" zur Blaupause ähnlicher Institutionen – nicht nur in Europa (in Europa allerdings weniger als in Übersee). Einer der Gründe für die weltweite und fortwährende Übernahme dieses Modelles politischer Herrschaft ist die Attraktivität demokratisch legitimierter Herrschaft überhaupt. Ein weiterer ist die bloße Bestandsdauer des britischen Parlamentarismus. Das Londoner Parlament, das Westminster-Modell insgesamt, hat sich als adaptationsfähig – im Sinne von *Werner Patzelt:* als lernfähig – erwiesen gegenüber Umwelten und Wandlungen der unterschiedlichsten Art. Gegenwärtig scheint der britische Parlamentarismus indessen einmal mehr in einer „Krise" zu stecken. Und wiederum ist zu bewundern, wie flexibel dieses System auf die einstweilen letzten Herausforderungen reagiert.

Thomas Saalfeld bilanziert den systemischen Preis der – heute in offensichtlich zugespitztem Maße – für die Herrschaft nach dem Westminster-Modell zu entrichten ist. Dieses klassische Muster der Konkurrenzdemokratie verursacht zwar vergleichsweise geringe interne Kosten: Das Arrangement seiner Entscheidungsprozesse ist effektiver als das der Verhandlungsdemokratien. Die externen (durch das britische Wahlsystem bedingten) Kosten der Herrschaft einer Wählerminderheit über die Mehrheit werden nach den von *Saalfeld* zugrunde gelegten ökonomischen Kategorien jedoch um so höher, je länger diese Herrschaft von einer bestimmten Mehrheit ausgeübt wird. Nach diesem Maßstab ist die nun schon 15 Jahre währende Hegemonie der Konservativen Partei zu einem Problem des britischen Systems geworden. Die „negativen Externalitäten" sind in Großbritannien zusätzlich erhöht worden durch *Margaret Thatchers* Politik des staatlichen Rückzugs aus der Wirtschafts- und Sozialpolitik *(rolling back the frontiers of the state)* sowie durch die damit eng verbundene und ebenfalls von der Premierministerin betriebene Ausschaltung konsensualer Gremien und Entscheidungsprozesse.

Allerdings sind in Großbritannien auch gegenläufige Tendenzen zu beobachten, welche einmal mehr die Anpassungsfähigkeit des Modelles anzeigen: die wegen der Nachwahlniederlagen der Konservativen wohlbegründete zunehmende „Angst der Regierung vor dem Machtverlust"; die größere Unabhängigkeit der Abgeordneten; die öffentlichkeitswirksamen Aktivitäten der Aufsichtsausschüsse, die intensivere Wahlkreisarbeit der MPs sowie – *last but not least* – die „verstärkte Bedeutung beider Häuser des Parlaments als Orte der gesellschaftlichen Interssenartikulation"; hinzu kommen die gegen noch so hartnäckige insulare Abwehrbemühungen resistenten Einflüsse aus Kontinentaleuropa und die dort zunehmend entstehenden resistenten Einflußbasen für die zu Hause kleingehaltene Opposition. *Saalfeld* weist nach, wie dieses alles in der Kombination zu einer Stärkung der Repräsentationsleistung des britischen Parlamentariums geführt hat.

Dennoch bleibt fraglich, ob die Balancierung der internen gegen die externen Kosten des Systems so weit gelungen ist, daß nicht doch noch – sollten etwa die Konservativen über 1997 hinaus in der Mehrheit bleiben – das britische System selbst bestandsgefährdend zur Diskussion gestellt wird.

Mag das britische System des Parlamentarismus gemäß Westminster-Konkurrenzmodell auch seinen Preis verlangen, so bleibt es doch und bezeichnenderweise gerade in solchen

Regionen wie Österreich attraktiv, in denen Politik und Gesellschaft traditionell die Kosten gemäß Konkordanz-Modell in Rechnung stellten.
Anton Pelinka spricht für das Österreich der 80er, speziell aber für das Österreich der 90er Jahre, für das Österreich unter Anziehungskraft und Einwirkung der EG/EU von einem Prozeß der „Entaustrifizierung": Österreich verliert etwa zeitgleich zu seiner Vollmitgliedschaft in der EU seine Besonderheiten. Die „Verwestlichung" bestehe wesentlich in der Herausbildung eines parlamentarischen Systems nach „westlichen", der österreichischen Tradition (bislang) fremden Kriterien und Prinzipien. In diesem Sinne beachtenswert sind vor allem: ein allgemeines Abschmelzen der konkordanzdemokratisch geprägten politischen Kultur des Alpenlandes mit der Folge eines nun auffallend „parteiengesteuerten Parlamentes"; ein Rückgang der „Korporatisierung", das heißt: der „Entkoppelung" von Sozialpartnerschaft und Parlamentarismus; ein Zugewinn an Handlungsspielraum der Parteien untereinander sowie der Akteure innerhalb der Parteien.
Pelinka beschreibt „eine Entwicklung des europäischen Parlamentarismus, die auf historisches Lernen zurückzuführen ist – insbesondere auf die Erfahrungen mit der Weimarer Republik und der Dritten sowie Vierten Republik Frankreichs." Er registriert „abnehmende Kontrolle des Parlamentarismus durch den Parteienstaat". Angleichung an westlichen Parlamentarismus sieht er unter anderem in der Verdoppelung des Anteiles der Frauen im Österreichischen Nationalrat. Für seine Zukunft orientiert sich dieses Land nun eher am Westminster-Wettbewerbsmodell als am k.u.k.-(Nachfolge-)Konkordanzmodell, eher an den kleineren EU-Staaten wie den Niederlanden und an den skandinavischen Ländern als an dem bis dahin in jeder Hinsicht nähergelegenen Modell des anderen Alpenlandes, der Schweiz. Insgesamt ist zweifellos eine „Verlebendigung" des österreichischen Parlamentarismus zu konstatieren. Für dieses Österreich im Banne der EU gilt, so *Anton Pelinka:* „Der Parlamentarismus wird wichtiger als je zuvor."
Diese Schlußfolgerung scheint durchaus auch für die Bundesrepublik Deutschland möglich, wenngleich hier sowohl die Fragen als auch die Antworten andere, empirisch und normativ unterschiedliche sind. Ist dem Deutschen Bundestag durch das Maastricht-Urteil des Bundesverfassungsgerichtes eine neue Rolle zugewiesen worden? Soll er herauswachsen aus seiner bisherigen Rolle eines vermeintlichen „Zaungastes" im Gestrüpp der nationalen wie internationalen Willensbildung innerhalb der EU in diejenige eines Hauptdarstellers im Ensemble der europapolitischen Akteure?

IX

Konnte bislang davon ausgegangen werden, daß zukünftig „europawärtige Politik" *(Christian Rath)* nicht ohne den Deutschen Bundesrat möglich sein werde, so ist der Deutsche Bundestag in dieser Materie durch das Urteil des Bundesverfassungsgerichtes nunmehr mit dem Bundesrat auf mindestens dieselbe, wenn nicht auf eine höhere Stufe gestellt worden. Der Deutsche Bundestag ist nur eines von 12, seit 1995 sogar 15 nationalen Parlamenten der EU. Der ihm gebührende politische Rang steht selbstverständlich den Parlamenten auch aller anderen Mitgliedstaaten zu. Insofern eine Stellvertreterrolle des Bundestages für diese anderen Volksvertretungen angenommen wird, verfolgt das Maastricht-Urteil des deutschen Bundesverfassungsgerichtes EU-weit eine elementare Stärkung der demokratischen Komponente – institutionell gesehen: eine Aufwertung der nationalen Parlamente[14] innerhalb der Europäischen Union.

In keinem anderen Heft als demjenigen zum 25jährigen Bestehen der *Zeitschrift für Parlamentsfragen* hätte ein Beitrag besser stehen können, in welchem die „europawärtigen" Chancen und Verpflichtungen des Deutschen Bundestages so sorgfältig und überzeugend dargelegt werden wie in der juristischen Analyse von ***Christian Rath.*** Mit dem Attribut „europawärtig" wird *Rath* der Tatsache gerecht, daß es sich bei der solchermaßen gekennzeichneten Politik weder des längeren um Außenpolitik im traditionellen Sinne noch schon um europäische Innenpolitik handelt. Der Begriff entspricht dem terminologischen Geniestreich des Bundesverfassungsgerichtes, die EU weder als Bundesstaat noch als Staatenbund, sondern als „Staatenverbund" zu definieren.

Den Abgeordneten des deutschen Bundesparlamentes und unter diesen insbesondere den Mitgliedern der Bundesregierung mögen die Ausführungen von *Rath* mancherlei zu bedenken geben: (1) Wenn er will und aus sich heraus mehrheitlich dazu in der Lage ist, so kann der Deutsche Bundestag die EU-Politik der Bundesregierung programmieren. (2) Die Regierung tut aus dreierlei Gründen gut daran, sich der Zustimmung des Bundestages rechtzeitig zu vergewissern: (a) Im Bundestag ist die politische Mehrheit zu finden; (b) Diese Mehrheit ist ihrer Kernmannschaft im Kabinett *a priori* gewiß zugeneigter als die Mehrheit des Bundesrates und deshalb (c) leichter und nötigenfalls massiver zugunsten der Regierung zu aktivieren als alle anderen politischen Akteure/Organe. Töricht daher jene Regierung, die sich europawärtiger parlamentarischer Mitwirkung prinzipiell in den Weg stellt!

Aufschlußreich sind auch einige der empirischen Hinweise von *Rath:* Etwa seine Zurückweisung der Behauptung, wonach Regierungen selbstverständlich kompromißfreudiger, konsistenter und europafreundlicher als Parlamente seien. Im Gegenteil wurde die bisher größte EG-Krise, die Politik des leeren Stuhls ab 1966, durch das französische Staatsoberhaupt *de Gaulle* ausgelöst. Auch die unnachgiebige britische Haltung in sozialen Fragen unter Regierungschefin *Margaret Thatcher* kann wohl kaum als leuchtendes Beispiel für die Flexibilität von Regierungshandeln dienen. Dänemark hingegen, das als bisher einziges Land ein vom Parlament erteiltes imperatives Mandat seiner Regierungsvertreter praktiziert, hat die Gemeinschafts-Gremien bisher sicher weitaus weniger belastet:

> „Daß eine verstärkte Beteiligung der mitgliedstaatlichen Parlamente durch Erhöhung der Legitimität eher zu einer Stärkung des Rats-Rechtssetzungsprozesses als zu seiner Schwächung führt, haben inzwischen selbst diverse Gemeinschaftsgremien erkannt. Denn es ist nicht zu übersehen, daß gerade Dänemark mit seiner intensiven Parlamentsanbindung im Rechtssetzungsprozeß gleichzeitig seit langem EU-weites Vorbild für die spätere Umsetzung der Richtlinien ist. Kein Mitgliedstaat hat auch das Binnenmarktprogramm bisher so konsequent umgesetzt wie Dänemark ... eher [ist also zu fragen], ob eine starke Parlamentsbeteiligung nicht gerade gemeinschaftsrechtlich geboten ist." *(Rath)*

So unterschiedlich die Gegebenheiten in Dänemark aufgrund der dortigen Politik mit Minderheitsregierungen auch sein mögen, gibt es tatsächlich auch für die Bundesrepublik Deutschland weder Gründe der Gewaltenteilung noch der Funktionenordnung (sprich:

14 Siehe deren jeweilige verfassungsrechtliche wie empirische Stellung vor allem in *Winfried Steffani* (hrsg. unter Mitarbeit von *Jens-Peter Gabriel),* Regierungsmehrheit und Opposition in den Staaten der EG, Opladen 1991; ferner *Oscar W. Gabriel,* Die EG-Staaten im Vergleich. Strukturen, Prozesse, Politikinhalte, Opladen 1992.

auch der Handlungsfähigkeit), irgendeinem anderen Organ als dem Deutschen Bundestag die Letztentscheidung in EU-Angelegenheiten zuzuweisen – von den legitimitäts- und demokratietheoretischen Gründen ganz zu schweigen.

X

Die bevorstehende intergouvernementale Konferenz 1996 zur Überprüfung des Vertragswerkes von Maastricht hat eine große Debatte des EU-Föderalismus provoziert. *Thomas Christiansens* Aufsatz zum „Europäischen Gemeinsinn" ist wie der von *Christian Rath* und *Winfried Steffani* als Beitrag zu dieser Diskussion zu verstehen.

Thomas Christiansen geht davon aus, daß bislang noch keine „europäische Primäridentifikation" bestehe und daß folglich die mit dem Nationalstaat eng verknüpften Prinzipien parlamentarischer Demokratie „nicht unmodifiziert" auf die Europäische Union zu übertragen sind. Diese empirisch gewiß zutreffende Feststellung sollte insbesondere von jenen beherzigt werden, denen normativ an der Entwicklung einer „Europäischen Identität" – zu schweigen von der Schaffung einer „Europäischen Union der Vereinigten Staaten von Europa" – gelegen ist. Ein komplexes supranationales Regelungs- und Steuerungssystem sei nicht ausschließlich durch repräsentativ-demokratische Verfahren zu legitimieren. Hier (wie im Falle der Festigung von Demokratie in den Mitgliedstaaten) führt der Weg über die vorangehende Zustimmung der Bürger gegenüber konkreten Einzelleistungen der Union zu einer allmählich wachsenden allgemeinen EU-Loyalität, aus der vielleicht einmal eine Art EU-Identität erwachsen kann. Die Effizienz der Union darf also gerade dann nicht durch aktuelle Partizipations- und Transparenzanforderungen überstrapaziert werden, wenn die Realisierung dieser demokratischen Ideale langfristig auf der Tagesordnung bleiben sollen.

Die von *Jacques Delors* neu gestellte Frage lautet: Wie soll die „echte Föderation der Nationalstaaten" aussehen? „Ohne Ausbau parlamentarischer Demokratie keine weitere Integration!", befinden die einen, die sich zumeist als Protagonisten des klassischen Nationalstaates und infolgedessen als Maastricht-Gegner empfinden. „Ohne weitere Integration wird es keine weitere Demokratisierung Europas geben!", ist die alarmierte Antwort der anderen, die sich überwiegend als Verfechter einer europäischen Föderation verstehen. Sorge um die demokratische Substanz Europas teilen diese mit jenen – sofern es jenen wirklich in erster Linie um Demokratie und nicht nur um die Wiederbelebung des Nationalismus in Europa geht.

Politisches Augenmaß ist gefordert zur Balancierung einer Vielzahl von brisanten Konflikten. Dazu gehört auch die Kunst, weitere Zuspitzungen der Spannungen aus den partiell einander widerstrebenden Zielen der Demokratisierung und Integration Europas zu vermeiden. Es gilt nicht aus dem Blick zu verlieren, daß diese Ziele eben nur zum Teil gegenläufig sind, daß sie – in Europa wie auf der nationalen Ebene – gemeinsame Schnittmengen zur konstruktiven Gestaltung enthalten, daß sie nicht nur als Nullsummenspiel, sondern als Bestandteile eines Optimierungsmodelles zu begreifen und zu handhaben sind. Solchermaßen sind sie allerdings nur dann zu nutzen, wenn die Spannungen erkannt und respektiert werden.

Dazu will dieser Sonderband der *ZParl* seinen Beitrag leisten. Es wäre eine Tragödie unermeßlichen Ausmaßes, wenn ausgerechnet die Forderung nach mehr Demokratie zum

Sprengsatz der europäischen Verständigung geraten sollte. Einige scheinen dies durchaus riskieren zu wollen – wobei es ihnen offensichtlich auch keineswegs primär um die Behauptung von Demokratie im Nationalstaat, sondern dogmatisch und apodiktisch primär um dessen Behauptung in Gegenwart und Zukunft geht. Zuweilen liegt aber auch nur – allerdings ebenfalls gefährliche – institutionelle Kurzsichtigkeit vor. Letzteren gibt *Christiansen* zu bedenken:

„Die Absage an institutionalisierte Modelle europäischer Integration, die aus dem Attest des ‹Demokratiedefizits› bisweilen gefolgert wird, beinhaltet ... das Wachstum bilateraler und zwischenstaatlicher Kooperation. Damit wird die für ein Mindestmaß an Handlungsfähigkeit notwendige Politikgestaltung der Union zu einem Netzwerk diplomatischer Arenen mit ungleich geringerer Transparenz und Rechtssicherheit."

Dagegen sind die Kräfte der Demokratie insgesamt zu mobilisieren – seien sie nun Gegner oder Befürworter weiterer europäischer Integration. Insbesondere von den Befürwortern aber ist Gestaltungsvermögen, sind institutionelle Innovationen zu verlangen. *Christiansen* spricht dazu taugliche theoretische Modelle an.

Die Rechtssetzungsbefugnisse der Europäischen Gemeinschaften sind nicht erst seit Maastricht durchaus erheblich. Wie jede moderne Herrschaftsgewalt bedarf auch die der Europäischen Union daher (weiterer) demokratischer Legitimation. Wenn in diesem Zusammenhang vom Demokratie-Defizit der EG beziehungsweise EU gesprochen wird, dann zielt dies üblicherweise auf die immer noch höchst mangelhaften Kompetenzen des Europäischen Parlaments, die es deutlich auszuweiten gelte. Wird damit jedoch das Thema Demokratie in Europa hinreichend erfaßt?

Winfried Steffani hebt hervor, dies könne erst im Rahmen einer deutlichen Unterscheidung zwischen Demokratie-*Defizit* und Demokratie-*Dilemma* erfolgen. Das Dilemma bestehe vornehmlich darin, daß der für jede Demokratie unverzichtbare Gleichheitssatz *(one man one vote)* bei der Zusammensetzung des Europäischen Parlaments bisher keineswegs eingelöst werden konnte. Das unterschiedliche Stimmgewicht der die Union bildenden mitgliedstaatlichen Völker und ihrer Wähler stehe dem entgegen. Es wurde politisch und nicht gemäß dem „wertneutralen" demokratischen Gleichheitssatz festgestellt.

Bis heute gelingt die wahlrechtliche Realisierung des Gleichheitssatzes innerhalb der EU tatsächlich nur in den die Europäische Union bildenden Mitgliedstaaten. Somit erweist sich der *demokratische* Nationalstaat sowohl für die demokratische Legitimation der Europäischen Union als auch für deren weitere Integration als mindestens einstweilen unentbehrlich.

Auf dieser Einsicht beruht das am 12. Oktober 1993 gesprochene und seither vielberufene, weil für die weitere europäische Entwicklung höchst bedeutsame Urteil des Karlsruher Bundesverfassungsgerichts zum Vertrag von Maastricht. Darin wird die grundlegende Bedeutung der nationalen Parlamente für die demokratische Legitimation der Europäischen Union aufgezeigt: Weiteren Kompetenzzuwachs und damit weitere Machtausdehnung der Europäischen Union könne es nur mit Zustimmung der demokratisch legitimierten nationalen Parlamente geben. Folgerichtig formulierte das Gericht einen Lehrsatz, den alle Demokraten und Parlamente der EU-Mitgliedstaaten besser ernst nähmen: „Mithin erfolgt demokratische Legitimation durch die Rückkoppelung des Handelns europäischer Organe

an die Parlamente der Mitgliedstaaten." Sind diese aber darauf hinreichend vorbereitet? Wissen sie diese Herausforderung institutionell umzusetzen?
Steffani hat seine Zweifel. Er meint, daß die Bedeutung dieser Sichtweise und Sachverhalte auch durch einen seit langem geübten lässigen Sprachgebrauch vernebelt worden sei. Das von ihm so bezeichnete „Grundübel" bestehe in der gängigen Praxis, „auf nationalstaatlicher Ebene entwickelte und geprägte Begriffe wie Gesetzgebung, Parlament, Regierung, Demokratie ... allzu kühn, wenn nicht gar leichtfertig, auf die Ebene der Europäischen Union und ihrer supranationalen Vorgängerinnen zu übertragen". Europas weitgehend eigenständiger Weg zu einem Verbund sollte dadurch nicht über Gebühr verfremdet werden. Denn Europa sei durchaus dabei, eine Form des Föderalismus zu entwickeln – das Bundesverfassungsgericht prägte in diesem Zusammenhang das erwähnte Zauberwort „Staatenverbund" –, dergemäß langfristig das Verhältnis zwischen den nationalen Mitgliedstaaten und der Europäischen Union dem heutigen zwischen dem Bund und den Ländern in der Bundesrepublik Deutschland nicht unbedingt unähnlich sein muß. Der demokratische Nationalstaat könne sich so als Übergangsform zum demokratisch legitimierten, multikulturellen Europa der Zukunft erweisen.
Wie *Steffani* so mahnt auch *Klaus Pöhle*, ein soeben in den Ruhestand getretener erfahrener Parlamentsbediensteter des EP, die Parlamente der EU, das Europäische Parlament eingeschlossen, sich in ihrer Dienstgestaltung und in ihrer Personalpolitik nicht gegenseitig abzuschotten. Noch, so *Pöhle* in diesem Sonderband der *ZParl*, herrscht in den Parlamentsdiensten eine Provinzialität, die mit der tatsächlichen Europäisierung der Politik nicht Schritt hält. *Pöhle* gehört zu jenen Praktikern und Beobachtern des Parlamentarismus wie der europäischen Politik, zu denen diese Redaktion stets diskursiven Kontakt zu halten bemüht war. *Pöhle* hat seit jeher der eingehenden Analyse nicht nur des Europäischen Parlamentes – für welches, unfertig wie es noch immer ist[15], obendrein keine ausgereiften Konzepte seiner endgültigen Gestalt vorliegen – das Wort geredet. Er plädiert zudem für das Studium auch der nationalen Parlamente einschließlich ihrer Möglichkeiten, nach Europa zu wirken. Er kann sich darin durch die jüngsten Herausforderungen der nationalen Parlamente und ihrer Rolle in einem vereinigten Europa bestätigt wissen.

XI

Im Kalten Krieg hat das westliche Europa, der Westen überhaupt, mancherlei internationale Projekte, etwa die NATO, zuwege gebracht, die sich in gewissem Sinne eher negativ definierten: als feste Wehr beziehungsweise Waffe gegen die Wiederholung der zuvor von Deutschland ausgegangenen nationalsozialistischen und nunmehr von der Sowjetunion zu befürchtenden international-sozialistischen Katastrophen[16]. Im Gegensatz dazu sind die Idee und mehr noch das Faktum europäischer Integration zweifellos ein vorwiegend „positiv-konstruktives Projekt" – so jüngst wieder der französische Botschafter bei den USA,

15 *Peter Schönberger*, Hauptsache Europa. Perspektiven für das Europäische Parlament, Berlin 1994, sieht das Europäische Parlament in seiner auch ansonsten bilderreichen Studie als einen „gefesselten Riesen".

16 Siehe *Hermann Lübbe*, Abschied vom Superstaat. Vereinigte Staaten von Europa wird es *nicht* geben, Berlin 1994.

Jacques Andreani. Auf der Grundlage bisheriger Erfahrungen sollte daran, so die in Europa überwiegende Meinung, auch nach dem Fortfall der unmittelbar gemeinsamen Existenzgefährdung durch den einst drohenden Moskauer Imperialismus festgehalten werden.
Staatsrechtlich wurde allerdings selbst die EG/EU in der Regel negativ definiert und damit nicht selten zugleich diskreditiert. Sie sei weder Bundesstaat noch Staatenbund und insoweit „nur" Substitut für etwas, was nach wie vor eigentlich zu tun den Staaten als souveränen Akteuren vorbehalten bleiben sollte. Nun führt aber, wie heute zugleich nahezu jedermann einsieht, kein Weg an dem Faktum vorbei, daß gerade die dringendsten Probleme – vom alltäglichen Abfall über das Asylrecht bis zum (Zivil-)Schutz zivilisierter Gesellschaften und deren Zollrecht – nicht mehr einzelstaatlich zu lösen sind. Diese zu bewältigen, bedarf es neuer supranationaler Organisationsformen, für deren Kreation das deutsche Bundesverfassungsgericht mit der aus guten Gründen bereits hervorgehobenen Einführung des Begriffes „Staatenverbund" den nötigen weiten Gestaltungsspielraum geschaffen hat.
Es kann nicht nachhaltig genug darauf hingewiesen werden, daß die Karlsruher Richter damit den Weg aus einer Sackgasse weisen, die darin bestünde, Demokratie und europäische Integration juristisch dogmatisch gegeneinander auszuspielen. Das Urteil ist, folgt man internationalen und deutschen Klischeevorstellungen über „typisch Deutsches", insoweit eher „untypisch deutsch", als es dem für die weitere Entwicklung europäischer Integration wünschenswerten Pragmatismus das Wort redet und eine Chance einräumt.
Allerdings hat das oberste deutsche Gericht Prioritäten gesetzt, und zwar ebenfalls unmißverständlich: Weitere Integration darf nicht zu Lasten demokratischer Partizipation gehen, und sie bedarf nach Möglichkeit vorhergehender, mindestens aber begleitender demokratischer Innovation auf der Ebene der EU.
Die 1946 von *Winston Churchill* empfohlenen „Vereinigten Staaten von Europa" (unter Ausklammerung Großbritanniens, verstand sich) schienen vielen – bei Einschluß nun der ostmitteleuropäischen Staaten, ja selbst der Staaten der GUS – 1989/90 die logische und größte Friedensdividende aus dem Kollaps des Kommunismus zu sein. Dennoch steht diese Vision in einem bemerkenswerten Kontrast zum Niedergang des einst von Moskau dominierten Großreiches. Und tatsächlich sollten der seit 1985 zunehmend offenkundig werdende Zerfall des sowjetischen Imperiums aus vielen Völkern beziehungsweise Nationalitäten sowie nicht minder die Folgen dieses Zerfalls wenigstens unsere Sinne schärfen hinsichtlich der demokratischen und freiheitlichen Risiken gegenläufiger Intentionen in Westeuropa, gegenüber Mechanismen nicht einmal intendierter, selbstlaufender Etablierung eines Demokratie und Subsidiarität gefährdenden Europäischen Superstaates.
Auch im einzig verbliebenen Superstaat, den Vereinigten Staaten von Amerika, lautet die (Heraus-)Forderung der Stunde: *„Limit Government"*, „Reföderalisierung!" gemäß zehntem *amendment* der U.S.-Verfassung. Föderalisierung nach durchaus deutschem Verständnis und Subsidiarität sowie ganz generell Dezentralisierung sind hier Bestandteil beziehungsweise Ziel der Modernisierung.
Jacques Delors hat bekanntlich demjenigen eine hohe Prämie (richtig erinnert: etwa 10 000 DM) in Aussicht gestellt, dem es gelingen sollte, das „Subsidiaritätsprinzip" auf nicht mehr als einer Seite zu definieren beziehungsweise zu erklären. Vom Fuchs im Breydel-Bau ist zu erwarten, daß er sich abgesichert wußte. Da *copyright* und Zahlungsadresse für die bündigste Fassung des Subsidiaritätsprinzips verjährt sind, wird *Delors* nicht in die Verlegenheit geraten, zahlen zu müssen. Es sind nämlich die Schöpfer des erwähnten *amendments* der

U.S.-Verfassung, die für sich in Anspruch nehmen könnten, bereits vor mehr als zweihundert Jahren die kürzeste Formel für „Subsidiarität" überliefert zu haben:

„The powers not delegated to the United States by the constitution, nor prohibited by it to the states, are reserved to the states respectively, or to the people". (10. Amendment)

Der Intention nach identisch (nur leider sehr viel umständlicher) ist Artikel 3b (Einzelermächtigung, Subsidiarität) des EG-Vertrages formuliert. Bemerkenswert auch, daß vom „Volk" gemäß anglo-amerikanischem Doppelsinn des Wortes in Art. 3b des EU-Vertrages nicht die Rede ist.

Indessen: *Small and lean is beautiful, and it is up to date* – auch in Europa. Soll Europa demokratisch – und das heißt nichts Geringeres als freiheitlich – bleiben, so kann die Behauptung beziehungsweise Realisierung von Demokratie in der kleineren Einheit eines Bundeslandes, einer Region oder eben einer Nation nicht zur Disposition stehen – selbst dann nicht, wenn die Demokratie der kleineren Entitäten in Stellung gebracht wird gegen die Realisierung von Demokratie im Institutionengefüge der großen EU. Anders zu verfahren hieße nämlich, eine europäische Demokratie ohne autonom handlungsfähige Subjekte zu schaffen, eine Demokratie ohne Demokraten. Dies dürfte Europa in Gestalt der EU und seinen Bürgern gleichermaßen schlecht bekommen. Demokratie der kleineren Form, Demokratie an der Basis verhält sich komplimentär, wenn nicht kumulativ beziehungsweise optimierend zur Demokratie auf der Ebene der EU. Wo, wenn nicht auf der unteren und untersten Ebene, ist Demokratie als die besondere und gewollte Variante Politischer Kultur zu initiieren, zu entwickeln und zu praktizieren, die von nahezu jedermann als die Voraussetzung einer wirklich demokratischen EU anerkannt sein dürfte?

Rousseau hat bekanntlich die Realisierung seines Ideals einer direkten Demokratie in der Stadt Genf, nicht aber im Flächenstaat Polen, für möglich gehalten. Polen empfahl er eine andere, die repräsentative Form der Demokratie. Angesichts der in diesem Sonderband insbesondere von *Christiansen* und *Steffani* dargelegten Probleme, auch „nur" diese repräsentative Form der Demokratie in der EU zu verwirklichen[17], scheint eine weitere Größenordnung erreicht, die besonderer, noch offensichtlich nicht verfügbarer institutioneller Imagination zur Realisierung der Demokratie bedarf. Mit staatsanalogen Konstrukten allein scheint – mindestens zur Zeit – für die EU jedenfalls kein Weiterkommen zu sein.

Rechtlich basiert die EU auf 17 verschiedenen Verträgen. Viel wäre schon erreicht, wenn die 1996 bevorstehende intergouvernementale Konferenz diese Verträge in einem einzigen Dokument – in einer Art „Charta", einer Art „Grundvertrag" der EU[18] – zusammenfassen könnte, das wenigstens dem aufgeklärten Zeitungsleser zugänglich und einleuchtend wäre. Wichtigeres noch wäre gewonnen, wenn der Konferenz 1996 für Europa gelänge, was *Andrew Jackson* (U.S.-Präsident von 1829 bis 1837) einst für Amerika gelang, nämlich die Bürger eines ganzen Kontinentes davon zu überzeugen, daß den allgegenwärtigen Proble-

17 Zum Verfassungsbegriff „Volk" und was es in einer repräsentativen Demokratie für den Abgeordneten bedeutet, ein „Volksvertreter" zu sein, *Winfried Steffani,* Gesellschaftlicher Wandel als Herausforderung der Parteien, in: *Uwe Andersen* u.a. (Hrsg.), Politik und Wirtschaft am Ende des 20. Jahrhunderts – Perspektiven und Interdependenzen, Opladen 1995, S. 151–166, S. 157ff.

18 Vgl. hierzu z.B. Stiftung Mitarbeit (Hrsg.), Wieviel Demokratie verträgt Europa? Wieviel Europa verträgt die Demokratie, Opladen 1994.

men der Demokratie heute wie damals nicht mit weniger, sondern nur mit mehr Demokratie beizukommen ist. Für Europa bedeutet dies mehr Demokratie sowohl auf der Gemeinschaftsebene als auch auf der Ebene der Mitgliedstaaten, Bundesländer und Regionen. Warum eigentlich sollte es sie nicht irgendwann einmal geben, die „Vereinigung der demokratischen Staaten von Europa"? Sie wird halt nur – und auch aus amerikanischer Sicht glücklicherweise – sehr viel anders konstruiert sein als die Vereinigten Staaten von Amerika. Diese Zeitschrift ist seit nun schon 25 Jahren geübt, ganz gewiß auch vorbereitet, die bevorstehenden Entwicklungen zu dokumentieren, die auftretenden Schwierigkeiten zu analysieren sowie die theoretischen Probleme zu erörtern – ein Forum für mehr Demokratie und mehr Parlamentarismus, morgen wie vor 25 Jahren.

1 Europa und Maastricht

Das Demokratie-Dilemma der Europäischen Union. Die Rolle der Parlamente nach dem Urteil des Bundesverfassungsgerichts vom 12. Oktober 1993

Winfried Steffani

1. Einleitung

In einem dürften sich nahezu alle West- und Mitteleuropäer einig sein: Unsere gemeinsame Zukunft heißt Europa. Nicht mehr das „Ob", sondern allein das „Wie" der weiteren Gemeinschaftsfindung steht zur Diskussion. Die Modalitäten dieser europäischen Gemeinschaftsfindung und Handlungskooperation (Integration) müssen allerdings noch ernsthaft erwogen werden.

In diesem Sinne stellt auch der Vertrag von Maastricht mit seinen vielzähligen Protokollbeschlüssen und Erklärungen lediglich eine Entwicklungsstufe auf dem Weg zu einem gemeinsamen Europa in der Organisationsform einer Europäischen Union dar.[1] Im Bewußtsein all seiner Schwächen und Widersprüchlichkeiten, die einem derart komplexen Vertragswerk nun einmal eigen sind, wurde bereits in Maastricht für 1996 eine weiterreichende Revision des Vertragswerks ins Auge gefaßt. Die Vorbereitungen hierfür sind mittlerweile vielerorts angelaufen.

Zu diesen Vorbereitungen zählt das kürzlich mit dem Untertitel „Strategien und Optionen für Europa" veröffentlichte, von einer sogenannten „Europäischen Strukturkommission" unter Vorsitz von *Werner Weidenfeld* erarbeitete Reformprogramm für die Europäische Union „Europa '96".[2] Zu den „Kernpunkten" der dort unterbreiteten Reformempfehlungen gehört der Themenkomplex „Demokratie und Legitimation". Dessen Abschnitt „Europa als Demokratie" endet mit drei recht provokanten Sätzen:

> „Da die idealtypischen Anforderungen an die Demokratie selbst in den heutigen Nationalstaaten kaum zufriedenstellend zu erfüllen sind, kann es zwar auf europäischer Ebene nicht darum gehen, die ideale Demokratie zu verwirklichen. Doch angesichts der Tatsache, daß Europa den nationalen Systemen eine Reihe wichtiger Kompetenzen entzogen hat, müssen für die europäische Demokratie dennoch die gleichen demokratischen Standards gelten wie in den Mitgliedstaaten. Gemessen an den Erfordernissen, die etwa das Grundgesetz in bezug auf die demokratischen und föderalen Aspekte beschreibt, besteht auf europäischer Ebene ein deutlicher Bedarf an substantiellen Nachbesserungen."[3]

Die Provokation liegt weniger in dem unbestimmten Hinweis auf „idealtypische Anforderungen an die Demokratie", womit offenbar über ein allgemeines Wahlrecht hinausreichen-

1 Das Vertragswerk – Stand 1. September 1992 – ist abgedruckt in: Europäischer Unionsvertrag, Textausgabe mit Sachverzeichnis und einer Einführung von *Eberhard Grabitz*, dtv Beck-Texte, 5572, München o.J.

2 *Werner Weidenfeld* (Hrsg.), Europa '96. Reformprogramm für die Europäische Union – Strategien und Optionen für Europa, Bertelsmann-Stiftung, Gütersloh 1994. Die Strukturkommission namhafter deutscher Wissenschaftler wurde von der Bertelsmann Stiftung in Zusammenarbeit mit der Forschungsgruppe Europa an der Universität Mainz eingesetzt.

3 Ebd., S. 34.

de, weitere unmittelbare „Volksrechte" wie Volksabstimmungen usw. gemeint sind. Sie liegt auch weniger im unstreitig zutreffenden Hinweis auf einen „deutlichen Bedarf an substantiellen Nachbesserungen" auf europäischer Ebene verborgen – auch nicht schon dann, wenn die demokratischen Erfordernisse des Grundgesetzes als „Maßstab" angemahnt werden. Die hier gemeinte Provokation ist vielmehr im zweiten Satz zu finden, wobei allerdings auf Grund der weiteren Ausführungen der Strukturkommission keineswegs eindeutig erkennbar wird, ob sich die Verfasser ihrer eigenen Provokation auch hinreichend bewußt sind. Denn wenn ausdrücklich gefordert wird, daß „für die europäische Demokratie die gleichen demokratischen Standards wie in den Mitgliedstaaten gelten müssen", dann hat das insbesondere zwei unverzichtbare Konsequenzen: Zum einen darf es keine gesetzliche Rechtssetzung ohne parlamentarische Beschlußrechte geben, und zum zweiten muß der verfassungsrechtliche Gleichheitssatz gelten, wonach von einer Demokratie erst dann gesprochen werden kann, wenn alle Menschen von einem bestimmten Alter an über das gleiche Stimmrecht verfügen. Auf die Europäische Union bezogen wird der erstgenannte Gesichtspunkt unter dem Stichwort Demokratie-Defizit diskutiert, während der zweite das „Demokratie-Dilemma" Europas ins Blickfeld rückt. Die Europäische Strukturkommission hat sich in ihren weiteren Überlegungen ausschließlich zum Demokratie-Defizit geäußert. Die grundlegende Bedeutung des üblicherweise verdrängten Demokratie-Dilemmas – wie ich diesen Aspekt im Unterschied zum erstgenannten bezeichnen möchte – darf jedoch keinesfalls mißachtet und verschwiegen werden.

Aus dieser Unterscheidung ergibt sich die hier vorgenommene Vorgehensweise: Nach einigen Bemerkungen zum vieldiskutierten Thema Demokratie-Defizit soll der für Europas Zukunft m.E. bedeutsameren Frage zum mehr oder weniger verdeckt gehaltenen Demokratie-Dilemma nachgegangen werden, um schließlich die hierzu entwickelten Darlegungen des Bundesverfassungsgerichts mit deren Konsequenzen für die Rolle der nationalen Parlamente angemessen interpretieren zu können.

2. Ein Demokatie-Defizit?

Wenn im folgenden vom Demokratie-Defizit der Europäischen Union die Rede ist, dann wird damit nicht das „Schlagwort" schlechthin mit all „seinen Tücken" unterschiedlichster Verwendungsmöglichkeiten gemeint.[4] Vielmehr interessiert hier allein deren „positiver" Sinn, wonach eine weitere Demokratisierung der Europäischen Union nahezu ausschließlich vermittels einer weiteren deutlichen Stärkung des Europäischen Parlaments (EP) möglich erscheint.

Einmütigkeit besteht üblicherweise insoweit, als mit einer zunehmenden Kompetenzausweitung der europäischen Organe durch Übertragung bisher primär nationalstaatlicher Regelungsbefugnisse auf die Unionsebene auch das Verlangen nach deren demokratischer Legitimation wachse. Je nachdem, ob dem Europäischen Parlament seitens seiner Betrachter mittlerweile weiterreichendere Befugnisse zuerkannt werden oder nicht, wird auch der Vor-

4 Dazu *Peter Schönberger*, Hauptsache Europa – Perspektiven für das Europäische Parlament, Berlin 1994, S. 99. Siehe auch meinen Beitrag, Parlamentarismus in den EG-Staaten und demokratisches Defizit der europäischen Institutionen, in: ZParl, 19. Jg. (1978), H. 2, S. 233–259.

wurf eines bestehenden Demokratie-Defizits unterschiedlich ausfallen. Während die einen trotz Maastricht im Europäischen Parlament weiterhin im wesentlichen ein weitgehend kompetenz- und damit machtentleertes Redeforum ohne ein ernsthaftes Legitimitätspotential sehen – da schließlich alles Wichtige vom Ministerrat beschlossen und letztlich in den Reihen der Brüsseler Bürokratie vorbereitet und umgesetzt werde –, meinen andere, unter Hinweis auf die bestehenden Vertragsbestimmungen und realen Willensbildungsabläufe, im Europäischen Parlament durchaus ein weitgehend potentes Handlungsorgan erkennen zu können.

Sicherlich war es all zu irreführend-vollmundig, als die Generaldirektion Wissenschaft des Europäischen Parlaments im Jahre 1989 in dritter Auflage eine Broschüre unter dem recht protzigen Titel „Ein Parlament in voller Entfaltung – Europäisches Parlament 1952-1988" herausbrachte.[5] Aber daß der Kenner des Europäischen Parlaments *Peter Schönberger* das erste Kapitel seines jüngsten Buches „Hauptsache Europa – Perspektiven für das Europäische Parlament" unter die Überschrift „Der gefesselte Riese" stellt, läßt zumindest den bis heute zurückgelegten Weg eines bemerkenswerten Bedeutungswandels des Europäischen Parlaments erahnen.[6] Dieser Weg reicht vom anfänglich nahezu reinen Beratungscharakter der Gemeinsamen Versammlung über die Direktwahl ihrer Mitglieder und ihrer offiziellen Bezeichnung als „Europäisches Parlament" seit dem Inkrafttreten der Einheitlichen Europäischen Akte am 1. Juli 1987 bis hin zu den teilweise durchaus nicht zweitrangigen Kompetenzgewinnen seit Maastricht.

Der Bericht der zitierten Europäischen Strukturkommission scheint in dieser Hinsicht eine Mittelposition einzunehmen. Zum einen werden in ihm keineswegs die vielfältigen Rechts- und Handlungsbefugnisse des Europäischen Parlaments geleugnet. Deren für den Bürger verwirrende Undurchsichtigkeit wird aber eben wegen dieser mangelhaften Nachvollziehbarkeit unter dem Stichwort „Vereinfachung der Entscheidungsverfahren" deutlich kritisiert: „Für die Vielzahl der Entscheidungsverfahren und die jeweils unterschiedliche Einbindung des Europäischen Parlaments gibt es hingegen keine rational nachvollziehbare Begründung". Zum anderen wird gerade in der „konsequenten Weiterentwicklung" des europäischen Institutionengefüges „ein zentraler Ansatzpunkt zur Steigerung der Legitimationsbasis der Union" gesehen. Und dann der entscheidende Satz: „Aus demokratischen Gründen ist es erforderlich, dem Europäischen Parlament bei allen europäischen Materien ein Mitentscheidungsrecht einzuräumen".[7] Beim konkreten Hinweis darauf, was unter dieser Zielsetzung zu verstehen sei, werden unübersehbar die deutschen bundesstaatlichen Erfahrungen nutzbar gemacht:

> „Die Union ist somit zu einem Zwei-Kammer-System weiterzuentwickeln, bei dem die eine Kammer aus dem Europäischen Parlament und die andere aus dem Rat der Union als europäische Staatenkammer gebildet wird. Indem alle wesentlichen Entscheidungen der Union gleichberechtigt von diesen beiden Kammern getroffen werden, können das demokratische und das föderale Prinzip miteinander verbunden werden."[8]

5 Vgl. *Winfried Steffani*, der Beitritt der zwölf Staaten zur EG, in: *ders.* (Hrsg.), Regierungsmehrheit und Opposition in den Staaten der EG, Opladen 1991, S. 49f., bes. S. 52 Anmerkung 22.

6 *Schönberger*, a.a.O. (Anm. 4), S. 7ff.

7 *Weidenfeld*, a.a.O. (Anm. 2), S. 34f.

8 Ebenda, S. 34. Siehe auch *Klaus Pöhle*, Europäische Union à la Maastricht. Eine ernste Herausforderung für die Parlamente in der EG, in: ZParl, 24. Jg. (1993), H. 1, S. 49ff., besonders S. 56f.

In die gleiche Richtung deutet die erste Ansprache des neugewählten EP-Präsidenten *Klaus Hänsch*. Am 20. Juli 1994 forderte er unter Beifall des versammelten Plenums „nicht nur ... mehr Rechte für das direkt gewählte Europäische Parlament", sondern versicherte zugleich „dem Rat mit aller Deutlichkeit" die volle Ausschöpfung und effektive Nutzung aller dem Europäischen Parlament bereits zugestandenen Mitwirkungsrechte. Gleichzeitig verlangte er die Stärkung der „parlamentarischen Demokratie in der Europäischen Union". Zwar habe Maastricht „juristisch gesehen" die Rolle des Europäischen Parlaments bei der Wahl des Kommissionspräsidenten bisher lediglich durch das Zugeständnis von Konsultativrechten gestärkt. „Aber politisch gesehen ist jeder Kandidat gescheitert, der in diesem Parlament keine Majorität findet".

Die politischen Absichten und Erwartungen der Vertreter dieser „Stärkungs-Thesen" treten klar hervor: Je mehr Mitwirkungsrechte bei der Rechtssetzung und je gewichtigere Mitentscheidungsbefugnisse bei der Bestellung und Abberufung des Präsidenten und der übrigen Mitglieder der Kommission dem Europäischen Parlament zugestanden werden, desto eindeutiger wird das Demokratie-Defizit der Europäischen Union abgebaut. Gemäß dieser Sichtweise reduziert folglich jede Kompetenzerweiterung des direkt gewählten Parlaments das Demokratie-Defizit der Europäischen Union und erweist sich somit als wesentlicher Demokratisierungsbeitrag.

Diesem unstreitig lobenswerten „politisch-pädagogischen" Ziel soll wohl auch die in diesem Zusammenhang in den Diskussionen recht ungeniert verwandte Terminologie dienen. Hierzu gehört etwa die Redewendung von der EG- bzw. EU-*Gesetzgebung*, obwohl es dergleichen auf der europäischen Gemeinschaftsebene zwar im materiellen, keineswegs jedoch im formellen Sinne gibt. Formfragen sind aber keine Lappalien, denn die Form ist die Feindin der Willkür und damit die Schwester der Freiheit. Und im formellen Sinne kennt die Europäische Union neben sonstigen Beschlüssen in ihrer Rechtssetzung eben keine Gesetze, sondern lediglich Verordnungen und Richtlinien. Gesetze können in einer Demokratie im Normalfall allein durch Zustimmung des Parlaments zustande kommen. So sieht auch das Grundgesetz in Artikel 81 einen Gesetzesbeschluß ohne Zustimmung des Bundestages, des deutschen nationalen Parlaments, lediglich unter den Ausnahmebedingungen des Gesetzgebungsnotstandes vor. In der Europäischen Union werden im Gegensatz dazu deren „Gesetze im materiellen Sinne" – abgesehen von einigen wenigen Zustimmungsrechten des Europäischen „Parlaments" – aber nahezu ausnahmslos verbindlich im Ministerrat, einem reinen Exekutivorgan, beschlossen. Wer in der Europäischen Union deren Rechtssetzung als Gesetzgebung bezeichnet, steht demnach in der Gefahr, einen „Notstand" zur „demokratischen" Normalität zu erheben.

Dies trifft in beiderlei Hinsicht, das heißt sowohl formell wie materiell gesehen, letztlich auch auf die Verwendung des Begriffes „Parlament" für die europäische Versammlung zu – völlig unabhängig davon, daß diese Namensgebung tatsächlich so bereits mit der einheitlichen Europäischen Akte im Jahre 1987 vertragsoffiziell beschlossen wurde. Denn eine Repräsentativversammlung gewinnt erst dann die Qualität eines Parlaments, wenn ohne deren Beschlußfassung ein Gesetz prinzipiell nicht zustande kommen kann – und sei es auch nur wie im Deutschen Kaiserreich seitens des Reichstages in Form eines unverzichtbaren Zustimmungsrechts.[9] Zudem kann ein Parlament nur dort bestehen, wo es eine Regierung

9 Vgl. hierzu und zum folgenden *Steffani*, a.a.O. (Anm. 5), S. 49ff.

gibt; es sei denn, das Parlament selbst fungiert zugleich als Regierung („Versammlungsregierung"). Beides trifft aber auf die Europäische Union, wie sie zur Zeit organisiert ist, keineswegs zu.

Eine solche Kritik greift auch dann, wenn das Wort Parlament weitgehend mit der Kontrollkompetenz einer Versammlung gleichgesetzt wird. Denn von einer parlamentarischen Kontrolle kann ernsthaft nur gesprochen werden, wenn damit die Kompetenz zum sanktionsfähigen Überprüfen der Handlungen anderer gemeint wird. Als Sanktionspotentiale eines Parlaments kommen vor allem der Gesetzgebungsbeschluß und in einem parlamentarischen Regierungssystem dessen Verfügungsgewalt über den Bestand einer Regierung und die Amtsdauer ihrer Mitglieder in Betracht. Ohne eine entsprechende Gesetzgebungskompetenz und ohne die Existenz einer amtierenden Regierung kann es demnach schwerlich ein Parlament im beschriebenen Sinne geben.

In dieser Hinsicht besteht in der Europäischen Union offenbar ein Grundproblem, dessen politisch-pädagogische Intentionen sich durchaus als lobenswert erweisen mögen, mit denen faktisch jedoch zugleich ein wesentlicher Beitrag zu so manchen Mißverständnissen und mannigfachen Verwirrungen verbunden ist. Das hier gemeinte „Grundübel" besteht in der gängigen Praxis, auf nationalstaatlicher Ebene entwickelte und geprägte Begriffe wie Gesetzgebung, Parlament, Regierung, ja selbst Demokratie (als unverzichtbarer Legitimationsgrundsatz schlechthin) all zu kühn, wenn nicht gar leichtfertig, auf die Ebene der Europäischen Union und ihrer supranationalen Vorgängerinnen zu übertragen. Denn was auf nationalstaatlicher Ebene unter Gesetzgebung, Parlament, Regierung und auch Demokratie verstanden wird, trifft so auf die in der Europäischen Union bisher entwickelten Organisationsformen, Handlungsabläufe und Legitimationsprozesse eben noch nicht zu.

Angesichts der nachweisbaren Wandlungen im gesamteuropäischen Entwicklungsprozeß und der weitgehenden Offenheit seiner Zukunftsformen im Einzelfall und insgesamt können sich solche Begriffsübertragungen daher auch eher als belastend denn hilfreich herausstellen. Um welch fundamentalen Weiterentwicklungsbedarf es sich dabei zu handeln vermag, läßt beispielsweise der im Reformprogramm der zitierten Europäischen Strukturkommission enthaltene Satz erkennen: „Die Kommission nimmt die Exekutivfunktion wahr, indem sie sich zur Regierung der Union weiterentwickelt".[10] Eine Regierung kennt die Union demnach bisher nicht – und dennoch soll bereits ein „Europäisches Parlament" mit allerdings gerade in dieser Hinsicht gegenüber den nationalen Parlamenten grundlegend begrenzten Befugnissen bestehen?

Wird der eingangs zitierte Satz der Europäischen Strukturkommission, wonach „für die europäische Demokratie die gleichen demokratischen Standards gelten müssen wie in den Mitgliedstaaten" – die alle, wenn im einzelnen auch in unterschiedlicher Ausprägung, den Grundsätzen des demokratischen Verfassungsstaates verpflichtet sind – ernst genommen, so wird hiermit das entscheidende Demokratie-Dilemma evident. Wie läßt es sich präzisieren?

10 *Weidenfeld*, a.a.O. (Anm. 2), S. 34.

3. Das Demokratie-Dilemma

Das Demokratie-Dilemma der EU liegt vor allem in zwei ausschlaggebenden Dimensionen begründet: Zum einen in der unverzichtbaren Geltungskraft des demokratischen Gleichheitssatzes, und zum anderen in der Rückkoppelung der EU-Entscheidungsorgane zum „Volk" als dem Träger aller demokratisch legitimierten Staatsgewalt („Volkssouveränität"). In beiderlei Hinsicht unterliegt die EU einem fundamentalen Demokratie-Dilemma – und zwar sowohl in ihrem gegenwärtigen Istzustand als auch hinsichtlich der von verschiedenen Reformern angestrebten Entwicklung zu einer intensiveren Wirkungsdichte der EU bis hin zur Entfaltung einer wie auch immer organisierten Bundesstaatlichkeit.
Die erstgenannte Dimension hat der Bayerische Ministerpräsident *Edmund Stoiber* kürzlich in einem FAZ-Beitrag anklingen lassen, als er formulierte:

„Die institutionellen Defizite sind so gewichtig, daß sie auch ohne eine weitere Integration gelöst werden müßten. Die politische Verantwortung für Entscheidungen muß deutlich erkennbar werden. Die zersplitterten Leitungsfunktionen in der EU sind zu bündeln und die Rechte des Parlaments *unter der Prämisse des gleichen Stimmrechts bei Wahlen* zu stärken."[11]

Im Klartext heißt das, daß eine Stärkung der Befugnisse des Europäischen Parlaments wohl erstrebenswert wäre, ohne eine gleichzeitige Egalisierung des Stimmrechts der EU-Bürger jedoch nicht zur angestrebten Verwirklichung von Demokratie in der EU führen kann. Ein Abbau des Demokratie-Defizits allein durch Stärkung des Europäischen Parlaments vermag insofern das Demokratie-Dilemma der EU nicht zu verringern. Im Gegenteil: Der Abbau des Demokratie-*Defizits* impliziert eine Verschärfung des Demokratie-*Dilemmas.*
Der Vertrag von Maastricht hat mit der Einführung der Bezeichnung „Unionsbürgerschaft" im neuen EG-Vertrag (Artikel 8) zwar die unionsweite Gleichheit dieser Bürgerrechte hervorgehoben[12], nicht jedoch ein gleiches Stimmrecht garantiert, denn es heißt (weiterhin) in Art. 138 des neuen EG-Vertrages: „Die Abgeordneten der Völker der in der Gemeinschaft vereinigten Staaten im Europäischen Parlament werden in allgemeiner, unmittelbarer Wahl gewählt". Von einer „gleichen Wahl", dem unverzichtbaren Demokratiegebot, wie es selbstverständlich auch in Art. 38 GG allen deutschen Bundesbürgern bei der Wahl des Bundestages garantiert wird, ist nicht die Rede. Denn die „Völker der Gemeinschaft" und nicht die gleichberechtigten Unionsbürger sind die Wähler des Europäischen Parlaments. Daher wird von manchen Verfechtern einer Stärkung des EP-Parlaments auch vornehmlich auf dessen Direktwahl abgehoben, der notwendige Abbau an demokratiewidriger Ungleichheit hingegen möglichst verschwiegen oder einer ferneren Zukunft überlassen. Denn mit deren Beseitigung in der Gegenwart wäre die EU angesichts der „realen Machtverhältnisse" unter den Mitgliedstaaten wohl auch heute noch völlig überfordert.
Die Zuweisung von Abgeordnetensitzen an die Mitgliedstaaten ist demgemäß nicht am demokratischen Gleichheitssatz ausgerichtet, sondern folgt dem Machtkalkül einer als „angemessen" erachteten Proportionalität. Von einem auch nur annähernd garantierten Stimmgleichgewicht unter den Unionsbürgern kann demzufolge keine Rede sein. Die Relationen

11 *Edmund Stoiber*, Was zum „Kern" Europas gehört, in: F.A.Z. vom 21.10.1994 (Hervorhebung nicht im Original).

12 Zu diesem Gesamtkomplex jetzt *Rudolf Hrbek* (Hrsg.), Bürger und Europa, Baden-Baden 1994.

Tabelle 1: Anzahl der Wähler im Verhältnis zu den EP-Abgeordneten des jeweiligen EU-Staates im September 1994 sowie Relationen nach dem Gleichheitssatz, gemessen an drei verschiedenen Maßstäben – Luxemburg, Irland, Belgien

Land	Anzahl der Abgeordneten im EP Sept. 1994	Wahlberechtigte EP-Wahlen Sept. 1994*	Relation Wähler-Abgeord.	Abgeordnetenzahl bei W-A-Relation		
				Lux.	Irl.	Belg.
Luxemburg	6	224.031	37.338	*6*	1	1
Irland	15	2.631.575	175.438	70	*15*	9
Dänemark	16	3.994.200	249.637	107	23	14
Belgien	25	7.211.311	288.452	193	41	*25*
Portugal	25	8.565.822	342.633	229	49	30
Griechenland	25	9.485.495	379.420	254	54	33
Niederlande	31	11.620.300	374.848	311	66	40
Spanien	64	31.558.724	493.105	845	180	109
Frankreich	87	39.044.441	448.787	1.045	223	135
Großbritannien	87	43.443.944	499.356	1.163	248	151
Italien	87	47.489.843	545.860	1.271	271	165
Deutschland	99	60.473.927	610.848	1.620	345	210
EP-Gesamt	567			6.114	1.516	922

* Daten nach: Europäisches Parlament, Generaldirektion Information und Öffentlichkeitsarbeit – zentrale Presseabteilung: Europawahl 1994, Ergebnisse und gewählte Mitglieder – endgültige Ausgabe (Stand 12. September 1994), PE 182.762.

zwischen den einzelnen Mitgliedstaaten wurden vielmehr politisch festgesetzt. Welche Zahlenverhältnisse sich daraus für die Wahlen zum Europäischen Parlament vom September 1994 ergaben, zeigt Tabelle 1.

Nach den Wahlen von 1994 gehörten dem Europäischen Parlament 567 Abgeordnete an. Wird bei der Errechnung des gleichen Stimmverhältnisses zwischen einem Abgeordneten und den wahlberechtigten Bürgern seines jeweiligen Mitgliedstaates von der Abgeordnetenzahl Luxemburgs ausgegangen, so müßten Deutschland heute 1.620 EP-Mitglieder zugestanden werden und nicht 99, wie geschehen. Wird dagegen Luxemburg eine Sonderrolle eingeräumt, wofür sich gute Argumente finden ließen, müßten den Deutschen dennoch mindestens 345 Mandate zugerechnet werden. Selbst wenn das in Belgien heute geltende Wähler-Abgeordneten-Verhältnis zum Ausgangspunkt genommen würde, hätten die Wahlberechtigten der Bundesrepublik immer noch einen mehr als doppelt so hohen „Zuweisungsanspruch" wie er tatsächlich zugestanden wurde.

Daß dieses Ungleichgewicht im Stimmverhältnis der einzelnen Mitgliedstaaten zueinander auch nach dem Beitritt neuer Staaten aufrechterhalten werden soll, ist vom Europäischen Parlament offenbar als politisch notwendig akzeptiert worden. Am 10./11. Dezember 1993 folgte der Europäische Rat in Brüssel im Grundsatz der Sitzverteilung für die vier neuen Beitrittsländer, wie sie das Europäische Parlament in seinen Entschließungen vom 10. Juni 1992 und 15. Juli 1993 empfohlen hatten: Demgemäß sollten künftig Schweden 21, Österreich 20, Finnland 16 und Norwegen 15 Mandate erhalten. Schweden und Österreich gelang es im Rahmen ihrer Beitrittsverhandlungen jedoch, jeweils einen weiteren Sitz zu

Tabelle 2: Stimmenverhältnis eines EP-Abgeordneten zu seinen Wählern gemessen am Verhältnis eines luxemburgischen bzw. belgischen EP-Abgeordneten zu seinen Wählern (Sept. 1994)

	Luxemburg	Belgien
Luxemburg	***1,00***	0,13
Irland	4,70	0,61
Dänemark	6,69	0,87
Belgien	7,72	***1,00***
Portugal	9,18	1,19
Griechenland	10,16	1,32
Niederlande	10,04	1,30
Spanien	13,21	1,71
Frankreich	12,00	1,56
Großbritannien	13,37	1,73
Italien	14,62	1,89
Deutschland	16,34	2,11

erhalten, so daß sich die Gesamtzahl der EP-Mitglieder damit von 567 um 74 auf 641 erhöhen sollte.[13]

Wie unterschiedlich das Stimmgewicht der Unionsbürger heute ist, läßt Tabelle 2 erkennen. Wird der Luxemburger Wähler zum Maßstab genommen, so haben heute 12 französische Wähler das gleiche Stimmengewicht wie ein Luxemburger. Wird – was, wie gesagt, möglicherweise „angemessener" erscheint – von Belgien ausgegangen, so hat gegenwärtig ein belgischer EP-Wähler das Stimmgewicht von etwa zwei Italienern.

Bei diesen Gleichheitserwägungen sollten allerdings zumindest zwei Hinweise bedacht bleiben, die zu unterschiedlich bedeutsamen Korrekturen führen können. So hat laut Maastricht nach Art. 8b (2) des neuen EG-Vertrages „jeder Unionsbürger mit Wohnsitz in einem Mitgliedstaat, dessen Staatsangehörigkeit er nicht besitzt, in dem Mitgliedstaat, in dem er seinen Wohnsitz hat, das aktive und passive Wahlrecht bei den Wahlen zum Europäischen Parlament, wobei für ihn dieselben Bedingungen gelten wie für die Angehörigen des betreffenden Mitgliedstaats". Deutsche Staatsangehörige, die etwa in Irland ihren Wohnsitz haben, könnten also ihr „europäisches Stimmgewicht" durchaus merklich erhöhen. Es wird geschätzt, daß bei den Europawahlen vom 19. September 1994 in der Bundesrepublik „von den ungefähr 1,2 Mio. EU-Bürgern in Deutschland ca. 6-10 Prozent die Teilnahme an der Wahl beantragt haben."[14]

Zum anderen ist es auch in „altbewährten" Demokratien wie den USA nicht ungewöhnlich, daß selbst bei einer gesetzgeberisch prinzipiellen Gleichberechtigung beider Kammern des nationalen Parlaments die eine Kammer nach dem Prinzip „one man one vote", die andere hingegen nach einem davon abweichenden Verteilungsschlüssel zusammengesetzt ist. Im Bundesstaat sind dort üblicherweise die ihn bildenden Einzelstaaten (Länder) als gleichstarke Einheiten – wie im Senat der USA – oder nach einer politisch festgelegten Sitzzahl-Abstufung – wie im deutschen Bundesrat – vertreten. Kein Bundesstaat erfüllt jedoch die

13 Vgl. *Sven Hölscheidt* und *Thomas Schotten*, Wahl und Organisation des Europäischen Parlaments, in: apf, Heft 8, August 1994, S. 145. Ohne Norwegen sind es 626 Abgeordnete.

14 Europäisches Parlament PE 182.762 (Stand 12. September 1994), S. 10.

Minimalbedingungen einer bundesstaatlichen Demokratie, in dessen Parlament nicht zumindest die eine, an jeder gesetzgebenden Beschlußfassung ausschlaggebend beteiligte Kammer nach dem Gleichheitsprinzip aller Wähler zusammengesetzt ist. Dabei wird normalerweise jedem Einzelstaat mindestens ein Abgeordnetenmandat zugestanden. Dies ist in den USA der Fall.

Auch der amerikanische Bundesstaat ist erst über Jahrzehnte hinweg demokratisiert worden. Kann doch von einer Demokratie, in der das Prinzip gleicher Wahl für alle gilt, überhaupt erst seit Einführung des Frauenwahlrechts ernsthaft die Rede sein. Das Frauenwahlrecht wurde in den USA aber nicht vor 1920 eingeführt, in der Schweiz auf Bundesebene sogar erst 1971. Und während laut amerikanischer Verfassung seit Anbeginn „die Sitze im Repräsentantenhaus ... auf die einzelnen Staaten, die dieser Union angeschlossen sind, im Verhältnis zu ihrer Einwohnerzahl verteilt werden“[15], ist die Geltungskraft dieses Prinzips auch für die Wahlkreiseinteilung innerhalb der Einzelstaaten erst im Jahre 1964 vom Obersten Gerichtshof der Union festgestellt worden. Damals fand der oberste Richter des Supreme Court, *Earl Warren*, Sätze der Urteilsbegründung, deren Inhalt in Europa erst *zwischen* den Mitgliedstaaten volle Gültigkeit erlangen müßte, bevor der Abbau des Demokratie-Defizits wirklich gelingen und nicht zur Verstärkung des Demokratie-Dilemmas führen sollte:

> „Legislators represent people, not trees or acres. Legislators are elected by voters not farms or cities or economic interests. As long as ours is a representative form of government, and our legislatures are those instruments of government elected directly by and directly representative of the people, the right to elect legislatores in a free and unimpaired fashion is a bedrock of our political system.“[16]

Bislang hat sich in Europa der demokratische Gleichheitssatz lediglich in seinen Nationalstaaten durchsetzen lassen. Auf ihm beruht der demokratische Verfassungsstaat. Solange sich der demokratische Gleichheitssatz bisher nur im Nationalstaat, nicht jedoch bei der Sitzverteilung im Europäischen Parlament verwirklichen läßt, bleibt die Rückkopplung der Entscheidungsorgane der Europäischen Union an den *demokratischen* Nationalstaat deren wesentliche Legitimationsbasis. Das demokratisch gewählte Parlament jedes Mitgliedstaates wird so zum Hauptvermittler einer demokratischen Legitimation der politischen Entscheidungsprozesse in der Europäischen Union. Solange im Europäischen Parlament nicht das „Volk Europas“, sondern – mit unterschiedlichem Stimmgewicht – die Völker der Mitgliedstaaten der EU durch ihre Vertreter repräsentiert sind, dürfte noch eine beschwerliche Wegstrecke von der Aufbauphase Europas hin zu deren „hinreichender“ Demokratisierung auf europäischer Ebene zurückzulegen sein.

Das Demokratie-Dilemma enthält daher neben dem verletzten Gleichheitssatz in der Rückkopplungs-Problematik eine weitere Dimension. Denn sowohl aus demokratietheoretischer wie verfassungsrechtlicher Sicht wird die EU heute weniger durch das direkt gewählte Europäische Parlament als vielmehr primär über die Rückkopplung des entscheidungserheblichen Ministerrats an die nationalen Parlamente seiner Mitgliedstaaten demokratisch legitimiert. Warum dies so ist, hat das Bundesverfassungsgericht am 12. Oktober 1993 in Karlsruhe näher dargetan und anhand seiner verbindlichen Interpretation maßgeblicher

15 Art. 1 Abschnitt 2 Sektion 3 US-Verfassung vom 17.9.1787.

16 Reynolds v. Sims, 1964, in: *Harold W. Chase* und *Craig R. Ducat*, Constitutional Interpretation. Cases – Essays – Materials, St. Paul, Minn., 1974, S. 856.

Setzungen des Grundgesetzes für die deutsche Mitgliedschaft in der EU als notwendig erklärt.

4. Das Gerichtsurteil vom 12. Oktober 1993

Das Bundesverfassungsgericht in Karlsruhe hatte sich vor dem Inkrafttreten des Maastrichter Vertrages in Deutschland mit einer Reihe von Klageanträgen zu befassen, unter denen vornehmlich zwei bedeutsam wurden.[17] Seitens Grüner EP-Abgeordneter war der Vorwurf erhoben worden, daß eine weitere Kompetenzübertragung von der Bundesrepublik auf die europäische Ebene nur im Rahmen einer erheblich gewichtigeren „Demokratisierung" als im Vertrag vorgesehen erfolgen dürfe. Ihnen ging es im wesentlichen, um eine stärkere Durchsetzung demokratischer Grundsätze in der EU. Anders wurde im Namen des Klägers *Manfred Brunner* argumentiert. Hier schienen die zahlreichen verfassungsrechtlichen Hinweise auf eine unzulässige Aushöhlung der allein vom deutschen Volk demokratisch legitimierten bundesrepublikanischen Staatsgewalt eher dem Ziel einer prinzipiellen Gegnerschaft gegen die in Maastricht getroffenen, als viel zu weitreichend empfundenen Kompetenzübertragungen zu dienen.

Tatsächlich haben die vor dem Verfassungsgericht anhängigen Streitverfahren die staatsrechtlichen Auseinandersetzungen deutscher Rechtsexperten merklich aktiviert. In diesem Zusammenhang war im Blick auf einige grundgesetzliche Bestimmungen sogar von einem „Maastrichter Staatsstreich" die Rede. In kritischer Auseinandersetzung mit einer so gearteten extremen Rechtssicht war bereits Anfang 1993 eine Schrift des Jenaer Staatsrechtlers *Peter M. Huber* erschienen, die im wesentlichen wichtige Auffassungen des Karlsruher Gerichts vorwegnahm und dabei zugleich mit Nachdruck auf die vom Grundgesetz in seiner gegenwärtigen Form prinzipiell gezogenen Grenzen eines deutschen Beitritts zu einem europäischen Bundesstaat aufzeigte.[18]

Huber kam in Übereinstimmung mit dem späteren Gerichtsurteil zu dem Ergebnis, „daß der Maastrichter Vertrag weder den Beitritt der Bundesrepublik Deutschland zu einem europäischen Bundesstaat enthält, noch daß die sonst durch Art. 79 III GG gezogenen Grenzen überschritten worden wären". Zur weiteren Entwicklung wurde dann aber mit gleicher Entschiedenheit ausgeführt:

> „Nach dem Willen des Maastrichter Vertrages ... und dem erklärten Willen der deutschen Bundesregierung soll dieser Vertrag jedoch lediglich ein Zwischenschritt zu einer noch engeren Verbindung der Mitgliedstaaten sein. Es liegt auf der Hand, daß wohl mit dem nächsten Intergrationsschritt die durch Art. 79 III GG gezogene Grenze überschritten werden dürfte ... Über die weiteren Schritte zur

17 Vgl. hierzu insbesondere *Sven Hölscheidt* und *Thomas Schotten*, Von Maastricht nach Karlsruhe – Der lange Weg des Vertrages über die Europäische Union, Rheinbreitbach 1993; Wissenschaftliche Dienste des Deutschen Bundestages, Materialien Nr. 123: Maastricht – Ratifizierung und Verfassungsprozeß, November 1993; sowie jetzt *Sven Hölscheidt* und *Thomas Schotten*, Demokratie in Europa nach Maastricht – Entscheidung des Bundesverfassungsgerichts, in: Verwaltungsrundschau, Heft 5–6, Mai/Juni 1994, S. 183–189.

18 Siehe *Peter M. Huber*, Maastricht – ein Staatsstreich? Stuttgart u.a. 1993, dazu die Buchbesprechung von *Thomas Schotten* in: apf, Januar 1994, S. 19f. Vgl. auch *Peter M. Huber*, Die Rolle des Demokratieprinzips im europäischen Integrationsprozeß, in: Staatswissenschaften und Staatspraxis, 1992, S. 349–378.

europäischen Integration nach Maastricht wird das Volk deshalb in einer gesonderten Volksabstimmung zu befinden haben."[19]

Aber nicht nur in dieser Perspektive und dem Gelingen eines solchen Volksentscheids in Deutschland als Risiko liegt das Demokratie-Dilemma der EU. Es liegt ebenso in den Konsequenzen des vom Verfassungsgericht festgestellten und gegenwärtig unverzichtbar geltenden Rückkopplungsgebots, da sich nur so eine demokratische Legitimation der EU absichern lasse. Was das Gericht hierzu hinsichtlich der Stellung und künftigen Aufgaben, wenn nicht Pflichten des Deutschen Bundestages zu verkünden hatte, ist dem Beitrag *Christians Raths*[20] zu entnehmen. In genereller Hinsicht hat das Verfassungsgericht hierzu – zusammengefaßt in den Leitsätzen 2 bis 4 – in seiner Urteilsverkündung vom 12. Oktober 1993 ausgeführt:[21]

„Das Demokratieprinzip hindert die Bundesrepublik Deutschland nicht an einer Mitgliedschaft in einer – supranational organisierten – zwischenstaatlichen Gemeinschaft. Voraussetzung der Mitgliedschaft ist aber, daß eine vom Volk ausgehende Legitimation und Einflußnahme auch außerhalb des Staatenverbundes gesichert ist. Nimmt ein Verbund demokratischer Staaten hoheitliche Aufgaben wahr und übt dazu hoheitliche Befugnisse aus, sind es zuvörderst die Staatsvölker der Mitgliedstaaten, die dies über die nationalen Parlamente demokratisch zu legitimieren haben. Mithin erfolgt demokratische Legitimation durch die Rückkopplung des Handelns europäischer Organe an die Parlamente der Mitgliedstaaten; hinzu tritt – im Maße des Zusammenwachsens der europäischen Nationen zunehmend – innerhalb des institutionellen Gefüges der Europäischen Union die Vermittlung demokratischer Legitimation durch das von den Bürgern der Mitgliedstaaten gewählte Europäische Parlament. Entscheidend ist, daß die demokratischen Grundlagen der Union schritthaltend mit der Integration ausgebaut werden und auch im Fortgang der Integration in den Mitgliedstaaten eine lebendige Demokratie erhalten bleibt.
Vermitteln – wie gegenwärtig – die Staatsvölker über die nationalen Parlamente demokratische Legitimation, sind der Ausdehnung der Aufgaben und Befugnisse der Europäischen Gemeinschaften vom demokratischen Prinzip her Grenzen gesetzt. Dem Deutschen Bundestag müssen Aufgaben und Befugnisse von substantiellem Gewicht verbleiben."

Das Bundesverfassungsgericht hat damit festgestellt, daß gegenwärtig die demokratische Legitimation der EU und seiner Entscheidungsorgane primär über die nationalen Parlamente bewirkt wird und eine demokratische Legitimation durch das Europäische Parlament

19 *Huber*, Maastricht – ein Staatsstreich? (Anm. 18), S. 48f. Die in diesem Zusammenhang von *Huber* geprägten Formeln vom Verbot einer „positiven" bzw. der Zulässigkeit einer „negativen demokratischen Kompetenz" für das EP sind in dieser Formulierung mehr als bloß „unglücklich" gewählt. Gemeint ist die Unterscheidung von alleiniger bzw. letztinstanzlich allein entscheidender Kompetenz („positiv") einerseits und mitentscheidender Kompetenz („negativ") andererseits. Warum letztere eine „negative demokratische Kompetenz" sein soll, ist nicht ersichtlich (vgl. *Huber*, ebd., S. 32f. und 41f.). Die Unterscheidung zwischen „allein" und „mit" durch die gleichsam abwertende Wortwahl „positiv" und „negativ" zu belasten, geht m.E. fehl. Im übrigen ist ein Zustimmungserfordernis kein „Veto", weil letzteres erst beim ausdrücklichen Erheben eines Einspruchs Wirkung entfaltet (ebd., S. 33). Zum Ganzen auch *Huber* in: Sozialwissenschaften (Anm. 18), S. 361f.

20 In diesem Sammelband S. 114ff. Siehe auch *Wolfgang Fischer*, Die Europäische Union im Grundgesetz: der neue Artikel 23, in: ZParl, 24. Jg. (1993), H. 1, S. 32–49.

21 Bundesverfassungsgericht, Leitsätze zum Urteil des Zweiten Senats vom 12. Oktober 1993 – 2BvR 2134/92 und 2 BvR 2159/92. Die Leitsätze sind abgedruckt bei *Hölscheidt/Schotten*, Von Maastricht bis Karlsruhe (Anm. 17), S. 131ff. Siehe auch die umfangreiche Dokumentation von *Ingo Winkelmann* (Hrsg.), Das Maastricht-Urteil des Bundesverfassungsgerichts vom 12. Oktober 1993 – Dokumentation des Verfahrens mit Einführung, Berlin 1994, 802 Seiten.

lediglich „hinzutrete", also sekundär sei. Die nationalen Parlamente sind deshalb hierzu primär erforderlich, weil allein sie anhand des Gleichheitssatzes all seiner Bürger von einem bestimmten Alter an durch deren demokratische Wahlen dazu ermächtigt sind. Der Bundestag als das deutsche nationale Parlament ist dabei allerdings an den auch mit einer verfassungsändernden Zweidrittel-Mehrheit nicht revidierbaren Grundsatz des Artikel 20 Abs. 2 Satz 1 GG gebunden, wonach „alle Staatsgewalt vom Volke ausgeht" – womit nur das deutsche Volk gemeint ist – und ihm daher auch nicht vorenthalten oder gar entzogen werden darf. Konsequenterweise könne es in der EU auch keinen dahingehenden Automatismus geben, daß ohne eine besondere Beschlußfassung des Bundestages eine weitere Kompetenzausweitung der EU erfolgen könnte. In gleicher Weise haben daher nach der Argumentation des deutschen Verfassungsgerichts alle nationalen Parlamente darüber zu befinden, welche Handlungsspielräume den nationalen Regierungen und deren Vertretern insbesondere bei den Beschlußfassungen des Ministerrats der EU zugestanden werden. Die nationalen Parlamente trügen ihren Bürgern gegenüber die volle politische Verantwortung für das Handeln ihrer Regierungsvertreter in der EU. Daher bilde deren Rückkopplung an die nationalen Parlamente auch die primäre Quelle einer jeden demokratischen Legitimation der EU.

Für eine Weiterentwicklung der Europäischen Gemeinschaften und der EU bei Aufrechterhaltung und zunehmender Ausweitung ihrer demokratischen Legitimation mag der Abbau des bestehenden Demokratie-Defizits über das Europäische Parlament demgemäß von hoher Bedeutung sein. Ohne eine kompetente Wahrnehmung der primären Legitimationsfunktion durch die nationalen Parlamente dürfte dies jedoch bereits heute schwerlich überzeugend zu bewerkstelligen sein. Sind die nationalen Parlamente dazu heute aber überhaupt hinreichend in der Lage? Sind sich die nationalen Parlamente ihrer Verpflichtung dazu um unserer aller demokratischen Zukunft willen überhaupt hinreichend bewußt?

Die Wissenschaft bleibt aufgefordert, sich dieser Problematik durch eingehende Zustandserhebungen, Funktionshinweise und Reformanregungen weit intensiver als bisher zu widmen.[22] Und unsere nationalen Parlamentarier müßten von jedermann weit mehr als bisher dazu angehalten werden, diese demokratische Legitimationsfunktion über ihre Repräsentanten im EU-Ministerrat auch wahrzunehmen.

Dabei muß bedacht bleiben, daß alle Mitgliedstaaten der EU – einschließlich Frankreichs – ihrer verfassungsmäßigen Grundkonstruktion nach ein parlamentarisches Regierungssystem haben, in dessen Entscheidungszentrum die Regierungsmehrheit als politische Einheit aus Parlamentsmehrheit und Regierungspersonal steht.[23] Eine Regierungsmehrheit erscheint üblicherweise dann als besonders schwach, wenn ihre Mehrheit sich in Zerrissenheit quält und vor allem die Regierungsführung eher geduldet denn politisch überzeugend mitgetragen und verantwortet wird.

Es kann in diesem Zusammenhang zu Mißverständnissen verleiten, wenn von europäischer Warte aus gerade solche Parlamente oder gesetzgebenden Körperschaften (wie der deutsche Bundesrat, der die Bundesregierung weder einsetzen noch abberufen kann) gleichsam als Musterbeispiele eigenständig handelnder, europakompetenter nationaler Parlamente gelobt

22 Ebenso *Pöhle*, a.a.O. (Anm. 8), S. 63.

23 Näheres dazu bei *Steffani*, a.a.O. (Anm. 5), S. 12f. Speziell zum parlamentarischen Regierungssystem der Republik Frankreichs ebenda S. 15f. und der Beitrag von *Barbara Oertel*, ebd., S. 157ff.

werden, die in dieser Hinsicht eine Sonderrolle einnehmen. Dies trifft beispielsweise für das dänische Parlament zu, das einer „Minderheitsregierung" tolerierend gegenübersteht und wo beide – Parlament wie Regierung – insoweit nur beschränkt handlungsfähig sind. Und erst recht gilt dies für den deutschen Bundesrat, der ein bloß „mitwirkendes" Exekutivorgan darstellt. Andererseits erscheinen von dieser Sichtwarte her Parlamente wie die französische Nationalversammlung der V. Republik oder gar das britische Unterhaus im Verhältnis zu ihrer Regierung als machtlose Repräsentativversammlungen. Dabei ist gerade der britische Premierminister nur dann und nur solange das wichtigste und machtvollste Mitglied seines Parlaments – und ohne Zugehörigkeit zu ihm kann er gar nicht Regierungschef sein –, solange deren Mehrheit ihn trägt. Wer dem britischen House of Commens dessen Regierungsbank entzieht, „kastriert" das Parlament.[24]

Die ehemalige britische Premierministerin *Margret Thatcher* gehörte einem Parlament an, das deshalb als „souverän" gilt, weil seine Beschlüsse Verfassungsrang haben. Sie konnte als dezidierte EU-Gegnerin später möglicherweise mit aus diesem Grunde die deutschen Verfassungsprobleme und die Urteilsfindung des Bundesverfassungsgerichts kaum angemessen würdigen. Daher wohl auch ihr bekannter Ausspruch, den sie in ihrer Eigenschaft als einfaches Mitglied des britischen House of Lords machte: Deutschland wolle sich offensichtlich nicht einem konföderierten Europa anschließen, sondern erwarte wohl, daß sich der Rest Europas Deutschland unterordnen solle. Dabei hatte das Bundesverfassungsgericht angesichts der anhängigen Rechtsstreitfragen über das deutsche Zustimmungsgesetz zum Maastricht-Vertrag einige juristisch mehrdeutige Bezeichnungen geprägt, um gerade der Bundesrepublik die Zustimmung zum Maastrichter Vertragswerk so leicht wie möglich zu machen. Hierzu zählt insbesondere das Wortgebilde „Staatenverbund", womit offenbar eine Aussage darüber, ob die EU nun ein (völkerrechtlich konstruierter) Staatenbund oder bereits *in nuce* ein (staatsrechtlich strukturierter) Bundesstaat sei, „elegant" umschifft wurde.[25] Zumindest ist dieses Wortgebilde Staaten*verbund* immer noch besser als die Formel der EG beziehungsweise EU als einer supranational rechtssetzenden Organisationsform *sui generis*. Mit dem nachdrücklichen Hinweis auf die Völker der Mitgliedstaaten und deren nationale Parlamente – und damit die insoweit auch heute unverzichtbare Bedeutung des *demokratischen* Nationalstaates – als gegenwärtig ausschlaggebender Legitimationsbasis einer europäischen Demokratie hat das Bundesverfassungsgericht den Beitritt Deutschlands zum Maastrichter Vertrag für grundgesetzkonform erklärt. Mit der Formel von der EU als einem Staaten*verbund* hat das Gericht darüber hinaus den politischen Instanzen der europäischen Völkergemeinschaft ebenso wie den EU-Organen und den politisch Handelnden in der Bundesrepublik den Weg für eine künftig noch engere Verbindung der Mitgliedstaaten – bis hin zur Entwicklung eines europäischen Bundesstaates – keineswegs verbaut, sondern weit eher deutlich offengelassen. Ob dieser Weg für den deutschen Bundesbürger aber weiterhin ohne die Zwischenschaltung eines darauf abzielenden Volksentscheides rechtlich

24 Eingehendere Darlegungen hierzu bei *Olaf Jensen* und *Winfried Steffani*, Königreich Dänemark, in: ebd., S. 93ff., bes. 109ff., *Barbara Oertel*, Republik Frankreich, 162ff., *Lars Kastning*, Vereinigtes Königreich, 375ff., bes. 381ff. Zur kritisierten Sichtweise siehe *Pöhle*, a.a.O. (Anm. 8), S. 54, 59f.

25 Bei *Huber*, a.a.O. (Anm. 18), S. 44, heißt es noch lapidar: „Die Europäische Union – nach wie vor ein Staatenbund", und bei *Pöhle*, a.a.O. (Anm. 8), S. 50, lautet der erste Zwischentitel: „Der Vertrag von Maastricht – Durchbruch zum europäischen Bundesstaat?"

begehbar bleiben wird, scheint mir in demokratietheoretischer wie verfassungsrechtlicher Hinsicht zweifelhaft zu sein.[26]

5. Zur Rolle der nationalen Parlamente nach Karlsruhe

Die EU wäre ohne jedes andere Land in Europa durchaus vorstellbar, nur schwerlich ohne Deutschland. Dessen geopolitische Mittellage verpflichtet es gegenüber der Weiterentwicklung der EU zu besonderer Verantwortlichkeit. Die Bundesrepublik spielt dabei für den europäischen Integrationsprozeß dank seiner Lage eine ähnliche Rolle wie dies im Falle des Staates New York für das Zustandekommen der USA geschah. Ohne Zustimmung des Staates New York – für deren Zustandekommen 1787/8 die Autoren der Federalist Papers einen wesentlichen Beitrag leisteten –, hätte auch die damals bereits vollzogene Dreiviertel-Mehrheit der übrigen amerikanischen Gründungsstaaten nicht viel genutzt.[27] Ist es all zu kühn, dem Urteil des Karlsruher Verfassungsgerichts für die Teilhabe Deutschlands an der Weiterentwicklung des Staatenverbundes Europa eine ähnliche Bedeutung zuzugestehen?
Doch gerade durch diesen gewagten Vergleich wird erneut das Demokratie-Dilemma Europas evident: Während in den USA die letzte Entscheidung bei politischen Instanzen lag, enthält ausgerechnet die Verfassung Deutschlands bereits über Artikel 79 III GG in Verbindung mit den ersten Sätzen der Artikel 20 Abs. 2 und Artikel 38 Abs. 1 GG Bestimmungen, die es der deutschen Politik so schwer machen, angesichts der Entscheidungsmacht des grundgesetzgebundenen Verfassungsgerichts zum demokratischen Motor einer Weiterentwicklung im europäischen Integrationsprozeß zu werden.
Ob und wann in Deutschland die bestehenden verfassungsrechtlichen Hemmnisse gegenüber einer weiteren Demokratisierung der EU durch einen allgemeinen Volksentscheid überwunden werden können, sei dahingestellt. Auf jeden Fall stehen alle nationalen Parlamente, vor allem jedoch der Deutsche Bundestag, vor der Aufgabe, ihren Beitrag für eine demokratische Legitimation der EU-Organe heute zu leisten und den demokratisch legitimierten Willen hinsichtlich einer künftigen Weiterentwicklung der EU zu fördern und zu festigen.
In der Sichtweite des Karlsruher Verfassungsgerichts sehen sich gegenwärtig alle nationalen Parlamente – ungeachtet ihrer jeweils unterschiedlichen Stellung und Handlungsmöglichkeiten im Rahmen des je bestehenden Regierungssystems – vornehmlich drei Forderungen gegenüber: Zum ersten haben sie für die demokratische Rückkopplung der Entscheidungsträger im Ministerrat der EU Sorge zu tragen. Zum zweiten sehen die EU-Verträge hinsichtlich künftiger, weiterreichender Kompetenzzuweisungen keinen Automatismus vor, so daß derartige Ermächtigungen nur vermittels dazu durchgeführter „nationaler Parlamentsbeschlüsse“ erfolgen kann. Die Kompetenz-Kompetenz hierzu liegt eindeutig bei den Völkern der Mitgliedstaaten und deren demokratisch legitimierten Repräsentanten. Sie sind dabei

26 In dieser Hinsicht muß wohl ebenso *Huber*, a.a.O. (Anm. 18), S. 49f., gefolgt werden wie *Karl Albrecht Schachtschneider*, der als Verfahrensbevollmächtigter *Manfred Brunners* vor dem Bundesverfassungsgericht dessen Verfassungsbeschwerde eingehend juristisch begründete.
27 Für das Inkrafttreten der US-Verfassung waren (laut dessen Art. 7) neun (von dreizehn) Staaten ausreichend. Am 21. Juni 1788 hatte New Hampshire als neunter Staat zugestimmt. Ihm folgten Virginia am 25. Juni und New York erst am 26. Juli 1788.

an die Grenzsetzungen ihrer jeweiligen Verfassung gebunden. Zu den geforderten Ermächtigungen müssen die nationalen Parlamente jedoch in verantwortlicher Weise gerüstet und politisch in der Lage sein. Zum dritten sind die nationalen Parlamente, die die demokratische Legitimation der EU primär zu bewirken haben, dazu „europawärts" nicht nur befugt, sondern verpflichtet.

Die nationalen Parlamente können diesen Befugnissen beziehungsweise Pflichten allerdings nur dann nachkommen, wenn sie sich ihrer Kommunikationsfunktion weit stärker als bisher annehmen.[28] Hierzu müssen sie sich nicht allein in die Lage versetzen, das Handeln und Entscheiden der nationalen Repräsentanten (das heißt ihrer Regierungsmitglieder im Ministerrat der EU) beziehungsweise deren Vertretern informiert zu lenken und zu kontrollieren. Vielmehr müssen sie bei ihren Bürgern das Verständnis und die Akzeptanz von deren Handeln in der EU und die Bereitschaft möglichst vieler Bürger für eine Fortentwicklung der EU begründen und fördern helfen. Mitunter besteht der Eindruck, daß vor allem die Direktwahl der EP-Abgeordneten ausgerechnet die nationalen Parlamente der bevölkerungsmäßig größeren Mitgliedstaaten in ihrem bisherigen Versagen in dieser Hinsicht gleichsam begünstigt hat.

Der amtierende Generalsekretär der CDU, *Peter Hintze*, hat kürzlich hervorgehoben, daß der „Antagonismus von Führung und Freiheit zu einer der großen geistigen und politischen Fragen unserer Zeit werden wird."[29] In einer Demokratie bedeutet Führung sicherlich nicht geheime Kabinettspolitik einerseits und für die Öffentlichkeit manipulierte Propaganda andererseits, sondern teilnehmende Beobachtung, Mitentscheidung und zuverlässige Information der Bürger. Daß dies auch geschieht, gehört gerade „europawärts"[30] zu den primären Pflichten eines demokratischen Parlaments. Nur so kann es einen Beitrag zur Förderung des notwendigen EU-Bewußtseins seiner Bürger leisten.

Warum wurde – um ein hierfür besonders einschlägiges Beispiel zu nennen – seitens der nationalen Parlamente nicht längst mit Nachdruck gefordert, daß der in der EU letztendlich verbindlich beschließende Ministerrat öffentlich verhandeln und beschließen muß?[31] Was auf nationaler Ebene heute als demokratische Selbstverständlichkeit respektiert wird – in Deutschland sowohl im Bundestag wie im Bundesrat –, hat das etwa für die EU mit ihren Demokratieansprüchen keine Gültigkeit? Soll demokratische Legitimation in Europa durch bloße „Verkündung" und nicht gleichzeitig durch Transparenz der Willensbildung und Beschlußfassung bewirkt werden? Kommt es doch dabei insbesondere auf den Akt der Beschlußfassung und seine Begründung im Angesicht der politischen Kontrahenten an. Oder soll es gar heißen, daß sich das Europäische Parlament deshalb so nennen darf, weil es relativ wenige Beschlußrechte hat und sich daher auch wie ein nationales demokratisches

28 So mit Nachdruck *Pöhle*, a.a.O. (Anm. 8), S. 55.

29 *Peter Hintze*, Politik für zukünftige Generationen, in: RCDS-Magazin, Heft 5/94, S. 9. Zur Kritik des Mainzer Staatsrechtlers *Hans Heinrich Rupp* an der amtlichen „Desinformation" der Öffentlichkeit seitens der Bundesregierung siehe *Hölscheidt/Schotten*, a.a.O. (Anm. 17), S. 99f. Mein begründetes Ersuchen, mir die besonders monierte Schrift der Bundesregierung „Europa 2000, Dezember 1992", zuzusenden, konnte seitens des Presse- und Informationsamtes der Bundesregierung nicht erfüllt werden. Man konnte mir nur eine überarbeitete Neufassung zur Verfügung stellen!

30 Dies hier in Abwandlung der von *Christian Rath* geprägten Formel von der „unionswärtigen Gewalt" des Deutschen Bundestages (siehe Anm. 20).

31 Vgl. *Pöhle*, a.a.O. (Anm. 8), S. 51, 53f.

Parlament „räuspern" und „spucken" darf – während dies alles für das „gesetzgebende" Entscheidungsorgan Ministerrat so nicht gilt? Was wird eigentlich vom auf diese Weise ausgegrenzten Bürger erwartet, falls er – etwa im Rahmen einer Volksabstimmung – zu entscheiden hat? Wird es doch dabei letztendlich um die Frage gehen, ob die künftige Legitimationsbasis der EU weiterhin bei den „Völkern der Mitgliedstaaten" oder beim „Volk in Europa" liegen soll. Dann könnte auch aus dem völkerrechtlichen EU-Vertrag eine europäische Verfassung werden.

Wenn heute gelegentlich von „Maastricht Zwei" die Rede ist[32], so wird damit üblicherweise die für 1996 vorgesehene Regierungskonferenz zur „Revision" des Maastricht-Vertrages von 1993 gemeint. Dabei sollten sich nicht erst seit dem Gerichtsurteil vom Oktober 1993 insbesondere die nationalen Parlamente aufgefordert wissen, Vorschläge für eine Revision des Vertragswerks im Sinne einer weiteren Festigung der demokratischen Legitimation der EU zu erarbeiten.

Daß dies die Präsidentin des Deutschen Bundestages, *Rita Süssmuth*, ebenso sieht, hat sie nicht nur mit ihrem Appell an alle nationalen Parlamente, ihren Beitrag dazu zu leisten, bekundet. Vielmehr setzte sie sich ebenso tatkräftig für das Gelingen der am 12. September 1994 mit dem Thema „Mitwirkung der nationalen Parlamente an der institutionellen Reform der Europäischen Union" durchgeführten Konferenz der Parlamentspräsidenten der deutschen Länder ein. Sie legte der Konferenz ein vom Wissenschaftlichen Dienst des Bundestages erstelltes Diskussionspapier[33] vor, dessen Grundüberlegungen und Reformanregungen in der Feststellung gipfelten: „Die nationalen Parlamente stehen vor dem Problem, wie sie ihre Vorstellungen möglichst effizient in die notwendigen Reformdiskussionen einbringen können."[34] Die Absicht, daß sich die nationalen Parlamente an der Vorbereitungsgruppe für die Regierungskonferenz von 1996 beteiligen sollten und auch ein deutscher Parlamentsvertreter daran offiziell teilnehmen müßte, gewinnt langsam die dazu angebrachten Konturen.[35]

Von einer Europäischen Union, die dem im nationalen Verfassungsstaat enthaltenen demokratischen Standard standhält, wird erst dann gesprochen werden können, wenn den Kriterien der Effizienz, Transparenz und Partizipation in optimaler Gleichrangigkeit Geltung verschafft wird.[36] Zur Zeit gilt das Bemühen der Regierungen und Bürokratien unter den

32 So *Peter Hort*, Zaghafter Aufbruch zu Maastricht Zwei, in: F.A.Z. vom 9.7.1994, S. 14. Siehe auch *Wolfgang Kowalsky*, Ein Zurück hinter Maastricht darf es nicht geben, in: F.A.Z. vom 21.10.1994, S. 9.

33 Das Diskussionspapier wurde mit Datum 1. August 1994 von Regierungsdirektor Dr. *Sven Hölscheidt* erarbeitet.

34 Ebenda, S. 2. Siehe auch die Ausarbeitung der Wissenschaftlichen Dienste des Deutschen Bundestages zum Thema „Reformüberlegungen zur Demokratisierung der Europäischen Union, insbesondere aus der Sicht des Deutschen Bundestages – Einzelfragen", von Oberregierungsrat Dr. *Thomas Schotten*, 19. September 1994, Reg. Nr. WF XII–127/94.

35 Wenn in diesem Zusammenhang die „XI. Konferenz der Europaausschüsse der nationalen Parlamente der Mitgliedstaaten der Europäischen Union und des Europäischen Parlaments" (COSAC – Conférence des Organes spécialisés en Affaires communautaires) vom 24./25. Oktober 1994 in Bonn auch noch nicht von Bedeutung war, so sind die im Dokumentenband 2 (S. 139–146) dieser Konferenz enthaltenen deutschen Antworten zum Thema „Anwendung des Subsidiaritätsprinzips" doch lesenswert.

36 Vgl. meinen Beitrag, Parlamentarische Demokratie – Zur Problematik von Effizienz, Transparenz und Partizipation, in: *Winfried Steffani* (Hrsg.), Parlamentarismus ohne Transparenz, Kritik Bd. 3, Opladen 1971, S. 17–47, sowie *Uwe Thaysen*, Parlamentsreform in Theorie und

drei Kriterien vornehmlich einer gesteigerten Effizienz (Bürokratievorwurf), deren demokratische Legitimation allerdings zunächst ohne eine deutliche Erweiterung von Transparenz nicht vorankommen wird. Vom Gelingen einer Europäischen Demokratie wird jedoch erst dann gesprochen werden können, wenn auch die politischen Partizipationsrechte der Unionsbürger als „Volk in Europa" dem demokratischen Gleichheitssatz entsprechen.
Erst wenn dieser Weg einer Demokratisierung Europas über die Kriterien der Effizienz und Transparenz bis hin zur gleichgewichtigen Partizipation zurückgelegt ist, lassen sich die berechtigten Vorhaltungen eines europäischen Demokratie-Defizits und eines gravierenden Demokratie-Dilemmas auf ein auch für den demokratischen Nationalstaat erträgliches „Normalmaß" reduzieren. Erst hierdurch würde der Nationalstaat seine primäre demokratische Legitimationsfunktion für eine multikulturelle Europäische Union einbüßen. Danach könnte ihm innerhalb der EU eine Rolle zugeordnet werden, die in der Bundesrepublik Deutschland der der Länder gegenüber dem Bund entspricht. In diesem Sinne dürfte sich die Effizienz als wichtige Vorbedingung für Demokratie, die Transparenz als erforderlich zu ihrem Gelingen und die Partizipation als notwendig zu ihrer Verwirklichung erweisen. Und wie diese Abfolge den Demokratisierungsprozeß in den demokratischen Verfassungsstaaten Europas bestimmte, so könnten damit gleichfalls die Wegmarken für eine Demokratisierung der Europäischen Union angezeigt sein.

Praxis – Zur institutionellen Lernfähigkeit des parlamentarischen Systems, Opladen 1972, S. 82–108. Zu den Grundsätzen innerparteilicher Demokratie, wie sie in Artikel 21 Abs. 1 Satz 3 GG gefordert werden, siehe meinen Aufsatz, Parteimitgliedschaft als Geheimsache? In: Merkur – Deutsche Zeitschrift für europäisches Denken, Nr. 532, Heft 7/93, S. 587.

Gemeinsinn und Europäische Integration. Strategien zur Optimierung von Demokratie- und Integrationsziel

Thomas Christiansen

Die Politisierung des Europäischen Einigungsprozesses hat durch die Ratifikationsdebatten in den Mitgliedstaaten einen Quantensprung gemacht. Der traditionell als zwischenstaatlich und bürokratisch angesehene Prozeß der Integration hat damit eine neue Dimension (und Problematik) erfahren: zu den Beziehungen zwischen Mitgliedstaaten einerseits und gemeinschaftlichen Institutionen andererseits sowie den Beziehungen der Mitgliedstaaten zueinander ist nun die Beziehung zwischen Bürgern und Institutionen, einzelstaatlich wie europäisch, getreten. Weitere, qualitative Integrationssprünge, vor allem als Ergebnis der für 1996 vorgesehenen Regierungskonferenz, sind nun ohne erweiterte Legitimation nicht mehr vorstellbar.

Ein Großteil dieser Debatte hat Fragen zur demokratischen Legitimation des Einigungsprozesses betroffen. Kritisch betrachtet wurde sowohl die intransparente Ausarbeitung der im neuen Vertragswerk enthaltenen Reform als auch die Kompetenzerweiterung der Union ohne eine damit einhergehende Erweiterung demokratisch-repräsentativer Strukturen auf der europäischen Ebene[1]. Maastricht gab in den Augen vieler dem europäischen Projekt den Anschein, daß hier der kritische Sprung der Verlagerung politischer Handlungskompetenz von der staatlichen in die supranationale Arena unternommen würde, und daß mit diesem Sprung die Mitwirkungsrechte des Bürgers – anscheinend umfangreich im einzelstaatlichen Rahmen, ungleich begrenzter im europäischen Rahmen – außer Kraft gesetzt werden. Andere, der spezifischen Interessenkonstellation einzelner Mitgliedstaaten entsprechende Kritik am Vertragswerk erschwerte die Ratifikation zusätzlich. So bestimmte zum Beispiel der potentielle Einfluß der EU auf das Abtreibungsrecht die Debatte in Irland mit, während in Deutschland auch Fragen von Währungspolitik und Preisstabilität – die „Aufgabe der D-Mark" – in die parlamentarische und verfassungsrechtliche Diskussion eingingen[2].

Nach dem dänischen „Nein" vom Mai 1992 wurde, dem Dominoprinzip vergleichbar, jede weitere Hürde des Unionsvertrages, hier und in den anderen Mitgliedstaaten, zur Schicksalsfrage. Und obwohl diese im Endeffekt gemeistert wurden, und der Vertrag zum 1. De-

Herzlicher Dank gebührt *Suzanne Schüttemeyer* für die konstruktive Kritik einer früheren Version dieses Aufsatzes; die Verantwortung für den Text der vorliegenden Endfassung liegt natürlich ausschließlich beim Autor.

1 Zur Kompetenzerweiterung siehe *Renaud Dehousse*, Community Competences: Are there Limits to Growth?, in: *Renaud Dehousse* (Hrsg.), Europe After Maastricht – An Ever Closer Union?, München 1994, S. 103–125. Einen Überblick zur Legitimationsfrage während der Konferenz gibt *Brigid Laffan*, The Treaty of Maastricht: Political Authority and Legitimacy, in: *Alan W. Cafruny* und *Glenda G.Rosenthal* (Hrsg.), The State of the European Community, Boulder, Co. 1993, S. 35–51; über die parlamentarische Ratifikation in Deutschland siehe *Heidemarie Wieczorek-Zeul*, Der Vertrag von Maastricht im Deutschen Bundestag, in: Europa-Archiv, 48. Jg. (1993), H. 13–14, S. 405–412.

2 Vgl., stellvertretend für viele, *Peter Bohley*, ‚Europäische Einheit, föderatives Prinzip und Währungsunion: Wurde in Maastricht der richtige Weg beschritten?', in: Aus Politik und Zeitgeschichte, 43. Jg. (1993), H. B1, S. 34–45.

zember 1993 in Kraft getreten ist, galt zumindest in einigen Mitgliedstaaten die Zustimmung zu Maastricht als „Ja, aber ...", wobei das „aber" die zukünftig notwendige, verstärkte demokratische Legitimation der EU-Politikgestaltung beinhaltet. Eine auf diese Kurzformel gebrachte Interpretation trifft wohl auf das Urteil des Bundesverfassungsgerichtes[3] genauso zu wie auf die hauchdünne Mehrheit des französischen Referendums[4] oder die im Dezember 1992 in Edinburgh vor dem zweiten, dann erfolgreichen, dänischen Referendum gemachten Zusagen[5].

Reforminhalte des Maastricht-Vertrages wie die Stärkung des Europäischen Parlamentes, die Verankerung von Grundrechten und die Schaffung einer Unionsbürgerschaft[6], die zum Teil dieser Kritik begegnen sollten, halfen in der Diskussion eher den Kritikern. Die sehr begrenzten Fortschritte in Richtung auf ein stärker strukturiertes Verhältnis zwischen Bürger und europäischen Institutionen verdeutlichen die noch ausstehende Wegstrecke – und unterstützten somit auch die Argumente derer, die den Fortbestand des „demokratischen Defizits" der europäischen Konstruktion kritisieren.

Im folgenden sollen dieser demokratie-orientierten Kritik an Maastricht und den auf parlamentarisch-repräsentativen Strukturen basierenden Lösungsmodellen die Grenzen einer solchen Strategie gegenübergestellt werden. Nach einer Übersicht über die Literatur zum „Demokratiedefizit" werden die Besonderheiten der Europäischen Union und die daraus folgenden, spezifischen Notwendigkeiten supranationaler Politik vorgestellt. Daran anschließend erfolgt, im Lichte dieser Analyse, eine normative Abwägung von Demokratie, Effizienz und Integration im „neuen" Europa. Abschließend werden, alternativ zur Empfehlung parlamentarischer Verfahren, andere Legitimationsmodelle diskutiert. Die Hauptthese betrifft die oft eindimensionale Forderung nach der Stärkung parlamentarisch-repräsentativer Elemente in der europäischen Konstruktion. Demgegenüber kann argumentiert werden, daß die Prinzipien parlamentarischer Demokratie eng mit der Idee des modernen Nationalstaats verbunden sind und nicht unmodifiziert auf eine Europäische Union übertragen werden können, die sich grundlegend vom Nationalstaatsgedanken unterscheidet.

3 *Beate König*, Das Urteil des Bundesverfassungsgerichts zum Vertrag von Maastricht – ein Stolperstein auf dem Weg in die Europäische Integration, in: Zeitschrift für ausländisches öffentliches Recht und Vökerrecht, 54. Jg. (1993), H. 1, S. 17–49. Abdruck des Urteilspruches im Anhang.

4 Zur Analyse des französischen Referendums siehe z.B. *Andrew Moravcsik*, Idealism and Interests in the European Community: The Case of the French Referendum, in: French Politics and Policy, 11. Jg. (1993), H. 1, S. 45–56.

5 Gemeinsame Erklärung des Europäischen Rates in Edinburgh, 16. Dezember 1992, veröffentlicht in *Europa-Archiv*, 48. Jg. (1993), H. 1, im Anhang; Zur politischen und juristischen Analyse siehe *David Howarth*, The compromise on Denmark and the Treaty on European Union: A legal and political Analysis, in: Common Market Law Review, 31. Jg. (1994), H. 4.

6 Siehe *Philip Raworth*, A timid step forwards: Maastricht and the Democratisation of the European Community, in: European Law Review, 19. Jg. (1994), H. 1, S. 16–33; und *Richard Boest*, Ein langer Weg zur Demokratie in Europa: Die Beteiligungsrechte des Europäischen Parlaments bei der Rechtsetzung nach dem Vertrag über die Europäische Union, in: Europarecht, 27. Jg. (1992), H. 2, S. 182–199.

Kritik am demokratischen Defizit der Europäischen Union

In der Debatte zum Demokratiedefizit kann zwischen zwei Richtungen der Kritik unterschieden werden. Zum ersten wird die Struktur der Union kritisiert, in der den wachsenden Rechtssetzungskompetenzen von Kommission, Ministerrat und Gerichtshof, die jeweils nur indirekt den Wählern verantwortlich sind, ein Parlament mit gleichberechtigten Vollmachten nur in einem sehr begrenzten Bereich von EU-Politikgestaltung gegenübersteht. Zum zweiten wird die Rolle des Parlamentes selbst beanstandet, sowohl im Hinblick auf die Distanz zum Wähler (geographisch wie numerisch) wie auch in Bezug auf seine Arbeitsweise (verschiedene Tagungsorte, hohe Verwaltungskosten, Sprachenvielfalt, intransparente Ausschußarbeit); in Frage gestellt wird also, inwieweit das Parlament das Wahlvolk tatsächlich repräsentiert oder repräsentieren kann[7]. Der erste Kritikpunkt zieht in der Regel die Forderung nach einer (Verfassungs)Reform der Union nach sich[8], während der zweite zu Vorschlägen für eine Parlamentsreform führt.

Das Europäische Parlament hat seit Gründung der Gemeinschaft zwar an Bedeutung gewonnen und, vor allem in den Jahren seit der ersten Direktwahl 1979, auch in Teilbereichen des gemeinsamen Marktes und anderen Detailfragen eine wichtige Rolle gespielt. Eine die Tätigkeit von Kommission oder Ministerrat – und damit der EU als Ganzes – legitimierende Funktion hat das EP aber bis jetzt trotzdem nicht. Auch nach Maastricht bleibt das ausschließliche legislative Vorschlagsrecht bei der Kommission, und in dem bei weitem überwiegenden Teil der Rechtssetzung hat weiterhin der Ministerrat das letzte Wort. Während einerseits die Rechte des Parlaments im Rahmen des Mitbestimmungsverfahrens erstmals in den hierfür vorgesehenen Bereichen denen einzelstaatlicher Parlamente gleichen, ist gleichzeitig aber auch die Mitwirkung des Parlaments in fast allen Teilen der neuen Unionskompetenzen im Bereich von Justiz- und Innenpolitik und bei der Gemeinsamen Außen- und Sicherheitspolitik ausgenommen[9]. Es bleibt also auch nach Maastricht bei der – anscheinend in der Tradition der europäischen Integration liegenden – Skepsis der nationalen Regierungen gegenüber einer gleichberechtigten Einbeziehung des Parlamentes.

Zu der schon seit einiger Zeit geforderten Stärkung des Parlaments im Gemeinschaftssystem hat sich die jüngste Diskussion auch auf die Einbeziehung der nationalen Parlamente[10]

7 Stellvertretend für viele siehe z.B. *Roland Bieber*, Democratization of the European Community through the European Parliament, in: Aussenwirtschaft, 46. Jg. (1993), H. 3–4, S. 391ff.; und *Shirley Williams*, Sovereignty and Accountability in the European Community in: *Robert O. Keohane* und *Stanley Hoffmann* (Hrsg.), The New European Community – Decisionmaking and Institutional Change, Boulder, Co. 1991.

8 Siehe z.B. *Klaus Hänsch*, Vertiefung der Gemeinschaft und gesamteuropäische Identität. Ein System konföderaler Zusammenarbeit in Europa, in: Europa-Archiv, 48. Jg. (1993), H. 13–14, S. 389–396. *Hänsch* ist seit Beginn der neuen Legislaturperiode im Sommer 1994 Präsident des Europäischen Parlamentes.

9 Zur institutionellen Reform im Maastricht-Vertrag siehe *Emile Noël*, A New Institutional Balance, in: *Renaud Dehousse* (Hrsg.), Europe After Maastricht – An Ever Closer Union? München 1994, S. 16–27.

10 Zum Hintergrund dieser Diskussion siehe *Klaus Pöhle*, Europäische Union à la Maastricht: Eine ernste Herausforderung an die Parlamente der EG, in: ZParl, 24. Jg. (1993), H. 1, S. 32–48; und *Philip Norton*, Legislatures in the 1990s, in: New European, 3. Jg. (1990), H. 4, S. 30–33. Zum weitergehenden Begriff einer diskursiven Politikgestaltung siehe auch *Alexander Kreher* und *Philipe Weber*, Gedanken zum Demokratiedefizit in der Europäischen Gemeinschaft, in: Travers (1994).

sowie die Schaffung direktdemokratischer Verfahren, also vor allem die Möglichkeit zu Volksentscheid oder Referendum über europäische „Verfassungsänderungen“[11], erstreckt. Obwohl diese Verfahren für verschiedene und zum Teil miteinander konfligierende Prinzipien stehen, so basieren sie doch auf derselben Zielsetzung: die Legitimation der Gemeinschaft/Union muß demokratischen Grundsätzen entsprechen und deshalb muß europäische Entscheidungsfindung an den Willen des Volkes gebunden werden. Dabei wird – je nach nationalstaatlicher Erfahrung und persönlicher Präferenz – zumeist zwischen repräsentativen und direkt-demokratischen Modellen unterschieden; beide dienen jedoch dem gleichen Ziel einer stärkeren Bindung der Gemeinschaftsorgane an den Bürgerwillen.
Insoweit zwischen dieser Forderung und der Analyse des Ist-Zusandes eine zu große Lücke – also das EU-Demokratiedefizit – gesehen wird, wird als Folge oft ein Fortschreiten des Integrationsprozesses abgelehnt. Dies ist zum Beispiel die vorherrschende Argumentation der Maastricht-Gegner vor dem Bundesverfassungsgericht gewesen[12]. Die Argumentation der Kläger, hier vor allem also das Plädoyer Professor *Schachtschneiders*[13], gehört zu den ausführlicheren Beispielen einer kritischen Meinungsäußerung zu Maastricht, die sich auf den Sachverhalt des Demokratiedefizits stützt und schließlich folgert, das weitere Schritte auf *diesem* Weg zur Einigung Europas zu unterbinden sind.
Im folgenden werden drei Argumente der These des Demokratiedefizits gegenübergestellt. Erstens ähnelt die Europäische Union weder dem Nationalstaat noch strebt sie die (National-)Staatswerdung an. Folglich darf die Diskussion über Demokratie nicht unreflektiert aus der nationalstaatlichen Erfahrungswelt übernommen werden. Zweitens sind die idealtypischen Demokratieprinzipien, an denen die Union häufig gemessen wird und aus denen daher die Diagnose des Defizits resultiert, oft auch einzelstaatlich nicht zu verwirklichen gewesen. Es muß deshalb erwogen werden, ob der Erfolg des Gedankens einer liberalen „Mehrheitsdemokratie“ ursächlich auch von, erstens, seiner graduellen Realisierung und, zweitens, an seine auch weiterhin nur eingeschränkte Verwirklichung im modernen Staat

11 *Dietrich Murswiek*, Maastricht und der pouvior constituant. Zur Begündung der verfassungsgebenden Gewalt im Prozeß der europäischen Integration, in: Der Staat, 11. Jg. (1993), H. 3, S. 161–190; *Hans H. Rupp*, Muß das Volk über den Vertrag von Maastricht entscheiden?, in: Neue Juristische Wochenschrift, 46. Jg. (1993), H. 1, S. 38–40. *Vernon Bogdanor* und *Stephen Woodcock*, The European Community and Sovereignty, in: Parliamentary Affairs, 44. Jg. (1991), H. 4, S. 481–493, diskutieren auch die Direktwahl von Kommissionspräsident und -mitgliedern.

12 Auf das Urteil, das an anderer Stelle ausführlicher behandelt wird, soll aus diesem Grund hier nicht näher eingegangen werden. Siehe auch die Titel in Anm. 3 und 13 zum Hintergrund des Urteilsspruches.

13 Dieser vertrat den Kläger, *Manfred Brunner*, vor dem Bundesverfassungsgericht. Zu seiner Argumentation siehe *Karl A. Schachtschneider*, Die Europäische Union und die Verfassung der Deutschen, in: Aus Politik und Zeitgeschichte, 43. Jg. (1993), H. B28, S. 3–10. Zur Gegenmeinung siehe *Jochen A. Frowein*, Das Maastricht Urteil und die Grenzen der Verfassungsgerichtsbarkeit, in: Zeitschrift für ausländisches öffentliches Recht und Vökerrecht, 54. Jg. (1993), H. 1, S. 1–16; und *Thomas Oppermann* und *Claus D. Classen*, Europäische Union: Erfüllung des Grundgeseztes, in: Aus Politik und Zeitgeschichte, 43. Jg. (1993), H. B28, S. 11–20. Zum Hintergrund des Urteils selbst siehe auch die Veröffentlichung des Senatspräsidenten *P. Kirchhof*, ‚Der Deutsche Staat im Prozeß der europäischen Integration‘ in: *Josef Isensee* und *Paul Kirchhof* (Hrsg.), Handbuch des Staatsrechts der Bundesrepublik Deutschland Heidelberg 1992, S. 855–887; und die Kritik in *Hans P. Ipsen*, Zehn Glossen zum Maastricht Urteil, in: Europarecht, 29. Jg. (1994), H. 1, S. 1–21.

gebunden ist. Die dritte These gilt dem oft implizit gleichgesetzten Inhalt von Legitimität und parlamentarischer Demokratie in der europapolitischen Debatte, ein – wie im folgenden dargelegt werden soll – wenig hilfreiches Verständnis. Es ist diese übersteigerte Gleichsetzung von Legitimität und „Mehrheitsdemokratie" welche dann, gleichsam automatisch, maximalistische Forderungen nach der einseitigen Stärkung parlamentarischer Verfahren in der Gemeinschaft/Union nach sich zieht. Demgegenüber soll hier gefragt werden, ob ein komplexes, supranationales Regelungs- und Steuerungssystem wie die Union ausschließlich durch repräsentativ-demokratische Verfahren zu legitimieren ist.

Mehrheitsdemokratie und die Frage einer „Europäischen Nation"

Eine der Grundannahmen eines auf radikaler Mehrheitsdemokratie[14] basierenden Denksystems ist das Vorhandensein einer kollektiven politischen Identität. Denn nur wenn alle Teilnehmer am Entscheidungsverfahren das System auch dann anerkennen, wenn sie oder ihre Repräsentanten zur überstimmten Minderheit gehören, kann von legitimer Herrschaft gesprochen werden. Nur dann können politische Entscheidungen allgemein umgesetzt werden und somit auch ein effizientes Funktionieren des Gemeinwesens als Ganzes erwartet werden. Im Sinne einer gemeinsamen Identität müssen die ‚Grenzen' der Kollektivität also feststehen, bevor Verfahren der Mehrheitsfindung sich entfalten können:

> ... any attempt to justify boundaries by appealing to the majority principle must be void. You can have as many referenda as you like, and show every time that over half the people within the existing boundaries approve of them, but you cannot use that to prove to a minority that wants to secede that they ought to acquiesce in the status quo. If their loyalty is to be awakened, other and better arguments – backed by deeds rather than by votes – are needed[15].

Sowohl ideengeschichtlich wie empirisch ist die Demokratisierung von Gemeinwesen also mit der der Schaffung einer gemeinsamen Identität verbunden gewesen. Die Idee der Volkssouveränität, die durch die französische Revolution zu politischer Praxis und zum Modell der demokratischen Bewegung Westeuropas wurde, beinhaltet eben nicht nur die Übertragung souveräner Rechte vom Monarchen auf das Volk, sondern bedingt auch das Vorhandensein beziehungsweise die Schaffung einer kollektiven Identität des „Volkes". Eine solche kollektive Identität muß keineswegs ethnischer Natur sein. Die ursprüngliche Idee der *nation* war die einer Gemeinschaft all derer, die sich zu den Werten der Revolution bekannten. In den vergangenen Jahrhunderten hat aber sowohl die Praxis ‚national'-staatlicher Integration wie auch die ideengeschichtliche Verknüpfung des Demokratisierungprozesses mit dem Prinzip ‚nationaler' Selbstbestimmung die Nation zum Träger dieser legitimierenden Identität gemacht. Nach zweihundert Jahren politischer Praxis und Diskurs unter dem dominierenden Einfluß des Nationalstaatsgedankens ist eine auf der ursprünglich vertragstheoretisch verstandenen Identität von Gemeinschaften basierende Legitimation zwar weiterhin denkbar, aber praktisch nicht zu verwirklichen.

14 Zur prinzipiellen Problematik und Kritik dieses zumeist polemisch verwandten Begriffes siehe *Winfried Steffani*, Mehrheitsentscheidungen und Minderheiten in der pluralistischen Verfassungsdemokratie, in: ZParl, 18. Jg. (1986), H. 4, S. 569–586, bes. 571ff.

15 *Brian Barry*, Democracy, Power and Justice, Oxford 1989, S. 38.

Die Demokratisierung der Europäischen Union muß auch vor diesem Hintergrund problematisiert werden. Die Gründungsgeschichte der Europäischen Gemeinschaft wie auch die seitdem gemachten praktischen Erfahrungen haben außer Zweifel gelassen, daß es sich bei dieser Konstruktion originär um eine Gemeinschaft von Staaten handelt. Dieses ‚diplomatische Erbe' der Gemeinschaft hat sowohl die Demokratisierung[16] als auch die Herausbildung einer europäischen Identität[17], die als Basis dafür dienen könnte, erschwert. Der direkte Bezug zwischen Gemeinschaftsinstitutionen und Bürgern, Wirtschaftsunternehmen, Regionen und einzelstaatlichen Interessengruppen ist erst seit der Einheitlichen Europäischen Akte und der Verwirklichung des Binnemarktprogramms stark angestiegen. Doch auch hier war die Rationalität des wirtschaftlichen Aspekts der Integration oft wichtiger als die Schaffung einer supranationalen, auch gefühlsmäßigen Bindung an Europa.

Seit Mitte der siebziger Jahre hat es eine EG-Politik zur „Europäischen Identität" gegeben. Aufbauend auf der Deklaration des Gipfels in Kopenhagen 1973 „betreffend Europäischer Identität", folgten seitdem, in den Worten *de Wittes*, „identity policies" der EG[18]. Ursprünglich war die Zielsetzung hier, einer gemeinsamen Außenpolitik den entsprechenden Rückhalt in der Bevölkerung zu geben. Inzwischen geht es mehr um die Legitimation eines expandierenden Regelwerkes, welches trotz gestiegener gesellschaftlicher Relevanz undurchsichtig bleibt und wenig Loyalität bei den Bürgern geweckt hat. Diese Politik eines europäischen Symbolismus hat daher in den letzten Jahren an Intensität gewonnen: Flaggen, Hymnen, Festivals, die „Europäische Kulturhauptstadt", die „Europäische Frau des Jahres", der EU-Paß, der EU-Führerschein etc.

Dennoch muß bezweifelt werden, inwieweit diese Bemühungen tatsächlich zur Herausbildung einer auch demokratietheoretisch relevanten, kollektiven Identität führen können. Denn zum einen wird mit diesen europäischen „identity policies" nicht versucht, nationale Identitäten durch eine europäische zu ersetzen – die Betonung dieser symbolischen Politik lag stets auf dem zusätzlich zur nationalen Identität zu schaffenden europäischen Bewußtsein. Auch der neue Artikel 128 im Maastricht Vertrag, der Kultur zur Gemeinschaftskompetenz macht, spricht von den „Kulturen der Mitgliedstaaten" und von der „Zusammenarbeit der Mitgliedstaaten", die durch Gemeinschaftsinitiativen gestärkt werden soll. Förderung des gemeinsamen kulturellen Erbes ist hierbei eindeutig dem Respekt vor der regionalen und nationalen Vielfalt der Mitgliedstaaten nachgeordnet[19].

Zum zweiten sind derartige Politiken im Vergleich zu den „identity policies", die die Entstehung der Nationalstaaten begleiteten (Unterdrückung nationaler Minderheiten, „Nationalisierung" der Kirche, (Re)Konstruktion von „nationaler" Geschichte, nicht zuletzt auch Kriegführung mit rekrutierten, also „Volks"-Armeen), für die Institutionen der Union weder denkbar noch wünschenswert. Vergleicht man die durch umfangreiche Forschung inzwischen offengelegten Prozesse der Nationenbildung in Staaten mit fragmentierter politischer Kultur mit der jetzt auf der europäischen Ebene verfolgten Symbolpolitik, wird der

16 *Federico Mancini* und *David Keeling*, ‚Democracy and the European Court of Justice', in: The Modern Law Review, 57. Jg. (1994), H. 2, S. 175–190.

17 *Philip Allott*, The European Community is not the True European Community, in: Yale Law Journal, 100. Jg. (1991), H. 8, S. 2485–2500.

18 *Bruno de Witte*, Building Europe's Image und Identity, in: *A. Rijksbaron* et al. (Hrsg.), Europe from a Cultural Perspective, The Hague 1987, S. 132–139.

19 Siehe Artikel 128 EWGV, eingefügt durch Artikel G(37) EUV.

Gegensatz in Zielrichtung wie Ressourcenausstattung deutlich[20]. Folglich wird auch klar, daß der Einigungsprozeß weder die Schaffung einer Europäischen Nation betreiben will noch betreiben kann[21]. Während der Prozeß der europäischen Integration nachhaltig die Staatsqualität der Mitgliedstaaten aushöhlt[22], so muß auch gesehen werden, daß die neue, supranationale Komplexität weder dem traditionellen Staatsgebilde gleichzusetzten ist[23], noch die Schaffung einer Nation im herkömmlichen Sinne zur Folge hat[24].

Identität ist kein Nullsummenspiel. Auch das Vorhandensein multipler, territorialer Identitäten ist eine Tatsache, die selbst der Nationalstaatsgedanke nur selten überdecken konnte. Dennoch muß aber im heutigen Europa das Vorhandensein einer – gerade durch diesen Nationalstaatsgedanken geschaffenen – primären Identifikation, die im ,inter-nationalen' oder zwischenstaatlichen Konfliktfall andere Identitäten in den Hintergrund treten läßt, erkannt werden. Bei der Legitimation politischer Herrschaft wird dies dann relevant, wenn die Institutionen auf verschiedenen Ebenen nicht problemorientiert kooperieren, sondern gegenläufige Ziele vertreten. Darüber hinaus – das hat die Maastricht-Debatte gezeigt – muß davon ausgegangen werden, daß selbst wenn nationale Regierungen und Gemeinschaftsinstitutionen kooperativ zusammenarbeiten, das Potential eines im öffentlichen Diskurs konstruierten Konfliktes zwischen „nationalen Interessen" einerseits und „Integrationsziel" andererseits sehr groß ist. In solch konkurrierenden Situationen wird die bei dem Großteil der Bürger noch schwache Identifikation mit „Europa" dann relativ schnell von der potentiell stärkeren, nationalen Identität überlagert.

Die Konsequenzen dieser möglicherweise theoretisch scheinenden Erkenntnis für die politische Praxis werden unter anderem dann besonders deutlich, wenn umfangreiche redistributive Entscheidungen anstehen. Die Entstehung der Regionalpolitik wie auch die jüngste Schaffung des Kohäsionsfonds der Union sind so eher als finanzieller Ausgleich *zwischen Staaten* der Gemeinschaft denn als Nivellierung der wirtschaftlichen Verhältnisse *innerhalb einer Solidargemeinschaft* interpretiert worden[25]. Auch wenn seit der Reform der Struktur-

20 Vgl. für Großbritannien z.B. *Linda Colley*, Britons: Forging the Nation 1707–1837, New Haven 1992, und für Europa die Beiträge in *Soledad García* (Hrsg.), European Identity and the Search for Legitimacy, London 1993.

21 *Richard Topf*, Democratic Deficit and the Legitimacy of Government in the European Communities: The Role of Collective Identities, paper prepared for the ECPR Joint Sessions of Workshops, Madrid 1994.

22 *Neil MacCormick*, Beyond the Sovereign State, in: The Modern Law Review, 56. Jg. (1993), H. 1, S. 1–18; und *Thomas Christiansen*, European Integration Between Political Science and International Relations Theory: The End of Sovereignty (EUI Working Paper No. RSC 94/4), Florence 1994.

23 *Knud Erik Jørgensen*, European Leviathans and Beyond: Differentiating Layers of International Transformation, in: *Niels Arne Sørensen* (Hrsg.), European Identities: Cultural Diversity and European Integration since 1700, Odense 1994; *Philippe Schmitter*, Representation and the Future Euro-Polity, in: Staatswissenschaften und Staatspraxis, Jg. 2, H. 3 (1992), S. 379–405.

24 *Anthony Smith*, A Europe of Nations – or the Nation of Europe, in: Journal of Peace Research, 30. Jg. (1993), H. 2, S. 129–135; *Werner Weidenfeld*, Europa – aber wo liegt es?, in: *Werner Weidenfeld* (Hrsg.), Die Identität Europas, München 1985, S. 13–41.

25 Siehe *Jeremy Anderson*, ,Skeptical Reflections on a Europe of the Regions', in: Journal of Public Policy, 10. Jg. (1991), H. 4, S. 417–447; *Beatrix Bursig*, Die Regionalpolitik der Europäischen Gemeinschaft, Frankfurt/M. 1991; *Brigid Laffan*, The Politics of Redistribution in the European Community, in: Administration, 32. Jg. (1984), H. 2, S. 163–176; und *Helen Wallace*, Distributional Politics: Dividing up the Community Cake, in: *Helen Wallace* et al. (Hrsg.),

fonds im Jahre 1987 eine Entwicklung hin zu einer tatsächlich *regionalen* Umverteilungspolitik stattgefunden hat[26], so ist doch in der Phase der Ratifikation und Implementation des Maastrichtvertrages eine Rückkehr zur „Nationalisierung" dieser Strukturpolitik deutlich geworden[27].
Während bei Haushalts- oder Strukturpolitik die damit verbundenen Konsequenzen noch überschaubar bleiben, sind die Folgen einer nicht vorhandenen europäischen Primäridentität für die Schaffung demokratischer Strukturen weniger klar. Sie sollen im folgenden besprochen werden, nachdem die Erfahrung Westeuropas mit ‚restriktiven' Demokratiemodellen in die Diskussion einbezogen worden ist.

Grenzen nationalstaatlicher Demokratie in der Politik Westeuropas

Aus der Notwendigkeit, in sich geteilten Gemeinwesen Legitimität und Stabilität zu verleihen, sind in Westeuropa verschiedene Modelle zum Einsatz gekommen, die den Prinzipien „radikaler" Demokratie Grenzen gesetzt haben. So bedingen Konkordanzdemokratie, Neokorporatismus oder auch Föderalismus – teils definitionsgemäß, teils empirisch – zu einem gewissen Grad eine Beschränkung des parlamentarischen Entscheidungsfeldes. Politikgestaltung wird zum Teil in Arenen mit begrenztem Zugang, intransparenten Verfahren und autonomer Entscheidungsfindung verlagert. Insofern also Legitimität und Stabilität der betroffenen Gemeinwesen gestärkt werden sollen, geschieht dies nicht durch eine Ausweitung pluralistisch-demokratischer Verfahren, sondern gerade durch ihre Begrenzung.
Auf das Beispiel der Konkordanzdemokratie soll hier kurz eingegangen werden, um die Problematik parlamentarischer Demokratie auch auf einzelstaatlicher Ebene aufzuzeigen. Die Theorie der Konkordanzdemokratie beschreibt die Parameter eines Elitenkartells in Gemeinwesen, die durch ethnische, konfessionelle oder andere soziale Unterschiede so stark zerklüftet sind, daß von *einer* Gesellschaft praktisch nicht mehr zu sprechen ist. Vielmehr werden einzelne Gruppen als Säulen aufgefaßt, die in sich weitaus kohäsiver sind als das Gemeinwesen als Ganzes. Die zentrifugale Tendenz einer solchen Situation wird aufgefangen durch Kooperation der jeweiligen Eliten, die im Zentrum der Macht die Interessen „ihrer" Säule vertreten und so für alle akzeptable Politiken aushandeln. Der Erfolg eines solchen Regimes liegt unter anderem darin, daß die Kosten des Systems verdeckt sind, daß in einer Reihe zentraler Fragen jede Gruppe ein Vetorecht besitzt und daß Entscheidungen

Policy Making in the European Community 2nd Ed., Chichester 1983, S. 81–114 zur Argumentation einer ‚nationalen' Regionalpolitik.

26 *Gary Marks*, Structural Policy in the European Community, in: *Alberta Sbragia* (Hrsg.), Euro-Politics, Washington, D.C. 1992, S. 191–224 und *Ingeborg Tömmel*, System Entwicklung und Politikgestaltung in der Europäischen Gemeinschaft am Beispiel der Regionalpolitik, in: Politische Vierteljahreschrift, 23. Jg. (1992), Sonderheft, S. 185–208 mit Belegen für eine Reform hin zu einer tatsächlich regionalen Umverteilung innerhalb der Gemeinschaft.

27 *Lisbeth Hooghe* und *Michael Keating*, The Politics of EU Regional Policy, paper prepared for the Conference of Europeanists, Chicago, 1994; *Paul McAleavey*, The Politics of European Regional Development Policy: Additionality in the Scottish Coalfields, in: Regional Politics and Policy, 3. Jg. (1993), H. 2, S. 88–107, diskutieren die Schwierigkeiten und nationalen Widerstände in der Umsetzung der reformierten Strukturpolitik.

nicht einzeln zur Disposition gestellt werden können, sondern nur als ganzes Paket angenommen oder verworfen werden.
Die Einschränkung der Verfahren parlamentarischer Demokratie zugunsten einer intransparenten Elitenherrschaft, welche das Modell der Konkordanzdemokratie zu erklären versucht, ist auch aus einem normativen Blickwinkel heraus kritisiert worden. Diese Kritik am ,pluralistischen Defizit' dieses Modells ist die relevante Parallele zur Diskussion auf der europäischen Ebene, denn sie bestätigt, daß auch im einzelstaatlichen Rahmen zu ,restriktiven' Demokratieformen[28] gegriffen worden ist, wenn der Zusammenhalt des Gemeinwesens als Ganzes in Gefahr schien:

> The essential characteristic of consociational democracy is not so much any particular institutional arrangement as the deliberate joint effort by the elites to stabilize the system ... Consociational democracy means government by elite cartel designed to turn a democracy with a fragmented political culture into a stable democracy[29].

Die Analogie zur Situation in der Europäischen Union ist aus dieser Perspektive recht offensichtlich. *Paul Taylor* hat aus diesem Grund schon auf den Nutzen einer Analyse des europäischen Integrationsprozesses im Lichte der Erkenntnisse der Forschung zur Konkordanzdemokratie hingewiesen[30]. Denn trotz langjähriger Integration ist es bei fragmentierten politischen Kulturen in der Gemeinschaft geblieben. Europäische Integration hat zu einer immensen Vernetzung der bürokratischen, politischen und wirtschaftlichen Eliten in Westeuropa geführt, den Fortbestand nationaler Kulturen im Gegensatz dazu jedoch kaum berührt[31]. Der *Monnet*sche Integrationspfad, der vorsah, eine politische Einigung Westeuropas auf funktionalistischem Weg herbeizuführen, bezog eben nur einen kleinen Teil der Bevölkerung ein. Eine „gesellschaftliche Integration", die auch die Schaffung einer gelebten europäischen Identität nach sich gezogen hätte, war – und ist auch heute noch – hierbei zweitrangig[32]. Die Völker der EU-Mitgliedstaaten bleiben also, im Vokabular der Theorie der Konkordanzdemokratie, „Säulen" eines lediglich an der Spitze hochintegrierten Systems. Ähnliche Parallelen zur Begrenzung von parlamentarischer Demokratie ließen sich auch im Modell des Neokorporatismus oder in Aspekten der Föderalismustheorie und -praxis finden. So basiert die Effizienz von neokorporatistischen Verfahren, also die strukturierte Interessenvermittlung zwischen den Spitzenvertretungen der Sozialpartner einerseits und staatlichen Akteuren andererseits, unter anderem darauf, daß die Entscheidungsfindung autonom in den jeweiligen Gremien stattfinden kann und parlamentarisch lediglich ratifiziert

28 Zur Kategorisierung von „restrictive views of democracy" siehe *Gordon Smith*, Politics in Western Europe, 5th Ed., Aldershot 1989.
29 *Arend Lijphart*, Consociational Democracy, in: Issues in Comparative Politics (1971), S. 222–235.
30 *Paul Taylor*, The European Community and the State: assumptions, theories and propositions, in: Review of International Studies, (1991).
31 Siehe hierzu auch *Karlheinz Reif*, Cultural Convergence and Cultural Diversity as Factors in European Identity in: *Soledad García* (Hrsg.), a.a.O. (Anm. 20) S. 131–153, zu den Konsequenzen auch *Richard Katz*, The Problem of Legitimacy in the European Community/European Union, paper prepared for the ECPR Joint Sessions of Workshops, Madrid, 1994.
32 Siehe hierzu auch *Joseph Weiler*, Problems of Legitimacy in Post-1992 Europe, in: Aussenwirtschaft, 46. Jg. (1993), H. 3–4, S. 411–437 zur Unterscheidung zwischen „formal" und „social legitimacy".

wird. Außerdem ist das zur Durchsetzung dieser „Gipfelentscheidungen" notwendige Mindestmaß an intra-organisatorischer Hierarchie als pluralismusfeindlich kritisiert worden. Und schließlich ist auch Föderalismus in vielen Fällen als Instrument zur Einigung geteilter Gemeinwesen verstanden worden, wobei mit der Teilautonomie der Gliedstaaten auch eine Modifikation des „reinen" Mehrheitsprinzips auf der bundesstaatlichen Ebene einhergeht[33]. Die Beteiligung einer zweiten Kammer soll dem Interessenausgleich der im Gemeinwesen vorhandenen Regionen oder Nationen dienen. Aus diesem föderalen Gebot zu Kompromiß und Kooperation folgt eine spezifische Art von Entscheidungsfindung. Entsprechend hat die empirische Föderalismusforschung die mit dem Anwachsen der Komplexität von Entscheidungen verbundene Verlagerung der Politikgestaltung in den Bereich horizontal und vertikal verpflochtener Verwaltungseliten aufgezeigt[34]. Die Politisierung, die damit potentiell verbundene Polarisierung und als Folge die mögliche Blockierung der Gremien ist als Gefährdung der Effizienz des föderalen Modells diskutiert worden[35].

Der kritische Punkt, in dem die Verbindung zwischen der Theorie und der Praxis dieser Demokratiemodelle und dem europäischen Einigungsprozeß zu sehen ist, liegt in der Notwendigkeit eines Mindestmaßes an gesellschaftlicher Integration vor der Ausweitung direktdemokratischer oder parlamentarsicher Mehrheitsverfahren. In den genannten Fällen muß von einem erheblichen zentrifugalen Potential ausgegangen werden, wenn die Bevölkerung eines gesellschaftlich nicht integrierten Gemeinwesens zur Partizipation mobilisiert wird. Die geschichtlichen Hinweise, auch aus Westeuropa, zeigen, daß im schlimmsten Fall der Fortbestand des Gemeinwesens in Gefahr sein kann und im besten Fall mit großen Problemen oder Rückschritten bei den Bemühungen um gesellschaftliche Integration zu rechnen ist. Die Geschichte Nordirlands und Belgiens der siebziger und achtziger Jahre bieten hierfür vielleicht die besten Beispiele. Die Ereignisse der letzten Jahre in Osteuropa – nicht nur auf dem Balkan, sondern auch in der ehemaligen Tschechoslowakei und den baltischen Republiken – machen die Problematik der Demokratisierung geteilter Gesellschaften und deren Auswirkungen auf den Integrationsprozeß allzu deutlich.

Angewandt auf die Europäische Union heißt dies, daß auch der Forderung der Maastricht-Gegner (Kurzformel: „ohne den Ausbau parlamentarischer Demokratie darf es keine weitere Integration geben") vor diesem Hintergrund mit dem Umkehrschluß („ohne fortgeschrittene Integration, d.h. ohne gewachsenen Gemeinsinn, kann es keinen Ausbau parlamentarischer Demokratie geben") begegnet werden kann. Eine Reihe von Anmerkungen sind hierzu notwendig. Der hier konstruierte Zusammenhang zwischen Demokratie und Integration besagt nicht nur, daß beide Konzepte miteinander in nicht konfliktfreier Verbindung stehen, sondern auch, daß diese in einer die aufgezeigte Problematik respektierenden Weise umgesetzt werden müssen. Einer Forderung nach „mehr Demokratie" in Europa muß also nicht nur eine Analyse der institutionellen Konstruktion der Gemeinschaft vorausgegangen

33 *Daniel Elazar*, Exploring Federalism, Tuscaloosa 1987, S. 104.

34 *Arthur Benz*, Mehrebenen-Verpflechtung: Verhandlungsprozesse in verbundenen Entscheidungsräumen, in: *Arthur Benz* et al. (Hrsg.), Horizontale Politikverpflechtung – Zur Theorie von Verhandlungssystemen, Frankfurt/M. 1992, S. 147–205.

35 *Heidrun Abromeit*, Die Funktion des Bundesrates und der Streit um seine Politisierung, Zeitschrift für Parlamentsfragen, 13. Jg. (1982), H. 4, S. 462–472; und *Fritz W. Scharpf*, The Joint-Decision Trap: Lessons from German Federalism and European Integration, in: Public Administration, 66. Jg. (1988), H. 3, S. 239–278.

sein, sondern auch ein Blick auf den Grad der gesellschaftlichen Integration innerhalb dieses Gemeinwesens. Es sind, einerseits, diese vom Nationalstaatsideal so weit entfernten, gesellschaftlichen Aspekte europäischer Integration und, andererseits, die Erfahrungen auch auf nationaler Ebene mit den Grenzen von „reiner" Demokratie, die eine neue Wertung der Situation in der EU bewirken können.

Zur Legitimation supranationalen Regierens

Die vorangegangene Analyse hatte die Absicht, die Diskrepanz zwischen Grundannahmen der für die EU geforderten parlamentarischer Demokratie und den tatsächlich in Westeuropa vorherrschenden Bedingungen aufzuzeigen. Die daraus zu folgernde Argumentation besagt weder, daß in der EU kein Platz für eine Ausweitung parlamentarischer Strukturen ist, noch daß weitere Integration aus diesem Grund abzulehnen sei. Vielmehr gilt es, beide Prozesse – Integration und Demokratisierung – so zu verbinden, daß sich supranationale Herrschaft auch auf Dauer legitimieren läßt. Im einzelnen bedeutet dies, daß repräsentative oder direkte Demokratieverfahren nicht gefordert werden sollten, sofern nicht die Auswirkungen solcher Reformen auch auf weiteren Fortschritt in Richtung Integration geprüft werden. Der Maßstab einer solchen Analyse sind dann nicht mehr maximalistische Idealtypen parlamentarischer Demokratie, sondern die optimale Balance von Legitimation durch repräsentativ-demokratische Verfahren und Legitimation durch supranationale Handlungsfähigkeit[36].

Einige normative Annahmen liegen diesem Maßstab zugrunde: zum einen ist die Verwirklichung von liberaler Demokratie kein Selbstzweck, sondern dient im Endeffekt – als Mittel zum Zweck – der Qualität der politischen Herrschaft. Dies entspricht, in politischer Theorie, einer instrumentalistischen[37] oder prozeduralen Sichtweise von Demokratie.

In Westeuropa ist repräsentative Demokratie, mit den bereits diskutierten Einschränkungen, als in dieser Hinsicht bestes Modell anerkannt. Hier ist die Qualität politischer Herrschaft, d.h. die Überschneidung von kollektiven Bedürfnissen und systemischem Output, am größten. Gerade dies sollte jedoch nicht dazu führen, die Verwirklichung parlamentarischen Einflusses oder direktdemokratischer Verfahren *als solche* schon als optimale Legitimation anzusehen. Normativ müssen politische Systeme kritisch nach ihrem Output und nicht nur an dem Vorhandensein idealtypischer Verfahren bewertet werden, denn zur Legitimation dieser Systeme ist eben das Zusammenspiel beider von kritischer Bedeutung. Dies gilt gerade dann, wenn – wie im Fall der Europäischen Union – die nationalstaatliche Arena verlassen wird.

Eine zweite normative Annahme tritt hinzu. Obwohl auch das Ziel des Integrationsprozesses kein absolutes sein darf, so wird es dennoch hier als eigener politischer Wert verstanden.

36 Hierzu auch *Fritz W. Scharpf*, Europäisches Demokratiedefizit und deutscher Föderalismus, in: Staatswissenschaften und Staatspraxis, 2. Jg. (1992), H. 3, S. 293–306; und *Brigitte Boyce*, ‚The Democratic Deficit of the European Community', in: Parliamentary Affairs, 46. Jg. (1993), H. 4, S. 458–478.

37 *Albert Weale*, Democracy versus Autonomy, paper prepared for the 16th IPSA World Congress, Berlin, 1994: „[I]n a broadly instumentalist account ... the practices of democracy are justified because of the interests that they serve, in particular because of their role in serving certain common or public interests", S. 1.

Europäische Integration ist in diesem Sinne kein neutraler Prozeß, der im Prinzip von demokratietheoretischen Idealen oder spezifischen ‚nationalen' Interessen abhängig zu machen ist. Europäische Integration als solche, sowohl im Verständnis ihrer Gründer als auch der im Laufe der Jahrzehnte erzielten Ergebnisse, ist ein Gut von hohem normativen Stellenwert[38]. Die Ideale der europäischen Einigung, die auf globaler Ebene ihre Entsprechung im liberalen Internationalismus haben, sind nicht automatisch denen der liberalen Demokratie unterzuordnen. Im Hinblick auf ein demokratisches und geeintes Europa müssen beide Werte im Einklang verwirklicht werden.

Zwischen diesen, individuell gewerteten Zielen muß ein zur Legitimation supranationalen Regierens geeigneter und tragfähiger Ausgleich gefunden werden. In der politischen Praxis bedeutet dies, daß von Maximalvorstellungen Abschied genommen werden muß. Aus dem Forderungskatalog einer eindimensionalen Maximalisierung des parlamentarischen Einflusses innerhalb der EU wird der einer zweidimensionalen Optimierung von Demokratieprinzip, einerseits, und Integrationsziel, andererseits. Diese Konzeption folgt der von *Winfried Steffani* geforderten normativen Neuorientierung von Demokratietheorie auch auf der nationalen Ebene[39]. Gerade die auch hier erwähnte Output-Orientierung einer Analyse politischer Systeme hat bei ihm als „Effizienz"-Komponente Eingang in eine Theorie der komplexen Demokratie gefunden. Die Einbeziehung von Effizienz, im Zusamenspiel mit den Zielen von Partizipation und Transparenz, ist nicht nur Teil dieses komplexen Demokratiebegriffes, sondern ändert auch – wie hier Integration – den Beurteilungsrahmen: aus eindimensionaler Maximalisierung wird, im komplexen Mehrebenensystem Europas, mehrdimensionale Optimierung. Das bedeutet also, daß bei den Komponenten Partizipation und Transparenz Abstriche von maximalen Forderungen gemacht werden müssen, wenn auch beim Effizienzziel supranationaler Regierung ein Optimum erreicht werden soll. Eine normative Wertung des Systems kann nur unter Einbeziehung aller drei Ziele komplexer Demokratietheorie – Transparenz, Partizipation, Effizienz – erfolgen.

Auf die Debatte des Demokratiedefizits bezogen bedeutet *Steffanis* Modell eine Abkehr von der vorherrschenden Grundannahme, ‚Europa' ließe sich *nur* durch den Ausbau maximalistischer Strukturen parlamentarischer Demokratie legitimieren. Aus den oben erwähnten Gründen kann man sagen, daß sich Europa nicht ohne, aber auch nicht nur durch eine Stärkung parlamentarischer Verfahren legitimiern läßt. Das einseitige Verfolgen der Transparenz- und Partizipationsziele innerhalb der EU, zu Lasten der Effizienzorientierung verwirklicht, muß am Ende auch demokratietheoretisch als dysfunktional angesehen werden. Beispiele oder Szenarien dieser Art sind leicht nachvollziehbar. Nur einige sollen hier genannt werden.

- Wird die Stellung des Parlamentes innerhalb der Union angehoben und dieses damit tatsächlich zum Zentrum der Macht, während sich aber die Strukturierung der Wählerpräferenzen auch mittelfristig an ‚nationalen Interessen' (die zur Zeit im Rat realisiert werden) orientiert, so wird zwangsläufig auch das Parlament stärker als bisher diese

38 *Philip Allott*, a.a.O. (Anm. 17); *David Marquand*, The Irresistable Tide of Europeanisation, in: *Stuart Hall* und *Martin Jaques* (Hrsg.), New Times – The Changing Face of Politics in the 1990s, London 1989, S. 205–221.

39 *Winfried Steffani*, Parlamentarische Demokratie – Zur Problematik von Effizienz, Transparenz und Partizipation, in: *Winfried Steffani* (Hrsg.), Parlamentarismus ohne Transparenz, Opladen 1973, S. 17–40.

Dimension der europäischen Politik widerspiegeln. Eine delegitimierende Wirkung von den dort vorherrschenden Mehrheiten auf die Meinungsbildung in den Ländern der Minderheit ist zu rechnen[40]. Negative Einwirkungen auf die Entwicklung einer transnationalen Parteienlandschaft[41] – und somit auch auf den wichtigen Prozeß einer gesellschaftlichen Integration – sind ebenfalls zu erwarten.

- Wird, wie jüngst häufig gefordert[42], die Kommission stärker als bisher an das Parlament gebunden, z.B. durch Wahl des Präsidenten oder auch vermittels der Bestätigung einzelner Kommissare durch das EP, mag das Ergebnis zum einen eine gesteigerte Transparenz zur Folge haben. Andererseits, wie *Dehousse* überzeugend kommentiert hat[43], ist die dann zu erwartende, parteipolitisch eindeutigere Colorierung der Kommission sehr wahrscheinlich im Konflikt mit denjenigen Regierungen, die anderer parteipolitischer Orientierung sind. Die Kommission würde somit – zugunsten einer Polarisierung mit fragwürdigen Erfolgsaussichten – die für sie bislang so wichtige Funktion eines Vermittlers zwischen verschiedenen nationalen Positionen verlieren.
- Negative Folgen wären von erhöhter Transparenz[44] in den Sitzungen von Rat und Kommission zu erwarten. Bei öffentlicher Kontrolle, und damit öffentlicher Debatte und Meinungsstreit ausgesetzt, ist es wahrscheinlich, daß die Einigung auf Kompromisse – die Essenz supranationaler Politik – hier schwieriger ausfallen würde. In Bereichen wie z.B. Subventionskontrolle, in denen bereits jetzt Exekutivkompetenzen auf die europäischen Ebene verlagert sind, ist in diesem Fall mit Renationalisierung zu rechnen; gleiches gilt für die Vermittlungs-, Kontroll- und Sanktionsfunktion[45] von Gerichtshof[46] und Kommission[47] allgemein. In Abwesenheit einer *europäischen* Öffentlichkeit[48] müssen sich einzelne Richter und Kommissionsmitglieder ihrer jeweils nationalen Presse und öffentlichen Meinung stellen. Eine solche Politisierung von Individualentscheidungen schädigt die Effizienz und die Effektivität der supranationalen Ebene, die unter anderem ja gerade

40 *F. W. Scharpf*, a.a.O. (Anm. 36).

41 Vgl. hierzu *Simon Hix*, Parties at the European Level as an alternative Source of Legitimacy: The Party Federations and the EU Socio-Economic Agenda, paper prepared for the ECPR Joint Sessions of Workshops, Madrid, 1994.

42 Siehe z.B. *Klaus Hänsch*, a.a.O. (Anm. 8).

43 *Renaud Dehousse*, The Future of Europe – Centralized and Decentralized Approaches, Trier 1994.

44 Im Vergleich zum einzelstaatlichen Rahmen, in dem auch die Forderung nach erweiterter Transparenz der Entscheidungsfindung diskutiert wird, muß auf der europäischen Ebene der besondere Wert des Integrationszieles beachtet werden. Entsprechend können Intransparenzen innerstaatlich nur dann gerechtfertigt werden, wenn auch dort die gesellschaftliche Integration so hoch bewertet wird wie hier das Ziel der europäischen Einigung.

45 Zur Bedeutung der Kontrollfunktion durch supranationalen Institutionen siehe *Francis Snyder*, The Effectiveness of European Community Law: Institutions, Processes, Tools and Techniques, in: The Modern Law Review, 56. Jg. (1993), H. 1, S. 19–54.

46 Zur in dieser Hinsicht fragilen Legitimität des Gerichtshofs siehe *James Gibson* und *Gregory A. Caldeira*, The European Court of Justice: A Question of Legitimacy, in: Zeitschrift für Rechtssoziologie, 14. Jg. (1993), H. 2, S. 204–222.

47 Zur Bedeutung der unabhängigen Rolle der supranationalen Institutionen, vor allem der Kommission, siehe *Renaud Dehousse* und *Giandomenico Majone*, The Dynamics of European Integration: From the Single Act to the Maastricht Treaty, in: *Stephen Martin* (Hrsg.), The Construction of Europe, Dordrecht 1994, S. 91–112.

48 *Philip R. Schlesinger*, Europe's Contradictory Communicative Space, in: Dædalus, 123. Jg. (1994), H. 2, S. 25–52.

als ‚neutrale Instanz' zum zwischenstaatlichen Interessenausgleich und zur Überwachung nationaler Umsetzung existiert.

Das disintegrative Potential, das auf diese Weise von erhöhter Transparenz und Partizipation ausgeht, darf also nicht unterschätzt werden. Als Folge ist nicht nur das Einigungsziel einer „immer engeren Union" der Staaten Europas gefährdet, sondern auch die allmähliche gesellschaftliche Integration, die eine solide Basis für einen zukünftig vielleicht realisierbaren, uneingeschränkt demokratischen Verfassungsstaat auf der europäischen Ebene darstellen würde. Mit der Forderung nach mehr parlamentarischer oder direkter Demokratie wird also langfristig sowohl dem Integrationsziel wie dem Demokratieziel eines geeinten Europas geschadet.

Vor diesem Hintergrund ist zu erwägen, wie die Legitimation der europäischen Konstruktion auf mittlere Sicht mit alternativen Modellen gesteigert werden kann. Wie schon erwähnt, hat das Integrationsmodell der bürokratischen Vernetzung von Verwaltungseliten, das ja so oft im Zentrum der normativen Kritik an der Union steht[49], durch die Linse der Konkordanzdemokratie betrachtet eine neue Bedeutung. Gesamteuropäische Kompromisse werden im Dschungel des supranationalen Ausschußwesens ausgehandelt und dann einzelstaatlich von den Verhandlungsteilnehmern implemetiert; die Legitimität eines solchen Verhandlungssystems liegt also gerade darin, daß es keine Mehrheit gibt, die quasi hierarchisch für ganz Europa die Normen setzt und so Minderheiten lautstark überstimmt.

Neben dieser zumindest normativ neueren Sichtweise der Funktion der Europäischen Union bieten sich weitere Schlüsse aus der Betrachtung an. Zum einen hat die exponentielle Ausweitung des europäischen Lobbying den direkten Kontakt zwischen Politikgestaltung und Referenzgruppen in den Politikbereichen hergestellt, in denen der Grad an Rechtssetzung und Steuerungsfunktion der Gemeinschaft dies notwendig gemacht hat[50]. Wichtig ist nun, diese Beziehungen zwischen europäischen Institutionen und der Vertretung von Gruppeninteressen auf der europäischen Ebene so zu strukturieren, daß ungleiche Ressourcenausstattung und Informationsdefizite unter den Interessengruppen ausgeglichen werden können[51]. Denn es ist gerade diese unterschiedlich strukturierte Stärke von transnationalen Verbänden, und hier vor allem die Diskrepanz zwischen Arbeitgeber- und Arbeitnehmerseite, die ein institutionalisiertes, dem Neokorporatismus vergleichbares System der Interessenvermittlung zur Zeit unmöglich machen[52].

Vor dem Hintergrund der einzelstaatlichen Erfahrung mit föderalen oder anderen Verhandlungssystemen sollte auch nicht außer Acht gelassen werden, daß die Handlungsfähigkeit der Institutionen selbst ein wichtiger Faktor ihrer Legitimation ist. In diesem Zusammenhang ist es zu akzeptieren, daß die Entscheidungsfindung in Teilbereichen nur dann möglich sein kann, wenn auch einige der auf repräsentativem Wege vermittelten Forderungen

49 *Maurizio Bach*, Eine leise Revolution durch Verwaltungsverfahren, in: Zeitschrift für Soziologie, 21. Jg. (1992), H. 1, S. 16–30.

50 *M.P. van Schendelen*, Die wachsende Bedeutung des europäischen Lobbying, ZParl, 24. Jg. (1993), H. 1, S. 49–72.

51 *Sonia Mazey* und *Jeremy Richardson*, Interest Groups and Representation in the European Union, paper prepared for the ECPR Joint Sessions of Workshops, Madrid, 1994.

52 *Wolfgang Streeck* und *Philippe Schmitter*, From National Corporatism to Transnational Pluralism: Organized Interests in the Single European Market, Politics and Society, 19. Jg. (1991), H. 2, S. 133–164.

nicht verwirklicht werden[53]. Die dadurch erhöhte Effizienz in der supranationalen Politikgestaltung kann möglicherweise diesen Verlust an Mitwirkungsrechten kompensieren[54]. Aus ähnlicher Zielsetzung heraus ist auch vorgeschlagen worden, eine effiziente Europäische Gemeinschaft als in einzelnen Sachfragen eher unabhängig von der parlamentarischen Arena zu suchen[55].

Schlußbemerkung

Die hier kurz angerissenen Beispiele sollen zeigen, daß eine Reihe von Modellen zur Überwindung der Legitimitätskrise der Europäischen Union vorstellbar sind, die dem Dilemma maximalistischer Demokratieforderungen entgehen. Demnach würde die Debatte um das EU-Demokratiedefizit davon profitieren, wenn die Grenzen parlamentarischer Demokratie erkannt werden, ohne daß damit der Integrationsprozeß als Ganzes in Frage gestellt wird. Die einzelstaatliche Erfahrung mit komplexen Problemlösungen zeigt, daß hierzu verschiedene, auch jenseits der parlamentarischen Arena liegende Legitimationsmodelle notwendig sind.

Im supranationalen Bereich kommt hinzu, daß als Alternative zur Integration, wird diese aus demokratietheoretischer Sicht abgelehnt, kein Rückschritt zur Welt unabhängiger, parlamentarisch-demokratisch legitimierter Nationalstaaten möglich ist. Die Absage an das institutionalisierte Modell europäischer Integration, die aus dem Attest des „Demokratiedefizits" bisweilen gefolgert wird, beinhaltet vielmehr das Wachstum bilateraler und zwischenstaatlicher Kooperation. Damit wird die für ein Mindestmaß an Handlungsfähigkeit notwendige Politikgestaltung der Union zu einem Netzwerk diplomatischer Arenen mit ungleich geringerer Transparenz und Rechtssicherheit. Die Hinweise auf die demokratietheoretische Bedeutung von Normensetzung außerhalb des verfaßten Gemeinwesens – also die Abhängigkeit von Entscheidungen, die extern getroffen und innerstaatlich lediglich ‚konsumiert' werden, aber nicht gestaltet werden können – bleibt auch für die Staaten im Europa der neunziger Jahre gültig[56]. Der Schritt von ‚Bürokratie' zu ‚Diplomatie' im ‚neuen' Europa wäre also nicht nur integrationspolitisch fatal, sondern auch demokratietheortisch ein Rückschritt. Die Konsequenz, die im Lichte dieser Analyse aus dem demokratischen Dilemma der Europäischen Union zu ziehen ist, ist also nicht die Ablehnung weiterer Einigungsschritte, sondern eine Strategie der Optimierung von Demokratie- und Integrationsziel im Hinblick auf eine diesem komplexen System angepaßte Legitimation.

53 *Fritz W. Scharpf*, Versuch über die Demokratie in Verhandlungssystemen (MPIFG Discussion Paper Nr. 92/9), Köln 1992.

54 *Markus Jachtenfuchs*, Theoretical Approaches to European Governance, mimeo, Mannheim 1994.

55 *Giandomenico Majone*, The European Community: An „Independent Fourth Branch of Government"? (EUI Working Paper SPS No. 93/9), Florence 1994.

56 *Robert Dahl* und *Edward Tufte*, Size and Democracy, Stanford 1974.

Die Referenda zum Vertrag von Maastricht. Politikmanagement und Legitimation im Europäischen Integrationsprozeß

Wolfgang Luthardt

Im vorliegenden Beitrag[1] geht es um die Referenda, die im Umfeld der Ratifizierung des Vertrages von Maastricht in den Jahren 1992 und 1993 stattgefunden haben[2]. Des weiteren werden ebenfalls die Referenda beschrieben, die im Jahre 1994 im Rahmen der Erweiterung der Europäischen Union in Österreich, Finnland, Schweden und in Norwegen durchgeführt worden sind. Analytisch beinhaltet der Vertrag von Maastricht eine Strategie, in deren Zentrum die Schlüsselbegriffe *Erweiterung* und *Vertiefung* des EG-Integrationsprozesses stehen: Diese Begriffe bilden eine Art „Zauberformel"[3], die seit Beginn der sechziger Jahre in der EG-Integrations-Diskussion zirkuliert[4]. Diese Formel, das heißt ihre Implikationen und ihre Stoßrichtung haben vor allem in den Jahren 1992, 1993 und 1994 im europäischen Kontext für erhebliche Turbulenzen und Unsicherheiten gesorgt.

Die angesprochene Problematik wird zuerst durch die vier Referenda verdeutlicht, die 1992 und 1993 zum Maastricht-Vertrag abgehalten worden sind: gemeint sind die Referenda in Dänemark, der Republik Irland und Frankreich[5]. Am 2. Juni 1992 stimmten in Dänemark

1 Der Aufsatz beruht mit auf Überlegungen, die der Verfasser im Rahmen des von Prof. *Beate Kohler-Koch* an der Universität Mannheim am Mannheimer Zentrum für Europäische Studien in Verbindung mit dem Institut für Europäische Politik, Bonn, am 26./27. November 1993 organisierten Arbeitstagung zum Thema ‚Europäische Integration' vorgetragen hat.

2 Vgl. ferner aus der Sicht des Verfassers: *Wolfgang Luthardt,* Direkte Demokratie und Europäische Integration. Institutionelle Angleichung zwischen Legitimation und Entscheidungsfindung, in: Schweizerisches Jahrbuch für Politische Wissenschaft, Bd. 32, 1992, Bern 1992, S. 185–204; *ders.*, European Integration and Referendums: Analytical Considerations and Empirical Evidence, in: *Alan W. Cafruny/Glenda G. Rosenthal* (Hrsg.), The State of the European Community. Vol. 2. The Maastricht Debate and Beyond, Boulder, Colorado 1993, S. 53–71; *ders.*, European Integration and Referendums, in: *Thomas Ellwein/Dieter Grimm/Joachim Jens Hesse/Gunnar Folke Schuppert* (Hrsg.), Jahrbuch zur Staats- und Verwaltungswissenschaft, Bd. 6, Baden-Baden 1993/94, S. 209–233.

3 *Beate Kohler-Koch,* Optionen deutscher Politik in einer veränderten internationalen Umwelt, in: *Beate Kohler-Koch* (Hrsg.), Staat und Demokratie in Europa, Opladen 1992. S. 47–69, S. 59.

4 In integrationshistorischer Perspektive läßt sich beobachten, daß bisher jedwede Erweiterung bzw. Vertiefung der EG auf teilweise erheblichen Widerstand in den EG-Mitgliedsländern gestoßen ist. „Each time that enlargement of the EC has become an issue ... existing members have had to ask themselves whether extension exacted the price of either curtailed ambitions for further integration or even dilution", *Helen Wallace,* Widening and Deepening. The EC and the New European Agenda, London 1989, S. V; vgl. auch *Wolfgang Wessels,* Erweiterung, Vertiefung, Verkleinerung. Vitale Fragen für die Europäische Union, in: Europa-Archiv, Heft 10, 1993, S. 308–316. Dieser Sachverhalt müßte an sich analytisch und empirisch dazu führen, differenzierter an die jeweiligen politischen Turbulenzen heranzugehen.

5 Zur systematischen Einordnung der EG-Referenda in den weiteren referendumsdemokratischen Kontext vgl. *Wolfgang Luthardt,* Direkte Demokratie: Ein Vergleich in Westeuropa, Baden-Baden 1994. Ferner vor allem auch aus rechtswissenschaftlicher Sicht die Arbeit von *Karsten Bugiel,* Volkswille und repräsentative Entscheidung, Baden-Baden 1991.

50,7 Prozent der an dem Entscheid beteiligten Stimmbürger mit Nein; in der Republik Irland votierte am 18. Juni 1992 eine deutliche Mehrheit von 68,7 Prozent der Abstimmungsbeteiligten für die Ratifizierung des Vertrages von Maastricht. Das am 20. September 1992 in Frankreich abgehaltene Referendum erzielte lediglich eine knappe Mehrheit von 51,05 Prozent Ja-Stimmen für Maastricht. In Dänemark wurde es nach dem negativ verlaufenden Referendum vom Juni 1992 nach intensiven Verhandlungsprozessen erneut erforderlich, ein weiteres Referendum abzuhalten. Dieses fand am 18. Mai 1993 statt und legitimierte nunmehr die vorgenommenen, von der dänischen Regierung ausgehandelten Ausnahmen vom Vertrag von Maastricht.

Der Beitrag wird durch drei Thesen strukturiert. Die erste These: Die durch den Vertrag von Maastricht hervorgerufenen Turbulenzen und Unsicherheiten sind vorprogrammiert gewesen. Die zweite These: Die Referenda zum Vertrag von Maastricht können als Ausdruck dieser in den politischen Turbulenzen angelegten Spannungen und Konflikte interpretiert werden. Die dritte These: Die Referenda bewirkten sowohl eine Überwindung der Politikblockade als auch eine weitere politische Legitimation des europäischen Integrationsprozesses.

Insgesamt verdeutlichen die Referenda zum Vertrag von Maastricht eine doppelt geprägte Problemkonstellation: Sie dokumentieren die Spannungen und Differenzen zwischen einer normativ geprägten Politikkonzeption, den darin enthaltenen politischen und institutionellen Strategien, Zielvorstellungen und Visionen einerseits sowie einer komplexen politischen Realität, einer politischen Berechnungen sich tendenziell sperrenden Dynamik und unterschiedlich agierenden Akteuren innerhalb des europäischen Integrationsprozesses andererseits[6].

I. Optionen für den Transfer politischer Kompetenzen

Die Mitgliedstaaten der Europäischen Gemeinschaft sind Verfassungsstaaten, die, bis auf die Ausnahme Großbritannien, über kodifizierte Verfassungen verfügen[7]. Diese Verfassungen enthalten unterschiedlich gestaltete rechtliche Bestimmungen über die institutionellen Möglichkeiten eines politischen und institutionellen Kompetenzentransfers zugunsten supra-nationaler Institutionen. Sie normieren in einem spezielleren Sinne in Rechtsnormen gefaßte politische Optionen, die handlungsrelevanten Politikakteuren als legitimatorische Basis für unterschiedliche Politikentscheidungen dienen können.

6 *Roger Morgan,* Das neue Deutschland in der Europäischen Gemeinschaft, in: *Wolfgang Heisenberg* (Hrsg.), Die Vereinigung Deutschlands in europäischer Perspektive, Baden-Baden 1992, S. 83–98, S. 87, charakterisiert das – auf die Politische Union – bezogene Problem so: Insgesamt läuft dieses Programm „auf ein ‚maximalistisches' Projekt für die Zukunft hinaus. Dieses weitreichende Programm wird mit größter Wahrscheinlichkeit nicht *in toto* von den Regierungskonferenzen gebilligt werden. Nach dem üblichen Widerstandsprozeß seitens einiger, wenn nicht aller Mitgliedstaaten ... dürfte eine verwässerte Version der (...) Vorschläge zum Vorschein kommen".

7 Vgl. *Adolf Kimmel,* Verfassungsrechtliche Rahmenbedingungen: Grundrechte, Staatszielbestimmungen und Verfassungsstrukturen, in: *Oscar W. Gabriel* (Hrsg.), Die EG-Staaten im Vergleich, Opladen 1992, S. 23–49. Die Verfassungstexte der EG-Mitgliedstaaten sind abgedruckt in *Adolf Kimmel* (Hrsg.), Die Verfassungen der EG-Mitgliedstaaten. Textausgabe, München 1993 (3. Aufl.).

Die Möglichkeit, einen Transfer von nationalstaatlichen Entscheidungskompetenzen zu supranationalen Institutionen vorzunehmen, kann innerhalb der EG-Staaten über zwei Wege erfolgen: Erstens werden der Transfer und die Angleichung über die demokratisch legitimierten repräsentativen Politikinstitutionen, die Regierungen und Parlamente, vorgenommen. Ein typisches Beispiel hierfür war bisher die EG-Politik der Bundesrepublik, Italiens, Frankreichs, Großbritanniens, Spaniens und der Benelux-Staaten. Italien schließt z.B. institutionell explizit ein Referendum über Gesetze aus, die internationale Verträge behandeln (Art. 75 ital. Vf.). Die Bundesrepublik kennt in Art. 24, Abs. 1 GG[8] die Regelung, mittels derer der Bund auf gesetzlicher Basis souveräne Rechte an supranationale Institutionen transferieren konnte[9]. Auf dieser institutionellen Basis wurde bisher der Transfer von politischen Entscheidungskompetenzen vorgenommen[10].
Der zweite Weg besteht darin, ein entsprechendes Referendum über das Thema abzuhalten. Institutionell ist beim Referendum zwischen einem verfassungsrechtlich vorgeschriebenen und politisch bindenden und einem konsultativen Referendum zu unterscheiden[11]. Bezogen auf diesen Weg existieren drei Möglichkeiten: Erstens kann die verfassungsrechtliche Vorschrift bestehen, daß eine Volksabstimmung abzuhalten ist: In der Schweiz herrscht, gemäß Art. 89 Abs. 5 BV[12], diese strikt institutionell gefaßte Variante; auf dieser Basis wurden zum Beispiel das UNO-Referendum 1986[13] und das Referendum am 6. Dezember 1992 über die Frage eines Beitritts zum Europäischen Wirtschaftsraum entschieden[14]. Zweitens kön-

8 Diese Regelung lautet wie folgt: „Der Bund kann durch Gesetz Hoheitsrechte auf zwischenstaatliche Einrichtungen übertragen".

9 Diese Regelung und ihre Praxis führte u.a. zur Schwächung der Länderkompetenzen und zu einem Politikphänomen, welches unter dem Begriff der ‚doppelten Politikverpflechtung' intensiv diskutiert wurde. Vgl. *Fritz W. Scharpf*, Die Politikverpflechtungsfalle, in: Politische Vierteljahresschrift, Heft 2, 1985, S. 323–356; *ders.*, Regionalisierung des europäischen Raumes, in: *Ulrich v. Alemann/Rolf G. Heinze/Bodo Hombach* (Hrsg.), Die Kraft der Region, Bonn 1990, S. 32–46; *Rudolf Hrbek*, Doppelte Politikverpflechtung. Deutscher Föderalismus und Europäische Integration, in: *Rudolf Hrbek/Uwe Thaysen* (Hrsg.), Die deutschen Länder und die Europäischen Gemeinschaften, Baden-Baden 1986, S. 17–36.

10 Der *neue* EG-Artikel 23 GG grenzt diese Möglichkeit nach wie vor nicht aus, sieht allerdings nunmehr vor, daß die deutschen Bundesländer in den Entscheidungsprozeß in verschiedener Weise einbezogen werden müssen, vgl. *Wolfgang Fischer*, Die Europäische Union im Grundgesetz: der neue Artikel 23, in: ZParl, 24. Jg. (1993), H. 1, S. 32–48; *Udo Di Fabio*, Der neue Artikel 23 des Grundgesetzes, in: Der Staat, Heft 2, 1993, S. 191–217.

11 Diese verfahrensrechtlich relevante Unterscheidung impliziert jedoch nicht, daß in der politischen Praxis abgehaltene konsultative Referenda in der Regel keine oder nur eine qualitativ untergeordnete politische Bindungswirkung und Legitimation zukommt. Konsultativen Referenda, die zum Beispiel auf nationalstaatlicher Ebene veranstaltet werden, kommt in der Regel die gleiche Bindungswirkung und Legitimation zu wie etwa institutionell vorgeschriebenen Referenda. Vgl. *Luthardt*, Direkte Demokratie, a.a.O. (Anm. 5).

12 Bundesverfassung der Schweizerischen Eidgenossenschaft vom 29. Mai 1874 (Stand 1. April 1989), hrsg. von der Bundeskanzlei, Bern 1989, S. 37f.: „Der Beitritt zu Organisationen für kollektive Sicherheit oder zu supranationalen Gemeinschaften untersteht der Abstimmung des Volkes und der Stände".

13 Vgl. *Luzius Wildhaber*, Das Schweizer Nein zu einer Vollmitgliedschaft in den Vereinten Nationen, in: Europa-Archiv, Folge 15, 1986, S. 461–468.

14 Vgl. *Adrian Vatter*, Der EWR-Entscheid: Kulturelle Identität, Rationales Kalkül oder struktureller Kontext?, in: Schweizerische Zeitschrift für Soziologie, Heft 1, 1994, S. 15–42; *Leonhard Neidhart*, in: Neue Zürcher Zeitung, 6. Januar 1993, S. 15; *Raimund E. Germann*, in: Neue

nen die nationalen Akteure zu der Ansicht gelangen, daß es aufgrund einer besseren Legitimation opportun ist, die Bevölkerung in den Entscheidungsprozeß einzubeziehen. Drittens können erhebliche innerparteiliche bzw. innenpolitische Divergenzen zwischen Pro- und Kontra-Gruppen existieren, so daß aus diesen Gründen das Referendum zur Schlichtung und Lösung des Konflikts gewählt wird[15].

Gerade die beiden zuletzt genannten, von gouvernementalen Akteuren strategisch ausgewählten und verfolgten Kalküle können verdeutlichen, daß ein solches Referendum als Folge von Gruppenaktivitäten, Forderungsmustern und Systemressourcen interpretierbar ist. Die Intentionen der gouvernementalen Politikakteure bestehen darin, ein pro-hegemoniales Politikergebnis zu erreichen, welches die Regierungspolitik legitimiert. In diesem Sinne erscheinen diese Akteure als ‚politische Unternehmer' auf den ‚politischen Märkten'. Beispiele hierfür sind die Referenden in Norwegen, Dänemark, Großbritannien, Irland und Frankreich. Daß dieses Ziel keineswegs immer so erreicht wird, wie dies von den gouvernementalen Akteuren bezweckt ist, haben verschiedene Referenda gezeigt.

Die Institution Parlament kann bei den drei Möglichkeiten des zweiten Weges – in der Vorphase der Abstimmung, während des Entscheidprozesses sowie bei der endgültigen Legitimation des Ergebnisses – einbezogen sein. Beide Wege wurden bisher beschritten. Dänemark sieht eine Kombination vor: Wenn der Beitritt beziehungsweise die Delegation von Kompetenzen zu einer supranationalen Institution nicht mit 5/6-Mehrheit vom Parlament ratifiziert wird und die Regierung nach wie vor an der Gesetzesvorlage festhält, so ist entsprechend Art. 20 der dänischen Verfassung ein Referendum notwendig.

II. Der Vertrag von Maastricht: Herausforderung an nationalstaatliche Provinzialität oder verfehlte Konzeption?

1. Kontinuität und Herausforderung

Im Rahmen des europäischen Integrationsprozesses war es in den achtziger Jahren insbesondere die im Juli 1987 wirksam werdende Einheitliche Europäische Akte (EEA), die eine neue institutionelle und politische Dynamik hervorrief[16]. Die EEA sollte durch den Vertrag von Maastricht sowohl systematisch weiterentwickelt als auch in eine neue Politikqualität überführt werden. Der Vertrag von Maastricht[17] bezieht sich auf die institutionellen Kon-

Zürcher Zeitung, 20. Januar 1993, S. 19; *Martin Gollmer,* in: EG-Magazin, Nr. 1–2, 1993, S. 51–53. Ferner den Beitrag von *Silvano Möckli* in diesem Band.

15 Ein typisches Beispiel hierfür war das 1975 unter dem damaligen Labour Premierminister *Harold Wilson* abgehaltene Referendum über die weitere Mitgliedschaft Großbritanniens in der Europäischen Gemeinschaft gewesen. Vgl. ausführlich *David Butler/Uwe Kitzinger,* The 1975 Referendum, London 1976; *Anthony King,* Britain says Yes. The 1975 Referendum on the Common Market, Washington, D.C. 1977.

16 Vgl. hierzu *Klaus Busch,* Europa im Umbruch, Köln 1994 (3. Aufl.), der diese Problematik zutreffend analysiert hat.

17 Einschlägige Analysen und Einschätzungen finden sich u.a. bei: *Otto Schmuck,* Der Maastrichter Vertrag zur Europäischen Union, in: Europa-Archiv, Heft 4, 1992, S. 97–106; *Wolfgang Wessels,* Maastricht: Ergebnisse, Bewertungen und Langzeittrends, in: Integration, Heft 1, 1992, S. 2–16; *Peter Bohley,* Europäische Einheit, föderatives Prinzip und Währungsunion: Wurde in Maastricht der richtige Weg beschritten?, in: Aus Politik und Zeitgeschichte, B 1/93,

turen einer Politischen Union und einer Europäischen Wirtschafts- und Währungsunion. Er steht ebenfalls, wie die EEA, in der Kontinuität der Römer Verträge. Allerdings impliziert er, wie angesprochen, eine normativ angelegte, politische und institutionelle Dynamik, die über die EEA hinausgeht und einerseits zur Qualifizierung als „milestone in the evolution of the EC as an international political actor"[18], andererseits mit zu den angesprochenen Turbulenzen und Unsicherheiten geführt hat[19]. Darüber hinaus ist er als Reaktion und als strategisch orientierte Perspektive auf zwei epochale politische Ereignisse zu deuten. Der Präsident der Europäischen Kommission, *Jacques Delors*, hat diese komplexe Verbindung von Reaktion, Kontinuität, und Perspektive so formuliert: „Die europäische Entwicklung wurde 1985 mit der Einheitlichen Akte neu angestoßen, ohne sie wäre Maastricht nie möglich gewesen. Dann kam 1989 ein historisches Ereignis: das Ende des Kommunismus und der Fall der Mauer"[20].

Die Vereinigung der beiden deutschen Staaten spielte in diesem Kontext ebenfalls eine bedeutsame Rolle. Sie hat bei anderen europäischen Ländern – auch bei Mitgliedsländern der EG (Frankreich; Benelux-Staaten) – das Thema einer ‚Bändigung', ‚Fesselung' und ‚Einbindung' der Bundesrepublik wieder verstärkt auf die Tagesordnung ihrer nationalen Politik gesetzt[21]. Der Vertrag von Maastricht, im April 1990 als Resultat einer französisch-deutschen Initiative angeschoben[22], sollte die erweiterte Bundesrepublik noch deutlicher als bisher in den europäischen Integrationsprozeß einbinden[23]. Der Prozeß der Vertiefung der

1. Januar 1993, S. 34–45; *Thomas Oppermann/Claus Dieter Classen*, Europäische Union: Erfüllung des Grundgesetzes, in: Aus Politik und Zeitgeschichte, B 28/29/93, 9. Juli 1993, S. 11–20; *Klaus Busch*, Maastrichter Vertrag, EWS-Krise und optimaler Wirtschaftsraum, in: Gewerkschaftliche Monatshefte, Heft 9, 1993, S. 532–543; *Karl Eckhart Heinz*, Die Europäische Union nach Maastricht, in: *Ellwein/Grimm/Hesse/Schuppert* (Hrsg.), Jahrbuch zur Staats- und Verwaltungswissenschaft, Bd. 6, a.a.O., S. 33–53.

18 *Lily Gardner Feldman*, The EC in the international Arena: A new Activism?, in: *Glennon J. Harrison* (Hrsg.), Europe and the United States, Armonk, London 1994, S. 141–160, S. 141.

19 Überlegungen aus der Sicht des Präsidenten der EG-Kommission zu diesen Turbulenzen finden sich in: *Jacques Delors*, Entwicklungsperspektiven der Europäischen Gemeinschaft, in: Aus Politik und Zeitgeschichte, B 1/93, 1. Januar 1993, S. 3–9; *Jacques Delors*, Das neue Europa, München, Wien 1993; Gespräch zwischen *Jacques Delors, Pierre Hassner, Jacques Le Goff* und *Alain Touraine*. Was ist eigentlich Europa?, in: Die Neue Gesellschaft/Frankfurter Hefte, Heft 3, 1992, S. 246–255.

20 Was wird aus Europa – und wo liegen seine Grenzen? Mit Jacques Delors, dem Präsidenten der EG-Kommission, sprachen *Christoph Bertram* und *Klaus-Peter Schmid*, in: Die Zeit, 5. Juni 1992, S. 4–5.

21 Nicht umsonst tauchten in diesem Zusammenhang in der Diskussion Überlegungen und Mahnungen auf, die dezidiert vor den Gefahren einer möglichen neuen Sonderrolle der erweiterten Bundesrepublik warnten. Vgl. z.B. *Edzard Reuter*, Alle müssen an einem Strang ziehen, in: Die Zeit, 22. Januar 1993, S. 12: „Erst wenn dieses Werk (das Vertragswerk von Maastricht [Verf.]) endgültig gelungen ist, wird der geschichtliche Alpdruck von uns genommen sein, daß unser Land wieder seine eigenen Wege gehen könnte. Deutschland wird dann ein Land sein, das, bedingt durch seine wirtschaftliche, aber auch seine kulturelle Bedeutung, eine bestimmende Rolle in Europa spielt. Aber es wird ein Land sein, das nur gemeinsam mit starken und selbstbewußten Partnern handeln kann".

22 *Ernst-Otto Czempiel*, Die Rolle Deutschlands in der neuen Welt(un)ordnung, in: Gewerkschaftliche Monatshefte, Heft 10, 1992, S. 613, argumentiert, daß auch in diesem Falle sich das deutsch-französische Verhältnis erneut als „Hauptantrieb der europäischen Integration" erwiesen habe.

23 Zur Diskussion siehe z.B. *Beate Kohler-Koch*, Deutsche Einigung im Spannungsfeld internatio-

Europäischen Gemeinschaft ist von daher bewußt als „kompensatorische Maßnahme zur deutschen Einigung konzipiert worden"[24]. Unter diesem Blickpunkt betrachtet, erhält der Vertrag von Maastricht wiederum eine weitere, differenziertere europapolitische Dimension zugewiesen.

Schon in den vorhergehenden Ausführungen war deutlich geworden, daß im Rahmen der EG-Integrationsdebatten regelmäßig innenpolitische Themen, taktische und strategische Kalküle der verschiedenen parteipolitischen und gouvernementalen Akteure und zahlreichen Interessengruppen im Mittelpunkt der Kontroversen standen[25]. Insbesondere dominiert diese Sicht- und Handlungsweise vor nationalen Wahlen und Wahlkämpfen und bestimmt so die europapolitische Debatte in vielen der EG-Mitgliedstaaten. Hierbei zirkuliert eine „instrumentelle Europa-Idee"[26], mit der, je nach der Einschätzung der innenpolitischen Lage und den erhofften politischen und wirtschaftlichen Vorteilen, eine Zustimmung oder auch Ablehnung begründet wird. Daß neben den zuletzt formulierten Hinweisen selbstverständlich auch substantielle Pro- oder Kontra-Argumente in der Diskussion vorhanden sind, bedarf an sich keiner näheren Erwähnung. Das vorstehend angesprochene Set von unterschiedlich dimensionierten Motiven, Strategien und Zielperspektiven läßt sich besonders bei den Diskussionen über die Ratifizierung des Vertrages von Maastricht aufzeigen.

2. Die Referenda zum Vertrag von Maastricht: Schwächung der Konzeption oder Signal für differenzierte Ausgestaltung?

Das Referendum in Dänemark: Startzeichen zur Ablehnung?

Das erste, weithin sichtbare Startzeichen für die politik- und öffentlichkeitswirksamen Vorbehalte, Abneigungen und manifesten Anzeichen von Widerstand gegen das Projekt von Maastricht wurde im politisch notwendig gewordenen Referendum in Dänemark gegeben[27].

naler Umbrüche, in: Politische Vierteljahresschrift, Heft 4, 1991, S. 605–620; *Peter J. Katzenstein,* Die Fesselung der deutschen Macht im internationalen System: der Einigungsprozeß 1989–90, in: *Bernhard Blanke/Hellmut Wollmann* (Hrsg.), Die Alte Bundesrepublik, Opladen 1991, S. 68–80.

24 *Kohler-Koch,* Optionen deutscher Politik in einer veränderten internationalen Umwelt, a.a.O., S. 59.

25 Bezogen auf die Referenda in Dänemark, Irland und Frankreich im Jahre 1992 meint *David Buchan,* Europe. The Strange Superpower, Aldershot, Brookfield 1993, S. 2, daß hinter diesen Referenden spezifische Faktoren angelegt seien, die wenig oder nichts mit dem Vertrag von Maastricht selbst zu tun haben würden: „Danish particularism over EC enviromental and social policy, Irish gratitude for EC aid, French ingratitude at recent EC agricultural policy reforms and the widespread unpopularity of President Mitterrand himself".

26 *Gian Enrico Rusconi,* Was wird aus Europa? Los von Rom. Die Einheit muß aus den Nationen kommen, in: FAZ, 29. August 1992, S. 25.

27 *Maria Eysell/Bernd Henningsen,* Dänemark, in: Aus Politik und Zeitgeschichte, B 43/92, 16. Oktober 1992, S. 3–11, S. 3–7; *Karen Siune,* The Danes Said NO to the Maastricht Treaty. The Danish EC Referendum of June 1992, in: Scandinavian Political Studies, Heft 1, 1993, S. 93–103; *Anna Michalski/Helen Wallace,* The European Community. The Challange of Enlargement, London 1992 (2. Aufl.), S. 67–71; *Justin Morris/Juliet Lodge,* Appendix: the referendums, in: *Juliet Lodge* (Hrsg.), The European Community and the Challange of the Future, London 1993 (2. Aufl.), S. 386–395; S. 386f.; *Desmond Dinan,* Ever Closer Union? An Introduction to the European Community, Houndsmill usw. 1994, S. 184f.

Der Ausgang des am 2. Juni 1992 abgehaltenen Referendums wirkte wie ein Schock: Der Vertrag von Maastricht wurde mit einer knappen Mehrheit von der stimmberechtigten Bevölkerung bei einer Wahlbeteiligung von 82,3 Prozent mit 50,7 Prozent Nein-Stimmen gegen 49,3 Prozent Ja-Stimmen abgelehnt. In Dänemark fungierte das Postulat der Politischen Union[28] als „Stein des Anstoßes“[29]: Es wurde – wieder – befürchtet, daß die dänische Souveränität strukturell unterlaufen werde[30] und die dänischen politischen Institutionen nurmehr als Handlanger der EG-Institutionen in Erscheinung treten würden[31]. Schon vor dem Referendum zeigte sich[32], daß sowohl die Befürworter als auch die Gegner nicht nach einem simplen politischen Schema zu klassifizieren waren. Im Parlament sprachen sich die linke sozialistische Volkspartei, die Christliche Volkspartei in der Mitte des Spektrums und die rechts-populistische Fortschrittspartei gegen die Ratifizierung des Vertrag von Maastricht aus. Die höchst heterogen zusammengesetzte Koalition der Vertragsgegner fand ihren Nenner gerade darin, daß die „Ablehnung der Verträge mit der Befürwortung zur Beibehaltung des Rechts auf nationale Selbstbestimmung“ identifiziert werden konnte[33]. Dieses Postulat war bisher in Dänemark offenkundig stets geeignet, heterogene Gruppen in einer Anti-EG-Koalition zusammenzuführen. Das dänische Ergebnis führte umgehend zu zahlreichen Spekulationen über die weiteren Prozeduren und die mittelfristige Zukunft des Vertrages von Maastricht. In der Diskussion tauchten politisch extrapolierte Bemerkungen auf über die extrem geringe Stimmenmarge, die die EG-Gegner für sich verbuchen konnten. Teilweise wurden implizite vorgetragene, abwertende Bewertungen formuliert über das ‚kleine‘ Dänemark, welches den Zug des Europäischen Integrationsprozesses zumindest für eine Weile aufhalten könnte.

Die Ablehnung des Vertrages im dänischen Referendum vom 2. Juni 1992 führte zu einer neuen politischen Konstellation. Umgehend erfolgten zusätzliche Verhandlungen zwischen Dänemark, den anderen EG-Mitgliedstaaten und den EG-Institutionen mit dem Ziele, eine für alle Beteiligten tragfähige Lösung herbeizuführen. In langwierigen Beratungen gelang es, einen Kompromiß[34] zu erreichen, der von der dänischen Regierung in einem erforderlichen

28 Nach *Siune*, The Danes Said NO, a.a.O., S. 94, S. 98f., war bei den beiden früheren Referenden das zentrale Thema maßgeblich die ökonomische Problematik gewesen. Die Botschaft des früheren Ministerpräsidenten *Poul Schlüter* bei der Kampagne von 1986: „The Political Union is stone-dead!“ war nach wie vor geläufig und wurde immer wieder in den Massenmedien zitiert. Das Vertragswerk von Maastricht sieht hingegen explizite mit der Forcierung der ‚Politischen Union‘ eine Dimension vor, die sich faktisch qualitativ von der EEA unterscheidet.

29 *Eysell/Henningsen*, Dänemark, a.a.O., S. 5.

30 *Siune*, The Danes said NO, a.a.O., S. 97f., meint, daß das am meisten entscheidende Argument bei den Gegnern der Verlust der dänischen Souveränität gewesen sei. Acht von zehn bevorzugten die ‚politische Freiheit‘ zugunsten ökonomischer Vorteile, wenn sie gezwungen würden, zu wählen.

31 *M. Donald Hancock/B. Guy Peters*, The European Community, in: *M. Donald Hancock* u.a., Politics in Western Europe, Houndsmills, London 1993, S. 461–526; S. 468.

32 Die politische Kampagne fand vom Januar bis zum 2. Juni 1992 statt. Insbesondere in den Massenmedien und dem Fernsehen wurde intensiv über die verschiedenen Aspekte des Vertrages und seine Folgen für Dänemark diskutiert. Jedem dänischen Bürger wurde ferner zum Beispiel ein Exemplar der dänischen Übersetzung des Vertragstextes über die Postämter zugänglich gemacht. Vgl. *Siune*, The Danes said NO, a.a.O., S. 99.

33 *Eysell/Henningsen*, Dänemark, a.a.O., S. 6.

34 So konnte die dänische Regierung eine option-out-Klausel in Bezug auf die mögliche Beteiligung an der Währungsunion und einer europäischen Militärpolitik sowie im Hinblick auf eine

zweiten Referendum der Bevölkerung zur Abstimmung vorgelegt werden konnte. Das Referendum wurde vergleichsweise schnell nach dem Edinburgh-Gipfel vom Dezember 1992, auf dem die von Dänemark verlangten Ausnahmen und Zugeständnisse in eine Kompromißform gegossen wurden, angesetzt. Im Vorfeld des für den 18. Mai 1993 terminierten Referendums kam es wiederum zu starken Schwankungen bei Meinungsumfragen und zu heftigen, polarisierten Kontroversen, wobei die Regierungsvertreter durchgängig davon überzeugt waren, daß die dänische Bevölkerung nunmehr dem Vertrag inklusive der ausgehandelten Zugeständnisse zustimmen würde. Seitens der Gegner wurde unter anderem argumentiert, daß die Dänen in der Sache zweimal über den gleichen Vertrag abstimmen würden. Auch bei dieser Referendumskampagne wurden wiederum aus der dänischen Diskussion geläufige Argumente gegenüber dem EG-Integrationsprozeß vorgetragen: Neben den demokratiepolitischen Vorbehalten gegenüber den Demokratiedefiziten der EG stieß der Terminus Politische Union auf erhebliche Widerstände[35]. Das Ergebnis im zweiten Referendum zum – modifizierten – Vertrag von Maastricht war dennoch für dänische Verhältnisse eindeutig: 56,8 Prozent Ja-Stimmen bei 43,2 Prozent Nein-Stimmen.

Kontinuum der Normalität unter irischen Bedingungen

Das aus politischen Gründen erforderlich werdende Referendum in der Republik Irland wurde schon relativ früh nach dem Maastricht-Gipfel vom Dezember 1991 in die Öffentlichkeit lanciert. Auch in der irischen Republik wurde vor dem Referendum in Meinungsumfragen eine abnehmende Zustimmung für die Ratifizierung von Maastricht betont, vom irischen Außenminister *Andrews* aber auch angemerkt, daß die Bevölkerung dem Vertrag zustimmen werde. Von Bedeutung in diesem Zusammenhang ist, daß schon beim Referendum von 1972 in der Republik Irland das Kalkül des wirtschaftlichen Vorteils an einer EG-Mitgliedschaft überwog. Auch beim Referendum vom 18. Juni 1992[36] spielten die wirtschaftlichen Vorteile wiederum eine bedeutende Rolle. Die Abstimmungsbeteiligung und das -ergebnis waren, entgegen manchen Voraussagen, im Vergleich zu früher überdurchschnittlich gut. Bei einer Beteiligung von 57,3 Prozent votierten 68,7 Prozent mit Ja. Von den vorhandenen Wahlkreisen sprach sich kein einziger gegen die Vertiefung der Europäischen Integration aus. In den landwirtschaftlichen Bereichen, die sich im Jahre 1983 klar gegen die ‚Partial-Legalisierung' der Abtreibung ausgesprochen hatten, war die Zustimmung zu den Verträgen am deutlichsten. Auf der Seite der Befürworter fanden sich alle politischen Parteien, mit Ausnahme einer kleinen linken Partei, die im Parlament über vier Sitze verfügt. Ferner sprachen sich die Gewerkschaften, der Unternehmerverband, die Dachorganisation von neunzig Frauenverbänden und die relevanten irischen Tageszeitungen

europäische Staatsbürgerschaft und eine EG-weite polizeiliche Zusammenarbeit erreichen. Vgl. zu den Ausnahmen und Abweichungen *Morris/Lodge*, Appendix: the referendums, a.a.O., S. 388–391.

35 Der neue dänische Ministerpräsident *Poul Nyrup Rasmussen* erklärte dies so: „Das Wort ‚Union' stößt ab. Es bedeutet für viele eine große Distanz zwischen Kopenhagen und Brüssel", Interview, in: Die Zeit, 14. Mai 1993, S. 7.

36 Vgl. *Michalski/Wallace*, The European Community, a.a.O., S. 71; *Morris/Lodge*, Appendix: the referendums, a.a.O., S. 392f.; *Dinan*, Ever Closer Union?, a.a.O., S. 185f.

für die Annahme des Vertrages aus. In diesem Sinne war das irische Referendum eine kontinuierliche Bestätigung der Mitgliedschaft in der EG.

Das Referendum in Frankreich: Der Staatspräsident als Zeremonienmeister?

In Frankreich wurde die Maastricht-Debatte umgehend nach dem dänischen Nein am Abend des 3. Juni 1992 eröffnet. An diesem Abend lancierte der französische Präsident *François Mitterrand* das Statement, in Frankreich ebenfalls ein Referendum zu den Verträgen von Maastricht im September 1992 abhalten zu wollen[37]. In der politischen Diskussion wurde diese Ankündigung dahingehend interpretiert, daß das französische Referendum zu einem Eckpunkt des weiteren Ratifizierungsprozesses der Verträge und damit über die Zukunft der Europäischen Gemeinschaft entscheiden werde.
Parallel dazu wurde gleichfalls umgehend interpretiert, daß das von *Mitterrand* lancierte Referendum letztlich innenpolitische Gründe haben würde: Erstens ging es darum, die politische Opposition gegen die Sozialistische Partei am Beispiel des Referendums zu spalten und für die anstehenden Wahlkämpfe zu schwächen. Zweitens sollte die schwindende Popularität und die eigene Schwäche des Präsidenten in Frankreich kaschiert werden, der sich so, wie *Criddle*[38] konstatiert, seinen Platz in der Geschichte als ‚großer französischer Staatsmann' sichern wollte.
Das dänische Votum wurde insofern politisch instrumentalisiert und, zum Zeitpunkt der Verkündung des Referendums, von *Mitterrand* in seine politische Strategie eingebaut. Auch bei der Auslösung dieses Referendums spielten verfassungsrechtliche Notwendigkeiten nicht die entscheidende Rolle[39]. Insofern kann man ableiten, daß das von *Mitterrand* initiierte Referendum in der Tradition der bisherigen Plebiszite steht, mittels derer sich der französische Staatspräsident wirkungsvoll in die Innenpolitik einschalten möchte; in dieses Szenarium paßte die politisch geschickt initiierte Fernsehdebatte mit *Philippe Seguin*, dem profilierten gaullistischen Sprecher der Anti-Maastricht-Opposition, in die sich auch der deutsche Bundeskanzler und der spanische Ministerpräsident einschalteten und für die Ratifizierung des Vertrages von Maastricht argumentierten[40].
Das knappe Ergebnis des Referendums vom 20. September 1992 mit 51,05 Prozent Ja- und 48,95 Prozent Nein-Stimmen zeigt letztlich, daß sich *Mitterrand* zwar politisch nicht ausmanövriert hatte, daß aber die erhoffte deutliche Mehrheit für Maastricht und damit auch seine eigene, erneute politische Bestätigung nicht wie gewünscht erfolgte. Die Wahlbeteiligung lag, angesichts der erheblichen politischen Kampagne, bei ‚nur' 69,68 Prozent

37 Zum Kontext und zum Referendum vgl. *Andrew Appleton*, Maastricht and the French Party System: Domestic Implications of the Treaty Referendum, in: French Politics and Society, No. 4, 1992, S. 1–18; *François G. Dreyfus*, Letter from France. After the Referendum of 20 September, in: Government and Opposition, Heft 1, 1993, S. 82–86; *Byron Criddle*, The French Referendum on Maastricht, in: Parliamentary Affairs, Heft 2, 1993, S. 228–238; *Alec Stone*, Ratifying Maastricht: France Debates European Union, in: French Politics and Society, Heft 1, 1993, S. 70–88; *Michalski/Wallace*, The European Community, a.a.O., S. 71–74; *Morris/Lodge*, Appendix: the referendums, a.a.O., S. 393–395; *Dinan*, Ever Closer Union?, a.a.O., S. 186f.

38 *Criddle*, The French Referendum, a.a.O., S. 230.

39 Zur Debatte im Senat und zur Entscheidung des Verfassungsgerichts vgl. *Appleton*, Maastricht and the French Party System, a.a.O.

40 Vgl. *Appleton*, Maastricht and the French Party System, a.a.O.; *Criddle*, The French Referendum, a.a.O.; *Dreyfus*, Letter From France, a.a.O.

(= 26.711.642 Mill.; bei 38.333.696 Mill. registrierten Wählern). In wahlsoziologischer Hinsicht[41] waren es unter anderem Wähler, die über eine bessere Ausbildung (Schule; College; Universität) verfügten und die sozial besser gestellten städtischen Wähler, die mit Ja votierten, während unter anderem Arbeiter, Bauern und der kleine, gewerbliche Mittelstand mit Nein stimmten.

Allerdings wäre die Schlußfolgerung: Frankreich ist zweigeteilt, die Mittelschichten überwiegend dafür, die unteren Schichten und die Bauern dagegen, voreilig, wenn nicht gar falsch. Eine differenzierte Betrachtung des Referendumsergebnisses zeigt ein nuancierteres Bild. Das konservative Paris war für, daß linke Marseille gegen Maastricht. Die meisten bretonischen Bauern, die sich finanziell stark einschränken müssen, votierten für die Ratifizierung, während die reichen Großgrundbesitzer der fruchtbaren Beauce um Chartres dagegen votierten. In Lothringen, welches unter starker Arbeitslosigkeit leidet, optierte die Mehrheit für den Vertrag. Schon diese knappen Hinweise zielen auf ein wesentlich differenzierteres Bild des Wahlergebnisses hin, als es der Terminus von der Zweigeteiltheit suggeriert. Besonders auffallend war des weiteren, daß sich führende französische Industrielle[42] sehr deutlich für Maastricht und die Fortsetzung des europäischen Integrationskurses aussprachen[43].

III. Die Referenda zum Beitritt in die Europäische Union: Hoffnungen und Turbulenzen im Rahmen der dritten Erweiterungsrunde

Im vorstehenden Abschnitt wurden die Referenda skizziert, die sich auf den Vertrag von Maastricht und dort insbesondere auf das im Vertrag enthaltene Konzept der Vertiefung bezogen haben. Hierbei zeigte sich, daß vor allem innerhalb der dänischen Bevölkerung ein deutlicher Widerstand zum Ausdruck gekommen ist. Der vorliegende Abschnitt beschreibt im Anschluß daran die Referenda, die im Jahre 1994 in Österreich, Finnland, Schweden und Norwegen stattgefunden haben. In diesem Zusammenhang erweist es sich als sinnvoll, auf einige relevante, die referendumspolitischen Entscheidungen in einen weiter gefaßten Kontext einordnende Sachverhalte einzugehen, um so ein differenzierteres ‚Bild' der jeweils unterschiedlich gelagerten Hintergründe, Akteurskonstellationen und Zielvorstellungen, aber auch eventueller gemeinsamer, positiv bzw. negativ interpretierter Linien und Zusammenhänge zu erhalten.

Die von den Regierungen in Österreich (1989), Schweden (1991), Finnland (Frühjahr 1992) und Norwegen (Ende 1992) zum Beitritt in die Europäische Union gestellten Anträge eröffneten formell die *dritte* Erweiterungsrunde, mit der sich die EG bzw. EU zu beschäftigen hatte. Die erste Runde der Erweiterung der damaligen EWG/ EG, als ‚Nord-Erweiterung' bezeichnet, fand 1973 durch den Beitritt der Länder Großbritannien, Irland und Dänemark statt. Die *zweite* Erweiterungsrunde, als ‚Süd-Erweiterung' benannt, wurde 1981

41 Vgl. *Criddle*, The French Referendum,a.a.O.; *Dreyfus*, Letter From France, a.a.O.; *Appleton*, Maastricht and the French Party System, a.a.O.

42 Herausragende Ausnahmen waren der Vorstandsvorsitzende des Automobil-Konzerns Peugeot, *Jacques Calvet* und *Pierre Suard*, der Vorstandsvorsitzende des Eisenbahn- und Fernmeldekonzerns *Alcatel Alsthom*, vgl. *Ludwig Siegele*, in: Die Zeit, 18. September 1992, S. 44.

43 *Karl Jetter*, in: FAZ, 19. September 1992, S. 13.

durch den Beitritt von Griechenland und 1986 durch denjenigen von Spanien und Portugal vollzogen. Die *dritte* Runde der Erweiterung sollte formell deutlich durch eine anvisierte weitere Norderweiterung (Finnland, Schweden, Norwegen) geprägt sein, während mit Österreich ein mitteleuropäisches Land beitreten wollte. Jede dieser Erweiterungsrunden war ein konsequenter Ausdruck der in der Präambel der Römer Verträge von 1957 enthaltenen offenen politisch-institutionellen Systemstruktur. Danach konnte jedes europäische Land, welches das generelle Ziel der EWG, später der EG und EU akzeptiert, nämlich „Frieden und Freiheit zu wahren und zu festigen", grundsätzlich beitreten.
Ein besonderes Kennzeichen der ersten Erweiterungsrunde waren die aus unterschiedlichen Gründen erforderlich werdenden Referenda in Irland, Dänemark und Norwegen gewesen. Während die Referenda in Irland (83,1 Prozent Pro-Stimmen) und Dänemark (63,3 Prozent Pro-Stimmen) 1972 positiv entschieden wurden, wurde in Norwegen mit 53,5 Prozent der Beitritt zur damaligen EWG abgelehnt. Auch die dritte Erweiterungsrunde, deren formeller Abschluß durch Beitritt auf den 1. Januar 1995 terminiert war, sah in den vier Ländern jeweils Referenda vor, die im Jahre 1994 durchgeführt werden sollten. Insbesondere innerhalb der drei skandinavischen Länder wurde von den gouvernementalen Akteuren eine zeitlich abgestufte Abstimmungsstrategie eingeschlagen. Die erste Abstimmung sollte in Finnland, die zweite in Schweden und die dritte schließlich in Norwegen stattfinden. Dadurch wollte man, im Vergleich zu 1972 – damals fand das Referendum in Norwegen vor demjenigen in Dänemark statt – verhindern, daß der bei weitem ‚unsicherste' Beitrittskandidat Norwegen einen zu starken Einfluß auf Finnland und Schweden ausüben könnte. Ferner hoffte man auch indirekt darauf, daß die auf den 12. Juni 1994 terminierte Abstimmung in Österreich einen gewissen, wenngleich geringen, positiven Einfluß ausüben könnte. Schließlich hofften die politischen Funktionseliten in Finnland, Schweden und Norwegen vor allem, daß die Domino-Effekt-These wirksam werden würde: Wenn Finnland, als relativ sicherer Beitrittskandidat eingeschätzt, im Referendum zustimmen würde, dann hätte dies eine positive Auswirkung auf Schweden. Der dortige positive Referendumsentscheid könnte dann seinerseits wiederum günstige Wirkungen auf Norwegen ausüben.
In rechtlicher Hinsicht waren die vier Referenda aufgrund der internen, verfassungsrechtlichen Vorgaben nur als konsultative Referenda, das heißt als Volksbefragungen, möglich. Angesichts der Tragweite des Gegenstandes, des Beitrittes zur Europäischen Union, wurden die Ergebnisse von den jeweiligen Regierungen schon im Vorhinein als politisch bindende Entscheidungen definiert. Jede amtierende Regierung deutete damit an, daß sie sich auch an ein noch so knappes abstimmungspolitisches Resultat halten würde. Dadurch wurde von den verschiedenen Regierungen festgelegt, daß sie materiell den im Referendum zum Ausdruck kommenden ‚Volkswillen' auch dann zu akzeptieren und politisch umzusetzen bereit waren, wenn das Abstimmungsergebnis ihren eigenen Vorstellungen, Interessen und Zieloptionen zuwiderlief. Diese, im Vorhinein schon festgelegte Akzeptanz des Ergebnisses schloß damit die Möglichkeit aus, den rechtlich nur konsultativen Charakter des Referendums mittels eines eventuellen Mehrheitsentscheids im Parlament auch auszuhebeln, wenn der Parlamentsentscheid selbst an die 2/3-Hürde gebunden war. Abgesehen von dieser entscheidungspolitischen Selbstbindung der gouvernementalen Akteure wäre es auch legitimationspolitisch für die Pro-EU-Mehrheiten in den nationalen Parlamenten und die Regierungen de facto unmöglich gewesen, sich über ein entsprechendes politisches Votum im Referen-

dum hinwegzusetzen. Auch ein konsultatives Referendum entfaltet in der Regel die gleiche politische Bindungswirkung wie ein verbindlich institutionalisiertes Referendum.
Die Anträge der skandinavischen Länder waren unter außen- und sicherheitspolitischen Aspekten wesentlich mit durch den Zusammenbruch der kommunistischen Regime sowie des gesamten, von der Sowjetunion dominierten kommunistischen Blocks geprägt gewesen. Dieser Sachverhalt beinhaltete die Notwendigkeit, in diesen Ländern einen Prozeß der Neubestimmung der Außen- und Sicherheitspolitik einzuleiten. Das hatte mit zur Folge, daß dadurch das jeweils spezifisch geprägte, gewachsene nationale Selbstverständnis innerhalb der politischen und wirtschaftlichen Funktionseliten, aber vor allem auch innerhalb der Bevölkerung, teilweise dezidiert hinterfragt wurde. Diese Problemkonstellation bezieht sich nicht nur auf die historisch gewachsene und tief in der Bevölkerung verankerte Neutralitätsvorstellung und -politik in Schweden. Sie gilt auch, wenngleich unter anderen Prämissen, für die von Finnland jahrzehntelang praktizierte Politik gegenüber der früheren Sowjetunion, deren historischer Hintergrund auf den sowjetisch-finnischen Krieg und die Kollaboration Finnlands mit der NS-Diktatur zurückgeht. Die finnische Politik beinhaltete unter anderem die – erzwungene – Ablehnung jedweder institutionellen Kooperation mit der NATO, der WEU und der EWG bzw. EG. Auch die für Österreich bisher gültige, im Staatsvertrag von 1955 festgelegte Neutralitätspolitik wurde durch den Zusammenbruch des Kommunismus und den Antrag auf Beitritt in die EU nunmehr unter dem Aspekt ihrer weiteren Relevanz diskutiert.
Für Norwegen stellte sich die Problemlage etwas komplizierter dar. Die nach 1945 eingegangene Bündnispolitik war erst einmal entscheidend geprägt durch die Okkupationspolitik der NS-Diktatur. Nur vor diesem Hintergrund läßt sich verstehen, daß Norwegen 1949 zu den Gründungsmitgliedern der NATO gehörte. Abgesehen davon spielt für Norwegen und einen erheblichen Teil seiner Bevölkerung ein historisches Phänomen bis heute eine besondere Rolle. Dieses Phänomen bestand darin, daß Norwegen knapp 400 Jahre vom Königreich Dänemark (bis 1814) und ca. 90 Jahre, bis zu den beiden Referenda im Jahre 1905, vom Königreich Schweden beherrscht worden ist. Beide historischen Perioden, vor allem diejenige unter der schwedischen Herrschaft, die unter dem Begriff ‚Union' zirkulierte, de facto aber schwedische Hegemonialpolitik und nationale Unterwerfung bedeutete, haben innerhalb wesentlicher Teile der norwegischen Bevölkerung mit zu einer starken und unmißverständlichen Ablehnung alles dessen, was institutionell und politisch mit dem Wort ‚Union' assoziiert ist, geführt.
Im Hinblick auf die skandinavischen Länder Finnland, Schweden und Norwegen existiert noch ein weiteres, geographisches Phänomen, von dem die drei Länder *gemeinsam* betroffen sind und welches gerade in den Referenda eine erhebliche Bedeutung erlangen sollte. Gemeint ist damit das mit der EU-Kommission in Brüssel ausgehandelte Phänomen des 62. Breitengrades. Dieses Phänomen benennt eine der Hauptquellen im gegnerischen EU-Lager in den drei Ländern: die jenseits dieses Breitengrades lebende Bevölkerung, insbesondere die Bauern. Die Trennlinie entlang des 62. Breitengrades und das damit konstituierte Nord-Süd-Gefälle bedeutet, daß dieser Breitengrad die Grenze für Brüssels Agrarsubventionspolitik darstellt. Jenseits des 62. Breitengrades sollen die nationalen Agrarsubventionen zukünftig von den drei skandinavischen Ländern stark abgebaut werden. Bedenkt man dabei, daß die Lebens- und Arbeitsverhältnisse jenseits dieses Breitengrades monatelang unter arktischen Verhältnissen stattfinden müssen und von daher gravierende wettbewerbspolitische

Nachteile naturgemäß vorhanden sind, so war der Konflikt und damit die Gegnerschaft zur EU schon von vornherein systematisch vorprogrammiert.

Die vorstehenden Hinweise erlauben es nunmehr, die Referenda in Österreich, Finnland, Schweden und Norwegen zu skizzieren.

1) In *Österreich* fand das Referendum am 12. Juni 1994 statt. Das Ergebnis war eindeutig: Bei einer Abstimmungsbeteiligung von 81,2 Prozent der 5,8 Millionen Stimmberechtigten entschieden sich 66,6 Prozent für einen EU-Beitritt, während 33,4 Prozent dagegen stimmten. Dieses klare Ergebnis brachte zum Ausdruck, daß sich sowohl die Befürworter als auch die Gegner, die im Vorfeld der Abstimmungskampagne von erheblich anderen Prognosen ausgegangen waren, deutlich verschätzt hatten.

Der Entscheid dokumentiert weiter, daß auch in wahlgeographischer Perspektive das Ja eindeutig bestimmend gewesen ist: In allen Bundesländern war der Ja-Anteil deutlich über 50 Prozent, dies galt selbst für das Bundesland Tirol mit 56,4 Prozent Ja- gegen 43,6 Prozent Nein-Stimmen. Dort war nämlich im Vorfeld des Referendums die am deutlichsten wahrnehmbare Anti-EU-Beitrittsstimmung zu verzeichnen. Als das österreichische Transit-Bundesland ist Tirol besonders vom Transit-Tourismus und vom Transit-LKW-Verkehr betroffen. Das bei weitem beste Pro-EU-Ergebnis wurde im Burgenland mit 74,6 Prozent Pro- und nur 25,4 Prozent Nein-Stimmen erzielt. Bei diesem exzeptionell hohen Ergebnis spielt die Auffassung mit eine Rolle, daß dieses industriell im österreichischen Durchschnitt relativ schwach entwickelte Bundesland von der EU gewichtige Förderungsgelder erhalten wird.

Die Referendumskampagne war im Vorfeld durch teilweise klare, teilweise verschwommene und sich verschiebende Pro- und Kontra-Positionen bestimmt. Die von SPÖ und ÖVP getragene Große Koalition war seit längerem unmißverständlich für einen EU-Beitritt. Mehrheitlich für einen EU-Beitritt war auch, bis einige Wochen vor dem Referendum, die rechtsorientierte FPÖ unter dem Rechtspopulisten *Jörg Haider*. Dessen plötzlicher Umschwung ins Lager der EU-Gegner hat mit dazu beigetragen, die Pro-EU-Seite zusätzlich zu stärken. Weitere EU-Beitrittsgegner wie die Grünen und zahlreiche kleinere Bürgerinitiativen vermochten es bei einer solchen diffusen Anti-EU-Gegnerschaft nicht, wesentliche Einbrüche ins Pro-Lager zu erzielen.

Neben der schon erwähnten besonderen Neutralitätsrolle Österreichs spielten in der Referendumsdiskussion auch die Frage nach der Souveränität, die Stärkung des Föderalismus, Fragen des Umweltschutzes und in Tirol insbesondere die Transit-Problematik eine wichtige Rolle. Des weiteren erhofft man sich positive Entwicklungstendenzen etwa bei wirtschaftlichen und finanziellen Aspekten wie der Anpassung der im Vergleich zur Bundesrepublik hohen Preise bei bestimmten Nahrungsmitteln und Konsumgütern und eine wettbewerbspolitische Verbesserung verschiedener Industriebranchen (Bauwirtschaft, Maschinenbau, Stein-, Glas-, Holzverarbeitung, Elektro- und Fahrzeugindustrie usw.). Einem besonderen Anpassungsdruck aufgrund der EU-Mitgliedschaft werden hingegen die bisher stark subventionierte Landwirtschaft und die Nahrungs- und Genußmittelindustrie ausgesetzt sein. Schließlich wurde auch der Sachverhalt einer möglichen ‚Brückenfunktion' Österreichs im Hinblick auf verschiedene mittel- und osteuropäische Länder als positives Kriterium angesprochen.

2) In *Finnland* wurde das Referendum am 16. Oktober 1994 durchgeführt. Von 4 Millionen Stimmberechtigten beteiligten sich 74 Prozent. Dabei stimmten 57,1 Prozent mit Ja, während der Nein-Anteil 42,9 Prozent betrug. Im Vergleich zur Präsidentenwahl vom Früh-

jahr 1994, an der sich 82 Prozent beteiligt hatten sowie im Vergleich zu Österreich – und zu den späteren Abstimmungen in Schweden und Norwegen – war die Beteiligung wesentlich niedriger. Das Abstimmungsergebnis selbst beinhaltete allerdings eine deutliche Aussage für den EU-Beitritt. Das Ergebnis wurde vom Staatspräsidenten *Martti Ahtisaari* als eine ‚historische Wegwahl' qualifiziert; aufgrund des überzeugenden Ausgangs sei das Referendum ‚moralisch und politisch verpflichtend'. Das Ergebnis wird von Experten als die generell wichtigste Entscheidung des Landes seit der Unabhängigkeit im Jahr 1917 gewertet.

In interner Politikperspektive zeigt das Abstimmungsergebnis eine gewisse Trennung der Pro- und Kontra-Stimmen entlang des 62. Breitengrades; dieses Phänomen gilt übrigens auch für Schweden und Norwegen. In der Hauptstadt Helsinki zum Beispiel stimmten über 70 Prozent für den Beitritt, während in den dünnbesiedelten, stark agrarisch strukturierten Gebieten Mittel- und Nordfinnlands Nein-Mehrheiten dominierten. Für die unter arktischen Bedingungen im hohen Norden Finnlands arbeitenden Bauern hat ein EU-Beitritt mit zur Folge, daß ca. ein Drittel der Landwirte bei stark schrumpfenden Subventionen nicht mehr weiter existieren kann. Die in der Regierung befindliche und den Bauern nahestehende Zentrumspartei verlangt dementsprechend erhebliche Zuschüsse, die sowohl nach Auffassung des konservativen Regierungspartners als auch nach Ansicht der sozialdemokratischen Opposition den Haushaltsetat unvertretbar stark belasten würden.

Eine gleichfalls wirtschaftliche Akzentuierung hat auf der Pro-Seite stattgefunden. Finnland erlebt zur Zeit die tiefste Wirtschaftskrise seit Jahrzehnten. Allein zwischen 1991 und 1993 schrumpfte das Bruttosozialprodukt um 13 Prozent. Hinzu kommt eine extrem hohe Arbeitslosenquote von zur Zeit ca. 20 Prozent. Eine Verbesserung der wirtschaftlichen Situation und damit einen gewissen Rückgang der Arbeitslosigkeit erhofft man sich durch den Beitritt zur EU und damit verbunden einen Zugang zu neuen Märkten. Dieser Zugang zu neuen Märkten soll auch wesentlich als eine Art Kompensation dafür dienen, daß durch den rapiden Ausfall des Handels mit der früheren Sowjetunion ca. 28 Prozent des finnischen Exportes faktisch weggebrochen sind, wobei sich der Exportanteil mit Rußland zur Zeit allerdings wieder bei 6 Prozent befindet.

Das positive Abstimmungsresultat in Finnland ist zudem mit als Ausdruck einer sich verbreiternden Vorstellung von der unumgänglichen Notwendigkeit einer außen- und sicherheitspolitischen Neubestimmung zu interpretieren. Finnland teilt mit Rußland eine ca. 1300 Kilometer lange gemeinsame Grenze; befürchtet wird demgemäß, daß die nach wie vor erheblich instabilen politischen Gegebenheiten in Rußland noch schlechter werden und dadurch negative Auswirkungen für Finnland zeitigen könnten.

3) In *Schweden* wurde am 13. November 1994 über den EU-Beitritt abgestimmt. Von den Stimmberechtigten 6,5 Millionen beteiligten sich 83,6 Prozent am Referendum. Davon sprachen sich 52,3 Prozent für und 46,8 Prozent gegen einen EU-Beitritt aus; 0,9 Prozent der Stimmberechtigten enthielten sich der Stimme oder gaben einen ungültigen Stimmzettel ab. Im Vergleich zu Finnland war der Ausgang des Referendums in Schweden keineswegs so relativ deutlich, wie er nunmehr im Abstimmungsergebnis zutage getreten ist. Die Meinungsumfragen im Vorfeld signalisierten teilweise ein Übergewicht der Pro-, teilweise der Kontra-Seite wie auch ein Kopf-an-Kopf-Rennen beider ‚Lager'. Wahlgeographisch gilt auch für Schweden wie für Finnland (und Norwegen), daß der 62. Breitengrad eine besondere Trennlinie bezüglich der Akzeptanz oder der Verwerfung einer EU-Mitgliedschaft darstellt. Für den Beitritt zur EU war insbesondere die Bevölkerung in den großen Städten und den

um sie herum angesiedelten Industriezentren. In Nordschweden waren die EU-Gegner eindeutig in der Überzahl.
Neben der geographischen Differenzierung in Pro und Kontra kommen weitere Unterschiede zum Vorschein, die sich nach Alter, Geschlecht und Ausbildung darstellen. Die Pensionäre und diejenigen Schichten, die über einen relativ hohen Ausbildungsstand verfügen, waren für den EU-Beitritt. Im Vergleich zu den Männern waren die Frauen, von denen ein erheblicher Teil der Berufstätigen im Sozialwesen und in den Schulen beschäftigt ist, überwiegend skeptisch bis ablehnend eingestellt; eine ihre Hauptbefürchtungen zielte darauf, daß ihre erkämpften hohen Mitbestimmungs- und Schutzrechte im Rahmen der EU überproportional stark reduziert werden würden.
Die Konfliktlinien lassen sich noch weiter differenzieren. Dem Pro-EU-Beitrittslager lassen sich eindeutig die relevanten politischen, wirtschaftlichen und sozialen Funktionseliten zuordnen. Hierzu gehören die Parteivorsitzenden der vier die frühere bürgerliche Regierung stellenden Parteien ebenso wie die Industrieverbände, der Bauernverband, alle führenden Zeitungen des Landes und die Gewerkschaften. Innerhalb der Gewerkschaften ist es bemerkenswert, daß der frühere Chefökonom des Gewerkschaftsdachverbandes LO, Rudolf Meitner, vehement gegen den Beitritt Partei ergriff. Eines seiner zentralen Argumente war, daß bei einer Wirtschafts- und Währungsunion die Preisstabilität eindeutig die oberste Priorität darstelle. Von einer Bekämpfung der Arbeitslosigkeit im Maastrichter Vertrag sei hingegen nicht die Rede.
Innerhalb der politischen Parteien existierten allerdings höchst verschiedene und teilweise quer zueinander verlaufende kontroverse Linien. Negative Stimmungen und ablehnende Voten tauchten sowohl innerhalb der Mitglieder und Wähler der isolationistisch-agrarischen Zentrumspartei als auch bei der christlich-demokratischen Gemeinschaftspartei auf. Eindeutig gegen den EU-Beitritt waren die Grünen und die ehemalige kleine kommunistische, heutige Linkspartei. Die entscheidende parteienpolitische Kontroverse fand hingegen innerhalb der schwedischen Sozialdemokratie statt. So waren zwar Ministerpräsident *Ingvar Carlsson* und die sozialdemokratische Parteispitze für den EU-Beitritt, gleichzeitig enthielt die sozialdemokratische Minderheitsregierung *Carlsson* jedoch mit der Innenministerin *Marita Ulvskog* und der Landwirtschaftsministerin *Margareta Winberg* zwei dezidierte und deutlich gegen den EU-Beitritt argumentierende Gegnerinnen. Hinzu kamen Jugend-, Umweltschutz- und Frauengruppen innerhalb der Sozialdemokratie, die gemeinsam mit anderen Bürgerinitiativen gegen den EU-Beitritt kämpften.
Das Ja in Schweden verdeutlichte aus EU-Sicht, daß die dritte Runde der Erweiterung auch dann als Erfolg zu werten ist, wenn die Mehrheit der Bevölkerung in Norwegen sich gegen einen Beitritt aussprechen würde. Vor allem wird der skandinavische Einfluß innerhalb der EU durch die nunmehr drei skandinavischen Länder Dänemark, Finnland und Schweden deutlich verstärkt werden. Politisch bedeutet dies weiter, daß eine tendenzielle Verschiebung im Sinne einer stärkeren Balancierung innerhalb der EU vom Süden hin zum Norden stattfinden wird.
4) Entsprechend dem zwischen den Regierungen von Finnland, Schweden und Norwegen abgesprochenen Abstimmungsfahrplan fand das Referendum in *Norwegen* am 28./29. November 1994 statt. Die Domino-Effekt-These wurde durch das Abstimmungsergebnis eindeutig widerlegt: Von 3,3 Millionen Stimmberechtigten beteiligten sich 88,6 Prozent; damit wurde die höchste Beteiligungsquote aller in der dritten Erweiterungsrunde durchgeführten

Referenda erzielt. Gegen einen EU-Beitritt stimmten 52,3 Prozent, dafür sprachen sich 47,7 Prozent aus. Dies bedeutete, daß Norwegen nicht der Europäischen Union am 1. Januar 1995 beigetreten ist. Damit wurde eine Option für eine insulare Haltung formuliert, wie sie in Westeuropa ähnlich nur noch in der Schweiz anzutreffen ist, welches im Dezember 1992 schon den Beitritt zum Europäischen Wirtschaftsraum abgelehnt hatte. Ähnlich wie in Schweden und in Finnland spielte in Norwegen ebenfalls der Stadt-Land-Gegensatz, also jener 62. Breitengrad, sowie der erhebliche Unterschied zwischen Industriezentren und agrarischen Gebieten eine gewichtige Rolle. Angesichts der großräumigen Ausdehnung dieser Länder, in der die extrem dünn besiedelten Gebiete den weitaus größten Teil der gesamten Fläche ausmachen, liegt es nahe, daß solche Gegensätze eine gewichtige Rolle spielen können. Von Bedeutung für die Abstimmungskampagne war weiter, daß in großen Teilen der norwegischen Bevölkerung noch das erste EG-Referendum vom September 1972 in deutlicher Erinnerung war. Die damals mit höchster Erbitterung vorgenommene Auseinandersetzung führte nicht nur zu einer extremen politischen Polarisierung, die in einer Parteiabsplitterung bei der sozialdemokratischen Arbeiterpartei und im Auseinanderbrechen der Liberalen Partei gipfelte; der tiefgreifende Konflikt ging quer durch die Familien und zerstörte gewachsene Freundschaften. Das hatte unter anderem zur Folge, daß die Frage Europäische Gemeinschaft nach dem Referendum als eine Art außenpolitisches Tabuthema gehandelt und knapp zwanzig Jahre lang in ein politisches Nicht-Thema umgemünzt wurde. Eine solche politische Polarisierung sollte beim erneuten Referendum nach Möglichkeit vermieden werden.

Dennoch standen die tragenden Konfliktlinien und Gruppierungen weitgehend fest. Ein Novum war es in diesem Zusammenhang allerdings, daß an der Spitze der beiden ‚Lager' Frauen standen. Das Pro-EU-Lager befand sich unter der politischen Führung von *Gro Harlem Brundtland,* der norwegischen Ministerpräsidentin. Das Kontra-EU-Lager wurde von der Versitzenden der bäuerlich-isolationistischen Zentrumspartei, *Anne Enger Lahnstein,* angeführt. Der Referendumskampf wurde allerdings durchaus mit deutlicher Schärfe, Polemik und abstrusen Unterstellungen geführt. Die Koalition der EU-Gegner bestand aus einer vielfältigen Koalition aus Frauengruppen, Bauern, Fischern, radikalen Intellektuellen und protestantisch-pietistisch eingestellten Akademikern, die zum Beispiel in der EU eine Art katholisches Bollwerk sahen. Ebenfalls gegen einen EU-Beitritt waren ein Großteil der Staats- und Kommunalangestellten. Hinzu kam, daß auch der norwegische Gewerkschaftsdachverband LO sich auf einer außerordentlichen Sitzung mit 156 gegen 149 Stimmen dafür entschieden hatte, den 780.000 Gewerkschaftsmitgliedern ein Nein beim Referendum zu empfehlen. Zur Gruppe der Gegner gesellten sich schließlich rechtsextrem eingestellte strikte Gegner einer liberalen Asylanten- und Einwandererpolitik.

Die Staats- und Kommunalangestellten stellen im wohlfahrtsstaatlich ausgeprägt orientierten Norwegen eine relativ große soziale Gruppe dar; gerade im Öffentlichen Dienst sind die Kinderfürsorge und der Sozialdienst sowie der Schulbereich in den letzten gut zwei Jahrzehnten erheblich ausgebaut worden. Der Widerstand vieler Frauen läßt sich dadurch unter anderem erklären, indem gerade im Öffentlichen Dienst und vor allem im gut ausgebauten Kommunaldienst viele Frauen arbeiten, die befürchten, daß ein EU-Beitritt für sie und ihre sozialen Errungenschaften erhebliche Nachteile haben würde. Die Gegner wollten im Grunde genommen ‚alles beim Alten lassen', dokumentierten also eine traditionell konservative

Grundhaltung, die verschiedentlich von einem geradezu missionarischen Fundamentalismus abgerundet wurde.

Allerdings muß zum weiteren Verständnis bestimmter gegnerischer EU-Gruppen, die sich auch im Kommunaldienst befinden, hinzugefügt werden, daß es seit Jahrzehnten eine erklärte norwegische Politik gewesen ist, eine gezielte Regional- und Strukturpolitik gerade im extrem dünn besiedelten Norden vorzunehmen. Daraus ist eine spezifisch nord-norwegische Eigenständigkeit und ein lokaler und regionaler ‚Stolz' erwachsen, der zudem durch die offizielle demokratische Gleichstellungspolitik und die Formel ‚small is beautiful' weiter fundiert wurde. In diesen Kontext ist ferner das lokale Recht auf Selbstbestimmung der zugeteilten Subventionen einzuordnen. Die Koalition des kleinsten gemeinsamen Nenners gipfelte vor diesem Hintergrund mit in der Vorstellung, daß Norwegen nun einmal als das ‚Anderledesland' sowohl objektiv als auch den mentalen Befindlichkeiten und dem Lebensstil nach anders sei als jedwedes andere europäische Land. Diese Vorstellung, besonders in den dünn besiedelten Weiten des Landes verbreitet, gilt selbst innergesellschaftlich in bestimmten Ausprägungen gegenüber Oslo; dies kommt unter anderem in einer historisch in langen Zeiträumen ausgebildeten Skepsis bis Abneigung gegenüber von Oslo kommenden Gesetzen, Beschlüssen usw. zum Vorschein. So gesehen differenziert sich die EU-Gegnerschaft: Ein objektiv rationaler Kern läßt sich nicht wegleugnen.

In diesem Zusammenhang spielte allerdings der erheblich aufgeputschte Fischereistreit zwischen Spanien (und Portugal), welches die weitaus größte Fischereiflotte innerhalb der EU besitzt, und Norwegen, welches mit über die weltweit ertragreichsten Fischgründe vor seiner Küste verfügt, objektiv nur eine marginale Rolle. Am Schluß der Verhandlungen ging es letztlich nur noch um 7000 Tonnen Kabeljau, deren Fang von Spanien in den norwegischen Hoheitsgewässern gefordert wurden. Wesentlich bedeutsamer hingegen war der auch pointiert wirtschaftlich begründete Widerstand der Bauern. Diese hätten in der Tat erhebliche finanzielle Privilegien zu verlieren, wenn Norwegen der EU beigetreten wäre. Jeder Bauer bekommt durchschnittlich pro Jahr 380.000 Kronen (ca. 87.000 DM) an Subventionen; eine erhebliche Reduktion dieser staatlichen Subventionspolitik würde einen gewichtigen Teil der Bauern in ihrem sozialen Status deutlich zurückschneiden oder gar zur Aufgabe zwingen.

Das norwegische Nein ist mithin vielschichtig dimensioniert und unterscheidet sich teilweise deutlich von den Nein-Stimmen in Schweden und in Finnland. Daß das Nein zudem vor dem Hintergrund eines nach wie vor gesicherten nationalen Wohlstandes, einer geringen Arbeitslosenquote, erheblichen natürlichen Ressourcen wie Öl, Gas, Wasserkraft und Fisch erfolgt ist, macht einen deutlichen Unterschied insbesondere zu Finnland, aber auch zu Schweden aus.

IV. Würdigung und Perspektiven

(1) Referenda sind ihrer Form und Struktur nach typische, in einem konkreten historischen Kontext entstandene, sich an den nationalstaatlichen Grenzen orientierende, Sachthemen behandelnde Politikinstrumente. Ein Referendum über die schrittweise Delegation nationalstaatlicher Kompetenzen impliziert eine doppelte Struktur, die sich von den funktionellen Eigenschaften anderer Referenda unterscheidet: Die Institution des Referendums ist einer-

seits Bestandteil des nationalen institutionellen Politikkontextes; gleichzeitig legitimiert sie andererseits eine Begrenzung der Kompetenzen von politischen Institutionen, die diesen nationalen Politikkontext wesentlich mitdefinieren und ihm eine charakteristische, neue politische Form gegeben haben[44].

(2) Die angesprochenen unterschiedlichen institutionellen Regelungen implizieren jedoch keineswegs exakte Aussagen über die Politikergebnisse. Die befürwortenden gouvernementalen Akteure sehen sich im Gegenteil oftmals einem hohen Potential an Begründungs- und Rechtfertigungsdruck für ihre Entscheidungen ausgesetzt: So erscheinen sie als rationale Akteure, die politisch, finanziell und ökonomisch ihr pro oder kontra nach dem individuellen oder kollektiven Kosten-Nutzen-Kalkül bestimmen. Teilweise bestimmen Verbindungen von innenpolitischer Taktik und strategischen Politikoptionen den Entscheidungsprozeß. Ferner zirkulieren höchst irrationale und emotional geprägte Vorstellungen in den politischen Arenen. Das Referendum legt diese, den Entscheidungsprozeß gestaltenden Dimensionen offen: Die Entscheidung selbst wird nach dem Majoritätsprinzip getroffen. Legitimation und Akzeptanz durch das Referendum scheinen dann am höchsten zu sein, wenn im Vorfeld des Entscheids sowohl ein hinreichender Aufklärungs- und Diskussionsprozeß vorhanden ist als auch die individuellen und kollektiven Kosten-Nutzen-Abwägungen zumindest ein suboptimales Ergebnis andeuten, ohne daß allerdings Emotionen und Irrationalismen gänzlich verschwinden. Der dem Entscheidungsprozeß vorhergehende Diskussionsprozeß nimmt die Form eines öffentlich vermittelten Verhandlungsprozesses[45] an, dessen demokratisch legitimierte Politikqualität jedoch durch die objektive Notwendigkeit bi- beziehungsweise multilateraler Verhandlungen wiederum deutlich restringiert wird: „Die für die demokratische Legitimation konstitutiven Chancen der sachlichen Übereinstimmung der Politik mit den artikulierten Präferenzen der Bürger oder mit dem Ergebnis kontroverser öffentlicher politischer Diskurse (werden) wesentlich eingeschränkt“[46]. Dennoch ist der Vermittlungsprozeß gerade bei einem solchen weitreichenden und tiefgehenden Thema wie dem europäischen Integrationsprozeß von besonderer Bedeutung. Die Diskussionen und bisherigen Entscheide zu Maastricht haben verdeutlicht, daß es hieran noch in einem erheblichen Maße fehlt.

(3) Die beschriebenen referendumsdemokratischen Entscheidungen verdeutlichen verschiedene, in der Regel gesellschaftlich und politisch strukturell und integrationshistorisch tieferliegende Konflikte[47], die es gerechtfertigt erscheinen lassen, den Terminus ‚Konfliktli-

44 Vgl. *Johan P. Olsen,* Modernization Programs in Perspective: Institutional Analysis of Organizational Change, in: Governance, Heft 2, 1991, S. 125–149; *Johan P. Olsen,* Political Science and Organizational Theory, in: *Roland Czada/Adrienne Windhoff-Héritier* (Hrsg.), Political Choice. Institutions, Rules and the Limits of Rationality, Frankfurt, Boulder 1991, S. 87–120; *Johan P. Olsen,* Analyzing Institutional Dynamics, in: Staatswissenschaften und Staatspraxis, Heft 2, 1992, S. 247–271.

45 Vgl. zum theoretischen Problem *Fritz W. Scharpf,* Versuch über Demokratie im verhandelnden Staat, in: *Roland Czada/Manfred G. Schmidt* (Hrsg.), Verhandlungsdemokratie, Interessenvermittlung, Regierbarkeit. Festschrift für *Gerhard Lehmbruch,* Opladen 1993, S. 25–50.

46 *Fritz W. Scharpf,* Legitimationsprobleme der Globalisierung. Regieren in Verhandlungssystemen, in: *Carl Böhret/Göttrik Wewer* (Hrsg.), Regieren im 21. Jahrhundert – zwischen Globalisierung und Regionalisierung. Festgabe für *Hans-Hermann Hartwich* zum 65. Geburtstag, Opladen 1993, S. 165–185, S. 169.

47 Vgl. ausführlicher zu den seit 1972 erstmals stattgefundenen EG-Referenda meine in Anmerkung 2 aufgeführten Analysen. Vor dem Hintergrund dieser Analysen läßt sich die Bemerkung

nien'[48] zu verwenden. Während die gouvernementalen Akteure in der Regel den Beitritt beziehungsweise den Prozeß der Vertiefung in die Wege leiten, also initiativ sind, stößt dieser Vorgang in einer Reihe von EG-Ländern auf erheblichen Unmut, Widerstand und Ablehnung[49]. In Dänemark besteht, wie aufgezeigt wurde, der längste und deutlichste Widerstand gegen relevante politische Integrationsmuster des EG-Integrationsprozesses. Dort ist das Thema seit Jahren ein Politikum. Dänemark verfügt, wie die anderen skandinavischen Länder, über eine homogene politische Kultur und eine ausgeprägte nationalstaatliche Identität. Es ist offenkundig nicht bereit, diese Güter dem europäischen Integrationsprozeß anheimzustellen. Die mit dem Europa-Thema verbundenen Konfliktlinien gehen quer durch alle politischen Parteien und Interessenverbände. Hinzu kommen handfeste finanzielle und wirtschaftliche Erwägungen der verschiedenen Interessengruppen.

(4) Daß der Vertrag von Maastricht ferner auf eine so vehemente Kritik gestoßen ist, ist dann nicht verwunderlich, wenn der bisherige Integrationsprozeß und dessen komplizierte und widersprüchliche Entwicklungslogik[50] insgesamt in Rechnung gestellt wird[51]. Konzeptionelle Vision und praktisch-politische Verwässerung schließen sich offenkundig nicht aus, sondern erscheinen als zwei Seiten einer Medaille.

(5) Eine zentrale Voraussetzung für die tendenziell neue politische und institutionelle Qualität der EG war bisher stets, „ob die Akteure bereit waren, die nationalstaatlichen Souveränitäten in bestimmten Bereichen zusammenzulegen oder nicht"[52]. Ohne diese Bereitschaft wäre allerdings der Integrationsprozeß schwerlich in ein sich qualitativ veränderndes Entwicklungsstadium gelangt[53]. Der Integrationsprozeß ist in dieser Perspektive als ein Prozeß sukzessive vorgenommener institutioneller Vernetzungen zu verstehen, dessen gradualistische Logik stets inkrementalistische Züge zum Vorschein gebracht hat[54].

(6) Die EU-Referenda haben auch gezeigt, daß die nationalstaatlichen Formen und Institu-

von *Ralf Dahrendorf*, Europa im Herbst 1992. Betrachtungen über die notwendige Überprüfung des Projekts Europa, in: NZZ-Folio, Nr. 10, 1992, (Die EG – Modell und Wirklichkeit), S. 51–55, S. 51, daß das erste dänische Maastricht-Referendum vom Juni 1992 „einen unverhofften Stimmungsumschwung fast in ganz Europa in Gang" setzte, nicht bestätigen.

48 *Franz Urban Pappi*, Konfliktlinien, in: *Manfred G. Schmidt* (Hrsg.), Die Westlichen Länder, München 1992, S. 191–199.

49 Zu den Einstellungen der Bevölkerung gegenüber der EG vgl. *Oskar Niedermayer*, Bevölkerungsorientierungen gegenüber dem politischen System der Europäischen Gemeinschaft, in: *Rudolf Wildenmann* (Hrsg.), Staatswerdung Europas?, Baden-Baden 1991, S. 321–353; *Winfried Schulz/Jay G. Blumler*, Die Bedeutung der Kampagnen für das Europa-Engagement der Bürger, in: *Oskar Niedermayer/Hermann Schmitt* (Hrsg.), Wahlen und Europäische Einigung, Opladen 1994, S. 199–223.

50 Analytisch anregend zum Problem der ‚institutionellen Dynamik': *Volker Schneider/Raymund Werle*, Vom Regime zum korporativen Akteur. Zur institutionellen Dynamik der Europäischen Gemeinschaft, in: *Beate Kohler-Koch* (Hrsg.), Regime in den internationalen Beziehungen, Baden-Baden 1989, S. 409–434.

51 *Wolfgang Wessels*, Staat und (westeuropäische) Integration, in: *Michael Kreile* (Hrsg.), Die Integration Europas, Opladen 1992, S. 36–61.

52 *Wilfried Loth*, Der Weg nach Europa, Göttingen 1990, S. 139.

53 *Wilfried Loth*, Die Europäische Gemeinschaft – Entstehung und Entwicklung, in: *Cord Jakobeit/Alparslan Yenal* (Hrsg.), Gesamteuropa, Bonn 1993, S. 18–33.

54 *Beate Kohler-Koch*, Interessen und Integration. Die Rolle organisierter Interessen im westeuropäischen Integrationsprozeß, in: *Kreile* (Hrsg.), Die Integration Europas, a.a.O., S. 83; *dies.*, Strategische Optionen für Europa, Stellungnahme zur Anhörung der SPD-Fraktion „Besser leben mit Europa? Chancen einer europäischen Verfassung", Bonn, 27. Mai 1993.

tionen sowie die darüber vermittelten Prozesse der Identifikation nach wie vor von erheblichem Gewicht sind. Hinzu kommt, daß die jeweiligen national unterschiedlich interpretierten und ausgestalteten demokratischen Politikformen im Hinblick auf die EU-Institutionen von erheblicher Bedeutung sind[55]. Unter demokratietheoretischen und legitimationspolitischen Aspekten läßt sich festhalten, daß die „demokratische Legitimität für die europäische Politik ein knappes, schwer verfügbares Gut bleiben (wird)"[56]. Die Debatten über die Problematik des Demokratiedefizits zielen in diese Richtung[57].

(7) Die Irreversibilität des europäischen Integrationsprozesses ist unstrittig. Es zeigt sich jedoch, daß der Entstehungs- und Vernetzungsprozeß von gemeinsamen Interessen zwischen politisch, sozial, kulturell und wirtschaftlich höchst unterschiedlich ausgestalteten Nationalstaaten wesentlich komplexer ist, als dies oftmals in politischen Konzeptionen thematisiert wird. Dieses gravierende Politikproblem erhält insbesondere dann eine weitere, zusätzliche Bedeutung, wenn die normativen, konzeptionellen und politikstrategischen Vorstellungen, die als Basis hinter allen EG- beziehungsweise EU-Verträgen und politischen Institutionen angelegt sind, sowohl mit der Problemverarbeitungsfähigkeit, Handlungsfähigkeit und demokratischen Legitimation als auch mit der Europäischen Union als internationalem Akteur in Beziehung gesetzt werden[58]. „Management von Vielfalt"[59] wird mithin, perspektivisch gewendet, eines der zentralen Politikphänomene innerhalb des europäischen Integrationsprozesses sein. Die hier skizzierten Referenda können als ein Teilaspekt dieser Problematik interpretiert werden.

55 *Bengt Beutler/Roland Bieber/Jörn Pipkorn/Jochen Streil,* Die Europäische Union, Baden-Baden 1994 (4. Aufl.), S. 74, verweisen in diesem Kontext darauf, daß der im Vertrag von Maastricht enthaltene Vertrag über die Politische Union ein besonderes „Spannungsverhältnis zwischen mitgliedstaatlicher Autonomie und ihrer Einbindung in die Union" in Bewegung gesetzt hat, welches unter anderem in einer neuen Zuordnung der Gemeinschaftsverträge zueinander besteht.

56 *Peter Graf Kielmannsegg,* Ein Maß für die Größe des Staates. Europa fehlt die Zustimmung der Bürger, in: Frankfurter Allgemeine Zeitung, 2. Dezember 1992, S. 35; Die beiden Europa und die Unvermeidlichkeit der Politik. Ein Gespräch mit *Reinhard Koselleck,* in: Neue Zürcher Zeitung, 9./10. Oktober 1993, S. 65–66.

57 Vgl. zum Beispiel *Dieter Grimm,* Der Mangel an europäischer Demokratie, in: Der Spiegel, Nr. 43, 1992, S. 57–59; *ders.,* Mit einer Aufwertung des Europa-Parlaments ist es nicht getan. – Das Demokratiedefizit der EG hat strukturelle Ursachen –, in: *Ellwein/Grimm/Hesse/Schuppert* (Hrsg.), Jahrbuch zur Staats- und Verwaltungswissenschaft, Bd. 6, a.a.O., S. 13–18; *Fritz W. Scharpf,* Europäisches Demokratiedefizit und deutscher Föderalismus, in: Ebda, S. 165–178; *Peter M. Huber,* Die Rolle des Demokratieprinzips im europäischen Integrationsprozeß, in: Ebda., S. 179–208; *Oskar Niedermayer,* Europäisches Parlament und öffentliche Meinung, in: *Niedermayer/Schmitt* (Hrsg.), Wahlen und Europäische Einigung, a.a.O., S. 29–44.

58 Vgl. *Beate Kohler-Koch,* Die Welt regieren ohne Weltregierung, in: *Wewer/Böhret* (Hrsg.), Regieren im 21. Jahrhundert, a.a.O., S. 109–141, S. 129–132; *dies.,* Regionalization and the Future of International Governance, paper, Symposium „European Integration – South Asian Cooperation", Colombo, January 22/23, 1994. – Zum Problem der EG als ‚internationaler korporativer Akteur' vgl. analytisch anregend *Patrick Kenis/Volker Schneider,* The EC as an international corporate actor: Two case studies in economic diplomacy, in: European Journal of Political Research, Bd. 15, 1987, S. 437–457.

59 *Wolfgang Streeck,* Vielfalt und Interdepenz, in: Kölner Zeitschrift für Soziologie und Sozialpsychologie, Heft 3, 1987, S. 471–495, S. 487.

Öffnen oder Abschotten? Zur Internationalisierung des Personals der EU-Parlamente

Klaus Pöhle

In den Urzeiten unserer Nationalstaaten war die Vertretung nach außen unbestrittene Domäne der Exekutive; die Parlamente – soweit vorhanden und mit Kompetenzen ausgestattet – beschränkten sich auf den nationalstaatlichen Bereich und waren gegebenenfalls noch für die Bewilligung der Kriegskredite zuständig.

Eine allmähliche Öffnung nach außen begann 1889 mit der Gründung der Interparlamentary Union und setzte sich mit der Aufnahme von Abgeordneten in die Regierungsdelegationen für die Generalversammlungen des Völkerbundes und später der Vereinten Nationen fort.

Seit dem Zweiten Weltkrieg hatten und haben die Parlamente Abgeordnete aus ihrer Mitte in zahlreiche parlamentarische Versammlungen zu delegieren: Europarat, Westeuropäische Union, NATO, KSZE, Benelux, Nordischer Rat. Darüber hinaus entsenden die Parlamente Delegationen oder Ausschüsse in großer Zahl ins nahe oder ferne Ausland auf Informations- oder Studienreisen.

Vor allem zwingt die sich erweiternde und entwickelnde Europäische Union (EU) mit ihrer erheblichen Normsetzung immer mehr Parlamente zur Reflexion über ihre eigene Rolle und zur Öffnung nach Europa.

Halten die Parlamentssekretariate Schritt mit dieser zunehmenden Internationalisierung ihrer Parlamente? Wird das Personal hinsichtlich seiner Qualifikation entsprechend ausgewählt und eingesetzt? Entsprechen Struktur der Sekretariate und die zu beachtenden Regeln den neuen Anforderungen?

I. Skala internationaler Aktivitäten

Vier Arten an Aktivitäten, die Einsatz des Parlamentssekretariats erfordern, können klar unterschieden werden:

(a) „traditionelle" Aktivitäten wie die Mitarbeit in der Interparliamentary Union (IPU) zweimal jährlich und die gelegentlichen Fact-Finding-Missions von Fachausschüssen im Ausland;

(b) die statutenmäßig geregelte Mandatserfüllung von „nationalen" Abgeordneten in „internationalen" Parlamenten wie der Parlamentarischen Versammlung des Europarates, der Versammlung der Westeuropäischen Union, der Nordatlantischen Versammlung sowie im Rahmen von Benelux und Nordischem Rat, die vom Heimatparlament in diese als vollberechtigte Mitglieder entsandt worden sind. Neben ein bis drei jährlichen Plenarsitzungswochen je nach Versammlung erfordern mehr oder minder regelmäßige Ausschuß- und Fraktionssitzungen eine größere internationale Beteiligung als bei a);

(c) Parlamentspräsidenten werden auf ihrer Ebene und dann allein, etwa bei Konferenzen

der Parlamentspräsidenten, aber auch gemeinsam mit Abgeordneten ihres Parlaments international tätig, z.B. indem sie Delegationen anführen, an Kongressen teilnehmen usw.;
(d) die Entwicklung der EU mit zunehmender Normsetzung in Brüssel führte zur Bildung „von auf EG spezialisierten Ausschüssen" oder zu Europa- bzw. Unionsausschüssen in den Parlamenten der EU. Auch in den Staaten, die der EU schon bald (Österreich, Schweden, Finnland) oder möglichst bald (Tschechien, Polen, Ungarn usw.) beitreten wollen, sehen sich die Parlamente gezwungen, sich intensiv auf diese Zukunft vorzubereiten.
Kontakte der unterschiedlichsten Art zum Europäischen Parlament (EP) sind eine Antwort auf diese Herausforderung, wobei sich das Europäische Parlament als flexibel und großzügig erwiesen hat. So wurden gemischte Ausschüsse zu den vier EFTA-Staaten schon lange vor Abschluß der Beitrittsverträge eingerichtet, und bei den erwähnten mitteleuropäischen Staaten genügten Europa-Verträge als besondere Assoziierungsverträge, um ebenfalls zu gemischten parlamentarischen Ausschüssen mit dem EP zu kommen. Die auf Europa spezialisierten Ausschüsse der Parlamente in der EU und des EP kommen auf Delegationsebene mindestens zweimal jährlich zu Konferenzen zusammen. Darüber hinaus gibt es in zunehmenden Maße Kontakte, gemeinsame Sitzungen und andere Begegnungen von Ausschüssen des EP mit Fachausschüssen der nationalen Parlamente innerhalb der EU.
An diesen breitgefächerten internationalen Aktivitäten von a) bis d) nehmen teils dieselben, teils jeweils andere Abgeordnete teil. Während den kleineren Parlamentssekretariaten die logistische und fachliche Betreuung derselben kleinen Verwaltungseinheit obliegt, ist es bei größeren Stäben wie im Deutschen Bundestag zu Spezialisierungen gekommen, was die inhaltliche Qualität der Zuarbeit erhöhen dürfte. Dagegen ist es schwieriger, zu einer Zusammenarbeit der verschiedenen Ausschußdienste des Deutschen Bundestages zu kommen, denn Fachausschüsse fürchten eine Begrenzung ihrer Kompetenzen durch Europa-Ausschüsse und ermuntern ihre Sekretariate kaum, eine ernsthafte Koordinierung zu versuchen.
Um Probleme der Koordinierung möglichst zu vermeiden, gibt es im EP seit längerem ernsthafte Bestrebungen, die gesamten Außenkontakte in einer besonderen Generaldirektion mit gegenwärtig ca. 55 Personen zusammenzufassen. Allerdings gäbe es dann eine Trennung von den Sekretariaten der Ausschüsse, die vor allem die Kontakte zu den korrespondierenden Ausschüssen der Parlamente in der EU zu pflegen haben. Nachdem die Anzahl der Doppelmandate im Europäischen Parlament seit Jahren nur noch 5 – 6 Prozent beträgt, wurde auch aus diesem Grunde der Herstellung enger Kontakte zu den nationalen Parlamenten besondere Bedeutung beigemessen.
Neben den erwähnten gemischten Ausschüssen und den zahlreichen Kontakten des EP mit nationalen Parlamenten hat es ein System von Delegationen aufgebaut, um dem seit langem bestehenden Interesse vieler Parlamente der Welt an einem parlamentarischen Gesprächspartner innerhalb der EU Rechnung zu tragen, denn die wirtschaftliche Macht der EG und ihre Stellung im Welthandel übte zunehmend Wirkung auf diese Staaten aus.
Parlamente wie das Europäische Parlament oder die Parlamentarische Versammlung des Europarates sind von Natur aus international: ihre Abgeordneten kommen aus 12 bzw. 32 verschiedenen Staaten, ebenso ihr Personal. Wo immer sie tagen: nur eine kleine Minderheit ihrer Abgeordneten ist bei sich „Zuhause", die anderen befinden sich im Ausland. Das Personal lernt schnell, international zu reagieren und Konflikte zu vermeiden, die durch Verletzung nationaler Empfindlichkeiten hervorgerufen werden können. Logistische Probleme vor Ort, die bei Sitzungen außerhalb der üblichen Tagungsorte gern zu Krisen führen,

können mit Hilfe von Ortskräften, aber auch eigenem Personal aus diesem Staat in der Regel leichter geregelt werden.
Erlebt ein nationaler Abgeordneter häufiger, daß das Personal der internationalen Versammlungen Sitzungen im Ausland besser organisieren konnte, nimmt er oft seine Unzufriedenheit über das heimische Parlamentssekretariat mit zurück nach Hause und verleiht diesem schnell das Etikett „provinziell". Er läßt dabei außer acht, daß das eigene Parlamentssekretariat für internationale Tätigkeiten nur unzureichend vorbereitet ist.

II. Öffnung oder Abschottung?

An eine konsequente Internationalisierung ihrer Sekretariate gehen die Parlamente bisher nicht heran, weil dies eine Öffnung mit sich bringen und damit im Gegensatz zu festgefügten Traditionen stehen würde. Sie tun sich schon schwer mit der Öffentlichkeitsarbeit.[1]
Viele Parlamente, insbesondere diejenigen Frankreichs und Großbritanniens, haben eine ausgeprägte Tendenz entwickelt, ihr Personal gegen Einflüsse „von außen" abzuschotten. Man möchte verhindern, daß der Aufstieg oder Abstieg von Parlamentsbeamten aus Kreisen der Regierung, der Umgebung des Monarchen oder Präsidenten oder von anderen wichtigen gesellschaftlichen Gruppen mit Erfolg gefordert und durchgesetzt werden kann. Zwar erfolgt die Rekrutierung in der Eingangsstufe der jeweiligen Laufbahn nach den Regeln des öffentlichen Dienstes des Staates, doch bleibt das Parlament gern Herr des Laufbahnverfahrens.
Nach der Aufnahme in den Parlamentsdienst soll gelten, daß man dort sein gesamtes Berufsleben in der Gewißheit bleibt, niemals einen Vorgesetzten von außen zu erhalten. Dies scheint beim Deutschen Bundestag anders zu sein, weil die Rekrutierung nicht an die Eingangsstufe geknüpft und weil Seiteneinstieg möglich ist. Zumindest die Leiter des Präsidialbüros früherer Präsidenten werden in Führungspositionen untergebracht. Auch sonst kommt Parteienproporz ins Spiel.
Anderswo aber kann man sich auf die Regelbeförderung verlassen, die übrigens im französischen Parlament als Zugeständnis an das Erfordernis der Mobilität mit der Versetzung in einen anderen Dienst verbunden ist, auch wenn man für diesen kaum fachliche Voraussetzungen mitbringt.
Diese Abschottung nach außen erstreckt sich auch auf die eigenen Parlamentarier, die manchmal Neigung zeigen, Klagen von Parlamentsbediensteten über bewußte Benachteiligungen im Dienst oder bei Beförderungen ein offenes Ohr zu leihen und massiv Einfluß zu nehmen versuchen. Alle zur Abschottung ergriffenen Maßnahmen dienen der Abwehr solcher Demarchen, die als schwerer Eingriff in die innere Parlamentshoheit verstanden werden. Der Generalsekretär (Direktor) des Parlaments wird seine Autorität ins Spiel bringen, auf das öffentliche Dienstrecht und die ungeschriebenen Regeln des Hauses verweisen. Um enge Kontakte der Lobby und der Medien zu den Parlamentsbediensteten zu verhindern, werden wohl überall Verhaltensmaßregeln aufgestellt, aber ihre Einhaltung kann kaum überwacht werden und bei Meldungen in den Medien kann die Quelle nur selten

1 Mit einem Seminar im Reichstag in Berlin ist am 30.5./1.6.1990 erstmals versucht worden zu analysieren, wie westeuropäische Parlamente versuchen, sich in der Öffentlichkeit darzustellen.

identifiziert werden, denn alle Beteiligten sind daran interessiert, daß der Kontakt nicht bekannt wird.
Die Abwehrmaßnahmen der Parlamentsspitzen insgesamt gegen verschiedene Gefahren der Verselbständigung ihrer Dienste haben die Herausbildung einer Tradition mit Folgen zum Ergebnis: vor allem einen Crewgeist, der sich besonders gegen die Ministerien richtet und weniger gegen die Universitäten. Zumindest höhere Dienstgrade stehen Lehraufträgen im allgemeinen sehr aufgeschlossen gegenüber.
Dieser Crewgeist ist verständlicherweise in einigen Parlamenten (Frankreich, Großbritannien) stärker ausgeprägt als in anderen, insbesondere jüngeren Parlamenten wie dem Deutschen Bundestag. Erst recht gilt dies für die neuen Parlamente in Ost- und Mitteleuropa, die eine kommunistische Verwaltungspraxis hinter sich lassen und hinsichtlich demokratischem Parlamentarismus bei Null begonnen haben. Es gibt nur wenige Staaten, die an Parlamentstaditionen anknüpfen konnten: so Spanien nach Abschüttelung der Diktatur an die der Cortez und Polen an die Geschichte des Sejm.
Diese jungen Parlamente können nicht warten, bis aus Eingangsstufen Führungskräfte herangewachsen sind. Sie müssen mit den Führungskräften beginnen, diese gegebenenfalls nach kurzer Zeit wieder auswechseln, und danach den geerbten Unterbau schrittweise mit neuem Personal ausbauen.
An den Universitäten werden am ehesten Personen für die Leitungsfunktionen gefunden, die Intelligenz, Fachwissen, Sprachkenntnisse und – in geringerem Maße wegen der früheren politischen Verhältnisse – internationale Erfahrung aufweisen können.[2] Diese Parlamente werden es leichter haben, sich dem internationalen Leben zu öffnen, während die der Tradition der Abschottung verpflichteten sich schon heute schwerer tun.
Neben dem Crewgeist dürfte Sterilität eine weitere Konsequenz jahrzehntelanger Abschottung sein, weil Initiativen und Kreativität eher gefürchtet denn gefördert werden.

III. Auswahl des Personals

Es wäre zum Beispiel logisch, wenn für internationale Aktivitäten vorrangig Personal des diplomatischen Dienstes rekrutiert würde, das sich sowohl in der speziellen Ausbildung, internationalen Erfahrung und in der Anwendung moderner Sprachen vom allgemeinen höheren Dienst der einzelnen Staaten deutlich unterscheiden dürfte. Dem ist in der Regel nicht so, weil die Parlamente großen Wert darauf legen, Herr der Einstellungsverfahren zu bleiben. Eine Ausnahme bilden vielleicht die Ausschüsse für auswärtige Angelegenheiten, zu deren Betreuung die Auswärtigen Ämter – wohl auch im eigenen Interesse – gern Diplomaten von Fall zu Fall abordnen.
Schon bei der Rekrutierung neuen Personals wird zu wenig darauf geachtet, inwieweit die Kandidaten aktive, über das Abitur hinausgehende Sprachkenntnisse mitbringen und – nächste Stufe – über berufliche und nicht nur touristische Erfahrungen im Ausland verfügen. Ideal wäre es schon fast, wenn sie zumindest einige Monate in einer internationalen Organisation oder in einem anderen Parlament gearbeitet hätten. Vom Angebot des EP vom

2 Der polnische Sejm veranstaltete schon 1992 im Interesse der anderen Parlamente Ost- und Mitteleuropas eine internationale Konferenz über die Einrichtung wissenschaftlicher Dienste in Parlamenten.

Oktober 1988 zu Stagen (Ausbildungsstationen) von 2 Monaten bis 2 Jahren ist eher von Bediensteten des EP als von solchen der nationalen Parlamenten Gebrauch gemacht worden.[3] Nach Rückkehr von einer solchen Stage sollten diese Beamten bevorzugt in Dienststellen eingesetzt werden, die unmittelbar mit dem Ausland zu tun haben: Kontakte der Parlamente zu anderen Parlamenten, aber im Hinblick auf die sich schnell entwickelnde Europäische Union auch zur Verfolgung der Normsetzung in Brüssel mit ihren Auswirkungen auf Staaten innerhalb oder (noch) außerhalb der Union.

Parlamente müssen weiter der Tatsache Rechnung tragen, daß in wachsendem Maße Informationen aus dem Ausland gelesen und ausgewertet werden müssen. Parlamentspräsidenten, Ausschußvorsitzende oder Delegationsleiter sind öfter gezwungen, Briefe in einer anderen Sprache als ihrer Muttersprache zu lesen und zu schreiben, Tischreden in einer anderen Sprache zu halten und Beiträge zu ausländischen Veröffentlichungen zu liefern.

Auch die sich abschottenden Parlamente stehen hier oft vor der Notwendigkeit, die Dienste des eigenen Auswärtigen Amtes oder kommerzielle Übersetzungsdienste in Anspruch nehmen zu müssen. Um wenigstens in den Hauptsprachen unabhängig zu sein, sind viele Parlamente dazu übergegangen, einen eigenen Übersetzungsdienst zumindest für die Hauptsprachen aufzubauen.

Dokumentationen von anderen Parlamenten können besser eingeordnet und ausgewertet werden, wenn ein gleichartiges Ordnungsschema verwandt wird. Im Europäischen Parlament ist der neunsprachige Thesaurus Eurovoc vor allem für die Dokumentation über die Europäische Union entwickelt worden und hat eine weitverbreitete Verwendung gefunden. Eine polnische und rumänische Version ist in Vorbereitung. Der Deutsche Bundestag sieht sich dagegen den deutschen Landtagen verpflichtet und bleibt deshalb bei Parthes (= Parlamentsthesaurus).

IV. Der Nutzen interparlamentarischer Zusammenarbeit

Die Aufbereitung und Auswertung internationaler Informationen stellt besondere Anforderungen an die Parlamente, denn auch der beste Beamte wird Expertenwissen nur über eine begrenzte Anzahl von anderen Staaten haben. Die Parlamentsbibliothek wird nur dann von Nutzen sein, wenn sie auf neuestem Stand ist, was bei der Schnelligkeit politischer Veränderungen nur selten der Fall sein kann. Dokumentarische Datenbanken helfen da eher, aber vor allem auch ein Kontakt zum Parlament des betreffenden Landes. Die auf Gegenseitigkeit beruhende Zusammenarbeit mit anderen Parlamenten hat sich als besonders nützlich erwiesen und erbringt beinahe täglich den Beweis, wie absurd eine Abschottung mit der Variante ist, daß man nur für das eigene Parlament zu arbeiten hat: ein Parlamentsbediensteter, der nicht selber bereit ist, Auskünfte einem Kollegen in einem ausländischen Parlament zu geben, wird von diesem auch keine erhalten.

Bei der Erstellung von Studien wird das Prinzip der Abschottung auf die Spitze getrieben

3 In fast 6 Jahren haben Parlamente nur sechsmal (dreimal allein der Deutsche Bundestag!) von dieser Möglichkeit Gebrauch gemacht (Durchschnittsaufenthalt 4,2 Monate), dagegen neunmal nationale Verwaltungen. Das EP entsandte in dieser Zeit 15 Beamte zu Stagen. Quelle: Antwort des Präsidiums des EP auf die Anfrage Nr. 22/94 des Abgeordneten *José Maria Gil-Robles* (PE 181.046/Präs.)

und die Gefahr der Ressourcenverschwendung offenkundig. Jeder Abgeordnete hat das Recht, vom Wissenschaftlichen Dienst seines Parlamentes eine wissenchaftliche Ausarbeitung zu verlangen, für die ein Beamter des höheren Dienstes oft umfangreiche Recherchen und viel Zeit benötigt. Geht die fertige Studie dem Auftraggeber zu, ist keineswegs sichergestellt, daß der Abgeordnete sie überhaupt zur Kenntnis nimmt. Eine andere Benutzung durch das Parlament scheidet in der Regel aus, weil das Verfügungsrecht auf den Auftraggeber übergegangen ist: Der Volksvertreter mit der Souveränität des absoluten Fürsten.[4]
Hier haben sich die Parlamentssekretariate Flexibilität verschafft. Viele dieser Studien erscheinen auf Auswahllisten und können von den anderen Abgeordneten des gleichen Parlaments bezogen werden. Seit Entstehen des Europäischen Zentrums für Parlamentarische Wissenschaft und Dokumentation im Jahr 1977 teilen die Parlamente eine Auswahl ihrer Studien dem Zentrum beim EP in Luxemburg mit.[5] Dort werden die Titel in die Datenbank Etude (Studien) der Hostdatenbank EPOQUE des EP aufgenommen und im Informationsbrief des Zentrums abgedruckt. Damit können die Parlamente erfahren, ob eine Studie zu einem Thema bereits angefertigt worden ist und ob sie sich die Arbeit erleichtern, wenn nicht völlig ersparen können. Zugleich wird die Verbreitung einer einmal angefertigten intellektuellen Arbeit und der damit verbundenen Informationen erreicht, was insbesondere für die kleinen Parlamente und für die neuen in Ost- und Mitteleuropa von erheblichem Nutzen sein kann, wenn sie von diesen Möglichkeiten Gebrauch machen.
Besonders für vergleichende Studien ist diese Zusammenarbeit von außerordentlichem Wert, denn Parlamentsdienste können sehr viel genauer, gegebenenfalls unter Zuhilfenahme der Ministerien, über die Situation im eigenen Land berichten als die dort tätigen Botschaften. Diese Einsicht haben Parlamentsdienste dazu gebracht, die Öffnung zu anderen Parlamenten zu betreiben. Die politische Ebene der Parlamente hat diese Entwicklung entweder nicht registriert oder stillschweigend geduldet, aber nur selten gefördert.
Für die Parlamente innerhalb der Europäischen Union stellt sich bekanntlich die Herausforderung, wie sie auf den stetigen Verlust an Kompetenzen reagieren und sich an der Normsetzung noch wirksam beteiligen sollen. Die Voraussetzungen für die Beteiligung sind für alle Parlamente unterschiedlich, weil die Verfassungswirklichkeit verschieden ist. Im Rahmen des Europäischen Zentrums für Parlamentarische Wissenschaft und Dokumentation und auf Einladung des Deutschen Bundestages haben fachkundige Parlamentsbedienstete am 3./4.3.1994 im Berliner Reichstag im Rahmen eines Seminars die Situation analysiert und ihre Schlußfolgerungen in einem eineinhalbseitigen Papier festgehalten. Insbesondere die Schlußfolgerungen sollten es der politischen Ebene des jeweiligen Parlaments erleichtern, ihrerseits über die Problematik nachzudenken und zu einem weiterführenden Follow-up auf der Ebene der Parlamentarier zu kommen.[6]

4 Die Wissenschaftlichen Dienste der Parlamente sollten allerdings gemeinsam Methoden entwickeln, wie Mißbrauch verhindert werden kann, etwa unzulässige Ausnützung dieser Arbeiten von Abgeordnetenkindern an Universitäten.

5 Über dieses Zentrum: *Klaus Pöhle*, Europäisches Zentrum für Wissenschaft und Dokumentation, in: ZParl, 9. Jg. (1978), H. 4, S. 504–509.

6 Die dort gehaltenen Referate von *Hölscheidt*, *Kretschmer*, *Pöhle* und *Wattiau* können als Broschüre beim Zentrum in Luxemburg (Herr Di Stefano, Europäisches Parlament L-2929 Luxemburg) angefordert werden. Siehe darüber den Bericht von *Thomas Schotten*, in: ZParl, 25. Jg. (1994), H. 4.

Mit beidem, dem Seminar wie den Schlußfolgerungen, scheint in den Augen einiger Generalsekretäre der Parlamente die Grenze zur nicht mehr erlaubten Öffnung überschritten zu sein: Obwohl das Thema im Zusammenhang mit den Stichworten Demokratiedefizit und Vertrag von Maastricht auf den Nägeln brennt und in der Öffentlichkeit lebhaft diskutiert wird, ist es für Parlamentsbedienstete offenbar zu politisch. Sie sollen sich offenkundig auf die reine Zuarbeit beschränken, aber nicht mitdenken und Lösungen bei politischen Problemen suchen.[7]

7 Im Rahmen einer Konferenz der Päsidenten der Europäischen Parlamentarischen Versammlungen, der Herrin des Zentrums, lehnten die Generalsekretäre am 24.6.1994 in Den Haag den Entwurf eines Statuts des Zentrums ab. Vor allem der beabsichtigte neue Name „Europäisches Zentrum für parlamentarische Zusammenarbeit" unter Weglassung der Einschränkung „für Wissenschaft und Dokumentation" weckte Befürchtungen einer Politisierung. Zur Rechtfertigung wurde auf das Berliner Seminar vom 3./4.3.94 verwiesen.

2 Nationale Parlamente in der Europäischen Union

Die zentrale Rolle des Parlaments in London. Entwicklungstendenzen von Thatcher bis Major (1979 – 1994)

Thomas Saalfeld

Der britische Parlamentarismus wird meist als Prototyp, oft aber auch als Sonderfall eines parlamentarischen Regierungssystems interpretiert. In der vergleichenden Regierungslehre werden grundsätzlich parlamentarische und präsidentielle Regierungssysteme unterschieden.[1] Mischformen beider Typen – bei Direktwahl des Staatspräsidenten *sowie* Abhängigkeit der Regierung vom Staatspräsidenten und dem Parlament – werden auch als semipräsidentielle Systeme bezeichnet.[2] Den Implikationen dieser grundlegenden Formen repräsentativer Demokratie für Systemeffizienz, -legitimität und -stabilität wird infolge der gegenwärtigen weltweiten Demokratisierungsprozesse und den damit zusammenhängenden Verfassungsdiskussionen großes Interesse entgegengebracht.[3] Die Diskussionen über Vorzüge und Nachteile parlamentarischer und präsidentieller Regierungssysteme sind oft kontrovers und gelegentlich nicht frei von überzeichnender Typisierung. Das britische Beispiel dient dabei vielfach als Modell. Ziel des vorliegenden Aufsatzes ist, einige wichtige Problemfelder aufzuzeigen, mit denen die Entwicklung des britischen Parlamentarismus seit 1979 behaftet ist. Dabei werden zunächst grundlegende Eigenschaften parlamentarischer Regierungssysteme und die Spezifika des sogenannten „Westminster-Modells" mit der zentralen Rolle des Parlaments in London dargestellt (Abschnitt 1). Im Anschluß daran werden Probleme charakterisiert, die sich für die Legitimitätsgrundlagen des britischen Parlamentarismus seit Amtsantritt des ersten Kabinetts *Thatcher* im Mai 1979 ergaben (Abschnitt 2). Schließlich soll auf verschiedene Entwicklungen eingegangen werden, die den Charakter des britischen Parlamentarismus zwar nicht radikal in Frage stellen, aber doch einige althergebrachte „Lehrbuchweisheiten" über die „Mutter der Parlamente" und das Westminster-System relativieren: das veränderte Abstimmungsverhalten der Abgeordneten (Abschnitt 3), die Weiter-

1 Vgl. *Winfried Steffani*, Zur Unterscheidung parlamentarischer und präsidentieller Regierungssysteme, in: ZParl, 14. Jg. (1983), S. 390–401; siehe auch *ders.*, Parlamentarische und präsidentielle Demokratie: Strukturelle Aspekte westlicher Demokratien. Opladen: Westdeutscher Verlag 1979.

2 Vgl. u.a. *Giovanni Sartori*, Comparative Constitutional Engineering: An Inquiry into Structures, Incentives and Outcomes, Basingstoke und London: Macmillan 1994.

3 Vgl. u.a. *Arend Lijphart*, Democracies: Patterns of Majoritarian and Consensus Government in Twenty-One Countries, New Haven/London: Yale University Press 1984; *Herbert Döring* (Hrsg.), Parliaments and Majority Rule in Western Europe. Frankfurt am Main/New York: Campus/St. Martin's Press 1995; *Donald L. Horowitz*, Comparing Democratic Systems, in: *Larry Diamond/Marc F. Plattner* (Hrsg.), The Global Resurgence of Democracy. Baltimore, London: Johns Hopkins University Press 1993, S. 127–133; *Arend Lijphart*, Constitutional Choices for New Democracies, ebenda, S. 146–158; *Juan J. Linz*, The Perils of Presidentialism, ebenda, S. 108–126; *ders.*, The Virtues of Parliamentarism, ebenda, S. 138–145; *Alfred Stepan/Cindy Skach*, Constitutional Frameworks and Democratic Consolidation: Parliamentarism versus Presidentialism, in: World Politics 46 (1993), S. 1–22; *Juan J. Linz/Arturo Valenzuela* (Hrsg.), The Failure of Presidential Democracy. Baltimore: Johns Hopkins University Press 1994.

entwicklung des Ausschußwesens (Abschnitt 4), die zunehmende Bedeutung der Wahlkreisarbeit (Abschnitt 5), die Rolle des Unterhauses als Adressat für Interessengruppen (Abschnitt 6), das Verhältnis von Unterhaus und Europäischer Union (Abschnitt 7) sowie die wieder zunehmende Bedeutung des Oberhauses (Abschnitt 8). Schließlich sollen wichtige Folgewirkungen dieser Entwicklungen für den politischen Entscheidungsprozeß und die Systemlegitimität in Großbritannien zusammenfassend beurteilt werden (Abschnitt 9).

1. Parlamentarisches Regierungssystem und Westminster-Modell

Parlamentarische Regierungssysteme sind durch eine politische Verschmelzung von Regierung und Parlamentsmehrheit gekennzeichnet. In präsidentiellen Regierungssystemen stehen sich die Verfassungsorgane Regierung und Parlament dagegen weitgehend unabhängig gegenüber. Beide Verfassungsorgane werden in präsidentiellen Regierungssystemen zumeist direkt durch das Volk gewählt. Die Amtsdauer des Präsidenten ist in der Verfassung verbindlich festgelegt. Die Parlamentsmehrheit kann die Regierung aus politischen Gründen nicht abberufen. In parlamentarischen Regierungssystemen „ist die Regierung demgegenüber in ihrer Amtsdauer und Amtsführung grundsätzlich vom Vertrauen der Parlamentsmehrheit abhängig, die über das Recht der Abberufbarkeit verfügt und deren Fraktionen durch Fraktions- und Koalitionsdisziplin für die Stabilität der Regierung Sorge zu tragen haben."[4]

Die Familie der parlamentarischen Regierungssysteme kann weiter in Konkurrenz- und Verhandlungsdemokratien unterteilt werden. *Verhandlungsdemokratien*, mitunter auch als „Konsensdemokratien" bezeichnet, schränken die Macht des Parlaments und seiner Mehrheit ein. Minderheiten erhalten gewisse Veto- und Mitwirkungsrechte. In der Regel begünstigt ein Verhältniswahlsystem und/oder eine durch mehrere, einander kreuzende soziale Konfliktlinien fragmentierte Wählerschaft ein Mehrparteiensystem, in dem Regierungsmehrheiten nur durch Koalitionsbildung möglich sind. Die politische Macht der Mehrheit ist durch eine geschriebene Verfassung einschließlich verfassungsrechtlich garantierter Bürger- und Minderheitenrechte, durch die Möglichkeit zu Volksabstimmungen, Föderalismus, die Einbeziehung neo-korporatistischer Institutionen in den politischen Willensbildungsprozeß, eine starke erste Kammer mit Vetorechten und/oder einen Verfassungsgerichtshof beschränkt.[5]

Das Westminster-Modell dagegen ist der klassische Fall der *Konkurrenzdemokratie*. In Großbritannien und vielen Commonwealth-Staaten verwirklicht, stellt es in dieser Hinsicht eher einen Sonderfall unter den parlamentarischen Regierungssystemen dar. Der Akzent liegt nicht auf Vetorechten der Minderheit, sondern auf einer stabilen und handlungsfähigen Einparteienregierung auf Zeit: „Einer starken, aber gleichwohl durch das Volk direkt legitimierten und abberufbar bleibenden Regierung soll für den befristeten Ämterturnus ein

4 *Winfried Steffani*, Parlamentarisches und präsidentielles Regierungssystem, in: Pipers Wörterbuch zur Politik, Band 2: Westliche Industriegesellschaften: Wirtschaft – Gesellschaft – Politik, hrsg. von *Manfred G. Schmidt*, München und Zürich: R. Piper 1983, S. 274–280 (hier S. 274f.); siehe auch *Heinrich Oberreuter*, Kann der Parlamentarismus überleben? Bund – Länder – Europa. 2. Auflage, Zürich: Edition Interfrom 1978, S. 34f.

5 *Lijphart*, a.a.O. (Anm. 3), S. 23–30.

umfassender Handlungsspielraum eröffnet werden. Sie soll weder durch die Opposition blockiert noch durch den Spruch eines dem Westminster-Modell wesensfremden Verfassungsgerichts beschränkt werden können."[6] Die Konkurrenzdemokratie des Westminster-Modells ist durch folgende Merkmale gekennzeichnet: Ein relatives Mehrheitswahlsystem in Einerwahlkreisen sowie die weitgehende Homogenität der Wählerschaft begünstigen ein Zweiparteiensystem und damit eine Einparteienregierung. Mehrheitsfraktion und Kabinett verschmelzen zu einer vom Kabinett dominierten, kompakten Funktionseinheit. Der Premierminister ist zugleich Fraktions- und Parteiführer der Mehrheit. Die Regierung lenkt und kontrolliert Plenum und Gesetzgebungsausschüsse mit der Abstimmungsdisziplin ihrer Fraktion im House of Commons. Die parlamentarische Mehrheit wird durch die von ihr in der Regel geübte Abstimmungsdisziplin zu einer „Verlängerung der Regierung in das Parlament".[7] Es besteht ein asymmetrisches Zweikammersystem mit eindeutiger Vorherrschaft der nach dem Gleichheitsprinzip direkt gewählten Kammer. Die andere Kammer (House of Lords) verfügt nur noch über geringfügige Vetomöglichkeiten. Föderative Elemente mit Vetomöglichkeiten der Oppositionsparteien auf subnationaler Ebene fehlen. Das Regierungssystem erscheint aufgrund der Gegenüberstellung von Regierungsmehrheit und Opposition bipolar. Die Verfassung ist nicht kodifiziert und das Parlament gilt als souverän, weil es die Verfassung mit einfacher Mehrheit ändern kann. Volksentscheide zu politischen Einzelfragen sind nicht vorgesehen.[8]

2. Der Preis des Erfolgs

Die konsequente Anwendung der Mehrheitsregel im Westminster-Modell soll der Theorie nach zum einen verhindern, daß regierungsunfähige Minderheiten der Mehrheit ihren Willen aufzwingen. Zum anderen soll es die „Kosten" politischer Entscheidungen verringern und zu größtmöglicher Effizienz der politischen Willensbildung beitragen. Mit politischen Entscheidungen sind grundsätzlich interne Kosten des Entscheidungsprozesses sowie externe Kosten und Risiken verbunden. Interne Kosten des Entscheidungsprozesses sind nicht die Vor- oder Nachteile, die einzelnen Entscheidungsträgern im Ergebnis durch einen Beschluß entstehen. Vielmehr sind damit Zeit und andere knappe Ressourcen gemeint, die eingesetzt werden müssen, um zu einer kollektiven Entscheidung zu gelangen. Diese Kosten steigen proportional zur Zahl entscheidungsrelevanter Akteure. In Verhandlungsdemokratien mit einer hohen Zahl politisch relevanter Akteure sind die internen Kosten des Ent-

6 *Herbert Döring*, Das klassische Modell in Großbritannien: Ein Sonderfall, in: *Walter Euchner* (Hrsg.), Politische Opposition in Deutschland und im internationalen Vergleich. Göttingen: Vandenhoeck & Ruprecht 1993, S. 21–38 (hier S. 23). Zur Kritik am gelegentlich auf das britische Unterhaus bezogenen Begriff der „Mehrheitsdemokratie" vgl *Winfried Steffani*, Mehrheitsentscheidungen und Minderheiten in der pluralistischen Verfassungsdemokratie, in: ZParl, 17. Jg. (1986), S. 569–586 (hier S. 573f.).

7 *Gerhard A. Ritter*, Die Kontrolle staatlicher Macht in der modernen Demokratie, in: *Gerhard A. Ritter* (Hrsg.), Vom Wohlfahrtsausschuß zum Wohlfahrtsstaat. Köln: Markus 1973, S. 69–117 (hier S. 80).

8 *Lijphart*, a.a.O. (Anm. 3), S. 6–16. Siehe auch *John P. Mackintosh/L. Jim Sharpe*, Krise des Parlamentarismus oder Bewährungskrise des Westminster-Modells in Großbritannien? Eine Kontroverse, in: ZParl, 8. Jg. (1977), S. 113–122.

scheidungsprozesses dementsprechend höher als in Konkurrenzdemokratien, in denen Beschlüsse der parlamentarischen Mehrheit durch andere politische Akteure im allgemeinen nicht blockiert werden können.[9] Werden Entscheidungen auf der Basis der Mehrheitsregel für eine Gesamtpopulation getroffen, entstehen der überstimmten Minderheit externe Nachteile oder Kosten, die aus der von ihr nicht gewünschten Mehrheitsentscheidung resultieren. Diese Kosten sinken proportional zur Zahl der am Entscheidungsprozeß mit Vetomacht beteiligten Akteure und sind am geringsten, wenn jeder Beteiligte ein Vetorecht besitzt.[10] *Giovanni Sartori* erweitert diese konventionelle Annahme der Neuen Politischen Ökonomie. Er betont, daß allen Bürgern sogenannte externe Risiken entstünden. So könnten die erhofften Vorteile einer politischen Entscheidung für die Gesamtbevölkerung ausbleiben, die Herrschenden könnten den Bürgern durch Inkompetenz, Machtmißbrauch oder Unterdrückung Schaden zufügen.[11]

Es wurde bereits erwähnt, daß das Ausmaß der externen Kosten und Risiken zum Teil von der Zahl entscheidungsrelevanter Akteure bestimmt wird. Je größer diese Zahl, desto geringer die externen Kosten und Risiken. Die externen Kosten und Risiken hängen nach *Sartori* aber auch von der Art und Weise der Bestellung der Entscheidungsträger ab. Dies gelte selbst dann, wenn nur eine einzige Person die Entscheidungen für eine Gesamtpopulation treffe. Je nachdem ob dieser Herrscher sein Amt erbe, gewählt werde oder durch Gewalt usurpiere, variierten die externen Risiken. Sie seien bei einem gewählten Regierungschef geringer als bei einem Usurpator. Sie stiegen proportional zur Amtszeit des Regierungschefs. Sei die Amtszeit allerdings zu kurz, könne das externe Risiko wegen Inkompetenz des Regierungschefs ansteigen.

Für die internen Kosten des Entscheidungsprozesses ist neben der Zahl der beteiligten Akteure – je geringer die Zahl beteiligter Akteure, desto geringer die internen Kosten – das gewählte Entscheidungsverfahren maßgeblich. Sie können sehr hoch sein, wenn für eine Entscheidung Einstimmigkeit vorausgesetzt wird, weil jedes einzelne Mitglied des Entscheidungsgremiums dadurch ein Veto erhält. Geringer sind die Entscheidungskosten bei Mehrheitsentscheidungen, wobei es hier wiederum auf den Modus ankommt. Mehrheitsentscheidungen können sehr hohe Kosten verursachen, wenn eine qualifizierte oder eine absolute Mehrheit erforderlich ist; sie sinken, wenn nur eine einfache oder relative Mehrheit das Kriterium ist. Wären die Entscheidungskosten das einzige Kriterium, so wäre ein möglichst niedriges Mehrheitskriterium wünschenswert. Die Möglichkeiten, dies zu tun, finden in den externen Kosten eine Grenze, die – wie erwähnt – umgekehrt proportional zur Höhe des Mehrheitskriteriums ansteigen. *Sartori* beschreibt hier ein allgemeingültiges Dilemma politischen Entscheidungshandelns: Eine Reduktion der internen Kosten des Entscheidungsprozesses erfordert eine Verringerung der Zahl entscheidungsrelevanter Akteure. Dies führt aber stets zur Erhöhung der externen Kosten und Risiken der Entscheidungen. Eine

9 Zu dieser Problematik siehe *George Tsebelis*, Decision Making in Political Systems: Comparison of Presidentialism, Parliamentarism, Multicameralism, and Multipartism, Durham, North Carolina: Duke University Program in Political Economy, Working Paper 178.

10 Vgl. hierzu und im folgenden u.a. *James M. Buchanan/Gordon Tullock*, The Calculus of Consent: Logical Foundations of Constitutional Democracy, Ann Arbor, Michigan: University of Michigan Press 1962, bes. S. 43–46; *Peter Bernholz/Friedrich Breyer*, Grundlagen der Politischen Ökonomie, 2. Auflage, Tübingen: Mohr (Siebeck) 1984, S. 246–267.

11 *Giovanni Sartori*, The Theory of Democracy Revisited. Part One: The Contemporary Debate, Chatham, New Jersey: Chatham House 1987, S. 214–218.

Senkung externer Kosten und Risiken ist vor allem durch eine Erhöhung der Zahl entscheidungsrelevanter Akteure möglich. Ein optimaler Schnittpunkt dieser beiden gegenläufigen Kurven kann nur durch die Einführung repräsentativer Institutionen erreicht werden: „[...] only the drastic reduction of the universe of those represented to a small group of representatives permits *a momentous reduction of the external risks* (of oppression) *without aggravating the decisional costs.*“[12]
Das parlamentarische Regierungssystem Großbritanniens mit seiner konsequenten Betonung konkurrenzdemokratischer Elemente ist durch geringe interne Kosten des Entscheidungsprozesses gekennzeichnet. Seit Amtsantritt *Margaret Thatchers* im Mai 1979 wurden diese Kosten durch die stärkere Disziplinierung ehedem einflußreicher politischer Akteure weiter gesenkt. Der *Civil Service* wurde stärkerer politischer Kontrolle unterworfen, die Eigenständigkeit der Kommunalverwaltungen weiter beschnitten, die Macht der Interessengruppen im politischen Entscheidungsprozeß zurückgedrängt.

Tabelle 1: Stimmenanteile der großen Parteien in Großbritannien, 1945–1992

Wahl	Conservative Party[1]	Labour Party[1]	Liberal Party[2]	Sonstige	Wahlbeteiligung
1945	39.8	*47.8*	9.0	2.8	72.7
1950	43.5	*46.1*	9.1	1.3	84.0
1951	*48.0*	48.8	2.5	0.7	82.5
1955	*49.7*	46.4	2.7	1.2	76.7
1959	*49.4*	43.8	5.9	0.8	78.8
1964	43.4	*44.1*	11.2	1.3	77.1
1966	41.9	*47.9*	8.5	1.2	75.8
1970	*46.4*	43.0	7.5	3.2	72.0
1974 (Feb.)	37.9	*37.1*	19.3	3.4	78.7
1974 (Okt.)	35.8	*39.2*	18.3	4.3	72.8
1979	*43.9*	36.9	13.8	3.2	76.0
1983	*42.4*	27.6	25.4	2.1	72.7
1987	*42.3*	30.8	22.6	2.1	75.3
1992	*41.9*	34.4	17.8	3.7	77.7

Anmerkungen:
1 Die siegreiche Partei, die die Regierung stellte, ist mit kursiven Lettern hervorgehoben.
2 1983 und 1987: SDP/Liberal Alliance; 1992: Liberal Democrats

Quelle: Berechnet nach *Philip Norton,* The British Polity, 3. Auflage, New York und London: Longman 1994, S. 81–83.

Sartori weist auf die große Bedeutung politischer Repräsentation für die Höhe der externen Kosten und Risiken politischer Entscheidungen hin. Der Charakter politischer Repräsentation in Großbritannien ist jedoch problematisch. Der britische Parlamentarismus erweist sich aufgrund der verzerrenden Effekte des Wahlsystems als Herrschaft einer Wählerminderheit über die Mehrheit.[13] Diese Tendenz hat seit den siebziger Jahren zugenommen. Bei

12 Hierzu und zum folgenden ebenda, S. 220–223; das folgende wörtliche Zitat S. 223. Hervorhebungen im Original.
13 Vgl. *Steffani,* Mehrheitsentscheidungen und Minderheiten in der pluralistischen Verfassungsdemokratie, a.a.O. (Anm. 6), S. 573f.

keiner Wahl erreichte eine Partei nach 1945 die absolute Mehrheit der Stimmen auf nationaler Ebene. Bei zwei Wahlen (1951, Februar 1974) erreichte sogar die – gemessen am nationalen Stimmenanteil – unterlegene Partei die absolute Mehrheit der Sitze im Unterhaus. Bezieht man die gegenwärtige Wahlbeteiligung von etwas über drei Vierteln der Wahlberechtigten ein, so stützten sich die britischen Regierungen der 1980er und frühen 1990er Jahre mit ihren weitreichenden Reformprogrammen nur auf die Unterstützung rund eines Drittels der Wahlberechtigten. Während die beiden großen Parteien jedoch bis 1959 immerhin noch Ergebnisse erzielten, die nahe an die absolute Mehrheit der *abgegebenen* Stimmen heranreichten, konnte sich keine der Regierungen seit 1974 auf mehr als 44 Prozent der Stimmen stützen. Dennoch transformierte das relative Mehrheitswahlsystem in Einerwahlkreisen diese Anteile während der Amtszeit *Margaret Thatchers* (besonders 1983–1992) in große absolute Mehrheiten im Unterhaus. Dies wird in Tabelle 2 deutlich.

Tabelle 2: Mandatsvorsprung der Regierungspartei zu Beginn der Wahlperiode, 1945–1992

Wahl	Regierung	Mandatsvorsprung der Regierungspartei
1945–50	Labour	146
1950–51	Labour	5
1951–55	Conservative	17
1955–59	Conservative	60
1959–64	Conservative	100
1964–66	Labour	4
1966–70	Labour	98
1970–74	Conservative	30
1974	Labour	–33
1974–79	Labour	3
1979–83	Conservative	43
1983–87	Conservative	144
1987–92	Conservative	101
1992–	Conservative	21

Anmerkung: Es handelt sich bei den Angaben um die Mehrheit der Mandate unmittelbar nach einer Wahl. Der Speaker wurde seiner Partei zugerechnet, wenn er wiedergewählt wurde. Ein negativer Wert zeigt eine Minderheitsregierung an.

Quelle: *Philip Norton*, The British Polity, 3. Auflage, New York und London: Longman 1994, S. 89.

Diese Verzerrungen sind im wesentlichen durch das Wahlsystem und die abnehmende Bindungskraft der beiden großen Parteien zu erklären. Während 1959 noch 93.2 Prozent der Wähler ihre Stimme entweder der Labour Party oder der Conservative Party gaben, schwankte dieser Anteil ab Mitte der siebziger Jahre zwischen etwa 70 und 80 Prozent.[14] Von der abnehmenden Attraktivität der beiden Großparteien profitierten die Liberal Party (1974–1979), die Allianz aus Liberalen und Social Democratic Party (1983–1987) beziehungsweise die Liberal Democrats (1992) sowie regionale Parteien in Schottland (Scottish National Party) und Wales (Plaid Cymru), deren Stimmenanteile sich entsprechend vergrößerten, während ihre Mandatsanteile gering blieben. Das Wahlsystem erzeugt daher für die Wählermehrheit negative Externalitäten.

14 *Philip Norton*, The British Polity, 3. Auflage, New York und London: Longman 1994, S. 91.

Die konsequente Anwendung des Mehrheitsprinzips im britischen Parlamentarismus und die fehlende Vetomöglichkeit der Minderheit erhöhen die externen Kosten und Risiken des politischen Entscheidungsprozesses weiter. Die die *Wähler*mehrheit repräsentierenden Oppositionsparteien haben während einer Legislaturperiode nur wenig Möglichkeiten, unmittelbar Einfluß auf die Politik der *Parlaments*mehrheit zu nehmen. Die geringen direkten Mitwirkungsmöglichkeiten der *Parlaments*minderheit können in ihren Auswirkungen nur durch regelmäßiges Alternieren zweier Parteien in der Regierungsverantwortung gemildert werden.[15] Durch die Spaltung der nicht-konservativen Wählerschaft und durch regionale Ungleichgewichte kam es seit Ende der siebziger Jahre allerdings zu einer Hegemonie der Conservative Party. Das Prinzip der *alternierenden* Parteiregierung als Korrektiv geringer Vetomöglichkeiten der Opposition und anderer politischer Akteure hat seit 1979 an Bedeutung verloren. Hatten die beiden Großparteien bei Unterhauswahlen bis 1974 noch vergleichbar große Stimmenanteile erzielt, so betrug der nationale Stimmenvorsprung der Konservativen gegenüber der größten Oppositionspartei 1983 nahezu 15 Prozent, 1987 fast 12 Prozent und 1992 trotz der Erholung Labours und der Krise der Konservativen noch über sieben Prozent (Tabelle 1). Im Mai 1994 war die Conservative Party seit 15 Jahren ununterbrochen in der Regierungsverantwortung. Wird die laufende Legislaturperiode nicht durch vorzeitige Neuwahlen verkürzt, so wird die Amtszeit der Konservativen Regierung an ihrem Ende 18 Jahre betragen haben. Das ist mit Abstand die längste Amtszeit einer britischen Einparteienregierung in diesem Jahrhundert. Auf der „front bench" der Labour Party befinden sich kaum noch Abgeordnete mit Regierungserfahrung. Die Glaubwürdigkeit der Labour Party als Alternativregierung im Wartestand nimmt daher ab.[16]

Existierende verhandlungsdemokratische Korrektive der Mehrheitsherrschaft wie regionale oder lokale Autonomierechte oder neo-korporatistische Institutionen, die de facto noch während der siebziger Jahre an wichtigen wirtschafts- und sozialpolitischen Entscheidungen beteiligt waren, wurden unter der Regierung *Thatcher* abgebaut. Die Wirtschaftspolitik dieser Regierung konzentrierte sich auf die Steuerung der Geldmenge und die Kontrolle der Inflation. Ökonomisches Wachstum und Abbau der Arbeitslosigkeit waren demgegenüber nur indirekt Ziele staatlicher Wirtschaftspolitik. Dies bedeutete die Abschaffung der Lohn- und Preisabkommen in tripartistischen Gremien, in denen Gewerkschaften und Arbeitgeber direkt mit der Regierung über wirtschaftspolitische Entscheidungen verhandelt hatten.[17]

Eine weitere Konsequenz war die strikte fiskalische Disziplinierung staatlicher Einrichtungen. Vor allem die Kommunalverwaltungen wurden einer strengeren zentralen Finanzkontrolle unterworfen und büßten – auch durch Privatisierungsprogramme – zunehmend Funktionen (etwa im sozialen Wohnungsbau oder im Schulwesen) ein. Dies führte dazu, daß die während der siebziger Jahre oft kritisierte Umgehung des Parlaments durch Aushandeln wirtschaftspolitischer Kompromisse zwischen Regierung und Interessenverbänden seit 1979 deutlich zurückgedrängt wurde. Allerdings wurde das Unterhaus durch diese Verschiebungen nur auf den ersten Blick gestärkt. *Andrew Gamble* skizzierte die Problematik der Entwicklungen unter *Thatcher* wie folgt:

15 *Lijphart*, a.a.O. (Anm. 3), S. 21–23.

16 Vgl. *Döring*, Das klassische Modell in Großbritannien, a.a.O. (Anm. 6), S. 37.

17 Vgl. *Franz Nuscheler*, Regierung auf Vereinbarung der „neuen Stände"? Diskussion und Befund des Korporatismus in Großbritannien, in: ZParl, 10. Jg. (1979), S. 503–524.

„The party system and the powers of patronage, allied to a strong Prime Minister, allow the Thatcher Government to dominate Parliament in a way it could never have dominated the corporate interests. But the modern Parliament is a fragile base on which to exercise state authority. The interventionist actions of the Thatcher Government have exposed the absence of constitutional safeguards on the exercise of government power in Britain. Commanding only 43 per cent of the popular vote the Thatcher Government has still embarked on deeply unpopular and divisive policies. Parliamentary Government has become more arbitrary and less consensual."[18]

Gambles Formulierung ist zweifellos zugespitzt. Sie basiert zwar auf einer gründlichen Analyse der Auswirkungen des „Thatcherism" auf Politik und Gesellschaft. Allerdings übersieht sie verschiedene Entwicklungen im britischen Parlamentarismus, die zusammengenommen zu Korrekturen dieses skeptischen Bildes zwingen. Diese Entwicklungen beziehen sich größtenteils auf Veränderungen im Bereich der politischen Repräsentation, deren Charakter nach *Sartori* das Verhältnis interner Kosten des Entscheidungsprozesses und externer Kosten und Risiken politischer Herrschaft entscheidend mitbestimmt.

3. Her Majesty's Unofficial Opposition

Her Majesty's Official Opposition ist zwar nicht völlig machtlos, aber im Vergleich zu den mit eigenen Rechten ausgestatteten Minderheitsfraktionen des Deutschen Bundestages verhältnismäßig schwach. Die Mehrheit bleibt in der Regel Herr des Verfahrens. Im allgemeinen kontrollieren Regierung und Fraktionsgeschäftsführer (*whips*) durch ein Gemisch von Konsultationen, geschicktem Aushandeln fraktionsinterner Kompromisse, Belohnungen und Sanktionsandrohungen die Mehrheitsfraktion. Seit Mitte des 19. Jahrhunderts hatte die Geschlossenheit der Fraktionen bei Abstimmungen immer mehr zugenommen. In den vierziger und fünfziger Jahren war die Abstimmungskohäsion „so close to 100 per cent that there was no longer any point in measuring it".[19] Daß die Opposition trotz der Dominanz einer meist geschlossen auftretenden Mehrheit im Plenum des Unterhauses nicht völlig machtlos ist, liegt neben den weiter unten beschriebenen Rechten zum Teil an den besonderen Regelungen zur Beschlußfähigkeit des Hauses. Beschlußfähig ist das Unterhaus bereits bei Anwesenheit von vierzig Abgeordneten, unter denen sich der *Speaker* befinden muß. Bleibt der Speaker mit 39 weiteren Abgeordneten im Plenum, kann eine Mehrheit nie durch bloßen „Weggang" die Beschlußunfähigkeit herbeiführen. Denn 39 Abgeordnete wird die Opposition stets mobilisieren können. Die Regierungsmehrheit vermag sich daher einer drohenden Abstimmungsniederlage und oppositioneller Kritik nicht ohne weiteres zu entziehen.[20]

Dennoch richtet sich die Aktivität der Minderheit im Parlament nicht auf den aussichtslosen Versuch einer Blockierung oder unnützen Provokation der Regierungspolitik, sondern

18 *Andrew Gamble*, The Free Economy and the Strong State: The Politics of Thatcherism, Basingstoke und London: Macmillan 1988, S. 234f. Siehe auch ebenda, S. 231f.

19 *Samuel H. Beer*, Modern British Politics: Parties and Pressure Groups in the Collectivist Age, London: Faber and Faber 1982, S. 350f.

20 Auf diesen Sachverhalt wies mich *Winfried Steffani* hin. Vgl. *Philip Laundy*, The Office of Speaker, London 1964, S. 54 und *Roland Young*, The British Parliament. Evanston, Illinois 1962, S. 57. Im Oberhaus genügen sogar drei Mitglieder, um die Beschlußfähigkeit dieser Kammer zu sichern.

auf die Beeinflussung der öffentlichen Meinung in einem permanenten Wahlkampf, für den das Parlament die wichtigste Arena liefert.[21] Dies wird im britischen Fall durch die verfassungspolitische Anerkennung der Opposition als Alternativregierung (der Führer der größten Oppositionspartei und deren Fraktionsgeschäftsführer [*Chief Whips*] in beiden Häusern des Parlaments erhalten das Gehalt eines Ministers der Krone), die Reservierung fester „Opposition Days" für Themen, die von der Opposition bestimmt werden, sowie den generellen Charakter des Unterhauses als „Redeparlament" *(Winfried Steffani)* möglich. Abgesehen von 20 Opposition Days pro Sitzungsperiode kann die Tagesordnung des Unterhauses mit einfacher Mehrheit von der Regierung bestimmt werden. Im Regelfall wird allerdings die Tagesordnung in Konsultationen der Fraktionsgeschäftsführer (the „usual channels") abgesprochen, um Obstruktion der Opposition und damit verbundene Zeitverluste zu verhindern. Demokratietheoretisch liegt der große Vorzug der klaren Trennung von Regierungsmehrheit und oppositioneller Minderheit darin, daß die Opposition „nicht bereits durch das Institutionengerüst zur Kartellabsprache ‚parlamentarischer Mitregierung' ermutigt wird" und daß damit eine klare Zurechenbarkeit politischer Verantwortung erhalten bleibt.[22]

Seit den späten sechziger Jahren lockerte sich die ehedem eiserne Abstimmungsdisziplin britischer Parlamentsfraktionen wieder etwas auf. Empirische Untersuchungen zeigen, daß es sich dabei um einen bis in die neunziger Jahre anhaltenden Trend handelt.[23] Die Regierungen *Harold Wilson, Edward Heath, James Callaghan, Margaret Thatcher* und *John Major* sahen sich mit Parlamentariern ihrer eigenen Fraktion konfrontiert, die auf der Berücksichtigung ihrer Mitwirkungsansprüche im politischen Entscheidungsprozeß bestanden und notfalls bereit waren, ihre negativen Kontrollmöglichkeiten durch offene Opposition bei Abstimmungen zu nutzen. Es wurde deutlich, daß sich die Hinterbänkler der Regierungsfraktion in bestimmten Situationen aus der Rolle des „lobby fodder" lösten und in eine neue Rolle als „Her Majesty's Unofficial Opposition" schlüpften.

Obwohl im britischen Unterhaus insgesamt eine im internationalen Vergleich noch immer ausgeprägte Abstimmungsdisziplin herrscht,[24] bedeutet das neue Abstimmungsverhalten eine qualitative Veränderung. Anders als in vorangegangenen Jahrzehnten, in denen Abstim-

21 *Bernard Crick*, Parliament and the British Political System, in: *Allan Kornberg/Lloyd D. Musolf* (Hrsg.), Legislatures in Developmental Perspective, Durham, North Carolina: Duke University Press 1970, S. 33–54 (hier S. 39 und 41).

22 Vgl. ausführlich *Döring*, Das klassische Modell in Großbritannien, a.a.O. (Anm. 6), S. 21–25, wörtliches Zitat S. 25; siehe auch *Lars Kastning*, Vereinigtes Königreich, in: *Winfried Steffani* (Hrsg.), Regierungsmehrheit und Opposition in den Staaten der EG, Opladen: Leske + Budrich 1991, S. 375–413. Allgemein zur legitimätsstiftenden Funktion parlamentarischer Kommunikation: *Heinrich Oberreuter*, Bewährung und Herausforderung: Zum Verfassungsverständnis der Bundesrepublik Deutschland, 2. Auflage, München: Olzog 1989, S. 143–167.

23 Vgl. vor allem *Philip Norton*, Dissension in the House of Commons 1945–74, London und Basingstoke: Macmillan 1975; *ders.*, Dissension in the House of Commons 1974–79, Oxford (u.a.): Oxford University Press 1980; *ders.*, Opposition to Government. In: *Michael Ryle/Peter G. Richards* (Hrsg.), The Commons Under Scrutiny, London: Routledge 1988, S. 99–119; *ders.*, The Conservative Party from Thatcher to Major, in: *Anthony King* et al., Britain at the Polls, 1992, Chatham, New Jersey: Chatham House 1993, S. 29–69.

24 Siehe z.B. den Vergleich in *Thomas Saalfeld*, Parteisoldaten und Rebellen: Eine Untersuchung zur Geschlossenheit der Bundestagsfraktionen von CDU/CSU, SPD und FDP, 1949 bis 1990. Opladen: Leske + Budrich 1995, Kapitel 7.

mungsrevolten kaum mehr als symbolischen Protest ohne Gefährdung der Gesetzgebungsmehrheit bedeuteten, scheiterten seit den siebziger Jahren immer wieder Gesetzesvorhaben an der Bereitschaft der Abgeordneten der Regierungspartei, durch die Oppositionslobby zu gehen. Deshalb mußten Regierungen beider großer Parteien Gesetzesvorlagen aufgeben oder erhebliche Zugeständnisse an Dissenter in den eigenen Reihen machen, um ein Scheitern von Vorlagen oder wichtiger Teile im Unterhaus zu verhindern.[25]
Es zeigte sich, daß selbst bei notorischen Rebellen Sanktionen seitens der Fraktionsführung ausblieben und ausbleiben. Darüber hinaus wurde schon in den siebziger Jahren deutlich, daß die lange für unverbrüchlich gehaltene Verfassungskonvention des Rücktritts der Regierung bei Abstimmungsniederlagen in politisch wichtigen Fragen sehr flexibel gehandhabt wurde. Bis in die siebziger Jahre „galt die Lehrbuchregel, daß die Regierung nach einer Abstimmungsniederlage in einem wichtigen Gesetzgebungsvorhaben ihren Rücktritt einreichte. In den siebziger Jahren aber bürgerte sich die neue Regel ein, daß die Regierung, die aufgrund der Opposition ihrer eigenen Fraktion unfähig war, eine Unterhausmajorität zu erzielen, eine Vertrauensfrage unter Preisgabe des strittigen Gesetzes stellte und diese nicht mehr an eine konsensfähige Vorlage gekoppelte Vertrauensfrage natürlich gewann."[26]
Die Wirksamkeit der Intra-Organ-Kontrolle *(Karl Loewenstein)* im britischen Unterhaus, die Funktion der Regierungsfraktion als „Resonanzboden des Zumutbaren",[27] wurde durch diese Veränderungen gestärkt.[28]

4. Ausschüsse

Das Ausschußsystem des britischen Unterhauses weist eine Doppelstruktur auf. Gesetzgebungsausschüsse *(Standing Committees)* werden im allgemeinen mit der Detailberatung von Gesetzentwürfen betraut, nachdem das Haus bereits in zweiter Lesung über die grundlegenden Prinzipien des Gesetzes entschieden hat. Standing Committees werden ungeachtet ihres irreführenden Namens mit wechselnden Mitgliedern (gewöhnlich den Fraktionsexperten einer bestimmten Gesetzesmaterie) beschickt, Beamte dürfen nicht gehört, Zeugen nicht befragt werden. Als verkleinerte Plenarversammlungen dienen sie der effizienten parlamentarischen Arbeitsteilung und Zeitersparnis. Im Beisein der whips sind Abstimmungen im Regelfall auch im Standing Committee durch ausgeprägte Geschlossenheit der Fraktionen gekennzeichnet. Demgegenüber besitzen die Aufsichts- und Sonderausschüsse (Select Committees) das Recht, Regierungs- und Verwaltungshandeln zu überwachen und dabei Dokumente einzusehen, Minister und Ministerialbeamte zu befragen, Anhörungen mit Vertretern

25 Statistiken liegen augenblicklich nur bis 1979 vor. Vgl. aber die Aufzählung zurückgezogener Gesetzesvorlagen bei *Philip Norton*, Does Parliament Matter? Hemel Hempstead: Harvester Wheatsheaf 1993, S. 80f.

26 *Herbert Döring*, Großbritannien: Regierung, Gesellschaft und politische Kultur, Opladen: Leske + Budrich 1993, S. 142f.

27 *Winfried Steffani*, Parlamentarische Demokratie – Zur Problematik von Effizienz, Transparenz und Partizipation, in: *ders.* (Hrsg.), Parlamentarismus ohne Transparenz, Opladen: Westdeutscher Verlag 1971, S. 17–47 (hier S. 37).

28 *Karl Loewenstein*, Verfassungslehre, 2. Auflage, Tübingen: Mohr 1969. Siehe dazu auch *Thomas Saalfeld*, Das britische Unterhaus 1965 bis 1986: Ein Parlament im Wandel, Frankfurt am Main: Peter Lang 1988, S. 36–41.

von Interessengruppen zu veranstalten und sich durch bezahlte externe Gutachter sachkundig zu machen. Es handelt sich dabei im wesentlichen um eine nachträgliche Kontrolle politischer Entscheidungen, administrativer Effizienz und der Wirtschaftlichkeit von Ausgaben. Bis 1979 waren die Select Committees nur in Ausnahmefällen einem bestimmten Ministerium zugeordnet. Meist wurden sie von Fall zu Fall eingesetzt. Regierungen beider großer Parteien standen der dauerhaften Etablierung eines umfassenden Systems von Aufsichtsausschüssen nicht aufgeschlossen gegenüber. 1979 erzwang eine breite Mehrheit der Abgeordneten aus beiden Parteien eine Reform des Ausschußsystems. Ohne die bisherige gespaltene Struktur von Gesetzgebungs- und Aufsichtsausschüssen aufzugeben, wurden nun erstmals in der Geschichte des Unterhauses den 14 wichtigsten Ministerien ressortbezogene Aufsichtsausschüsse zugeordnet, die fest in der Geschäftsordnung verankert und dauerhaft für eine gesamte Legislaturperiode bestellt wurden. Bei der Bestellung der Ausschußmitglieder wurde die Macht der Fraktionsgeschäftsführer durch Einschaltung des Selektionsausschusses verringert. Die Kompetenzen zur Zeugenvernehmung und Akteneinsicht erstreckten sich nicht nur auf die Ministerien, sondern auch auf deren nachgeordnete halbstaatliche Körperschaften und verstaatlichte Unternehmen. Es wurden Haushaltsmittel für Vollzeitmitarbeiter und Gutachter bereitgestellt.[29]

Während die zahlreichen Reformen des Ausschußsystems während der sechziger und siebziger Jahre stets den Charakter kurzfristiger Experimente hatten und von den Abgeordneten auch nicht gut angenommen wurden[30], bewährten sich die 1979 eingeführten, mittlerweile 16 ressortbezogenen Aufsichtsausschüsse gut. Als solche passen sie sich nahtlos in die Logik des Westminster-Modells und damit die zentrale Rolle des Redeparlaments in London ein. Sie dienen nicht der Vorbereitung oder Modifikation konkreter Entscheidungen, sondern der Informationsgewinnung und wirksameren Wahrnehmung der kommunikativen Funktionen des Hauses als Redeparlament. Die Anhörungen erfolgen in der Regel öffentlich. Wichtige Ausschußsitzungen werden in Ausschnitten durch Rundfunk und Fernsehen übertragen. Abgeordnete haben die Möglichkeit, Minister und Ministerialbeamte gründlicher zu befragen als im Plenum, da die Ausschüsse unter geringerem Zeitdruck als das Plenum arbeiten und Abgeordnete durch eigens bestellte Gutachter oder durch Interessengruppenvertreter sachkundig gemacht werden.

Quantitativ und qualitativ erwies sich die praktizierte Form der Ausschußbefragungen dem eher rituellen Schlagabtausch zwischen Regierung und Opposition in Fragestunden und Vertagungsdebatten als überlegen. Zwischen 1979 und 1992 legten die Ausschüsse dem Haus über 900 Berichte vor. Die im Vergleich zu den sechziger und siebziger Jahren größere Kontinuität der Ausschüsse und Ausschußmitgliedschaft erlaubt in begrenztem Umfang den Abbau des eklatanten Sachkunderückstandes gegenüber der Exekutive. Die Ausschüsse unterstützen die Plenardebatten und innerfraktionellen Willensbildungsprozesse durch Bereitstellung sachlich fundierter, jedem Abgeordneten ohne große Mühe und Kosten zugänglicher Informationen. Hierin liegt ihre besondere Bedeutung. Minister und Beamte können nicht zur Aussage gezwungen werden. Beamte dürfen darüber hinaus nur im Namen des Ministers sprechen. Dennoch begünstigte die Öffentlichkeit der Ausschußsitzungen in der

29 Vgl. *Gavin Drewry* (Hrsg.), The New Select Committees, 2. Auflage, Oxford: Oxford University Press 1989; *Saalfeld*, a.a.O. (Anm. 28); eine gute Zusammenfassung findet sich bei *Döring*, Großbritannien, a.a.O. (Anm. 26), S. 154f.

30 Vgl. hierzu *Saalfeld*, a.a.O. (Anm. 28), S. 102–125.

Regel die Kooperationsbereitschaft von Ministern und Beamten, da eine Aussageverweigerung Kritik oder gar erhöhtes öffentliches Interesse nach sich ziehen könnte. Die Aufsichtsausschüsse haben zu erhöhter Transparenz der Abläufe in den Ministerien beigetragen. Obwohl die Berichte der Ausschüsse bisher kaum direkten Einfluß auf politische Richtungsentscheidungen im jeweiligen Ministerium hatten, konnte verschiedentlich Einfluß auf die Implementation politischer Entscheidungen und somit auf Verwaltungsabläufe nachgewiesen werden.[31] In dem Maße, in welchem Ausschüsse sonst vernachlässigten Interessen ein Forum zur öffentlichen Artikulation ihrer Standpunkte boten, erfüllen sie eine wichtige Funktion als Kommunikationskanäle in der repräsentativen Demokratie.

5. *Wahlkreisarbeit der Abgeordneten*

Das Vereinigte Königreich ist heute in 651 Wahlkreise aufgeteilt, die jeweils von einem Abgeordneten vertreten werden. Die Wahlkreisarbeit der Abgeordneten ist ein wichtiges Element parlamentarischer Repräsentation.[32] Im Vergleich zu Bundestagsabgeordneten waren Abgeordnete im politischen System Großbritanniens immer erstrangige Ansprechpartner von Bürgern, wenn diese Probleme mit oder Beschwerden über Behörden hatten.[33] Die Funktion des „welfare officer" und „grievance chaser" blieb allerdings quantitativ lange Zeit unbedeutend. Während der vierziger und fünfziger Jahre erhielt ein durchschnittlicher Abgeordneter zwischen 12 und 20 Briefe pro Woche. Ein Großteil der Abgeordneten lebte nicht im Wahlkreis und besuchte diesen auch nur in größeren Abständen.[34] Seit den sechziger Jahren nahm der Briefverkehr von Abgeordneten mit ihren Wählern im Wahlkreis deutlich zu. Eine Umfrage unter Abgeordneten ergab 1986, daß der durchschnittliche Abgeordnete zu diesem Zeitpunkt 20 bis 50 Briefe pro Tag zu beantworten hatte, von denen etwa die Hälfte von Bürgern aus den Wahlkreisen kam.[35] Bei einer Bevölkerungsumfrage gaben 1986 etwa elf Prozent der Befragten an, schon persönlichen Kontakt mit ihrem örtlichen Abgeordneten gehabt zu haben.[36] Briefe aus den Wahlkreisen werden von den Abgeordneten normalerweise mit einem Begleitkärtchen an das zuständige Ministerium weitergeleitet und müssen vom Minister beantwortet werden. Die Antwort des Ministers wird vom Abgeordneten dann an den betreffenden Bürger weitergeleitet. Dadurch hat sich für viele Abgeordnete der Charakter der parlamentarischen Tätigkeit deutlich verändert: „The typical Member of Parliament in the 1990s, and especially the newly-returned Member of Parliament, is a constituency-active member with a home in the constituency, with

31 *Norton*, Does Parliament Matter? A.a.O. (Anm. 25), S. 97–102. Vergleiche auch die ausführliche Fallstudie von *Derek Hawes*, Power on the Backbenches? The growth of select committee influence, Bristol: SAUS Publications 1993.

32 Vgl. zur Theorie und zum bundesdeutschen Fall *Werner J. Patzelt*, Abgeordnete und Repräsentation: Amtsverständnis und Wahlkreisarbeit, Passau: Wissenschaftsverlag Richard Rothe 1993.

33 Vgl. *D. Norman Chester/Nona Bowring*, Questions in Parliament, Oxford: Clarendon Press 1962.

34 *Peter G. Richards*, Honourable Members, London: Faber and Faber 1959; *Philip Norton/David M. Wood*, Back from Westminster: British Members of Parliament and Their Constituents, Lexington, Kentucky: University of Kentucky 1993.

35 *John A.G. Griffith/Michael Ryle*, Parliament: Functions, Practice and Procedure, London: Sweet & Maxwell 1989, S. 72.

36 *Norton*, Does Parliament Matter? A.a.O. (Anm. 25), S. 156.

a far greater proportion of time given over each week to correspondence and constituency engagements than was ever the case with his or her predecessor. For many MPs, constituency work is becoming the predominant part of their parliamentary work [...].“[37]
Teilweise kann diese Entwicklung durch eine seit den siebziger Jahren gestärkte Partizipationsneigung der Bürger erklärt werden. Zum Teil sind die Veränderungen aber auch eine Folge erhöhter Responsivität der Abgeordneten, deren Amtsverständnis sich veränderte. Seit den sechziger Jahren hat der Anteil professioneller Vollzeitpolitiker im Unterhaus zugenommen, die nicht nur „für die Politik“ *(Max Weber),* sondern auch von ihr leben. Für die Mehrzahl der Abgeordneten ist Politik heute eine langfristig verfolgte Berufskarriere. Die Sicherung des eigenen Mandats ist die wichtigste Voraussetzung einer gesicherten beruflichen Existenz als Politiker. Gleichzeitig hat jedoch die zunehmende Volatilität des Elektorats dazu beigetragen, daß Abgeordnete ihre Position als unsicher ansehen. Daran ändert auch nichts, daß im Verlauf der achtziger Jahre die Zahl sogenannter „safe seats“ in Wirklichkeit zugenommen hat. Die zunehmende Bedeutung von „Drittparteien“ und die Abnahme klassenbezogenen Wahlverhaltens hat die Wähler aus der Sicht des Abgeordneten unberechenbarer gemacht. Insbesondere Jungparlamentarier am Anfang ihrer Karriere versuchen verstärkt, ihre Wiederwahlchancen durch hohe Sichtbarkeit im Wahlkreis zu verbessern. Dies wird auch zunehmend von den örtlichen Parteiverbänden im Wahlkreis erwartet. Insbesondere in der Labour Party, in der sich Abgeordnete seit 1981 regelmäßig um ihre Wiederaufstellung durch ihre „constituency parties“ bemühen müssen, ist der Druck auf die Abgeordneten heute weit größer als früher. Zwar wurde amtierenden Labour-Abgeordneten seit 1981 oftmals eher aus ideologischen Gründen die Wiederaufstellung verweigert, doch hatte bei gefährdeten Abgeordneten der Ruf, ein aktiver Vertreter von Wahlkreisinteressen zu sein, eine gewisse Schutzwirkung.[38]
Obwohl politische oder administrative Entscheidungen nur selten durch die Einschaltung eines Abgeordneten revidiert werden, bietet Kontaktaufnahme mit dem örtlichen Abgeordneten für die Bürger häufig die beste Möglichkeit, eine Beschwerde überhaupt schnell und unbürokratisch an den Adressaten zu bringen und eine offizielle Antwort zu erhalten. Abgeordnete unterstützen Kommunikationsprozesse zwischen Bürgern und Verwaltung. Darüber hinaus erhalten Abgeordnete über diesen Kanal wertvolle Informationen über aktuelle politische Probleme vor Ort. Unter den Mehrheitsverhältnissen der achtziger Jahre – die für Oppositionsabgeordnete mit außerordentlich geringen Mitwirkungsmöglichkeiten und für Regierungsabgeordnete mit quantitativ verringerten Karrierechancen verbunden waren – trug die Wahlkreisarbeit zu erhöhter beruflicher Zufriedenheit der Abgeordneten bei, da sie auf diesem Wege Erfolgserlebnisse hatten. Andererseits ist hervorzuheben, daß die außerordentliche Zunahme der Wahlkreisarbeit das Zeitbudget der nur mit begrenzten Ressourcen ausgestatteten Abgeordneten sehr strapaziert. Dies trägt zur Arbeitsüberlastung bei und birgt teilweise die Gefahr einer Verlagerung des Tätigkeitsschwerpunktes von Westminster in den Wahlkreis.[39]

37 Ebenda, S. 152.
38 Ebenda, S. 153–155.
39 Ebenda, S. 158–160.

6. *Das House of Commons als Adressat von Interessengruppen*

Während der achtziger Jahre verstärkten Interessengruppen ihre Tätigkeit in Westminster erheblich. Wenngleich Regierung und Verwaltung nach wie vor die wichtigsten Adressaten der Forderungen von Interessengruppen sind, hat die Bedeutung des Unterhauses als Ziel von Lobby-Aktivitäten unverkennbar zugenommen. Rund drei Viertel der von *Michael Rush* 1986 befragten 253 Interessengruppen gaben an, regelmäßigen oder häufigen Kontakt mit einem oder mehreren Abgeordneten zu haben.[40] Um den Palast von Westminster entstanden zahlreiche Beratungsfirmen *(political consultancies)*, die frühere Ministerialbeamte, ehemalige Angestellte des Unterhauses, Parteifunktionäre sowie ehemalige und amtierende Abgeordnete als Mitarbeiter beschäftigen. Interessengruppen werden durch solche Firmen in ihrem Versuch unterstützt, gezielt Einfluß auf Abgeordnete zu nehmen. Die Einflußversuche konzentrieren sich vor allem auf die Ausschußphase des Gesetzgebungsprozesses. Ursachen der zunehmenden Aktivität sind die gewachsene Zahl von Interessengruppen, deren vergrößerte Ressourcen (insbesondere im Bereich der Kommunikationstechnologien), die verschärften ökonomischen Verteilungskämpfe zwischen Gruppen seit Beginn der achtziger Jahre, der Rückzug der Regierungen *Thatcher* und *Major* aus vielen neo-korporatistischen Entscheidungsgremien sowie die stärkere Unabhängigkeit der Abgeordneten bei Abstimmungen, die großangelegtes „lobbying" aussichtsreicher erscheinen läßt. Das distanzierte Verhältnis zwischen der Regierung *Thatcher* einerseits und Gewerkschaften wie auch anderen, der Labour Party nahestehenden Interessengruppen andererseits zwang diese, nach zusätzlichen Einflußkanälen zu suchen. Insbesondere die neuen Aufsichtsausschüsse verbesserten seit 1979 die Möglichkeit, interessierte Abgeordnete und Fraktionsexperten gezielt anzusprechen und Ausschußanhörungen zur öffentlichen Artikulation von Interessen zu nutzen.[41]

Diese Entwicklungen hatten Auswirkungen auf die Qualität des Gesetzgebungsprozesses. Durch Interessengruppen besser informierte und von ihrer Fraktionsführung unabhängigere Abgeordnete haben größere Chancen zur Einflußnahme auf Gesetzesvorlagen. *Philip Norton* urteilt daher:

> „Well-briefed members of standing committees have pressed amendments, on occasion being willing to carry them against the wishes of government and on occasion finding that the case they put is accepted by ministers [...]. The capacity for Members to have any significant impact in the legislative process remains very limited indeed [...]. The link with outside groups ensures that at least it is not quite so limited as it once was."[42]

Die verstärkte Repräsentation sonst nur unzureichend berücksichtigter Interessengruppen im House of Commons trägt damit zur Senkung der externen Entscheidungskosten im eingangs skizzierten Sinne bei. Dennoch stießen die Entwicklungen auch auf Kritik. Die im Vergleich zum Kongreß der Vereinigten Staaten oder zum Deutschen Bundestag nur mit bescheidenen Ressourcen ausgestatteten Abgeordneten des Unterhauses erlangen zwar durch Materialien der Interessengruppen eine größere Unabhängigkeit von regierungsamtlichen

40 *Michael Rush* (Hrsg.), Parliament and Pressure Politics, Oxford: Oxford University Press 1990, S. 280.

41 *Norton*, Does Parliament Matter? A.a.O. (Anm. 25), S. 166–170.

42 Ebenda, S. 171.

Informationen. Zugleich erhöht sich jedoch ihre Abhängigkeit von einflußreichen Interessengruppen. „Given their own limited resources, MPs and peers use outside groups almost as substitutes for research assistants, their own areas of interest and political predispositions serving as a filter for the material that they are sent."[43] Diese Entwicklung stärkt den Einfluß gut organisierter, professionell arbeitender Interessengruppen zuungunsten weniger effizient organisierbarer oder organisierter Gruppen. Es werden auch zunehmend Befürchtungen über die mangelnde Transparenz des Interessengruppeneinflusses laut. Im Jahre 1989 fungierten insgesamt 180 Abgeordnete des Unterhauses – davon 137 Konservative – als bezahlte Berater von Interessengruppen. Obwohl das House of Commons – im Gegensatz zum House of Lords – ein jährlich aktualisiertes Register der von den Abgeordneten repräsentierten Interessen veröffentlicht, sind als consultants tätige Abgeordnete nicht verpflichtet, ihre Klienten zu benennen.[44]

7. Parlament und Europäische Union

Am 1. Januar 1973 trat Großbritannien der Europäischen Gemeinschaft bei. Dieser Schritt war und ist innenpolitisch kontrovers. Beide Großparteien des Unterhauses sind in ihrer Einstellung zur Europäischen Union ebenso gespalten wie die britische Öffentlichkeit. Gegner einer weiteren europäischen Integration berufen sich hierbei auf die „Souveränität des Parlaments", die in der Tat die „zentrale Legitimationsformel"[45] der unkodifizierten britischen Verfassung darstellt. Sie geht auf das ausgehende Mittelalter zurück und wurde im Verfassungskompromiß der „Glorious Revolution" von 1688 bestätigt. Sitz der Souveränität ist seither die Krone-im-Parlament. „Souverän war nicht die Krone für sich allein wie im übrigen Europa, sondern souverän war nur der konstitutionell beschränkte Monarch, eingebunden durch die beiden Hauser des Parlaments."[46] Gesetze des Parlaments können dieser Doktrin zufolge durch kein Verfassungsorgan außer dem Parlament selbst erlassen und widerrufen werden. Gegen ein Parlamentsgesetz ist keine Berufung an irgendein Gericht oder eine andere Institution notwendig und möglich. „Hence the outputs of Parliament are binding, thus establishing control of Parliament as the sole focus for those wishing to achieve change in society."[47] Selbst im Zuge der Demokratisierung des britischen Parlamentarismus seit der zweiten Hälfte des 19. Jahrhunderts wurde die alte Legitimationsformel der Souveränität des Parlaments nicht durch die Volkssouveränität ersetzt. Vielmehr wurde in der herrschenden Verfassungsinterpretation argumentiert, daß die „politische" Souveränität zwar an das Volk übergegangen sei, die „rechtliche" aber nach wie vor allein bei der Krone-im-Parlament liege.[48] In unserem Zusammenhang ist von besonderer Bedeutung, daß die Dominanz des Kabinetts über das Unterhaus, die das Westminster-Modell parlamentarischer Demokratie auszeichnet, „von der herrschenden Lehre mit der die Tatsa-

43 Ebenda.
44 Ebenda, S. 173–175.
45 *Döring*, Großbritannien, a.a.O. (Anm. 26), S. 26.
46 Ebenda.
47 *Norton*, Does Parliament Matter? A.a.O. (Anm. 25), S. 135.
48 *Albert V. Dicey*, Introduction to the Study of the Law of the Constitution, 10. Auflage, London: Macmillan 1961 (1. Auflage 1885), S. 76.

chen beschönigenden altehrwürdigen Idee der Parlamentssouveränität legitimiert" wurde. „Mit ihr konnte die ungewöhnliche Handlungsfreiheit einer starken Exekutive", so *Herbert Döring*, „von altliberaler wie auch radikaldemokratischer Kritik abgeschirmt werden".[49] Den Gegnern weiterer europäischer Integration dient die Konventionalregel der Parlamentssouveränität als entscheidendes Abwehrargument. Insbesondere wird beklagt, daß die Rolle des britischen Parlaments im Willensbildungsprozeß der EU sehr begrenzt und daß parlamentarische Verantwortung gegenüber dem Unterhaus nur indirekt sei. Dabei wird neben der mangelnden Verantwortlichkeit der Kommission gegenüber dem Unterhaus vor allem kritisiert, daß

„[...] the United Kingdom has, as a condition of its community membership, bound itself to accept the collective authority of a legislative body (the Council of Ministers) only one of whose twelve members is accountable to the House of Commons."[50]

Das Unterhaus ernennt regelmäßig ein *Select Committee on European Legislation*, dem traditionell ein Abgeordneter der Opposition vorsitzt und das Rechtssetzungsakte der Europäischen Union auf deren Relevanz für das Vereinigte Königreich überprüft. Der Ausschuß klassifiziert Dokumente der EU nach ihrer politischen Bedeutung und schlägt dem Haus wichtige Fragen zur Debatte vor. Seit 1980 wird von Ministern erwartet, daß sie den vom Ausschuß zur Debatte empfohlenen Vorschlägen im Ministerrat der EG (EU) solange nicht zustimmen, bis die betreffende Materie im Unterhaus debattiert wurde. Darüber hinaus hat das Unterhaus seit 1991 zwei für die Dauer einer gesamten Wahlperiode eingesetzte Standing Committees mit je 13 festen Mitgliedern, die seitdem die zur Debatte empfohlenen Dokumente diskutieren. Einer der beiden Ausschüsse ist auf Dokumente in den Politikfeldern Landwirtschaft, Forsten, Verkehr und Umwelt spezialisiert, der zweite Ausschuß debattiert Dokumente aller übrigen Politikfelder. Die Vorsitzenden der Ausschüsse werden für die Diskussion je einer Vorlage bestimmt. Anders als die traditionellen Standing Committees haben die European Standing Committees das Recht, den betreffenden Minister bis zu einer Stunde zu befragen. Bisher scheint die wichtigste Funktion der European Standing Committees in der Entlastung des Plenums bestanden zu haben.[51]

Die Kritiker der europäischen Integration in Großbritannien – insbesondere in der Konservativen Partei – zielen nicht nur auf das allseits beklagte „Demokratiedefizit" der Europäischen Union, sondern oft auch auf die Unvereinbarkeit mit dem Westminster-Modell. In der Tat wird die britische Parlamentssouveränität – das heißt vor allem: die Handlungsfähigkeit einer demokratisch gewählten Regierung – durch Beschlüsse der Europäischen Union beschränkt. Die Politik der Regierung kann – gegen die Intention der Parlamentssouveränität – durch die Gerichtsbarkeit der EU blockiert werden. So bestand die Befürchtung, daß das thatcheristische Projekt des Teilrückzugs des Staates aus der Wirtschafts- und Sozialpolitik („rolling back the frontiers of the state") durch die wirtschafts- und sozialpolitischen Maßnahmen und Rechtsprechung der EU konterkariert werden könnte. Die konsequente Durchsetzung des Mehrheitsprinzips und die Ausschaltung konsensualer Elemente

49 *Döring*, Großbritannien, a.a.O. (Anm. 26), S. 28.

50 *House of Commons*, Select Committee on Procedure, Fourth Report from the Select Committee on Procedure: The Scrutiny of European Legislation, Session 1988–89, London: Her Majesty's Stationery Office 1989 (HC 622), S. ix.

51 *Norton*, Does Parliament Matter? A.a.O. (Anm. 25), S. 117–120.

unter der Regierung *Thatcher* hat jedoch umgekehrt dazu geführt, daß Verbände wie der Trades Union Congress (TUC) die europäische Ebene zunehmend in ihre Lobby-Aktivitäten einbeziehen. Der Einstellungswandel in Teilen von TUC und Labour Party zur Europäischen Union ist unter anderem Resultat der Erkenntnis, daß in der britischen Konkurrenzdemokratie für die überstimmte Minderheit kein alternativer Einflußkanal von Rang existiert.[52] Insofern könnte die Europäische Union als Faktor gesehen werden, der zwar die internen Kosten des Entscheidungsprozesses in der britischen Politik erhöht, aber durch die Repräsentation von Minderheitsinteressen zugleich zu einer Reduktion externer Kosten beiträgt.

8. Das House of Lords

Verfassungsrechtlich besteht das britische Parlament nach einer auf das 16. Jahrhundert zurückgehenden Konventionalregel aus drei Elementen: dem Monarchen, dem House of Lords und dem House of Commons. Die Macht der Krone wurde seit der Glorious Revolution Zug um Zug zurückgedrängt. Nach der schrittweisen Demokratisierung des Wahlrechts seit 1832 war die Entmachtung des aus Erbaristokraten, Bischöfen der Anglikanischen Staatskirche und obersten Richtern des Landes bestehenden Oberhauses nur eine Frage der Zeit.[53] Durch die *Parliament Acts* von 1911 und 1949 wurde das House of Lords weitgehend entmachtet und verfügt heute nur noch über ein eingeschränktes suspensives Vetorecht bei allen Gesetzen außer Finanzgesetzen. Bei letzteren hat das House of Lords keinerlei Vetorecht mehr.

Seit Ende der sechziger Jahre veränderte sich der Charakter des Oberhauses. 1958 war durch die *Life Peerages Act* die Möglichkeit erheblich erweitert worden, auf Vorschlag des Premierministers Mitglieder auf Lebenszeit durch die Krone zu berufen, deren Adelstitel nicht erblich sind.[54] Umgekehrt wurde Adeligen durch die *Peerage Act* von 1963 die Möglichkeit gegeben, nach Verzicht auf ihre Adelstitel im Unterhaus zu sitzen. Ende 1992 hatte das Oberhaus 1213 Mitglieder, von denen rund 400 Life Peers waren. Der Einfluß der Life Peers, oftmals hervorragende Persönlichkeiten des öffentlichen Lebens, erwies sich als belebend. Zwischen 1963 und 1983 verdoppelte sich die durchschnittliche Zahl der im Oberhaus anwesenden Abgeordneten. Die durchschnittliche Sitzungszeit stieg. Die Labour-Regierungen *Wilson* und *Callaghan* erlitten zwischen 1974 und 1979 362 Abstimmungsniederlagen im von konservativen Peers dominierten Oberhaus. Seit 1979 erlitten auch Kon-

52 *Ian Holliday*, Organised Interests After Thatcher, in: *Patrick Dunleavy/Andrew Gamble/Ian Holliday/Gillian Peele* (Hrsg.), Developments in British Politics 4, Basingstoke und London: Macmillan 1993, S. 307–320 (hier S. 316f.).

53 Während der ersten Amtsperiode *William Pitts* des Jüngeren als Premierminister (1783–1801) wurde die Macht des Oberhauses bereits ausgehöhlt, indem der König auf Initiative des Premierministers über 140 neue, *Pitt* ergebene erbliche Peers ernannte. 1832 genügte dann die Aussicht eines erneuten „Peer-Schubs", um das Oberhaus mehrheitlich zur Zustimmung zur *Reform Bill* zu zwingen. Vgl. *Kurt Kluxen*, Geschichte und Problematik des Parlamentarismus. Frankfurt am Main: Suhrkamp 1983, S. 116 und S. 121.

54 Bis 1958 waren die Adelstitel und Oberhaussitze fast aller ernannten Peers *(hereditary peers of first creation)* erblich. Ausnahmen bildeten nur die obersten Richter *(law lords)* und die Bischöfe der Anglikanischen Staatskirche *(lords spiritual)*. Vgl. *Griffith/Ryle*, a.a.O. (Anm. 35), S. 458f.

servative Regierungen mehr als 150 Abstimmungsniederlagen, teilweise im Zusammenhang mit politisch sehr wichtigen Fragen wie der Abschaffung des *Greater London Council* (1984). Damit hatte im Vergleich zu den fünfziger und sechziger Jahren eine erhebliche Zunahme von Abstimmungsniederlagen der Regierung im House of Lords stattgefunden. Bei innerparteilich umstrittenen Fragen findet heute nicht selten ein Zusammenspiel Konservativer Dissenter im Unterhaus mit sympathisierenden Lords statt, da letztere keinerlei Sanktionen der Parteiführung zu fürchten haben. Dies war zuletzt bei der Ratifizierung der Verträge von Maastricht der Fall.

Allerdings sieht das Oberhaus im allgemeinen davon ab, in zweiter Lesung ein Veto gegen die grundlegenden Prinzipien eines Gesetzentwurfs einzulegen. Änderungsanträge beziehen sich vorwiegend auf Detailfragen. Die Bedeutung des aufschiebenden Vetos der Lords liegt vor allem darin, daß die ohnehin unter hohem Zeitdruck arbeitende Regierung zu Zugeständnissen gezwungen werden kann, um ein suspensives Veto der Lords und damit einen weiteren Verzug im überfrachteten legislativen Zeitplan zu verhindern. Wie die Opposition im Unterhaus kann sich das Oberhaus eine der knappsten Ressourcen des modernen Parlamentarismus – die Zeit – zunutze machen, um die Regierung zu gewissen Zugeständnissen zu zwingen. Gesetzestechnisch bedeutend ist auch die „Reservefunktion" *(Herbert Döring)* des Oberhauses. Gesetze, die zwischen Regierung und Opposition nicht umstritten sind, werden oft im Oberhaus eingebracht, um das Unterhaus zu entlasten. Auch kann der oft erhebliche Sachverstand von Life Peers in der Ausschußphase (die meist nicht im Ausschuß, sondern im „Committee of the Whole House" stattfindet) für die Feinarbeit an Gesetzen genutzt werden. Jenseits der Gesetzgebung erwies sich der Aufsichtsausschuß des House of Lords zu Fragen der Europäischen Gemeinschaft mit seinen fünf fachlich spezialisierten Unterausschüssen als weitaus erfolgreicher in der kritisch-begleitenden Kontrolle der Aktivitäten der europäischen Institutionen als der des Unterhauses. Die wieder gewachsene Bedeutung des Oberhauses als Diskussionsforum spiegelt sich auch in der wachsenden Aufmerksamkeit von Interessengruppen und *consultancies* wider, die das Oberhaus als zusätzlichen Einflußkanal nutzen.[55] Auch im Oberhaus werden Minderheitsinteressen heute mit stärkerem Nachdruck und größerer Sichtbarkeit artikuliert als dies bis in die siebziger Jahre hinein der Fall war. Wie für das Unterhaus gilt für die Lords, daß durch die Zulassung von Fernsehübertragungen die kommunikative Leistung der Kammer gestärkt wurde.

9. Zusammenfassung und Schlußfolgerungen

Nach vier aufeinanderfolgenden Wahlsiegen der Konservativen und der Zurückdrängung des Einflusses von Kommunalbehörden, Interessengruppen und vielen verhandlungsdemokratischen Elementen in der britischen Politik stellt sich die Frage nach den Legitimitätsgrundlagen des Systems. Die zunehmende Stärke der Regierung im Londoner Parlament mit seiner zentralen Rolle im politischen System Großbritanniens sowie die Abwesenheit institutioneller Kontroll- und Vetomechanismen gegenüber der Regierung können nur durch die permanente Angst der Regierung vor dem Machtverlust und durch regelmäßiges

55 *Norton*, The British Polity, a.a.O. (Anm. 14), S. 290–296; *Döring*, Großbritannien, a.a.O. (Anm. 26), S. 156–158.

Alternieren zweier annähernd gleich starker Parteien in der Regierungsverantwortung gebändigt werden. Veränderungen im Parteiensystem und im Wählerverhalten haben den Machtwechsel jedoch trotz Regierungsniederlagen bei Nachwahlen und ungeachtet guter Umfrageergebnisse der Opposition zwischen den Wahlen unwahrscheinlicher gemacht. Einige Autoren beklagten „autoritären Populismus" insbesondere unter Premierministerin *Thatcher (Gamble)* oder gingen zumindest der Frage nach, ob es zu einer „Präsidentialisierung des parlamentarischen Systems" *(Döring)* gekommen sei.[56]

Die Regierung *Thatcher* hat die internen Kosten des Entscheidungsprozesses durch eine gezielte Entmachtung bis dahin einflußreicher Vetoakteure im außerparlamentarischen Raum gesenkt. Lediglich die Europäische Union erwies sich als resistenter Akteur. Folgt man den eingangs zitierten theoretischen Überlegungen, so hätte dies zusammen mit der langjährigen Amtszeit einer Partei zu einem Anstieg der externen Kosten und Risiken führen müssen. Allerdings erwies sich das politische System Großbritanniens weiterhin als wandlungs- und anpassungsfähig. Die größere Unabhängigkeit der Abgeordneten gegenüber den Fraktionsführungen, die erhöhte öffentlichkeitswirksame Aktivität der Aufsichtsausschüsse, die intensivierte Wahlkreisarbeit sowie die verstärkte Bedeutung beider Häuser des Parlaments als Orte der gesellschaftlichen Interessenartikulation haben in ihrer Kombination die Repräsentationsleistung des britischen Parlamentarismus gestärkt. Dies sollte der Logik des eingangs skizzierten theoretischen Arguments zufolge der Erhöhung externer Kosten und Risiken zumindest teilweise entgegengewirkt haben. Auch die Einfluß- und Vetomöglichkeiten, die gesellschaftlichen Gruppen durch die Europäische Union geschaffen werden, dürften in diese Richtung gewirkt haben. Dennoch ist fraglich, ob diese Entwicklungen Minderheitspositionen in ausreichendem Maße Schutz bieten. Sollte sich die Konservative Partei in der nächsten Unterhauswahl (voraussichtlich 1997) erneut siegreich behaupten, wird die bereits durch Bürgerrechtsgruppen und andere Organisationen in Gang gesetzte Verfassungsreformdiskussion (etwa mit dem Ziel einer Wahlrechtsreform oder der Einführung einer geschriebenen Verfassung mit einklagbaren Bürgerrechten) weiteren Nachdruck erhalten.

56 *Gamble*, a.a.O. (Anm. 18), S. 179–185; *Herbert Döring*, Präsidentialisierung des parlamentarischen Systems? Westminster und Whitehall in der Ära Thatcher, in: Aus Politik und Zeitgeschichte, B28 (1991), S. 3–13.

Die „unionswärtige Gewalt" des Deutschen Bundestages[1]. Zur verfassungsrechtlichen Legitimation des gemeinschaftlichen Rechtssetzungsprozesses

Christian Rath

Ohne daß sich ein Federstrich im Unionsvertrag oder im Grundgesetz verändert hätte, rückte das Bundesverfassungsgericht (BVerfG) mit seinem Maastricht-Urteil[2] den Deutschen Bundestag (stellvertretend für alle mitgliedstaatlichen Parlamente) von einer Zaungastrolle in den Mittelpunkt der europäischen Integration: Das Gericht sah die Verfassungsmäßigkeit des Maastrichter Vertrages nicht zuletzt dadurch gewahrt, daß die demokratische Legitimation der EU-Organe im Wege ihrer Rückkopplung an die Parlamente der Mitgliedstaaten gegeben sei (Ls. 3a und 4 des Urteils)[3].

Wie der Bundestag diese Legitimation im einzelnen vermitteln kann, ist das Thema dieser Abhandlung.

Als gemeinschaftswärtige beziehungsweise unionswärtige Gewalt soll im folgenden das inhaltliche Letztentscheidungsrecht bezüglich der Ausübung bundesdeutscher Mitgliedschaftsrechte im Rahmen der Europäischen Gemeinschaft beziehungsweise der Europäischen Union bezeichnet werden[4].

Die Abhandlung geht davon aus, daß auch das Maastricht-Urteil des BVerfG die Rechte des Bundestages in EU-Angelegenheiten nicht abschließend geklärt hat (I.). Sie will zeigen, daß die unionswärtige Gewalt als eigenständiger Bereich der deutschen Staatsgewalt neben der auswärtigen Gewalt besteht (II.) und daß diese unionswärtige Gewalt weitgehend beim Deutschen Bundestag anzusiedeln ist (III.). Schließlich wird beschrieben, auf welche Weise das Parlament sein diesbezügliches Letztentscheidungsrecht ausüben kann (IV.).

1 Der Aufsatz berichtet Zwischenergebnisse aus der im Entstehen befindlichen juristischen Dissertation des Verfassers.

2 BVerfGE 89, 155ff.

3 BVerfGE 89, 155 (155f.).

4 Vereinzelt wurde hierfür auch der Begriff „Integrationsgewalt" benützt; vgl. *Jochen A. Frowein*, Bundesrat, Länder und Europäische Einigung, in: Bundesrat (Hrsg.), 40 Jahre Bundesrat, 1989, S. 285 (293); *Helmut Steinberger*, Der Verfassungsstaat als Glied einer europäischen Gemeinschaft, in: VVDStRL 1991 (Bd. 50), S. 9 (41 mit Fn 92); *Michael Brenner*, Das Gesetz über die Zusammenarbeit von Bundesregierung und Deutschem Bundestag in Angelegenheiten der Europäischen Union, in: ThürVBl. 1993, S. 196 (201). Dies ist mehr als mißverständlich, da dieser Begriff bereits anderweitig besetzt ist. Als „Integrationsgewalt" bezeichnet man die Kompetenz zur Übertragung von Hoheitsrechten bis hin zur Integration in supranationale Organisationen vgl. *Wilhelm G. Grewe*, Auswärtige Gewalt, in: *Josef Isensee/Paul Kirchhof* (Hrsg.), Handbuch des Staatsrechts (HBStR), Bd. III, 1988, § 77, Rz 68; *Andreas Ruppert*, Die Integrationsgewalt, 1969. Nicht von ihr umfaßt ist die hier interessierende Wahrnehmung der Mitgliedschaftsrechte innerhalb dieser zwischenstaatlichen Organisation. Ihren „Sitz" hat die Integrationsgewalt in Art. 24 Abs. 1 GG und neuerdings auch in Art. 23 Abs. 1 Satz 2 und 3 GG.

I. Das Maastricht-Urteil

Ansatzpunkt des BVerfG für die Überprüfung des Maastrichter Vertrags war die Frage, ob die „Entscheidungs- und Kontrollzuständigkeiten" des Bundestags „durch den Umfang der eingeräumten Aufgaben und Befugnisse und die im Vertrag geregelte Form der Willensbildung in der EU" in unzulässiger Weise entleert wurden (C vor I.)[5]. Gegebenenfalls wäre dann das verfassungsbeschwerdefähige Wahlrecht der Bundesbürger gemäß Art. 38 GG verletzt.

Hinsichtlich der verbleibenden Entscheidungsbefugnisse des Bundestags stellte das BVerfG zum einen fest, daß der Bundesrepublik und damit dem Bundestag noch ausreichend Bereiche zu eigener Letztentscheidung verblieben waren (C II 1 a)[6]. Auch habe das Maastricht-Zustimmungsgesetz der EU keine unbestimmte und damit unbegrenzte Generalermächtigung eingeräumt (C II 2 und 3)[7]. Da es in diesem ersten Prüfungsstrang um die Bewahrung der traditionellen Rolle des Bundestags als innerstaatlichem Gesetzgeber ging, war in diesem Zusammenhang keine Aussage zur Kompetenzverteilung im Rahmen der unionswärtigen Gewalt zu erwarten.

Eine Klärung der Rechte des Bundestags in EU-Angelegenheiten hätte aber im zweiten Prüfungsstrang, hinsichtlich der unionsbezogenen Kontrollbefugnisse des Bundestags, erfolgen können und sollen. Hier jedoch konzentrierte sich das BVerfG vor allem auf die Beeinträchtigung der Kontrollmöglichkeit des Bundestags durch die in vielen Sachbereichen bestehende Zulässigkeit, Entscheidungen auf EU-Ebene mit qualifizierter Mehrheit (das heißt nicht einstimmig) treffen zu können. Diese Durchbrechung der vom deutschen Staatsvolk ausgehenden Legitimationskette sah das BVerfG zwar grundsätzlich durch das Prinzip der Integrationsoffenheit gerechtfertigt (C I 2 a)[8], nicht aber ohne diese Aussage an verschiedenen Stellen des Urteils durch Betonung vorvertraglicher deutscher Souveränitätsrechte wieder zu relativieren. So legte das Gericht Wert auf die Feststellung, daß die Mehrheitsabstimmung ihre Grenze an der Geltendmachung mitgliedstaatlicher Verfassungsprinzipien, ja sogar elementarer nationaler Interessen finde (C I 2 a)[9]. Besonders nachdrücklich betonte das BVerfG die vorvertragliche Souveränität im Hinblick auf den Eintritt in die 3. Stufe der Währungsunion (C II 2 d2)[10]. In eine ähnliche Richtung zielte auch die Erwähnung des Rechts der Mitgliedstaaten als „Herren der Verträge" zur Aufhebung der Mitgliedschaft durch einen (wohl kollektiven) gegenläufigen Akt (C II 1 a)[11] beziehungsweise zur (wohl einseitig gedachten) Lösung aus der (Stabilitäts-)Gemeinschaft (der Währungsunion) (C II 2 e)[12]. Schließlich ist in diesem Zusammenhang noch die Ankündigung zu erwähnen, daß Rechtsakte der Gemeinschaft, die auf einer dem BVerfG zu weitgehenden Handhabung oder Fortbildung des EG-Vertrags beruhen, in der Bundesrepublik keine Bindungswirkung entfalten können (C I 3 und C II 3 b)[13].

5 BVerfGE 89, 155 (181).
6 BVerfGE 89, 155 (190).
7 BVerfGE 89, 155 (191 ff.).
8 BVerfGE 89, 155 (183).
9 BVerfGE 89, 155 (184).
10 BVerfGE 89, 155 (200 f.).
11 BVerfGE 89, 155 (190).
12 BVerfGE 89, 155 (204).
13 BVerfGE 89, 155 (188 und 210).

Für die Beurteilung der Ausgangsfrage (demokratiewidrige Entleerung des Wahlrechts) kommt es jedoch nicht in erster Linie auf die vom BVerfG proklamierten vorvertraglichen Ausnahmebefugnisse der Bundesrepublik an (auch wenn dem BVerfG deren Erwähnung offensichtlich ein Anliegen war). Vielmehr interessiert vor allem das innerstaatliche Verhältnis von Bundesregierung und Bundestag in Angelegenheiten der Europäischen Union. Denn auch wenn die Bundesregierung bei vielen Entscheidungen im Rat überstimmt werden kann, so ist die Legitimationswirkung, die von den Kontrollbefugnissen des Bundestages ausgeht, doch unzweifelhaft um so höher, je größer dessen rechtliche Einflußmöglichkeit bei der Festlegung der deutschen Verhandlungsposition ist.
Hierzu hat sich das BVerfG in seinem Urteil trotz der eigentlich zentralen Bedeutung für seine Argumentation (vgl. Ls 3 a und 4) eher beiläufig geäußert.
Wenn es die Legitimation der Union selbst und ihrer Abstimmungsverfahren auf das parlamentarisch verantwortete Zustimmungsgesetz zurückführt (C I 2. a)[14], dann betrifft dies lediglich das vertragliche Primärrecht. Auf den Inhalt der in Ausführung oder Ausfüllung des Vertrags ergehenden Rechtsakte, des Sekundärrechts also, erstreckt sich diese Legitimationswirkung wohl auch nach Ansicht des BVerfG nicht. Mit ausdrücklichem Blick auf die Sekundärrechtssetzung der Union erwähnte das Gericht dann aber die parlamentarische Verantwortung der Regierung gemäß Art. 63 und 67 GG sowie das jetzt in Art. 23 GG ausdrücklich verankerte Mitwirkungsrecht des Bundestages (C II 1 b)[15].
Neben diesen naheliegenden Hinweisen finden sich in der Entscheidung aber auch einige überraschende Aussagen. So wird die Bundesregierung im Hinblick auf die Handhabe der unionswärtigen Stellungnahmen und Entschließungen des Bundestags ausdrücklich auf ihre Pflicht zur Organtreue hingewiesen (C II 1 b; C II 2 d 2) (4))[16]. Bietet dies bereits Anlaß zu Spekulationen, ob sich dahinter die Andeutung einer gewissen Bindungswirkung der parlamentarischen Stellungnahmen verbirgt[17], so wird die Unklarheit noch gesteigert, wenn im Zusammenhang mit den „vorbereitenden Arbeiten" zur Währungsunion davon die Rede ist, daß vom Bundestag alle Fragen, die „sich auch nach dem nationalen Verfassungsrecht richten, dort unter Parlamentsvorbehalt gestellt werden können" (C II 2 d 2) (4))[18] – denn dem Verfassungsrecht untersteht auch die Ausübung des deutschen Stimmrechts im Rat der Gemeinschaft[19]. Außerdem äußerte sich das BVerfG im Hinblick auf eine befürchtete Aufweichung der Konvergenzkriterien für die Währungsunion zu den Mitwirkungsrechten des Bundestages (C II 2 d 2) (3))[20]. Wenn es hier feststellte, daß eine gegebenenfalls für erforderlich gehaltene deutsche Zustimmung nicht ohne „maßgebliche Mitwirkung" des Bundestags erfolgen könne[21], so wird hier nicht nur ein nicht näher begründetes Letztent-

14 BVerfGE 89, 155 (183 f.).
15 BVerfGE 89, 155 (190 f.).
16 BVerfGE 89, 155 (191 und 203).
17 So *Karl Albrecht Schachtschneider*, Das Maastricht-Urteil – Die neue Verfassungslage der Europäischen Gemeinschaft, in: RuP 1994, S. 1 (6).
18 BVerfGE 89, 155 (203).
19 Dazu näher unten unter III.
20 BVerfGE 89, 155 (202 f.).
21 „Damit ist hinreichend sichergestellt, daß ohne deutsche Zustimmung – und damit ohne maßgebliche Mitwirkung des Deutschen Bundestags – die Konvergenzkritierien nicht ‚aufgeweicht' werden können."

scheidungsrecht des Parlaments postuliert, vielmehr könnte damit sogar der Gedanke eines bereits bestehenden Parlamentsvorbehalts impliziert sein.
Daß diese teilweise unklaren, teilweise verblüffenden Formulierungen in der Literatur bisher kaum näher untersucht wurden, zeigt einmal mehr das geringe wissenschaftliche Interesse am Bundestag als europapolitischem Akteur.

II. Die Unionswärtige Gewalt als eigenständiger Unterfall der Staatsgewalt

1. Bisherige Einordnung der deutschen EG-/EU-Mitgliedschaftsrechte

Die Ausübung von Mitgliedschaftsrechten in internationalen Organisationen wurde früher in der Regel einfach als nicht ausdrücklich geregelter Unterfall der auswärtigen Gewalt zugerechnet[22]. Bis zur Schaffung von Art. 23 Abs. 2 und 3 GG im Jahr 1992 fand auch die Ausübung der Mitgliedschaftsrechte in der EG keine ausdrückliche Erwähnung in der Verfassung[23].
Diskutiert wurde über Besonderheiten im Bereich der EG-/EU-Angelegenheiten bisher fast ausschließlich unter dem Gesichtspunkt des Bund-/Länderverhältnisses[24]. Unter dem heute gängigen[25] Schlagwort von der „europäischen Innenpolitik" wurde die gemeinschaftswärtige Politik (zumindest im Kontext der Bund/Länder-Diskussion) schon seit einiger Zeit klar von der sonstigen Außenpolitik unterschieden[26].
Daß diese anschauliche politische Formel auch einen rechtlichen Kern besitzt, wurde seither immer deutlicher. Zum einen fand im Zuge der Maastricht-Ratifizierung mit dem neuen Art. 23 eine wortreiche Regelung bezüglich der unionswärtigen Gewalt Eingang ins Grundgesetz. Zum anderen hat auch das Maastricht-Urteil des BVerfG gezeigt, daß hier ein eigenständig zu beurteilender Rechtsbereich vorliegt, indem es diesbezüglich ohne jeden Rückbezug auf die BVerfG-Grundentscheidung zur auswärtigen Gewalt[27] argumentierte.

22 Heute noch *Jost Delbrück/Rüdiger Wolfrum*, Völkerrecht, Band I/1, 1989, S. 248.
23 Eine einfachgesetzliche Teil-Regelung bestand allerdings in Art. 2 des Zustimmungsgesetzes zu den römischen Verträgen, BGBl II 1957, 753. Danach hatte die Bundesregierung Bundestag und Bundesrat „laufend" (d.h. unaufgefordert) „über die Entwicklungen im Rat" zu unterrichten. Die Beteiligungsrechte des Bundesrates wurden im Zustimmungsgesetz zur Einheitlichen Europäischen Akte, BGBl II 1986, 1102 (im folgenden: EEAG) wesentlich erweitert.
24 Z.B. *Meinhard Schröder*, Bundesstaatliche Erosionen im Prozeß der europäischen Integration, in: JöR 1986 (Bd. 35), S. 83 ff.; *Georg Ress*, Die Europäische Gemeinschaften und der deutsche Föderalismus, in: EuGRZ 1986, S. 549 ff.; *Rudolf Hrbek/Uwe Thaysen* (Hrsg.), Die deutschen Länder und die Europäische Gemeinschaft, 1986; *Siegfried Magiera/Detlev Merten* (Hrsg.), Bundesländer und Europäische Gemeinschaft, 1988; *Konrad Kruis*, Variationen zum Thema Kompetenzkompensation, in: FS Geiger 1989, S. 155 ff.
25 Z.B. *Rüdiger Rubel*, Das neue Grundgesetz, in: JA 1992, S. 265 (269); *Rupert Scholz*, Grundgesetz und europäische Einigung, in: NJW 1992, S. 2593 (2596); *Claus-Dieter Classen*, Maastricht und die Verfassung: kritische Bemerkungen zum neuen „Europa-Artikel" 23 GG, in: ZRP 1993, S. 57 (60); ablehnend *Jochen A. Frowein* (Fn 4), 1989, S. 285 (293 mit Fn 27).
26 *Christian Tomuschat*, Bundesstaats- und Integrationsprinzip in der Verfassungsordnung des Grundgesetzes, in: *Siegfried Magiera/Detlev Merten* (Fn 24), 1988, S. 21 (40).
27 BVerfGE 68, 1 ff. – Pershing –; auf dieses Urteil wird nur im Hinblick auf die Anforderungen an die Bestimmtheit eines vertraglich vereinbarten Integrationsprogramms gemäß Art. 24 Abs. 1 GG verwiesen.

Die Denkfigur einer Unterscheidung der EG/EU-Politik von sonstiger Außenpolitik ist also durchaus geläufig, auch wenn sie allenfalls in kursorischer Weise rechtlich begründet worden ist[28]. Um die im Vergleich zur auswärtigen Gewalt erst am Beginn einer verfassungsrechtlichen Klärung stehende unionswärtige Gewalt näher zu bestimmen, soll nachfolgend herausgearbeitet werden, auf welchen Sachbereich sich die unionswärtige Gewalt überhaupt bezieht.

Dabei kann es nicht darum gehen, lediglich die Besonderheiten von Gemeinschaftsrecht gegenüber dem Völkerrecht zu beschreiben[29]. Diese Sichtweise ist zwar wichtig insbesondere für Rechtsfragen, die aus der Perspektive der Bürger angegangen werden müssen (zum Beispiel Rechtsschutz gegen international entstandenes Recht), führt aber im Hinblick auf das hier interessierende Verhältnis von Parlament und Regierung bei der internen unionswärtigen Willensbildung nicht weiter.

2. Das Kriterium der ratifikationslosen Verbindlichkeit

Wenn Regierungsvertreter im internationalen Verkehr Verträge schließen und an kollektiven Beschlüssen internationaler Organisationen mitwirken, so stellt sich die Frage, ob die Bundesrepublik bereits durch bloßes Regierungshandeln im Sinne dieser Verträge und Beschlüsse verpflichtet werden kann. Idealtypisch sind hier drei Konstellationen zu unterscheiden. Schließt die Bundesregierung einen völkerrechtlichen Vertrag, der die politischen Beziehungen des Bundes regelt oder Gegenstände der Gesetzgebung betrifft, so kann dieser erst dann ratifiziert werden, wenn der Bundestag[30] in der Form eines Gesetzes gemäß Art. 59 Abs. 2 GG zugestimmt hat[31]. Eine völkerrechtliche Bindung, die das Parlament rechtlich (aber nicht faktisch)[32] an abweichender Rechtssetzung hindert, entsteht also erst nach einer Parlamentszustimmung.

Das Sekundärrecht von internationalen Organisationen, deren Mitglied die Bundesrepublik geworden ist, gilt zwar ohne Ratifikation, kann die Mitgliedstaaten in der Regel[33] aber nicht rechtlich binden. Denn meist können die Beschlüsse internationaler Organisationen zur Wahrung der nationalen Souveränität der Mitgliedstaaten lediglich als Empfehlung erge-

28 Vgl. etwa *Christian Tomuschat* (Fn 26), 1988, 21 (40): „bedarf wegen Evidenz keines Beweises".

29 Vgl. z.B. *Konrad Hesse*, Grundzüge des Verfassungsrechts der Bundesrepublik Deutschland, 19. Auflage, 1993, Rz 105.

30 Je nach Materie ist eine Zustimmung des Bundesrats erforderlich.

31 Nach h.M. entfällt das Zustimmungserfordernis, wenn im jeweiligen Sachbereich der Bundesgesetzgebung eine allgemeine Verordnungsermächtigung besteht. Gegen dieses Unterlaufen der Parlamentskontrolle wendet sich zu Recht *Meinulf Dregger*, Die antizipierte Zustimmung des Parlaments zum Abschluß völkerrechtlicher Verträge, die sich auf Gegenstände der Bundesgesetzgebung beziehen, 1989, S. 65 ff.

32 Die Bindung ist obligatorischer, nicht „dinglicher" Natur, so daß bindungswidrig gesetztes innerstaatliches Recht das vertragsgemäße verdrängt.

33 *Rudolf L. Bindschedler*, Rechtsakte der internationalen Organisationen, in: Berner FG für den Schweizer Juristentag, 1979, S. 361 (362 und 369).

hen[34]. Der Gesetzgeber ist durch dieses Sekundärrecht dann natürlich auch nicht gebunden[35].

Nur wenige internationale Organisationen können weitreichende Beschlüsse mit für die Mitgliedstaaten verbindlicher Wirkung fassen. Ein Beispiel sind bindende Beschlüsse des Sicherheitsrats der Vereinten Nationen[36]. Das zweite für die Bundesrepublik hervorzuhebende Beispiel ist die Europäische Gemeinschaft beziehungsweise die Europäische Union. Wenn die Bundesrepublik hier über die Bundesregierung an der Beschlußfassung beteiligt ist, entsteht Sekundärrecht, das die Mitgliedstaaten und damit in der Regel auch die mitgliedstaatlichen Gesetzgeber gemeinschaftsrechtlich bindet. Eine EG-Verordnung gilt gemäß Art. 189 EGV sogar unmittelbar für die Bürger der Mitgliedstaaten, während eine EG-Richtlinie zuvor noch einen Umsetzungsakt des Parlaments erfordert. Dieser Umsetzungsakt hat aber einen ganz anderen Charakter als die innerstaatliche Ratifikation von völkerrechtlichen Verträgen. Während das Parlament den völkerrechtlichen Vertrag rechtlich gesehen[37] auch einfach ablehnen könnte, ist dies bei einer Richtlinie nicht möglich. Im Gemeinschaftsrecht ist die mitgliedstaatliche Umsetzung von Richtlinien nur deshalb erforderlich, weil mit dem Instrument „Richtlinie" dem Mitgliedstaat laut Art. 189 EG-Vertrag lediglich das Ziel einer Maßnahme vorgegeben wird, ihm aber die Wahl von Form und Mittel verbleibt. Der Mitgliedstaat kann also entscheiden, *wie* er eine Richtlinie umsetzen will, nicht jedoch, *ob* er dies zu tun gedenkt. In der EG-Praxis hat sich – unter Billigung von Mitgliedstaaten und Europäischem Gerichtshof (EuGH) – ergeben, daß häufig auch sehr detaillierte Richtlinien ergehen[38], was den Mitgliedstaaten bei der Umsetzung wenig bis keinerlei eigenständigen Gestaltungsraum mehr beläßt und den Umsetzungsakt auf eine eigentlich überflüssige, quasi notarielle Handlung reduziert. Unabhängig von diesen Annäherungen ist Richtlinie und Verordnung jedenfalls gemeinsam, daß ein mitgliedstaatliches Parlament, das die gemeinschaftsrechtlichen Bindungen ignoriert und von Verordnung oder Richtlinie abweichendes Recht erläßt, vertragswidrig handelt.

Selbst in der als zweiter Säule neu hinzugekommen Gemeinsamen Außen- und Sicherheitspolitik (GASP) der EU können gemäß Art. J 3 EUV für die Mitgliedstaaten verbindliche Beschlüsse, sogenannte Gemeinsame Aktionen, gefaßt werden. Die Bundesregierung charakterisierte die Gemeinsamen Aktionen in ihrer Denkschrift zum Maastrichter Vertrag[39] wie folgt: „Von der gemeinsamen Linie abweichendes Verhalten ist praktisch ausgeschlossen." Daß derartige Beschlüsse normativen Charakter haben, zeigt sich schon daran, daß sie laut Art. J 3 Nr. 3 EUV Vertrag ausdrücklich auch bei „Änderungen der Umstände mit

34 Z.B. Art. 10 ff. UN-Charta, Art. 15 Europarats-Satzung, Art. 9 Nato-Vertrag.

35 *Ignaz Seidl-Hohenveldern/Gerhard Loibl*, Das Recht der Internationalen Organisationen einschließlich der Supranationalen Gemeinschaften, 5. Aufl. 1992, Rz 1548. Allerdings kann laut BVerfGE 68, 1 (78 ff.) – Pershing – die Bundesregierung per einseitigem völkerrechtlichen Akt die Bundesrepublik an den Inhalt eines an sich unverbindlichen Beschlusses binden. Da somit die Regierung das bei vertraglicher Bindung gemäß Art. 59 II GG bestehende Erfordernis der Parlamentsmitwirkung willkürlich umgehen kann, hat diese Rechtsprechung zu Recht Kritik erfahren, vgl. Sondervotum *Ernst-Gottfried Mahrenholz*, BVerfGE 68, 1 (127 ff.), *Brun-Otto Bryde*, Sicherheitspolitik zwischen Regierung und Parlament, in: Jura 1986, S. 363 (367).

36 *Jost Delbrück* in: *Bruno Simma* (Hrsg.), Charta der Vereinten Nationen – Kommentar, 1991, zu Art. 25 UNCh, Rz 14.

37 Der politische Druck vollendeter Tatsachen soll hier vernachlässigt werden.

38 *Rudolf Geiger*, EG-Vertrag, Kommentar, 1991, zu Art. 189 EGV, Rz 10.

39 BT-DrS. 12/3334, S. 111.

erheblichen Auswirkungen auf die Angelegenheit" weitergelten sollen, soweit der Rat nicht anders entscheidet. Auch hier handelt ein mitgliedstaatliches Parlament, dessen Rechtssetzung nicht die in der gemeinsamen Aktion der Union getroffenen Maßgaben beachtet, vertragswidrig.

Auch im Bereich der dritten Säule des Unionsvertrags, der „Zusammenarbeit in der Innen- und Rechtspolitik" (ZIRP) finden sich bereits Möglichkeiten zur verbindlichen Beschlußfassung. Da die „gemeinsamen Maßnahmen" der ZIRP (Art. K 3 Abs. 2 b) den „gemeinsamen Aktionen" der GASP entsprechen[40], dürfte auch hier Verbindlichkeit der Beschlüsse für die Mitgliedstaaten anzunehmen sein, selbst wenn im Vertragswortlaut an dieser Stelle eine ausdrückliche Formulierung fehlt[41]. Dagegen bedürfen die nach Art. K 3 Abs. 2 Nr. c) EUV geschlossenen Übereinkommen der Ratifikation.

Typusprägendes Kennzeichen der unionswärtigen Gewalt ist also, daß sie sich auf Sekundärrechtsakte der Europäischen Union bezieht, die die Mitgliedstaaten und damit auch die mitgliedstaatlichen Gesetzgeber binden, und zwar ohne daß die Parlamente im Anschluß an die gemeinschaftliche Beschlußfassung deren Verbindlichkeit im Zuge eines innerstaatlichen Zustimmungsverfahrens verhindern könnten. Die entscheidende Frage bezüglich der Kompetenzverteilung im Rahmen der unionswärtigen Gewalt ist deshalb, welchen Einfluß das mitgliedstaatliche Parlament *vor* der Beschlußfassung der Union auf die Formulierung der mitgliedstaatlichen Verhandlungsposition nehmen darf.

3. Die Irrelevanz von „effet utile"-Mechanismen

Keine Rolle spielen bei der Bestimmung des Sachbereichs, auf den sich die unionswärtige Gewalt bezieht, Mechanismen, die die Umsetzung beziehungsweise die tatsächliche Anwendung von Gemeinschaftsrecht sichern sollen. Diese wurden in der Rechtsprechung des EuGH entwickelt, um die zu Subjekten der Verträge aufgewerteten Marktbürger für eine verbesserte Wirksamkeit des Gemeinschaftsrechts (effet utile) in die Pflicht zu nehmen. Dies gilt für den statuierten Vorrang des unmittelbaren Gemeinschaftsrechts vor mitgliedstaatlichem Recht jeder Rangstufe[42], für die Möglichkeit unmittelbarer Anwendung unbedingter und hinreichend genauer Richtlinien, wenn diese nicht rechtzeitig umgesetzt wurden[43] sowie neuerdings für die Gewährung von Schadensersatz bei verspäteter Richtlinienumsetzung[44]. Auch soll die Bestandskraft einschlägiger Verwaltungsakte des bei der Umsetzung säumigen Mitgliedstaats gehindert sein, um für begünstigte Bürger den Klageweg offenzuhalten[45]. Mit der Feststellung unmittelbarer Wirkungen von Richtlinien auch zwischen Privatleuten ist nach der Einführung einer Veröffentlichungspflicht für Richtlinien gemäß Art. 191 EGV demnächst zu rechnen[46].

All diese Mechanismen sind zwar verfassungsrechtlich nicht irrelevant, weil mit der teilweise verbundenen Durchgriffswirkung Fragen des Rechtsschutzes, insbesondere des Grundrechtsschutzes, zu klä-

40 So die Denkschrift der Bundesregierung zum Maastrichter Vertrag, BT-DrS. 12/3334, S. 114.

41 Ebenso BVerfGE 89, 155 (176) – Maastricht –.

42 EuGH Slg 1964, 1251 ff., Rs. 6/64 – Costa – st. Rspr.; bestätigt durch BVerfGE 22, 292 ff., st. Rspr.

43 EuGH Slg. 1974, 1337 ff., Rs. 41/74 – van Duyn –, st. Rspr.; bestätigt durch BVerfGE 75, 223 ff.

44 EuGH Slg. 1991 I, 5337 ff., Rs. 6/90 und 9/90 – Francovich –.

45 EuGH Slg. 1991 I, 4269, Rs. 208/90 – Emmott –.

46 *Georg Ress*, Die Direktwirkung von Richtlinien: Der Wandel von der prozeßrechtlichen zur materiellrechtlichen Konzeption, in: GS Arens, 1993, S. 351 (362 ff.); *Carl Otto Lenz*, Zur horizontalen Wirkung von EG-Richtlinien, in: AnwBl 1994, S. 266 (270 ff.).

ren sind[47]. Für die Kompetenzverteilung in der unionswärtigen Gewalt, also für das Verhältnis von Regierung und Parlament bei der diesbezüglichen innerstaatlichen Willensbildung haben diese effet-utile-Mechanismen aber keine Bedeutung. Denn eine Verordnung wäre auch dann verbindlich zu beachten, wenn ihr kein Vorrang vor mitgliedstaatlichem Recht zukäme, und eine Richtlinie ist auch dann verbindlich umzusetzen, wenn sie nicht unmittelbar anwendbar ist. Insoweit ist von der Vertragstreue der Mitgliedstaaten auszugehen.
Letztlich kann selbst das zur Verhandlung vor dem EuGH führende Vertragsverletzungsverfahren gemäß Art 169 f EGV als primärrechtlich vorgesehene effet-utile-Maßnahme angesehen werden. Denn auch im Bereich der GASP, ist ein verbindlicher Rechtsakt deshalb nicht weniger verbindlich, weil hier dem EuGH gemäß Art. L EUV keine Zuständigkeiten erwachsen sind. Es kann für die Bestimmung des Geltungszusammenhangs der unionswärtigen Gewalt eben nicht darauf ankommen, in welchem Unionsbereich vertragswidriges Verhalten einfacher (weil sanktionslos) zu verwirklichen ist. Schließlich wurde erst durch den Maastrichter Vertrag dem EuGH die Befugnis eingeräumt, gegen Mitgliedstaaten, die seine Urteile mißachten, Zwangsgelder zu verhängen (Art. 171 Abs. 2 EGV). Bis dahin hatte auch der EuGH keine eigenständigen materiellen Sanktionsmittel gegen Staaten, die seine Urteile ignorieren. Eine Zwangsvollstreckung gegenüber Mitgliedstaaten ist auch weiterhin ausgeschlossen[48]. Angesichts des auch weiterhin eher geringen Sanktionspotentials der Gemeinschaftsebene steht in der Funktion des EuGH daher weniger ein Machtmittel gegen bewußt renitente Mitgliedstaaten zur Verfügung, als vielmehr eine Instanz, die in Zweifelsfällen das Gemeinschaftsrecht verbindlich auslegen kann und damit eine einheitliche Rechtsanwendung durch grundsätzlich vertragsfreundlich eingestellte Staaten ermöglicht.

4. Typusorientierte Betrachtung

Stellt man für den Umfang des Sachzusammenhangs, auf den sich die unionswärtige Gewalt bezieht, exakt auf die Möglichkeit zu ratifikationslos verbindlicher Sekundärrechtssetzung ab, wären einige Bereiche der Europäischen Union nicht einbezogen. So wird im Bereich von GASP und ZIRP die verbindliche Wirkung von Beschlüssen wohl eher die Ausnahme als die Regel darstellen. Es ist daher zu fragen, ob diese Bereiche noch der Auswärtigen Gewalt oder schon der unionswärtigen Gewalt zuzurechnen sind.
GASP und ZIRP werden häufig als Bereiche sogenannter inter-gouvernementaler Zusammenarbeit bezeichnet[49]. Dies erweckt den Eindruck, als seien hiermit quasi zwei Fremdkörper an die drei supranationalen Europäischen Gemeinschaften angegliedert worden[50]. Tatsächlich aber arbeiten gemäß Art C EUV alle drei Säulen der Union mit demselben institutionellen Rahmen. Das heißt: Beschließendes Organ ist jeweils der Rat[51], der gemäß Art C EUV auch auf die Kohärenz der Maßnahmen der verschiedenen Säulen achtet. Die GASP ist dabei schon „unverkennbar an die Struktur des EG-Systems angelehnt worden"[52]. Mit weiteren Annäherungsschritten im Bereich von GASP ist im Hinblick auf die Vertragsrevisionskonferenz 1996 zu rechnen[53]. Auch die ZIRP wird als „im Prozeß der Annäherung"

47 Vgl. insoweit z.B. die Ausführungen in BVerfGE 89, 155 (176) – Maastricht –.
48 Vgl. Art. 187 i.V.m. Art. 192 EGV.
49 Z.B. BVerfGE 89, 155 (190).
50 Gegen diese Sichtweise der GASP auch *Helmut Lecheler*, Die Pflege der Auswärtigen Beziehungen in der Europäischen Union, in: AVR 1994, S. 1 (20).
51 Vgl. etwa zur alten Rechtslage des GASP-Vorläufers EPZ (als noch nicht von „Rat" und „Mitgliedstaaten", sondern von „Hohen Vertragsparteien" die Rede war) Art. 30 EEA.
52 *Christopher W. Stoller*, Europa nach Maastricht: Die Gemeinsame Außen- und Sicherheitspolitik, in: NZWehrr 1992, S. 221 (222).
53 Vgl. Art. J 4 Abs. 4, J 10, N Abs. 2 EUV.

gesehen[54]. Hier steht außerdem mit der Evolutivklausel des Art. K 9 eine jederzeit aktivierbare Möglichkeit zur vereinfachten Überführung bestimmter Kompetenzbereiche in den Bereich der ratifikationslosen verbindlichen Beschlußfassung zur Verfügung. Die eingeschlagene und vorgegebene Entwicklungsrichtung spricht also allemal dafür, diese Bereiche bereits jetzt in die unionswärtige Gewalt einzubeziehen.
Auch das Grundgesetz weist mit seinem neuen Art. 23 eine Bestimmung auf, die einheitliche Vorgaben für die gesamte Europäische Union macht. Insofern kann es als verfassungsrechtliche Entscheidung angesehen werden, die Bereiche der verbindlichen Beschlußfassung als typusprägend für die Union als Ganzes anzusehen und deshalb die gesamte deutsche Tätigkeit im Rahmen der Europäischen Union in die hier zu beschreibende unionswärtige Gewalt miteinzubeziehen.
Die unionswärtige Gewalt bezieht sich also auf die gesamte Tätigkeit der Europäischen Union. Angesichts einer zunehmenden Zerfaserung des institutionellen Systems der Gemeinschaftsverträge[55] darf dies aber nicht zu dem Schluß verleiten, daß die Kompetenzverteilung innerhalb der unionswärtigen Gewalt zwingend einheitlich zu bestimmen ist. Vielmehr ist es durchaus denkbar, daß für bestimmte Unterfälle die Rechtsstellung des Bundestags gegenüber der Bundesregierung anders bestimmt werden muß als im Bereich der Rechtssetzung nach dem EG-Vertrag.

III. Die Kompetenzverteilung im Bereich der unionswärtigen Gewalt

Der deutsche Regierungsvertreter im Rat der EG/EU hat eine Doppelrolle inne[56]. Einerseits unterliegt er den Regeln des Gemeinschaftsrechts, denn der Rat ist ein Organ der EG beziehungsweise EU. Andererseits ist der deutsche Mitwirkungsakt aber immer noch der deutschen staatlichen Hoheitsgewalt zuzurechnen[57]. Deshalb sind deutsche Staatsorgane hier gemäß Art. 20 Abs. 3 GG an deutsches Verfassungsrecht gebunden[58]. Dies gilt nicht nur bezüglich des Inhalts der Stimmabgabe im Rat, sondern auch bezüglich der Frage, welches Staatsorgan beziehungsweise welche Staatsorgane den Inhalt der bundesdeutschen Stimmabgabe im Rat bestimmen.
Weil die Ausübung der gemeinschaftlichen Mitgliedschaftsrechte bisher fast ausschließlich in Hinblick auf das Bund-Länder-Verhältnis diskutiert wurde[59], finden sich zur Kompe-

54 *Klaus-Peter Nanz*, Der „3. Pfeiler der Europäischen Union": Zusammenarbeit in der Innen- und Justizpolitik, in: integration 1992, S. 126 (126).
55 *Thomas Oppermann*, Der Maastrichter Unionsvertrag – Rechtspolitische Wertung, in: *Rudolf Hrbek* (Hrsg.), Der Vertrag von Maastricht in der wissenschaftlichen Kontroverse, 1993, S. 103 (107).
56 *Otto Harnier* in *Hans van der Groeben/Jochen Thiesing/Claus-Dieter Ehlermann* (G/T/E), Kommentar zum EWGV, 4. Aufl., 1991, zu Art. 146 EWGV/Art. 2 FusV Rz 1.
57 BVerfG NJW 1990, 974 – Tabakwerbung –.
58 *Eberhard Schmidt-Aßmann* in *Theodor Maunz/Günter Dürig/Roman Herzog/Rupert Scholz* (MDHS), Grundgesetz-Kommentar, zu Art. 19 Abs. 4 GG Rz 50; *Rudolf Streinz*, Bundesverfassungsgerichtliche Kontrolle über die deutsche Mitwirkung am Entscheidungsprozß im Rat der Europäischen Gemeinschaften, 1990; *Rupert Scholz*, Wie lange bis „Solange III"?, in: NJW 1990, S. 941 (945); aA *Gert Nicolaysen*, Tabakrauch, Gemeinschaftsrecht und Grundgesetz – Zum BVerfG-Beschluß vom 12. 5. 1989, in: EuR 1989, S. 215 (218 f.).
59 S.o. Fn 24.

tenzverteilung zwischen Bundesregierung und Bundestag nur kursorische Äußerungen[60]. Meist wurde dabei auf das Grundsatz-Urteil des BVerfG zur auswärtigen Gewalt (sogenanntes Pershing-Urteil)[61] verwiesen[62]. Dort hatte das BVerfG die seit Schaffung des Grundgesetzes umstrittene[63] Frage entschieden, ob neben der Bundesregierung auch der Bundestag an der auswärtigen Gewalt Anteil hat. Bedeutung hatte diese Frage vor allem für die nicht ausdrücklich im Grundgesetz geregelten einseitigen auswärtigen Akte, etwa die Kündigung von völkerrechtlichen Verträgen oder den Verzicht auf völkerrechtliche Ansprüche. Im Rahmen einer ausführlichen Verfassungskizze bestimmte das BVerfG, daß die auswärtige Gewalt, soweit das Grundgesetz dem Parlament nicht ausdrücklich[64] (Mit)-Entscheidungsrechte zuweise, grundsätzlich einen Eigenbereich der Exekutive darstelle. Eine Übertragung dieser Grundsätze auf die Ausübung der deutschen Mitgliedschaftsrechte in der EG/EU würde also der Regierung ein dem Zugriffsrecht des Bundestags entzogenes Letztentscheidungsrecht in unionswärtigen Angelegenheiten zubilligen.

Nur vereinzelt fanden sich bislang Gegenstimmen, die geltend machten, daß der Bundestag die EG/EU-Politik der Bundesregierung programmieren könne, wenn er nur wolle[65]. Hintergrund für Tendenz und geringe Zahl der Äußerungen in der Literatur dürfte sein, daß der Bundestag bislang kaum Versuche unternommen hat, der Regierung die für sich reklamierte EG/EU-wärtige Kompetenz streitig zu machen[66]. Gutgemeinte, aber auch bequeme Begründung seit über 30 Jahren: Man wolle nicht die noch fehlenden Rechte des Europäischen Parlament substituieren[67].

Auf den ersten Blick naheliegend scheint es, die Beantwortung der Frage nach den unionswärtigen Rechten des Bundestags allein aus dem neuen Art. 23 GG zu beantworten[68].

60 Selbst *Ulf Oetting*, Bundestag und Bundesrat im Willensbildungsprozeß der Europäischen Gemeinschaften, 1973, streift das Problem nur, vgl. S. 74 ff., S. 106 ff.

61 BVerfGE 68, 1 ff.; jetzt ausdrücklich bestätigt in BVerfG EuGRZ 1994, 281 ff. – Bundeswehreinsätze –.

62 Z.B. *Jochen A. Frowein* (Fn 4), 1989, S. 185 (293); *Konrad Kruis* (Fn 24), FS Geiger 1989, S. 167; Staatssekretär *Horst Waffenschmidt* in der 11. Sitzung der Gemeinsamen Verfassungskommission von Bundestag und Bundesrat (im folgenden: GVK), Sten. Prot. S. 31 f.

63 Vgl. z.B. *Wilhelm G. Grewe*, in: HBStR Bd. III, 1988, § 77, Rz 41 ff.

64 Vgl. Art. 24 Abs. 1, 59 Abs. 2, 115 a GG.

65 *Karl Albrecht Schachtschneider*, Erwiderung in der Verfassungsbeschwerdesache Brunner auf den Schriftsatz der Bundesregierung, in: *Ingo Winkelmann* (Hrsg.), Das Maastricht-Urteil des Bundesverfassungsgerichts vom 12. Oktober 1993. Dokumentation des Verfahrens mit Einführung, 1994, S. 367 (400); *Hans A. Stöcker*, Deutschland demnächst – eine europäische Unionsprovinz, in: KritV 1991, S. 87 (94); *Friedrich-August von der Heydte*, Die politischen Organe der Europäischen Wirtschaftsgemeinschaft, in: FW 1957/1958 (Bd. 54), S. 1 (11).

66 Als „Verschlafenheit" des Bundestags kritisieren dies *Konrad Kruis* (Fn 24), in: FS Geiger 1989, S. 155 (176); *Udo Di Fabio*, Der neue Art 23 des Grundgesetzes – Positivierung vollzogenen Verfassungswandels oder Verfassungsneuschöpfung, in: Der Staat 1993, S. 191 (210).

67 Vgl. z.B. *Rita Süssmuth*, Die Rolle des Deutschen Bundestags im Europäischen Einigungsprozeß zwischen Anspruch und Wirklichkeit, in: *Renate Hellwig* (Hrsg.), Der Deutsche Bundestag und Europa, 1993, S. 11 (19).

68 Mit dem Verhältnis von Bundestag und Bundesregierung beschäftigen sich Abs. 2 und 3 des Art. 23 GG. Abs. 2 lautet: „In Angelegenheiten der Europäischen Union wirken der Bundestag und durch den Bundesrat die Länder mit. Die Bundesregierung hat den Bundestag und den Bundesrat umfassend und zum frühestmöglichen Zeitpunkt zu unterrichten.". Abs. 3 lautet: „Die Bundesregierung gibt dem Bundestag Gelegenheit zur Stellungnahme vor ihrer Mitwirkung an Rechtsetzungsakten der Europäischen Union. Die Bundesregierung berücksichtigt die Stellungnahmen des Bundestages bei den Verhandlungen. Das Nähere regelt ein Gesetz."

Danach wäre der Bundestag auf sein ohnehin nie in Frage gestelltes Recht zur Stellungnahme beschränkt. Neu wären allein die ausgeweiteten Informationspflichten der Regierung. Ein Recht des Parlaments, die Bundesregierung in EU-Angelegenheiten inhaltlich zu binden, läßt sich hieraus jedenfalls nicht ersehen.
Der Blick allein auf Art. 23 GG scheint jedoch für die Beantwortung insbesondere der vom BVerfG aufgeworfenen Fragen nicht auszureichen. Denn wenn das BVerfG von „maßgeblicher Mitwirkung" des Bundestags spricht und die Möglichkeit andeutet, das Stimmverhalten der Regierung im Rat „unter Parlamentsvorbehalt" stellen zu können, geht es bereits weit über den Wortlaut von Art. 23 Abs. 2 und 3 hinaus.
Es liegt daher die Frage nahe, ob Art. 23 GG die unionswärtigen Rechte des Bundestags abschließend bestimmt oder nur Teilaspekte regelt. Deshalb soll im folgenden Art. 23 GG nicht isoliert, sondern im Hinblick auf die verschiedenen zum Verhältnis von Parlament und Regierung bestehenden Konzeptionen betrachtet werden (2.). Quasi als Vorfrage soll jedoch überprüft werden, ob deutsches Verfassungsrecht hier nicht bereits durch EU-Recht überlagert wird (1.).

1. Prinzip der „offenen Staatlichkeit"

Das Grundgesetz versteht sich als explizit integrationsfreundliche Verfassung. Ausgehend von der Präambel und den Integrationsartikeln 24 Abs. 1 und (neuerdings) 23 Abs. 1 GG spricht man auch von einem Bekenntnis des Grundgesetzes zur „offenen Staatlichkeit"[69]. In dieser Integrationsfreundlichkeit könnte die Rechtfertigung einer innerstaatlichen Gewichtsverschiebung vom Parlament zur Regierung liegen.
Art. 24 Abs. 1 ist als „Integrationshebel" bezeichnet worden, weil er für den an sich verfassungsändernden Akt der „Übertragung von Hoheitsrechten" auf eine zwischenstaatliche Einrichtung nur ein einfaches Gesetz verlangt und diesen Schritt dadurch naturgemäß vereinfacht[70]. Der neue Art. 23 Abs. 1 Satz 3 GG, der für Hoheitsübertragungen und vergleichbare Regelungen eine Zwei-Drittel-Mehrheit erfordert, stellt nur noch vom Zitiergebot des Art. 79 Abs. 1 GG frei[71]. Unmittelbar verfassungsändernd ist die Übertragung von Hoheitsrechten, weil sie von den Bundesbürgern, aber auch von den deutschen Staatsorganen die Anerkennung und gegebenenfalls Befolgung von Akten der zwischenstaatlichen Einrichtung verlangt. Insoweit wird das Funktionsgefüge des Grundgesetzes verändert, was aber durch das Prinzip der offenen Staatlichkeit gerechtfertigt ist[72].
Faktisch wird neben dem Funktions- auch das Machtverteilungsgefüge der deutschen Verfassung verändert[73]. Denn die Übertragung bestimmter Kompetenzen auf die supranationale Ebene hat innerstaatlich faktische Folgen für die politische Bedeutung der Bundesorgane, je nachdem welche Kompetenzen betroffen sind. Werden etwa Rechtssetzungskompe-

69 *Klaus Vogel*, Die Verfassungsentscheidung des Grundgesetzes für eine internationale Zusammenarbeit, 1964; *Christian Tomuschat*, Die staatsrechtliche Entscheidung für die internationale Offenheit, in: HBStR, Bd. VII, 1992, § 172.

70 *Klaus Vogel*, 1964, S. 5.

71 *Rüdiger Breuer*, Die Sackgasse des neuen Europaartikels (Art. 23 GG), in: NVwZ 1994, S. 417, (423) m.w.N.

72 BVerfG 58, 1, 36 – Eurocontrol –.

73 BVerfG 58, 1, 36 – Eurocontrol –.

tenzen übertragen (was im EG-Kontext die Regel ist), so betrifft dies den Bundestag stärker als die Bundesregierung. Auch der Verlust der mitgliedstaatlichen Haushaltshoheit betrifft den Bundestag stärker als die Bundesregierung. Diese ungleiche Belastungsstruktur ist als Nebenfolge der Integration ebenfalls durch das Prinzip der offenen Staatlichkeit gerechtfertigt.

Darüber hinausgehend wird allerdings auch immer wieder versucht, die alleinige Verantwortung der Bundesregierung für die Ausübung der bundesdeutschen Mitgliedschaftsrechte im Rat gemeinschaftsrechtlich zu begründen[74]. Konkret enthalten jedoch weder Art. 146 EGV[75] noch Art. 5 EGV relevante Aussagen über die Gestaltung der unionswärtigen Gewalt in den Mitgliedstaaten.

Art. 146 EGV bestimmt, daß der Rat aus Vertretern der Regierungen der Mitgliedstaaten gebildet wird. Daraus ist freilich nur zu folgern, daß die Unions-Verträge die Repräsentation der Bundesrepublik Deutschland durch die Bundesregierung vorschreiben. Wie die Bildung des von der Regierung im Rat vertretenen Willens innerstaatlich verläuft, ist in Art. 146 EGV nicht angesprochen[76]. Diese Bestimmung regelt nur die Wahrnehmungs- nicht auch die Entscheidungszuständigkeit.

Art. 5 EGV statuiert für die Mitgliedstaaten einerseits eine Unterstützungspflicht und andererseits eine Unterlassenspflicht bezüglich der Verwirklichung allgemeiner und konkreter Vertragspflichten. Hieraus wird teilweise gefolgert, daß die Regierungsvertreter keinen Weisungen ihrer mitgliedstaatlichen Parlamente unterworfen werden dürfen, weil sonst die Funktionsfähigkeit der Organe über Gebühr beeinträchtigt wäre[77]. Bei einstimmig zu treffenden Entscheidungen könnte sonst, so die Argumentation[78], ein mitgliedstaatliches Parlament die Einigung verhindern und bei Anwendung des Mehrheitsprinzips könnte immerhin die Kompromißfindung unzulässig erschwert sein.

Sinn und Zweck der Ratskonstruktion ist jedoch gerade die Rückbindung an die mitgliedstaatliche Ebene[79]. *Deshalb* sind die Ratsmitglieder weisungsabhängige Regierungsvertreter[80]. Es dürfte nun aber schwer zu begründen sein, warum die Weisungsabhängigkeit gegenüber der mitgliedstaatlichen Regierung Ausdruck der im EGV vorgesehenen Rückkopplung ist, während die Weisungsabhängigkeit dieser Regierung gegenüber dem mitgliedstaatlichen Parlament mit dem Verdikt der Vertragswidrigkeit versehen werden müßte. Selbstverständlich erlaubt das Gemeinschaftsrecht auch politische Gegenstimmen gegen von der Kommission vorgeschlagene Vorhaben. Eine dementsprechende Anweisung an einen Ratsvertreter ist deshalb in keiner Weise vertragswidrig oder illoyal, egal ob sie von der heimischen Regierung oder vom heimischen Parlament verantwortet wird. Ohnehin gibt es keinen Erfahrungssatz, wonach Regierungen grundsätzlich kompromißfreudiger seien als die jeweiligen Parlamente. Im Gegenteil wurde die bisher größte EG-Krise, die Politik des

74 *Ulf Oetting* (Fn 60) 1973, S. 110; *Georg Ress* (Fn 24), in: EuGRZ 1986, S. 549 (551 ff.); *Ulrich Everling*, Überlegungen zur Struktur der Europäischen Union und zum neuen Europa-Artikel des Grundgesetzes, in: DVBl. 1993, S. 936 (946 f.).

75 Art. 146 EGV ersetzte im Rahmen der Maastrichter Vertragsänderungen den inhaltsgleichen Art. 2 Fusionsvertrag.

76 *Otto Harnier* in G/T/E (Fn 56) zu Art. 146 EWGV/Art. 2 FusV Rz 1.

77 *Georg Ress* (Fn 24), in: EuGRZ 1986, S. 549 (551 ff.).

78 *Claus-Dieter Classen* (Fn 25), in: ZRP 1993, S. 56 (60).

79 Z.B. *Rudolf Streinz* (Fn 58), 1990, S. 33 f.

80 *Otto Harnier* in G/T/E (Fn 56), zu Art 146 EWGV/2 FusV, Rz 1.

leeren Stuhls ab 1966, durch das französische Staatsoberhaupt *De Gaulle* ausgelöst. Auch die unachgiebige britische Haltung in sozialen Fragen unter Regierungschefin *Margret Thatcher* kann wohl kaum als leuchtendes Beispiel für die Flexibilität von Regierungshandeln dienen. Dänemark dagegen, das als bisher einziges Land ein imperatives Mandat seiner Regierungsvertreter praktiziert[81], hat die Gemeinschaftsgremien bisher sicher weitaus weniger belastet.

Im übrigen entspricht der Pflicht zur Gemeinschaftstreue, die in Art. 5 EGV nur den Mitgliedstaaten ausdrücklich auferlegt ist, in umgekehrter Richtung eine ebensolche Verpflichtung der Gemeinschaft gegenüber den Mitgliedstaaten[82]. Daraus ergibt sich unter anderem, daß die Gemeinschaft die Besonderheiten der mitgliedstaatlichen Verfassungsordnungen zu achten hat[83]. Im Maastrichter Vertrag wurde dies in Art. F Abs. 1 inzwischen sogar ausdrücklich festgeschrieben. Zur mitgliedstaatlichen Identität gehört aber gerade auch das innerstaatliche Verfahren der Willensbildung in EG-Angelegenheiten[84].

Daß eine verstärkte Beteiligung der mitgliedstaatlichen Parlamente durch Erhöhung der Legitimität eher zu einer Stärkung des Rats-Rechtssetzungsprozesses führt als zu einer Schwächung, haben inzwischen selbst diverse Gemeinschaftsgremien erkannt[85]. Denn es ist nicht zu übersehen, daß gerade Dänemark mit seiner intensiven Parlamentsanbindung im Rechtssetzungsprozeß gleichzeitig seit langem EU-weites Vorbild für die spätere Umsetzung der Richtlinien ist[86]. Kein Mitgliedstaat hat auch das Binnenmarktprogramm bisher so konsequent umgesetzt wie Dänemark[87]. Wenn man also meint, aus Art. 5 EGV Schlüsse für die innerstaatliche Kompetenzverteilung ziehen zu können, dann sollte man sich eher fragen, ob eine starke Parlamentsbeteiligung nicht gerade gemeinschaftsrechtlich geboten ist.

Nachdem somit klargestellt ist, daß EU-Recht nicht (vermittelt über das grundgesetzliche Prinzip der Integrationsoffenheit) eine innerstaatliche Kompetenzverteilung im Rahmen der unionswärtigen Gewalt präjudiziert, soll die Untersuchung im folgenden auf der Ebene des deutschen Verfassungsrechts weitergeführt werden.

2. EU-Angelegenheiten in der gewaltenteilenden Demokratie

Im Hinblick auf das Verhältnis von Parlament und Regierung, stehen sich idealtypisch drei „Schulen" gegenüber.

Wenig interessant für die EU-Angelegenheiten ist die Lehre vom Totalvorbehalt des Gesetzgebers. Danach darf die Exekutive nur aufgrund einer gesetzlichen Ermächtigung tätig

81 *J. Ørstrøm Møller,* Danish EC Decision-Making, in: Journal of Common Market Law Studies 1983, S. 245 ff.; *Wolfang Schumann,* Dänemark in der Gemeinschaft, 1985, s. 48 ff.; *Bertil Cottier,* Danemark, in: *Bertil Cottier* (Hrsg.), Staatsrechtliche Auswirkungen der Mitgliedschaft in den Europäischen Gemeinschaften, 1991, S. 57 ff.

82 *Eberhard Grabitz,* in: *Eberhard Grabitz,* Kommentar zum EWGV, Stand: 4. Ergänzungslieferung, 1990, Rz 2.

83 *Rudolf Streinz* (Fn 58), 1990, S. 49.

84 *Otto Harnier* in G/T/E (Fn 56) zu Art. 146 EWGV/Art. 2 FusV Rz 1.

85 Erklärungen Nr. 13 und 14 zum EUV; Kommission Dok (89) 422 endg., S. 16, Nr. 50.

86 *Bertil Cottier* (Fn 81), 1989, 69 mit Fn 32.

87 EU-Nachrichten vom 27. 6. 1994.

werden. Für die weitverzweigten Regierungsaktivitäten in der Europäischen Union scheint eine flächendeckende gesetzliche Fundierung jedoch offensichtlich nur in Form einer Generalklausel[88] denkbar. Naheliegenderweise würde man sich hierbei auf die zu den jeweiligen Gemeinschaftsverträgen ergangenen Zustimmungsgesetze als Ermächtigungsnormen berufen können. Für die vom BVerfG aufgeworfene Frage nach der Schaffung von Legitimationswirkung bei der Sekunddärrechtssetzung der Union ist damit aber schwerlich etwas zu gewinnen, denn eine spezifische inhaltliche Rückkoppelung des Regierungshandelns an die mitgliedstaatlichen Parlamente ist mit dieser Handlungsermächtigung ja nicht verbunden. Deshalb soll diese Konzeption hier nicht weiter verfolgt werden.

Eine Mittelposition stellt die Auffassung dar, wonach dem Gesetzgeber zwar Allzuständigkeit[89] zukommt, diese sich jedoch jenseits der allgemein anerkannten Vorbehaltsbereiche auf ein Zugriffsrecht[90] beschränkt. Da nach dieser Konzeption auch die EU-Angelegenheiten im Zugriffsbereich des Gesetzgebers liegen, liegt es auf der Hand, daß das Parlament die Regierung in EU-Angelegenheiten durch ihre Gesetzgebung rechtlich binden könnte (aber nicht muß).

Nähere Untersuchung erfordert jedoch der dritte dogmatische Ansatz, die vom BVerfG in seinem Pershing-Urteil[91] entwickelte Position. Obwohl es der Sache nach eigentlich nur über das Vorliegen eines Gesetzesvorbehalts für einseitige auswärtige Akte (wie die Zustimmung zum sogenannten NATO-Doppelbeschluß) zu befinden hatte, sprach das Gericht dem Bundestag darüberhinausgehend auch das Recht ab, im Bereich der verfassungsrechtlich ungeregelten auswärtigen Gewalt[92] überhaupt verbindlich mitwirken zu können[93].

Auch wenn dies gelegentlich geschieht[94], ist das Urteil keinesfalls unmittelbar auf die unionswärtige Gewalt übertragbar. Denn während sich das Pershing-Urteil allein auf völkerrechtliches Primärrecht bezog[95], geht es bei der unionswärtigen Gewalt in erster Linie um die Schaffung von Sekundärrecht im Rahmen einer vertraglich konstituierten eigenständigen Rechtsordnung. Dementsprechend hat das BVerfG in seinem Maastricht-Urteil ganz auf den Rückgriff auf die Pershing-Entscheidung verzichtet, soweit es Aussagen über das Verhältnis von Regierung und Parlament im Bereich der unionswärtigen Gewalt machte[96]. Festzuhalten ist allerdings, daß das BVerfG nicht von einem unbegrenzten Zugriffsrecht des

88 Vgl. allg. hierzu *Norbert Achterberg*, Parlamentsrecht, 1984, S. 34.

89 *Roman Herzog* in MDHS (Fn 58) zu Art. 20 GG Abschnitt II Rz 84, Abschnitt V Rz 79 und Rz 106, Abschnitt VI Rz 44; *Thomas Puhl*, Die Minderheitsregierung nach dem Grundgesetz, 1986, S. 157 f. und 176.

90 Vgl. zum Verhältnis von Vorbehalts- und Zugriffsbereich *Siegfried Magiera*, Parlament und Staatsleitung in der Verfassungsordnung des Grundgesetzes, 1979, 298 ff.; *Klaus Stern*, Staatsrecht I, 2. Aufl. 1984, § 22 III 4, S. 1003; BVerfGE 40, 237 (252) – Gefangenenbeschwerde –.

91 BVerfGE 68, 1 ff.

92 S.o. Fn 61.

93 Am deutlichsten in den Leitsätzen 1a und 4. Allerdings ist das Urteil in dieser Frage in sich inkonsistent, weil an anderer Stelle (S. 103) wieder ausdrücklich offen gelassen wird, ob der Gesetzgeber die Beurteilungen und Entscheidungen der Exekutive zumindest normativ (gemeint also wohl im Sinne von längerfristig angelegten Grundlinien) binden könnte.

94 Z.B. *Michael Brenner* (Fn 4), in: ThürVBl 1993, S. 201 und *Jochen A. Frowein* (Fn 4), 1989, S. 285 (293).

95 Deutlich insofern die Auflistung des Gerichts, welche Mitwirkungsrechte sich jedenfalls aus einer direkten Anwendung von Art. 59 Abs. 2 GG nicht ergeben, BVerfGE 68, 1, (85).

96 S.o. Fn 27.

Gesetzgebers ausgeht, sondern vielmehr aus dem allgemeinen Gewaltenteilungsprinzip Beschränkungen dieses Zugriffsbereichs gewinnt. In einem sogenannten Eigenbereich der Regierung hat diese die Prärogative. Diese Überlegung könnte nun auch im Hinblick auf die unionswärtige Gewalt angestellt werden, zumal die Ausgangsposition vom vorgefundenen Verfassungstext her ähnlich ist. Wie bei der auswärtigen Gewalt mit Art. 59 Abs. 2 GG liegt auch bei der unionswärtigen Gewalt mit Art. 23 Abs. 2 und 3 GG eine Verfassungsbestimmung vor, die, wenn sie als abschließende Regelung betrachtet würde, zulasten der in beiden Fällen aus Art. 73 Nr. 1 folgenden grundsätzlichen Gesetzgebungskompetenz des Parlaments interpretiert werden könnte. Andererseits liegt in beiden Fällen auch keine eindeutige grundgesetzliche Zuweisung des Letztentscheidungsrechts an die Regierung vor. Wie im Pershing-Urteil kann daher vor dem Hintergrund der beiden zu unterscheidenden Funktionen der Gewaltenteilung[97], Gewaltenhemmung einerseits und funktionsadäquate Zuordnung der Gewalten andererseits, geprüft werden, wem in Ausfüllung der insoweit bestehenden grundgesetzlichen Regelungslücke das unionswärtige Letztentscheidungsrecht zusteht.

a) Gewaltenhemmung

Die Aufteilung der Staatsgewalt auf verschiedene Staatsorgane soll die Staatsgewalt mäßigen und so Freiheitsräume der Bürger sichern. Zu schützen ist dabei naturgemäß das jeweils „schwächere" Staatsorgan vor Übergriffen des jeweils „stärkeren" Organs. Zwar mag es schwierig sein, derartige Machtkonstellationen juristisch zu bewerten[98], was gerade das Pershing-Urteil gezeigt hat. Denn während das Bundesverfassungsgericht seine Entscheidung damit begründete, daß die Exekutive vor einem Einbruch in ihren zentralen Gestaltungsbereich der Außenpolitik geschützt werden müsse, weil sonst eine unzulässige Konzentration politischer Macht beim Bundestag drohe[99], herrschte im Schrifttum just der entgegengesetzte Eindruck vor, daß nämlich die Internationalisierung vieler Lebensbereiche zu einer Gewichtsverlagerung zugunsten der Exekutive führe[100]. Derartige Wertungsunterschiede dürften bezüglich der unionswärtigen Gewalt jedoch ausgeschlossen sein. Die Übertragung von Kompetenzen der deutschen Hoheitsgewalt auf die EG/EU nimmt dem Bundestag nicht nur sein Letztentscheidungsrecht im Rahmen der Rechtssetzung, sondern auch seine Haushaltshoheit. Unabhängig von der Kompetenzverteilung im Rahmen der unionswärtigen Gewalt verliert der Bundestag damit seine beiden wirkungsvollsten Steuerungsinstrumente. Daß die EU-Integration die Position der Bundesregierung stärker beschneide als die des Bundestages, ist dagegen noch nie behauptet worden.
Könnte die Bundesregierung die bundesdeutsche unionswärtige Politik letztverantwortlich bestimmen, stellte dies eine Gewichtsverschiebung unter den Staatsorganen des Bundes dar, die eindeutig zulasten des Bundestages ginge[101]. Das Kriterium der Gewaltenhemmung

97 *Konrad Hesse* (Fn 29), 1993, Rz 482; BVerfGE 68, 1, (86) – Pershing –.
98 *Walter Leisner*, Die quantitative Gewaltenteilung, in: DÖV 1969, S. 405 (411).
99 BVerfGE 68, 1, (86) – Pershing –.
100 *Christian Tomuschat*, Der Verfassungsstaat im Geflecht der internationalen Beziehungen, in: VVDStRL 1978 (Bd.36), S. 7 (60); *Reiner Schmidt*, Der Verfassungsstaat im Geflecht der internationalen Beziehungen, in: VVDStRL 1978 (Bd. 36), S. 65 (91 ff.); *Brun-Otto Bryde* (Fn 35), in: Jura 1986, S. 363 (366).
101 Vgl. *Helmut Steinberger* (Fn 4), in. VVDStRL 1991 (Bd. 50), S. 9, (40).

spricht also eindeutig dafür, dem Bundestag auch im Bereich der unionswärtigen Gewalt eine bestimmende Rolle einzuräumen.

b) Funktionenordnung

Weil der Staat immer mehr zum Leistungsstaat geworden ist, tritt als zweites Element neben die freiheitssichernde Gewaltenhemmung das Kriterium der staatlichen Leistungsfähigkeit[102]. Die Staatsfunktionen sollen demnach jeweils den Staatsorganen zugeordnet werden, die nach ihrer inneren Struktur, Besetzung und Arbeitsweise die zu erledigende Aufgabe am besten erfüllen können[103].
Bei der Ausübung der EU-Mitgliedschaftsrechte geht es vor allem um Rechtssetzung[104], im Sprachgebrauch des Grundgesetzes also um Gesetzgebung. Denn EG-Verordnungen haben die Wirkung von EG-Gesetzen[105], werden nur deshalb noch nicht so genannt, weil sie nicht von einem unmittelbar demokratisch legitimierten Gesetzgeber beschlossen wurden. Die noch eines staatlichen Umsetzungsaktes bedürfenden EG-Richtlinien, können als eine Art von Rahmengesetzen[106] betrachtet werden. Selbst das BVerfG[107] spricht inzwischen von „Gemeinschaftsgesetzgebung".
Das Grundgesetz weist die Funktion der Gesetzgebung in Art. 77 Abs. 1 Satz 1 dem Bundestag zu. Darin ist die verfassungsimmanente Wertung enthalten, daß der Bundestag für die Normsetzung besonders geeignet sei; oder anders formuliert: daß das Grundgesetz denjenigen Kriterien, die für eine starke Stellung des Parlaments bei der Rechtssetzung sprechen, besonderes Gewicht zumißt.

(1) Legitimationswirkung der parlamentarischen Entscheidung

Weil Gesetze ohne Rechtsbefolgung keine Wirkung erzielen können, ist für die Gesetzgebung ein Verfahren erforderlich, das Legitimität indiziert und verspricht. Parlamentarische Gesetzgebung weist im Hinblick auf seine Legitimitätswirkung eine Reihe von Vorteilen gegenüber exekutiver Rechtssetzung auf.
Auch wenn Bundestagswahlen in der Praxis manchmal eher Kanzlerwahlen gleichen, zählt doch die Tatsache, daß sich der Bundestag im Gegensatz zur Regierung auf einen unmittelbaren Wahlakt stützen kann.
Wichtig ist auch die nie auszuschließende Möglichkeit, daß die Regierungsposition im Parlament nicht die Mehrheit finden könnte. Sei es, weil die Regierung selbst nur von einer Parlamentsminderheit getragen wird, sei es, daß die Regierung sich in einer besonders umstrittenen Einzelfrage mit ihren Vorstellungen nicht durchsetzen kann. Da im Parlament anders als in der Regierung auch die Opposition zugegen ist, können schon wenige abweichende Stimmen aus dem Regierungslager den Ausschlag geben. Und gerade um ein solches

102 *Walter Leisner* (Fn 98), in: DÖV 1969, S. 405 (411).
103 BVerfGE, 68, 1 (86).
104 Inwieweit die folgenden Ausführungen auch auf „Gemeinsame Aktionen" im Rahmen der GASP und „Gemeinsame Maßnahmen" im Rahmen der ZIRP zutreffen, bedarf näherer Untersuchung.
105 *Thomas Oppermann*, Europarecht, 1991, Rz 448.
106 Ebenda, Rz 456.
107 BVerfGE 89, 155 (211) – Maastricht –.

„Fremdgehen" einzelner Parteiflügel zu vermeiden, werden oft Regierungsvorlagen noch rechtzeitig in Richtung der Oppositionskritik verändert.
Während die im Stillen ablaufende Ausschußarbeit auch der Opposition durchaus erlaubt, Einfluß zu nehmen[108], macht die öffentliche Verfügbarkeit des Rechtssetzungsvorschlags in den entscheidenden Stadien (Gesetzentwurf, Änderungsanträge, Beschlußempfehlung der Ausschüsse, gegebenenfalls Anrufung des Vermittlungsausschusses) den legislativen Prozeß auch für Interessengruppen und Medien transparent. Die Einflußnahme dieser Öffentlichkeiten verleiht dem parlamentarischen Prozeß damit eine größere Unmittelbarkeit als das System der repräsentativen Demokratie auf den ersten Blick vermuten ließe[109]. Insofern ergänzen sich auch die Nicht-Öffentlichkeit der Ausschußarbeit und die Öffentlichkeit der formal entscheidenden Akte.
Diese Argumente tragen auch eine starke Beteiligung des Bundestags an der Unions-Rechtssetzung. Die Anlage des Parlaments als Repräsentativversammlung prädestiniert es auch hier als Instanz der Legitimationsbeschaffung.
Dagegen nähme ihm die Beschränkung auf unverbindliche Stellungnahmen fast jede Funktion, wäre also dysfunktional. Während der Bundesrat in seinen Stellungnahmen den Sachverstand der Länder-Exekutivapparate einbringen kann, ebenso wie ein Interessenverband seine spezifische Praxisnähe, findet sich ein seiner Entscheidungsbefugnis beraubtes Parlament schnell (zurecht) im politischen Abseits wieder und wird damit unter dem Gesichtspunkt der Legitimation von Entscheidungen irrelevant[110].
Auch die Wahrnehmung der im Grundgesetz vorgesehenen reinen Kontrollbefugnisse (gemäß Artt. 43 Abs 1, 44, 67 GG)[111] kann nicht genügen, zumal der Hinweis auf die Möglichkeit des Mißtrauensvotum in der alltäglichen Arbeit des Parlaments wenig hilfreich sein dürfte. Da die Wirksamkeit des Bundestags als Kontrollorgan im rein innerstaatlichen Bereich wesentlich auf seiner Fähigkeit zur Gesetzgebung, also zur bindenden Entscheidung, beruht[112], spricht viel dafür, ihm auch im unionswärtigen Bereich das Recht zur (innerstaatlichen) Letztentscheidung einzuräumen.
Gegenüber einem derartigen Konzept der „Kontrolle durch Mitwirkung"[113] wird häufig eine „Verwischung" der Verantwortungsbereiche von Regierung und Parlament beklagt[114].

108 *Hans H. Klein*, Aufgaben des Bundestags, in: HBStR (Fn 4), Bd. II, 1987, § 40, Rz 18.
109 *Konrad Hesse* (Fn 29), 1993, Rz 150.
110 Vgl. *Suzanne S. Schüttemeyer*, Funktionsverluste des Bundestages durch die europäische Integration, in: ZParl, 9. Jg. (1978), S. 261 ff.
111 Dies hält *Michael Brenner* (Fn 4), in: ThürVBl 1993, S. 196 (202) für ausreichend.
112 *Hans H. Klein* (Fn 108), in: HBStR Bd. II, 1987, § 40, Rz 30; *Helmuth Schulze-Fielitz*, Das Parlament als Organ der Kontrolle im Gesetzgebungsprozeß, in: *Horst Dreier/Jochen Hofmann* (Hrsg.), Parlamentarische Souveränität und technische Entwicklung, 1986, 71 (94 f., 123); *Norbert Achterberg* (Fn 88), 1984, 411 ff.; a.A.: *Hans Meyer*, Die Stellung der Parlamente in der Verfassungsordnung des Grundgesetzes, in: *Hans-Peter Scheider/Wolfgang Zeh* (Hrsg.), Parlamentsrecht und Parlamentspraxis, 1989, § 4, Rz 70.
113 *Wilhelm A. Kewenig*, Staatsrechtliche Probleme parlamentarischer Mitregierung am Beispiel der Arbeit der Bundestagsausschüsse, 1970; *Christian Tomuschat*, Die Parlamentarische Haushalts- und Finanzkontrolle in der Bundesrepublik Deutschland, in: Der Staat 1980, S. 1 ff.; *Herbert Mandelartz*, Zur sogenannten „mitwirkenden Kontrolle", insbesondere beim Haushaltsvollzug, in: ZParl, 13. Jg. (1982), S. 7 ff.
114 Z.B. *Hans-Peter Schneider*, Das parlamentarische System, in: *Ernst Benda/Werner Maihofer/Hans-Joachim Vogel* u.a. (Hrsg.), Handbuch des Verfassungsrechts, 1983, S. 239 (269 f.).

Diese ist jedoch als Ausdruck der grundgesetzlichen Entscheidung für das parlamentarische Regierungssystem von Verfassungs wegen hinzunehmen[115].
Inwieweit sich auch die politische Opposition als die primäre parlamentarische Kontrollinstanz in eine gemeinsame Verantwortung einbinden läßt und damit tendenziell Kontrollaufgaben vernachlässigt, ist dagegen keine verfassungsrechtliche, sondern eine empirische Frage. Denn es ist die freie politische Entscheidung jeder Minderheitsfraktion, ob sie eine eher konfrontative oder eine eher kooperative Strategie wählt[116].
Im Gesetzgebungsverfahren kann jedenfalls auch die Opposition eine wichtige Thematisierungsfunktion ausüben[117]. Es ist zu vermuten, daß dies im unionswärtigen Entscheidungsverfahren ähnlich wäre, wenn das Parlament hier eine (innerstaatlich) letztentscheidende Rolle wahrnehmen würde.
Ein Parlament, das europapolitisch keine Entscheidungsbefugnisse hat, wird diese Aufgabe dagegen nur als lustlose Pflichtübung erledigen. Es wird andere Prioritäten setzen und den unionswärtigen Kontrollaufgaben (wie schon bisher[118]) nicht die nötige Aufmerksamkeit schenken. Auch die Informationsströme der heimischen Lobby fließen an ihm vorbei direkt zur Regierung. Je weniger Qualität die Stellungnahmen des Bundestags deshalb haben, um so geringer ist die Beachtung, die sie finden werden. Ein Marginalisierungskreislauf, der letztlich sogar die (nicht auf die EU bezogene) heimische Rechtssetzung beeinflußen könnte. Denn ein Parlament, das von den unionspolitischen Rahmenbedingungen wenig weiß, befindet sich zwangsläufig bald nicht mehr auf der Höhe der Zeit.
Wenn auch das BVerfG die Legitimation der Europäischen Union vor allem auf die mitgliedstaatlichen Parlamente stützen will (C I 2 b1 + b2)[119], dann führt es damit genaugenommen sogar die Linie des Pershing-Urteils fort. Denn dort hatte es die Unzuständigkeit des Bundestags für einseitige völkerrechtliche Akte darauf gestützt, daß hier ein Bereich vorliege, der „funktionell betrachtet nicht Gesetzgebung" sei[120]. Da es hier aber – so der Umkehrschluß – um einen Bereich geht, der funktionell betrachtet gerade Gesetzgebung ist, dann muß hier auch dem Bundestag das entscheidende Gewicht zufallen.

(2) Keine ausreichende Legitimation auf Unions-Ebene

Es kann nicht eingewandt werden, daß der Ablauf der Unionsbeschlußfassung soviel Legitimitätspotential in sich trage, daß es auf die Frage der mitgliedstaatlichen Kompetenzverteilung gar nicht mehr ankomme.
Zwar hat das BVerfG festgestellt, daß auf europäischer Ebene bis auf weiteres die Setzung von Rechtsnormen durch ein „exekutiv besetztes Organ" unvermeidbar ist (C I 2. c)[121]. Die

115 So schon *Ernst Friesenhahn*, Parlament und Regierung im modernen Staat, in: VVDStRL 1958 (Bd. 16), S. 9 (69 f.).
116 *Camilla Werner*, Das Dilemma parlamentarischer Opposition, in: *Dieter Herzog/Hilke Rebenstorf/Bernhard Weßels* (Hrsg.), Parlament und Gesellschaft, 1993, S. 184 (184).
117 *Martin Sebaldt*, Die Thematisierungsfunktion der Opposition: die parlamentarische Minderheit des Deutschen Bundestags als innovative Kraft im politischen System der Bundesrepublik, 1992, S. 50 und 209 ff.
118 Z.B. *Jürgen Schwarze*, Das Staatsrecht in Europa, in: JZ 1993, S. 585 (588).
119 BVerfGE 89, 155 (184 ff.).
120 BVerfGE 68, 1 (87).
121 BVerfGE 89, 155 (187).

Legitimation für dieses Verfahren stamme aber doch „zuvörderst" daraus, daß den einzelnen Regierungen durch die Rückkoppelung an ihre jeweiligen mitgliedstaatlichen Parlamente demokratische Legitimation vermittelt wird (C I 2 b1 + b2)[122]. Das Europäische Parlament könne hier derzeit nur stützend wirken (C I 2 b2)[123]. Zum einen liegt dies daran, daß das, was die mitgliedstaatlichen Parlamente verloren haben, das Letztentscheidungsrecht in der Gesetzgebung, eben gerade noch nicht beim Europäischen Parlament „angekommen" ist[124]. Zum anderen sieht das BVerfG aufgrund einer eher politologischen Analyse der noch mangelnden zivilgesellschaftlichen Einbindung des EP auch große Hürden für eine Verlagerung der Legitimationsaufgabe auf das gemeinsame Parlament der EU (C I 2 b1)[125]. Ob allerdings nicht gerade die Aufwertung des Europäischen Parlaments die Voraussetzung für das Entstehen etwa einer gemeinsamen demokratischen Öffentlichkeit ist[126], braucht hier nicht entschieden zu werden. Denn im derzeitigen europapolitischen Klima ist in nächster Zeit wohl kaum mit einer ausreichenden Gewichtsverlagerung zum Europäischen Parlament zu rechnen[127].

Bemerkenswert und durchaus gerechtfertigt ist, daß das Verfahren im Ministerrat im Hinblick auf mögliche Legitimationswirkungen vom BVerfG keines Wortes gewürdigt wird. Denn trotz einiger anstehender eher kosmetischer Korrekturen[128] bleibt das Geschehen im Rat weitgehend im Dunkeln. Und dies obwohl hier eher ein Plus an Publizität naheliegen würde, da die Umorientierung der nach wie vor auf die jeweiligen Hauptstädte gepolten mitgliedstaatlichen Öffentlichkeiten noch lange nicht abgeschlossen ist. Dieser Publizitätsmangel gilt für die Ratssitzungen selbst, aber natürlich erst recht für die Sitzungen der vorbereitenden Gremien, das heißt den Ausschuß der Ständigen Vertreter in Brüssel beziehungsweise die Expertengruppen, in denen mitgliedstaatliche Beamte im Beisein von Kommissionsvertretern die Vorschläge für Rechtsakte abstimmungsreif machen. Diese Expertengruppen können auch nicht mit den ebenfalls nicht-öffentlich tagenden parlamentarischen Ausschüssen verglichen werden. Denn weder ist bekannt, wer in den Gremien sitzt noch, wann diese tagen und zu welchen Ergebnissen sie kommen. Es gibt zwar Protokolle, doch sind diese (anders als die abschließenden Ausschußempfehlungen im Bundestag) nicht-öffentlich. Neben der Bundesregierung erhalten diese internen Ratsdokumente bislang nur die Länderregierungen. Selbst dem Bundestag wurden diese bislang vorenthalten. Es genügt auch nicht, die im Amtsblatt der EG veröffentlichten Dokumente (Vorschlag der Kommission, Stellungnahme des EP, Stellungnahme des Wirtschafts- und Sozialausschusses und gegebenenfalls nachfolgende Änderung des Kommissionsvorschlags) zu verfolgen. Insbesondere soweit das Europäische Parlament nur angehört wird, kann es sein, daß man dort eine

122 BVerfGE 89, 155 (184 ff.).

123 BVerfGE 89, 155 (186).

124 Vgl. Generaldirektion Wissenschaft des Europäischen Parlaments (Hrsg.), Kompetenzübergang und Demokratiedefizit, 1990, S. 53 f.

125 BVerfGE 89, 155 (185).

126 So *Brun-Otto Bryde*, Das Maastricht-Urteil des Bundesverfassungsgerichts. Vorträge und Berichte aus dem Graduiertenkolleg „Europäische Integration" der Eberhard-Karls-Universität Tübingen, Nr. 5, 1993, S. 8; *Jürgen Gerhards*, Westeuropäische Integration und die Schwierigkeiten der Entstehung einer europäischen Öffentlichkeit, in: ZfS 1993, S. 96 (108).

127 Vgl. z.B. *Sven Holscheidt/Thomas Scholten*, Demokratie in Europa nach der Maastricht-Entscheidung des Bundesverfassungsgerichts, in: VR 1994, S. 183 (188).

128 Vgl. die interinstitutionelle Erklärung von Rat, Kommission und Europäischem Parlament, BT-DrS. 12/6460, S. 4 und 16.

Phantomdebatte mitverfolgt, die mit den in den Subgremien des Rates diskutierten Fragen so gut wie gar nichts zu tun hat. Daß der Kommissionsvorschlag hier vielleicht in ganz andere Richtungen verändert wurde, erfährt die offizielle Öffentlichkeit erst durch die Veröffentlichung des letztlich im Rat beschlossenen Rechtsakts – also wenn alles vorüber ist.

(3) Keine exekutiven Funktionsvorteile

Zwar wirkt es auf den ersten Blick etwas befremdlich, rechtliche Kompetenzen auf bloße Praktikabilitätsüberlegungen zu stützen[129]. So aber argumentierte das BVerfG im Pershing-Urteil, in dem es der Regierung unter Verweis auf deren größere Flexibilität und Sachkenntnis die auswärtige Gewalt zuwies. In der Diskussion um die Ausübung der EU-Mitgliedschaftsrechte werden dabei – soweit überhaupt – dieselben Stichworte genannt (hin und wieder ergänzt um den Gesichtspunkt der außenpolitischen Geschlossenheit), um die unionswärtige Gewalt ebenfalls der Regierung zuzuweisen.

(a) Flexibilität der Regierung

Betont wird etwa, daß die Bundesregierung auf wechselnde äußere Lagen schneller reagieren könne als das Parlament[130].
Bei der Rats-Rechtssetzung geht es in der Regel[131] gerade nicht um die Reaktion auf wechselnde internationale militärische oder (geheim-)diplomatische Lagen, sondern um ein mitunter reichlich zähes Gesetzgebungsverfahren. Manche Kommissions-Vorlage schmort durchaus mehrere Jahre in Brüssel, bis der Rat endlich zu einer Entscheidung findet. Ein Zeitraum von einem Jahr wird bei den Vorhaben, die für den Bundestag von Interesse sind, in der Regel nicht unterschritten.
Die Rechtssetzungsverfahren verlaufen meist nach dem selben Muster. Zu Beginn steht eine Sondierungsphase, bei der nur grundsätzliche Positionen ausgetauscht werden. Es schließt sich die Arbeits- und Entscheidungsphase an, bei der erstmals inhaltlich am Text des Vorschlags gearbeitet wird. Hier schälen sich auch sukzessive die Kompromisse in den besonders wichtigen Fragen heraus, die meist erst am Ende dieser Phase zu einem „Paket" geschnürt werden. Bis zur formell endgültigen Beschlußfassung im Rat können dann noch einmal mehrere Monate ins Land gehen, während der der Rechtsakt im Sinne der gefundenen Kompromisse sprachlich, rechtlich und technisch überarbeitet wird. Wird das Europäische Parlament im Wege des Zustimmungs- oder Mitentscheidungsverfahrens beteiligt, so lassen sich innerhalb der Arbeits- und Entscheidungsphase weitere Unterphasen ausmachen. Besonders bedeutsam ist dabei der Zeitraum bis zur grundsätzlichen Billigung eines gemeinsamen Standpunktes des Rates durch das Europäische Parlament.
Daß sich in einer Ratssitzung überraschende Entwicklungen ergeben, ist ziemlich unwahrscheinlich. Häufig wird die Befassung des Rates mit einem EU-Vorhaben als Orientierungsdebatte bezeichnet. Dann werden in der Regel nur die bereits auf unteren Ebenen vorgetragenen Standpunkte wiederholt. Ernsthafte Verhandlungen finden auf Ratsebene nur statt,

129 Skeptisch auch *Friedrich Schnapp,* Der Verwaltungsvorbehalt, in: VVDStRL 1985 (Bd. 43), S. 172 (191 f.).
130 *Jochen A. Frowein* (Fn 4), 1989, S. 285 (293).
131 Anders nur im Bereich der Gemeinsamen Außen- und Sicherheitspolitik.

wenn bestimmte Streitpunkte auf den unteren Ebenen nicht ausgeräumt werden konnten. Dann jedoch sind die unterschiedlichen Standpunkte bereits hinlänglich bekannt und in den mitgliedstaatlichen Stäben ausreichend vordiskutiert. Die formal abschließende Befassung eines Rechtsaktes im Rat findet in der Regel als bloßer A-Punkt der Tagesordnung statt, das heißt: Über das Vorhaben wird en bloc gemeinsam mit allen anderen A-Punkten abgestimmt. Mit überraschenden Entwicklungen und „wechselnden Lagen" ist hier also nicht zu rechnen.

Auf neu aufkommende (Änderungs-)Vorschläge erwartet auch niemand eine umgehende Reaktion. Es ist vielmehr durchaus üblich, daß ein Vertreter für sein Land in diesem Fall lediglich einen „Prüfungsvorbehalt" anmeldet. Sowohl die Beamten in den Expertengruppen als auch die Minister brauchen in überraschenden Situationen erst einmal Zeit. Die Beamten müssen sich bis zur nächsten oder übernächsten Sitzung um neue Weisungen ihres Ministeriums bemühen. Ein Minister oder Staatssekretär ist meist ohnehin nicht so sehr mit den Details vertraut, daß er neue Vorschläge ohne Beratung umgehend bewerten könnte.

Mitgliedstaatlich rückgebunden ist also nicht nur der Beamte in der Expertengruppe, sondern faktisch auch der Minister im Ministerrat, der sich ständig mit seinem Stab, also den Beamten, die die jeweiligen Themen in den Expertengruppen vorbereiten, absprechen muß. Da von einer EU-Angelegenheit meist mehrere Ressorts der Bundesregierung berührt sind, ist auch regierungsintern eine Abstimmung unterschiedlicher Ressortinteressen erforderlich[132]. Die Beschlüsse dieser koordinierenden Ressortbesprechungen binden das federführende Ministerium politisch. Hier besteht also eine weitere regierungsinterne Rückbindung. Seit längerem[133] müssen außerdem Stellungnahmen des Bundesrates berücksichtigt werden. Gemäß Art. 23 Abs. 5 Satz 2 GG hat die Bundesregierung das Ländervotum sogar „maßgeblich" zu berücksichtigen, soweit im Schwerpunkt Gesetzgebungsbefugnisse der Länder, die Einrichtung ihrer Behörden oder ihre Verwaltungsverfahren betroffen sind, das heißt: Der Bundesrat hat hier bei der innerstaatlichen Willensbildung in der Regel das letzte Wort[134].

Denkbar ist, daß die Bundesregierung eine hinzukommende relevante Beteiligung des Bundestages bei der innerstaatlichen Willensbildung als lästig empfindet. Das kann jedoch in einem parlamentarischen Regierungssystem kein zulässiges Argument darstellen. Jedenfalls scheint die vermeintlich drohende Handlungsunfähigkeit der Bundesrepublik in der Union[135] eher ein Mythos als eine reale Gefahr zu sein. Denn trotz des vielfältigen Koordinationsbedarfs bereits innerhalb der Bundesregierung hat sich das neue Beteiligungsverfahren bezüglich des Bundesrats selbst nach Ansicht der Bundesregierung „bisher beschwerdefrei bewährt"[136]. Es ist kein Grund ersichtlich, warum die adäquate Einschaltung des Bundestags in die innerstaatliche Behandlung der Unions-Angelegenheiten nicht ebenso zu einer Routineangelegenheit werden könnte.

132 Vgl. *Ulf Oetting* (Fn 60), 1973, 77; neuerdings auch erwähnt in § 4 EUZBLG.

133 Eingeführt 1979 aufgrund einer schriftlichen Erklärung des Bundeskanzlers, dokumentiert in *Rudolf Hrbek/Uwe Thaysen* (Fn 24), 1986, 237 f.; gesetzlich geregelt seit 1986 in Art. 2 EEAG (Fn 23); verfassungsrechtlich ausdrücklich garantiert seit 1992 in Art. 23 Abs. 5 GG.

134 Das Verfahren gemäß § 5 Abs. 2 EUZBLG ist beschrieben bei *Rudolf Morawitz/Wilhelm Kaiser*, Die Zusammenarbeit von Bund und Ländern bei Vorhaben der Europäischen Union, 1994, S. 94 ff.

135 Vgl. z.B. *Rüdiger Breuer* (Fn 71), in: NVwZ 1994, S. 417 (427).

136 Staatssekretär *Hans Neusel* in der 3. Sitzung der GVK (Fn 62), Sten. Prot., S. 5.

In Eilfällen könnte der Bundestag gegenüber dem Bundesrat sogar strukturelle Vorteile haben, weil die Abgeordneten anders als die Mitglieder des Bundesrats weisungs-unabhängig sind. In der Regel dürfte – insbesondere während der jeweiligen Sondierungsphase – derartige Hast aber gar nicht erforderlich sein. Die größere Flexibilitiät der Regierung gegenüber dem Parlament spielt im Bereich der Rats-Rechtssetzung deshalb so gut wie keine Rolle.

(b) Sachkompetenz der Regierung

Außerdem könnte angeführt werden, daß angesichts der schwierigen, oft technischen Materien der Rats-Rechtssetzung nur die Bundesregierung mit dem erforderlichen Apparat ausgestattet sei. Jedenfalls wird eine vermeintliche Überforderung des Bundestages in Gemeinschaftsangelegenheiten oft mit diesen Eigenheiten des EG-Rechts in Verbindung gebracht[137].
Dabei ist zuallererst zu beachten, daß rund 90% der EG-Vorhaben, die dem Bundestag bisher zugeleitet wurden, bei rein innerstaatlicher Sichtweise gar nicht im Bereich der eigentlichen parlamentarischen Zuständigkeit liegen, sondern als technische Detailregelung per Rechtsverordnung oder per Verwaltungsvorschrift erledigt würden[138]. Wenn sich der Bundestag also bisher nur mit rund 7% der ihm zur Kenntnis gebrachten Vorlagen inhaltlich befaßte[139], so ist das kein Indiz für Überforderung, sondern eher für Vernunft und gesunde Schwerpunktsetzung. Sinnvoll ist die globale Vorlage aller Unions-Vorhaben an den Bundestag aber dennoch, denn aufgrund der häufig von Rats-Rechtssetzung ausgehenden Sperrwirkung für mitgliedstaatliche Rechtssetzung muß der Bundestag selbst entscheiden, womit er sich beschäftigen will und womit nicht[140].
Eine über die mitgliedstaatliche Gesetzgebung hinausgehende Komplexität der Rats-Rechtssetzung kann vor allem aus einem Aspekt herrühren: Auf Unions-Ebene wird in der Regel nicht neues Recht geschaffen oder altes Recht geändert, sondern oft divergierendes Recht vereinheitlicht. Dabei sind unterschiedliche rechtliche und politische Traditionen der einzelnen Mitgliedstaaten zu beachten, die einer allzu stromlinienförmigen Rechtsvereinheitlichung oft im Wege stehen. Es wird dabei jedoch weder von der Kommission noch von der Ratspräsidentschaft noch von einer anderen Delegation erwartet, daß sie alle mitgliedstaatlichen Sonderlagen gleichermaßen im Blick haben. Dies ist schon deshalb nicht erforderlich, weil die mitgliedstaatlichen Delegationen selbst dafür sorgen, daß ihre jeweiligen Besonderheiten nicht außer acht bleiben. Die erforderliche Berücksichtigung von Sonderlagen ist daher eher das Ergebnis eines spezifischen Prozesses als das Merkmal einer überlegenen Fach-Bürokratie.
Wenn trotzdem der Vorwurf zu hören ist, der Bundestag sei mit der Komplexität der Gemeinschafts-Materien überfordert, könnte man auch die Gegenfrage stellen, warum eigentlich gerade die Bundesregierung die entscheidende Rolle bei der Ausübung der deutschen EU-Mitgliedschaftsrechte innehaben soll. Schließlich sind die jeweiligen Minister in ihrem Arbeitsbereich oft noch mehr auf die Zuarbeit von Fachbeamten angewiesen als

137 Z.B. *Wolfgang Ismayr*, Der deutsche Bundestag, 1992, S. 330.
138 *Ulf Oetting* (Fn 60) 1973, S. 63 mit Fn 53a.
139 *Wolfgang Ismayr*, (Fn 137), 1992, S. 329.
140 *Ulf Oetting* (Fn 60), 1973, S. 174; *Rudolf Morawitz/Wilhelm Kaiser* (Fn 134), 1994, S. 47.

mancher Parlamentarier[141]. Teilweise werden die Fachbeamten der mitgliedstaatlichen Ministerien bereits als die „wahren Gesetzgeber" der Union bezeichnet[142]. Dennoch hat – soweit ersichtlich – noch niemand vorgeschlagen, die jeweiligen Minister dürften den Fachbeamten nur noch unverbindliche Stellungnahmen vorlegen, weil im Beamtenapparat der eigentliche Sachverstand konzentriert sei.

So betrachtet haben Regierung und Parlament ähnliche Stärken und Schwächen. Beide sind demokratisch legitimiert und (idealtypisch) in der Lage, Komplexität zu erhalten, in größeren Zusammenhängen zu denken, während es ihnen im Detail an Sachkenntnis mangelt[143]. Deshalb ist es richtig, daß die Minister des Rats nicht alle Verhandlungen in eigener Person ausführen, sondern sich über die Einsetzung von Expertengruppen der jeweils spezialisierten Beamten bedienen. Die politische Leitung des exekutiven Apparats liegt dabei nach wie vor bei der Regierung. Es ist auch die Regierung, die letztlich gegenüber dem Parlament politisch verantwortlich ist und nicht die einzelnen Beamten. Insofern kontrolliert und steuert das Parlament auch weniger den Sachverstand der Beamten (wozu es nur bedingt in der Lage wäre), sondern vielmehr bezieht sich seine Kontroll- und Steuerungstätigkeit auf die politische Leitung des Beamtenapparats durch die Regierung.

Es wurde behauptet, auf Gemeinschaftsebene bestehe kein Raum mehr für politische Entscheidungen, vielmehr vollziehe der wissenschaftliche Sachverstand der Kommission unter Aufsicht des Rats nur noch das in den EG-Verträgen angelegte Integrationsprogramm[144]. Das ist jedoch ein Zerrbild von Rechtslage und Wirklichkeit[145]. Dagegen spricht nicht nur, daß die Gemeinschafts-Verträge mit dem Rat gerade ein ausdrücklich politisches Organ als Letztentscheidungsinstanz (und nicht nur als Aufsicht) vorgesehen haben. Die im Rat und seinen Subgremien ausgetragenen Divergenzen entspringen in der Regel auch handfesten politischen Interessen und nicht etwa nur der unterschiedlichen Bewertung von Sachverhalten.

Um nur einige Beispiele zu nennen: Die verbindliche Einführung europäischer Betriebsräte für multinationale Unternehmen ist nach dem EGV und dem Sozialabkommen zwar möglich, aber keineswegs zwingend vorgeschrieben. Ob und mit welchem Inhalt die EG eine derartige Richtlinie erläßt, ist deshalb allein eine politische Entscheidung.

Die Liberalisierung der Telekommunikationsmärkte ist zwar im Vertrag vorgesehen. Dennoch herrscht weitgehend Konsens, daß dabei die Sicherung der (insbesondere ländlichen) Infrastruktur gewährleistet werden muß. In welchen Bereichen und wie lange daher bestimmte Postmonopole erhalten bleiben müssen, ist eine politische Entscheidung.

141 Stark zugespitzte Darstellung bei *Harald Schumann*, Selbstentmachtung der Politik, in: Kursbuch 107 (März 1992), S. 177 (183).

142 *Hans-Jürgen Rabe*, Europäische Gesetzgebung – das unbekannte Wesen, in: NJW 1993, S. 1 (4), ähnlich *Maurizzio Bach*, Eine leise Revolution durch Verwaltungsverfahren – bürokratische Integrationsprozesse in der Europäischen Gemeinschaft, in: ZfS 1992, S. 16 (20).

143 Konsequenterweise ist deshalb bereits vorgeschlagen worden, die Gewaltenteilung künftig als eine solche zwischen Politik und Bürokratie zu begreifen, vgl. *Hans D. Jarass*, Politik und Bürokratie als Elemente der Gewaltenteilung, 1975, S. 93 ff. Gegen dieses Modell spricht allerdings, daß es dazu verführt, durch die Regierungsbeteiligung am Geschehen den Anteil der Politik bereits als abgedeckt zu betrachten und das Parlament (und damit auch die Opposition und die Öffentlichkeit) guten Gewissens außen vor bleiben zu lassen.

144 *Hans Peter Ipsen*, Fusionsverfassung der Europäischen Gemeinschaften, 1969, S. 62 ff.

145 So z.B. auch *Ulrich Everling*, in: DVBl. 1993, S. 936 (937 f.).

Die EG ist zwar durch den Vertrag befugt, Maßnahmen zur Harmonisierung des Steuerwesens zu ergreifen. Ob sie dies jedoch mit der ebenfalls vertraglichen Aufgabe des Umweltschutzes verbindet, etwa indem sie die Einführung einer kombinierten CO_2- und Energiesteuer vorschreibt, ist eine politische Entscheidung.
Nicht zuletzt um politische Entscheidungen von derartiger Tragweite geht es, wenn vom Demokratie- und Legitimationsdefizit der europäischen Integration gesprochen wird. Hier ist der Verweis auf den überlegenen Sachverstand der Exekutive schlichtweg fehl am Platz.

(c) Außenpolitische Geschlossenheit

Mancherorts herrscht auch die Vorstellung, daß nur eine alleinverantwortliche Exekutive nach außen die vermeintlich erforderliche außenpolitische Geschlossenheit gewährleisten könne[146].
Gerade angesichts der jüngsten Schritte in Richtung auf eine „immer engere europäische Union", scheint es jedoch reichlich antiquiert, die unionswärtige Geschlossenheit eines Landes zum Maßstab von innerstaatlichen Kompetenzverteilungen zu erheben. Schon die Fraktionen im Europäischen Parlament haben sich von vornherein nach politischen Grundanschauungen statt nach „nationalen Interessen" gebildet. Auch die Fachbeamtenschaft, die eigentlichen Leistungsträger der Exekutive, sind mental längst nicht mehr ausschließlich mitgliedstaatlich orientiert[147]. Durch die Veralltäglichung der Arbeitskontakte hat sich vielmehr eine netzwerkartige transnationale Verwaltungselite entwickelt[148].
Der Hinweis auf die außenpolitische Geschlossenheit ist aber nicht nur historisch überholt, sondern auch in sich nicht stimmig. Solange sich der Bundestag mit Rats-Rechtssetzung beschäftigen darf, und zumindest dies ist nunmehr durch Art. 23 GG garantiert, ist es möglich, daß dabei (in der Regel) von den Oppositionsparteien eine abweichende politische Konzeption vertreten wird[149]. Diese mag man in den anderen Hauptstädten zur Kenntnis nehmen oder auch nicht. Soweit man dadurch die außenpolitische Geschlossenheit nicht beeinträchtigt sieht, ist nicht ersichtlich, wo der qualitative Unterschied zu einer politisch relevanten Abstimmung über die deutsche EU-Politik liegen soll. In der Regel wird die Opposition ihre abweichende Konzeption mangels Mehrheit gerade nicht durchsetzen, so daß die Regierung in der Union die von ihr (und der Parlamentsmehrheit) für richtig erachtete Politik geschlossen verfolgen kann. Findet sich im Parlament aber (ausnahmsweise) eine andere Mehrheit oder modifiziert die Regierungsmehrheit die Vorschläge der Exe-

146 Gegen „Zersplitterungen" z.B. *Peter Lerche*, Stellungnahme bei der Sachverständigen-Anhörung der GVK (Fn 62), S. 8.
147 Auch wenn sie natürlich nach wie vor in das mitgliedstaatliche Verantwortungssystem eingebettet sind.
148 *Maurizio Bach* (Fn 142), in: ZfS 1992, S. 16 (23, 26).
149 Quasi naturgegebene „deutsche Interessen", die eine Regierung ihrer Politik ohne weiteres zugrunde legen kann, gibt es ohnehin nicht. Es gibt nur bestimmte rechtliche und politische Traditionen (oder Optionen), die man bei der Rats-Rechtssetzung berücksichtigt sehen will oder eben auch nicht. Manche dieser sogenannten „deutschen Interessen" mögen politisch außer Streit stehen, wie etwa die sozialpartnerschaftliche Unternehmensmitbestimmung, die nicht einem einheitlichen europäischem Aktienrecht zum Opfer fallen soll. Andere können aber auch durchaus politisch umstritten sein, wie etwa das Fehlen von Geschwindigkeitsbegrenzungen auf deutschen Autobahnen. Politisch begründungspflichtig ist die deutsche EU-Politik also allemal.

kutivspitze, so muß dies nicht zur außenpolitischen Spaltung zwischen Parlament und Regierung führen. Vielmehr spricht es geradezu dafür, dem Bundestag die unionswärtige Gewalt zuzusprechen, um eine derartige Spaltung zu verhindern, da in diesem Sinne die Regierung dann bis auf weiteres die Position des Parlaments zu vertreten hat. Hiergegen könnte nur eingewandt werden, daß die Regierung dann eventuell zu einem mit Gesichtsverlust verbundenen Kurswechsel gezwungen sein könnte. Das allerdings spricht nicht gegen eine parlamentarische Bestimmung der bundesdeutschen Unions-Politik, sondern dafür, diese so früh wie möglich vorzunehmen.
Als Zwischenergebnis ist damit festzuhalten, daß weder Gründe der Gewaltenhemmung noch der Funktionenordnung dafür sprechen, der Bundesregierung ein generelles Letztentscheidungsrecht in EU-Angelegenheiten einzuräumen. Dagegen betrifft die deutsche Mitwirkung im Rahmen der Gemeinsamen Außen- und Sicherheitspolitik[150] funktionell eventuell keine Gesetzgebung und erfordert außerdem ein Maß an Flexibilität, wie es am besten die Exekutive gewährleisten kann. Insofern könnte nach den Kritierien des Pershing-Urteils nur hier ein Eigenbereich der Regierung zu verorten sein[151]. Im übrigen besteht das Zugriffsrecht des Gesetzgebers. Ein weithin bestehendes parlamentarisches Letztentscheidungsrecht in Fragen der unionswärtigen Gewalt überspielt also nicht die gegebene Kompetenzordnung der gewaltenteilenden Demokratie, sondern befindet sich gerade mit ihr in Einklang. Auch das Maastricht-Urteil des BVerfG spricht ausdrücklich davon, daß der Bundestag bei der Bestimmung der deutschen Verhandlungsposition „maßgeblich" mitwirken kann (C II 2 d2 (3)[152].
Die Frage, ob dem Gesetzgeber Allzuständigkeit zukommt oder ob aus dem legislativen Zugriffsbereich Eigenbereiche der Regierung ausgegrenzt werden müssen, kann hier angesichts der ähnlichen Ergebnisse offen bleiben. Sie ist ohnehin nur metajuristisch zu entscheiden. Festzuhalten ist, daß die unterschiedlichen dogmatischen Ansätze tendenziell übereinstimmend nahelegen, die unionswärtige Gewalt, also das innerstaatliche Letztentscheidungsrecht in EU-Angelegenheiten, beim Deutschen Bundestag zu verorten.

IV. Möglichkeiten der Wahrnehmung der unionswärtigen Gewalt durch den Deutschen Bundestag

1. Mandatsgesetze

Nach herrschender Meinung haben einfache Entschließungen keine Verbindlichkeit[153], dies gilt auch für Entschließungen mit denen die Regierung zu einem bestimmten außenpoliti-

150 Die GASP ist hier nur als ein Beispiel für eine abweichende Kompetenzverteilung aufgeführt. Eine eingehendere Untersuchung der vielfältigen Regelungsmechanismen und Sachbereiche im Rahmen der EU könnte aus der Perspektive der Eigenbereichslehre durchaus weitere regierungszugehörige Unterfälle identifizieren.

151 Hier dürfte jedoch die Theorie von der Allzuständigkeit des Gesetzgebers (s.o), die lediglich absolute Grenzen der Normierbarkeit akzeptiert, zu anderen Ergebnissen kommen.

152 BVerfGE 89, 155 (203).

153 *Roman Herzog* in MDHS (Fn 58), zu Art. 20 GG Abschnitt V, Rz 62.

schen[154] oder europapolitischen[155] Verhalten angehalten werden soll. Zwar hat Art. 23 Abs. 3 GG nun eine Berücksichtigungspflicht[156] der Regierung für unionswärtige Stellungnahmen des Bundestages angeordnet. Doch ergibt sich nach wie vor aus dem Gesetzmäßigkeitsprinzip gem. Art. 20 Abs. 3 GG, daß Verbindlichkeit nur dem formellen Gesetz zukommt. Wenn der Bundestag die inhaltliche Programmierung der deutschen Verhandlungsführung in EU-Angelegenheiten an sich ziehen will, muß er also auf das Mittel des Gesetzes zurückgreifen. Derartige Gesetze könnte man Mandatsgesetze nennen.

Durch ein Mandatsgesetz könnte zu Beginn eines Brüsseler Rechtssetzungsverfahrens eine umfassende Konzeption als deutsche Ausgangsposition festgelegt werden. Falls sich abzeichnet, daß andere EU-Mitgliedstaaten abweichende Konzeptionen verfolgen, könnten per weiterem Gesetz die deutschen Essentials bestimmt werden. Unter den zur Disposition stehenden deutschen Positionen könnten wiederum Präferenzen festgelegt werden. Außerdem könnten als besonders unsachgemäß befürchtete „Package deals"[157] ausgeschlossen werden.

Wie sehr der Bundestag den Handlungspielraum der Regierung einengen will, wird ganz von den Mehrheitsverhältnissen und vom öffentlichen Interesse am jeweiligen Sachbereich abhängen[158]. In aller Regel dürfte die Mehrheitsfraktion wenig Interesse haben, der Bundesregierung zu enge Direktiven mit auf den Weg zu geben. Auch dürfte das einfachere Instrument der Entschließung beziehungsweise Stellungnahme auch weiterhin in aller Regel für den Bundestag die attraktivere Handlungsform darstellen. Wenn die Regierung allerdings ernsthaft damit rechnen muß, daß der Bundestag sie gegebenenfalls per Gesetz binden könnte und würde, hat dies auch Auswirkungen auf die Beachtung der einfachen Parlamentsstellungnahmen durch die Bundesregierung[159].

Mandatsgesetze sind rein formelle Gesetze (Organgesetze[160]), ohne Außenwirkung für Dritte. Daß sie keine abstrakt-generelle Regelung beinhalten, macht sie nicht unzulässig, denn der Gesetzesbegriff des Grundgesetzes ist ein rein formaler[161].

Die Besonderheit von Mandatsgesetzen im Vergleich zu anderen Organgesetzen[162] liegt vor allem darin, daß sie keine endgültige Regelung eines Rechtsbereichs beinhalten können (weil die eigentliche Entscheidung im Ministerrat fällt). Sie nehmen nur Einfluß auf eine

154 *Ulrich Fastenrath*, Kompetenzverteilung im Bereich der auswärtigen Gewalt, 1986, S. 244 mit Fn 1175; *Christian Tomuschat* (Fn 100), in: VVDStRL 1978 (Bd. 36), S. 7 (36); a.A.: *Klaus-Albrecht Sellmann*, Der schlichte Parlamentsbeschluß, 1966, S. 74 ff.; *Cornelius Grupp*, Die parlamentarische Kontrolle der auswärtigen Gewalt in Form von Entschließungen, Diss. Augsburg, 1975, S. 143 ff.

155 *Eckart Klein*, Der Verfassungsstaat als Glied einer europäischen Gemeinschaft, in: VVDStRL 1991 (Bd. 50), S. 56 (76).

156 Dazu näher unten.

157 Verhandlungskompromisse quer durch alle Ressorts, vgl. *Jürgen Bellers*, Parlamentarische Souveränität und europäische Integration, in: *Raban Graf von Westphalen* (Hrsg.), Parlamentslehre, 1993, S. 514 (520).

158 Vgl. *Klaus Stern* (Fn 90), 1984, § 22 III 4, S. 1002 und § 22 III 6, S. 1010.

159 Zu dieser Vorwirkung des Gesetzgebungsrechts *Siegfried Magiera* (Fn 91), 1979, 216 und 285; *Hans H. Klein* (Fn 108), HBStR Bd. II, 1987, § 40, Rz 12.

160 Vgl. *Klaus Stern* (Fn 90), 1984 § 20 IV 4 f., S. 828; ders, Staatsrecht II, 1980 § 37 I 4 b) a), S. 570.

161 BVerfGE 25, 371 (396 ff.) – Rheinstahl –.

162 Vgl. z.B. das Gesetz über den Friedensschluß gemäß Art. 115 l GG.

bestimmte Weichenstellung. Diese Besonderheit haben sie gemeinsam mit sogenannten Plangesetzen[163]. Auch diese bewegen sich in der Regel noch im Vorfeld der eigentlichen Entscheidungsfindung. Auch dort werden die Möglichkeiten der Gesetzgebung zu dirigierender Kontrolle genutzt.

Aus eben diesem Grund dürfte bezüglich der EU-Angelegenheiten auch kein verfassungsrechtlicher Gesetzesvorbehalt im Sinne der Wesentlichkeitstheorie geboten sein. Denn ein Mandatsgesetz selbst entfaltet noch keine Außenwirkung, sondern bindet nur die Regierung. Außerdem kann es keine endgültige Regelung treffen, sondern auf die Weichenstellung im Rat nur Einfluß nehmen. Erforderlich scheint allerdings, daß sich das Parlament mit wesentlichen Vorhaben der Europäischen Union auseinandersetzt. Da das Regierungshandeln dabei nicht konstitutiv an bestimmte Beschlüsse des Parlaments gebunden werden müßte, kann man auch nicht von einem Parlamentsvorbehalt[164], sondern lediglich von einem parlamentarischen Befassungsvorbehalt sprechen. Inhaltlich sollte diese Befassung über eine bloße Kenntnisnahme hinausgehen, formell sollte sie so rechtzeitig erfolgen, daß die Verhandlungen im Rat und seinen Subgremien noch nicht in die Arbeits- und Entscheidungsphase getreten sind.

An einer zentralen Stelle seines Maastricht-Urteils scheint das BVerfG die „deutsche Zustimmung" zu einer EG-Entscheidung mit der „maßgeblichen Mitwirkung" des Deutschen Bundestags gleichzusetzen („und damit")[165]. Hier wird ein Parlamentsvorbehalt angedeutet, dessen Bestehen in der Literatur vor und nach der BVerfG-Entscheidung[166] auf die Resolution des Deutschen Bundestages vom 2. 12. 1992[167] zurückgeführt wurde. Gegen diese Erklärung spricht jedoch, daß mittels einer einfachen Entschließung kein für die Regierung verbindlicher Parlamentsvorbehalt statuiert werden kann (s.u.). Das BVerfG selbst läßt an der fraglichen Stelle offen, wie es zu seiner Ineinssetzung von deutscher Zustimmung und maßgeblicher parlamentarischer Mitwirkung kommt. Eine systematische Betrachtung des Urteils ergibt immerhin, daß aus der fraglichen Passage schwerlich die versteckte Postulierung eines allgemeinen unionswärtigen Parlamentsvorbehalts herausgelesen werden kann. Denn an anderer Stelle (Ls. 9 c und C II 2 d2 (5))[168] ist lediglich von einer „parlamentarisch zu beeinflussenden Zustimmung der Bundesregierung" die Rede, was eher auf ein Zugriffsrecht des Gesetzgebers hindeutet. Auch die Literatur geht allgemein davon aus, daß das BVerfG einen generellen Parlamentsvorbehalt abgelehnt hat[169].

Die Möglichkeit zur Mandatsgesetzgebung ist originäres Recht des Bundestags und nicht etwa als verfassungsrechtliche Kompensation für verlorene Gesetzgebungszuständigkeiten zu

163 Zur Zulässigkeit: *Lothar Gaa*, Planung als neue Funktion des Parlaments, 1983, 80; *Werner Hoppe*, Planung, HBStR (Fn 4), Bd. III, 1988, § 71, Rz 72; *Klaus Stern* (Fn 160), 1980 § 40 III 3 d), S. 716 und III 5 b), S. 720.

164 Zur Definition BVerfGE 89, 38 (47) – UNOSOM II –.

165 BVerfGE 89, 155 (203), s.o. (Fn 20).

166 Vorher: z.B. *Thomas Oppermann* (Fn 55), 1993, S. 103 (116); nachher: z.B. *Albrecht Weber*, Die Wirtschafts- und Währungsunion nach dem Maastricht-Urteil des BVerfG, JZ 1994, S. 53 (55); *Lotte Incesu*, Zwischen Europaoffenheit und Ewigkeitsgarantie des Grundgesetzes, in: RuP 1994, S. 70 (77).

167 Abgedruckt in EuGRZ 1992, S. 621 f.

168 BVerfGE 89, 155 (157 und 204).

169 *Volkmar Götz*, Das Maastricht-Urteil des Bundesverfassungsgerichts, in: JZ 1993, S. 1081 (1084 f.); *Rudolf Streinz*, Das Maastricht-Urteil des Bundesverfassungsgerichts, in: EuZW 1994, S. 329 (333).

werten. Derartige Kompensationseffekte (für den Verlust von Landeszuständigkeiten) wurden zugunsten der deutschen Länder diskutiert, als diese durchsetzten, daß ihnen im Ratifizierungsgesetz zur Einheitlichen Europäischen Akte (EEAG)[170] gewisse Programmierungsrechte bezüglich der EG-Politik der Bundesregierung eingeräumt wurden[171]. Während eine Bindung der Regierung durch Bundesratsbeschlüsse ohne verfassungsrechtliche Grundlage[172] jedoch tatsächlich ein begründungspflichtiges Novum darstellte, hatte der Bundestag schon immer die Möglichkeit, die Bundesregierung durch Gesetze zu binden[173].

Kollisionen mit Rechten des Bundesrates können sich nicht ergeben. Wenn ausschließlich Länderzuständigkeiten betroffen sind, dürfte dem Bundestaag wohl schon die Gesetzgebungskompetenz gemäß Art. 73 Nr. 1 GG fehlen[174]. Ansonsten wirkt der Bundesrat an den Mandatswahlen nach den allgemeinen Regeln mit. Das heißt: Wenn die Einrichtung von Behörden der Länder oder ihre Verwaltungsverfahren betroffen sind, so kann ein Mandatsgesetz wegen Art. 84 Abs. 1 GG nur mit Zustimmung des Bundesrats ergehen. Mandatsgesetze können daher die besonderen unionswärtigen Rechte des Bundesrates aus Art. 23 Abs. 5 Satz 2 („maßgebliche" Berücksichtigung der Länderstellungnahmen) und Abs. 6 Satz 1 (eigene Wahrnehmung der deutschen Mitgliedschaftsrechte durch die Länder) nicht beeinträchtigen. Soweit Stellungnahmen des Bundesrates gemäß Art. 23 Abs. 5 Satz 1 lediglich zu „berücksichtigen" sind, trifft diese Pflicht im Rahmen der Bundes(organ)treue auch den Bundestag.

Man könnte nun noch einwenden, daß der Bundestag sich mit der Schaffung des neuen Art. 23 Abs. 2 und 3 GG im unionswärtigen Bereich praktisch selbst entmachtete[175]. Man müßte die Bestimmung dann so lesen, daß der Bundestag sich damit rechtlich auf die Abgabe von einfachen Stellungnahmen beschränken wollte.

Absicht des Verfassungsgesetzgebers war jedoch, eine Verbesserung, nicht eine Verschlechterung der Mitwirkungsmöglichkeiten des Bundestages herbeizuführen[176]. Es mag wohl sein, daß der Verfassungsgesetzgeber wegen der bisher fehlenden Praxis das unionswärtige Gesetzgebungsrecht des Bundestags nicht im Blick hatte. Um so weniger kann man dann aber aus dem Wortlaut des neuen Art. 23 GG einen Verzicht auf dieses Recht konstruieren.

Letztlich ist das Neue an Artikel 23 Abs. 2 und 3 GG vor allem die ausgeweitete Informationspflicht der Bundesregierung[177]. Ebenso wie der Bundesrat ist künftig auch der Bundestag umfassend und frühestmöglich zu informieren[178]. Das ohnehin selbstverständliche

170 Fn 23.

171 *Konrad Kruis* (Fn 24), in: FS Geiger 1989, S. 155 (174); *Georg Ress* (Fn 24), EuGRZ 1986, S. 549 (556); *Peter Lerche*, „Systemverschiebung" und verwandte verfassungsgerichtliche Argumentationsformeln, in: FS Zeidler 1987, S. 557 (568).

172 Inzwischen ist mit Art. 23 Abs. 4 bis 7 GG eine explizite Verfassungsanordnung nachgereicht worden.

173 *Rupert Scholz*, Europäische Union und deutscher Bundesstaat, in: NVwZ 1993, S. 817 (820).

174 Vgl. *Ulrich Fastenrath* (Fn 154), 1986, S. 107.

175 So *Karl Albrecht Schachtschneider* (Fn 17), RuP 1994, S. 7.

176 *Rupert Scholz* (Fn 25), in: NJW 1992, S. 2593 (2595); *Paul Wilhelm*, Europa im Grundgesetz: Der neue Artikel 23, in: BayVBl 1992, S. 705 (708).

177 Da Information die Grundlage jeder Kontrolle ist, hat die Neufassung von Art 23 GG damit auch die materielle Basis der dem Bundestag in EU-Angelegenheiten zukommenden Aufgabe als primäre Legitimationsinstanz garantiert.

178 Aufgrund dieser verfassungsrechtlichen Gleichbehandlungspflicht muß dem Bundestag sinngemäß auch die gleiche Behandlung zugestanden werden, wie die Bundesregierung dem Bun-

Recht des Bundestages zur Stellungnahme wurde dabei vor allem aus Gründen der besseren Optik aufgenommen, weil der Bundestag in der Verfassung gegenüber dem ausführlich in aktiver Rolle erwähnten Bundesrat nicht mit leeren Händen dastehen wollte[179]. In systematischer Hinsicht macht die Erwähnung des Rechts zur Stellungnahme auch deshalb Sinn, weil der neue Art. 45 GG[180] ausdrücklich auf die „Rechte des Bundestags gemäß Artikel 23" verweist. So ist klargestellt, daß der Unionsausschuß an Stelle des Plenums zwar Stellungnahmen abgeben kann, das Recht zur Gesetzgebung allerdings weiterhin allein beim Gesamtparlament verbleibt.
Es wäre im übrigen eine wenig nachvollziehbare Asymmetrie, wenn die verfassungsrechtliche Zuständigkeit der Bundesregierung bezüglich der unionswärtigen Gewalt einerseits zugunsten des Bundesrats durch Art. 23 Abs. 4 – 7 entscheidend eingeschränkt und diese Zuständigkeit gleichzeitig durch Art. 23 Abs. 3 zulasten des Bundestages ausgeweitet worden wäre[181].

2. Unionswärtige Stellungnahmen des Bundestags

Will der Bundestag nicht per Gesetz an den Angelegenheiten der Europäischen Union mitwirken, so kommt das im Grundgesetz in Art. 23 Abs. 3 ausdrücklich erwähnte Instrument der Stellungnahme in Betracht. Die Bundesregierung hat derartige unionswärtige Stellungnahmen des Parlaments gemäß Art. 23 Abs. 3 Satz 2 bei den Verhandlungen zu berücksichtigen. Das nähere regele ein Gesetz. In diesem Ausführungsgesetz[182] heißt es nun in § 5 Satz 3: „Die Bundesregierung legt die Stellungnahme (des Bundestags, d. Aut.) ihren Verhandlungen zugrunde". Damit wird diesen parlamentarischen Stellungnahmen eine stärkere Bindungswirkung beigemessen als es Art. 23 Abs. 3 GG („berücksichtigen") auf den ersten Blick vermuten läßt. Hiergegen wurden bereits verfassungsrechtliche Bedenken geltend gemacht[183]. Man versuchte diese Divergenz der Formulierungen bisher durch die Erklärung zu überspielen, daß sich das „Berücksichtigen" auf den gesamten Vorgang beziehe, während das „Zugrundelegen" nur den Beginn des Verhandlungsprozesses betreffe[184].

desrat in der Bund-Länder-Vereinbarung vom 29. Oktober 1993 (im folgenden Bund-Länder-V 1993), Bundesanzeiger 2. 12. 1993, S. 10425, zugesagt hat, vgl. hierzu auch *Michael Borchmann*, Neue Bund-Länder-Vereinbarung über die Zusammenarbiet in Angelegenheiten der Europäischen Union, in: EuZW 1994, S. 172 f. und *Rudolf Morawitz/Wilhelm Kaiser*, (Fn 134), 1994, S. 86 ff.

179 MdB *Franz Möller* in der 11. Sitzung der GVK (Fn 63), Sten. Prot., S. 3.

180 Dieser lautet „Der Bundestag bestellt einen Ausschuß für die Angelegenheiten der Europäischen Union. Er kann ihn ermächtigen, die Rechte des Bundestages gemäß Artikel 23 gegenüber der Bundesregierung wahrzunehmen."

181 *Udo di Fabio* (Fn 66), in: Der Staat 1993, S. 191 (210), der auf die Gesetzgebungskompetenz des Bundestags nicht eingeht, sieht deshalb hier sogar eine Verletzung von Art. 79 Abs. 3 GG gegeben.

182 Gesetz über die Zusammenarbeit von Bundesregierung und Deutschem Bundestag in Angelegenheiten der Europäischen Union, BGBl. I 1993, 311 (im folgenden: EUZBBG).

183 *Michael Brenner* (Fn 4), in: ThürVBl 1993, S. 196 (201 f.).

184 *Franz Möller/Martin Limpert*, Informations- und Mitwirkungsrechte des Bundestages in Angelegenheiten der Europäischen Union, in: ZParl, 24. Jg. (1993), S. 21 (27); BT-Sonderausschuß Europäische Union, DrS. 12/3896, 19 und 24.

Dabei wird jedoch übersehen, daß der Bundestag ebensowenig wie der Bundesrat[185] darauf beschränkt ist, sich nur einmal zu einem EU-Vorhaben zu äußern. Nimmt der Bundestag aber aufgrund einer neuen Verhandlungssituation erneut Stellung, so ist auch diese spätere Stellungnahme gem. § 5 Satz 3 EUZBBG[186] den Verhandlungen zugrunde zu legen.
Verfassungsrechtlich ist nun sicher nicht allein der abweichende Wortlaut von Ausführungsgesetz und Grundgesetzbestimmung anstößig. Zu überlegen ist jedoch, ob das EUZBBG hier nicht in durch Art. 23 GG ausdrücklich statuierte Rechtspositionen anderer Verfassungsorgane eingreift.
So machte der Bundesrat geltend, daß die neue Verfassungslage eine Gleichbehandlung der Stellungnahmen des Bundestags gemäß Art. 23 Abs. 3 GG und derjenigen des Bundesrats gemäß Art. 23 Abs. 5 Satz 1 GG gewährleiste, da beide Male das Wort „berücksichtigen" benutzt werde[187]. Nun ist der Begriff „berücksichtigen" aber ergebnisoffen und kann näher ausgestaltet werden. Gerade im Hinblick auf die dem Bundestag – und nicht dem Bundesrat – zugewiesene Legitimationsaufgabe[188] spricht nichts dagegen, daß der Gesetzgeber seinen Stellungnahmen einen gewissen Vorrang gegenüber den Stellungnahmen des Bundesrats einräumen kann[189], wenn dies verfassungsrechtlich nicht sogar geboten ist. Unabweisbare Interessen der deutschen Länder hat der Bundestag aufgrund seiner Verpflichtung zur Bundestreue ohnehin zu beachten.
Auf die Ergebnisoffenheit des Begriffs „berücksichtigen" kommt es im übrigen auch im Verhältnis von Bundestag und Bundesregierung an. Der Bundesregierung sollte durch Art. 23 Abs. 3 offensichtlich, soweit der Bundestag nur die Form der Stellungnahme (und nicht des Gesetzes) wählt, Verhandlungsspielraum gegeben werden, um insbesondere auf wechselnde Verhandlungssituationen angemessen reagieren zu können. Dieser Kern der verfassungsrechtlichen Regelung wird auch durch § 5 Satz 3 EUZBBG nicht beeinträchtigt. Der Gesetzgeber hat zwar durch einfaches Gesetz innerhalb des Bedeutungskontinuums des Begriffes „berücksichtigen"[190] eine Formulierung gewählt, die eine gewisse Gewichtsverlagerung zulasten der Exekutive vornimmt. Derartiges dürfte in der parlamentarischen Demokratie jedoch unbedenklich sein[191].

3. Unter Parlamentsvorbehalt gestellte EU-Angelegenheiten

Denkbar ist auch, daß sich das Parlament eine abschließende Entscheidung über die deutsche Zustimmung zu einem EU-Vorhaben vorbehalten will. Das BVerfG hat darauf hingewiesen, daß Sachverhalte, die dem deutschen Verfassungsrecht unterstehen (und dazu zählt

185 Vgl. Punkt III. 2 der Bund-Länder-V 1993, (Fn 178).
186 Fn 181.
187 BT-DrS 12/4035 (Mitteilung des Bundesrats über die Anrufung des Vermittlungsausschusses).
188 Vgl. BVerfGE 89, 155 (Ls. 3 und 4) – Maastricht –.
189 Eine entsprechende Klausel wurde auf Druck des Bundesrats erst im Vermittlungsausschußverfahren gestrichen, vgl. BT-DrS 12/4247.
190 Auch *Michael Brenner* (Fn 4), in: ThürVBl. 1993, S. 196 (198) sieht, daß das „Berücksichtigen" „von unterschiedlicher Intensität" sein kann.
191 Vgl. BVerfGE 9, 268 (280) – Bremer Personalvertretung –; ähnlich *Roman Herzog* in MDHS zu 20 GG Abschn V Rz 120; a.A. *Eberhard Schmidt-Aßmann*, Der Rechtsstaat, HBStR (Fn 4), Bd. I, 1987, § 24, Rz 57.

das Stimmverhalten im Rat[192]) grundsätzlich unter Parlamentsvorbehalt gestellt werden können (C II 2 d2 (4))[193].
An anderer Stelle[194] hat das BVerfG das Instrument des Parlamentsvorbehalts so definiert, daß ein bestimmtes Regierungshandeln nur erfolgen kann, wenn zuvor ein konstitutiver Beschluß des Parlaments ergangen ist. Auf welchem Wege eine EU-Angelegenheit unter Parlamentsvorbehalt gestellt werden kann, ist im Maastricht-Urteil allerdings nicht ausgeführt worden.
Soll dieser Weg gegangen werden, so muß bereits die Statuierung des Vorbehalts per Gesetz erfolgen, da die Regierung nur auf diesem Wege rechtlich verpflichtet werden kann, auf einen weiteren Akt des Parlamentes zu warten. Der als erforderlich angeordnete konstitutive Beschluß des Parlaments kann dann als Mandatsgesetz, aber auch in der Form einer Stellungnahme gemäß Art. 23 Abs. 3 GG erfolgen, da die Regierung im Rahmen eines Vorbehalts nur zu einem bestimmten Verhalten ermächtigt (nicht auch verpflichtet) werden muß[195].
Eine nicht mehr als „Parlamentsvorbehalt" zu bezeichnende Alternative ist die im Hinblick auf die Währungsunion vom Bundestag gewählte Vorgehensweise. Das Parlament hatte hier mittels einer Resolution[196] bestimmte an die Regierung gerichtete Erwartungen ausgesprochen. Die Regierung wird durch diese Resolution selbst nicht gebunden. Sie kann sich jedoch auf diese Resolution beziehen und sich selbst politisch (nicht rechtlich) an einen in Zukunft zu treffenden einfachen Beschluß des Bundestags als Voraussetzung ihres Handelns binden.

4. Organtreue von Bundestag und Bundesregierung in unionswärtigen Angelegenheiten

Das in der Maastricht-Entscheidung des BVerfG (C II 1 b und C II 2 d 2) (4))[197] im Zusammenhang mit den unionswärtigen Stellungnahmen angesprochene Prinzip der Verfassungsorgantreue kann nicht dort Bindungswirkungen erzeugen, wo von Verfassung und Gesetz wegen keine vorgesehen sind[198]. Gespeist aus der verfassungsrechtlichen Kompetenzordnung können sich allerdings ungeschriebene Verhaltenspflichten ergeben[199].
So hat die Regierung das Parlament beispielsweise darauf hinzuweisen, wenn dessen Stellungnahme, die gemäß § 5 Satz 3 EUZBBG den Verhandlungen zugrundezulegen war, von der Verhandlungssituation überholt und damit nicht mehr bindend ist. Soweit solche Situationen absehbar sind, hat die Regierung das Parlament auch hierauf rechtzeitig hinzuweisen. Doch auch für den Bundestag entstehen organtreuebedingte Pflichten. So muß der Bundestag sich darum bemühen, der Bundesregierung seine Stellungnahmen so früh wie möglich

192 S.o. Fn 58.
193 BVerfGE 89, 155 (203).
194 BVerfGE 89, 38 (47) – UNOSOM II –.
194 In diesem Sinne wohl auch das BVerfG, wenn es im hier behandelten Zusammenhang formuliert, daß der Bundestag „seinen Willen (...) jedenfalls im Rahmen des Art. 23 Abs. 3 GG (...) zur Wirkung bringen" könne, vgl. BVerfGE 89, 155 (203) – Maastricht –.
196 Fn 166.
197 BVerfGE 89, 155 (191 und 203).
198 Vgl. *Wolf-Rüdiger Schenke*, Die Verfassungsorgantreue, 1977, S. 148.
199 Ebenda.

zur Verfügung zu stellen, um dem Verhandlungserfolg abträgliche Änderungen der bundesdeutschen Verhandlungspositionen zu vermeiden.

V. Ergebnis

Wenn „zuvörderst" der Bundestag, wie vom BVerfG vorgesehen, dem gemeinschaftlichen Rechtssetzungsprozeß Legitimation verschaffen soll, dann muß seine Fähigkeit anerkannt werden, im Rahmen der innerstaatlichen Willensbildung die Bundesregierung rechtlich zu binden. Gemeinschaftsrecht steht dem ebensowenig entgegen, wie bundesdeutsches Verfassungsrecht. Der Bundestag kann deshalb im Rahmen der unionswärtigen Gewalt die Bundesregierung per Gesetz verbindlich auf bestimmte Verhandlungsziele und Prioritäten festlegen. Er kann außerdem im Rahmen des Ausführungsgesetzes zu Art. 23 Abs. 3 GG seinen einfachen Stellungnahmen so starkes Gewicht beimessen, daß die Bundesregierung diese Stellungnahmen ihrer Verhandlungsführung solange zugrundezulegen hat, bis sich die Verhandlungssituation wesentlich verändert.
Abschließend bleibt festzuhalten, daß das BVerfG selbst zwar keine fertige Antwort auf die Frage nach der Kompetenzverteilung im Bereich der unionswärtigen Gewalt gegeben hat. Die verfassungsgerichtlichen Andeutungen stützen jedoch die in dieser Abhandlung gefundene Konzeption. Erforderlich ist allerdings, daß der Bundestag dieses aufmunternde Schulterklopfen aus Karlsruhe ernst nimmt und künftig tatsächlich eine aktivere Rolle in der deutschen unionswärtigen Politik einnimmt.

Die zweite „Cohabitation“ in Frankreich (seit April 1993). Terraingewinne der Parteien und des Parlamentes

Uwe Jun

1. Voraussetzungen

Seit Anfang April des Jahres 1993 amtiert in Frankreich wieder eine Koalitionsregierung: Die neogaullistische Gruppierung RPR und die liberal-konservative Parteienkonföderation UDF[1] haben gemeinsam nach den Parlamentswahlen vom 21./28. März die Minderheitsregierung der sozialistischen PS abgelöst.[2] Die Arbeit der Regierung der „zweiten Cohabitation“[3] in der Amtszeit des sozialistischen Staatspräsidenten *François Mitterrand* steht unter gänzlich anderen Voraussetzungen als die der ersten Cohabitation (1986-88).

Als wichtige Differenzpunkte sind die parlamentarische Schwäche der Opposition und die fehlende Ambition *Mitterrands* auf eine Wiederwahl zu nennen. Hinzu kommen wesentliche Veränderungen der außenpolitischen Lage.

(1) Die Sozialisten mußten bei den Parlamentswahlen 1993 eine verheerende Niederlage einstecken. Sie erreichten nur noch 19,2 Prozent der Stimmen (1988: 37,5%). Dem romanischen Mehrheitswahlrecht zufolge muß ein Kandidat im ersten oder zweiten Wahlgang die absolute Mehrheit der Stimmen im jeweiligen Wahlkreis auf sich vereinigen. Deshalb erreichten die Sozialisten nur 67 Sitze in der Nationalversammlung (1988: 282), während die Koalition 485 der 577 Mandate in der Assemblée errang. Die Opposition ist also schon zahlenmäßig innerhalb des Parlaments marginalisiert: Die französische Form des „rationalisierten Parlamentarismus“[4] schwächt die Einflußmöglichkeiten der parlamentarischen Opposition um ein weiteres. Weniger die Oppositionspolitik, als vielmehr lediglich koalitionsinterne Unstimmigkeiten der Regierungsfraktionen können somit zu einem parlamentarischen Hemmnis für die Regierungsarbeit werden (Schaubild 1).

1 Zur Struktur der UDF s. u.a. *Jürgen Hartmann,* Frankreichs Parteien. Köln 1985, S. 107ff.; *Colette Ysmal,* L'UDF, in: *Bilan* (Hrsg.), Politique de la France, S. 100ff.; *Klaus Huwe,* Das Regierungslager: Alles andere als ein Monolith, in: Dokumente 49. Jg. (1993), S. 273ff.

2 Vgl. zum Wahlergebnis ausführlich *Howard Machin,* How the Socialists lost the 1993 Elections to the French Parliament, in: West European Politics 16. Jg. (1993), S. 595–606; *Vincent Hoffmann-Martinot,* Frankreichs Parteiensystem nach den Parlamentswahlen, in: Aus Politik und Zeitgeschichte B32/1993, S. 10–16.

3 Zur Phase der ersten „Cohabitation“ sowie den verfassungsrechtlichen und -politischen Implikationen s. u.a. *Udo Kempf,* Die „Cohabitation“: Entmachtung des Präsidenten oder wiedergewonnenes Gleichgewicht, in: ZParl, 17. Jg. (1986), S. 502–515; *Adolf Kimmel,* Die „cohabitation“: Verfassungsprobleme und politische Praxis, in: Aus Politik und Zeitgeschichte B 6–7/1987, S. 14–23; *Ursel Schäfer,* Regierungsparteien in Frankreich. München 1989, S. 241–261; *Anne Stevens,* The Government and Politics of France. Houndmills 1992, S. 53ff.

4 Vgl. *Adolf Kimmel,* L'Assemblée Nationale sous la cinquième République. Paris 1992, S. 347ff.; *Anne Stevens,* a.a.O. (Fn. 3), S. 168ff. Die Verfassungsbestimmungen des „rationalisierten Parlamentarismus“ sollen gouvernementale Stabilität sichern helfen und sie schränken die Einfluß- und Kontrollmöglichkeiten des Parlaments insgesamt ein, insbesondere jedoch die der Opposition. Zu den Kontrollmöglichkeiten des Parlaments gegenüber der Regierung siehe *Philippe Ardant,* Les Institutions de la V République. Paris 1993, S. 113ff.

Schaubild 1: Entwicklung der Stimmenanteile der einzelnen Parteien bei Wahlen zur Nationalversammlung 1988 und 1993 sowie den Wahlen zum Europäischen Parlament 1994

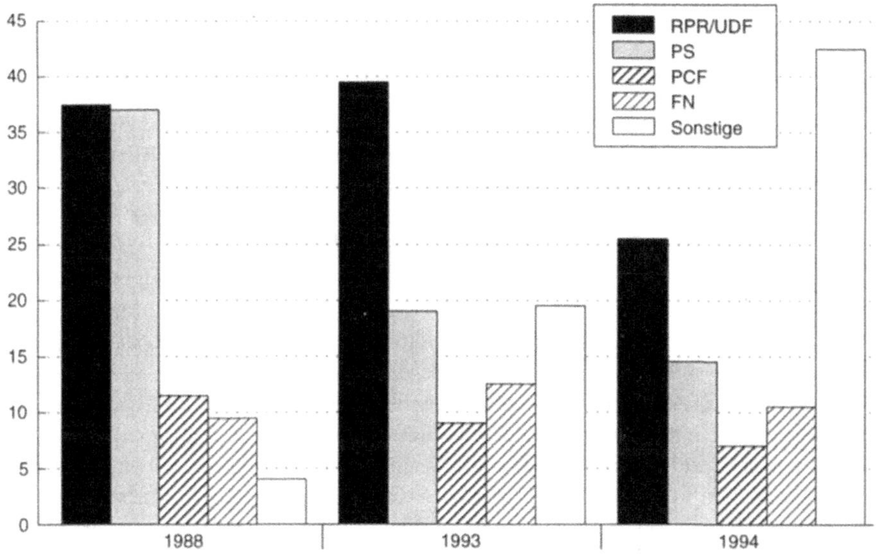

(2) Auch im Hinblick auf die Präsidentschaftswahlen im Frühjahr 1995 sind eher interne Differenzen der Regierungsparteien und der Präsidentschaftskandidaten aus dem bürgerlich-liberalen Lager eine Gefahr für den Erfolg der Regierungskoalition als die Kandidaten der politischen Opposition. Bedingt durch den angekündigten Rückzug *Mitterrands* im Hinblick auf eine weitere Kandidatur ist die zweite Cohabitation weniger als Kraftprobe zwischen dem Staatspräsidenten und der Regierungskoalition angelegt als die erste. Während damals der sozialistische Staatspräsident und der neo-gaullistische Premierminister *Chirac* aufgrund ihrer Position als die beiden aussichtsreichsten Kandidaten der folgenden Präsidentschaftswahlen ihre Konflikte öffentlich austrugen, versucht *Mitterrand* jetzt doch eher „seine beiden letzten Jahre so angenehm und so geehrt wie möglich zu verbringen"[5]. Das heißt zwar nicht, daß er seine politischen Auffassungen gegenüber der Öffentlichkeit nicht deutlich vertritt, jedoch verzichtet *Mitterrand* weitgehend auf eine direkte Konfrontation mit Premierminister *Balladur*. Dieser wiederum zeigt durch seinen konsensualen und kompromißbereiten Führungsstil, daß er das Verhältnis zum Staatspräsidenten deutlich kooperativer angelegt sehen möchte als *Chirac* in seiner Amtszeit als Premierminister.[6] Die französische Bezeichnung ‚Cohabitation' besagt demgemaß, den für uns vertrauten Begriff ‚Kooperation' weiterführend, daß der Regierungschef mit den Handlungsbefugnissen des

5 *Alfred Frisch,* Die zweite Cohabitation. Mitterrands Grenzen und Möglichkeiten, in: Dokumente 49. Jg. (1993), S. 197.

6 Vgl. *Rudolph Chimelli,* Ein Mann mit kostspieligen Schwächen, in: Süddeutsche Zeitung vom 14.4.1994: „Die Cohabitation mit dem sozialistischen Staatspräsidenten, die für *Chirac* zwischen 1986 und 1988 zur demütigenden Demontage wurde, wußte *Balladur* höflich und reibungsarm zu gestalten".

Staatsoberhauptes vornehmlich deshalb relativ pfleglich umgeht, weil er sich selbst an einer Wahl zum Präsidenten der Republik interessiert zeigt bzw. diese ganz offenbar für seine Person nicht ausschließt. Er will folglich das Amt des Staatspräsidenten in dessen ihm seit *de Gaulle* zugewachsenen Machtbefugnissen nicht beschädigen[7].

(3) Die wichtigste Differenz in den Voraussetzungen der Regierungsarbeit der ersten und zweiten Cohabitation besteht in den Veränderungen der Techniken des Politikgestaltens nach dem Ende des Ost-West-Konfliktes. Diese neuen Techniken sind geprägt durch eine verstärkte Globalisierung der nationalen Politiken und damit zusammenhängend durch Veränderungen der ökonomischen Rahmenbedingungen (hohe Haushaltsdefizite, außerordentliche Staatsverschuldung, Massenarbeitslosigkeit) für wohlfahrtsstaatliche Leistungen. Gesprochen werden kann von einer Phase der Transition von nationaler zu post-globaler Politik.[8] Alle westlichen Demokratien stehen vor ähnlichen Problemen, die offenbar nicht durch nationale, sondern nur durch transnationale Problemlösungen bewältigt werden können. Aufgrund der in den letzten Jahren zunehmenden Interdependenz der Strukturen des Welthandelns und der sich daraus ergebenden Abhängigkeiten für die nationalen Volkswirtschaften, der dichter werdenden Integration Europas und der fundamentalen Veränderungen der sicherheitspolitischen Kooperation zwischen den Staaten sind die Handlungsspielräume für genuin nationalstaatliche Politiken weiter eingeengt worden zugunsten von kooperativen und konsultativen transnationalen Techniken der Politikgestaltung und Entscheidungsfindung. Die in Frankreich in jüngster Zeit zu konstatierende Gegenbewegung hin zur Betonung von stärkerer nationaler Autonomie und symbolischer Stärkung der Nation mit Hilfe einer „anderen Politik" auch durch die *Balladur*-Administration trägt zwar dem Willen der Mehrheit der französischen Bevölkerung Rechnung, bedeutet aber aufgrund der oben genannten Einschränkungen der Handlungsspielräume einer nationalen Regierungspolitik letztendlich die Hervorbringung enttäuschter Erwartungen. Dies kann eine Destabilisierung des politischen Systems insgesamt nach sich ziehen. Denn: Ein Rückgriff auf alte Rezepte wie nationaler Industriepolitik, „Planification" oder Protektionismus gefährdet nicht nur die wirtschaftliche Entwicklung Frankreichs, sondern führt das Land möglicherweise in eine politische Isolation, deren Auswirkungen politisch kaum noch kontrollierbar oder steuerbar sind und auch angesichts der globalen Interdependenzen und der folgenden Globalisierung der Politik lediglich als populistische Auswege zu bezeichnen sind.

Die Turbulenzen in der Transitionsphase haben der Regierung *Balladur* zwar auch Erfolge eingebracht (Abschluß des GATT-Vertrags, Zustimmung zur EU-Erweiterung), jedoch ebenso zu politischen Mißverständnissen und Fehlleistungen geführt, die *Balladur* durch seine nachgiebige Haltung bei zahlreichen politischen und sozialen Konflikten nicht heraufbeschworen, jedoch verstärkt hat. Sein partieller Verzicht auf einen Sanierungsplan bei der staatlichen Fluggesellschaft Air France, seine Zurücknahme der Schulgesetzgebung, sein Nachgeben im Streit mit bretonischen Fischern und seine Rücknahme der Reduzierung des gesetzlichen Mindestlohnes sind nicht nur auf fehlende politische Courage, Angst vor so-

7 Näheres zur ersten Cohabitation bei *Barbara Oertel*, Republik Frankreich, in: *Winfried Steffani* (Hrsg.), Regierungsmehrheit und Opposition in den Staaten der EG, Opladen 1991, S. 157–193, besonders S. 186ff.

8 Vgl. dazu ausführlich: *Ghita Ionescu*, Turbulence in British Politics: The First Two Years of the Major Government, in: Government and Opposition 29. Jg. (1994), S. 181–200.

zialen Konflikten, den bevorstehenden Präsidentschaftswahlkampf und auf den Reformwiderstand der korporatistischen französischen Gesellschaft zurückzuführen, sondern zeigen gleichzeitig auch die Unsicherheit französischer Politik, im Inneren auf die veränderten post-globalen äußeren Voraussetzungen adäquat einzugehen, ohne den gesellschaftlichen Konsens aufs Spiel zu setzen und die nationalen Werte und Symbole zu gefährden. Die Widersprüche zwischen nationaler Orientierung und internationaler Determinierung ihrer Politik konnte die *Balladur*-Administration bis dato nicht auflösen.

Auch angesichts der tiefen wirtschaftlichen Rezession Frankreichs und der ablehnenden Haltung vieler Franzosen zum voranschreitenden Prozeß der europäischen Einigung steht die Regierung der zweiten Cohabitation insgesamt vor ungleich schwereren Aufgaben als die der ersten Cohabitation. Zu diesen außerhalb der Koalition existierenden zahlreichen, teilweise nur schwer lösbaren politischen Problemen treten trotz der nach außen betonten Gemeinsamkeiten einzelne innerkoalitionäre Differenzen hinzu[9], zumal sich RPR und UDF noch nicht auf einen gemeinsamen Spitzenkandidaten für die Präsidentschaftswahlen im nächsten Jahr geeinigt haben.

Im folgenden sollen die Struktur und die Politik der RPR/UDF-Koalition in Zeiten der Cohabitation näher analysiert, sowie die Perspektiven der Koalition bis zur Präsidentschaftswahl kurz angerissen werden. Dabei soll die Frage erörtert werden, wie stabil und funktionsfähig diese Koalitionsformation ist. Aufgrund des engen Zusammenhangs von Koalitionsbildung, Strukturen des Parteiensystems und des in Frankreich derzeit geltenden Mehrheitswahlrechts soll zunächst ein kurzer Blick auf die gemeinsame Oppositionszeit von RPR und UDF der jüngsten Vergangenheit geworfen werden.

2. Das Wahlbündnis UPF

Am 26. Juni 1990 haben die damaligen bürgerlichen Oppositionsparteien mit der *„Union pour la France"* (UPF) eine neue Kooperationsform begründet, um eine programmatische Annäherung zu erreichen und die Aufstellung gemeinsamer Kandidaten beziehungsweise Listen für künftige Parlaments- und Regionalwahlen durchzuführen.[10] Dieser Kooperation schlossen sich auch die Zentristen (CDS) an, die in der abgelaufenen Legislaturperiode (1988/93) aus der gemeinsamen UDF-Fraktion ausgeschieden waren, nun aber wieder ein gemeinsames Bündnis der konservativen und liberalen Parteigruppierungen favorisieren. Entsprechend haben sich die CDS-Abgeordneten in dieser Legislaturperiode wieder als Mitglieder in die UDF-Fraktion eingegliedert.[11] Die Kooperationsform UPF hatte für die Oppositionsparteien vornehmlich die Funktion, dem Wähler ein kohärentes Bild der Oppositionspolitik zu vermitteln und somit Mehrheiten für sich zu gewinnen. Dies wurde zum einen durch eine gemeinsam verabschiedete Plattform für die Wahlen zur Nationalversamm-

9 Siehe „Charles Millon veut garantir l'independance de l'UDF a l'egard du premier ministre.", in: Le Monde vom 23.9.1993.

10 Vgl. zur UPF *Adolf Kimmel,* Innenpolitische Entwicklungen und Probleme in Frankreich, in: Aus Politik und Zeitgeschichte, B47–48/1991, S. 12f.; *Klaus Huwe,* Kein Aufbruch zu neuen Ufern. Die Dauerkrise der französischen Opposition, in: Dokumente 47. Jg. (1991), S. 97–102.

11 Vgl. Le Figaro vom 31.3.1993 *(Henri Paillard,* L'UDF en quete d'un groupe unique).

lung erreicht, zum anderen durch eine Einigung auf die Nominierung jeweils nur eines Kandidaten des „bürgerlichen Lagers" in den insgesamt 650 Wahlkreisen. Dabei nutzten die Parteiführungen ihre unterschiedliche regionale Rückbindung: Während die Neo-Gaullisten in den westlichen Regionen Frankreichs und in Paris ihre Hochburgen haben, hat die UDF im Süden und in den katholischen Gebieten im Osten Frankreichs stärkeren elektoralen Rückhalt. Somit kam es lediglich in etwa 30 Wahlkreisen beim ersten Wahlgang – ohne Billigung durch die Parteiführungen – zu „wilden" Duellen zwischen einem RPR- und einem UDF-Kandidaten.

Ist die Aufstellung nur *eines* „bürgerlichen Kandidaten" pro Wahlkreis noch als eine strategisch-taktisch adäquate Reaktion auf das romanische Mehrheitswahlrecht zu verstehen, so zeigt die Verständigung über eine gemeinsame Wahlprogrammatik, daß die Parteien der UDF und RPR bei zahlreichen inhaltlichen Grundpositionen nicht weit auseinanderliegen und zu weitgehenden Kompromissen fähig sind. Da die Akzeptanz von zwischenparteilichen Kompromissen als konstitutives Konfliktregelungsinstrument eine funktionierende Koalitionsregierung erst möglich macht und nur dadurch eine gewisse Form der Stabilität der Regierungskoalition erreicht werden kann, bieten RPR und UDF mit ihrer Wahlplattform zugleich eine inhaltliche Voraussetzung und einen stabilisierenden Faktor für eine funktionierende Koalitionsregierung.

Soll eine Koalitionsregierung allgemein als eine organisierte Kooperation von mindestens zwei voneinander unabhängigen konkurrierenden Parteien in einem politischen Gemeinwesen, vorwiegend inner-, aber auch außerhalb des Parlaments, mit den primären Zielen der gemeinsamen Regierungsbildung und -unterstützung sowie der Durchsetzung von programmatischen und pragmatischen Politikinhalten, deren zentrale Festlegungen in einem gemeinsamen Regierungsprogramm vereinbart werden, definiert werden, so sollten an dieser Stelle Besonderheiten der RPR/UDF-Koalitionsbildung angerissen werden. Diese ergeben sich partiell schon aus der gemeinsamen Oppositionszeit.

3. Regierungsbildung

Finden in anderen westlichen Demokratien wie etwa der Bundesrepublik oder Italien offizielle Koalitionsverhandlungen mit der Verabschiedung eines Regierungsprogramms erst nach einer Parlamentswahl statt, so haben in Frankreich RPR und UDF mit der Gründung der UPF die Verständigung über eine Koalition de facto schon vor den Wahlen zur Nationalversammlung vollzogen. Entsprechend ersetzt die gemeinsame Wahlplattform die ansonsten erst nach den Parlamentswahlen beschlossenen Koalitionsvereinbarungen. Durch die gemeinsame Kandidatenaufstellung zu den Parlamentswahlen ist die Konkurrenzsituation zwischen den bürgerlichen Parteien bei den letzten Parlamentswahlen ohnehin weitgehend aufgehoben gewesen.

Diese durch das französische Wahlsystem und durch die Strukturen des Parteiensystems mitbedingten Besonderheiten des Prozesses der Koalitionsbildung werden noch ergänzt durch einen schon vor den Parlamentswahlen erzielten breiten Konsens zwischen den bürgerlichen Gruppierungen über die Zusammensetzung des Kabinetts[12], in dem RPR und

12 Vgl. Le Monde vom 23.3.1993; Frankfurter Allgemeine Zeitung vom 27.3.1993.

Tabelle 1: Ergebnisse der Wahlen zur Nationalversammlung 1988 und 1993 (Erster Wahlgang). Quelle: Le Monde

	1988	1993
Wahlbeteiligung	65,7	69,9
RPR/UDF	37,7	39,5
PS und Verbündete	37,5	19,2
PCF	11,3	9,2
Les Vertes/GE	0,4	7,6
FN	9,7	12,4
Extreme Gauche	4,3	1,8
Diverse	3,8	4,5

Tabelle 2: Verteilung der Mandate in der Nationalversammlung nach den Wahlen 1988 und 1993. Quelle: Le Monde

	1988	1993
RPR	127	242
UDF	129	208
PS/MRG	282	67
PCF	27	24
FN	1	–
Diverse	11	36

UDF nahezu paritätisch vertreten sind. Das in der Nationalversammlung mit 242 Abgeordneten und damit stärker vertretene RPR stellt neben Premierminister *Balladur* 13 Minister, die insgesamt 208 Parlamentarier in die Nationalversammlung entsendende UDF hingegen 16 Minister, einschließlich der stellvertretenden Premierministerin *Veil* (sieben Mitglieder der Republikanischen Partei, sechs Zentristen, ein Radikal-Demokrat und zwei Direktmitglieder der UDF). Unbesetzt in diesem zahlenmäßig kleinsten Kabinett seit Gründung der V. Republik blieb die Position des Finanzministers, da sich *Balladur* selbst – vornehmlich im Zusammenwirken mit Wirtschaftsminister *Alphandéry* (CDS) – das Gebiet der Finanzpolitik als zentralen Wirkungsbereich vorbehalten hat. Das Kabinett kann als „nach allen Seiten im Gleichgewicht"[13] befindlich charakterisiert werden, in dem außer RPR-Chef *Chirac*, dem UDF-Präsidenten *Giscard* und Parlamentspräsident *Séguin* alle wichtigen Spitzen der Koalitionsparteien vertreten sind. Die beiden Parteivorsitzenden *Chirac* und *Giscard* strebten kein Ministeramt an, da ihre hauptsächlichen Ambitionen in einer möglichen

13 Süddeutsche Zeitung vom 1.4.1993; vgl. auch Frankfurter Allgemeine Zeitung vom 1.4.1993: dort wird bei der Besetzung des Kabinetts ein „Bemühen um Ausgewogenheit zwischen den Koalitionspartnern" konstatiert.

Präsidentschaftskandidatur 1995 liegen. Mit seiner Kabinettsbesetzung signalisierte *Balladur*, daß für ihn zwischenparteilicher Konsens machtstabilisierender wirkt und er ihn vor den Versuch der Durchsetzung der Interessen seiner Partei stellt.[14]
Umstritten in Personalfragen zwischen den Regierungsparteien war in der Phase der Koalitionsbildung im wesentlichen lediglich die Besetzung des Parlamentspräsidenten: während die Neo-Gaullisten den prominenten Maastricht-Gegner *Séguin* für dieses Amt vorsahen, nominierte die UDF den noch zum politischen Nachwuchs zählenden Bürgermeister von Toulouse *Dominique Baudis* (CDS), der aber angesichts der Mehrheitsverhältnisse der beiden Fraktionen in der Nationalversammlung chancenlos blieb.[15] *Baudis* ist dafür im Gegenzug ein Jahr später zum Spitzenkandidaten der gemeinsamen Liste von RPR und UDF zur Europawahl 1994 nominiert worden. Dieser Nominierungsprozeß verlief zwar innerhalb der Koalition sowie selbst innerhalb der UDF sehr kontrovers[16], hat aber letztlich die Stabilität und Berechenbarkeit der Koalitionsregierung unter Beweis gestellt, da beide Gruppierungen am Projekt einer gemeinsamen Liste für die Europawahlen festhielten und sich in den folgenden Wochen hinter *Baudis* stellten.
Balladur ist es ansonsten gelungen, den Prozeß der Koalitionsbildung in einem hohen Maße konsensual zu gestalten und die auseinanderstrebenden Kräfte innerhalb der Koalition auf eine gemeinsame politische Linie festzulegen. Dies ist allein schon aus dem Sachverhalt erkennbar, daß die Dauer des Prozesses der formalen Koalitionsbildung mit drei Tagen ungewöhnlich kurz war. Trotz einzelner durchaus vorhandener Dissenspunkte überwog bei der großen Mehrheit von RPR und UDF im Prozeß der Regierungsbildung letztlich der Hang zu einem stabilitäts- und konsensorientierten Zusammenwirken.

4. Das Regierungsprogramm: Politische Reformvorhaben?

In der Parteienforschung ist man in jüngster Zeit zu dem Ergebnis gelangt, daß „Wahlprogramme wesentlich aussagekräftiger sind, als bisher angenommen wurde“[17]. Beispielhafte Bestätigung findet dieses Ergebnis durch die gemeinsame Wahlplattform von RPR und UDF, deren zentrale Inhalte in das Regierungsprogramm für die jetzt laufende Legislaturperiode eingeflossen sind.[18] Die Orientierung des Regierungsprogramms der *Balladur*-Administration an der UPF-Wahlplattform widerlegt zumindest partiell die vielfach geteilte Einschätzung des nur sehr geringen Einflusses der französischen Parteien auf den Regierungsprozeß sowie auf den politischen Entscheidungsprozeß insgesamt.[19] Überhaupt ist in

14 Siehe *Peter Morris*, French politics today. Manchester/New York 1994, S. 144f.
15 Vgl. Le Figaro vom 31.3.1993 (*Sophie Huet*, L'enjeu du perchoir).
16 Vgl. Le Monde vom 7.4.1994. *Baudis* konnte sich erst in einer Stichwahl im politischen Büro der UDF mit 18:15 Stimmen gegen *Jean François Deniau* (PR) durchsetzen. *Deniau* galt wegen seiner etwas skeptischeren Haltung gegenüber der europäischen Integration als Wunschkandidat des RPR für die Spitzenposition der UDF auf der gemeinsamen Europaliste.
17 *Richard Stöss/Oskar Niedermayer*, Einleitung, in: *dies.* (Hrsg.), Stand und Perspektiven der Parteienforschung in Deutschland, Opladen 1993, S. 23.
18 Siehe den Regierungsbericht der Balladur-Administration: La lettre de Matignon: Les 100 premiers jours: Le courage des reformes, la confiance des français. Paris 1993.
19 Vgl. *Raymond Barre*, Le pouvoir des partis, in: Revue des Sciences Morales & Politiques 147. Jg. (1992), S. 343–356; zum Antiparteieneffekt im politischen System Frankreichs siehe auch

den letzten Jahren in Frankreich ein Macht- und Einflußgewinn der Parteien insofern zu konstatieren, als die Parteien nicht nur im politischen Willensbildungsprozeß ihre Funktionswahrnehmung ausgeweitet haben, sondern auch im administrativen Bereich ihre Position und ihre Verankerung ausdehnen konnten. Trotz aller aktuellen Hinweise auf Krisenerscheinungen des Parteiensystems weist die derzeitige Struktur ein im historischen Vergleich der französischen Geschichte hohes Maß an Stabilität auf. Es ist den französischen Parteien in den letzten 20 Jahren recht erfolgreich gelungen, die Funktionen der Interessenartikulation und -aggregation ebenso wahrzunehmen wie zur Stabilität der Exekutive beizutragen und ihren Einfluß im administrativen Bereich beziehungsweise auf der gouvernementalen Ebene zumindest partiell durchzusetzen.[20] In der Konfiguration der Cohabitation nehmen die Regierungsparteien daneben einzelne weitere zentrale Funktionen innerhalb des Regierungssystems wahr, wie etwa die Formulierung des Regierungsprogramms oder die Rekrutierung des Regierungspersonals, so daß in diesem Fall durchaus vom Typus der Parteienregierung gesprochen werden kann.

Die im Wahlkampf zentralen Themen der UPF – die schlechte wirtschaftliche Gesamtsituation Frankreichs (enormes Defizit der öffentlichen Haushalte und der Sozialversicherungen, hohe Arbeitslosigkeit), die Zuwanderung und die steigende Kriminalität – standen entsprechend im Mittelpunkt der ersten Regierungsinitiativen der *Balladur*-Administration nach ihrem Amtsantritt. Wie schon in der Zeit der ersten Cohabitation setzt *Balladur*, der damals das Amt des Wirtschaftsministers innehatte, im ökonomischen Bereich auf eine Politik der Liberalisierung und Flexibilisierung, die aber der staatlichen Administration wichtige Einflußpotentiale auf die verschiedenen Marktmechanismen vorbehält.[21] Der in Frankreich traditionell relativ hohe staatliche Dirigismus soll weiter zurückgedrängt werden, unter anderem durch neuerliche Privatisierungen und eine Reform der Zentralbank, nach der diese die Währungspolitik autonom, also unabhängig von Regierungsentscheidungen gestalten kann. Das Gesetz über die Unabhängigkeit der französischen Zentralbank wurde zwar vom *conseil constitutionnel* zunächst für verfassungswidrig erklärt, da es gegen die Bestimmungen der Artikel 20 und 21 der Verfassung der V. Republik verstoße, wonach die Regierung die Richtlinien der Politik zu bestimmen habe.[22] Nach diesem Urteil konnte das Zentralbankgesetz aber dennoch in Kraft treten, da es seine Gültigkeit erlangte, als der Vertrag von Maastricht zur europäischen Wirtschafts- und Währungsunion rechtswirksam wurde.

Weitere Maßnahmen zur konjunkturellen Erholung durch die *Balladur*-Administration sollten laut Regierungsprogramm sein: Senkung der Leitzinsen; Senkung der Steuern und Sozialabgaben für Unternehmen bei arbeitsplatzschaffenden Investitionen; Flexibilisierung der Arbeitszeiten; Einsparungen bei den öffentlichen Haushalten und den Sozialleistungen;

Adolf Kimmel, Parteienstaat und Antiparteieneffekt in Frankreich, in: Jahrbuch für Politik 1. Jg. (1991), S. 319–340.

20 Hierzu jetzt *Adolf Kimmel*, Parteiensystem, Wahlsystem und Regierungssystem in der V. französischen Republik, in: Jahrbuch für Politik, 4. Jg. (1994), S. 295–312, besonders S. 308ff.

21 Siehe zur Wirtschaftspolitik in der Zeit der ersten „Cohabitation" *Henrik Uterwedde*, Bilanz der Wirtschaftspolitik Chiracs, in: Dokumente 44. Jg. (1988), S. 16–20; zu neueren Entwicklungen *ders.*: Im Schatten der Arbeitslosigkeit. Die Wirtschaftspolitik der Regierung Balladur, in: Dokumente 49. Jg. (1993), S. 444–450.

22 Vgl. Le Monde vom 4.8.1993.

Politik des „harten Franc", d.h. Geldwertstabilität zu gewährleisten und den Franc weiterhin im Europäischen Währungssystem (EWS) zu halten.

Die letzten beiden dieser programmatischen Punkte stehen für die post-globale Politik der *Balladur*-Administration und ihrer Orientierung an weltwirtschaftlichen Effizienzerfordernissen. Achtzehn Monate nach Amtsantritt der RPR/UDF-Koalitionsregierung konnte daneben aber auch konstatiert werden, daß der Wechsel von der sozialistischen zur konservativ-liberalen Regierung keine wirkliche Zäsur in der Wirtschaftspolitik markiert. Recht weitgehend wurde an die Politik des letzten PS-Premierministers *Béregovoy* angeknüpft. Dies liegt zum einen daran, daß sich die eher neo-liberalen Vorstellungen *Balladurs* in den eigenen Reihen nur mit großen Abstrichen durchsetzen konnten beziehungsweise *Balladur* auf deren Durchsetzung gegen Widerstände verzichtete. Denn: Innerhalb des bürgerlich-neogaullistischen Lagers treffen unterschiedliche wirtschaftspolitische Positionen aufeinander, wobei insbesondere Parlamentspräsident *Séguin* und der neopopulistische Flügel des RPR eine gänzlich differente wirtschaftspolitische Konzeption favorisieren[23], die etwa sozialpolitischen Maßnahmen eine höhere Priorität einräumt als der Stabilisierung der französischen Währung im europäischen Währungsgefüge. Die Beschäftigungspolitik und der Abbau der Arbeitslosigkeit genießen dabei absolute Priorität, weshalb *Séguin* eigens mit der populistischen Forderung eines Referendums zur französischen Beschäftigungspolitik an die Öffentlichkeit trat.

Während *Balladur* im Sinne der post-globalen Regierungstechniken eine Öffnung der französischen Wirtschaft auf internationale Märkte und ihre europäische Einbindung favorisiert, legen seine Kontrahenten den Schwerpunkt auf nationale Wachstums- und Beschäftigungsziele. Mit der Unterzeichnung des Welthandelabkommens GATT hat *Balladur* Ende 1993 immerhin einen großen Erfolg für sich verbuchen und trotz aller Widerstände in Frankreich einen internationalen Kurs durchsetzen können. Zuvor hatte er allerdings Kompromisse mit dem sozialpolitischen Flügel des RPR schließen müssen, die die geplante Senkung der Haushaltsdefizite hat scheitern lassen. So verabschiedete die Nationalversammlung zur Bekämpfung der Arbeitslosigkeit im Jahre 1993 einen Nachtragshaushalt im Umfang von 50 Milliarden Franc für beschäftigungspolitische Maßnahmen. Die öffentlichen Kassen haben zusätzliche Milliarden zur Stützung der Sozialversicherungen bereitgestellt. Lediglich das Rentenversicherungssystem, das durch höhere Beiträge der Versicherten und geringere Rentenleistungen teilweise auf eine neue finanzielle Basis gestellt werden konnte, ist erfolgreich reformiert worden. Ansonsten sind alle anderen Reformen über Programme nicht hinausgekommen, sondern am Widerstand einflußreicher Interessengruppen gescheitert.[24] Das somit nach wie vor ansteigende Haushaltsdefizit (auf über 100 Milliarden DM) und die hohen Arbeitslosenzahlen (über 3 Millionen) lassen nicht nur die politischen Handlungsspielräume der *Balladur*-Administration gering erscheinen, sondern auch innerkoalitionäre Spannungen im Hinblick auf die anzuwendende Lösungskonzeption erwarten. So betonte der UDF-Fraktionsvorsitzende in der Nationalversammlung *Charles Millon*, daß seine Fraktion bei der Arbeitsmarktpolitik weniger auf staatlich dirigistische Maßnahmen setze als das RPR. Entsprechend lehnt auch *Millon* das von *Séguin* angeregte Referendum

23 Vgl. dazu ausführlich *Henrik Uterwedde*, Eine neue Wirtschaftspolitik für Frankreich nach der Wahl? Programme und Widersprüche der Rechtsparteien, in: Dokumente 49. Jg. (1993), S. 10–16.

24 Siehe Frankfurter Allgemeine Zeitung vom 30.3.1994.

zur Beschäftigungspolitik kategorisch ab. Das zwischen den Regierungsparteien mit der Banque Nationale de Paris begonnene, unumstrittene Privatisierungskonzept brachte jedenfalls bisher kaum die notwendigen finanziellen Ressourcen für umfangreiche staatliche Beschäftigungsprogramme in ausreichenden Maße auf (geschätzte Einnahmen für das laufende Jahr 50 Mrd. Franc).

Ein zweiter wichtiger Grund für die geringe Durchsetzung der wirtschaftspolitischen Reforminitiativen *Balladurs* ist in seinem auf Kooperation angelegten Regierungsstil zu sehen: so bemüht sich *Balladur,* die Probleme sowohl im Zusammenwirken mit dem ausscheidenden Staatspräsidenten zu lösen, als auch die öffentliche Meinung nicht nur zu berücksichtigen, sondern ihr im Regierungshandeln Rechnung zu tragen. Sein Zurückweichen von den ursprünglichen Absichten zur Sanierung der Air France nach dem Streik des Bodenpersonals, das Aufschieben der Privatisierungspläne der France Telecom nach gezeigten Widerständen der dortigen Angestellten und der Verzicht auf seine Pläne zur Eingliederung von Jugendlichen in die Arbeitswelt und der damit verbundenen Aufhebung des gesetzlichen Mindesteinkommens stehen beispielhaft für diesen kooperativen Regierungsstil. *Balladur* und sein Kabinett wollen damit ein höheres Vertrauen für ihre Politik und gegenüber dem Regierungssystem insgesamt erreichen, schließlich Legitimität und Steuerungsfähigkeit des politischen Systems zumindest bewahren. Kaum zutreffend erscheint in diesem Zusammenhang das Wort von der „blockierten Gesellschaft", impliziert dieses doch eine weitgehende Reformunfähigkeit und fehlende Möglichkeiten der Neustrukturierung sozialer und politischer Teilsysteme. *Balladurs* Wahl des Führungsstils ist jedoch temporär begrenzt durch seine mögliche Kandidatur bei den anstehenden Präsidentschaftswahlen wie strukturell begrenzt durch seine Haltung, den gesellschaftlichen Konsens nicht aufzugeben, zumindest seine Aufgabe nicht leichtfertig zu riskieren. Schrittweise partielle Veränderungen schließt ein solcher Führungsstil jedoch nicht aus, wie auch die Gesellschaft als ganze keine völlige Blockierung erfährt.

In der Innen- und Immigrationspolitik konnte Innenminister *Pasqua* die in der Wahlplattform verkündeten Maßnahmen recht weitgehend durchsetzen: ein Einwanderungsgesetz, das den Zuzug und Aufenthalt von Ausländern aus Nicht-EG-Ländern erschwert, wurde bereits verabschiedet. Auch das Asylrecht wurde eingeschränkt: Flüchtlingen kann die Einreise verweigert werden, wenn sie aus einem „sicheren Drittstaat" kommen. Als solche gelten alle an Frankreich angrenzenden Staaten. Der conseil constitutionnel hat zwar einzelne Bestimmungen des umfassenden Gesetzeswerks zur Immigrations- und Asylpolitik zurückgewiesen und verfügt, daß das französische Asylrecht mit dem Abkommen von Schengen in Übereinkunft gebracht werden müsse, um Asylbewerber abweisen zu können, die bereits von einem anderen Partnerstaat abgelehnt worden sind.[25] Die hierfür erforderliche Verfassungsänderung, die nicht nur von den Regierungsparteien mehrheitlich befürwortet wurde, ist inzwischen jedoch vom Ministerrat angenommen und vom Parlament verabschiedet worden.[26] Während sich die RPR-Fraktion geschlossen für eine Verfassungsänderung aussprach, waren bei der UDF-Fraktion durchaus kritische Stimmen vernehmbar, da nach deren Ansicht auch einfache Gesetze die Asylproblematik hätten lösen können.

25 Siehe dazu Le Monde vom 4.9.1993.
26 Le Monde vom 21.10.1993.

Zur verstärkten Bekämpfung der Kriminalität wurden unter anderem Neuregelungen zu polizeilichen Personenkontrollen und Einschränkungen der Rechte von vorläufig Festgenommenen verabschiedet, die jedoch auch nicht ohne innerkoalitionäre Kontroversen beschlossen wurden. In diesem Politikbereich liegen zentrale Differenzen ebenso wie in der Immigrationspolitik zwischen den eher restriktiven politischen Vorstellungen des Innenministers und den eher liberalen Konzepten der UDF, die derzeit durch Vermittlung von *Balladur* noch überbrückt werden können.

Festzuhalten bleibt, daß bei einzelnen inhaltlichen Fragen der Regierungspolitik durchaus Unterschiede zwischen den Koalitions-, aber auch innerhalb der Regierungsparteien bestehen, die auch Auswirkungen auf die Entscheidungen des Kabinetts haben. Während in der Innen- und Immigrationspolitik die im Wahlprogramm enthaltenen Erklärungen schon recht weitgehend in konkrete Gesetzesbeschlüsse umgesetzt beziehungsweise vom Ministerrat angenommen wurden, sind in der Wirtschafts- und Finanzpolitik die dort verankerten Reformvorstellungen der steuerlichen Entlastung der Unternehmen und der Rückführung und des Umbaus des Staatshaushaltes nur sehr eingeschränkt beziehungsweise nicht durchgesetzt worden. Bisher konnte aber den in der RPR/UDF-Koalition vorhandenen Zentrifugaltendenzen aufgrund der Kompromißfähigkeit der Parteien und ihrer in vielen Politikbereichen recht konsensualen Programmatik sowie der integrativen Wirkung des Führungsstils *Balladurs* im Sinne von stabilitätsorientiertem Zusammenwirken erfolgreich begegnet werden. Wesentlich dazu bei trägt *Balladurs* enge Einbeziehung nicht nur des Kabinetts in den Entscheidungsprozeß, sondern seine relativ umfassende Informationspolitik gegenüber den Mehrheitsfraktionen in der Nationalversammlung.[27] Zu konstatieren ist sogar eine „Balladurisation" eines Teils der UDF-Fraktion, d.h. eine weitergehende Übereinstimmung mit den politischen Vorstellungen und dem Führungsstil des Premierministers als mit den eigenen Parteispitzen, etwa mit *Giscard d'Estaing*. Dies muß vor dem Hintergrund betrachtet werden, daß selbst bei der großen Mehrzahl der UDF-Sympathisanten *Balladur* deutlich höhere Popularitätswerte aufweist als jeder andere Politiker: So bevorzugen nach einer Umfrage von Le Monde vom September 1993 70 Prozent aller UDF-Wähler *Balladur* als zukünftigen Präsidentschaftskandidaten.[28]

5. Verhältnis der Koalitionsregierung zur Nationalversammlung

Übereinstimmung herrscht in der politikwissenschaftlichen Forschung darüber, daß die Nationalversammlung im politischen Prozeß Frankreichs nur eine Nebenrolle spielt: „Von einem mitregierenden Parlament kann in der V. Republik nach wie vor keine Rede sein".[29] Während in Phasen der gleichgerichteten parteipolitischen Mehrheiten von Staatspräsident, Premierminister und Parlamentsmehrheit die Exekutive nicht nur aufgrund der Verfassungsbestimmungen, sondern auch wegen der realpolitischen Einflußmöglichkeiten gegenüber dem Parlament einen deutlichen Machtvorsprung besitzt, steigen die Mitwirkungsmöglichkeiten des Parlaments am politischen Prozeß in Zeiten der Regierung der Cohabitation.

27 Vgl. Le Monde vom 25.11.1993: „*Edouard Balladur* réunit les parlementaires de la majorité".

28 Le Monde vom 16.9.1993.

29 *Adolf Kimmel*, a.a.O. (Fn. 10), S. 4. Hingegen zur „parlamentarischen Logik" jetzt *ders.*, a.a.O. (Fn. 20), S. 310.

Dies allein schon aus der Erwägung heraus, daß allein das Parlament neben dem Staatspräsidenten direktdemokratisch legitimiert ist, also unmittelbar vom Volk gewählt wird. Der Premierminister erhält seine demokratische Legitimation somit durch die Wahlen zur Nationalversammlung und sieht in der Parlamentsmehrheit seinen unmittelbaren politischen Ansprechpartner und Verbündeten in Auseinandersetzungen mit dem Staatspräsidenten aus dem anderen politischen Lager. Der Staatspräsident wiederum kommt nicht umhin, die direktdemokratische Legitimation des Parlaments anzuerkennen und dessen Entscheidungen zu respektieren. So hat *Mitterrand* in der Phase der ersten Cohabitation zwar Verordnungen der Regierung gelegentlich mißachtet und seine Zustimmung verweigert, die Rechte des Parlaments jedoch beachtet und vom Parlament beschlossene Gesetze unterzeichnet und ausfertigen lassen. An diese letztere Gepflogenheit hält sich der Staatspräsident auch in der jetzigen Regierungszeit der zweiten Cohabitation. Er überläßt die politischen Richtungsentscheidungen noch stärker als in der ersten Cohabitation der Regierung und deren Zusammenwirken mit der Parlamentsmehrheit, wenn er sich auch weiterhin Handlungs- und Einspruchsmöglichkeiten in zentralen politischen Fragen vorbehält und nach außen weiterhin Frankreichs Interessen vertritt. Das bedeutet insbesondere, daß *Mitterrand* in der Außen- und Sicherheitspolitik nach wie vor zentrale Entscheidungsrechte wahrnimmt. Nach innen jedoch fungiert er deutlicher als in der ersten Cohabitation als Schiedsrichter („arbitre") und Hüter der Verfassung, der über die Einheit der Nation und das Funktionieren der Institutionen wacht, ohne seine Prärogativen aufzugeben.

Die Verfassung der V. Republik überläßt es in ihrem Rahmen jeweils den einzelnen Institutionen, im Zusammenwirken den politischen Prozeß zu steuern; sie kann – wie die Phasen der Cohabitation beweisen – keineswegs nur als eine Ausgestaltung präsidialer Hegemonie betrachtet werden. Zwar behält auch in Zeiten der Cohabitation der Staatspräsident eine zentrale Stellung innerhalb des Regierungssystems, jedoch muß er seine Macht mit dem Premierminister und dessen Kabinett sowie mit der Parlamentsmehrheit teilen. Die letztere zeigt wiederum gerade in der zweiten Cohabitation, daß sie sich keineswegs nur als Verfügungsmasse des Premierministers versteht. Im Gegenteil: Ihr Selbstbewußtsein ist während der letzten Monate deutlich gestiegen. Angeführt vom ehrgeizigen Parlamentspräsidenten *Séguin*, der offen gegen die Politik *Balladurs* opponiert, unternehmen die Regierungsfraktionen Anstrengungen, die Regierungspolitik stärker zu kontrollieren und auf die Einhaltung ihrer Gesetzesbeschlüsse zu pochen. Ausgangspunkt der vermehrten Kritik an der *Balladur*-Administration war deren Rücknahme des „Kontraktes über Arbeitseingliederung", der Bestandteil eines verabschiedeten Gesetzes ist, ohne eine erneute Entscheidungsfindung im Parlament herbeizuführen. Hierin sahen zahlreiche Abgeordnete eine erhebliche Einschränkung der Parlamentsrechte, einzelne mithin sogar eine Aufhebung der Gewaltenteilung.

Ohnehin fragwürdig in der französischen Gesetzgebung erscheint aus dieser Sicht der extensive Gebrauch von Regierungsverordnungen und der eingeschränkte Bereich der Normsetzung durch das Parlament.[30] Das Hauptproblem dabei ist die fehlende Möglichkeit des Parlaments, sich gegen Verordnungen zu wenden, die die Regierung zur Durchführung eines Gesetzes erläßt: „Dieses Vorgehen, das Gesetz durch Verordnungen in Frage zu stellen,

30 Vgl. *Günther Haensch/Hans J. Tümmers*, Frankreich. Politik, Gesellschaft, Wirtschaft. München 1991, S. 139.

ist nicht normal"[31]. Aus der RPR-Fraktion in der Nationalversammlung sind zuletzt auch zunehmend kritische Stimmen zur Wirtschaftspolitik der *Balladur*-Regierung laut geworden, die den Premierminister dazu veranlaßt haben, von seinen ursprünglichen Plänen zumindest partiell wieder Abstand zu nehmen.
Die schwache Stellung des Parlaments in der V. Republik ist auch in der Phase der zweiten Cohabitation nicht grundlegend aufgewertet worden, jedoch sind eindeutige Anzeichen erkennbar, daß das Selbstbewußtsein und der Einfluß der Parlamentarier der Regierungsfraktionen gestiegen sind. Überhaupt sind in der Phase einer Cohabitation deren politische Mitwirkungsmöglichkeiten bei Regierungsentscheidungen größer als bei „präsidialen Parlamentsmehrheiten". Die zweite Cohabitation zeigt noch deutlicher als die erste, daß die Machtfülle des Staatspräsidenten zu nicht unerheblichen Teilen auf dem Rückhalt basiert, den seine Regierung im Parlament hat. Dies führt zu dem Schluß, daß der Bedeutung der Regierungsfraktionen und -parteien in Frankreich in der Vergangenheit zu wenig Beachtung geschenkt worden ist.[32]

6. Perspektiven

Erfolg ihrer Politik und Stabilität der RPR/UDF-Koalition hängen zu einem wesentlichen Teil von einer Einigung der Parteien in der Frage der Präsidentschaftskandidatur für die Wahlen im kommenden Jahr ab. RPR und UDF haben nach Gründung der UPF zunächst einen Konsens dahingehend erzielt, daß nach den Mißerfolgen von 1981 und 1988 für die kommende Präsidentschaftswahl auf eine Doppelkandidatur verzichtet und durch Vorwahlen ein gemeinsamer Kandidat ermittelt werden sollte. Dieser Konsens läßt jedoch nicht unbedingt darauf schließen, daß für die Präsidentschaftswahlen von einem Zusammenwirken der bürgerlichen Parteien ausgegangen werden muß. Gegenteiliges läßt sich derzeit beobachten: sowohl RPR-Chef *Chirac* als auch der von vielen UDF-Spitzen favorisierte Premierminister *Balladur* gelten als aussichtsreiche Aspiranten für eine Präsidentschaftskandidatur. UDF-Präsident *Giscard* hat ebenfalls seinen Anspruch auf eine Präsidentschaftskandidatur noch nicht aufgegeben. *Balladur* scheint nach Meinungsumfragen verschiedener Forschungsinstitute in der französischen Bevölkerung trotz neuerlicher Korruptionsskandale zwar der aussichtsreichste Präsidentschaftsbewerber zu sein, jedoch ist nicht zu erwarten, daß *Chirac* deshalb seine Ambitionen zurückstellt.
Der Bürgermeister von Paris hat jedenfalls mit seiner Kritik an der Wirtschaftspolitik *Balladurs* deutlich gemacht, daß er zu Konfrontationen bereit ist und nicht um der Eingkeit des bürgerlich-liberalen Lagers willen auf eine Kandidatur verzichten wird. Zu lange schon hat er sich auf dieses Amt vorbereitet, hat er ein engmaschiges Netzwerk von Beratern aufgebaut, die seinen Erfolg vorbereiten sollen. Mehr als 20 Kommissionen, jeweils 12-15 Experten umfassend, erarbeiten politische Konzeptionen, pragmatische Lösungen und Strategien für eine öffentlichkeitswirksame Kampagne. Inwieweit *Balladur*, einst Weggefährte *Chiracs*, bei seinem doch eher auf Konsens und Kooperation angelegten Führungsstil für eine Präsidentschaftskandidatur die Einheit des bürgerlichen Lagers gefährden würde, bleibt

31 Parlamentspräsident *Séguin*, zitiert nach Frankfurter Allgemeine Zeitung vom 7.4.1994.
32 So auch schon *Ursel Schäfer*, a.a.O. (Fn. 3), S. 258; jetzt *Adolf Kimmel*, a.a.O. (Fn. 20), S. 308ff.

Tabelle 3: Ergebnis der Wahlen zum Europäischen Parlament 1994. Quelle: Le Monde

Wahlbeteiligung	53,8
RPR/UDF	25,4
PS	14,5
MRG	12,0
PCF	6,9
Autre Europe	12,4
Les Vertes/GE	5,0
FN	10,6

offen. Sein Vorteil ist die größere Nähe seiner Politik zur UDF, nicht zuletzt deshalb haben sich Sozialministerin *Veil* und Verteidigungsminister *Léotard* offen für *Balladur* als Kandidaten ausgesprochen.

Bei den Parteien der UDF ist der Gedanke vorherrschend, nicht beide zentralen exekutiven Ämter in Frankreich den Neogaullisten zu überlassen. Darin ist auch der Grund zu sehen, weshalb sich der in Korruptionsäffaren verwickelte Vorsitzende der Parti Republicain, Industrieminister *Gerard Longuet*, medienwirksam als möglicher Nachfolger des Premierministers im Falle einer Kandidatur *Balladurs* für das Amt des Staatspräsidenten in Szene gesetzt hat. Selbst innerparteilich ist *Giscard* nicht mehr unumstritten: so hat *Longuet* ebenfalls das Amt des UDF-Präsidenten für sich reklamiert und auch *Léotard* werden entsprechende Ambitionen nachgesagt.

Die Frage der Präsidentschaftskandidatur ist nicht der einzige wichtige Konfliktpunkt der Regierungskoalition: Auch in der Europapolitik gibt es unübersehbare Differenzen zwischen den Regierungsparteien. Anschauliches Beispiel dafür ist die vom UDF-Abgeordneten *Philippe de Villiers* angeführte Liste bei den Europawahlen 1994 „Für ein anderes Europa", die bei den Wahlen immerhin 12,4 Prozent der Stimmen gewann (siehe Tabelle). *Villiers* gilt als Kopf einer konservativen Gruppierung innerhalb der UDF, die nationale Werte vertritt und den Vertrag von Maastricht entschieden ablehnt. Zwar hat *Villiers'* eigene Liste die Regierunkskoalition nicht aus den Angeln heben können: Während aber in der UDF-Fraktion in der Nationalversammlung eine sehr große Mehrheit den Maastricht-Vertrag befürwortet, gibt es in der RPR-Fraktion eine große Gruppe von Gegnern des Vertrages über die Europäische Union, die sich nach einer im September 1993 durchgeführten Umfrage des Instituts BVA sogar auf eine Mehrheit in der Bevölkerung stützen können: danach lehnen 56 Prozent aller Franzosen den Maastricht-Vertrag in der jetzigen Form ab.[33] Auch in der Frage einer gemeinsamen Liste für die Europawahlen in diesem Jahr herrschte trotz der Einigung zwischen RPR und UDF keine unbedingte Einigkeit vor. Während die Parti Republicain zusammen mit dem RPR-Generalsekretär *Juppé* für eine gemeinsame Europa-Wahlliste votierte, hat auch *Séguin* seine Vorliebe für eine eigene RPR-Liste zu erkennen gegeben.[34]

Wie schon erwähnt, ebenfalls nicht unumstritten ist trotz des partiellen Einlenkens von

33 Vgl. Le Monde vom 21.9.1993.
34 Siehe Neue Zürcher Zeitung vom 8.9.1993.

Balladur die Wirtschaftspolitik der Regierung, was zu weiteren Konflikten mit den und innerhalb der Regierungsfraktionen Anlaß geben wird. Vom Erfolg der wirtschaftspolitischen Konzeptionen hängt aber nicht nur die Stabilität der Koalition in erheblichem Maße ab, sondern auch die Wahlchancen des Kandidaten der Regierungsparteien bei den Präsidentschaftswahlen. Sollte die wirtschaftliche Rezession sich auch weiterhin mit gleichen Auswirkungen fortsetzen, so sinken die Erfolgsaussichten der bürgerlichen Parteien insgesamt. Denn die Wähler von RPR und UDF wollen positive Ergebnisse sehen und hoffen auf eine rasche Verbesserung der ökonomischen Daten, in erster Linie der Beschäftigungslage. Sollte dies mittelfristig nicht eintreten, laufen die konservativ-liberalen Parteien Gefahr, ihre heterogene Wählerbasis partiell und damit ihre Mehrheitsfähigkeit insgesamt wieder zu verlieren. Denn die Anzahl der Stammwähler von RPR und den Parteien der UDF hat in den letzten Jahren abgenommen und die Wählerschaft beider Parteien ist im Vergleich zu früheren Jahren eindeutig inkonsistenter geworden.[35] Die in allen westeuropäischen Demokratien zu verzeichnende Tendenz der großen Zunahme von Wechselwählern beziehungsweise issue-orientierter Wähler gefährdet darüber hinaus nicht nur die Stabilität der Koalition, sondern des Parteiensystems ingesamt. Die Niederlage der Sozialisten bei den Parlamentswahlen 1993 und die Erfolge der Europa-Listen von *Villiers* und *Tapie* sind als deutliche Anzeichen in die Richtung einer Auflösung der bisherigen Strukturen des Parteiensystems zu interpretieren. Diese Strukturen sind Ende 1994 durch eine zentripetale Instabilität gekennzeichnet (siehe Schaubild 2). Während die etablierten Parteien der Mitte zunehmend an Attraktivität gegenüber der Wählerschaft verlieren, gelingt es neuen Gruppierungen wie *Villiers'* Liste oder umstrukturierten Parteien wie *Tapies* MRG, sich medienwirksam in Szene zu setzen und eine hohe Zahl von Wählern zu mobilisieren. Die Leistungen der etablierten Parteien und ihre Fähigkeit zur Politik- und Sozialaggregation werden von der französischen Öffentlichkeit nicht so hoch eingestuft, als daß ihre Fortexistenz als dominante Akteure im politischen Prozeß weiterhin eindeutig gesichert ist.

Schaubild 2: Entwicklung der Strukturen des Parteiensystems gemessen an Wahlanteilen

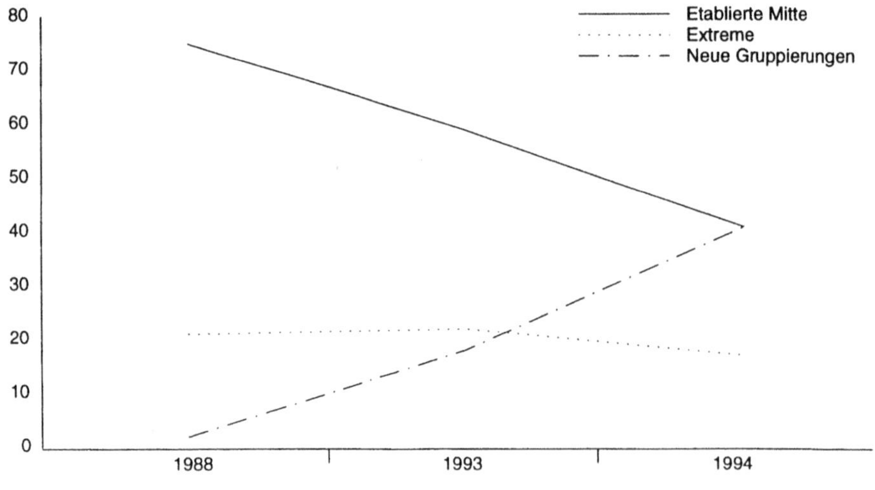

Der Regierungskoalition kommt derzeit noch entgegen, daß sie insgesamt durchaus den Eindruck einer stabilitätsorientierten und konstruktiven Zusammenarbeit hinterläßt, obwohl bei einzelnen Political Issues unterschiedliche Vorstellungen zwischen und innerhalb der Koalitionsparteien vorherrschen. Von erheblichem Vorteil für die Regierungskoalition ist des weiteren die schwere Krise der Opposition, insbesondere der Sozialisten, die die Folgen der deutlichen Wahlniederlage 1993 bisher weder intern noch extern erfolgreich verarbeitet haben und die von einem Konsolidierungsprozeß nach der Ablösung *Rocards* als Parteivorsitzendem weit entfernt sind. Die Ergebnisse bei den Europawahlen und die im Anschluß daran erfolgte Abwahl *Rocards* zeigen deutlich die elektorale Schwäche der Sozialisten und deren innerparteilichen Zerfallsprozeß. Inwieweit dieser gestoppt werden und zu einer Konsolidierung der Partei führen kann, wird sich bei der Nominierung eines Präsidentschaftskandidaten (*Delors?*) und der Wahl eines neuen Parteivorsitzenden erweisen. Fünfundzwanzig Jahre nach dem Aufstieg *Mitterrands* und dem damit verbundenen Aufstieg der PS steht die Partei mit dessen Abgang von der politischen Bühne jedenfalls wieder vor einem Neuanfang.

Um einen weiteren Aufschwung einer anderen Oppositionspartei, der Front National, zu verhindern, setzt die Koalition in ihren Regierungsprogramm auf Erfolge in jenen Politikbereichen, die den Erfolg dieser Partei wesentlich begründen: der Immigration und der inneren Sicherheit.

Der zukünftige Erfolg bei Präsidentschafts-, Parlaments- und Regionalwahlen von RPR und UDF hängt insgesamt zum einen wesentlich davon ab, wie konsens- und stabilitätsorientiert die Zusammenarbeit gestaltet werden kann, auch in der Frage der Präsidentschaftskandidatur, und zum anderen von einer von der französischen Öffentlichkeit als erfolgreich wahrgenommenen Regierungspolitik. Eine Blockierung der Gesellschaft oder Lähmung der Regierungspolitik durch eine „doppelte Cohabitation", wie sie von den Medien beobachtet wird, erscheint zwar noch als eine zugespitzte Zustandsbeschreibung der derzeitigen politischen Situation Frankreichs, stellt aber bei nachlassender Problemlösungskompetenz eine Gefahr für das politische System der V. Republik dar. Die Institutionen der V. Republik funktionieren noch[36] wie die Zusammenarbeit zwischen *Balladur* und *Mitterrand* und zwischen den Koalitionsparteien beweist. Jedoch zeigen die jüngsten politischen Ereignisse in Frankreich auch die Schwächen des Regierungssystems in Phasen der Cohabitation auf, die durch stärkere zentrifugale Kräfte und zentripetale Instabilität geprägt sind als in Phasen präsidialer Parlamentsmehrheiten: Ein weitgehender Verzicht auf die für politische Führung notwendige Durchsetzung von Regierungsprogrammen birgt für die Regierungsparteien nicht nur die Gefahr des Verlustes zahlreicher Wählergruppen in sich, sondern kann auch die Glaubwürdigkeit des Parteiensystems insgesamt in Frage stellen. Nicht das Zusammenwirken der Institutionen oder das Fehlen eindeutiger politischer Verantwortlichkeiten sind die zentralen Probleme der zweiten Cohabitation, sondern die starke Orientierung politischer Eliten, insonderheit der Spitzenkandidaten, auf die Präsidentschaftswahlen läßt die Möglichkeit politischer Führungslosigkeit entstehen und öffnet dem Einfluß einzelner gesellschaftlicher Gruppen Tür und Tor.

35 Vgl. *Hoffmann-Martinot*, a.a.O. (Fn. 2), S. 14.

36 Siehe *Daniel Colard*, Erste Erfahrungen mit der zweiten Cohabitation, in: Dokumente, 49. Jg. (1993), S. 463ff.

Regierungsmehrheit und Opposition in Spanien. Der Prozeß demokratischer Konsolidierung (1977 – 1993)

Gerald Paschen

Heute kann das spanische Königreich als ein demokratisch konsolidierter, fest in die Europäische Union integrierter Verfassungsstaat angesehen werden. Diese Lagebeschreibung bildet das „gelungene" Ergebnis eines komplexen und durchaus wechselvollen Demokratisierungsprozesses des Landes seit General *Francos* Tod im Jahre 1975. Als Prozeß zählt er seit langem zu den eingehender untersuchten Gegenständen jener Transitionsforschung, die sich mit dem Übergang rechtsautoritärer Diktaturen hin zur Konsolidierung einer pluralistischen Demokratie befaßt[1].

1. Begriffe und Analysekategorien

Wenn im folgenden von „demokratischer Konsolidierung" die Rede ist, dann wird damit eine bestimmte Entwicklungsstufe des allgemeinen Demokratisierungsprozesses gemeint. Demokratische Konsolidierung muß demgemäß als ein eigenständiges Problem des umfassenderen Transitionsprozesses angesehen werden. Zu unterscheiden sind folglich die Institutionalisierung demokratischer Verfahren, Regeln und demokratisch legitimierter Verfassungsorgane einerseits sowie deren politisch-kulturelle Stabilisierung andererseits. Die Phase einer „formalen Transition", die mit der Umsetzung der Entscheidung zur Errichtung einer pluralistischen Demokratie beginnt, und mit dem Inkrafttreten einer demokratischen Verfassungsordnung endet, muß daher von der Phase einer „demokratischen Konsolidierung" jener Ordnung abgegrenzt werden, die wiederum erst mit der Verwirklichung von demokratischer Stabilität endet. Aussagen zum Konzept einer stabilen Demokratie bleiben dabei weitgehend auf Wahrscheinlichkeiten bezogen.

„Demokratische Konsolidierung" besteht somit vor allem in einem Prozeß der Festigung, Sicherung und Behauptung demokratischer Strukturen, Verfahrensweisen und Normen. Dieser Prozeß muß sich in hochkomplexer Weise in verschiedenen Bereichen, die einen politischen, wirtschaftlichen und sozio-kulturellen Charakter besitzen, entfalten und dabei üblicherweise eine Reihe unterschiedlicher Entwicklungsphasen durchlaufen[2].

Weiterhin müssen Analysekategorien festgelegt werden, die im Sinne dieser Prämissen eine Verbindung von politisch-institutionellen und sozialen Erklärungsmustern liefern, und dabei sowohl das Funktionieren der zentralen Machtmechanismen als auch die Verwirklichung demokratischer Freiheit im politischen System zu erschließen helfen.

1 Siehe beispielsweise: *Richard Gillespie*, The Continuing Debate on Democratization in Spain, in: Parliamentary Affairs, 4/1993, S. 534–548.

2 Siehe hierzu die Ansätze bei *Leonardo Morlino*, Consolidacion Democratica. Definicion, Modelo, Hipotesis, in: Revista Española de Investigaciones Sociológicas, 35/1986, S. 7–61; *Giuseppe Di Palma*, La consolidacion democratica: Una vision minimalista, in: Revista Española de Investigaciones Sociológicas, 42/1988, S. 67–92.

Die grundlegende Hypothese des vorliegenden Beitrags besteht darin, daß sich mit einer Analyse des Zusammenspiels der von den Parteien und Fraktionen organisierten „Regierungsmehrheit" und der „parlamentarischen Opposition" diese Bedingungen dann erfüllen lassen, wenn der Konsolidierungsprozeß eines parlamentarischen Regierungssystems betrachtet wird. Denn in einem funktionierenden parlamentarischen Regierungssystem wird die verfassungsrechtliche Trennung zwischen den Verfassungsorganen Parlament und Regierung durch den verfassungspolitischen Gegensatz von Regierungsmehrheit und Opposition überlagert. Dabei bildet die Regierung zusammen mit jener Parlamentsmehrheit, die diese Regierung im Amt hält, als Regierungsmehrheit den Kern des staatlichen Machtprozesses. Die Regierungsmehrheit findet üblicherweise in der Opposition ihren politischen Widerpart, der als parlamentarische Minderheit allerdings meist über keine direkten Beschlußkompetenzen verfügt. Die freiheitssichernde Bedeutung der Opposition erwächst vielmehr erst aus deren öffentlichem Konkurrenzkampf mit der Regierungsmehrheit um die Wählerstimmen. Grundlegend für den demokratischen Charakter und die Effektivität des politischen Systems wird dabei die Frage, ob die komplexen Funktionen von Regierungsmehrheit und Opposition sowohl auf der staatlich-institutionellen Ebene als auch in der sozio-politischen Dimension gesichert und garantiert werden[3].
Im folgenden sollen die politischen und die formalen Bedingungskonstellationen, das politische Profil, das sozio-politische Umfeld und schließlich das Zusammenspiel von Regierungsmehrheit und Opposition in Spanien skizziert werden. Es gilt dafür auch generell einen Weg aufzuzeigen, wie sich demokratische Konsolidierung in Transitionsprozessen analysieren läßt.

2. *Historische Bedingungskonstellationen*

Für ein Verständnis der demokratischen Konsolidierung Spaniens sollten sowohl historisch-langfristige Determinanten in ihrer spezifischen politischen Sozialisation berücksichtigt werden als auch kurzfristige, die im unmittelbaren historischen Kontext zum Beginn der Demokratisierung auszumachen sind.
Eher hinderlich für die Etablierung demokratischer Verhältnisse scheinen dafür in Spanien die langfristigen Faktoren zu sein. Denn die friedliche Konfliktaustragung mit demokratisch legitimierten Machtwechseln auf der Grundlage von unstrittigen Verfassungsnormen besaß in der politischen Praxis Spaniens keine besondere Tradition. Nur kurzzeitig (1931-1936) verband sich in der II. Republik der spanische Konstitutionalismus mit den Prinzipien von Demokratie und parlamentarisch-politisch verantwortlicher Regierung. Jedoch verhinderte ein fragmentiertes und stark polarisiertes Parteiensystem im Kontext eines konfliktgeladenen Klimas eine Stabilisierung des Systems. Im Spanischen Bürgerkrieg (1936-1939) wurde diese Demokratie bald beseitigt und unter der Führung von *Francisco Franco* ein autoritäres Regime errichtet, in dem jede Opposition gegen den Diktator illegal blieb.
Traditionell besaßen zudem sogenannte „faktische Mächte" (Militär, Kirche, Finanzelite)

3 Vgl. *Winfried Steffani*, Regierungsmehrheit und Opposition, in: *Ders.* (Hrsg.), Regierungsmehrheit und Opposition in den Staaten der EG, Opladen 1991, S. 11–35; *Ders.*, Regierungsmehrheit und Opposition, in: *Everhard Holtmann* (Hrsg.), Politik-Lexikon, München 1991, S. 542–545.

gerade in Spanien eine besondere politische Bedeutung. Eine autonome parteipolitische Organisierung des rechten ideologischen Spektrums erfolgte zudem nur sehr begrenzt, da diese Interessen traditionell vom Staat und der katholischen Kirche protegiert wurden[4].
Günstiger stellen sich die unmittelbaren Bedingungskonstellationen dar:
Im Zuge einer vom *Franco*-Regime betriebenen wirtschaftlichen Modernisierungspolitik hatten sich in den sechziger Jahren auch die gesellschaftlichen Strukturen Spaniens grundlegend gewandelt, so daß das „alte" politische System mehr und mehr einen Anachronismus darstellte. Im Rahmen dieser Entwicklung setzte eine Umorientierung in Teilen des franquistischen Establishments ein. Die Integration in die Europäische Gemeinschaft bildete dabei eines der zentralen außen- und wirtschaftspolitischen Ziele, besonders nachdem mit der Wirtschaftskrise von 1973 die Legitimationsbasis des *Franco*-Regimes weiter geschwächt wurde. Aber erst der Tod *Francos* im November 1975 machte den Weg für einen politischen Wandel frei[5].
Das spanische Modell des friedlichen Übergangs von der Diktatur zur pluralistischen Demokratie beruhte demgemäß auf einer frühzeitigen Konsensstrategie zwischen den wichtigsten politischen Akteuren. Die Transition war in der Praxis ein gradueller Prozeß, der durch Forderungen „von unten" und Reformen „von oben" gekennzeichnet war. Vor dem Hintergrund des Bürgerkriegtraumas entwickelte sich eine diffuse Aussöhnungsidee, die zum Leitmotiv der politischen Entscheidungsträger wurde. Demzufolge wurden auch keine politischen Verantwortlichkeiten für die 40jährige Diktatur eingefordert. Zugleich bildete die zweite Restauration der bourbonischen Monarchie durch die Inthronisierung von *Juan Carlos* im November 1975 die Basis des neuen politischen Systems. Mit der Wahl eines Zwei-Kammer-Parlaments (Juni 1977), das auch als verfassungsgebende Versammlung fungierte, und der Ratifizierung der Verfassung durch ein Referendum (Dezember 1978) konnte die formale Transition dann friedlich zum Abschluß gebracht werden[6].

3. Regierungsmehrheit und Opposition und deren sozio-politisches Umfeld

Für die demokratische Konsolidierung sind die politische Integrationskraft, die ideologische Ausrichtung und die parlamentarische Kohäsion von Regierungsmehrheit und Opposition von zentraler Bedeutung. In diesem Zusammenhang muß neben der innerparlamentarischen politischen Strukturierung der Mitgliedschaft und der Fraktionen auch das sozio-politische Umfeld berücksichtigt werden, um die realen Macht- und Einflußpositionen von Regierungsmehrheit und Opposition im politischen System zu bestimmen.

4 Vgl. *Dieter Nohlen*, Parlamentarismus in Spanien in verfassungssystematischer Perspektive, in: ZParl 19. Jg. (1988), H. 3, S. 366–376; *Juan Linz*, A century of politics and interests in Spain, in: *Suzanne Berger* (Hrsg.), Organizing interests in Western Europe, Cambridge 1981, S. 365–515; *Klaus von Beyme*, Vom Faschismus zur Entwicklungsdiktatur: Machtelite und Opposition in Spanien, München 1971.
5 Siehe hierzu *Peter Waldmann/Walther L. Bernecker/Francisco Lopez-Casero* (Hrsg.), Sozialer Wandel und Herrschaft im Spanien Francos, Paderborn 1984.
6 Vgl. *José María Maravall/Julián Santamaría*, Crisis del franquismo, transición política, y consolidación de la democracia, in: Sistema, 68–69/1985, S. 79ff.; siehe zudem *Rafael Arias-Salgado*, Planung und Improvisation im Prozeß des Übergangs zur Demokratie in Spanien, in: ZParl 19. Jg. (1988), H. 3, S. 315–322.

Tabelle 1: Wahlergebnisse zum Abgeordnetenhaus (1977-1993)

	1977	1979	1982	1986	1989	1993
UCD	166	168	12	–	–	–
PSOE	118	121	202	184	175	159
AP-CD-CP-PP	16	9	106	105	107	141
PCE-IU	20	23	4	7	17	18
CiU	–	8	12	18	18	17
PNV	8	7	8	6	5	5
Herri Batasuna	–	3	2	5	4	2
ERC	1	1	1	–	–	1
Euskadiko Ezkerra	1	1	1	2	2	–
CDS	–	–	2	19	14	–
PSP	6	–	–	–	–	–
PDC	11	–	–	–	–	–
PAR	–	1	–	1	1	1
Eusko Alkartasuna	–	–	–	–	2	1
Unión Valenciana	–	–	–	1	2	1
Coalición Canaria	–	–	–	–	–	4
Andere	3	8	–	2	3	–
	350	350	350	350	350	350

Quellen: Anuario El Pais 1987, Madrid 1987, S.96 und El Pais vom 8.6.1993.

Abkürzungen: UCD (Unión de Centro Democrático); PSOE (Partido Socialista Obrero Español); AP (Alianza Popular); CD (Coalición Democrática); CP (Coalición Popular); PP (Partido Popular); PCE (Partido Comunista de España); IU (Izquierda Unida); CiU (Convergència i Unió); PNV (Partido Nacionalista Vasco); ERC (Esquerra Republicana de Catalunya); CDS (Centro Democrático y Social); PSP (Partido Socialista Popular); PDC (Pacte Democràtic per Catalunya); PAR (Partido Aragonés Regionalista).

Eine solche politische Definition von Regierungsmehrheit und Opposition muß deshalb den Charakter des Parteiensystems, die politisch-parlamentarische Rollenverteilung und Konfliktstruktur und die außerparlamentarischen Verbindungen zu Parteien, Interessengruppen und Medien berücksichtigen[7]. Hinsichtlich dieser Aspekte lassen sich für Spanien sieben grundlegende Charakteristika herausarbeiten:

1.) Es entstand ein begrenztes Mehrparteiensystem mit der Bipolarität zwischen einer Mitte-Links- und einer Mitte-Rechts-Option als dominierendem Charakteristikum[8].

2.) Diverse Regionalparteien schafften daneben den Einzug in den Kongreß. Am bedeutendsten waren dabei bürgerliche Parteien aus Katalonien und dem Baskenland. Als stärkste Regionalpartei im Kongreß zeigte sich seit 1979 die katalanisch-nationalistische CiU. Vier baskische Nationalparteien errangen Parlamentsmandate: die christdemokratische PNV, die linke Euskadiko Ezkerra, die PNV Abspaltung Eusko Alkartasuna und die Anti-System-Partei Herri Batasuna.

7 Zum rechtlichen Status von Regierungsmehrheit und Opposition in Spanien siehe: *Gerald Paschen*, Regierungsmehrheit und Opposition in der demokratischen Konsolidierung Spaniens, Frankfurt am Main 1994, S. 143ff.; *Judith Schultz*, Königreich Spanien, in: *Winfried Steffani*, Regierungsmehrheit und Opposition in den Staaten ..., a.a.O. (Anm. 3), S. 347ff.; *Juan Fernando López Aguilar*, La oposicion parlamentaria y el orden constitucional, Madrid 1988.

8 Siehe dazu *Manuel Ramírez*, Sistema de Partidos en España, Madrid 1991.

3.) Die Parteien hatten im europäischen Vergleich eher eine kleine Mitgliederbasis und wiesen im Innern zudem „Demokratiedefizite“ auf. Sie fungierten somit nur bedingt als „Transmissionsriemen“ von sozialen Interessen auf die staatliche Entscheidungsebene. Parteiprogramme bildeten zudem eher „grobe Orientierungsrahmen“ für die vornehmlich am Machterwerb beziehungsweise Machterhalt ausgerichteten Parteieliten[9].
4.) Alle Regierungen waren Einpartei-Regierungen, obwohl die jeweilige Regierungspartei zwischen 1977 und 1982 beziehungsweise seit 1990 nur über eine relative Mehrheit im Parlament verfügte.
5.) Die politischen Parteien beziehungsweise die Elite dieser Parteien waren entscheidende Kräfte bei der Organisierung und Disziplinierung von Regierungsmehrheit und Opposition[10].
6.) Die wichtigsten Interessengruppen (Unternehmerverband, Gewerkschaften und katholische Kirche) unterstützten weitgehend den Prozeß zur Konsolidierung der Demokratie, wobei der politische Einfluß dieser Gruppen im Vergleich zu dem der Parteien aber eher schwach war[11].
7.) Bedeutsam für die Stützung und Entwicklung der demokratischen Konsolidierung waren auch die Medien. Verschiedene in den 70er Jahren entstandene Zeitungen setzten sich vehement für die Demokratisierung ein. Allerdings steht das bedeutendste Medienorgan Spaniens, die staatliche Radio- und Fernsehkette (RTVE), weitgehend unter Kontrolle der Regierungsmehrheit beziehungsweise der Regierung. So ernennt die Regierung den Generaldirektor von RTVE. Die Verbindung zwischen dem spezifischen Medienkonsum in Spanien (geringer Anteil von Tageszeitungen und Dominanz des Fernsehens) und der tatsächlichen Programmgestaltung in RTVE (häufiges Erscheinen von Regierungspolitikern in den Nachrichtensendungen[12]) bedeutete, daß die Opposition Nachteile bei der Darstellung ihrer politischen Position in der Öffentlichkeit besaß.
Betrachtet man die konkrete politische Strukturierung von Regierungsmehrheit und Opposition, kommt drei Gruppierungen eine besondere Bedeutung zu:
Erstens der „Union des Demokratischen Zentrums“ (UCD), die zwischen 1977 und 1982 Regierungspartei war.
Zweitens der „Sozialistischen Arbeiterpartei“ (PSOE), die bis 1982 als „dominante Opposition“, das heißt als größte geschlossen auftretende Oppositionsgruppe im Kongreß agierte und seit 1982 die Regierung stellt.

9 Vgl. *Jorge de Esteban/Luis López Guerra,* Los partidos políticos en la España actual, Barcelona 1982, S. 81ff.
10 Vgl. *Diego López Garrido,* Gobierno y Parlamento: dos modelos de relaciones internas (UCD y PSOE), in: *Enrique Alonso García/Miguel Aparicio/Antonio Bar Cendón* u.a., El Gobierno en la Constitución Española y en los Estatutos de Autonomia, Barcelona 1985, S. 231ff.; *Pedro Jover/Joan Marcet,* Teoría y realidad en las relaciones del Gobierno con el Grupo parlamentario y partido mayoritario, in: *Enrique Alonso García/Miguel Aparicio/Antonio Bar Cendón,* a.a.O., S. 265–289.
11 Vgl. *Gerald Paschen,* a.a.O. (Anm. 7), S. 366ff.; zu den Gewerkschaften auch *Roland Schütz,* Gewerkschaften in Spanien 1976–1986: Die armen Verwandten der Demokratie, in: ZParl 19. Jg. (1988), H. 3, S. 354–365.
12 Vgl. die Analysen der Tageszeitung El Pais zur politischen Berichterstattung des Fernsehens im Vorfeld verschiedener Parlamentswahlen: El Pais vom 25. Februar 1979, 27. Oktober 1982, 22. Juni 1986 und 29. Oktober 1989.

Drittens der „Volksallianz" (AP) beziehungsweise „Volkspartei" (PP), die seit 1982 die dominante Opposition bildet.

3.1 Die UCD-Regierungsmehrheit (1977–1982)

Die UCD, die die Ministerpräsidenten *Adolfo Suárez* (1977-1981) und *Leopoldo Calvo Sotelo* (1981-82) stellte, war ein ideologisch heterogenes Bündnis von christdemokratischen, liberalen und sozialdemokratischen Gruppierungen sowie reformorientierten Politikern aus dem franquistischen Staatsapparat. Da die UCD keine absolute Mehrheit besaß, wurde die Bildung der Regierungsmehrheit auch vom Verhalten der übrigen Fraktionen und Abgeordneten bestimmt.

Während der verfassungsgebenden Legislaturperiode (1977-79) wurde die Regierungsausübung der UCD angesichts einer Konsenspolitik zwischen den wichtigsten parlamentarischen Akteuren zur Errichtung einer demokratischen Verfassungsordnung nicht in Frage gestellt.

Nach der Verabschiedung der Verfassung und bei der Aufgabe, ein konkretes Gesellschaftsmodell umzusetzen, belasteten in der I. Legislaturperiode (1979-1982) die politische Schwäche von *Suárez* und interne Konflikte mehr und mehr die UCD. Die ideologische Heterogenität verhinderte sowohl die Schaffung homogener Parteistrukturen als auch den Aufbau stabiler Bindungen zu gesellschaftlichen Interessengruppen. Dennoch stand die UCD-Fraktion in den verschiedenen Abstimmungen über das Vertrauen zu den Ministerpräsidenten geschlossen zur Regierung. Regierung und UCD-Fraktion bildeten somit eine institutionelle Einheit, was sowohl durch das Interesse am Machterhalt als auch mit dem Verantwortungsbewußtsein für die Stabilisierung der Demokratie erklärt werden kann. Da die übrigen Fraktionen keine neue Regierungsmehrheit bildeten, was angesichts der heterogenen Parteienstruktur und der Kräfteverhältnisse auch schwierig war, konnte sich die UCD-Regierung im Amt halten. Innerfraktionelle Gruppenbildungen, Fraktionsaustritte und schlechte Regionalwahlergebnisse kennzeichneten aber seit dem Herbst 1981 den Niedergang der UCD. Das Auseinanderfallen der Regierungspartei im Sommer 1982 stellte dann auch ein Indiz für die fehlende Stabilität des politischen Systems dar. Die UCD, die sich im Februar 1983 nach dem verheerenden Ergebnis bei den Parlamentswahlen vom Oktober 1982 auflöste, war somit eher eine Partei für die Institutionalisierung als für die Konsolidierung der Demokratie gewesen[13].

3.2 Die PSOE als dominante Opposition (1977–1982) und als Regierungsmehrheit (1982–1993)

Die Wahlen vom Oktober 1982 markierten den Beginn einer neuen Phase in der spanischen Politik, in der die PSOE mit *Felipe González* an der Spitze von Partei und Regierung als Regierungsmehrheit eine beherrschende Rolle einnahm. Die PSOE errang in den Wah-

13 Siehe zur UCD: *Carlos Huneeus*, La Unión de Centro Democrático y la transición a la democracia en España, Madrid 1985; *Antonio Navalón/Francisco Guerrero*, Objetivo Adolfo Suárez, Madrid 1987; *Diego López Garrido*, a.a.O. (Anm. 10).

len von 1982 und 1986 eine deutliche absolute Mehrheit der Parlamentssitze. Nach der Wahl von Oktober 1989 (und einer Wiederholung in Melilla im März 1990) fehlte der PSOE in der IV. Legislaturperiode (1989-93) mit 175 Abgeordneten lediglich ein Sitz zur absoluten Mehrheit. Auch aus den Wahlen vom Juni 1993 ging die PSOE als Sieger hervor, wobei sie im Kongreß aber nur noch 159 Mandate erringen konnte. Während in der IV. Legislaturperiode angesichts der zersplitterten Opposition und der Bereitschaft kleinerer Parteien, für geringe Gegenleistungen die PSOE zu stützen, der Verlust der absoluten Mehrheit eher eine symbolische Bedeutung hatte, benötigte die PSOE seit Juni 1993 zum Regieren einen politischen Partner. Für seine erneute Investitur zum Ministerpräsidenten erhielt *González* auch die Stimmen von CiU und PNV, wobei diese bürgerlichen Regionalparteien aber eine direkte Regierungsbeteiligung bislang ablehnen.

Der PSOE, der bereits in der II. Republik landesweit organisiert gewesen war und in der *Franco*-Zeit vornehmlich nur im Exil gewirkt hatte, gelang es zu Beginn der siebziger Jahre, sich um Gruppen aus Sevilla und dem Baskenland neu zu formieren. 1974 wurde *González* zum Generalsekretär gewählt. Er verfolgt seitdem einen moderaten ideologischen Kurs, der die PSOE stark der westeuropäischen Sozialdemokratie, besonders der bundesdeutschen SPD, annäherte. Vor allem nach dem Sonderparteitag vom September 1979, in dem die internen Kritiker zurückgedrängt wurden, erschien die Partei trotz der formal föderativen Struktur immer mehr als monolithischer Block, in dem ein „reformistischer Sektor", der den traditionellen marxistischen Dogmatismus aufgegeben hatte, in den Zentralorganen dominierte. In der Zeit als Opposition erfuhr die PSOE zudem eine besondere politische Unterstützung von der mit ihr eng verbundenen Gewerkschaft Union General de Trabajadores (UGT). Eine Nähe zur politischen Linie der PSOE-Opposition zeigte auch El Pais, die seit 1980 größte spanische Tageszeitung.

Nach dem Wahlsieg der PSOE vom Oktober 1982 beherrschten *González* als Regierungs- und Parteichef sowie *Alfonso Guerra* als sein Stellvertreter in beiden Ämtern über acht Jahre das diszipliniert agierende Dreieck von Regierung/Partei/Fraktion. Dabei konnten sich die Popularität und das Charisma des Ministerpräsidenten einerseits sowie die praktische Lenkung des Parteiapparats, der Wahlkampagnen und der Koordination von Regierung und Fraktion durch *Guerra* andererseits erfolgreich ergänzen. Anfang 1991 entstanden jedoch erstmals Risse im Machtgebäude der PSOE-Regierungsmehrheit, nachdem *Guerra* als Vize-Premier aufgrund eines Korruptionsskandals um seinen Bruder zurücktrat. *Guerra* blieb jedoch Vize-Generalsekretär der PSOE, wobei er auf dem vorangegangenen 32. Parteikongreß im November 1990 seine Machtposition im Parteiapparat sogar noch hatte festigen können. Sein Nachfolger als Vize-Premier, *Narcís Serra*, verfügte zudem nicht über eine bedeutende Basis in der Partei.

Mit dem Ausscheiden *Guerras* aus der Regierung traten dann auch erste Spannungen zwischen Regierung und Partei auf. *Serra* hatte Schwierigkeiten, eine Aktionseinheit von Regierung, Fraktion und den PSOE-Regierungschefs der Autonomen Gemeinschaften herzustellen. Zum Problem wurde nun auch die Verwicklung von Staatsverwaltung und Partei in verschiedene Korruptionsskandale.

Vor diesem Hintergrund wurde innerparteilich eine Polarisierung zwischen den sogenannten „Erneuerern" (Renovadores – vor allem Regierungsmitglieder, die nur wenig Rückhalt in der Parteispitze und Fraktionsführung besitzen sowie eher für einen pragmatisch-sozialliberalen Kurs stehen) und dem Parteiapparat um *Guerra* (deren Vertreter „Guerristen" tituliert werden und stärker nach links orientiert sind) deutlich. Seit 1985 hatte sich außerdem das Verhältnis zur UGT verschlechtert. Der unumstrittene Parteichef *González* sah sich so ab 1992 gezwungen, immer stärker in die internen Debatten einzugreifen und die Koordination von Partei, Fraktion und Regierung direkt zu übernehmen. Die Neubildung der Regierung und die Besetzung der Fraktionsspitze nach den Wahlen vom Juni 1993 zeigten zwar, daß *González* eher mit den Renovadores sympathisierte. Das Hauptproblem der PSOE liegt jedoch seit diesem Zeitpunkt in der Aufrechterhaltung einer Regierungsmehrheit durch interfraktionelle Pakte[14].

3.3 AP/PP: Die dominante Opposition (1982–1993)

Wichtigster parlamentarischer Gegenspieler zur PSOE-Regierungsmehrheit war ab 1982 die konservative AP, die vom Ex-*Franco*-Minister *Manuel Fraga* gegründet worden war. Für die Wahlen von 1982 und 1986 ging die AP unter dem Namen Coalición Popular (CP) und mit *Fraga* als Spitzenkandidaten ein Bündnis mit christdemokratischen, rechtsliberalen und regionalen Gruppierungen ein, wobei die Coalición Popular auch einige ehemalige UCD-Politiker integrieren konnte. Die AP war jedoch sowohl in bezug auf die Mitgliederzahl (210.000 im Februar 1987) als auch innerhalb der Fraktion (ca. 80 der 106 CP-Abgeordneten gehörten in der II. Legislaturperiode zur AP) mit Abstand die bedeutendste Partei in diesem Bündnis.

Nach der Enttäuschung in den Parlamentswahlen von 1986, bei denen die CP gegenüber 1982 fast 300.000 Stimmen weniger erhielt, brach das Bündnis jedoch auseinander. Vor dem Hintergrund, daß auch die Banken von der AP ihre Wahlkampfkredite zurückforderten und die baskischen Regionalwahlen im November 1986 ein schlechtes Ergebnis brachten, trat *Fraga* im Dezember 1986 als Parteipräsident und Oppositionsführer zurück[15].

Als die AP im Februar 1987 auf ihren 8. Parteitag mit dem Senator *Antonio Hernández Mancha* einen neuen Vorsitzenden wählte, befand sie sich in einer tiefen Krise. *Hernández Mancha* versuchte, die Partei in der Folgezeit mit einem populistischen Kurs mehr zur Mitte zu öffnen. Dieses Manöver blieb jedoch erfolglos. Vielmehr schien es, als fehlte der AP nunmehr eine überzeugende Führungspersönlichkeit, so daß das Ansehen des neuen Vorsitzenden sowohl in der eigenen Partei als auch in der Öffentlichkeit sank. Hinzu kam, daß sich auch die Unternehmerschaft von dieser Politik distanzierte. Die Verluste der AP in den katalanischen Regionalwahlen vom Mai 1988 waren der Anlaß für eine innerparteiliche Neuorientierung im Hinblick auf den 9. Parteikongreß im Januar 1989.

Im Jahre 1989 vollzog sich dann ein bedeutsamer Wandel in der Partei: Auf dem 9. Kongreß wurde *Fraga* erneut zum Präsidenten gewählt und die AP in Partido Popular umbenannt, wobei verschiedene christdemokratische und rechtsliberale Persönlichkeiten in die PP integriert wurden. Die Zahl der ehemaligen UCD-Politiker in der Führung der Partei nahm damit zu. Zudem verbesserte sich das Verhältnis zu den Banken und der Unterneh-

14 Siehe zur PSOE: *Richard Gillespie,* The Spanish Socialist Party: A History of Factionalism, Oxford 1989; *Pedro Jover/Joan Marcet,* a.a.O. (Anm. 10); *Diego López Garrido,* a.a.O. (Anm. 10); zu den jüngeren Entwicklungen: Anuario El Pais 1992, Madrid 1992, S. 68f.; Anuario El Pais 1993, Madrid 1993, S. 68f.; Süddeutsche Zeitung vom 4. August 1993.

15 Vgl. Cambio 16 vom 15. Dezember 1986.

merschaft wieder, insbesondere nachdem im August 1989 der Regierungschef von Castilla-León, *José María Aznar*, zum Spitzenkandidaten der PP für die Parlamentswahlen nominiert worden war. Die leichten Gewinne der PP in den Wahlen vom Oktober 1989 im Vergleich zur CP verschafften *Aznar* die notwendige Glaubwürdigkeit zur Führung der Partei. Nachdem *Fraga* im Dezember 1989 zum Regierungschef von Galicien gewählt worden war, wurde *Aznar* dann im April 1990 auf dem 10. Parteikongreß zum Präsidenten der PP gewählt. Unter *Aznar* erlangte die PP seit 1990 eine stärkere politische Kohäsion und steuerte zudem einen liberaleren und moderneren Kurs[16].

4. Das Wechselspiel von Regierungsmehrheit und Opposition im Rahmen der demokratischen Konsolidierung

4.1 Phase I (1977–1979): Konsenspolitik zwischen Regierungsmehrheit und Opposition in der formalen Transition

In der verfassungsgebenden Legislaturperiode bildeten die UCD-Regierung und -Fraktion die Kristallisationspunkte der parlamentarischen Entscheidungsprozesse. Dagegen begriff sich die PSOE grundsätzlich als Opposition gegenüber dieser UCD-Regierungsmehrheit. Dennoch bestimmten weder besondere Konfliktfreude noch Streitlust das Verhältnis von Mehrheit und Opposition, da in Schlüsselfragen (Bewältigung der Wirtschaftskrise und Verfassungsgebung) für eine Konsenspolitik optiert wurde. Am Zustandekommen dieses Konsenses hatten in der Praxis die Parteieliten einen maßgeblichen Anteil:
So wurden im Oktober 1977 zwischen den wichtigsten Parteien die sogenannten „Moncloa-Pakte" geschlossen, die zum einen wirtschaftspolitische Maßnahmen – besonders ein Sparprogramm und eine Beschränkung der Lohnpolitik – beinhalteten und in einem zweiten Teil für die Fortsetzung der freiheitlichen Gesetzgebung eintraten. Trotz der vielfach enttäuschenden Ergebnisse bei der Umsetzung dieser Vereinbarungen dienten diese Pakte auch als Vorbild für die spätere Politik der sozialen Konzertation in der postkonstitutionellen Periode[17].
Die Verfassungsgebung begann formell und materiell kurz nach der Konstituierung des Parlaments im August 1977 Gestalt anzunehmen, indem der 36köpfige Verfassungsausschuß einen sieben Mitglieder umfassenden „Unterausschuß" (Ponencia) zur Erstellung des Verfassungsentwurfs einsetzte. Außer der baskischen PNV waren alle wichtigen Parlamentsparteien in diesem Gremium vertreten. Die Behandlung des Verfassungsentwurfs dauerte in den verschiedenen parlamentarischen Organen bis zum Oktober 1978. Mit Erfolg konnten so die politisch-institutionellen Rahmenbedingungen für die Funktionsfähigkeit einer parlamentarischen Demokratie geschaffen werden[18].

16 Siehe zur AP/PP: *Lourdes López-Nieto,* Alianza Popular: Estructura y evolución electoral de un partido conservador (1976–1982), Madrid 1988; Cambio 16 vom 11. Juli 1988; El Pais vom 30. Oktober 1988; *Walther L. Bernecker/Hans Jürgen Fuchs/Bert Hofmann* u.a., Spanien-Lexikon, München 1990, S. 325ff.; El Mundo vom 18. April 1993; El Pais vom 8. Juni 1993.

17 Siehe hierzu: *David Gilmour,* The transformation of Spain, London 1985, S. 190ff.; *Donald Share,* The Making of Spanish Democracy, New York 1986, S. 141ff.

18 Siehe hierzu: *Richard Gunther,* El proceso constituyente español, in: Revista de Estudios Políticos, 49/1986, S. 33–61.

In sekundären Fragen – abseits der Verfassungsdiskussion – agierte die PSOE allerdings gemäß ihrem Selbstverständnis als Opposition. Gegenstand einer Regierungskritik durch die PSOE waren beispielsweise verschiedene Polizeiübergriffe und die zurückhaltende Informationspolitik der Regierung. Zudem wurden unter anderem Gesetzesvorschläge zur Abschaffung der Todesstrafe und zur Regelung der ersten Kommunalwahlen eingebracht. Dabei konnte die PSOE durchaus einen Katalog von konfliktiven Themen aufzeigen, die bei einem Strategiewechsel hätten nutzbar gemacht werden können. Insgesamt wurde durch diese Konkordanzstrategie aber deutlich, daß die Opposition der Notwendigkeit, die Demokratie als solche angesichts der Gefährdungen durch außerparlamentarische Mächte (Militär/Terroristen), einer Wirtschaftskrise und der Tücken der Verfassungsgebung zu sichern, einen Vorrang gegenüber ihrem Machtanspruch gab[19].

4.2 Phase II (1979–1982): Schwache Regierungsmehrheit und kooperative Opposition im Kontext drohender Destabilisierung

Nach der Verabschiedung der Verfassung schien es, als mangele es *Suárez*, der ab 1979 mit wechselnden Ad-hoc-Mehrheiten regieren mußte, nunmehr an klaren politischen Konzepten. Die Erfolge seiner Regierung beschränkten sich im wesentlichen auf die Institutionalisierung wichtiger Verfassungsorgane (Verfassungsgericht; Generalrat der Justiz; Staatsrat) und einiger wichtiger Gesetze zum Ausbau der Verfassung (Statut für RTVE; Arbeiterstatut; Regelung der Referenden). Kritisiert wurden zwar seine Haltung im Kampf gegen den Terrorismus, die stark vom Einfluß der Militärs bestimmt schien und der schleppende Fortgang der Militärreform, das heißt vor allem die Angleichung der Organisations- und Kommandostrukturen beziehungsweise der Militärjustiz an die neue Verfassungsordnung[20]. Die Kardinalprobleme waren aber die Autonomien- und Wirtschaftspolitik:

— In der Frage der Autonomienregelung wurde die *Suárez*-Politik als Verzögerungstaktik kritisiert, wobei sich zudem der Eindruck aufdrängen mußte, daß die UCD-Regierung keine konkreten Vorstellungen über das zukünftige spanische Autonomiemodell besaß. So wurde erst im Sommer 1979 nach zähen Verhandlungen mit der PNV ein Kompromiß über das Autonomiestatut für das Baskenland erreicht, wobei jedoch noch viele Punkte strittig blieben. Zwischen Januar und September 1980 boykottierten die PNV-Abgeordneten sogar das Parlament als Protest gegen die zögerliche Kompetenzübertragung auf die Regionalorgane. Offenkundig wurde der „Bremskurs" der Regierung bei der Dezentralisierung im Zusammenhang mit der Durchführung des Autonomiereferendums für Andalusien am 28. Februar 1980[21].

— Angesichts überzogener wirtschaftlicher Versprechungen durch *Suárez* geriet die Regierung ebenfalls unter massiven Druck. *Suárez* optierte, nachdem sein Image im Sommer

19 Vgl. *Gerald Paschen*, a.a.O. (Anm. 7), S. 439ff.

20 Vgl. *Jesús Valenciano Almoyna*, La reforma de la Justicia Militar en España durante la transición, in: Revista Española de Investigaciones Sociológicas, 36/1986, S. 141–152; *Pablo Casado Burbano*, Las fuerzas armadas en el nuevo marco jurídico-político de la España democrática, in: Revista Internacional de Sociologia, 2/1985, S. 333ff.

21 Die Regierung empfahl öffentlich eine Stimmenthaltung und hatte zudem eine nur schwer verständliche Frage vorgelegt.

1980 auch in der Öffentlichkeit auf einen Tiefpunkt angelangt war und die Kritik aus den eigenen Reihen immer lauter wurde, im September für eine weitreichende Regierungsumbildung und das anschließende Stellen der Vertrauensfrage. Obwohl *Suárez* nochmals das parlamentarische Vertrauen erhielt, trat er schließlich im Januar 1981 zurück, ohne daß dieser Schritt bis heute klar begründet worden ist[22].
Der Amtsantritt von *Calvo Sotelo* als Ministerpräsident im Februar 1981 stand unmittelbar unter dem Eindruck des gescheiterten Putsches und der politischen Schwäche seines Vorgängers. So konnte er auch die innere Erosion der UCD nicht mehr aufhalten, was ein erfolgreiches Regieren erschwerte. Das oberste Ziel der Politik von *Calvo Sotelo* bestand aber darin, das Vertrauen in die Demokratie zu stärken und einen weiteren Putsch abzuwenden. Letzteres kam auch in einer besonderen Rücksichtnahme auf die politischen Befindlichkeiten der Militärs zum Ausdruck[23]. Eine besondere Priorität genoß unter *Calvo Sotelo* der Beitritt Spaniens zur NATO, der im Juni 1982 formell vollzogen wurde.
Zwischen der UCD und der PSOE-Opposition ergab sich zwischen 1979 und 1982 kein einheitliches Konfliktmuster. Allerdings hatte die PSOE auf ihrem Parteitag im September 1979 die innerparteilichen Voraussetzungen für ein systematisches Agieren und eine kohärente Oppositionsstrategie geschaffen. Seit diesem Zeitpunkt suchte die PSOE verstärkt eine Profilierung als Regierungsalternative unter Beibehaltung der Kooperation mit der UCD in den zentralen Fragen des weiteren Ausbaus der Verfassungsordnung. Im Februar 1980 hatte die PSOE als Sachalternative zur UCD-Wirtschaftspolitik ein sogenanntes „Programa Económico" vorgestellt. Mit der Einbringung eines Mißtrauensantrages gegen *Suárez* und der Vorstellung eines Regierungsprogramms durch *González* dominierte ab Mai 1980 eine kompetitive Oppositions-Strategie, wodurch die PSOE an politischem Gewicht gewann. Der Putschversuch vom Februar 1981 war für die PSOE Anlaß, um zur Konsenspolitik mit der UCD zurückzukehren. Abgesehen von einzelnen Issues stützte die dominante Opposition die Regierung nun eher, als daß sie versuchte, diese zu stürzen. Spanien besaß somit von 1979-1982 eine Opposition, die nicht nur geschickt agierte, sondern auch ein besonderes Verantwortungsbewußtsein für die Demokratie bewies. Angesichts der Gefährdungen der Demokratie und der Schwäche der Regierungsmehrheit erreichte das politische System bis 1982 aber keine Stabilität[24].

4.3 Phase III (1982–1989): Fortschreitende Konsolidierung mit einer starken Regierungsmehrheit und schwachen Opposition

Der Machtwechsel zur PSOE im Jahr 1982 bedeutete in dreifacher Weise eine Stärkung des politischen Systems:
Zum einen war zum erstenmal die Opposition durch freie Wahlen an die Macht gelangt, wodurch die Funktionsfähigkeit der Verfassungsmechanismen und das Wechselspiel von

22 Vgl. *Carlos Huneeus*, a.a.O. (Anm. 13), S. 210ff.
23 So wurde das „Anti-Terrorismus-Gesetz" verschärft und eine Notstandsgesetzgebung verabschiedet (vgl. Neue Zürcher Zeitung vom 4. April und 22. Mai 1981). Hinzu kam der Versuch einer Neuordnung des Autonomienprozesses im Rahmen eines Paktes mit der PSOE (vgl. El Pais vom 1. Juli 1983 und Neue Zürcher Zeitung vom 12. August 1983).
24 Vgl. *Gerald Paschen*, a.a.O. (Anm. 7), S. 446ff.

Regierungsmehrheit und Opposition unter Beweis gestellt wurden. Zweitens gelangte eine Partei an die Macht, die eindeutig dem franquistischen Widerstand zugeordnet werden konnte, wodurch der Bruch mit dem alten Regime auch politisch unterstrichen wurde. Drittens hatte die Regierung nun eine solide parlamentarische Basis, wodurch die Voraussetzung für eine effektive Regierungsarbeit bestand. Das Machtzentrum bildete nun eindeutig die Regierungsmehrheit.

Die Regierungsbilanz der PSOE bis 1989 weist Erfolge und Defizite auf: Einmal konnten Reformen durchgeführt beziehungsweise eingeleitet werden, die einen Fortgang der demokratischen Konsolidierung bedeuteten. Dazu gehörten neben Reformansätze zur Modernisierung des Bildungswesens vor allem die Militärpolitik und die Integration Spaniens in westliche Bündnissysteme. So wurde nicht zuletzt auch durch die Politik der Professionalisierung und Modernisierung der Streitkräfte, die Verteidigungsminister *Narcís Serra* vorantrieb, eine Putschgefahr in dieser Periode immer unwahrscheinlicher[25]. Zudem hatte sich die Haltung der PSOE zur NATO mit der Machtübernahme grundlegend gewandelt. Ab 1984 befürwortete die Regierung offiziell den Verbleib in der NATO ohne Spaniens Integration in die Militärstrukturen. In der konsultativen Volksbefragung zu dieser Frage vom März 1986 siegte diese Regierungsposition. Dennoch fügte sich Spanien ab 1988 weitgehend auch militärisch in die NATO ein und schloß sich der Westeuropäischen Union an. Der größte Erfolg der PSOE-Regierung stellte jedoch der von allen wichtigen Parteien unterstützte Beitritt Spaniens zur Europäischen Gemeinschaft am 1. Januar 1986 dar.

Insgesamt wurde so zwischen 1982 und 1988 die traditionelle außenpolitische Isolierung Spaniens überwunden.

Daneben gab es Politikfelder, in denen die Ergebnisse der PSOE-Politik eher zwiespältig waren. Dazu gehören die Sicherung und Entwicklung von individuellen und kollektiven Freiheiten, die Wirtschaftspolitik und die politische Dezentralisierung:

— Im erstgenannten Feld wurde deutlich, daß der Justizminister *Fernando Ledesma* (bis Juli 1988 im Amt) seine progressiven Standpunkte in bezug auf den Ausbau von Grund- und Menschenrechten gegen Widerstände aus dem Innen- und Verteidigungsministerium nur begrenzt umsetzen konnte.

— Wirtschaftspolitisch besaß die Verbesserung der Konkurrenzfähigkeit der spanischen Wirtschaft im EG-Binnenmarkt für die PSOE-Regierung höchste Priorität. Unter den Ministern *Miguel Boyer* und danach *Carlos Solchaga* bis Juni 1993 bestimmten weniger sozialdemokratische Verteilungsideen in bezug auf staatliche Sozialleistungen, die die PSOE noch in ihrem Wahlprogramm von 1982 betont hatte, das Handeln, sondern vielmehr neoliberale Konzepte zur Förderung marktwirtschaftlicher Konkurrenzbedingungen. Im Mittelpunkt stand dabei die sogenannte „reconversión industrial", das heißt die Modernisierung der in die Krise geratenen Industriesektoren. Dabei blieb jedoch die hohe Arbeitslosenquote das Kardinalproblem.

— Die Autonomienpolitik der PSOE-Regierung kennzeichnete eher eine Apologie des Zentralismus als eine Sensibilität für die Belange der Regionen. So blieb der Dezentralisierungsprozeß stecken. Bislang konnten keine dauerhaften und allseits akzeptierten Lösungen in

25 Siehe zu den Eckpunkten der Militärreform durch die PSOE-Regierung: *Jesús Valenciano Almoyna*, a.a.O. (Anm. 20), S. 141ff.; *Joaquín Lleixá*, Autonomía del ejército y órganos superiores de la defensa nacional en la transición, in: Revista Española de Investigaciones Sociológicas, 36/1986, S. 101–117.

bezug auf die Kompetenzen und die Finanzierung der Autonomen Gemeinschaften gefunden werden. Schließlich gab es Bereiche, in denen erhebliche Defizite fortbestanden. Besonders prekär war die Situation im Gesundheitswesen und der Justizverwaltung[26]. Zwischen 1982 und 1989 bestand zudem das Problem, daß der diszipliniert agierenden Regierungsmehrheit keine glaubwürdige Regierungsalternative gegenüberstand, was auch eine Präpotenz der Regierungspartei Vorschub leistete. Die Opposition der AP/CP besaß eine Reihe von Schwächen:

1.) Eine mangelnde Integrationskraft: So suchte die AP unter der Führung *Fragas* ein großes politisches Bündnis rechts von der PSOE, die „mayoría natural" (natürliche Mehrheit). Allerdings hatten die kleinen Mitte-Rechts-Parteien in keiner Weise die Monopolisierung der Opposition durch den „Jefe de la Oposición" *(Fraga)* akzeptiert. Das Auseinanderfallen der CP nach den Wahlen von 1986 dokumentierte zudem die fehlende Geschlossenheit im Bündnis. Nach der Trennung von den Christdemokraten (Partido Demócrata Popular/ab März 1988: Democracia Cristiana) im Juli 1986 und der Partido Liberal Anfang 1987 bestand die Fraktion der CP im Parlament bis 1989 nur noch aus der AP und der navarresischen Unión del Pueblo de Navarra.

2.) Eine unglaubwürdige Sachalternative: Obwohl die CP im Sinne einer systematisch agierenden kompetitiven Opposition die politische Konfrontation mit der Regierungsmehrheit suchte und auch Hauptnutzer der parlamentarischen Kontrollinstrumente war, fehlte es ihr an sachlicher Überzeugungskraft. Im wichtigen Feld der Wirtschaftspolitik war es angesichts der Abkehr der PSOE von ihren sozialistischen Positionen schwer, eine klare Alternative zu entwickeln. Die CP setzte in ihrer Oppositionsarbeit um so stärker auf die Verteidigung traditioneller katholischer Positionen, insbesondere zur Abtreibung und in der Frage der staatlichen Kontrolle der meist katholischen Privatschulen, wobei besonders das Opponieren gegen die moderate Änderung des Abtreibungsgesetzes im Gegensatz zur Mehrheitsmeinung der Bevölkerung stand. Widersprüchlich war die Rolle der CP zudem in der NATO-Volksbefragung von 1986. *Fraga* optierte für ein politisches Taktieren und unterstützte eine Enthaltung, was den Verbleib in der NATO gefährdete, obwohl die CP eigentlich eine volle Integration anstrebte. Trotz des eher gemäßigten Reformkurses der PSOE-Regierungsmehrheit schürte *Fraga* hinsichtlich der Regierungspolitik auch in unglaubwürdiger Weise eine Katastrophenangst[27].

3.) Eine ungleiche Personalalternative: Bis 1986 konkurrierte mit *Fraga* ein umstrittener Franco-Minister als Oppositionschef mit dem charismatischen und den Wandel symbolisierenden *González*. Und *Hernández Mancha* konnte auch durch das Einbringen eines Mißtrauensantrags im März 1987 seine Position innerhalb der AP und als Alternative zu *González* nicht verbessern, so daß ihm eine Spitzenkandidatur versagt blieb.

Insgesamt schritt die demokratische Konsolidierung durch die PSOE-Reformpolitik und aufgrund des Zeitfaktors zwar fort. Angesichts der Tatsache, daß weder eine effiziente Kontrolle der Regierungsmehrheit durch die Opposition noch eine glaubwürdige politische

26 Siehe zur Regierungsbilanz der PSOE: El Pais vom 7. und 10. Juni 1986 sowie 9. Juli 1988; zur Wirtschaftspolitik auch: *Wolfgang Merkel*, Sozialdemokratische Politik in einer post-keynesianischen Ära? Das Beispiel der sozialistischen Regierung Spaniens (1982–1988), in: Politische Vierteljahresschrift 4/1989, S. 629–654.

27 Siehe die Bilanz zum Agieren der dominanten Opposition in dieser Periode bei *Gerald Paschen*, a.a.O. (Anm. 7), S. 493ff.

Alternative zur Regierungsmehrheit existierte, war dieser Prozeß allerdings bis 1989 noch nicht beendet.

4.4 Phase IV (1990–1993): Der Übergang zur demokratischen Stabilität durch das Entstehen einer demokratischen Regierungsalternative

Die Phase zwischen 1990 und 1993 war dadurch gekennzeichnet, daß die PSOE durch die schlechte Wirtschaftslage und verschiedene Korruptionsfälle eine weitere Erosion ihrer Glaubwürdigkeit hinnehmen mußte. Der PSOE-Führung schadete im Zusammenhang mit den Korruptionsaffären vor allem auch die anmaßende Art, wie sie auf das Bekanntwerden von Fällen reagierte, wobei sie auch nicht davor zurückschreckte, Druck auf andere staatliche Institutionen wie die Justiz auszuüben. Mehrfach verhinderte die PSOE-Regierungsmehrheit auch die Einsetzung von Untersuchungsausschüssen zu den bekannt werdenden Korruptionsfällen. Dennoch konnte *González* im Juni 1993 die Wähler erneut für eine relative Parlamentsmehrheit der PSOE mobilisieren.

Dagegen vermochte die PP in dieser Phase den Schritt zu einer glaubwürdigen Alternative zu vollziehen. Insbesondere auf dem 11. Parteikongreß im Januar 1993 kamen die interne Modernisierung und die unumstrittene Führungsrolle *Aznars* zum Ausdruck. Der Anteil der Frauen in der Parteispitze der PP lag seitdem über der 25-Prozent-Quote, die die PSOE auf ihrem 31. Kongreß im Januar 1988 fixiert hatte. *Aznar* umgab sich als Parteichef seit 1990 zudem mit jüngeren Leuten, denen nicht mehr der Ruch einer franquistischen Vergangenheit anhaftete. Gleichzeitig wandelte sich die PP auch zum Verteidiger liberaler Freiheiten, wie die Kritik am umstrittenen Gesetzentwurf der Regierung zur „Städtischen Sicherheit" oder *Aznars* Ablehnung der Todesstrafe zeigten. Allerdings belasteten verschiedene Korruptionsskandale auch die PP. Insgesamt dokumentierten die Wahlen vom Juni 1993 aber einen Aufwärtstrend der PP, wobei die Distanz der Abgeordnetenzahl zwischen PSOE und PP deutlich verringert wurde und die PP einen großen Teil der ehemaligen CDS-Wählerschaft an sich binden konnte[28].

Im Sinne der hier zugrunde gelegten Kriterien bedeutete das Verschwinden der Prädomination der PSOE und das gleichzeitige Entstehen einer wählbaren Alternative in Gestalt der PP sowie die fortbestehende Schwäche der Anti-System-Parteien, daß Spanien zwischen 1990 und 1993 den Schritt zur demokratischen Stabilisierung vollzogen hat.

5. *Schlußfolgerungen*

Die hier knapp gefaßten Darlegungen haben auf der Grundlage von Analysekriterien, die in der wissenschaftlichen Diskussion parlamentarischer Regierungssysteme bislang eher am Rande behandelt wurden, den vielschichtigen Prozeß der demokratischen Konsolidierung in Spanien beleuchtet[29]. Das Ergebnis, daß Spanien zum Beginn der neunziger Jahre demo-

28 Vgl. Neue Zürcher Zeitung vom 2. September, 26. März und 21. Dezember 1992 sowie 31. März 1993; El Pais vom 8. Juni 1993 sowie 15. und 16. Februar 1994.

29 Eine umfassende Analyse bietet *Paschen*, a.a.O. (Anm. 7).

kratische Stabilität erlangte, hat den Wert des spanischen Beispiels für die politologische Komparatistik zweifelsohne erhöht. Denn nunmehr liegt der seltene Fall einer erfolgreich abgeschlossenen demokratischen Konsolidierung vor.
Folgende Aspekte kennzeichnen dabei das spanische Modell:
Erstens wurde deutlich, daß sich in Spanien die Phase der Konsolidierung nicht einfach an die der formalen Transition (1976-78) anschloß, sondern daß sich diese Prozesse zumindest teilweise überlappten: Schon in der verfassungsgebenden Legislaturperiode (1977-79) orientierten sich die politischen Akteure im Parlament an einer parlamentarischen Regierungsweise. Gleichzeitig kristallisierten sich die von Parteien, Wahlkoalitionen und Fraktionen organisierten politischen Profile von Regierungsmehrheit und Opposition heraus, wodurch noch vor der Verabschiedung der Verfassung auch der Prozeß der Konsolidierung der politischen Strukturen einsetzte. Dabei wurde zwar das Verhältnis von Regierungsmehrheit und Opposition von der Aufgabe der Verfassungsgebung und der Zurückdrängung anti-demokratischer Kräfte beeinflußt, so daß eine Konsenspolitik dominierend blieb. Von größerer Bedeutung für den Fortgang der Konsolidierung war jedoch, daß mit einer von einem weitreichenden Konsens getragenen Verfassung erst die Voraussetzungen für ein kompetitives System geschaffen wurden.
Zweitens wurde erkennbar, daß die demokratische Konsolidierung in Spanien ein langwieriger Prozeß war, dessen Beginn und Ende zudem nicht mit Tag und Uhrzeit bestimmt werden kann, sondern in zeitlicher Dimension als Abfolge verschiedener Phasen von jeweils zwei bis drei Jahre gesehen werden muß. Der Prozeß der Herausbildung der politischen Parteien, die ersten beiden allgemeinen Wahlen (1977 und 1979) und die Herausbildung einer parlamentarischen Konfliktstruktur in der verfassungsgebenden Legislaturperiode markierten den Beginn der Konsolidierung. Nachdem die Verfassung 1978 in Kraft getreten war, mußte der Ausbau der Verfassungsordnung durch komplementäre Organgesetze vor dem Hintergrund destabilisierender, außerparlamentarischer Einflüsse vorangetrieben werden. Dabei bewies die Opposition bis 1982 angesichts der politischen Schwäche der Regierungsmehrheit ein besonderes Verantwortungsbewußtsein.
Mit der Politik der PSOE-Regierungsmehrheit ab 1982 wurde die Demokratie zweifellos weiter gefestigt. Dennoch belasteten die Hegemonie der Regierungspartei einerseits und die schwache Alternative aus der CP-Opposition und verschiedenen kleineren Parteien andererseits noch die Demokratie. Besonders verhinderte diese Konstellation von Regierungsmehrheit und Opposition auch eine wirksame parlamentarische Kontrolle, was durch das vorhandene Parlamentsrecht, das vor dem Hintergrund der Existenz von Minderheitsregierungen geschaffen worden war, noch verschärft wurde. Eine Folge war, daß der Korruption in der Regierungspartei und der Staatsverwaltung Vorschub geleistet wurde.
Erst mit dem Entstehen einer glaubwürdigeren Regierungsalternative ab 1990 konnte sich dann demokratische Stabilität Bahn brechen. Während somit die allgemeinen Wahlen von 1977 und 1979 vor allem die Institutionalisierung der Demokratie markierten, müssen die Wahlen von 1982, 1986 und 1989 der Kernphase der Konsolidierung zugeordnet werden. Im Juni 1993 konnten dann die ersten Parlamentswahlen in einer stabilisierten Demokratie stattfinden.
Drittens kann festgestellt werden, daß das besondere Verantwortungsbewußtsein der politischen Akteure Regierungsmehrheit und Opposition für die Festigung der Demokratie, die

sich auch in den eher kooperativen Verhaltensmustern der Opposition ausdrückte, eine entscheidende Grundlage für den Erfolg der demokratischen Konsolidierung darstellte. Insgesamt hat die vorliegende Untersuchung durch die konsequente Anwendung der Analysekategorien „Regierungsmehrheit und Opposition" deshalb eine überzeugende Perspektive aufzuzeigen versucht, um im Zusammenhang mit einer demokratischen Konsolidierung politisch-institutionelle, soziale und aktionsorientierte Variablen und deren Interdependenzen zu verknüpfen. Damit wurde dem multidimensionalen Charakter dieses Prozesses Rechnung getragen und die ansonsten übliche, häufig isolierte Betonung von Einzelfaktoren für die Erklärung demokratischer Konsolidierung überwunden.

Italiens demokratische Erneuerung. Anpassungsprobleme einer „schwierigen“ Demokratie (1989 – 1994)

Peter Weber

I. Anomalien und Kontinuitäten der politischen Kultur

Die Geschichte des italienischen Nationalstaates seit seiner Entstehung 1860 ist gekennzeichnet durch die Aufeinanderfolge dreier völlig unterschiedlicher Herrschaftsformen: der liberalen Monarchie, des Faschismus und der demokratischen Republik. Sie entstanden jeweils infolge einer schweren Krise des vorhergehenden Regimes, nach einem traumatischen und blutigen Bruch mit der Vergangenheit. In dieser Perspektive ist die aktuelle Systemkrise die dritte seit der Staatsgründung.
Die „italienische Anomalie“ besteht darin, daß eine entscheidende Variable unverändert alle Umwälzungen überdauert hat. Jedes der in vieler Hinsicht geradezu entgegengesetzten Herrschaftssysteme gründete sich auf ein blockiertes politisches System, das einherging mit dem Mangel einer Regierungsalternative, und alle drei waren gekennzeichnet durch eine spezifische „Beziehung zwischen den zentralen Kräften des Regierungslagers und der Opposition, welche die ersten niemals in die Opposition und die zweiten niemals an die Regierung gebracht hat“[1].

1. Machtstrategien im blockierten System

Die Blockierung ergab sich aus der Tatsache. daß die wichtigsten Oppositionskräfte jeweils nicht einfach danach trachteten, die Regierung zu übernehmen, sondern eine fundamentale Alternative zum System anstrebten. Die Folge dieser frontalen Gegenüberstellung war, daß die Regierungskräfte sich als Verteidiger der Staatsordnung zunehmend mit dem Staat identifizierten, während die Opposition mit dem „Anti-Staat“ gleichgesetzt wurde. Beide Fraktionen trugen durch ihr Verhalten gleichermaßen zur Schwächung des Staatbewußtseins bei. Durch die Konfrontation waren die staatstragenden Kräfte sodann gezwungen, verschiedene Strategien zu entwickeln, um die gefährdete Ordnung aufrechtzuerhalten. Hierzu gehörten neben der offenen oder verdeckten Repression vor allem die Kooptation und Eingliederung der weniger radikalen Oppositionskräfte ins Regierungslager *(trasformismo),* dann der vorübergehende Zusammenschluß eigentlich inkompatibler Kräfte zu großen Blöcken ohne gemeinsame Reformprojekte *(blocchismo)* und in der republikanischen Ära schließlich auch die Einbindung der Opposition durch die Überlassung präzise umrissener Einflußsphären *(consociativismo).* Die letzte Strategie war dabei durchaus systemkonform, da innerhalb des Regierungslagers bereits ein entsprechendes System der Parzellierung *(lottizzazione)* zur Auf-

1 *Massimo L. Salvadori,* Storia d'Italia e crisi di regime. Alle radici della politica italiana, Bologna, 1994, S. 20.

teilung aller Ämter, Pfründe und Apanagen angewendet wurde, das es lediglich zu erweitern galt.
Der Preis für die Wahrung des sozialen Friedens war indes hoch, da die unvermeidlichen Rückwirkungen dieser Politik auf die Glaubwürdigkeit und Effizienz der Institutionen nicht unwesentlich zur progressiven Aushöhlung des Herrschaftssystems beitrugen. Jedesmal wenn die aufgeführten Strategien angesichts der überhand nehmenden Probleme und der gleichzeitigen Reformunfähigkeit des Systems nicht mehr in der Lage waren, die Herrschaft der Regierungskräfte zu garantieren, führte der Untergang der alten Eliten schließlich zur Auflösung der Staatsordnung in einer unaufhaltsamen organischen Krise[2].
Begünstigt wurden diese Verhaltensmuster der politischen Klasse Italiens durch einige strukturelle Besonderheiten (Anomalien), die die Entwicklung eines über rein assistentialistische Interessen hinausgehenden positiven Staatsverständnisses erschwerten: so vor allem die dauerhafte ökonomische Schwäche des Mezzogiorno; die große Tradition der Staatswirtschaft und der staatlichen Wirtschaftslenkung; die Konzentration der politischen und ökonomischen Macht in den Händen weniger Familien und staatlich geförderter Monopole; schließlich das Überdauern starker klientelistischer Strukturen vor allem im Süden. Diese von der Monarchie übernommenen strukturellen Ausgangsbedingungen wurden auch von den Parteien der Republik niemals ernsthaft in Frage gestellt.

2. Die Entwicklung des republikanischen Parteienregimes

Die Regierungskräfte unter Führung der Democrazia Cristiana (DC), die sich von Anfang an der Fundamentalopposition der Kommunistischen Partei (Partito Comunista Italiano, PCI) und zunächst auch der Sozialisten (Partito Socialista Italiano, PSI) gegenübersahen, konnten auf die Erfahrungen der vorhergehenden Regime zurückgreifen: Als das christdemokratische Herrschaftssystem Ende der 50er Jahre erstmals in eine Krise geriet, wurde mit der Regierungsformel des *Centro Sinistra* die erste *transformistische* Operation eingeleitet, in deren Folge sich die bis dahin oppositionelle Sozialistische Partei in eine staatstragende Regierungspartei verwandelte[3]. Auf die Eskalation und Konfrontation der 70er Jahre antworteten die Christdemokraten dann unter der Führung ihres Parteivorsitzenden *Aldo Moro* durch die Einbindung der Kommunisten, denen 1975 die Kontrolle über den dritten Sender des staatlichen Fernsehens eingeräumt wurde und die seitdem die meisten der von der Regierungsmehrheit im Parlament eingebrachten Gesetze (nach Durchsetzung geringfügiger Änderungen im Interesse ihrer spezifischen Klientel) mittrugen. Diese ausgabenträchtige Praxis wurde auch nach dem Ende der von Kommunistenführer *Enrico Berlinguer* als *Compromesso storico* gepriesenen Kooperation fast unverändert fortgeführt und bildete in den achtziger Jahren eine bewährte Tradition, um die politische Konfrontation niedrig zu halten und die Staatsausgaben in die Höhe zu treiben.
Der Fünf-Parteien-Block *(Pentapartito)*, der danach die Phase der 80er Jahre bestimmte,

2 Vgl. ebd., S. 9–23.
3 Die großen Vorbilder dieser Strategie waren vor allem die liberalen Ministerpräsidenten *Francesco Crispi* (1887–1896) und *Giovanni Giolitti* (1903–1914 und 1920/21). Vgl. *Carmine Chiellino/Fernando Marchio/Giocondo Rongoni*, Italien, 2. neubearbeitete Auflage, München, 1989, S. 68f. und 212–220.

schwankte daher zwischen allen der zuvor aufgezählten Strategien, und die Reformpolitik wurde mit dieser Regierungsformel mühsamer denn je. Zunehmende Bedeutung erlangte in dieser Periode erneut auch die Strategie der verdeckten Repression zur Unterdrückung der wachsenden Kritik. Besonders wichtig waren hierfür der Zugriff der Parteien auf die Medien und die politische Kontrolle der Justiz über den von ideologisierten Parteifraktionen beherrschten Obersten Justizrat (Consiglio Superiore della Maqistratura, CSM)[4].

Die systematische Zusatzfinanzierung der Parteien durch die Erpressung von Schmiergeldern und die großzügige Verschwendung staatlicher Ressourcen für wahlpolitische Zwecke wurden in dieser Phase zugleich zu einem immer unverzichtbareren Grundpfeiler der Konsenssicherung. Im Süden schreckten manche Politiker auch nicht davor zurück, sich direkt mit den lokalen Machthabern der organisierten Kriminalität einzulassen, um ihren politischen Aufstieg zu befördern. Die schlimmsten Auswirkungen hatte diese Entwicklung auf die Kommunen, besonders auf die großen Städte, die ohne eigene Finanzautonomie gänzlich von den Zuwendungen Roms abhängig waren (und sind) und die deshalb im Namen der Parteien von inkompetenten und projektlosen Stadtassessoren geplündert wurden, die sich um die ökonomischen Folgen ihres Tuns keine Sorgen zu machen brauchten.

Die durchaus erkennbaren Bemühungen mancher Parlamentarier um eine moderne Gesetzgebung und Administration scheiterten vor allem an der Ausführung, da bei den Behörden vor Ort entweder die Instrumente oder der Wille zur Umsetzung fehlten. Während die diskretionäre Macht und Willkür der lokalen Politiker und Verwaltungsangestellten proportional zur Rechtsunsicherheit wuchs, waren die Bürger angesichts der unüberbrückbaren Widersprüche zwischen den gesetzlichen Anforderungen und der Realität häufig geradezu gezwungen, die illegale „Abkürzung" zu suchen. Das Ergebnis war, daß die Kultur der Illegalität sich fast zwangsläufig auf immer größere Bereiche des öffentlichen Lebens ausbreitete. Die Ausdehnung der rechtsfreien Räume, in denen als einziger Ordnungsfaktor entweder die Parteienpolitik oder die Macht der organisierten Kriminalität herrschte, und die damit verbundenen Verzerrungen der demokratischen und marktwirtschaftlichen Entscheidungsmechanismen wurden so endlich zu einem Problem, das die Entwicklung des gesamten Gemeinwesens zu kompromittieren drohte. Die Kosten der Parteienherrschaft (*Partitocrazia*) wuchsen sich damit allmählich in einem immer größeren Mißverhältnis zu dem bis zu diesem Zeitpunkt zweifellos auch gegebenen Nutzen aus.

Der wahlpolitische Block der Christdemokraten mit den Sozialisten war unterdessen im Jahre 1989 von den beiden Parteichefs *Arnaldo Forlani* (DC) und *Bettino Craxi* (PSI) unter Hinzuziehung des christdemokratischen Ministerpräsidenten *Giulio Andreotti* erneuert worden, ohne daß jedoch ein konkretes gemeinsames Reformprojekt glaubhaft vorgetragen wurde. Das Ziel *Bettino Craxis* in diesem Bündnis war es, von der Krise der Kommunisten zu profitieren, um mit seiner Sozialistischen Partei die Stellung als stärkste Oppositionspartei einzunehmen und so ein Ende der Blockierung zu erreichen. Die „lange Welle" der Sozialisten befand sich jedoch bereits in der Auslaufphase, und solange der PSI-Chef darauf bestand, seinen Fuß gleichzeitig auch im Regierungslager zu haben und seine Parteifreunde immer wieder durch besondere Arroganz und Raffsucht auffielen, erschien sein Projekt im Oppositionslager nicht glaubwürdig, zumal *Craxi* keinerlei Garantien bot, daß das ange-

4 Vgl. dazu *Carlo Guarnieri*, Magistratura e politica in Italia. Pesi senza contrapesi, 2. Auflage, Bologna, 1993 und *Beniamino Caravita* (Hrsg.), Magistratura, CSM e principi costituzionali, Rom-Bari, 1994.

strebte Ziel auch wirklich in absehbarer Zeit erreicht worden wäre. Mit der plötzlichen Beschleunigung der Krise wurde dem allzu sehr auf die Langmut der Bürger spekulierenden Projekt *Craxis* dann endgültig die Zeit zum Reifen genommen. „Die alte Politik hatte sich bereits erschöpft, bevor die Schmiergeldrepublik entdeckt wurde und sie zerstörte, denn sie hatte bereits vorher ihre Kraft verloren wie ein von innen verrotteter Baumstamm," lautete das verspätete Urteil von *Giuliano Amato* (PSI), der im Auftrag *Craxis* 1992 die Regierung übernahm. „Die Altparteien, die mit der *Resistenza* als Väter der Verfassung und in der Regierung jahrzehntelang als Schrittmacher aller politischen Neuerungen zur Entwicklung der Gesellschaft beigetragen haben, hatten endlich ihre propulsive Kraft verloren und ließen inzwischen als einziges Maß für jede mögliche Aktion nur noch die eigenen wahl- und machtpolitischen Interessen gelten. Darum gaben sie dem großen Bedürfnis nach Veränderungen keinen Ausdruck, das gegen Ende der achtziger Jahre anwuchs. Sie versuchten es, aber sie blieben im Netz ihrer gegenseitigen Vetos gefangen, und zum ersten Mal in der Geschichte der Republik richteten sich die Reformen gegen sie, vorangetrieben von neuen Bewegungen wie den Referendumsbefürwortern *Segnis*".[5]

II. Von der Systemkrise zum Neuanfang

Der Zusammenbruch des Kommunismus in Osteuropa kam in dieser kritischen Lage Italiens zu Beginn der neunziger Jahre einem Signal gleich, das die oppositionellen Kräfte freisetzte und den Untergang des Parteienregimes beschleunigte. Nach der Auflösung der Kommunistischen Partei Italiens Anfang 1991 wurde durch Staatspräsident *Francesco Cossiga* von höchster Stelle anerkannt, daß gegenüber der Nachfolgepartei PDS (Partito Democratico della Sinistra) kein demokratischer Vorbehalt mehr bestehe. Mit dieser Entwicklung verschwand das wichtigste Motiv für die Dauerherrschaft der Christdemokraten, und ein Ende der Blockierung schien endlich in Sicht. Nachdem diese Entwicklung theoretisch alle Wähler, die sich nach einem berühmten Wort des Journalisten *Indro Montanelli* in den vergangenen Jahrzehnten „die Nase zugehalten und DC gewählt" hatten, von ihrer Bindung befreite, sorgte eine Reihe außerordentlicher Ereignisse dafür, daß sich die Bürger des in der Zwischenzeit angerichteten Schadens auf besonders drastische Art und Weise bewußt wurden.

1. Ursachen und Motive des revolutionären Wandels

An erster Stelle muß dabei die akute Finanzkrise des italienischen Staates genannt werden, dessen Staatsverschuldung Anfang der neunziger Jahre erstmals das Bruttosozialprodukt übertraf und mit erschreckender Geschwindigkeit weiter wuchs.

Die entscheidende Wende, die die prekäre Situation der Staatsfinanzen endlich ins öffentliche Bewußtsein hob, kam jedoch durch den Vertrag von Maastricht mit seinen strengen Vorgaben für die weitere wirtschafts- und finanzpolitische Integration der Europäischen Gemeinschaft. Als die italienischen Industriellen 1991 erkannten, daß die Regierungskoali-

5 *Giuliano Amato*, L'inquietudine del nuovo, in: Panorama vom 30. Juli 1994, S. 49.

tion keinerlei Konzept besaß, um die leichtfertigerweise eingegangenen Verpflichtungen einzuhalten, wurde deutlich, daß die weitere europäische Integration und das herrschende Parteienregime in Italien endgültig inkompatibel geworden waren. Nachdem 1991 bereits die den Unternehmern besonders nahestehende Republikanische Partei (Partito Republicano Italiano, PRI) die Regierungskoalition verlassen hatte, zogen kurz vor den Parlamentswahlen des Jahres 1992 auch die auf den europäischen Binnenmarkt angewiesenen Industriellen die Konsequenzen und stellten sich auf dem Kongreß des Unternehmerverbandes *Confindustria* – erstmals in der Geschichte des Landes – in Opposition zur Regierung. „Weit mehr als das Ende des Kalten Krieges," so das Urteil des Historikers *Sergio Romano*, „war der Vertrag von Maastricht der äußere Faktor, der die italienische Krise beschleunigte"[6].

Der zweite Aspekt, der die Altparteien trotz einer Reihe unübersehbarer Warnsignale völlig unvorbereitet traf, war das Erwachen der Peripherien, die sich ihrer völligen Abhängigkeit von Rom bewußt wurden und eine größere Eigenständigkeit anstrebten. Der verringerte Finanzspielraum verschärfte dabei sowohl die Interessendivergenz zwischen dem exportorientierten Norden und dem subsidienorientierten Süden, als auch den erstmals offen zum Ausdruck gebrachten Gegensatz zwischen dem Zentralstaat und den Gebietskörperschaften. Ausdruck und wichtigster Katalysator dieses Konflikts war die regionalistische Lega Nord, die mit ihrer Kampagne darauf zielte, die Diskrepanz zwischen den Steuerleistungen des Nordens und den damit erbrachten Leistungen des Staates ins Bewußtsein zu heben. Der Protest der Lega stützte sich vor allem auf die kleinen und mittleren Unternehmer und die Freischaffenden, die von der Steuerlast in der allgemeinen Krise am stärksten getroffen wurden und die zugleich am meisten auf effiziente Dienstleistungen und rechtsstaatliche Garantien angewiesen waren. Der regionale Protest beschränkte sich jedoch nicht nur auf die Lega Nord, die in der Poebene Stimmen von allen Parteien abzog. In Sizilien entstand 1991mit der Anti-Mafia-Bewegung La Rete (das Netz) eine zweite regionale Protestbewegung. Der zeitweise durchaus erfolgreiche Versuch dieser Bewegung, über den Bürgerprotest gegen die Untätigkeit der Zentralgewalt im Kampf gegen die Mafia vor allem enttäuschte Katholiken und Kommunisten zu binden, war ein weiteres deutliches Indiz für die progressive Überlagerung der bisherigen ideologischen Spaltung durch die wiedererwachenden regionalen und kommunalen Identitäten. Der fortschreitende Bedeutungsverlust der traditionellen Subkulturen mußte schließlich einschneidende Konsequenzen für die nationale Solidarität haben, da es vor allem der Katholizismus und der Kommunismus gewesen waren, die mit ihren absoluten Wohltätigkeitsansprüchen gemeinsam die ideologische Begründung für den zentralistisch organisierten Einkommenstransfer zur Entwicklung des Südens geliefert hatten.

Das weitgehende Scheitern dieser Politik, die in vielen Fällen nur den Parteien und den Gewerkschaften oder aber direkt dem jeweiligen Zweig der Cosa Nostra geholfen hatte, wurde 1992 durch die tödlichen Bombenanschläge der Mafia gegen die Richter *Giovanni Falcone* und *Paolo Borsellino* in Palermo auf besonders brutale Weise in Erinnerung gerufen. Nachdem der einsame Kampf der Stadt Palermo gegen das Krebsgeschwür der organisierten Kriminalität von den Politikern in Rom jahrelang mehr behindert als unterstützt worden war, führte die beispiellose Eskalation der Gewalt und die folgende Welle der Empörung

6 *Sergio Romano*, L'Italia scappata di mano, Mailand, 1993, S. 117.

nun endlich zum Bruch des ruchlosen Paktes, den Teile der Democrazia Cristiana in den fünfziger Jahren zunächst mit der sizilianischen Mafia und später auch mit der kalabresischen 'Ndrangheta und der neapoletanischen Camorra geschlossen hatten. Seit die Justizbehörden 1993 begonnen haben, auch diesen Verbindungen nachzugehen, wurde bekannt, daß selbst höchste Regierungsmitglieder mit den Bossen wie mit fremden Staatsoberhäuptern verhandelt hatten.

Die zunehmende Parteienverdrossenheit und der allgemeine Wunsch nach Veränderung waren 1991 bereits unübersehbar bei einem ersten von dem Reformpolitiker *Mario Segni* (DC) auf den Weg gebrachten Wahlrechtsreferendum über die mehrfache Präferenz zum Ausdruck gekommen. Durch diese zunächst unterschätzte Reform, die einen möglichen Ausweg aus der Krise wies, wurden die innerparteilichen Konflikte in den Regierungsparteien wesentlich verschärft und außerdem der Geldbedarf der Kandidaten noch einmal bedenklich in die Höhe getrieben[7].

Diese Entwicklungen und die zusätzliche Konkurrenz durch die neuen Protestparteien, die erstmals auch den gemäßigten Wählergruppen des Zentrums eine wirkliche Alternative boten, verhinderten bei den Parlamentswahlen 1992 die Bestätigung der bis dahin über eine breite Mehrheit verfügenden Vier-Parteien-Koalition, deren weitere Projekte zum Scheitern verurteilt waren. Im Anschluß an dieses Resultat, das durch die Ergebnisse der Präsidentenwahlen und der Regierungsbildung bestätigt wurde, führten die Ermittlungen einer Gruppe jüngerer und selbstbewußter Staatsanwälte, die unter dem Schutz der Oppositionskräfte und der öffentlichen Aufmerksamkeit erstmals ungehindert vorgehen konnten, zur Befreiung und Aktivierung der Justiz. Die Aufdeckung der Parteienkorruption nahm ihren Ausgang zunächst in der „moralischen Hauptstadt" Mailand, wo der Untersuchungsrichter *Antonio Di Pietro* bald zum Volkshelden avancierte. Nach Überwindung einiger anfänglicher Widerstände wurden auch die anderen Staatsanwaltschaften endlich ihrer Kontrollaufgabe gerecht, und die Welle der Ermittlungen, die sich innerhalb eines knappen Jahres auf alle Landesteile ausdehnte, führte zur weitgehenden Aufdeckung der von den Parteien praktizierten Korruptions- und Vetternwirtschaft. Das Ergebnis der auch im zweiten und dritten Jahr nicht abreißenden Skandale (Verbindungen führender Politiker mit der Mafia und Geheimlogen, Schmiergeldzahlungen im Zusammenhang mit der Verstaatlichung des Chemiekonzerns Enimont, Korruption in Gesundheitswesen und Pharmaindustrie, illegale Eigenmächtigkeiten der Geheimdienste, Bestechungsaffären der Steuerpolizei etc.), war schließlich die vollständige Diskreditierung der Altparteien. Während die ersten Prozesse gerade erst begonnen haben, scheint die Serie der Enthüllungen auch heute noch nicht am Ende, und die Diskussion über die angemessene Behandlung der verwickelten Politiker und Unternehmer und die Beschleunigung der Verfahren steht immer noch im Zentrum der politischen Auseinandersetzung[8].

7 Vgl. *Peter Weber*, Der lange Weg zur Verfassungsreform in Italien, in: ZParl, 24. Jg. (1993), H. 3, S. 478–484.

8 Vgl. zur vorläufigen Bilanz der Ermittlungen Corriere della Sera vom 16. Februar 1994 (Due anni di Tangentopoli) und *Sarah Waters*, „Tangentopoli" and the Emergence of a New Political Order in Italy, in: West European Politics, vol. 17, n. 1, London, Januar 1994, S. 169–182.

2. Referenden und Mehrheitswahlsystem als Ausweg

Aufgrund der in Italien traditionell großen Distanz zwischen dem in demokratischen Entscheidungen zum Ausdruck gekommenen Volkswillen und der dann, nach der unvermeidlichen Abfederung durch den Parteienproporz, tatsächlich realisierten Politik, hätten die Parlamentswahlen und die Skandale für sich genommen wohl dennoch nicht ausgereicht, die notwendigen politischen und personellen Veränderungen herbeizuführen. Doch während die Parteien unter dem zunehmenden Druck der öffentlichen Meinung ab dem September 1992 in einer eigens gebildeten Parlamentskommission (die sogenannte *Bicamerale*) über mögliche Verfassungsänderungen berieten, hatten die Reformpolitiker um *Mario Segni* und *Marco Pannella* (Partito Radicale, PR) eine ganze Serie neuer Referenden präsentiert, um die Gesetzesgeber unter Druck zu setzen. Da die Parlamentsfraktionen aber bis zum Abstimmungstermin keine Einigung erzielten und als einziges mageres Ergebnis lediglich ein neues Kommunalwahlgesetz zur Direktwahl der Bürgermeister vorweisen konnten[9], kamen am 18. April 1993 gleich acht Referenden gleichzeitig zur Abstimmung. Nachdem die italienische Krise im Frühjahr 1993 ihren Tiefpunkt erreichte, fand durch diese Volksabstimmungen endlich die notwendige Klärung statt. Neben der symbolträchtigen Streichung der staatlichen Parteienfinanzierung war das wichtigste Ergebnis dieser Abstimmung die Einführung eines Mehrheitswahlrechts für den Senat, die von 82,7% der Wähler befürwortet wurde. Mit dieser historischen Entscheidung wurde eine abrupte Abkehr von einem der konstituierenden Prinzipien der politischen Verfassung vollzogen, und diese Referenden können daher getrost als Geburtsstunde der zweiten Republik betrachtet werden[10].
Mit dem Wahlreferendum vom 18. April 1993 wurde das bisherige Verhältniswahlsystem für den Senat in ein Mehrheitswahlrecht umgewandelt, in dem nur noch eine Quote von 25% für eine proportionale Korrektur vorbehalten blieb. Es war klar, daß diese Reform entsprechende Konsequenzen auch für die Abgeordnetenkammer nach sich ziehen mußte. Zu einer simplen Übernahme der Situation im Senat waren die Parteien freilich nicht bereit, da sie fürchteten, daß ihre Rolle dadurch auf ein Minimum beschränkt worden wäre. Nachdem im Bereich der Direktmandate aber kaum Veränderungen möglich waren, entschloß sich die Mehrheit beider Kammern zur Einführung einer Zweitstimme für die proportionale Korrektur, mit der die Wähler ihre parteipolitische Präferenz unabhängig von den Kandidaten zum Ausdruck bringen können. Zugang zu der proportionalen Quote erhalten aber nur die Parteien, die national mindestens 4% der Zweitstimmen erreichen[11].

9 Vgl. dazu *Marco Cammelli*, Eletto dal popolo: Il sindaco fra ruolo nuovo e vecchi poteri, in: Il Mulino, n. 348, Bologna, Juli-August 1993, S. 775–784.

10 Die unmittelbare Konsequenz, die den Schnitt ebenfalls deutlich machte, war die Ablösung der Regierung von Ministerpräsident *Giuliano Amato* durch den parteilosen bisherigen Präsidenten der Banca d'Italia *Carlo Azeglio Ciampi*. Vgl. zur Rolle der Referenden im Reformprozeß *Peter Weber*, Wege aus der Krise, Wahlreform und Referenden in Italien, in: APuZg, B34/94, Bonn, 26. August 1994, S. 20–27; in diesem Heft der ZParl auch die Beiträge von *Wolfgang Luthardt* und *Silvano Möckli*.

11 Vgl. zum neuen Wahlgesetz *Roberto D'Alimonte/Alessandro Chiaramonte*, Il nuovo sistema elettorale italiano: quali opportunità?, in: Rivista Italiana di Scienza Politica, a. XXIII, n. 3, Bologna, Dezember 1993, S. 513–547 und *Steven Warner/Diego Gambetta*, La retorica della riforma. Fine del sistema proporzionale in Italia, Turin 1994.

III. Die Parteienlandschaft im Übergang

Der Übergang von der Mentalität des Proportionalsystems zum harten Regime eines Mehrheitswahlsystem machte für alle Parteien ein radikales Umdenken erforderlich. Selbst die Befürworter des neuen Systems wie der Politikwissenschaftler *Angelo Panebianco* kamen nicht umhin, den traumatischen Charakter der Reform einzuräumen. „Obwohl heilsam und notwendig, kommt der Versuch, in Italien eine Mehrheitsdemokratie zu implantieren, einer wirklichen und wahrhaftigen ‚Vergewaltigung' der italienischen Traditionen gleich"[12].
Von entscheidender Bedeutung für den Prozeß der Aggregation mußte es zunächst sein, wie die Parteien das neue Wahlgesetz perzepieren würden, in dem ja schließlich zwei verschiedene Logiken miteinander verbunden wurden, das Mehrheitsprinzip und das Proportionalprinzip. Während das erste die Parteien zur Aggregation drängte, zwang das zweite dazu, auch künftig die ideologischen Unterschiede besonders gegenüber den am nächsten stehenden möglichen Koalitionspartnern zu betonen. Rein numerisch war das erste Prinzip zwar eindeutig das vorherrschende, doch bedeutete dies keineswegs, daß dieses Argument auch in den Überlegungen der einzelnen Parteiführer die Oberhand behalten würde. Tatsächlich konnte daher konstatiert werden, daß „viele Verhaltensweisen der politischen Klasse noch von der Logik der proportionalen Demokratie durchtränkt" schienen[13].

1. Niedergang der Altparteien

Deutliche Anzeichen einer Abwendung der Wähler von den in vierzig Jahren weitgehend stabil gebliebenen Altparteien hatte es bereits vor der Wahlreform gegeben, wenn auch nur regional begrenzt und von anderen Ergebnissen scheinbar widerlegt. Mangels verfügbarer Kristallisationspunkte schien das einzige Ergebnis der wachsenden Parteienverdrossenheit Anfang der 90er Jahre zunächst nur eine noch weitergehende Parteienzersplitterung zu sein. Mit der Lega Nord, den Grünen (Verdi), La Rete und Rifondazione Comunista (Kommunistische Neubegründung, PRC) waren gleich vier neue Kräfte zum Kreis der traditionellen Kleinparteien gestoßen[14]. Den Sprung von der Splitterpartei zur regionalen Mehrheitspartei schaffte jedoch nur die Lega Nord in der Po-Ebene, während La Rete ein ähnliches Ergebnis nur vorübergehend in einigen Städten Siziliens erreichte.
Bei den Parlamentswahlen des Jahres 1992 hatten die Erfolge dieser Parteien jedoch dazu geführt, daß die Regierungskoalition von DC, PSI, PSDI (Partito Socialdemocratico Italiano) und PLI (Partito Liberale Italiano) knapp die Mehrheit der Stimmen verfehlte. Der Bipolaritätsindex war bei diesen Wahlen erstmals unter 50% gesunken: Zusammen erzielten DC und PDS 1992 nur noch 45,8% der Stimmen. Die in der Folge über die Parteien hereinbrechenden Korruptionsskandale und die hilflosen bis wütenden Reaktionen mancher

12 *Angelo Panebianco*, La fragilità di un sistema. I rischi del maggioritario a metà, in: Corriere della Sera vom 24. Juli 1994, S. 1.
13 *Alessandro Cavalli*, Democrazia dell'alternanza. Che cos'é come dev'essere, in: Il Mulino, n. 351, Bologna, Januar-Februar 1994, S. 58.
14 Vgl. *Peter Weber*, Seconda Repubblica. Italien vor einschneidenden politischen Veränderungen?, in: ZParl, 23. Jg. (1992), H. 1, S. 95–109.

Parteiführer leiteten danach einen weiter beschleunigten Niedergang der Altparteien (mit Ausnahme der PDS) ein, der sich in allen folgenden Wahlgängen fortsetzte.
Die Führer dieser Parteien zeigten sich endgültig außerstande, auf die Herausforderungen der neuen Situation zu reagieren. Nachdem die Erneuerungsbemühungen der Sozialisten bereits im Sommer 1993 zur Spaltung geführt hatten, spielte sich die langwierigste Tragödie in der Democrazia Cristiana ab, deren Parteichef *Mino Martinazzoli* einen moralisierenden und weltfremden Isolationismus vertrat, durch den die Partei zur politischen Unbeweglichkeit im Zentrum verurteilt wurde[15].

2. Schwieriger Aggregationsprozeß

Zusätzlich erschwert wurde die Aggregation der politischen Kräfte durch die in der Vergangenheit betriebene Stigmatisierung bestimmter politischer Gegner. Dieses Problem betraf vor allem das Verhältnis der Christdemokraten zur Lega Nord und der ehemaligen Kommunisten des PDS zu den Sozialisten, daneben aber besonders die Neofaschisten des Movimento Sociale Italiano (Italienische Sozialbewegung, MSI), die Neokommunisten und die Radikalen (Partito Radicale). Häufig wurden diese Berührungsängste aber nicht nur von ideologischen Gegensätzen genährt. Eine zweite Trennungslinie quer zu dem traditionellen Rechts-Links-Schema ließ sich zwischen den konservativen Altparteien und den reformorientierten oder revolutionären Protestbewegungen beobachten.
Der erste Versuch in Richtung auf eine verschiedene Ideologien umfassende politische Kraft wurde in der linken Mitte unternommen, wo sich unmittelbar im Anschluß an die Referenden Republikaner, Grüne, Sozialisten, ehemalige Kommunisten, Radikale und Unabhängige in der „Alleanza Democratica“ (AD) zusammenfanden, denen sich etwas später auch der aus der Democrazia Cristiana ausgetretene *Mario Segni* anschloß. Das ursprüngliche Ziel dieser Gruppe, die Vereinigung des gesamten linksdemokratischen Spektrums, scheiterte jedoch am Veto des PDS-Vorsitzenden *Achille Occhetto*, der eine Auflösung beziehungsweise Fusion seiner Partei ablehnte. Das Verhältnis zum PDS wurde dadurch für die Allianz zur Wasserscheide, und die daraus resultierenden innerparteilichen Konflikte führten dazu, daß in der zweiten Jahreshälfte 1993 drei der profiliertesten Führer der Allianz, *Mario Segni*, *Marco Pannella* und *Giorgio La Malfa* (PRI), zu anderen Ufern aufbrachen. Alle drei begründeten diesen Schritt mit der ungebrochenen Hegemonie der ehemaligen Kommunisten im linken Lager, die der Entwicklung einer wirklich liberaldemokratischen Kultur entgegenstünde. Die Demokratische Allianz, die bei ihrem Start sogleich vielversprechende Umfrageergebnisse und auch einige beachtliche Wahlerfolge erzielt hatte, wurde durch diese Spaltungen schließlich wieder auf das Niveau einer Splitterpartei zurückgeworfen[16].
Eine entscheidende Beschleunigung erfuhr der Aggregationsprozeß durch die Kommunalwahlen im Juni und im November in einigen der wichtigsten Großstädte und einer großen

15 Vgl. zu den Erneuerungsbemühungen der Parteien *Jörg Seißelberg*, Die blockierte Demokratie bewegt sich – Veränderungen im politischen System Italiens, in: ZParl, 24. Jg. (1993), H. 3, S. 515–524.

16 Vgl. *Edmondo Berselli*, L'arca dell'Alleanza, in: Il Mulino, n. 348, Bologna, Juli-August 1993, S. 765–774 und *Carlo Vallauri*, I partiti italiani. Da De Gasperi a Berlusconi, Rom, 1994, S. 225f.

Zahl kleinerer Kommunen, die erstmals nach dem im Frühjahr 1993 verabschiedeten neuen Kommunalwahlrecht durchgeführt wurden. Die durch diese Reform eingeführte Direktwahl der Bürgermeister, in den Städten über 15.000 Einwohner in einer Stichwahl zwei Wochen nach dem ersten Wahlgang, bildete damit die erste Erfahrung der italienischen Parteien überhaupt mit einem weitgehend personalisierten Mehrheitswahlrecht. Durch diese Wahlgänge wurde „das Parteiensystem zunehmend dazu veranlaßt, sich an die Logik der neuen Wahlmechanismen anzupassen“[17].

Neben der persönlichen Attraktivität des Kandidaten erwies sich vor allem die Bündnisfähigkeit der verschiedenen politischen Kräfte als die entscheidende Variable für die Erfolgschancen. Unter diesem Gesichtspunkt befanden sich die Linksdemokraten der PDS zu diesem Zeitpunkt eindeutig im Vorteil, da sie koalitionspolitisch eine zentrale Rolle einnahmen, die es ihnen erlaubte, Bündnisse nach allen Richtungen einzugehen. Deutlich im Nachteil waren dagegen die Christdemokraten, die Lega Nord und die Neofaschisten, die sich nirgends zu gemeinsamen Kandidaturen zusammenfanden und deren Kandidaten deshalb fast überall gegeneinander antraten. Die Wahlen im Juni gaben dabei noch kein allzu klares Bild, da die Lega unter anderem in Mailand gewann und die Kräfte der Linken in einigen Städten (Turin und Catania) noch mehrere verschiedene Kandidaten unterstützten. Im November zeigte sich dann aber in aller Deutlichkeit der Rückstand im bürgerlichen Lager gegenüber dem zunehmend Gestalt annehmenden „Progressiven Bündnis“, dessen Kandidaten sich in den sechs größten Städten durchsetzten. Obwohl sie alleine angetreten waren, konnten sich in einer Reihe kleinerer Kommunen des Nordens aber auch die Kandidaten der Lega durchsetzen, während von der einstigen Macht der Democrazia Cristiana nur noch Trümmer blieben[18].

Die bündnispolitische Manövrierunfähigkeit der Christdemokraten ergab sich dabei auch aus der Tatsache, daß die Partei schon seit langem vornehmlich durch Wahlinteressen zusammengehalten wurde und jede Bewegung in die eine oder andere Richtung nun die Gefahr einer Spaltung heraufzubeschwören schien. Als die Democrazia Cristiana sich am 18. Januar 1994 auf Vorschlag des Parteivorsitzenden *Mino Martinazzoli* auflöste, um noch am gleichen Tag als „Partito Popolare Italiano“ (Italienische Volkspartei, PPI) wieder aufzuerstehen, erfolgte die Spaltung dennoch. Teile des konservativen Parteiflügels gründeten gegen die als linkslastig eingestufte Parteiführung das „Centro Cristiano Democratico“ (Christlich-Demokratisches Zentrum, CCD), das sich unter der Führung seiner Gründer *Pierferdinando Casini* und *Clemente Mastella* sogleich der im Entstehen begriffenen Bewegung *Silvio Berlusconis* näherte. Eine kleinere Gruppe der Christdemokraten hatte sich bereits zuvor als „Cristiano-Sociali“ dem Linksbündnis angeschlossen. Die Tradition des politisch dominierenden Zentrums ging mit dieser Entwicklung endgültig zu Ende[19].

Überraschende, weit über das ursprüngliche Potential der Partei hinausgehende Erfolge hatten bei den Kommunalwahlen dagegen die Kandidaten des MSI erzielt, dessen Führer *Gianfranco Fini* die Gelegenheit sogleich nutzte, um zur Bildung einer „Alleanza Nazionale“

17 *Ricardo Franco Levi*, Liberali e democratici, un'alternativa senza equivoci, in: Il Mulino, n. 351, Bologna, Januar-Februar 1994, S. 62.

18 Vgl. *Peter Weber*, Kommunalwahlen in Italien – Auf dem Weg zum Zweiparteiensystem, in: Das Parlament, 43. Jg., Nr. 51, Bonn, 17. Dezember 1993, S. 17.

19 Vgl. *Edmondo Berselli*, La macchina bipolare, in: Il Mulino, n. 352, Bologna, März-April 1994, S. 255–257.

(AN) aufzurufen, in der er seine nostalgischen Neofaschisten von ihrer verpönten und unzeitgemäßen Symbolik zu befreien hoffte[20].

Besonders im Süden schwanden mit diesem Ergebnis endgültig die Hoffnungen, daß das bürgerliche Lager noch an einer irgendwie gearteten Zusammenarbeit mit den Neofaschisten vorbeikommen könnte. Der erste, der die neu entstandene Lage mit einer bemerkenswerten Portion von politischem Realismus und ideologischer Unverfrorenheit zur Kenntnis nahm, war der Medien-Unternehmer *Silvio Berlusconi*, der in einer Pressekonferenz erklärte, daß er bei der Stichwahl in Rom Faschistenführer *Fini* den Vorzug vor dem Grünen *Francesco Rutelli* geben würde. Gleichzeitig rief der Besitzer des größten Medien-Imperiums in Europa die bürgerlichen Kräfte auf, sich zusammenzuschließen und kündigte an, sich selber politisch engagieren zu wollen, um das Land vor dem Ansturm der Linken zu retten. „Wenn sich kein gemäßigter Block gegen die Linke bildet," so *Berlusconi*, „dann ist es unvermeidlich, daß ich mich direkt engagiere"[21].

3. Die Formierung der Wahlbündnisse

Die Kandidatur *Berlusconis* und seiner in kurzer Zeit aus dem Boden gestampften Bewegung „Forza Italia" (Vorwärts Italien) bildete die entscheidende Neuerung im Vorfeld der Parlamentswahlen, die nach der Parlamentsauflösung im Januar auf den 27. und 28. März 1994 festgelegt wurden. Nachdem sowohl *Umberto Bossi*, als auch *Mario Segni* und der PPI-Vorsitzende *Mino Martinazzoli* ein Bündnis mit den Neofaschisten kategorisch ausschlossen, war die entscheidende Frage, ob es gelingen würde, zumindest die Lega mit *Segni* und dem PPI in ein Bündnis zu bringen. Die Initiative hierzu ging Mitte Januar von der Lega Nord aus, deren Vorsitzender *Umberto Bossi* seinen Vize *Roberto Maroni* zu Verhandlungen mit *Mario Segni* beauftragte. Als bei diesem Treffen ohne große Schwierigkeiten eine Einigung auf ein gemeinsames Programm und die Kandidatur *Segnis* für das Amt des Ministerpräsidenten erzielt wurde, schien eine entscheidende Wende erreicht: „Für einen Tag war die Übereinkunft vom 24. Januar das Ereignis, das konkret das neoliberale Lager begründete"[22].

Das Bündnis, das unter den Anhängern *Martinazzolis* betretene Reaktionen auslöste, scheiterte aber nur 48 Stunden nach seiner aufsehenerregenden Ankündigung an den polternden Ausfällen *Umberto Bossis*, der sich gegen den Beitritt der Christdemokraten wandte und damit *Mario Segni* zu einem überstürzten Rückzug veranlaßte. Der durch die Schwankungen im vergangenen Sommer bereits leicht verblaßte Stern *Segnis* verdunkelte sich durch diese Vorgänge vollends, während die sichtlich erleichterten Christdemokraten ihren verlorenen Sohn zur tödlichen Umarmung empfingen[23].

Nach dieser „verpaßten Gelegenheit" gab *Silvio Berlusconi* endlich offiziell seine Kandidatur bekannt, die durch eine massive Fernsehkampagne seit Wochen gezielt vorbereitet worden

20 Vgl. La Repubblica vom 23. Januar 1994 (Ecco i nuovi partiti: Martinazzoli fonda i Popolari, Fini la sua Destra).

21 Zitiert nach La Repubblica vom 24. November 1993 (*Rinaldo Gianola*, A chi l'Italia? A noi).

22 *Edmondo Berselli*, 1994, a.a.O., S. 257. Vgl. La Repubblica vom 25. Januar 1994 (Segni abbraccia la Lega).

23 Vgl. Corriere della Sera vom 27. Januar 1994 (Segni a Bossi: scelgo Martinazzoli. Maroni: cosi salta il patto con la Lega); vgl. *Roberto Maroni*, Ho baciato il Santo Graal. Retroscena della rottura Segni Lega, in: Panorama vom 4. Februar 1994, S. 22f.

war. Da seine möglichen Partner ihre Handlungsalternativen weitgehend aufgebraucht hatten, blieb es nun dem durch günstige Umfrageergebnisse bestärkten Medien-Tycoon vorbehalten, die letzte Karte zu spielen[24]. In getrennten Verhandlungen einigte sich *Berlusconi* zunächst mit der Lega Nord auf ein Wahlbündnis im Norden, für das der Führer von Forza Italia 70% der Wahlkreise bis zur Toskana an die Bewegung *Bossis* abtrat, mit Ausnahme der Lombardei, wo das Verhältnis nur 60 : 40 zugunsten der Lega betrug. Ein Veto *Umberto Bossis* einfach mißachtend, schloß *Berlusconi* sodann im Süden ein ähnliches Abkommen mit der „Nationalen Allianz" *Gianfranco Finis*. In einer Reihe der Forza Italia zustehenden Wahlkreise machte *Berlusconi* anschließend Platz für die Kandidaten seiner kleineren Verbündeten wie das Christlich Demokratische Zentrum (CCD), die aus der Liberalen Partei hervorgegangene Union des Zentrums (Unione di Centro, UDC) und die aus der Radikalen Partei hervorgegangenen „Reformer" (Riformatori). Die Forza-Italia-Bewegung ließ dadurch eine im Vergleich zu den übrigen Parteien deutlich stärkere ideologische Öffnung für Kandidaten der unterschiedlichsten Herkunft erkennen. Der sogenannte „Pol der Freiheiten" im Norden und der „Pol der guten Regierung" im Süden präsentierten sich den Wählern schließlich mit zwei unterschiedlichen Symbolen, in denen die Farben von Forza Italia mit den bisherigen Symbolen der Lega Nord beziehungsweise der Nationalen Allianz verschmolzen waren[25].

Es hatte sich damit ein Bündnis gebildet, dessen Gliederung in jedem Fall recht seltsam anmuten mußte, da zwei der Beteiligten (Lega Nord und AN) jeden Dialog miteinander ablehnten und offenbar nur aus wahltaktischen Gründen zusammengefunden hatten. Gerade diese recht komplizierte Situation entschied andererseits aber die Frage nach der Kandidatur für das Amt des Ministerpräsidenten. Ohne daß dies explizit ausgesprochen werden mußte, war es klar, daß für dieses Amt nur der Architekt des Bündnisses und Führer der zentralen und stärksten Kraft *Silvio Berlusconi* in Frage kam. Die Versuche *Umberto Bossis*, dieses Vorrecht des Unternehmers zu bestreiten, überzeugten daher nur wenig und dürften der Lega eher geschadet haben.

Auf der Gegenseite hatte sich inzwischen ein „progressiver Tisch" konstituiert, an dem schließlich acht unterschiedliche Kräfte zugelassen wurden: Linksdemokraten (PDS), Sozialisten (PSI), Neokommunisten (PRC), La Rete, die Grünen (Verdi), die Demokratische Allianz (AD) und die beiden kleinen Gruppen der Neo-Sozialisten (Rinascita Socialista) und der Christlich-Sozialen (Cristiano Sociali). Diese sogenannte „Progressive Allianz" einigte sich zunächst auf ein gemeinsames Programm. Eine gemeinsame Kandidatur für das Amt des Ministerpräsidenten erreichten die Progressisten aber nicht, da der von der Demokratischen Allianz vorgeschlagene und schließlich auch von der PDS-Führung akzeptierte bisherige Regierungschef *Carlo Azeglio Ciampi* von La Rete und den Neokommunisten abgelehnt wurde. Als der parteilose Wunschkandidat auch selber kein Interesse an der Kandidatur zeigte und sich aus dem Wahlkampf heraushielt, wurde diese Entscheidung auf die Zeit nach den Wahlen vertagt.

Eine weitere Hürde für das Progressive Bündnis stellte danach die Frage der gemeinsamen Kandidaturen für die Direktmandate dar. „Die Aufteilung der Wahlkreise am Tisch der Progressisten war ein trostloses Spektakel der alten Politik im Zeichen der Parzellierung

24 Vgl. La Repubblica vom 27. Januar 1994 (Lo spot di Berlusconi: „Mi candido per salvare l'Italia dal comunismo").

25 Vgl. La Repubblica vom 13. Februar 1994 (Destra, al sud un solo simbolo).

(*lottizzazione*): Gefragt waren die sicheren Wahlkreise, die vom PDS feilgeboten wurden", lautete hierzu das Urteil des Historikers *Pietro Scoppola*, „das Kriterium, nach dem im Mehrheitswahlsystem eine Verbindung mit dem Territorium gegeben sein sollte, wurde ignoriert, und das Risiko der Herausforderung in den Wahlkreisen mit starken bürgerlichen Wähleranteilen wurde nach Möglichkeit vermieden"[26]. Die genannten Kriterien wurden jedoch nicht nur von den Progressisten mißachtet, und manche Kandidaten wurden wie Fallschirmspringer völlig überraschend über ihren nie zuvor betretenen Wahlkreisen abgeworfen. Die Kandidaturen sind in allen politischen Lagern auf wenig demokratische Art und Weise entschieden worden, da jede Partei vor allem darauf bedacht war, ihre eigene Führungsspitze abzusichern, was wohl nur durch direkte Verhandlungen möglich war. Was an öffentlicher Kandidatendiskussion stattfand, drehte sich vor allem um die Frage, welche Kandidaten wegen ihrer Verwicklung in die Korruptionsskandale von den Listen auszuschließen seien.

Um die Regierung des Landes bewarben sich damit zwei gegenüberstehende Lager, deren politisches Angebot sicher noch nicht den Idealvorstellungen der meisten Wähler entsprach. Die unübersehbaren Widersprüche innerhalb der beiden Lager waren andererseits aber ein Preis, der entrichtet werden mußte, um endlich einen entscheidenden Fortschritt in Richtung auf ein bipolares politisches System entsprechend dem Standard der meisten westlichen Demokratien zu erzielen. Ermöglicht wurde dies unter anderem, weil sich erstmals wieder seit dem Ende des Faschismus eine große politische Kraft (Forza Italia) ungeniert dazu bekannt hatte, „rechts" zu stehen. Die Tradition des ehemals dominierenden Zentrums verteidigten demgegenüber schließlich nur noch die Volkspartei (PPI) und der Pakt Segni, die alle schmeichelnden Angebote *Berlusconis* zurückwiesen und *Mario Segni* als Kandidaten für das Amt des Ministerpräsidenten präsentierten.

In der Erwartung, daß zumindest ein beachtlicher Teil der Wähler die wenig kohärenten Angebote der beiden Flügellager ausschlagen würde, gründeten die Kräfte des Zentrums ihre Hoffnungen vor allem auf die proportionale Quote und das Kalkül, daß ihnen in einer Pattsituation die Rolle des „Züngleins an der Waage" zufallen könnte. Die Parteien hatten sich damit im wesentlichen entsprechend ihrer traditionellen Anordnung im Rechts-Links-Kontinuum zusammengefunden. Die unvermeidliche Konsequenz waren aber entsprechende Abstriche im Hinblick auf die zweite von den Wählern für bedeutsam befundene Trennungslinie: die Unterscheidung zwischen Innovatoren und Konservativen. In allen drei Lagern präsentierten sich daher profilierte Befürworter einschneidender Reformen im Verbund mit bekannten Gesichtern des alten Regimes.

4. Der Wahlkampf

Der Wahlkampf wurde über weite Strecken von der Kandidatur *Berlusconis* bestimmt, die auch dank der pausenlosen Attacken seiner Gegner zum alles beherrschenden politischen Thema wurde. Die meisten Angriffe richteten sich dabei gegen die Doppelrolle als Medien-Unternehmer und Politiker, die daraus resultierende Wettbewerbsverzerrung durch die Fern-

26 *Pietro Scoppola*, Ancora transizione, in: Appunti di cultura e di politica, n. 2/94, Rom, Februar 1994, S. 2.

sehsender der Fininvest und die Gefahr einer Verwischung öffentlicher und privater Interessen im Falle der Regierungsübernahme. Die Massen-Medien, insbesondere das Fernsehen, waren in diesem Wahlkampf mehr denn je von zentraler Bedeutung, weil die Auseinandersetzungen in den Wahlkreisen in aller Regel dem nationalen Geschehen völlig untergeordnet blieben. Ausschlaggebend für die Wahlentscheidung, die häufig erst in der letzten Woche fiel, waren deshalb nicht die weitgehend unbekannten Kandidaten vor Ort, sondern die nationalen Spitzenkandidaten und die Überzeugungskraft, mit der sie ihre jeweiligen Anliegen im Fernsehen vorzubringen wußten[27].

Den Ausgang der Wahl deshalb allein auf die Vorteile durch die größere mediale Feuerkraft *Berlusconis* zurückzuführen, wäre jedoch deshalb falsch, weil auch die Gegenseite in Teilen der Presse (La Repubblica, L'Espresso u.a.) eindeutig bevorteilt wurde und vor allem weiterhin das staatliche Fernsehen RAI kontrollierte. Der ausschlaggebende Unterschied lag vielmehr in der größeren Erfahrung, Geschicklichkeit und Effizienz, mit der sich *Berlusconi* dieser Instrumente zur Kommunikation zu bedienen wußte[28]. Wichtig war, daß es dem Forza-Italia-Chef gelang, die ökonomischen Probleme in den Mittelpunkt zu stellen, indem er ein „neues Wirtschaftswunder", „sichere Renten" und „eine Million neue Arbeitsplätze" versprach. Forza Italia wie auch Alleanza Nazionale zielten mit dieser Thematik vor allem auf die schwächeren sozialen Gruppen. Da zur gleichen Zeit der Führer des progressiven Bündnisses *Achille Occhetto* sich besonders darum bemühte, das traditionelle Mißtrauen der Wirtschaft gegen die Linken abzubauen, ergab sich schließlich „das leicht paradoxe Resultat einer Rechten, die typische Argumente und Themen der Linken benutzte, während die Linke ihre Sensibilität für die traditionell der Rechten nahestehenden Wirtschaftssubjekte zeigte"[29].

IV. Das neue Parteiensystem

Nach den erdrückenden Erfolgen des progressiven Bündnisses im November/Dezember 1993 kam der Sieg des „Pols der Freiheiten und der guten Regierung" im März 1994 zweifellos unerwartet. Die teilweise diametral entgegengesetzten Wahlergebnisse in einigen Städten lieferten nun den endgültigen Beweis für die extrem angewachsene Wechselbereitschaft der Wähler.

1. Die Wähler als Motor des Wandels

Die ehemals dominierenden Subkulturen bestimmen damit nur noch die Entscheidungen einer ständig abnehmenden Minderheit. Die Zahl der Wechselwähler ist in den letzten Jahren ständig angewachsen, und aus der Analyse des Wahlverhaltens durch das Institut

27 Vgl. Censis, L'Italia di centro che vota ai poli, in: Appunti di cultura e di politica, n. 3, Rom, März-April 1994, S. 6.

28 Vgl. hierzu *Peter Weber*, Nachrichtenmanipulation als Regel – Wahlkampf der Massenmedien in Italien, in: Das Parlament vom 25. März 1994, S. 15.

29 *Ilvo Diamanti/Renato Mannheimer*, Introduzione, in: *Ilvo Diamanti/Renato Mannheimer* (Hrsg.), Milano a Roma. Guida all'Italia elettorale del 1994, Rom, 1994, S. XVIII.

Tabelle 1: Ergebnisse der italienischen Parlamentswahlen vom 27./28. März 1994 (in Klammern die Ergebnisse von 1992[30])

Partei	Zweitstimmen (in %)		Abgeordnetenkammer (Sitze)		Senat (Sitze)	
Forza Italia	21,0	(–)	101	(0)	41	(0)
CCD	–		32	(0)	12	(0)
UDC (PLI)	–	(2,8)	4	(17)	0	(4)
Lega Nord	8,4	(8,7)	118	(55)	58	(25)
AN (MSI)	13,5	(5,4)	105	(34)	43	(16)
PPI (DC)	11,1	(29,7)	33	(206)	27	(107)
Pakt Segni	4,6	(–)	13	(0)	4	(0)
PDS	20,4	(16,1)	115	(107)	66	(64)
PRC	6,0	(5,6)	40	(35)	19	(20)
Grüne	2,7	(2,8)	11	(16)	7	(4)
PSI	2,2	(13,6)	15	(92)	12	(49)
Rete	1,9	(1,9)	9	(12)	6	(3)
AD	1,2	(–)	17	(0)	7	(0)
Christl. Soziale	–	(–)	6	(0)	5	(0)
Liste Pannella (PR)	3,5	(1,2)	6	(7)	2	(0)
(PRI)	–	(4,4)	–	(27)	–	(10)
(PSDI)	–	(2,7)	–	(16)	–	(3)
SVP	0,6	(0,5)	3	(3)	3	(3)
Sonstige	2,9	(4,6)	2	(3)	3	(7)
Total	100,0		630		315	

Censis geht hervor, daß nun in Italien ein neuer Wählertyp vorherrscht, „der von Fall zu Fall je nach Art der Auseinandersetzung und Gesamtzusammenhang entscheidet"[31]. Das Ergebnis ist heute eine Situation, in der jede Wahl ein „autonomes" Ereignis darstellt, das nicht mehr so sehr von den langfristigen soziologischen Veränderungen in der Wählerschaft bestimmt wird, sondern vielmehr von den spezifischen Bedingungen der Auseinandersetzung, der Qualität der Kandidaten, ihren spezifischen Argumenten und ihrer Fähigkeit zur Kommunikation. „Nach Jahrzehnten, in denen die politische Nachfrage bestimmend war, hat damit heute das Angebot zunehmende Bedeutung gewonnen"[32].

Entgegen dem ersten Anschein sind die italienischen Wähler heute weniger extremistisch als je zuvor, und nur ein geringer Teil bezeichnet sich selbst noch als kommunistisch (4,4%), radikal (1,1%), konservativ (2,4%) oder faschistisch (1,3%). Die große Mehrheit der Wähler zieht demgegenüber gemäßigte Definitionen der politischen Mitte vor[33]. Gleichzeitig lehnen diese Wähler jedoch die Besetzung des Zentrums durch eine politische Kraft, wie es über Jahrzehnte von der Democrazia Cristiana praktiziert wurde, ab. „Die italienischen ‚Zentristen' wollen jedesmal neu erobert werden, und es kommt auf die Fä-

30 Vgl. Corriere della Sera vom 30. März 1994.
31 Censis, a.a.O. (Anm. 27), S. 6.
32 *Diamanti/Mannheimer*, a.a.O. (Anm. 29), S. VIII.
33 Vgl. Censis, a.a.O. (Anm. 27), S. 5.

higkeit der politischen Unternehmer an, die Wünsche und Meinungen im Zentrum aufzunehmen und überzeugende Antworten zu versuchen."[34]

2. Neue „politische Unternehmer"

Als der fähigste und erfolgreichste politische Unternehmer aber hatte sich im Wahlkampf unbestreitbar *Silvio Berlusconi* erwiesen, dessen politische Leistung alle altgedienten Berufspolitiker weit in den Schatten stellte. Während das progressive Bündnis es von einer relativ günstigen Ausgangsposition aus nicht einmal geschafft hatte, einen gemeinsamen Kandidaten für das Amt des Regierungschefs zu benennen und vor allem die neuen Bewegungen wie La Rete, AD und der Pakt Segni die sich auftuenden Freiräume nicht zu nutzen wußten und höchstens minimale Fortschritte erzielten, hatte *Berlusconi* mit dem Spürsinn des Unternehmers die unbefriedigte politische Nachfrage erkannt und durch ein entsprechendes Angebot befriedigt. War das bürgerliche Lager zuvor durch den scheinbar unüberwindlichen Gegensatz zwischen der Lega Nord (als ungeduldig revolutionärer Partei des produktiven Nordens mit der Hauptstadt Mailand) und der aus dem neofaschistischen MSI hervorgegangenen Nationalen Allianz (als konservative Vertreterin der assistentialistischen Interessen des Südens mit der Hauptstadt Rom als zentralistisch-partitokratischem Umschlagplatz) blockiert, so war es *Berlusconi* mit dem „Pol der Freiheiten und der guten Regierung" gelungen, diese beiden eigentlich unvereinbaren Extreme durch seine Forza Italia zu verbinden und die derart „regionalisierte Rechte" damit auch für die nationale Politik wieder zu legitimieren. „Berlusconi hat diese Fragmente verbunden und damit der Rechten wieder einen Wählermarkt erschlossen und eine nationale Identität zurückgegeben", so der Schluß des Soziologen *Renato Mannheimer*, „die Forza Italia Bewegung hat die Wahlen gewonnen, weil sie eine Reihe von Problemen aufgenommen und gelöst hat und weil sie Antworten auf eine Serie von Fragen gegeben hat, die genau die mobilen Sektoren und die am meisten umkämpften Regionen des Wählermarktes bewegten"[35].

Das entscheidende Plus des bürgerlichen Lagers als ganzes war die deutlichere, den realen Teilungen des Landes entsprechende interne Gliederung des Bündnisses, die sich im Wahlkampf zwar in einen harten Dauerstreit verwandelt hatte, durch die es den Wählern aber leichter gemacht wurde, sich zumindest mit einem der Partner zu identifizieren. Diese erstaunliche Konstruktion wurde von den politischen Gegnern, deren weiterhin ideologisch begründete Aufgabenteilung nur begrenzt funktionierte, offenbar unterschätzt. Das unverkennbare „Ungleichgewicht" im linken Bündnis wurde im Wahlergebnis vor allem durch die Tatsache deutlich, daß nur die beiden Nachfolgeparteien des Partito Comunista Italiana, PDS und PRC die Vier-Prozent-Hürde übersprangen, während die gemäßigten Splitterparteien AD, PSI, Grüne und La Rete, die eigentlich die gemäßigten Wähler der Mitte ansprechen sollten, es offenbar nicht verstanden haben, ihre Position innerhalb des progressiven Bündnisses sichtbar zu machen und in keinem Fall über 3% hinauskamen.

Das Votum von 42,9% der Wähler für die Kandidaten des rechten Bündnisses wurde durch das neue Wahlgesetz in der Abgeordnetenkammer in eine klare absolute Mehrheit von 366

34 Ebenda, S. 6.

35 *Diamanti/Mannheimer*, a.a.O. (Anm. 29), S. IX.

Sitzen umgesetzt. Im Senat erzielte das bürgerliche Bündnis aber nur eine relative Mehrheit von 155 Sitzen. Besonders deutlich fiel der Bruch mit der Vergangenheit auch in personeller Hinsicht aus. Von den 945 Abgeordneten und Senatoren der XI. Legislaturperiode wurden in der Tat nur 280 wiedergewählt. Von den übrigen 665 hatten 456 erst gar nicht wieder kandidiert. Die Neulinge machen damit 70,4% des neuen Parlaments aus[36]. Einige der wichtigsten Ziele der Wahlreform sind insofern erreicht worden. Erstmals seit 1948 wurde in einer Parlamentswahl in Italien wieder ein klarer und unmißverständlicher Regierungsauftrag erteilt, und nach Jahrzehnten extremer Parteienzersplitterung stehen sich heute zwei klar umrissene Lager gegenüber, zwischen die sich nur noch eine kleine Gruppe ehemaliger Christdemokraten schiebt, die jedoch bereits von sichtbaren Auflösungserscheinungen befallen ist. Als ein weiteres Ergebnis dieser Veränderung läßt sich deshalb nun auch eine größere Transparenz und eine deutliche Vereinfachung der Politik erwarten.

3. Bewegliche Parteienlandschaft

Das Parteiensystem, wie es aus den Parlamentswahlen hervorgegangen ist, steht sicher erst am Anfang eines längeren Transitionsprozesses, in dem auch Rückschläge nicht ausgeschlossen werden können. So wurde beispielsweise die im Wahlkampf erreichte Aggregation bei der Fraktionsbildung im Parlament nur teilweise bestätigt, da manche der kleineren Parteien es vorzogen, eigene Gruppen zu bilden (CCD, PRC, Pakt Segni, PSI-AD). Auch die Versuche *Berlusconis*, zur Stärkung seiner knappen Mehrheit im Senat Teile des katholischen Zentrums ins eigene Lager zu ziehen, waren bisher nur sehr begrenzt erfolgreich. Nach einigen ermutigenden Signalen, unter anderem bei der Vertrauensabstimmung, bildeten besonders die Europawahlen im Juni für dieses Vorhaben zunächst ein starkes Hindernis. Diese Wahlen bedeuteten zugleich eine willkommene Erholungspause für die vom Streß des Mehrheitswahlsystems arg gebeutelten Parteien, da hier nochmals mit dem alten Verhältniswahlsystem gewählt wurde, und einige der bereits in Vergessenheit geratenen Altparteien nutzten diese Tatsache, um sich erneut zu präsentieren. Trotz dieses entscheidenden Unterschieds lag das Ergebnis dieser Wahlen dennoch unübersehbar im Trend der Parlamentswahlen. Besonders deutlich bestätigt wurde der Erfolg von Forza Italia, die gegenüber dem Ergebnis vom März noch einmal um 9,6% auf 30,6% zulegte, während alle größeren Konkurrenten Stimmen einbüßten.

Bestätigt wurden bei diesen Wahlen auch die verschiedenen regionalen Schwerpunkte, die bereits bei den Parlamentswahlen im März deutlich geworden waren. Die ausgeglichensten Ergebnisse über alle Regionen hinweg erzielte Forza Italia. Die Bewegung *Berlusconis* hält damit eine zentrale Position im Parteiensystem und hat auch in dieser Funktion in gewisser Weise das Erbe der Christdemokraten übernommen. Die Hochburgen der Forza Italia bei den Parlamentswahlen lagen in der Po-Ebene, in Sizilien und in Latium. Geographisch deutlich begrenzt erscheinen demgegenüber die beiden Bündnispartner *Berlusconis*, Lega Nord und Nationale Allianz. Die Lega kam über die Po-Ebene nicht hinaus und mußte in den meisten Wahlbezirken sogar erleben, wie sie bei den Zweitstimmen von Forza Italia

36 Vgl. Corriere della Sera vom 31. März 1994, S. 3 (Camere nuove al 70%: 665 le matricole in parlamento).

Schaubild 1: Die Entwicklung des italienischen Parteiensystems

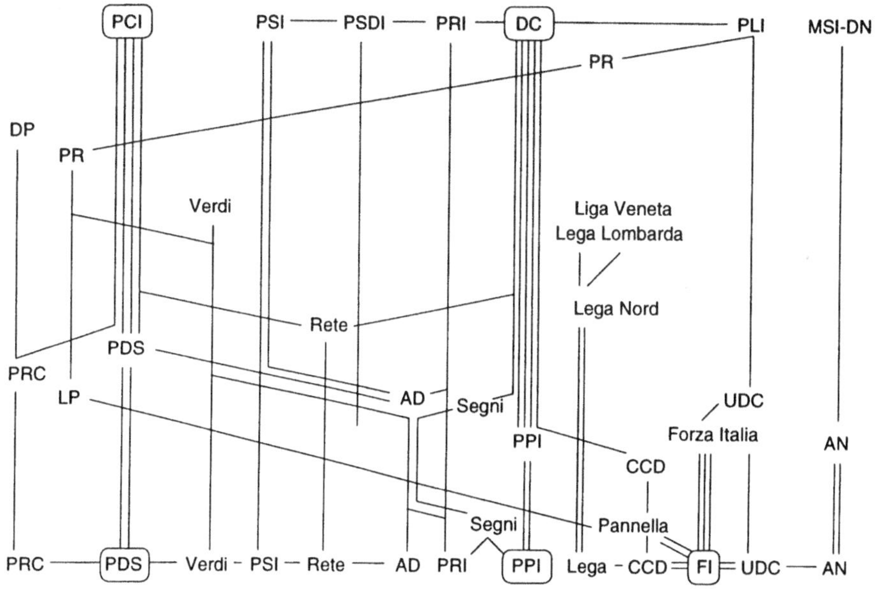

überholt wurde. In der Toskana erhielt die Bewegung *Bossis* nur 2,2% und weiter südlich war sie überhaupt nicht angetreten. Die Nationale Allianz war dagegen im Norden nur äußerst schwach erfolgreich und erzielte ihre besten Ergebnisse in Latium, Molise, Apulien und Teilen Campaniens.

Während die Nationale Allianz sich gegenüber dem Verbündeten Forza Italia relativ gut behauptete, sieht die Lega Nord ihre Hegemonie in der Po-Ebene inzwischen fast überall durch die Erfolge *Berlusconis* bedroht, der den spezifischen Anliegen der *Bossi*-Bewegung ebenfalls, aber auf elegantere und weniger radikale Weise Ausdruck gegeben hat. Die Lega Nord, die sich im Laufe des Jahres 1993 in den Umfragen der 20%-Marke genähert hatte und zuletzt bei den Europawahlen mit 6,6% sogar deutlich hinter ihrem Ergebnis von 1992 zurückblieb, ist nun offenbar in Gefahr, selbst ihre engste Stammwählerschaft wieder zu verlieren und auf den Status einer Splitterpartei zurückzufallen[37].

Wie Forza Italia im ganzen Land präsent ist die PDS, die ihre besten Ergebnisse wie eh und je im „roten Gürtel" der Regionen Emilia-Romagna, Toskana, Umbrien und Marken erzielte, wo die Progressisten ihre Vorherrschaft noch verstärken konnten. Sehr geschwächt erscheinen die Progressisten aber in der ganzen Po-Ebene (mit Ausnahme Turins) und in Campanien, wo sie häufig nur den dritten Platz belegten. Die deutliche Hegemonie der PDS im linken Bündnis ist dabei aber nur in einigen Teilen Siziliens durch die Anti-Mafia-Bewegung La Rete gefährdet[38].

Der „Pakt für Italien" (PPI und Pakt Segni) erzielte seine besten Ergebnisse in Nordsardi-

37 Vgl. *Ilvo Diamanti*, La Lega, in: *Diamanti/Mannheimer*, a.a.O. (Anm. 29), S. 53–61.
38 Vgl. *Marc Lazar*, I progressisti, in: ebenda, S. 73–84.

nien und in Campanien und konnte ferner Achtungserfolge in der ehemaligen Hochburg der DC um Padua, Verona und Brescia in Venetien und der Lombardei verzeichnen, wo es gelang, die Progressisten vom zweiten Platz zu verdrängen[39].

Entgegen dem allgemeinen Sprachgebrauch scheint es notwendig, zu unterstreichen, daß dieses Parteiensystem mit dem herkömmlichen Rechts-Links-Schema nur äußerst unvollkommen beschrieben wird. Noch irreführender wäre aber die von interessierter Seite vorgetragene Unterscheidung zwischen einem konservativen und einem progressiven Lager, da konservative Tendenzen sicher in allen Lagern zu finden sind, nicht zuletzt auch im „fortschrittlichen Bündnis", während eine nach dieser Unterteilung als „konservativ" einzustufende Kraft wie die Lega sicher alle Rechte hat, dieses Etikett zurückzuweisen. Noch deutlich vom Wunschdenken bestimmt ist andererseits die von *Ricardo Franco Levi* vorgeschlagene Unterscheidung in „Liberale und Demokraten"[40].

Die Parteien, die es in der Vergangenheit vorgezogen haben, immer einen Fuß außerhalb des demokratischen Grundkonsenses zu halten, sind durch die Roßkur des Mehrheitswahlsystems bisher eben nicht außer Gefecht gesetzt worden, sondern in das zunehmend bipolare System hineingezwungen worden. Ob diese Kräfte unter dem Druck der „bipolaren Maschine" in Zukunft bereit sind, ihre Vorbehalte unmißverständlich und unwiderruflich aufzugeben, muß sich erst noch erweisen. Die Zukunft könnte aber dennoch in diese Richtung gehen: Unübersehbar sind im neuen Parteiensystem vor allem zentripetale Kräfte wirksam, und das Mehrheitswahlrecht zwingt nun alle Parteien, die wirklich nach der Regierungsübernahme streben, den notwendigen Konsens in der politischen Mitte zu suchen. Abgesehen von den Neokommunisten läßt sich dieser „Wille zur Macht" aber allen maßgeblichen Parteien von den Linksdemokraten der PDS bis zu den ehemaligen Neofaschisten der AN nicht absprechen.

Das weltweite Aufsehen, das durch die „Erfolge der Neofaschisten" ausgelöst wurde, ist gerade deshalb, auch wegen der befürchteten Rückwirkungen im Ausland, zwar verständlich; eine „faschistische Gefahr" geht von der Regierungsbeteiligung der Nationalen Allianz gegenwärtig aber nicht aus, weil selbst der überwiegende Teil der AN-Wähler nostalgische Experimente dieser Art ablehnen würde und deshalb kaum als faschistisch oder rechtsradikal eingestuft werden kann. Aufgrund der außerordentlichen Situation scheint eine Gleichstellung mit den rechtsradikalen Bewegungen in den europäischen Nachbarstaaten derzeit unangemessen. Die politisch-kulturelle Revolution gegen das 50jährige Parteienregime hat gleichzeitig mit den ideologischen Orientierungslinien auch die meisten historischen Bezugspunkte gründlich durcheinander gebracht. Allzu lange ist die Erfahrung der *Resistenza* instrumentalisiert und mißbraucht worden, um von Korruption, Mißwirtschaft und administrativer Unfähigkeit der demokratischen Parteien abzulenken[41]. Heute lautet der schlichte aber unausweichliche Imperativ für alle, „sich in der Gegenwart zu bewähren"[42].

39 Vgl. *Paolo Natale*, La nuova mappa geopolitica, in: *Diamanti/Mannheimer*, ebd., S. 85–98.

40 Vgl. *Ricardo Franco Levi*, a.a.O. (Anm. 17), S. 62–69.

41 Vgl. *Giorgio Bocca*, Quel che penso del fascismo, in: La Repubblica vom 9. Juni 1994, S. 1 und 10.

42 *Heinz-Joachim Fischer*, Neue Ausgangspunkte in Italien, in: FAZ vom 23. April 1994. Die Wähler hatten diese Veränderungen dabei wesentlich schneller erfaßt als die meisten Politiker, mit Ausnahme von MSI-Chef *Fini*, der die entrüstete Ablehnungsfront der anderen Parteiführer (*Bossi*, *Segni* und *Martinazzoli*) mit geduldiger Dialogbereitschaft beantwortete, die ihm schließlich beträchtliche Sympathien eintrug.

Die Nationale Allianz scheint nun auf eine Verschmelzung mit der Bewegung *Berlusconis* zu zielen, um eine neue Rechte nach dem Vorbild der französischen Gaullisten zu konstituieren. Um die Gunst des Ministerpräsidenten werben aber auch die Reformer *Marco Pannellas*, die bereits die Föderalisierung mit Forza Italia beantragt haben, um die Bewegung *Berlusconis* in die entgegengesetzte Richtung auf ein entschieden liberal-demokratisches Feld zu ziehen. Deutlich anders stellt sich dagegen die Lage der Lega Nord dar, deren Führer *Umberto Bossi* erklärtermaßen keinen Gedanken daran verschwendet, die Eigenständigkeit seiner Bewegung aufzugeben. Der Überlebenskampf gegen *Berlusconi* zwingt die Führer der Lega aber, ihr „Anders-Sein" herauszustellen und dazu eventuell auch das Risiko eines Koalitionsbruchs oder zumindest schwerer Konflikte mit den Partnern einzugehen. Der Konflikt zwischen den beiden Parteien wird daher auf entscheidende Weise das Schicksal sowohl der Regierungskoalition wie der sich möglicherweise herausbildenden bürgerlichen Partei prägen. Die Suche nach einem Kompromiß, auch in den anderen Lagern, könnte schließlich auch zu einem Parteiensystem führen, in dem stärker das Modell der relativ flexiblen Föderation verschiedener schwach organisierter oder spontaner Bewegungen vorherrschend wäre.

Auf Seiten der Oppositionskräfte wurden die ersten Zeichen für eine Erneuerung durch den Rücktritt der bisherigen Parteivorsitzenden *Mino Martinazzoli* (PPI) und *Achille Occhetto* (PDS) gesetzt. Die Integration der beiden Oppositionslager hat bisher aber nur geringe Fortschritte gemacht. Im Bündnis der Progressisten gibt es vor allem in den kleineren Parteien, aber auch im Parteiapparat des PDS starke Widerstände gegen die eventuelle Aufgabe der jeweiligen, oft kaum mehr erkennbaren Identität. Im Falle der gemäßigten linksliberalen Kräfte wird diese Verteidigung einer sichtbaren Eigenständigkeit andererseits aber auch zur Notwendigkeit und zum Problem, da die Progressisten das Gebäude ihrer Föderation aus einsichtigen Gründen nicht allein auf den Fundamenten der ehemaligen Kommunisten errichten können. Das Projekt des neuen PDS-Vorsitzenden *Massimo D'Alema* scheint daher nun auf eine Koalition des Progressiven Bündnisses mit dem katholischen Zentrum zu zielen. Für sich genommen scheint das linke Bündnis derzeit kaum mehrheitsfähig, und um die Chancen auf eine Regierungsübernahme in absehbarer Zeit zu wahren, ist es deshalb für die Progressisten in der Tat von strategischer Bedeutung, einen vollständigen Durchbruch *Berlusconis* in der Mitte zu verhindern und zumindest einige Teile des christdemokratischen und laizistischen Zentrums ins eigene Lager zu integrieren.

Unter diesen Umständen wird eine weiter eigenständige Rolle für die Parteien im Zentrum (PPI u.a.) immer unwahrscheinlicher. Der neue Parteivorsitzende der PPI, der konservative Philosoph *Rocco Buttiglione*, schloß zuletzt nicht mehr aus, daß sich seine Partei für eines der beiden gegenüberstehenden Lager entscheidet.

Die weitere Entwicklung des Parteiensystems hängt nun von den künftigen Schritten bei der Wahlreform ab. Auf den verschiedenen Ebenen von den Kommunen über Provinzen, Regionen und Nationalstaat bis zu den Europawahlen sind heute in Italien fünf verschiedene, teilweise diametral entgegengesetzte Wahlsysteme in Kraft. Ihre Angleichung wäre daher durchaus angebracht. Sollte diese weitere Reform, wie von der Radikalen Partei in einem Referendum gefordert, zur Annahme eines reinen Mehrheitswahlrechts führen, würde der Zwang zur weiteren Aggregation sicher noch verstärkt. Ein zweiter Wahlgang nach französischem Vorbild würde dagegen einer wesentlich größeren Zahl von Parteien die Chance geben, ihre Unabhängigkeit zu bewahren[43].

Besondere Aufmerksamkeit ist in jedem Falle aber auch der innerparteilichen Demokratie zu schenken, die derzeit noch deutlich unter den Spätfolgen der ideologischen Grabenkämpfe der ersten Republik leidet. Die politische Unerfahrenheit mit dem neuen System hat entsprechende Mängel zuletzt in allen Lagern deutlich gemacht, ganz besonders auch in der übermäßig schnell gewachsenen Bewegung *Berlusconis*. Es zeichnet sich jedoch ab, daß die Wähler auch in dieser Hinsicht nun mit Hilfe der neuen Wahlmechanismen ein sehr hartes Regime ausüben werden. Wer die hierarchischen Strukturen nicht überwindet und seine Identität weiterhin in der Ausgrenzung sucht, statt in der Öffnung für vielfältige gesellschaftliche Einflüsse, der wird die wirklich wählerbewegenden Themen kaum beizeiten aufnehmen und schließlich bestraft werden. Dies bedeutet, daß das neue Parteiensystem sich aller Voraussicht nach „auf der Basis des Verfahrens von Versuch und Irrtum herausbilden wird“[44].

V. Regieren und Reformieren

Die komplizierte Bündniskonstellation ließ die Regierungsbildung zunächst ungewiß erscheinen, zumal Lega-Chef *Umberto Bossi* sich in einer ersten Reaktion klar gegen einen Regierungschef *Berlusconi* und gegen eine Regierungsbeteiligung der „Neofaschisten“ ausgesprochen hatte.

1. Die Regierungsbildung

Die Indikation der Wähler über die gewünschte Regierung war aber unmißverständlich ausgefallen, und als selbst die Führer der Opposition die Pflicht *Berlusconis* zur Übernahme der Regierung unterstrichen, war auch der unbequeme Lombardenführer zum Einlenken gezwungen. In programmatischer Hinsicht war zuvor bereits eine Einigung zwischen den ungleichen Partnern gefunden worden, die auf einer Verbindung der von der Lega geforderten föderalistischen Staatsreform mit einem von AN vorgeschlagenen präsidentiellen Regierungsmodell beruhte. Nachdem *Berlusconi* von Staatspräsident *Scalfaro* den Auftrag zur Regierungsbildung erhalten hatte, konzentrierte sich das Gezerre der Partner in den Koalitionsverhandlungen vor allem auf die Verteilung der Ministerien. Am stärksten umkämpft war dabei das fünfzig Jahre lang von den Christdemokraten kontrollierte Innenministerium, das *Berlusconi* nach einem harten Tauziehen schließlich dem bisherigen Fraktionsvorsitzenden der Lega Nord in der Abgeordentenkammer *Roberto Maroni* überlassen mußte. Eine von vielen gewünschte weitergehende Kabinettsreform gelang aus diesen Gründen nicht. Vor allem die wirtschafts- und finanzpolitischen Kompetenzen blieben weiterhin auf verschiedene Ressorts verteilt.

Für einen internationalen Eklat sorgte freilich die Präsenz der fünf Minister der Nationalen

43 Vgl. dazu sehr kritisch der ehemalige Sprecher von AD *Ferdinando Adornato*, Il doppio turno modello Gallipoli, in: La Repubblica vom 15. August 1994, S. 1 und 16.

44 *Ricardo Franco Levi*, a.a.O. (Anm. 17), S. 69.

Tabelle 2: Wahlergebnis der Europawahlen vom 12. Juni 1994 in Italien (in Klammern 1989)[45]

Partei	Stimmen (in Prozent)		Sitze	
Forza Italia	30,6	(–)	27	(0)
Nationale Allianz (MSI)	12,5	(5,5)	11	(4)
Lega Nord	6,6	(1,8)	6	(2)
Reformer/Pannella	2,1	(1,2)	2	(1)
PPI (DC)	10,0	(32,9)	9	(26)
Pakt Segni	3,3	(–)	3	(0)
PDS (PCI)	19,1	(27,6)	16	(22)
Rifondazione Comunista (DP)	6,1	(1,3)	5	(1)
PSI/AD (PSI)	1,8	(14,8)	2	(12)
Grüne	3,2	(6,2)	3	(5)
Rete	1,1	(–)	1	(0)
PSDI	0,7	(2,7)	1	(2)
PRI (PRI-PLI)	0,7	(4,4)	1	(4)
SVP	0,6	(0,5)	0	(1)
Sonstige	1,6	(1,1)	0	(1)

Die Kabinettsliste der Regierung *Berlusconi*

Silvio Berlusconi (FI)	Ministerpräsident
Giuseppe Tatarella (AN)	Post und Kommunikation (Vize-MP)
Roberto Maroni (Lega)	Inneres (Vize-MP)
Gianni Letta (FI)	Kabinettssekretär
Alfredo Biondi (UDC)	Justiz
Antonio Martino (FI)	Außenminister
Lamberto Dini (parteilos)	Schatzamt
Giulio Tremonti (parteilos)	Finanzen
Giancarlo Pagliarini (Lega)	Haushalt
Vito Gnutti (Lega)	Industrie
Clemente Mastella (CCD)	Arbeit
Giuliano Urbani (FI)	Öffentlicher Dienst, Regionales
Roberto Radice (FI)	Öffentliche Arbeiten
Adriana Poli Bortone (AN)	Landwirtschaft
Altero Matteoli (AN)	Umwelt
Publio Fiori (AN)	Verkehr
Stefano Podesta (FI)	Universität und Forschung
Raffaele Costa (UDC)	Gesundheit
Antonio Guidi (FI)	Familie und Soziales
Francesco d'Onofrio (CCD)	Erziehung
Domenico Fisichella (AN)	Kultur
Cesare Previti (FI)	Verteidigung
Giorgio Bernini (FI)	Außenhandel
Domenico Comino (Lega)	Europäische Gemeinschaft
Sergio Berlinguer (parteilos)	Italiener im Ausland
Francesco Speroni (Lega)	Institutionelle Reformen
Giuliano Ferrara (FI)	Parlamentsbeziehungen

45 Für die neuen Listen wurden im Falle einer zumindest partiellen ideologischen und personellen Kontinuität die entsprechenden Vergleichswerte der Altparteien angegeben. Für die Reformer

Allianz im Kabinett[46]. Die heftigsten Reaktionen, in denen von einer Bedrohung der Demokratie durch die „faschistischen Minister" und die „Telekratie Berlusconis" die Rede war, wurden im Lande überwiegend mit Unverständnis registriert. Als auch das Europaparlament mit einer mahnenden Erklärung in den anschwellenden Chor einfiel, sah sich Staatspräsident *Scalfaro* schließlich zu einer Protestnote veranlaßt, in der er die Einmischung entschieden zurückwies[47].

Mitte Mai (sechs Wochen nach den Parlamentswahlen) erhielt die von Ministerpräsident *Berlusconi* vorgestellte Koalitionsregierung das Vertrauen der Kammern. Die fehlenden Stimmen im Senat kamen dabei von den Reformern *Pannellas* und einigen der Senatoren auf Lebenszeit. Um ganz sicher zu gehen, standen der Koalition schließlich auch noch einige Senatoren der PPI bei, die im Moment der Abstimmung den Saal verließen, um das Quorum zu senken[48].

2. Umfangreiches Reformprogramm

Die in der Regierungserklärung angeschnittenen Reformvorhaben betrafen fast die gesamte gesellschaftliche und staatliche Ordnung[49].

Die ersten Maßnamen der Regierung waren bisher vor allem von dem sichtlichen Bemühen gekennzeichnet, einen Schlußstrich unter die illegalen Praktiken der Vergangenheit zu ziehen, so durch einen Vergleich für anhängige Steuerverfahren und eine Amnestie für Verstöße gegen die Baugenehmigungspflicht. Die erforderlichen Reformen zur Vereinfachung der undurchsichtigen Gesetzgebung und zur Potenzierung der jeweiligen Kontrollorgane ließen sich freilich nicht mit dem gleichen Tempo voranbringen; es bleibt daher offen, ob es sich diesmal wirklich um letztmalige Amnestien handelt oder ob es in fünf bis zehn Jahren bereits eines neuerlichen Gnadenaktes bedarf. Die Forderung der Bürger nach funktionierenden Institutionen ist heute freilich stärker denn je, und die entsprechende Bewußtseinsbildung macht es daher durchaus wahrscheinlich, daß die Mehrzahl der Bürger sich in Zukunft an die neuen Regeln halten wird. Eine Vereinfachung der Gesetzgebung in vielen Bereichen scheint dafür aber die unbedingte Voraussetzung[50].

Pannellas war dies 1989 die Antiprohibitionistische Liga, für Rifondazione Comunista die linksextreme Democrazia Proletaria, die sich nach der Auflösung und Spaltung der PCI 1991 mit dem linken Flügel der Kommunisten zusammenschloß. Vgl. La Repubblica vom 14. Juni 1994, S. 11.

46 Vgl. *Rolf Uesseler*, Populismo e Fascismo. Italien auf dem Weg in den autoritären Staat?, in: Blätter für deutsche und internationale Politik, Nr. 5/94, S. 550–555 und *Karl D. Bredthauer*, Keine Angst, sagen die Sieger, in: Blätter für deutsche und internationale Politik, Nr. 5/94, S. 556–565.

47 Vgl. Corriere della Sera vom 5. Mai 1994, S. 3 (*Daria Gorodisky*, L'ira di Scalfaro sull Europarlamento).

48 Eine erste Kraftprobe für den Zusammenhalt der Koalition hatte es zuvor bereits bei der Wahl der Parlamentspräsidenten gegeben. Während es in der Abgeordnetenkammer für die 31jährige *Irene Pivetti* (Lega Nord) keine Probleme gab, hatte der Liberale *Carlo Scognamiglio* (Forza Italia) sich im Senat erst nach einer Kampfabstimmung mit nur einer Stimme Mehrheit gegen den bisherigen Senatspräsidenten *Giovanni Spadolini* (PRI) durchsetzen können.

49 Vgl. Corriere della Sera vom 17. Mai 1994, S. 2 (*Guido Credazzi/Dino Vaiano*, Berlusconi: „Sarà un'Italia che si fa da sé").

50 Ein deutliches Indiz für den enormen Reformbedarf ist auch die Tatsache, daß bis zum Som-

3. Die Schwierigkeit des Regierens

Die Regierung hat sich bei der Inangriffnahme dieser Aufgaben zunächst auf einige politisch riskante Konfrontationen eingelassen, etwa bei der Neuordnung des Staatsfernsehens RAI. Die Entlassung der bisherigen Intendanten und die Ernennung eines der Mehrheit genehmen Direktoriums ließen den Eindruck entstehen, daß es der Koalition vor allem um die Macht und dem Regierungschef möglicherweise auch um die Schwächung eines Konkurrenten für seine eigenen Fernsehsender ginge. Bedenklichere Folgen hatte danach noch das Dekret des Justizministers *Biondi* zur Begrenzung der Untersuchungshaft, nach dessen Verabschiedung im Sommer innerhalb weniger Tage über tausend Häftlinge freikamen, darunter einige der prominentesten Korruptionssünder. Die ursprüngliche Zielsetzung des Justizministers war gegen den häufigen Mißbrauch der Untersuchungshaft und gegen die überfüllten Gefängnisse gerichtet. Herausgefordert wurde die Kritik aber durch die unterschiedliche Behandlung der gewöhnlichen Kriminalität einerseits und der Korruptionsvergehen (Bestechung und Erpressung im Amt) andererseits, für welche die Untersuchungshaft nach dem präsentierten Text in jedem Falle ausgeschlossen blieb. Durch die handstreichartige Verabschiedung des Dekrets war außerdem der Eindruck entstanden, die neuen Regierenden wollten nicht nur möglicherweise ihren in Bedrängnis geratenen Freunden helfen, sondern auch die gerade zu diesem Zeitpunkt in eine entscheidende Phase getretenen Ermittlungen der Staatsanwaltschaft wegen des Verdachts der Steuerhinterziehung gegen den Berlusconi-Konzern Fininvest stoppen. Als die Gruppe der prominenten Mailänder Staatsanwälte um *Antonio Di Pietro* aus Protest gegen die Maßnahme um ihre Versetzung bat, wurde die Regierung durch die öffentliche Meinung nach wenigen Tagen zum Rückzug des Dekrets gezwungen[51]. Als größter Hemmschuh für eine rasche und effiziente Reformtätigkeit, der selbst die absehbaren Gegensätze zwischen dem prinzipiellen Zentralismus *Gianfranco Finis* und dem immer noch unausgegorenen Föderalismus *Umberto Bossis* überlagerte, hat sich daher bisher der Interessenkonflikt *Berlusconis* als Regierungschef und Besitzer eines der größten Konzerne des Landes erwiesen. Trotz zahlreicher Ansätze war *Silvio Berlusconi* bisher nicht in der Lage, einen überzeugenden Ausweg aus diesem Dilemma zu zeigen. Diese ungelösten Probleme haben es *Umberto Bossi* leichtgemacht, sich auf Kosten seiner Koalitionspartner zu profilieren. Die fortgesetzten Angriffe des Lega-Chefs gingen aber eindeutig zu Lasten der Regierungsstabilität und setzten damit gerade eines der wichtigsten Ziele der Reformen erneut aufs Spiel. „Der Senator (Bossi) erinnert mich an die Politik *Craxis,* der auch, obwohl er selber zur Regierungsmehrheit gehörte, immer dagegen schimpfte." Dadurch sah *Enrico La Loggia,* Fraktionsvorsitzender von Forza Italia im Senat, die jüngste Vergangenheit wiederauferstehen[52].

Der Vergleich mit den negativen Beispielen der Vergangenheit gehört heute in allen Lagern zu den häufigsten Strategien und Vorwürfen in der politischen Auseinandersetzung. Kritik an personalpolitischen Entscheidungen wird meist mit dem (wohl nicht immer unberechtigten) Vorwurf geführt, die neuen Machthaber seien schon wieder dabei, alle Institutionen

mer 1994 insgesamt bereits sechzehn neue Referenden beantragt wurden, welche die Gesetzgeber nun bis zum nächsten Frühjahr unter Druck setzen. Vgl. *Peter Weber,* Wege aus der Krise, 1994, a.a.O. (Anm. 10), S. 26.

51 Vgl. Der Spiegel vom 1. August 1994. S. 117f.

52 Zitiert nach La Repubblica vom 13. August 1994, S. 2 (Ma intanto cresce il partito della crisi).

untereinander aufzuteilen und die Kriterien dieser Parzellierung *(lottizzazione)* seien die gleichen wie im alten Regime. Sucht die Regierungsmehrheit andererseits Teile der Opposition in die Entscheidungen einzubinden oder auf die eigene Seite zu ziehen (wie bei der Vertrauensabstimmung im Senat), wird der Vorwurf eines neuen *trasformismo* oder *consociativismo* erhoben; tut sie dies in bewußter Abkehr von dieser Tradition nicht, heißt es, ihre Konfrontationspolitik sei undemokratisch und gefährde den sozialen Frieden.

Die ersten Monate der Regierung *Berlusconi* haben insoweit zunächst manche Erwartungen enttäuscht. Das Sommertheater der Koalition hat schließlich dazu geführt, daß manche Kommentatoren in Italien bereits ein institutionelles Chaos heraufkommen sahen. Konflikte zwischen den verschiedenen Gewalten lassen sich in der Tat nicht leugnen, insbesondere zwischen der Exekutive und der Justiz. Die politische Unerfahrenheit *Berlusconis* und seiner Minister hat dabei ebenso zu den Kompetenzproblemen beigetragen wie die allgemeine Verunsicherung über die neuen Regeln und die Rolle der verschiedenen Institutionen in der zweiten Republik.

4. Eine ungeschriebene Verfassung?

Entscheidend für die schwere Niederlage im Fall des Justizdekretes war aber letztlich, daß die Regierung eine unzureichende Sensibilität für die Geschichte der demokratischen Revolution bewies, die ihre unauslöschlichen Spuren im kollektiven Bewußtsein hinterlassen hat. Diese Erfahrungen bilden heute eine der unbedingten Grundlagen der neuen Ordnung, und jede Regierung, die sich als legitime Tochter dieser Revolution versteht, wird sich an die Grundwerte dieser „ungeschriebenen Verfassung" halten müssen. Zu den unantastbaren Grundlagen der neuen Ordnung gehören der Kampf gegen die Staatsverschuldung, die Fortsetzung der Privatisierungen, die Aufwertung der Gebietskörperschaften, der Kampf gegen die Korruption und die Mafia, die Verpflichtung zu einer grundlegenden Revision der Verfassung, das Mehrheitswahlrecht und die Referenden. Die Kontrolle dieser ungeschriebenen Verpflichtungen obliegt bis auf weiteres der Öffentlichkeit, die in dem Gesetzesdekret des Justizministers offenbar eine allzu eklatante Verletzung dieser Prinzipien erkannte. Diese Vorgänge haben deutlich gemacht, daß in Italien derzeit zwei verschiedene Verfassungen gültig sind. Aus diesem Grund ist es von absoluter Priorität, die geschriebene Verfassung aus dem Jahre 1948 möglichst rasch an die Veränderungen in der realen Verfassung des Landes anzupassen. Die Verfassungsreform ist die wichtigste Voraussetzung für die Rückkehr zu einem stabilen Gleichgewicht zwischen den Gewalten und klaren Kompetenzverteilungen zwischen den Institutionen.

VI. Der Weg zur Reife

Die politische Erneuerung Italiens hat in den letzten zwei Jahren bedeutsame Fortschritte gemacht. Als eine kaum zu unterschätzende Leistung muß dabei die Tatsache gewertet werden, daß die politische Revolution diesmal (anders als 1919/22 und 1943/45) gewaltfrei im Rahmen der demokratischen Verfassungsordnung erreicht wurde. Eine entscheidende Voraussetzung hierfür war, daß mit dem Instrument des Referendums ein Nebengleis zur

Verfügung stand, um die notwendigen Reformen an den im Parlament verschanzten Parteien vorbei durchzusetzen. Unübersehbar ist jedoch, daß die jahrzehntelang ungehindert expandierende Koalition von Klientelismus, Korruption, Arroganz und Inkompetenz nur sehr wenige Strukturen hinterlassen hat, die als solides Fundament für die künftigen Institutionen geeignet wären. Als Zwischenergebnis kann aber festgehalten werden, daß nach der jahrzehntelangen Blockierung durch das statische Parteienoligopol die wahlpolitische Auseinandersetzung in Italien heute die Form eines offenen und konkurrenzbestimmten Wettkampfs angenommen hat. Je nach Standpunkt lassen sich daher entweder eine Serie unverändert fortwirkender Traditionen beklagen oder aber einige wirklich radikale Brüche mit der Vergangenheit anführen. Ein klareres Urteil hierüber wird daher erst nach den anstehenden Verfassungsreformen möglich sein[53].

Der schwierigste Teil dieser Verfassungsrevision ist nun zweifellos die von der Lega Nord geforderte föderalistische Staatsreform. Gerade diese Reform ist aber von zentraler Bedeutung, da nur auf diesem Weg eine Überwindung der bisherigen administrativen Kultur möglich scheint, die den Bürgern und Institutionen vor Ort nur minimalen Einfluß einräumte und danach trachtete, alle Vorgänge und Entscheidungen zentralistisch zu kontrollieren. Anstelle der anonymen, desinteressierten und leicht zu täuschenden Zentralbehörden obliegt die Kontrolle der demokratischen Entscheidungen künftig vor allem den Wählern. Nach dem bösen Erwachen aus dem Alptraum der Parteienherrschaft scheinen die Bürger Italiens nun endlich reif für diese Aufgabe.

Eine wichtige Voraussetzung für den ungestörten Verlauf dieser Reformen hat auch die Bewegung *Berlusconis* geschaffen, die der ökonomischen Führungsschicht des Nordens den Weg von Mailand nach Rom ebnete und dadurch dazu beitrug, daß die durch die Herausforderung der Lega zwischenzeitlich erheblich angewachsenen Spannungen zwischen den Landesteilen nun wieder deutlich gedämpft erscheinen. Die komplizierte Konstruktion der Koalition läßt freilich noch nicht erkennen, ob mit den neuen Wahlmechanismen nun auch eine größere Regierungsstabilität erreicht wurde oder ob die bekannte Diagnose der Unregierbarkeit Italiens auch für die „zweite Republik" ihre Gültigkeit behält.

Ebenfalls offen geblieben ist, ob die „blockierte Demokratie" sich nun wirklich in eine Alternanzdemokratie verwandelt hat. Einen entscheidenden Teil der Verantwortung tragen daher auch die Oppositionsparteien, die zwar bereit scheinen, den Grundkonsens über die Grundlagen des Staates zu akzeptieren, es bisher aber nicht verstanden haben, eine glaubwürdige Alternative zur derzeitigen Regierungskoalition zu formulieren. Ungeachtet mancher Krisensymptome wird die Modernisierung der italienischen Republik deshalb auf absehbare Zeit weiter in den Händen der Regierung *Berlusconis* und seiner Verbündeten liegen.

Auch wenn der Schein manchmal das Gegenteil vermuten läßt, bleiben die politische Debatte in Italien und die Anteilnahme der Bürger an den Veränderungen auf einem außerordentlich hohen Niveau. Das große Thema in diesem dialektischen Prozeß ist die Überwindung der italienischen Anomalien. Die Entwicklung voranzutreiben, ist die Aufgabe der Politik, und der Erfolg von Regierung und Parteien wird an der Verwirklichung dieser Zielsetzung gemessen werden.

53 Vgl. *Arrigo Levi*, La Seconda Repubblica in movimento, in: Il Mulino, 43. Jg., Nr. 3/94, Bologna, Mai-Juni 1994, S. 442–450.

Berlusconis Forza Italia. Wahlerfolg einer Persönlichkeitspartei (1994)

Jörg Seißelberg

Die Person hat viel Aufmerksamkeit gefunden, die Partei bislang nur wenig. Auf der Suche nach den Gründen des politischen Aufstiegs *Silvio Berlusconis* ist dessen Persönlichkeit sowie Medien- und Wirtschaftsmacht in zahlreichen Veröffentlichungen aus unterschiedlicher Perspektive durchleuchtet worden[1]. *Berlusconis* Partei Forza Italia dagegen ist kaum Objekt analytischer Begierde. Dies ist ein Versäumnis, das nicht nur die wissenschaftliche Erforschung des „Phänomens *Berlusconi*" erschwert, sondern auch eine neue Idee von Partei der kritischen Diskussion vorenthält.

In diesem Beitrag soll gezeigt werden, daß das in Forza Italia realisierte Parteimodell ein entscheidender Teil des komplexen Ursachengeflechts ist, das zum Erfolg *Berlusconis* und seines politischen Projekts beigetragen hat. Die bisherige Zurückhaltung der deutschen Politikwissenschaft in diesem Forschungsfeld verwundert, ist doch die Parteienkrise, oder genauer: die Krise der Volks- beziehungsweise Mitgliederparteien, eines der aktuellen Themen hiesiger Politikanalyse[2]. Die Probleme dieses Parteientyps in der parlamentarischen Demokratie einer hochindustriellen Dienstleistungsgesellschaft sind fixiert: *Joachim Raschke* hält das Modell der Mitgliederpartei für durchdekliniert[3], für *Elmar Wiesendahl* stecken die Volksparteien in der Modernitätsfalle[4]. Nach überzeugenden Alternativen aber wird noch gesucht. Ist das in Forza Italia realisierte Parteimodell möglicherweise eine solche? *Angelo Panebianco* hält dies für denkbar[5]. Nach Ansicht des italienischen Politikwissenschaftlers ist

1 Vgl. u.a. *Stefano D'Anna/Gigi Moncalvo*, Berlusconi, London 1994; *Giovanni Ruggeri/Mario Guarino*, Berlusconi. Inchiesta sul Signor TV, Mailand 1994; *Paul Virilio*, Der Medien-Putsch, in: Lettre International, Heft 25, 1994, S. 30–31; *Klaus Ott*, Berlusconi oder die Gesetze des Marktes, in: M – Medien, 5/1994, S. 6–7; *Peter Glotz*, Das Projekt Telekratie, in: Die Woche, 21. Juli 1994, S. 20–21; *Niccolo Vivarelli*, Merchant Prince, in: Newsweek, 21. März 1994, S. 10–15. Zumindest Teilaspekte des Parteimodells behandeln: *Renato Mannheimer*, Forza Italia, in: *Ilvo Diamanti/Renato Mannheimer*, Milano a Roma. Guida all'Italia elettorale del 1994, Rom 1994, S. 29–42; *Stefano Rodotà*, Berlusconi e la tecnopolitica, in: MicroMega 3/1994, S. 85–96; *Jens Renner*, Der Fall Berlusconi. Rechte Politik und Mediendiktatur, Göttingen 1994. Anfang 1995 soll im Arnoldi Verlag die erste italienischsprachige Analyse zur Parteigeschichte Forza Italias erscheinen: *Alessandro Gilioli*, Forza Italia: la storia, gli uomini, i misteri.

2 Vgl. u.a. *Ulrich von Alemann/Wolfgang Tönnesmann*, Die Dinosaurier werden immer trauriger. Ein kleiner Essay über große Parteien, in: polis, Nr. 20/1991, S. 27ff.; *Peter Haungs/Eckhard Jesse* (Hrsg.), Parteien in der Krise? In- und ausländische Perspektiven, Köln 1987; *Peter Haungs*, Plädoyer für eine erneuerte Mitgliederpartei. Anmerkungen zur aktuellen Diskussion über die Zukunft der Volksparteien, in: ZParl 25. Jg. (1994), S. 108–115; *Joachim Raschke*, Das Unbehagen an den Parteien. Ein Blick auf die dauerhaften Ursachen, in: Gewerkschaftliche Monatshefte 9/1992, S. 523–530; *Jürgen Rüttgers*, Von der Gremienpartei zur Bürgerpartei. Zu den Kontroversen um die Krise der Parteiendemokratie, in: ZParl 24. Jg. (1993), S. 153ff.; *Erwin K.* und *Ute Scheuch*, Cliquen, Klüngel und Karrieren: Über den Verfall der politischen Parteien, Hamburg 1992; *Elmar Wiesendahl*, Volksparteien im Abstieg. Nachruf auf eine zwiespältige Erfolgsgeschichte, in: Apuz, B 34–35/1992, S. 3–14.

3 Vgl. *Raschke* a.a.O. (Anm. 2), S. 526.

4 Vgl. *Wiesendahl* a.a.O. (Anm. 2), S. 13.

5 Vgl. *Angelo Panebianco*, Partiti di massa, formula vuota, in: Corriere della Sera, 20.6.1994, S. 1–2.

die Idee einer Massen- oder Volkspartei überholt und statt dessen „die Organisationsformel der Präsidentenpartei, der Super-Wahlkomitees, die siegreiche Formel, nicht nur in Italien"[6].
Dieser Beitrag will überprüfen, ob Forza Italia wirklich das Parteimodell für das Jahr 2000 in parlamentarischen Demokratien sein kann – und ob dies unter normativen, demokratietheoretischen Gesichtspunkten wünschenswert wäre. Folgende Problembereiche sollen untersucht werden: die Veränderungen im politischen System Italiens, die den Erfolg Forza Italias begünstigt haben, der Entstehungsprozeß der Partei, die innere Struktur und die daraus gewonnene Aktionsfähigkeit, die Kommunikationsfähigkeit der Partei im Zeitalter medienvermittelter Politikdarstellung, die programmatische Ausrichtung, die Bündnisstrategien sowie die Wählerstruktur. Vorweg aber ist zu klären, ob Forza Italia überhaupt korrekterweise als Partei bezeichnet werden darf.

1. Partei, Bewegung oder Club?

„Forza Italia ist eine Bewegung, keine Partei", lautet der erste Satz im von *Berlusconi* unterzeichneten Vorwort des Wahlprogramms Forza Italias[7]. Es kann nachgewiesen werden, daß die Ablehnung des Begriffs „Partei" ausschließlich taktisch-psychologische Gründe hat. Eine Analyse der Organisation zeigt, daß sich die zentralen politikwissenschaftlichen Indikatoren einer Partei bei Forza Italia nachweisen lassen.
Der Begriff „Partei" ist bei vielen Italienern negativ besetzt – eine Ironie der Geschichte, denn die republikanische Verfassung Italiens hat 1947 als weltweit erste ausdrücklich und direkt das Recht auf Gründung politischer Parteien und ihre Mitwirkung bei der Gestaltung der Demokratie festgeschrieben[8]. Bereits 1989 traute nicht einmal ein Drittel aller wahlberechtigten Bürger den Parteien eine effektive Interessenrepräsentation zu[9]. Die Aufdeckung des Parteispenden- und Bestechungsskandals „Tangentopoli" 1992, in dessen Folge sich führende Politiker u.a. der regierenden Democrazia Cristiana (DC) und des Partito Socialista Italiano (PSI) vor Gericht verantworten mußten, verstärkte die Legitimationsprobleme der italienischen Parteien. Die Wähler verliehen dem Wunsch nach Erneuerung des politischen Systems Ausdruck, indem sie sich von den traditionellen Parteien abwendeten[10]. Die in fast alle staatlichen und viele gesellschaftlichen Bereiche eindringende Macht der Parteien, die sogenannte Partitocrazia, wurde als eine zentrale Ursache für die schlecht funktionierende italienische Demokratie wahrgenommen[11]. Vor diesem Hintergrund erschien das

6 Ebenda, S. 2.
7 Vgl. Forza Italia, Per un nuovo miracolo italiano. Il programma di Forza Italia, Mailand 1994, S. 6.
8 Vgl. *Giuseppe Ferri*, Studi sui partiti politici, Rom 1950.
9 Vgl. *Roberto Biorcio*, Cittadini e politica negli anni Novanta, in: *Mario Livolsi* (Hrsg.), L'Italia che cambia, Florenz 1993, S. 134.
10 Vgl. *Renato Mannheimer/Giacomo Sani*, La rivoluzione elettorale. L'Italia fra la prima e la seconda repubblica, Mailand 1994.
11 Vgl. *Massimo Teodori*, Una nuova repubblica? Il voto e la riforma elettorale, il tramonto dei partiti, la questione del governo nella democrazia dell'alternanza, Mailand 1994; *Mauro Calise*, Remaking the Italian Party System: How Lijphart Got it Wrong by Saying It Right, in: West European Politics, Vol. 16, Nr. 4, Oktober 1993, S. 545–560; *Sarah Waters*, „Tangentopoli"

Etikett „Partei" für eine neue politische Formation in der Außendarstellung potentiell als Belastung.
Die Bezeichnung „Bewegung" weckt in Abgrenzung zum Begriff „Partei" politisch-psychologisch positive Assoziationen. Und, wie *Raschke* formuliert: „Ist der Bewegungstitel erworben, besitzt man fast schon eine Anwartschaft auf historischen Wandel"[12]. Bewegung klingt nach durchlässigen Strukturen statt strengen Hierarchien, Engagement statt Apparat, Offenheit statt Klientelismus und neuen Ideen statt alter Ideologien. Vor dem Hintergrund einer diskreditierten Partitocrazia ist das Etikett „Bewegung" zur politischen Eigenwerbung in Italien zweifelsfrei gut geeignet. Einer wissenschaftlichen Analyse hält diese Selbstcharakterisierung Forza Italias aber nicht stand.
Indikatoren für eine (soziale) Bewegung sind unter anderem permanente Mobilisierung, geringe Rollenspezifikation und variable Organisationsformen[13]. Alle genannten Merkmale werden von Forza Italia nicht erfüllt. Forza Italia zeichnet sich statt dessen aus durch a) gezielte Mobilisierung in Wahlkämpfen und geringe Aktivitäten zwischen den Wahlen, b) hierarchisch ausgerichtete Strukturen, in denen es präzise Rollenzuteilungen gibt und c) begrenzte Organisationsformen in einer klar umrissenen politischen Formation mit fest definierten Grenzen. Die Aufzählung von Abgrenzungsfaktoren ließe sich fortsetzen, würde aber den Rahmen dieses Aufsatzes sprengen. Es geht lediglich darum, deutlich zu machen, daß zentrale Merkmale von Bewegungen durch Forza Italia nicht erfüllt werden, im Gegenteil zahlreiche Organisationsmerkmale Forza Italias dem Charakter einer Bewegung diametral gegenüberstehen.
Alle in der Politikwissenschaft geläufigen Definitionen des Begriffs „Partei" sind dagegen zur Beschreibung der politischen Organisation Forza Italia geeignet. Dies gilt bereits für die Minimaldefinition *Max Webers*, auf die sich im Kern spätere Begriffsbestimmungen häufig beziehen. Parteien sind laut *Weber* „auf (formal) freier Werbung beruhende Vergesellschaftungen mit dem Zweck, ihren Leitern innerhalb eines Verbandes Macht und ihren aktiven Teilnehmern...Chancen der Durchsetzung von sachlichen Zielen oder der Erlangung von persönlichen Vorteilen (oder beides) zuzuwenden"[14]. Noch klarer wird die Pflicht, Forza Italia als Partei einzuordnen, bei Definitionen, die die Begriffe Herrschaft, Ämter und Wahlen in den Mittelpunkt stellen. Nach *Steininger* ist eine Partei eine „Vereinigung zum Erwerb der Positionen politischer Herrschaft"[15], laut *Epstein* „any group, however loosely organized, seeking to elect governmental officeholders under a given label"[16], für *Hartmann* schließlich sind Parteien „auf freie Stimmenwerbung in Konkurrenz mit anderen Parteien angelegte Organisationen, die das Ziel verfolgen, Parteivertreter in politische Ämter zu wählen"[17]. Alle Definitionen liefern eine exakte Beschreibung des Untersuchungsgegenstandes Forza Italia. Auch die „permanente Organisation"[18] als grundlegendes Charakteristikum

and the Emergence of a New Political Order in Italy, in: West European Politics, Vol. 17, Nr. 1, Januar 1994, S. 169–182.
12 *Joachim Raschke*, Soziale Bewegungen. Ein historisch-systematischer Grundriß, Frankfurt/New York 1985, S. 266.
13 Vgl. ebenda, S. 77f.
14 *Max Weber*, Wirtschaft und Gesellschaft, Studienausgabe, Tübingen 1976, S. 167.
15 *Rudolf Steininger*, Soziologische Theorie der politischen Parteien, Frankfurt 1984, S. 77.
16 *Leon D. Epstein*, Political Parties in Western Democracies, London 1980, S. 9.
17 *Jürgen Hartmann*, Parteienforschung, Darmstadt 1979, S. 5.
18 Vgl. *Theo Stammen*, Parteien in Europa, München 1978, S. 60

einer Partei (im Gegensatz zu temporären ad-hoc-Gruppierungen) ist bei Forza Italia gegeben.

Die Frage, ob Forza Italia eine Partei ist, kann vorbehaltlos bejaht werden. Für eine widerspruchsfreie Analyse der politischen Formation Forza Italia ist allerdings eine weitere Präzisierung erforderlich – eine Präzisierung dessen, was der Begriff „Partei Forza Italia" exakt umfassen soll. In der vorliegenden Literatur wird zu dieser Frage bislang keine Definition geliefert.

Formal existieren zwei Forza-Italia-Organisationen. Zum einen gibt es die Associazione Nazionale dei Club Forza Italia (ANFI), die Nationale Vereinigung der Clubs Forza Italia, zum anderen die Forza Italia Movimento Politico, die Politische Bewegung Forza Italia. In diesem Aufsatz wird die Partei Forza Italia als die Gesamtheit von Nationaler Vereinigung der Clubs und Politischer Bewegung definiert. Es wäre auch denkbar, nur die Politische Bewegung Forza Italia als Partei zu benennen und die Clubs als parteinahe Organisationen einzuordnen – eine derartige Definition würde aber der bisherigen politischen Praxis nicht gerecht werden. Die Clubs sind – zumindest in der, in diesem Aufsatz betrachteten Aufbauphase – integraler Bestandteil des politischen Subjekts Forza Italia, sie bilden das politische Rückgrat an der Basis. Hierin unterscheidet sich der Untersuchungsgegenstand Forza Italia grundlegend von der Situation in Frankreich, dem Mutterland der politischen Clubs. Dort haben sie unter anderem den Charakter begrenzter intellektueller Denkzirkel, die politischen Führern innerhalb ihrer Partei als ideologische Basis dienen (ein Beispiel ist der Club 89 von *Jacques Chirac*) oder sie waren Vorläuferorganisationen von Parteien (wie der Club Perspectives et Réalités *Giscard d'Estaings*)[19]. Vor allem aber sind die politischen Clubs in Frankreich keine auf Wahlen fixierte Organisationen. Sie kämpfen nicht um Mandate, politische *Aktion* ist für sie von nachrangiger Bedeutung[20]. Dagegen wird die politische Aktivität an der Basis bei Forza Italia fast ausschließlich von den Clubs getragen. Die 14 185 Sektionen[21] mit rund einer Million Mitgliedern[22] sind ein kapilares, ganz Italien erfassendes Netzwerk, das der Partei direkten Kontakt zum Wähler ermöglicht. Außerdem, und dies ist für die Einordnung der Clubs als Teil und nicht nur als Ergänzung der Partei bedeutsam, sollen sie auch bei der Suche nach geeigneten Kandidaten für Wahlen helfen[23].

19 Eine ausführliche Typologisierung diverser Spielarten politischer Clubs in Frankreich findet sich in: *Janine Mossuz*, Les Clubs et la politique en France, Paris 1970.

20 Vgl. *Jürgen Hartmann*, Frankreichs Parteien, Köln 1985, S. 33–37; *Udo Kempf*, Frankreichs Parteiensystem im Wandel, S. 140–176, in: *Hans-Georg Wehling* (Hrsg.), Frankreich, Stuttgart u.a 1989.

21 Die Zahl stammt aus einem Schreiben *Sabrina Bussolatis*, der Sprecherin des Generalsekretariats der Nationalen Vereinigung der Clubs Forza Italia, an den Autor, vom 22. Juni 1994. Im Herbst 1994 sind die Clubs allerdings einer Überprüfung seitens der ANFI-Zentrale unterzogen worden. Mehreren Clubs ist danach die Anerkennung als offizieller Forza-Italia-Club verweigert worden, vgl. *Alessandro Caprettini*, Ora il Cavaliere ha il fiato corto, in: L'Indipendente, 27.10.1994, S. 5.

22 Vgl. *Ilvo Diamanti*, La politica come marketing, in: Micromega 2/1994, S. 66.

23 Vgl. *Stefano Zurlo*, Tutti i segreti dei Club di Silvio Berlusconi. Apri quella valigetta, c'é dentro un partito, in: L'Europeo, 22.12.1993, S. 22–25; *Pino Buongiorno*, Forza Italia all'americana, in: Panorama, 31. 12. 1993, S. 26–29; *Enrico Parodi*, Così il Biscione aiuta Forza Italia, in: Corriere della Sera, 24. 1. 1994, S. 3; *Cristina Mariotti*, La spedizione dei mille club, in: L'Espresso, 27.5.1994, S. 66–68.

Die Politische Bewegung Forza Italia hatte im Juni 1994 lediglich 4000 Mitglieder[24] und kaum Aktivitäten an der Basis.

2. Politische und soziale Modernisierung Italiens – Veränderte Rahmenbedingungen schaffen Platz für neue Parteien

Der Aufstieg Forza Italias ist in der europäischen Parteiengeschichte ohne Beispiel. Am 19. November 1993 wurde die Nationale Vereinigung der Clubs Forza Italia als erster Teil der Partei gegründet. Gut vier Monate später war Forza Italia mit 21,0 Prozent der Zweitstimmen stärkste politische Kraft in Italien und im Bündnis mit der Lega Nord und der Alleanza Nazionale Siegerin der Parlamentswahlen vom 27./28. März 1994 (vgl. Kap. 8).
Der Erfolg Forza Italias und ihres Parteiführers *Berlusconi* realisierte sich vor dem Hintergrund tiefgreifender Veränderungen im politischen System Italiens. Jahrzehntelang galt Italien als blockierte Demokratie, bedingt durch eine fehlende Alternanz von Regierung und Opposition. Zur Überwindung dieser Situation haben zwei politisch-soziale Faktoren beigetragen: 1) Der geringer werdende Einfluß der bis zum Ende der 80er Jahre wahlentscheidenden Subkulturen Katholizismus und Kommunismus und 2) der Zusammenbruch des Kommunismus als europäisches Machtsystem, der auch in Italien traditionelle ideologische Konfliktlinien in Frage stellte[25].
Diese Veränderungen haben dazu geführt, daß Italien sich von einem Land des extrem stabilen Wahlverhaltens mit einer geringen Zahl an Wechselwählern[26] zu einem Land instabilen Wahlverhaltens mit einer hochmobilen Wählerschaft wandeln konnte. Das jahrzehntelang entscheidende „voto d'appartenenza", das subkulturelle Votum, wird in der Folge eines politisch-sozialen Modernisierungsprozesses abgelöst vom „voto d'opinione", dem Meinungsvotum. *Diamanti/Mannheimer* sprechen davon, daß 1994 knapp die Hälfte aller Italiener ein freies, angebotsorientiertes Votum abgaben, das nicht mehr durch soziale, kulturelle oder religiöse Bindungen bestimmt wird[27]. Empirische Erhebungen zeigen, daß vor allem in der jungen Generation die subkulturellen Bindungen kaum noch Bedeutung haben. Das italienische Phänomen, daß sowohl in den Familien der katholisch/christdemokratischen als auch in der linken/kommunistischen Subkultur Parteipräferenzen von Generation zu Generation weitergegeben werden, ist nunmehr ein Fall für Historiker. Die Mehrzahl der Jugendlichen zwischen 18 bis 24 Jahren fühlt sich bei ihrer Wahlentscheidung unabhängig von den subkulturellen Bindungen des Elternhauses. Nicht einmal mehr zehn Prozent sehen sich von den politischen Ansichten zum Beispiel des Vaters stark oder teilweise beeinflußt (vgl. Tabelle 1).

24 Vgl. *Tonino Satta*, Riti e segreti di Forza Italia, L'Europeo, 22.6.1994, S. 24.

25 Ausführlich habe ich diese Entwicklungsprozesse dargestellt in: *Jörg Seißelberg*, Die blockierte Demokratie bewegt sich – Veränderungen im politischen System Italiens, in: ZParl, 24. Jg. (1993), H. 3, S. 496–524.

26 Vgl. u.a. *Renato Mannheimer*, Il comportamento elettorale in Italia, Bologna 1968; *Renato Mannheimer/Giacomo Sani*, Il mercato elettorale. Identità dell'elettorato italiano, Bologna 1987.

27 Vgl. *Diamanti/Mannheimer*, a.a.O. (Anm. 1), S. XIX.

Tabelle 1: Subkultureller Einfluß auf Wahlentscheidungen von Jugendlichen in Italien

Fühlen Sie sich in Ihren politischen Ansichten von ihrem Vater beeinflußt?		Haben Sie bei Ihrer ersten Wahl gewählt wie Ihr Vater?	
stark	2,0%	ja	31,60%
teilweise	5,1%	nein	57,10%
wenig	35,5%	keine Antwort	11,30%
überhaupt nicht	56,6%		
keine Antwort	0,8%		

Quelle: Untersuchung des Sozialforschungsinstituts SWG unter Jugendlichen im Alter von 18 bis 24 Jahren im Oktober 1993, zitiert nach: Sette, Beilage zum Corriere della Sera vom 26. November 1993, S. 45–50.

Die neue Wählerflexibilität in Italien wird auch von Untersuchungen über den Zeitpunkt von persönlichen Wahlentscheidungen bestätigt. Danach hat sich bei den Parlamentswahlen im März 1994 exakt ein Drittel (sic!) der italienischen Wähler erst unmittelbar vor dem Urnengang festgelegt, welcher Partei sie ihre Stimme geben. Die Stammwähler, die sich von vornherein sicher waren, für welche politische Gruppierung sie votieren, stellen nicht einmal mehr die Hälfte der italienischen Wahlbürger (vgl. Tabelle 2).

Tabelle 2: Zeitpunkt der Wahlentscheidung

Wann habe Sie entschieden, für welche Partei Sie stimmen?	
vor Monaten	45,6%
in den vergangenen Wochen	20,9%
gestern oder heute	33,3%
keine Antwort	0,2%

Quelle: Istituto CIRM, Dati Elezioni Politiche 27-28 marzo 1994, Mailand 1994, S. 14[28].

Die politisch-sozialen Veränderungen mit einer Stärkung des angebotsorientierten Wählervotums, die Aufdeckung des Tangentopoli-Skandals und der damit verbundene Legitimationsverlust der machtausübenden Parteien führten zu einer grundlegenden Reform des politischen System Italiens und einer Neustrukturierung der italienischen Parteienlandschaft[29]. Ein derartig umfassender Umwälzungssprozeß schafft stets Freiräume für das Entstehen neuer politischer Formationen. Forza Italia hat diese günstigen Rahmenbedingungen genutzt[30] – indem sie eine neue Form von Parteiidee, effektives Politik-Marketing, erfolgreiche Kommunikationsstrategien und ein bislang fehlendes Politikangebot präsentierte, aber auch indem sie die Wirtschaftsmacht ihres Partei-leaders *Berlusconi* nutzte.

28 Der Autor dankt dem Stellvertretenden Direktor des Sozialforschungsinstituts CIRM, Dr. *Luigi Tua*, für die freundliche Überlassung des Datenmaterials.

29 Vgl. auch *Ludger Helms*, Strukturwandel im italienischen Parteiensystem, in: Apuz, B 34/1994, S. 28–37.

30 Daß günstige Rahmenbedingungen nicht immer zu einem zwangsläufigen Erfolg führen müssen, belegt das Beispiel der zum Linksbündnis gehörenden Alleanza Democratica. Diese ebenfalls – wie Forza Italia – völlig neu gegründete politische Vereinigung, die sich als linksliberale Partei zwischen PDS und ehemaliger DC profilieren wollte, kam bei den Parlamentswahlen 1994 nur auf 1,2% der Zweitstimmen.

3. Der Aufstieg Forza Italias – Ein Konzern als Geburtshelfer einer politischen Partei

Forza Italia ist die erste politische Partei, bei deren Entwicklung ein Wirtschaftskonzern, die Fininvest-Holding, maßgeblich Hilfestellung geleistet hat. Die Fininvest befindet sich weitgehend im Besitz *Berlusconis* und ist der zweitgrößte private italienische Konzern nach FIAT[31]. Zur Holding gehören die drei größten privaten Fernsehkanäle, das größte italienische Werbeunternehmen (Publitalia), die größte Kaufhauskette Italiens (Standa) sowie diverse Baugesellschaften, Versicherungsunternehmen, Finanzgesellschaften, Tourismusfirmen und Sportvereine. Durch materielle Beiträge, vor allem aber durch Bereitstellung von manpower und know-how hat die Fininvest entscheidenden Anteil am Aufbau der Partei Forza Italia. Ein vage mit dem Fall Forza Italia-Fininvest vergleichbares Beispiel hat bislang nur der amerikanische Präsidentschaftskandidat *Ross Perot* geliefert, der zwei der führenden Manager seines Unternehmens in sein Wahlkampfkomitee delegierte[32]. Im Gegensatz zum politischen Subjekt Forza Italia hat *Perot* aber nie eine dauerhafte Parteiorganisation erarbeitet.

Für außenstehende Beobachter ist vor allem die Schnelligkeit des politischen Aufstiegs *Berlusconis* verblüffend. Am 26. Januar 1994 gab er offiziell seinen Einstieg in die Politik bekannt. Nur zwei Monate später, am 28. März, war *Berlusconi* mit seiner Partei Sieger der Parlamentswahlen. Die zwei Monate zwischen offiziellem Politikeinstieg und den Wahlen sind aber lediglich die Endphase einer exakt geplanten Politik-Operation. Die Geschichte Forza Italias beginnt erheblich früher.

Am 8. Juni 1993, unmittelbar nachdem die italienische Linke unter Führung des Partito Democratico della Sinistra (PDS) bei den Kommunalwahlen große Erfolge erzielt hatte, setzte sich *Berlusconi* mit leitenden Mitarbeitern seines Fininvest-Konzern zusammen, um mögliche politische Initiativen zu beraten[33]. Danach wurden Marktforschungserhebungen seitens der Fininvest durchgeführt, die die Reaktionen auf einen möglichen Einstieg *Berlusconis* in die Politik sowie die Chancen einer neuen Mitte-Rechts-Partei untersuchten[34]. In Anschluß wurde die mittlere Führungsebene der Fininvest in das Parteiprojekt Forza Italia einbezogen. *Berlusconi* benannte am 10. September 1993 22 Fininvest-Manager zu Regional-Verantwortlichen beim Aufbau von Forza Italia Clubs und präsentierte ihnen bereits Name und Symbol der zu gründenden Partei. Fast alle ernannten Forza-Italia-Regionalverantwortlichen arbeiteten für das Fininvest-Werbeunternehmen Publitalia[35], das über ein eng geknüpftes

31 Die Fininvest hatte 1993 nach eigenen Angaben einen Umsatz von umgerechnet 21,8 Milliarden Mark und beschäftigte rund 40.000 Mitarbeiter. Vgl. N.N., Berlusconis Imperium, in: Focus, 11/1994, S. 240, *John Rossant*, Can a Prime Minister Have a Finger in Every Pie?, in: Business Week, 2.5.1994, S. 20, *Ruggeri/Guarino*, a.a.O. (Anm. 1), S. 277ff., *Claudio Rinaldi*, Per l'Italia e per la ditta, in: L'Espresso, 7.1.1994, S. 34–38.

32 Vgl. *Rodotà*, a.a.O. (Anm. 1), S. 86.

33 Vgl. die Aussagen von Beteiligten dieser Gesprächsrunde, u.a. in: *Gianni Riotta*, Il segreto della vittoria, in: Corriere della Sera, 30.3.1994, S. 3. Teilnehmer waren: *Berlusconi*, *Giuliano Urbani* (damals Politik-Professor in Mailand und politischer Berater *Berlusconis*, heute Minister), *Angelo Codignoni* (damals Manager in *Berlusconis* Fininvest-Konzern, heute Generalsekretär der Clubs Forza Italia), *Gianni Pilo* (damals Marktforschungsexperte der Fininvest, heute Parlamentsabgeordneter für Forza Italia), *Marcello Dell'Utri* (damals und heute Chef des Fininvest-Marketingunternehmens Publitalia), *Sergio Travaglia* (PR-Chef des Berlusconi-Fußballclubs AC Mailand) und *Nicolò Querci* (Anwalt Berlusconis).

34 Vgl. *Renzo Di Rienzo*, Sta male, soffre di sondaggite, in: L'Espresso, 19.12.1994, S. 59–60.

35 Vgl. *Laura Ballio*, E ora prendiamo i voti, in: L'Espresso, 21.11.1993, S. 40–43; Die Regionalverantwortlichen für die einzelnen Wahlbezirke waren: Piemont 1: *Vincenzo Ghigo*, Leiter des Publitalia-Büros in Turin, Piemont 2: *Aldo Arroni*, ehemaliger Leiter von Publitel Frankreich,

Netz an lokalen Büros und Kundenkontakten in Italien verfügt. Koordiniert wurde die Arbeit der Regionalleiter von *Domenico Lo Jucco*, dem Stellvertretenden Generaldirektor und ehemaligen Personalchef der Publitalia. Parallel zum Aufbau einer Parteistruktur gründeten die Fininvest-Manager *Gianni Pilo* und *Mario Valducci* am 27. September das Meinungsforschungsinstitut Diakron, das die künftige Partei mit sozialwissenschaftlichen Daten versorgen sollte.
Zu Beginn des letzten Abschnitts der Vorbereitungsphase wurden am 1. Oktober ausgewählte Angestellte aus der unteren Firmenhierarchie der Fininvest in den Aufbau der Partei Forza Italia mit einbezogen. Rund 100 Vertreter der Fininvest-Finanzgesellschaft Programma Italia trafen sich zu einer Schulung, auf der ihnen das Projekt Forza Italia vorgestellt und sie mit Strategien für politische Diskussionen vertraut gemacht wurden. Aufgabe der Finanz-Vertreter sollte es sein, bei ihren zahlreichen Kundenkontakten im Außendienst Personen zu finden, die bereit wären, für Forza Italia zu kandidieren[36]. Erst nach diesem generalstabsmäßigen, firmeninternen Vorlauf wurde die politische Vereinigung Forza Italia firmenextern offiziell. Nachdem vereinzelt Forza Italia Clubs gegründet wurden, entstand am 19. November 1993 die Associazione Nazionale dei Club Forza Italia (ANFI) mit dem ehemaligen Fininvest-Manager *Angelo Codignoni* als Generalsekretär an der Spitze.
Parallel zur offiziellen Präsentation von Forza Italia arbeitete *Berlusconi* an der Schaffung eines persönlichen politischen Profils. Sein erster offizieller politischer Auftritt ist eine internationale Pressekonferenz am 26. November 1993, auf der er seine bei einer Geschäftseröffnung informell geäußerte Unterstützung für den neofaschistischen MSI-Parteiführer *Gianfranco Fini* bei der Bürgermeisterwahl in Rom verteidigte. Wenige Tage zuvor hatte *Berlusconi* in der – zu seiner Konzerngruppe gehörenden – Illustrierten Epoca für die Forza Italia Clubs geworben und sich erstmals öffentlich über einen möglichen Einstieg in die Politik geäußert[37].
Die Fernsehsender des Fininvest-Konzern trugen ebenfalls zur Werbung für das politische Projekt Forza Italia bei. Zum Jahreswechsel 1993/1994 strahlten sie einen Filmspot aus, der offiziell als „Neujahrsgruß" des Firmenchefs an die Fernsehzuschauer firmierte. Inhaltliches Leitmotiv war das Motto: „Arbeiten für eine bessere Gesellschaft" – der Filmspot transportierte in erster Linie politische Ideen *Berlusconis*[38]. Offiziell wurde sein Eintritt in die Politik am 26. Januar 1994. Auf einer von Fininvest-Mitarbeitern produzierten Videocassette, die allen interessierten Sendern zur Verfügung gestellt wurde, meldete *Berlusconi* Anspruch auf eine politische Führungsposition im neuen politischen System Italiens an[39]. Zu diesem Zeitpunkt wurde in einer kleinen Gruppe unter Leitung des Wahl-

Ligurien: *Giovanni Schiaffino*, Manager von Publitalia in Genua im Bereich Sportsponsoring, Lombardei 1: *Roberto Cipriani*, Publitalia-Manager im Bereich Kundenbetreuung, Lombardei 2: *Mario Sifari*, Berater Publitalias, Lombarei 3: *Marco Seniga*, keine nachweisbaren Geschäftsbeziehungen mit der Fininvest, Venezien: *Giancarlo Galan*, leitender Publitalia-Manager in Mailand, Trentino-Südtirol: *Giancarlo Innocenzi*, Manager im Fininvest-Fernsehsektor, Friaul-Drei Venezien: *Vittorio Tornelli*, Berater Publitalias, Marken: *Bouriot Cornetto*, Leitender Publitalia-Angestellter in Rom, Toskana: *Roberto Tortoli*, Leiter der Publitalia-Büros in Florenz, Emilia-Romagna: *Marco Manfredi*, Leiter des Publitalia-Büros in Parma, und *Massimo Palmizio*, Stellvertretender Publitalia-Chef in Bologna, Lazio: *Alberto Dell'Utri*, Kaufmännischer Direktor des Publitalia-Büros in Rom, Lazio 1: *Fabrizio Menichella*, Leiter des Publitalia-Büros im Rom, *Egido Pardini*, Geschäftsbeziehungen zur Fininvest fraglich, Kampanien 1: *Antonio Martusciello*, aus Neapel stammender Manager in der Publitalia Zentrale in Mailand, Kampanien 2: *Mario Luongo*, Leiter des Publitalia-Büros in Neapel, Apulien/Basilikata: *Mario Camicia*, Journalist eines Fininvest-Fernsehsenders, *Piergiorgio Franci*, Regionalchef Publitalias für Süditalien, Kalabrien: *Renato Polimeni*, Berater Publitalias und ehemaliger Manager beim ehemaligen deutschen *Berlusconi*-Sender Tele 5, Sizilien 1: *Gianfranco Micciché*, Leiter des Publitalia-Büros in Brescia, zuvor in gleicher Funktion in Palermo, Sizilien 2: *Giuseppe Catania*, Angestellter der Publitalia in Palermo, Sardinien: *Roberto Comincioli*, Publitalia-Manager in Mailand.

36 Vgl. *Laura Ballio*, Benvenuti alla scuola quadri, in: L'Espresso, 7.11.1993, S. 40–41.

37 Vgl. *Claudio Fracassi/Michele Gambino*, Berlusconi. La vita, le amicizie, gli affari, Rom 1994, S. 49.

38 Vgl. *Enrico Paroli*, Berlusconi – un superspot con i big di Canale 5, in: Corriere della Sera, 5.1.1994, S. 2.

39 Vgl. die italienischen Tageszeitungsveröffentlichungen vom 27.1.1994.

kampfkoordinators und ehemaligen Publitalia-Managers *Lo Jucco* bereits seit mehreren Wochen eine Vorauswahl möglicher Kandidaten für Forza Italia getroffen[40].

Der Wahlkampf Forza Italias ist zumindest in Teilen indirekt durch die Fininvest und *Berlusconi* persönlich finanziert worden. Die Kosten für den Parlamentswahlkampf Forza Italias beliefen sich auf insgesamt 15,5 Milliarden Lire (umgerechnet rund 15,5 Millionen Mark). Rund 2,5 Millarden Lire stammten laut offiziellen Angaben aus „Spenden in Form von Dienstleistungen", hinter denen sich unter anderem die Herstellung von Wahlwerbespots durch die Publitalia verbergen. Rund 3 Milliarden Lire wurden durch Kredite finanziert, die durch persönliche Bürgschaften *Berlusconis* abgesichert waren[41].
Der Beitrag der Fininvest beim Aufbau der Partei Forza Italia schlägt sich auch in der Präsenz von Mitarbeitern des Konzerns im Parlament nieder. Von den 95 Abgeordneten Forza Italias waren 15 vor ihrem Einstieg in die Politik für die Fininvest tätig[42]. Allein sieben Forza-Italia-Abgeordnete haben als Manager oder leitende Angestellte beim Fininvest-Marketingunternehmen Publitalia gearbeitet. Auch auf Regierungsebene ist der *Berlusconi*-Konzern personell stark vertreten. Acht ehemalige Fininvest-Manager beziehungsweise Fininvest-Berater bekleiden unter *Berlusconi* Minister- oder Vizeministerposten[43]. Das Präsidium der Politischen Bewegung Forza Italia besteht aus vier Fininvest-Leuten inklusive des Firmenchefs sowie einem persönlichen Vertrauten *Berlusconis*[44].

4. Parteiorganisation

4.1 Persönlichkeitspartei – von oben dirigierte Machtprozesse

Forza Italia ist die Partei *Berlusconis*. Sie ist von *Berlusconi* erdacht und organisiert sowie über seine Medien öffentlich vermittelt worden. Die Partei ist auf *Berlusconi* zugeschnitten und dient in erster Linie dazu, ihn in das einflußreichste politische Amt im Land zu bringen beziehungsweise dort zu halten. Die politische Formation Forza Italia repräsentiert einen speziellen Typ von Organisation: die medienvermittelte Persönlichkeitspartei[45].

40 Vgl. *Ruggeri/Guarino*, a.a.O. (Anm. 1), S. 269.
41 Vgl. Aufstellung der offiziellen, bei den Präsidenten der Abgeordnetenkammer und des Senats eingereichten Angaben zu den Wahlkampfausgaben nach: N.N., Più spendi, più vinci. Lo strapotere di Forza Italia nelle campagne elettorali, in: L'Espresso, 17.6.1994, S. 44. Forza Italia hat demnach mit Wahlkampfkosten von 15,5 Milliarden Lire mehr Geld ausgegeben, als die zweit-, dritt- und viertstärksten Parteien Italiens zusammen. Der PDS gibt seine Wahlkampfausgaben mit 8,46 Milliarden Lire an, die Lega Nord mit 3,76 Milliarden und die Alleanza Nazionale mit 1,5 Milliarden.
42 Eigene Berechnungen nach: Il chi è del nuovo parlamento. Guida agli eletti, Beilage in: Panorama, 22.4.1994.
43 Regierungschef: *Berlusconi;* Ministerrang: *Ferrara, Previti, Martino, Urbani, Letta;* Vizeminister: *Caputo, Lo Jucco, Micciché;* Regierungssprecher (bis Mitte Oktober 1994): *Tajani.*
44 Präsidium Politische Bewegung Forza Italia: *Silvio Berlusconi, Antonio Martino, Mario Valducci, Antonio Tajani* (alle Fininvest) sowie der ehemalige General *Luigi Caligaris*, der bereits in der Aufbauphase Forza Italias zu den engsten politischen Beratern *Berlusconis* gehörte.
45 Ein allerdings nur in Teilaspekten vergleichbares Parteimodell in Europa repräsentiert die gaulistische Bewegung und die aus ihr entstandene RPR in Frankreich. Besonders in ihrer führerorientierten internen Struktur und einer stark eingeschränkten innerparteilichen Demokratie

In der Persönlichkeitspartei ist die Stellung der Führungsperson absolut. Entstehungsmotivation, organisatorische Etablierung und politisches Angebot definieren sich weitgehend über seine Persönlichkeit. Die Partei ist in ihrer gesamten Struktur darauf ausgerichtet, dem leader in eine führende politische Machtposition zu verhelfen. Ein eventueller Abtritt der Führungspersönlichkeit würde grundsätzlich das politische Überleben der Partei in Frage stellen.
Die medienvermittelte Persönlichkeitspartei Forza Italia zeichnet sich durch eine weitgehende Abwesenheit innerparteilicher Demokratie aus. Sie setzt sich zusammen aus zwei Organisationssäulen: der Politischen Bewegung und der Nationalen Vereinigung der Clubs. Weder die Mitglieder der Bewegung noch die Vertreter der Clubs haben bei den bisherigen Wahlen auf das Programm und die Auswahl der Kandidaten Forza Italias Einfluß nehmen können. Die Organisationsstruktur der Partei – und wie später dargelegt werden wird: auch ihr politisches Erfolgsrezept – basiert auf strikt hierarchischen, also von oben nach unten verlaufenden Kommunikations- und Machtprozessen.

4.1.1 Parteibasis ohne Mitspracherecht in der Politischen Bewegung Forza Italia ...

Keines der Führungsgremien von Forza Italia ist demokratisch gewählt. Das Präsidium der Politischen Bewegung Forza Italia, das höchste Gremium der Partei, ist laut Gründungsurkunde der Organisation für die Dauer von drei Jahren mit absoluten Vollmachten ausgestattet und kann nicht abgewählt werden (Art. 5)[46]. Das Präsidium besteht aus den fünf Gründungsmitgliedern (vgl. Kap. 3) mit dem Parteipräsidenten *Berlusconi* an der Spitze. Diesem Gremium obliegt formal die politische Führung der Partei. In den Machtprozessen Forza Italias spielen aber informelle Strukturen eine bedeutende Rolle. Grundsätzliche Entscheidungen werden häufig von Beraterkreisen oder Expertenrunden in Anwesenheit beziehungsweise mit Billigung *Berlusconis* entwickelt. *Berlusconi* hat als Politiker in der Führung der Partei (und auch der Regierung) viel von seinem Führungsstil als Unternehmer übernommen, der sich durch padronale Leitung auszeichnete, mit ihm selbst als letzter Entscheidungsinstanz[47].
In der Politischen Bewegung Forza Italia soll im Februar 1997, nach Ablauf der dreijährigen Startphase, das bis dahin ausgesetzte Statut in Kraft treten. Es sieht eine Mitwirkung der Mitglieder bei der Gestaltung der politischen Linie und der Wahl der Führungsorgane vor[48]. Bis zu diesem Zeitpunkt aber wird die Partei von oben durchstrukturiert. Eine zentrale Position in diesem Prozeß hat der Koordinator. Verteidigungsminister *Cesare Previti* wurde durch ein „persönliches Mandat" von *Berlusconi* in diese Position berufen und genießt weitreichende Kompetenzen[49]. Durch den Koordinator werden beispielsweise die 475

sind Ähnlichkeiten mit dem Untersuchungsobjekt Forza Italia gegeben. *Stammen* (a.a.O., Anm. 18, S. 81) bezeichnet die RPR in begrifflicher Anlehnung an *Max Weber* als „charismatische Führerpartei".

46 Vgl. *Gustavo Zagrebelsky*, Il partito di rimedia, in: La Stampa, 28.10.1994, S. 19.

47 Zur in-group bei Forza Italia dürfen sich diejenigen zählen, die von *Berlusconi* zu Gesprächen in seine Privatvilla in Arcore gebeten werden. Bereits zu seinen Zeiten als Fininvest-Chef galt die Frühstückrunde am Sonntagmorgen als die wichtigste Entscheidungsinstanz im Konzern, vgl. *Stefano D'Anna/Gigi Moncalvo* 1994, a.a.O. (Anm. 1), S. 173ff.

48 Vgl. *Zagrebelsky*, a.a.O. (Anm. 46), S. 19.

49 Im Statut ist die Funktion eines Koordinators nicht vorgesehen. In der Praxis agiert der Koor-

„Delegierten" benannt, die jeweils die Mitglieder eines Abgeordneten-Wahlkreises repräsentieren[50]. Diese Delegierten werden zu den Partei-conventions berufen, sie sollen als Verbindungsmedium in dem von der Parteispitze zur Basis gerichteten Kommunikationsprozeß fungieren und die Politik der Partei in der lokalen Realität gestalten.
Die Politische Bewegung Forza Italia wird, entsprechend dem Wunsch *Berlusconis* nach einer „schlanken Partei" (partito leggero)[51], von wenigen tausend Mitgliedern gebildet. Es handelt sich dabei weitgehend um eine Parteielite realer und potentieller Mandatsträger (auf lokaler, regionaler und nationaler Ebene).
Die marginale Rolle der Basis in der politischen Willensbildung der Partei drückt sich auch im Entstehungsprozeß der programmatischen Plattform Forza Italias aus. Das 95 Seiten umfassende Wahlprogramm, mit dem sich die Partei um die politische Führung des Landes bewarb, ist weder den Delegierten noch den Mitgliedern der Politischen Bewegung zur Diskussion oder Abstimmung vorgelegt worden. Es ist von einem, durch *Berlusconi* eingesetzten Beraterkreis (unter anderem mit den Präsidiumsmitgliedern *Antonio Martino* und *Luigi Caligaris*) geschrieben und nach Abstimmung mit *Berlusconi* veröffentlicht worden[52].

4.1.2 ... und auch die Clubs ohne effektiven Einfluß

Für die Verankerung der Partei Forza Italia in der lokalen Realität sorgt nicht die Politische Bewegung, sondern die Nationale Vereinigung der Clubs Forza Italia (ANFI). Die Clubs sind vor allem im Wahlkampf die überaus aktiven Zentren der örtlichen Aktivitäten, aber auch in der übrigen Zeit Kontaktstelle für Interessierte und Treffpunkt für Diskussionsabende sowie politische Werbeveranstaltungen. Die Basis der Clubs hat ebenfalls keinen Einfluß auf die politische Linie der Partei. Im von der ANFI-Zentrale vorgegebenen Club-Statut[53] wird keine Aussage darüber getroffen, wie die Mitglieder auf den überlokalen Willensbildungsprozeß einwirken können und wie sie in die überlokalen Hierarchie-Ebenen eingebunden sind. Die örtlichen Mitglieder haben das Recht, den lokalen Club-Präsidenten zu wählen. Hiermit enden aber die geregelten innerparteilichen Einflußmöglichkeiten. Oberhalb der lokalen Ebene ist die Entscheidungsstruktur der ANFI, ähnlich wie die der Politischen Bewegung, strikt hierarchiebetont.
An der Spitze der ANFI steht ein Generalsekretär mit zwei Vizesekretären. Die Position des Generalsekretärs bekleidet der ehemalige Fininvest-Manager *Angelo Codignoni*, der die ANFI in Absprache mit *Berlusconi* gegründet hat[54]. Vom Generalsekretär und seinen beiden Stellvertretern werden die Provinzverantwortlichen der Forza Italia benannt, die wiederum

dinator sowohl als eine Art Generalsekretär der Politischen Vereinigung als auch als Verbindungsglied zwischen der Politischen Vereinigung und den Forza Italia Clubs.

50 Vgl. *Renzo Rosati*, La sferza di Cesare. I nodi secondo Previti, coordinatore di Forza Italia, in: Panorama, 28.10.1994, S. 35–36.

51 Vgl. *Ernesto Galli Della Loggia*, Partiti leggeri, anzi pesanti, in: Corriere della Sera, 21.6.94, S. 1–2.

52 Vgl. *Pino Corrias/Massimo Gramellini/Curzio Maltese*, 1994 – Colpo grosso, Mailand 1994, S. 85.

53 Der Analyse der Organisationsstruktur liegt unter anderem die „Documentazione necessaria per la costituzione di un Club Forza Italia" zugrunde, die allen interessierten Club-Gründern von der Zentrale der Nationalen Vereinigung der Clubs Forza Italia zur Verfügung gestellt wird. Teil der „Documentazione" ist auch das Modellstatut der Forza Italia Clubs.

54 Vgl. *Buongiorno*, a.a.O. (Anm. 23), S. 28.

die Regionalkoordinatoren ernennen. Versuche von örtlichen Clubs, ihre Regionalkoordinatoren zu wählen, wurden von der ANFI-Zentrale unter Ausschlußdrohung unterbunden[55]. Für die Zukunft wird in der nationalen Leitung der Forza Italia Clubs eine Demokratisierung der inneren Strukturen nicht ausgeschlossen[56]. Ähnlich wie in der Politischen Bewegung dürften die vor der Reform geschaffenen Machtpositionen in der Organisationsstruktur Forza Italias aber noch lange Zeit prägend sein.
Die Gestaltung der Parteibasis von oben wird unter anderem durch das Anerkennungsverfahren für neue Clubs gewährleistet. Über Anerkennung oder Ablehnung entscheiden der Generalsekretär und seine beiden Vertreter. Ihr Urteil ist bindend, Einspruchsinstanzen für die abgelehnten Clubs sind im institutionellen Gefüge Forza Italias nicht vorhanden[57].

4.1.3 Monolog statt Dialog – Das Kommunikationsprinzip der conventions und die Auswahl des Spitzenkandidaten

Die hierarchisch geprägte Organisationsstruktur Forza Italias findet ihren sichtbarsten Ausdruck in der Einrichtung der sogenannten conventions, die anstelle von Mitgliederversammlungen durchgeführt werden. Der Dialog als Kommunikationscharakteristikum von Parteitagen ist bei den conventions durch den Monolog ersetzt. Die Kommunikation verläuft vom Parteiführer auf der Bühne Richtung Parteibasis im Parkett. *Berlusconi* illustriert wie ein Showmaster hin- und herschlendernd im Plauderton das politische Programm Forza Italias, der Beifall der geladenen Parteimitglieder und Parteisympathisanten ist ebenso Teil einer präzisen, auf mediale Außenwirkung gerichten conventions-Choreographie wie die anschließenden Meinungsäußerungen der Mitglieder, die weitgehend vor dem offiziellen Beginn der Veranstaltung in Probereden einstudiert werden[58].
Die medienorientierte Inszenierung dieser Forza-Italia-conventions als Politikshows orientiert sich in Symbolik und Realisation an amerikanischen Modellen. Auch in offiziellen Stellungnahmen benennen führende Forza-Italia-Funktionäre US-Parteien als Vorbild[59]. Dies darf aber nicht darüber hinwegtäuschen, daß zwar Rituale, aber nicht die demokratischen Auswahlprozesse amerikanischer Parteien von Forza Italia übernommen wurden. Dies betrifft in erster Linie das Verfahren zur Nominierung des nationalen Spitzenkandidaten. Die Präsidentschaftsbewerber der Demokraten und Republikaner müssen in den USA primaries durchlaufen und sind am Ende durch ihre Erfolge in den Vorwahlen demokratisch legitimiert[60]. *Berlusconi* dagegen ist nie zum Spitzenkandidaten von Forza Italia gewählt

55 Vgl. *Alessandro Gilioli/Giovanni Moro*, Attento Silvio, non siamo i tuoi lacché, in: L'Europeo, 10.8.1994, S. 26–29; *Gianna Fregonara*, Minirevolta nei Club Forza Italia, in: Corriere della Sera, 21.5.1994, S. 2.
56 Vgl. *Roberto Di Caro*, Forza Italia in subbuglio. Ci hai fregato, Silvio, in: L'Espresso, 13.5.1994, S. 62–63; *Fabio Martini*, Forza Italia, il futuro in un sondaggio, S. 5.
57 Vgl. *Gilioli/Moro*, a.a.O. (Anm. 55), S. 28.
58 Vgl. *Pino Corrias*, „Sono un folle che solverà il paese" (Reportage von der Forza-Italia-Convention am 6.2.1994 in Rom), in: La Stampa, 7.2.1994, S. 3.
59 Forza-Italia-Koordinator *Cesare Previti* nannte auf der convention am 26. Oktober 1994 ausdrücklich amerikanische Parteien als Organisationsvorbild für Forza Italia, vgl. u.a. *Riccardo Luna*, Berlusconi: Siamo in calo, in: La Repubblica 27.10.94, S. 2.
60 Daß auch die Vorwahlen in den USA in der Praxis nicht immer höchsten politisch-demokratischen Ansprüchen gerecht werden, weil sie reine Personenwahlen sind, keine Sachfragen in den Mittelpunkt stellen und in Staaten mit straffer Parteiorganisation häufig von oben „ge-

worden. Er hat sich lediglich selbst dazu ernannt. Da einerseits im parlamentarischen Verfassungsstaat Italien die Institution der Vorwahlen unbekannt und andererseits eine demokratische innerparteiliche Auswahl im Parteimodell Forza Italias nicht vorgesehen ist, besaß *Berlusconi* als Bewerber für das Amt des italienischen Ministerpräsidenten bis zum Wahltag keinerlei demokratische Legitimation.
Auch die Kür der übrigen Kandidaten der Forza Italia für die Parlamentswahl im März 1994 verlief ohne demokratisches Auswahlverfahren. Die Clubs hatten nur ein formales Vorschlagsrecht. Wer sich für Forza Italia um ein Parlamentsmandat bewerben wollte, konnte sich unter anderem einem Telegenitätstest in einem eigens dafür von Forza Italia eingerichteten TV-Studio unterziehen[61]. Eine Kandidatenauswahlkomission führte aufgrund des Testergebnisses eine erste Selektion durch. Die verbliebenen Kandidaten lud *Berlusconi* zu persönlichen Gruppengesprächen. Die endgültige Entscheidung, wer in welchen Wahlkreis für Forza Italia kandidierte, lag in den Händen *Berlusconis* und eines kleinen Kreises persönlicher Vertrauter: Folge des insoweit geltenden „Führerprinzips".

4.2 Politik-Marketing – Integraler Bestandteil des Parteimodells Forza Italia

Forza Italia nutzt in ihrer Politik konsequent Marketing-Methoden. In der Wirtschaftswissenschaft wird das Marketingkonzept in Abgrenzung zum Verkaufskonzept definiert. Das Verkaufskonzept besagt, „daß die Konsumenten nur dann genügend Produkte des Unternehmens kaufen, wenn der Anbieter erhebliche Verkaufs- und Werbeanstrengungen unternimmt"[62]. Bisher agieren die Parteien in Europa weitgehend nach diesem Konzept. Sie präsentieren Programm und Kandidaten, betreiben Werbung für beides und hoffen, sich auf dem Wählermarkt einen möglichst hohen Stimmenanteil sichern zu können. Das Marketing-Konzept zeichnet sich dagegen dadurch aus, „daß die Erreichung von Unternehmenszielen davon abhängig ist, auf die Bedürfnisse und Wünsche der Zielmärkte einzugehen und die gewünschten Befriedigungswerte wirkungsvoller und wirtschaftlicher anzubieten als die Wettbewerber"[63]. Forza Italia setzt dieses Marketingkonzept zur Politikgestaltung ein. Zunächst werden mit Marktforschungsmethoden Bedürfnisse und Wünsche der Wähler ermittelt, erst dann präsentiert die Partei Programm und Kandidaten. *Gianni Pilo*, Wahlkampfberater *Berlusconis* und einer der beiden Direktoren des Meinungsforschungsinstituts Diakron, grenzt die Politikmethoden Forza Italias bewußt von den bislang dominierenden Politikstrategien der Mitglieder- und Massenparteien ab: „Der Unterschied zwischen unserer Wahlkampagne und der der Anderen ist grundlegend. Sie breiten ihre Wahlprogramme

lenkt" werden, ist unbestritten, ändert aber nichts am großen strukturellen Unterschied zum Kandidatenauswahlverfahren bei Forza Italia. Zur Problematik der Vorwahlen in den USA vgl. u.a. *Winfried Steffani*, Parlamentarische und präsidentielle Demokratie. Strukturelle Aspekte westlicher Demokratien, Opladen 1979, S. 223f.

61 Die Teilnahme am eintägigen Test kostete 500.000 Lire (rund 500 Mark). Die angehenden Forza-Italia-Kandidaten mußten zunächst politische Thesen vor einer Fernsehkamera vortragen, sich einem Interview mit Journalisten und zum Abschluß einer Kreuzfeuerdiskussion vor Fernsehkameras stellen. Vgl. *Jörg Seißelberg*, Ritter-Schlag, in: Die Woche, 27.1.1994, S. 20; *Pino Buongiorno*, Forza Italia all'americana, in: Panorama, 31.12.1994, S. 26–29.

62 *Philip Kotler/Gary Armstrong*, Marketing, Wien 1988, S. 20.

63 Ebenda, S. 21.

über den Köpfen der Leute aus. Wir befragen die Menschen, um zu verstehen, was in ihren Köpfen vorgeht, und machen dann unser Programm"[64].

Bereits in der Entwicklung des Parteisubjekts Forza Italia sind essentielle Bestandteile einer Marketingstrategie nachzuweisen. Als Beispiele seien die Teilbereiche *„Produkttest"*, *„Markennamengestaltung"* und *„Produktpositionierung"* genannt. Als erste Partei überhaupt hat Forza Italia vor der Gründung Namen, Parteisymbol und auch die politische Ausrichtung in umfangreichen Befragungen überprüft *(„Produkttest")*. Ein wichtiges Element der Produktprofilierung ist die Wahl des richtigen, den Erfolg begünstigenden Markennamens. Dieser Name muß sich deutlich von dem anderer Marken unterscheiden[65]. Die Parteigründer um *Berlusconi* verarbeiteten diese Marketingregel und nannten ihre politische Formation Forza Italia (zu deutsch etwa: „Vorwärts Italien", oder „Auf, auf Italien"). Forza Italia ist seit Jahrzehnten der Schlachtruf italienischer Sportfans für ihre Nationalmannschaften im Fußball, Basketball, Volleyball etc. Der Parteiname hebt sich damit deutlich von den „technischen" Namen der anderen Parteien (PDS, PPI, Lega Nord, Rifondazione Comunista, Grüne etc.) ab und symbolisiert Dynamik, Volksnähe sowie Gemeinschaftsgefühl *(„Markennamengestaltung")*.

Zur erfolgreichen *„Produktpositionierung"* gehört es, Marktnischen zu entdecken und zu füllen. Forza Italia bietet mit einem liberal-demokratischen, auf konstruktive Regierungsarbeit und den Erhalt der nationalen Einheit ausgerichteten Politikangebot eine bis dato nicht vorhandene Alternative für die Wähler der rechten Mitte, die sich nicht mehr mit der DC, aber auch nicht mit der aus der neofaschistischen MSI hervorgegangenen Alleanza Nazionale und der tendenziell separatistischen Lega Nord identifizieren können. Wie der Parteiname und das Parteisymbol ist auch die mögliche Wählerresonanz, sprich: die Marktchance einer neuer Partei der rechten Mitte in Umfragen getestet worden[66].

Forza Italia erfüllt in seiner Parteistruktur die Voraussetzungen für effizientes Politik-Marketing. Die hierarchieorientierten Macht- und Entscheidungsstrukturen verhindern, daß erfolgsorientierte politische Aktion durch Prozesse innerparteilicher Demokratie eingeschränkt wird. Die Ergebnisse von Meinungsforschung können nur in einer Partei mit begrenzter Demokratie ohne Reibungsverlust in das politische Angebot einfließen. Bei Forza Italia wird die, durch Nutzung von Marketing-Methoden effektive politische Aktion darüber hinaus durch Besonderheiten des Parteiapparats und die Zusammensetzung der Führungseliten begünstigt.

Das Meinungsforschungsinstitut Diakron ist faktisch, wenn auch nicht formal-juristisch, Teil der Parteistruktur Forza Italias[67]. Die Diakron wurde – von ehemaligen Fininvest-Managern – parallel zum Aufbau der Partei gegründet (vgl. Kap. 3) und begleitete Forza Italia in allen Entwicklungsphasen mit sozialwissenschaftlichen Erhebungen. Der Gebrauch sozialwissenschaftlicher Daten in der Politik ist spätestens seit den medienorientierten Wahl-

64 Zitiert nach: *Gianni Riotta*, Il segreto della vittoria è la strategia da judo, in: Corriere della Sera, 30.3.1994, S. 3.

65 Vgl. *Wolfgang Koschniek*, Lexikon für Marketing, Marktkommunikation, Markt- und Medienforschung, München u.a. 1987, S. 522f.

66 Vgl. *Jörg Seißelberg*, Forza, find ich gut ... Die Marketing-Strategien Forza Italias, in: Die Woche, 6.10.1994, S. 25

67 Zu den Geschäftsbeziehungen der Diakron vgl. *Lorenzo Fuccaro*, Come si finanza il movimento berlusconiano, in: Corriere della Sera, 24.1.1994, S. 3.

kämpfen *Richard Nixons* nichts Neues[68]. Die Umfragennutzung im Rahmen der politischen Strategie Forza Italias stellt aber im Vergleich zu allem bislang Bekannten einen qualitativen Sprung dar. Meinungsforschung dient bei Forza Italia nicht nur dazu, die Politik der Partei besser zu verkaufen, sondern sie ist entscheidend an der Gestaltung des politischen Angebots beteiligt. Marketing ist integraler Bestandteil des von Forza Italia realisierten Parteimodells. Diese Integration drückt sich nicht nur räumlich[69], sondern auch personell aus. Die beiden Direktoren der Diakron, *Pilo* und *Valducci*, sind in die Arbeit der Partei auf höchster Ebene eingebunden. *Pilo* wirkte in der Wahlkampfleitung Forza Italias mit und gehört jetzt als Abgeordneter zur Forza-Italia-Fraktion im Parlament in Rom. *Valducci* war ebenfalls in die Organisation des Wahlkampfs eingebunden und ist Mitglied des Präsidiums der Politischen Vereinigung Forza Italia. Darüber hinaus sind beide als enge Berater *Berlusconis* Teil der informellen Entscheidungsinstanzen Forza Italias.

4.3 Focus groups als Wahlkampfsteuerung

Forza Italia nutzt Politik-Marketing besonders im Wahlkampf. Hier dient das Marketing-Instrumentarium – über die Gestaltung des grundsätzlichen Politikangebots hinaus – als Grundlage für eine möglichst sichere Folgenabschätzung von Politiktaktiken. Aus diesem Grund arbeitet Forza Italia mit sogenannten „focus groups"[70]. Focus groups werden im Marketing als eine der effektivsten Marktforschungsmethoden betrachtet[71]. In focus groups unterhalten sich sechs bis zehn Personen mehrere Stunden unter Leitung eines psychologisch geschulten Interviewers in möglichst ungezwungener Weise. Die Teilnehmer sollen zu einer Diskussion angeregt werden, die vom Interviewer zwanglos auf die zu lösende Fragestellung konzentriert wird. Die Idee der focus groups ist geboren aus der Erkenntnis der Betriebswirtschaftslehre, daß eine Marketingstrategie nur dann erfolgreich ist, wenn sie Marktforschung nicht nur zur Überprüfung von Akzeptanz eines fertigen Produkts einsetzt, sondern sie als integralen Bestandteil der Produktstrategie betrachtet[72].
Forza Italia betrieb während des Wahlkampfes acht focus groups[73]. In ihnen sind mögliche Wahlkampfvarianten und Wahlkampfthemensetzungen quasi im sozialen Labor getestet worden, bevor sie als reale Politik präsentiert wurden. Das Ergebnis der Nutzung von focus groups als Mittel der Politik darf als erfolgreich gewertet werden. Im agenda-setting, dem Setzen von Themen(schwerpunkten), war Forza Italia den Konkurrenzparteien stets einen Schritt voraus[74]. Die Parteien der Linken und des Zentrums liefen in der gesamten Wahl-

68 Vgl. *Joe McGinniss*, The Selling of the President, New York/London 1969.
69 Die Diakron und die ANFI-Zentrale teilen sich ein Gebäude in Mailand. Wer bei der Diakron anruft, wird auf Wunsch problemlos zur ANFI durchgestellt und umgekehrt.
70 Vgl. *Riotta*, a.a.O. (Anm. 64), S. 3.
71 Vgl. *Kotler/Armstrong*, a.a.O. (Anm. 62), S. 150: „Focus group interviews sind ... eines der wichtigsten Marktforschungsinstrumente ..., um Einblick in die Gedanken und Gefühle der Verbraucher zu erhalten".
72 Vgl. ebenda, S. 131ff.; *Ludwig Bevekoven/Werner Eckert/Peter Ellenrieder*, Marktforschung, Wiesbaden 1989, S. 29ff.
73 Der Einsatz von focus groups in der Politik war bislang nur aus den USA bekannt. Im Präsidentschaftswahlkampf 1988 wurden sie u.a. von *George Bush* als integraler Bestandteil seiner Wahlkampfstrategie genutzt; vgl. *Renner*, a.a.O. (Anm. 1), S. 121.
74 Zur Bedeutung von agenda-setting im Zeitalter medienvermittelter Politikgestaltung vgl.:

auseinandersetzung den von Forza Italia gesetzten Themen hinterher. Forza Italia konnte die politischen Kontrahenten zwingen, überwiegend zu *reagieren*, statt zu *agieren*[75] – das ist der größte Erfolg, den sich eine Wahlkampfstrategie erhoffen kann.
Neben den focus groups nutzte Forza Italia für den Wahlkampf in Zusammenarbeit mit der Diakron auch eine traditionelle Form der empirischen Sozialforschung: die Meinungsumfrage. Ihre Ergebnisse flossen bereits in die Ausarbeitung der Politikstrategie Forza Italias vor dem offiziellen Beginn des Wahlkampfes ein. Besondere Bedeutung hatte sie bei der Festlegung des Zeitpunkts für den Eintritt des Spitzenmannes von Forza Italia in die Politik. Die hohen Sympathiewerte für *Berlusconi*[76] legten ein möglichst spätes Datum für die Bekanntgabe seiner Kandidatur nahe. Als offiziell noch außerhalb der tagespolitischen Auseinandersetzung Stehender war *Berlusconi* lange Zeit in der Lage, eine Position der formalen Überparteilichkeit zu nutzen. Bis Ende Januar 1994 konnte er Politik kritisieren, ohne selbst als Politiker angreifbar zu sein. Als *Berlusconi* seinen offiziellen Eintritt in die Politik erklärte, war er bereits die Person, die sich, laut Meinungsumfragen, die meisten Italiener als Ministerpräsidenten wünschten[77].
Die ebenfalls von den Umfragen signalisierte Führung Forza Italias in der Wählergunst zu Beginn des Wahlkampfes[78] bestimmte (zusammen mit dem Bewußtsein über die politische Unerfahrenheit *Berlusconis*) die Präsenzstrategie des Forza-Italia-Spitzenmannes. In den Spots, den Publikationen und auf den Plakaten war *Berlusconi der* Repräsentant der Partei. Direkte Konfrontation mit dem politischen Gegner aber mied er, weil dies angesichts der Ausgangssituation seinem eigenen Image nur schaden und dem der politischen Kontrahenten nutzen konnte. Lediglich zweimal im Wahlkampf (einmal im Radio und einmal im Fernsehen) stellte sich *Berlusconi* zum direkten Duell mit dem Spitzenmann des PDS, *Achille Occhetto*, Einladungen zu Fernsehdiskussionen mit Forza-Italia-kritischen Journalisten lehnte er ab[79].

4.4 Diakron-Umfragen

Neben der internen Nutzung für die Ausarbeitung von Politikstrategien wurden empirische Untersuchungen der Diakron von Forza Italia auch extern genutzt um die politische Willensbildung zu beeinflussen. Statt nur Zustimmung festzustellen, sollten die Diakron-Um-

Hans-Bernd Brosius/Hans Mathias Kepplinger, Beyond Agenda-Setting: The Influence of Partisanship and Televison Reporting on the Electorate's Voting Intentions, in: Journalism Quarterly, Vol. 69, Nr. 4, Winter 1992, S. 893–901.

75 Vgl. *Roberto Biorcio*, Le ragioni della sinistra. Le risorse della destra, in: *Diamanti/Mannheimer*, a.a.O. (Anm. 1), S. 159–168.

76 Vgl. *Enrico Parodi*, Fa testo ad Arcore il vangelo dei sondaggi. Nel gioco della torre Cavaliere imbattibile, in: Corriere della Sera, 17.12.93, S. 3; *Enrico Parodi*, I premier preferiti dall'elettore DC, in: Corriere della Sera, 20.12.93, S. 5.

77 Vgl. Sympathiebarometer in L'Espresso, 31.12.1993, S. 23.

78 Vgl. z.B. die Ergebnisse der Wahlumfrage der – sowohl von der Fininvest als auch den staatlichen RAI-Sendern unabhängigen – Telemontecarlo News auf Grundlage von 2090 Telefoninterviews am 24.2.1994: Forza Italia 25,5%, PDS 20,5%, Alleanza Nationale 10%, Lega Nord 8%, nach: L'Espresso, 11.3.1994, S. 69.

79 Vgl. *Alessandro Gilioli*, Berlusconi teme i mass media? Pronto al dibattito ma solo con se stesso, in: L'Europeo, 23.3.1994, S. 32–34.

fragen auch dazu dienen, Zustimmung herzustellen – mit dem Prinzip der self-fullfilling prophecy[80]. Die veröffentlichten Diakron-Umfragen präsentierten Forza Italia schon als bei den Wählern fest verankerte politische Formation zu einem Zeitpunkt, als sie an einer derartig etablierten Stellung im italienischen Parteiensystem noch arbeitete. In den Erhebungen der Diakron von Dezember 1993 bis zum Wahlkampf erhielt Forza Italia (beziehungsweise *Berlusconi*) stets deutlich bessere Werte als in den Umfragen parteiunabhängiger Institute. Anfang 1994 hatte Forza Italia laut Diakron bereits 16 Prozent der Wähler hinter sich, die Institute CIRM und SWG ordneten Forza Italia zur selben Zeit bei gerade mal 6 Prozent ein[81]. In den Fininvest-Nachrichtensendungen, der Fininvest-Zeitschrift Panorama sowie der *Berlusconi*-Zeitung Il Giornale waren die permanenten Diakron-Umfragen stets eine Nachricht und konnten so Einfluß auf die Meinungsbildung des Elektorats nehmen[82]. Auch andere Parteien versuchen, Umfrageergebnisse ihnen nahestehender Meinungsforschungsinstitute zur Meinungsbildung auszunutzen – Forza Italia aber konnte dies in bislang unbekannter Intensität tun, weil ein Meinungsforschungsinstitut integraler Bestandteil des Parteikonzepts ist.

Die extensive Nutzung von Marketingmethoden durch Forza Italia bedeutet nicht, daß Politik durch Marketing ersetzt wurde – und sie ist auch keineswegs ein Vorbote für ein generelles Ende der Politik[83]. Marketingstrategien werden schon seit längerem in sogenannten non-profit-Bereichen eingesetzt. *Kotler/Armstrong*[84] nennen als Beispiele unter anderem private Krankenhäuser und Hochschulen in den USA. In diesen Fällen wäre es absurd zu behaupten, die Medizin oder die Lehre wäre durch Marketing ersetzt worden. Marketing ist lediglich Teil der Wettbewerbsstrategie dieser Institutionen im Gesundheits- beziehungsweise Bildungswesen. Ähnlich verhält es sich bei Forza Italia. Marketing wird hier extensiv und intensiv als Instrument einer Partei in der Politik eingesetzt – dies ist eine neue Form des professionellen Kommunikationsmanagement in der Politik, aber keineswegs das Ende derselben.

Die Realisierung eines auf Marketing-Strategie beruhenden Kommunikationsmanagements als Teil von Politik erfordert allerdings eine hohe Kommunikationsfähigkeit des betreffenden politischen Subjekts. Diese Kommunikationsfähigkeit wird Forza Italia zwar nicht ausschließlich durch den Medienbesitz ihres Spitzenmannes *Berlusconi* ermöglicht, aber durch diesen doch erheblich erleichtert.

80 Vgl. *Marco Marturano*, Sondaggi, informazione e risultati elettorali: analisi e metodi di un circolo vizioso, in: Problemi dell'informazione, 19. Jg., Nr. 3, September 1994, S. 327–355.

81 Vgl. *Alessandro Gilioli*, Che bravo Silvio! Si fa eleggere dai suoi sondaggi, in: L'Europeo, 2.2.1994, S. 18–22.

82 Vgl. zur Möglichkeit eines parteitaktischen Einsatzes von Meinungsumfragen in der Politik: *Susan Herbst*, Numbered Voices. How Opinion Polling Has Shaped American Politics, Chicago/London 1993.

83 In einigen Veröffentlichungen im Zusammenhang mit dem Erfolg *Berlusconis* wird ein Ende der Politik herbeigeredet, ohne daß konkret Bezug auf den Marketing-Aspekt genommen wird. Vgl. z.B. *Lucio Caracciolo*, Spirale der Selbstzerstörung. Berlusconis erste postpolitische Regierung des Westens, in: Der Spiegel 25/1994, S. 135–138; *Claudio Rinaldi*, Berlusconi al dunque. L'État c'est lui, in: L'Espresso, 13.5.1994, S. 40–43; *Paul Virilio*, a.a.O. (Anm. 1), S. 30. Alle Veröffentlichungen bleiben eine Erklärung dafür schuldig, wie sie Politik (deren Ende angeblich drohe) definieren. Bei allen drängt sich der Verdacht auf, daß „Politik" unzulässigerweise mit „politischer Klasse" gleichgesetzt wird.

84 Vgl. *Kotler/Armstrong*, a.a.O. (Anm. 62), S. 28ff.

5. *Medienmacht als Wahlkampfhelfer*

Mit Blick auf einen möglichen Einstieg *Berlusconis* in die Politik hatte das italienische Parlament im Dezember 1993 ein Gesetz zur Wahlkampfdisziplin verabschiedet. Zeitungsverlegern sowie Radio- und Fernsehmachern wurde vorgeschrieben, in den 30 Tagen vor der Wahl in den Veröffentlichungen und Sendungen auf eine strenge Ausgewogenheit zwischen den einzelnen Kandidaten zu achten[85]. Die Verantwortlichen der drei nationalen Fernsehkanälen *Berlusconis* (Canale 5, Italia 1, Rete 4) haben dies vor der Parlamentswahl 1994 nicht getan. Im Monat vor Inkrafttreten des Wahlkampf-Mediengesetzes war *Berlusconi* der Politiker, der in den Nachrichtensendungen der Fininvest-Kanäle am meisten präsent war (408 mal erwähnt), gefolgt von den beiden PDS-Politikern *Achille Occhetto* (231) und *Massimo D'Alema* (196)[86]. Auch in der Woche nach Inkrafttreten des Wahlkampf-Mediengesetzes (28.2. bis 6.3.1994) war *Berlusconi* in allen Fininvest-Newssendungen[87] der mit Abstand am häufigsten genannte politische Führer. In der gesamten Wahlkampagne blieb *Berlusconi* hier häufiger präsent als jeder andere politische Führer. Die quantitative Spitzenposition *Berlusconis* wäre eventuell durch das journalistische Kriterium der besonderen Nachricht (*Berlusconi* war „das Neue", die medial spektakuläre Erscheinung im Wahlkampf) zu erklären. Diese Hypothese läßt sich aber widerlegen, wenn die Analyse um einen qualitativen, inhaltlichen Aspekt erweitert wird. In diesem Bereich sind ebenfalls extreme Unterschiede in der Darstellung *Berlusconis* und seiner politischen Konkurrenten in den Fernsehkanälen der Fininvest festzustellen. Während *Berlusconi* fast ausschließlich in positivem Zusammenhang erwähnt wurde, war *Occhetto* in den Fininvest-Sendungen häufiger in negativem Kontext erwähnt als jeder andere Politiker[88]. Insgesamt widmeten die Fininvest-Nachrichtensendungen in ihrer Wahlkampfberichterstattung zwischen dem 25. Februar und dem 21. März 1994 50,8 Prozent der Zeit dem von Forza Italia geführten Rechtsbündnis. Die Parteien des Linksbündnisses erhielten 29,0 Prozent, das Zentrum 18,3 Prozent der Berichterstattungszeit[89].

In den Infotainment-Sendungen (Talkshows, Diskussionssendungen mit Showelementen etc.) war Forza Italia in den sechs Wochen vor der Wahl in den Programmen der Fininvest ebenfalls die Partei mit der deutlich stärksten Präsenz. Die Kandidaten und Vertreter Forza

85 Vgl. Art. 1, Abs. 2, im Gesetzestext „Disciplina delle campagne elettorali per l'elezione alla Camera dei deputati e al Senato della Repubblica", zitiert nach: *Gianpiero Gamaleri*, Video(demo)crazia. Convivere con la TV nel sistema maggioritario, Rom 1994, S. 195–198.

86 Daten stammen aus der Untersuchung des Medienforschungsinstituts Studio Frasi, Rom, zur Wahlkampfdarstellung in den Fininvest-Fernsehsendern im Auftrag der Zeitschrift L'Espresso. Zitiert nach: L'Espresso, 11.3.1994, S. 72.

87 Die Rangliste in der Nachrichtensendung von Canale 5: Berlusconi 33 mal erwähnt, Scalfaro (Staatspräsident) 27, Segni (Patto per l'Italia, Zentrum) 23; Italia 1: Berlusconi 47, Pannella (Lista Pannella, Bündnispartner Berlusconis) 26, Bossi (Lega Nord, Bündnispartner Berlusconis) 22; Rete 4: Berlusconi 70, Occhetto (PDS) 35, Napolitano (PDS) 29. Daten aus der Untersuchung des Studio Frasi, Rom, in: L'Espresso, 18.3.1994, S. 63.

88 Anteil der negativen Darstellungen an den Erwähnungen Occhettos in den Nachrichtensendungen der Fininvest-Sender durch den Gebrauch abwertender Adjektive oder kritischer Kommentierung: Canale 5 28 %, Italia 1 40 % und Rete 4 22%. Zitiert nach: *Francesco Siliato*, Quel partito ha tre televisioni, in: L'Espresso, 25.3.1994, S. 77.

89 Vgl. *Riccardo Bocca*, Così il cavaliere si impadronì del telecomando. Che ruolo ha avuto la TV?, in: L'Europeo, 6.4.1994, S. 12–15. Die Zahlen stammen aus einer Untersuchung des Istituto di comunicazione an der Mailänder Universität unter Leitung von Professor *Marino Livolsi*.

Italias konnten sich etwa doppelt so lange präsentieren wie die Kandidaten des PDS beziehungsweise des PPI (vgl. die Gegenüberstellung mit der Präsenz in den Programmen der öffentlich-rechtlichen RAI in Tabelle 3).

Tabelle 3: TV-Präsenz der Parteien in infotainment-Sendungen im Wahlkampf vom 10. Februar bis 13. März 1994 in Sekunden

Partei	Fininvest	RAI	Gesamt
Forza Italia	28.737	14.624	43.361
PDS	15.330	14.639	29.969
Lega Nord	13.762	12.457	26.219
PPI	13.976	10.486	24.462
Liste Pannella	14.946	5.253	20.199
All. Nazionale	8.024	10.835	18.859
Patto Segni	6.561	7.437	13.998

Quelle: *Mario Morcellini*, La telepolitica: polifonia e rappresentazione, in: Problemi dell'informazione, 19. Jahr, Nr. 3, September 1994, S. 275.

Eine umfassende qualitative Untersuchung, auch der Unterhaltungssendungen der Fininvest, würde den Rahmen dieses Beitrags sprengen. Verschiedene Programme der Fininvest wurden allerdings durch den – vom Parlament eingesetzten – Aufsichtsgaranten zur Einhaltung des Wahlkampfmediengesetzes beanstandet. In der Fininvest-Unterhaltungssendung ‚Non è la RAI' erklärt die Moderatorin *Ambra*: „Der heilige Vater wird sich um Forza Italia kümmern, der Satan wird sich mit *Occhetto* beschäftigen". Zwei Tage vor der Wahl verbot der Aufsichtsgarant die auf Rete 4 und Italia 1 mehrfach am Tag ausgestrahlten Sendungen „Qui Italia" und „Luogo comune"[90]. Diese Sendungen bestanden aus aufgezeichneten Straßenumfragen zu politischen Problemen Italiens und ließen nach Ansicht des Aufsichtsgaranten gezielt fast ausschließlich *Berlusconi*-Befürworter zu Wort kommen.

Deutlich wurden die Unterschiede in den Zugangsmöglichkeiten zu den Medien zum Abschluß der Wahlkampagne. Während die anderen Parteiführer am Abend vor der Wahl auf Kundgebungen in verschiedenen Städten Italiens versuchten, ihre Wähler zu mobilisieren, trat *Berlusconi* zur besten Sendezeit zwei Stunden im Fininvest-Fernsehsender Rete 4 auf. Er war zu Gast in der Sendung „Funari News" beim populärsten italienischen Talkmaster *Gianfranco Funari*. Am Vorabend der Wahlentscheidung konnte *Berlusconi* dort ausführlich und ohne große Unterbrechungen sein politisches Programm referieren. Die harmonische Atmosphäre wurde dadurch unterstrichen, daß der Moderator bei zahlreichen Fragen *Berlusconi* freundschaftlich den Arm um dessen Schultern legte[91].

Forza Italia und Parteiführer *Berlusconi* tragen in ihrer Kommunikationsstrategie konsequent der Tatsache Rechnung, daß Fernsehen zum wichtigsten Massenmedium für Vermittlung von Politik geworden ist[92]. TV als Mittel der politischen Kommunikation wird von Forza Italia auch außerhalb der Wahlkampfzeit stärker genutzt, als von anderen Parteien.

90 Vgl. *Vittorio Zucconi*, In extremis il Garante si risveglia dal letargo, in: La Stampa, 27.3.1994, S. 6.

91 Teilnehmende Beobachtung des Autors.

92 Vgl. *Enrico Menduni*, Riforma della politica e sistema comunicativo, in: Il Mulino 1/1994, S. 70–81.

Forza Italia machte als einzige politische Kraft von dem Recht Gebrauch, bezahlte Werbespots in den Fininvest-Programmen zu schalten. Unter anderem nutzte die *Berlusconi*-Partei diese Möglichkeit, um während der öffentlichen Auseinandersetzung über die Haushaltskürzungen im Herbst 1994 für ihre politischen Positionen zu werben[93]. Bereits im Frühjahr vor der Wahl hatte Forza Italia als einzige Partei bezahlte Spots geschaltet, die im Februar mehrmals am Tag auf allen Fininvest-Sendern liefen[94]. Die anderen politischen Formationen machten von dieser Möglichkeit nicht Gebrauch – teilweise, weil ihr Wahlkampfbudget derartige Ausgaben nicht ermöglichte, teilweise, weil sie fürchteten, durch Werbezahlungen an die Fininvest indirekt den politischen Gegner finanziell zu stärken[95].
Die in der Medienforschung noch nicht abschließend geklärte Frage, inwieweit Medien konkreten Einfluß auf Wahlentscheidungen haben[96], soll hier nicht vertiefend diskutiert werden. Daß der Besitz der drei größten privaten Fernsehsender Italiens *Berlusconi* und seiner Partei Forza Italia bei ihrem politischem Aufstieg nicht geschadet, sondern tendenziell eher geholfen hat, darf mit großer Plausibilität angenommen werden.

6. *Politikangebot*

Das Politikangebot Forza Italias besteht aus zwei sich überschneidenden Teilen: einem Programm und vor allem – im Parteikonzept der Persönlichkeitspartei implizit – einer Person, die dieses Programm repräsentiert: *Silvio Berlusconi*. Das Politikangebot Forza Italias ist nicht, wie gelegentlich behauptet, nur die diffuse Verheißung eines nicht näher definierten Neuen[97]. Die Partei und ihr Spitzenkandidat stehen vielmehr für eine klar umrissene politische Offerte mit einer deutlichen politischen Grundrichtung. Der mit dieser These vertretene Ansatz grenzt sich deutlich von Interpretationen ab, die *Berlusconi* vorrangig als suggestiven Verführer darstellen[98].

6.1 Deregulation statt Parteienstaat

Forza Italia füllt als neue Partei, als neues „Produkt", eine politische Marktlücke. Sie präsentiert sich als liberal-demokratische Partei der rechten Mitte, die durch eine Deregulationspolitik die wirtschaftliche und soziale Modernisierung ganz Italiens fördern und gestalten will. Mit diesem Angebot unterscheidet sich Forza Italia deutlich sowohl von der alten

93 Vgl. *Daria Gorodisky*, Spot – il governo ci riprova ed è guerra, in: Corriere della Sera, 18.10.1994, S. 5.
94 Vgl. *Vittorio Testa*, La pubblicità è l'anima della politica. Il lancio del prodotto-Berlusconi, in: La Repubblica, 27.3.1994, S. 6.
95 Vgl. *Luigi Irdi*, Berlusconi leader della destra. Cavaliere, ci lasci controllare, in: L'Europeo, 9.2.1994, S. 12–18.
96 Vgl. u.a. *Jay G. Blumler/Denis Mc Quail*, Television in Politics: it uses and influence, London 1968; *Peter Wintonick/Mark Achbar*, Manifacturing Consent: Noam Chomsky and the Media, Boston 1993; *Murray Edelman*, Costructing the Political Spectacle, Chicago/London 1988.
97 Vgl. *Mino Fuccillo*, Il miracolo del Cavaliere, in: La Repubblica, 13.6.1994, S. 1 + 6.
98 Beispielhaft für diese Interpretationslinie sei genannt: *Jean Daniel*, Berlusconi il seduttore, in: La Repubblica, 27.3.1994, S. 10.

Partei der Mitte, der DC (jetzt Partito Popolare Italiano, PPI), als auch von den politischen Formationen der Rechten, der Alleanza Nazionale (AN) und der Lega Nord.
In der DC-Nachfolgepartei PPI steht ein starker sozial-katholischer Flügel gegen eine konsequente Politik der Entstaatlichung in der italienischen Wirtschaft[99]. Auf der rechten Seite des Parteienspektrums tritt die AN als Ergänzungspartei des neofaschistischen MSI ebenfalls für eine nur vorsichtige Privatisierung und den Erhalt starker Staatsstrukturen ein. Zum einen knüpft die AN hiermit an faschistische Programm-Traditionen an, die stets einen starken Staat in den Mittelpunkt stellten, zum anderen befinden sich in der Wählerklientel der AN zahlreiche kleine Staatsangestellte, die eine konsequente wirtschaftliche Deregulationspolitik als Bedrohung empfinden würden[100]. Die Lega Nord wendet sich gegen den Zentralstaat und befürwortet, wie Forza Italia, wirtschaftliche Deregulation, allerdings vor dem Hintergrund einer neuen, föderalen Staatsordnung, die den ökonomisch privilegierten Norden begünstigt[101].
Forza Italia bietet programmatisch ein neoliberales Politikangebot, daß die Privatinitiative im wirtschaftlichen und sozialen Bereich stärken, die staatlichen Eingriffsinstanzen in diesen Sektoren dagegen begrenzen will[102]: Die Steuerbelastungen für arbeitsplatzschaffende Unternehmen sollen gesenkt, die private Altersversorgung und Gesundheitsvorsorge gefördert, die Privatisierung von Staatsbetrieben vorangebracht, das Arbeitsmarktförderungsmonopol gelockert und die Gründung von Privatschulen und -universitäten gefördert werden[103]. Mit „modern“, „effizient“ und „neu“ charakterisiert Forza Italia ihr Politikangebot im Wirtschafts- und Sozialbereich. Das am meisten gebrauchte Wort in der Grundsatzrede *Berlusconis* zur Gründung des Politischen Bewegung Forza Italia am 6. Februar 1994 in Rom war der Begriff „Freiheit“ – gefolgt von dem Wort „Staat“, das allerdings fast ausnahmslos in negativem Kontext verwendet wurde[104]. „Wir wollen ein Italien, das der Privatinitiative mehr und dem Staat weniger Platz gibt. Wir wollen ein privateres und weniger staatliches Italien“, lautete die zentrale programmatische Aussage *Berlusconis* auf der Gründungs-convention[105].
Eine Wählernachfrage für ein derartiges neoliberales Konzept der Deregulation wird in Italien durch zwei Phänomene begünstigt. Das Deregulationsangebot rekuriert zum einen auf die traditionelle Staatsskepsis der Italiener. In keinem anderen Land der EU sind die

99 Vgl. u.a. den Grundsatzartikel von Parteichef *Rocco Buttiglione*, La linea del partito e il centro da costruire, in der PPI-Parteizeitung Il Popolo, 31.7.1994, S. 1.
100 Vgl. Grundsatzrede von *Gianfranco Fini* zur Gründung der Alleanza Nazionale vor dem Zentralkomitee des MSI am 11.12.1993, in: Secolo d'Italia, S. 2–3; *Piero Ignazi*, Alleanza Nazionale, in: *Diamanti/Mannheimer* 1994, a.a.O. (Anm. 1), S. 43–52; *Piero Ignazi*, L'estrema destra in Europa, Bologna 1994 (Kapital 10 über Alleanza Nazionale).
101 Vgl. *Jens Renner*, Die Republik des Nordens. Der aggressive Regionalismus der Lega Nord, in: *Andrea Komlosy/Hannes Hofbäuer/Jürgen Elsässer* u.a. (Hrsg.), Krisenherd Europa. Nationalismus, Regionalismus, Krieg, Göttingen 1994, S. 235–257.
102 Vgl. u.a. *Günter Trautmann*, Die italienische Politik nach dem Wahlsieg Berlusconis, in: Apuz B 34/1994, S. 10–19.
103 Vgl. u.a. den synoptischen Vergleich der Wahlprogramme der Parteien vor der Wahl am 27./28. März 1994, in: Panorama, 3.4.1994, S. 16–19.
104 Vgl. Dokumentation der Rede *Berlusconis* in: *Stefano D'Anna/Gigi Moncalco*, Berlusconi, London 1994, S. 117–123.
105 Ebenda, S. 118.

Vorbehalte gegenüber der Institution Staat so ausgeprägt wie in Italien[106] – die Gründe liegen nicht nur in der schlecht funktionierenden Demokratie der Ersten Republik, sondern haben tiefere historische Wurzeln[107]. Neben dem latenten Phänomen der Staatsskepsis, kann sich ein neoliberales Politikangebot aber auch die aktuelle Diskreditierung staatlicher Instanzen in Folge der Aufdeckung des Parteispenden- und Bestechungsskandals Tangentopoli zunutze machen. Eine Vielzahl der Italiener wünscht sich einen Abschied vom verfilzten Parteienstaat der Ersten Republik. Vor diesem Hintergrund erscheint Forza Italia als das richtige Politikangebot zur richtigen Zeit.
Neben rechten Politikessentials, wie der Betonung des Wertes der Familie[108] und dem Thema der Inneren Sicherheit[109], ist die versprochene Kompetenz bei der Sanierung der Staatsfinanzen zentraler Bestandteil des Politikangebots Forza Italias. In der abschließenden Wahlkampf-Fernsehdiskussion mit *Occhetto* räumte *Berlusconi* diesem Thema in der inhaltlichen Auseinandersetzung den größten Raum ein[110]. Gemeinsam mit der in Aussicht gestellten Förderung privater wirtschaftlicher Initiative durch Steuererleichterungen[111], trug eine angekündigte Radikalität in der Bekämpfung des immensen Staatsdefizits zum prägnanten wirtschaftspolitischen Profil von Forza Italia bei. Ein deutliches Profil muß aber nicht gleichzeitig eine hohe Problemlösungskompetenz in den Augen der Wähler bedeuten. Forza Italia erreichte die Verknüpfung von Profil und Kompetenz beim Wähler durch perfekte Personalisierung des politischen Angebots. Daß ein erfolgreicher Unternehmer wie *Berlusconi* für ein Programm des wirtschaftlichen Aufschwungs stand, empfanden viele Wähler als nachvollziehbar und glaubhaft[112].

6.2 Symbolische Politik – Die Besetzung des Emotionalen

Das politische Projekt Forza Italia ist auch ein Erfolg personalisierter Politikkommunikation. *Rodotà* spricht davon, daß es Forza Italia gelungen sei, die Parlamentswahlen 1994 zu einem „Referendum für oder gegen die Person *Berlusconis*" zu machen[113].
Berlusconi, der aus kleinbürgerlichen Verhältnissen zum mächtigsten italienischen Wirtschaftsführer nach FIAT-Chef *Agnelli* aufstieg, profitiert als Politiker von seinem als Unternehmer erarbeiteten, positiven Persönlichkeitsprofil. Zur Gestaltung seines öffentlichen Images hatte *Berlusconi* – bereits lange vor seinem Einstieg in die Politik – die sich in seinem

106 Vgl. *Günter Trautmann*, Italien. Eine Gesellschaft mit gespaltener politischer Kultur, in: *Peter Reichel* (Hrsg.), Politische Kultur in Westeuropa, Bonn 1984, S. 220–260.
107 Vgl. *Giampiero Carocci*, Storia d'Italia dall'Unità ad oggi, Mailand 1975, S. 183ff.
108 Vgl. Forza Italia, Per un nuovo miracolo italiano. Il programma di Forza Italia, Mailand 1994, S. 28f.
109 Vgl. ebenda S. 22f.
110 Vgl. die Dokumentation der Fernsehdiskussion *Berlusconi-Occhetto*, u.a. in L'Unità, 24.3. 1994, S.3.
111 *Berlusconi* versprach, daß durch die im Forza Italia-Programm vorgesehene Wirtschaftsförderung innerhalb der nächsten Legislaturperiode eine Million neue Arbeitsplätze geschaffen würde, vgl. *Corrias/Gramellini/Maltese*, a.a.O. (Anm. 52), S. 224.
112 In Wahlkreisen mit überdurchschnittlicher Arbeitslosigkeit und überdurchschnittlichen wirtschaftlichen Problemen erzielte Forza Italia bei den Parlamentswahlen überdurchschnittliche Erfolge, vgl. *Diamanti*, a.a.O. (Anm. 22), S. 73f.
113 Vgl. *Rodotà*, a.a.O. (Anm. 1), S. 92.

Besitz befindlichen Medien erfolgreich genutzt, vor allem das Medium Fernsehen[114]. Als Fininvest-Chef gehörte *Berlusconi* in Sympathieumfragen zu den populärsten Italienern, vor allen anderen Unternehmern und vor allem weit vor allen Berufspolitikern[115]. Sein Unternehmen Fininvest gilt als modern, innovativ und erfolgreich, unter italienischen Führungskräften ist es ein begehrter Arbeitsplatz[116]. *Berlusconis* unternehmerischer Erfolg erleichtert ihm als Politiker die Personifizierung einer Deregulierungspolitik als Grundlage für einen wirtschaftlichen Aufschwung[117].

Ulrich Sarcinelli hat in einem Aufsatz zu Symbolischer Politik festgestellt, daß der ideale Politiker im Zeitalter der medienvermittelten Politik „Regisseur und Hauptdarsteller" sein müsse[118]. *Berlusconis* politisches Kommunikationsmanagement nimmt starken Bezug auf einen wesentlichen Charakter moderner Politik-performance. Symbolische Politik ist laut *Sarcinelli* stets affektiv: „Sie ist in hohem Maße gefühlsadressiert. Sie ist nicht in erster Linie ausgerichtet auf die kognitive Auseinandersetzung, sondern primär auf die Mobilisierung von Emotionen"[119].

Berlusconi und Forza Italia sprechen gezielt Emotionen an. An dieser Stelle soll nur ein Aspekt ausführlicher dargestellt werden: die Verknüpfung von Politik und Sport als Teil von parteipolitischem Emotionsmanagement. Forza Italia agiert als erste Partei mit einem umfangreichen Symbolapparat aus dem Bereich des Fußballs, einer Sportart, die in Italien alle sozialen Schichten anspricht und daher wie kein anderer sozialer Sektor den Charakter einer Volkskultur besitzt[120]. Aus dem Kulturbereich des Fußballs, der stark durch emotionale Elemente geprägt ist, stammt der Name der Partei (vgl. Kap. 4.2.), das Parteiabzeichen ist den Fahnen von Fußballvereinen nachempfunden und „Clubs", wie sich die örtlichen Sektionen von Forza Italia nennen, ist zwar auch die Bezeichnung für politische Diskussionszirkel, aber den meisten Italienern als Bezeichnung für Fußball-Fanclubs geläufig. In den Wahlwerbespots tauchten immer wieder Sequenzen jubelnder Fußballfans auf[121]. Forza Italia macht den emotionsbesetzten Symbolapparat des Sports zum Teil seines Politikmodells und nutzt damit die Tatsache, daß der Bereich des Sports in Abgrenzung zum Bereich der Politik für positive Emotionen steht: gesunder Wettkampf statt Korruption, fair play statt schmutziges Geschäft, Massenbegeisterung statt trockene Materie.

114 Vgl. *Ruggeri/Guarino*, a.a.O. (Anm. 1), S. 74f.
115 Vgl. *D'Anna/Moncalvo*, a.a.O. (Anm. 1), S. 138.
116 Vgl. ebenda, S. 305ff.
117 Die massive Unterstützung von staatlicher Seite in der Ersten Republik, vor allem durch PSI-nahe Institutionen, ist an anderer Stelle bereits ausführlich analysiert worden (vgl. z.B. *Ruggeri/Guarino*, a.a.O., Anm. 1) und soll hier aus Platzgründen nicht weiter thematisiert werden.
118 *Ulrich Sarcinelli*, Symbolische Politik und politische Kultur. Das Kommunikationsritual als politische Wirklichkeit, in: PVS, 30. Jg. (1989), Heft 2, S. 292–309.
119 Ebenda.
120 Aus jüngsten Untersuchungen geht hervor, daß jeder vierte Italiener (25,7%) im Alter von über sechs Jahren mindestens einmal im Jahr ins Stadion geht beziehungsweise eine andere Sportveranstaltung besucht. In der Altergruppe von 25 bis 44 Jahren geht fast jeder Dritte einmal im Jahr zum Fußball. Daten zitiert nach: N.N., Il calcio secondo l'Istat: più ragazze allo stadio, in: La Repubblica, 13.7.1994, S. 36. Zur Bedeutung des Fußballs in Italien vgl. auch: *Günter Trautmann*/*Wolf Gruner*, Italien in Geschichte und Gegenwart, Hamburg 1991.
121 Vgl. *Massimo Gramellini*, Berlusconi ovvero la Repubblica del Pallone, in: MicroMega 1/1994, S. 125–133; *Roberto Duiz*, Da Forza Milan a Forza Italia, in: Il Manifesto, 4.3.1994, S. 14.

Die Nutzung von Symbolen aus dem Bereich des Fußballs in der Politik bot sich für Forza Italia an, da *Berlusconi* gerade in diesem Sektor bei der Leitung des Fußballclubs AC Milan große Erfolge feierte und hierdurch Popularität vor allem unter den niedrig gebildeten Italienern gewinnen konnte[122]. Das Persönlichkeitsprofil *Berlusconis* als sportlicher Siegertyp wurde von Forza Italia im Wahlkampf offensiv instrumentalisiert[123].
Dies drückt sich auch in der Metaphorik *Berlusconis* aus. In seinen politischen Reden greift der Forza-Italia-Parteiführer systematisch auf Bilder und Formulierungen aus der Sport-Sprache zurück. Als immer wiederkehrende Formulierung für die Beschreibung seiner Entscheidung, in die Politik zu gehen, verwendete er die Metapher „Scendo in campo" (Ich gehe auf's Spielfeld). Seine politische Rolle charakterisierte *Berlusconi* als die eines neuen Spielers, der eine angeschlagene Mannschaft (das Land Italien) wieder nach vorne bringen werden. Diese sportbezogene Metaphorik *Berlusconis* ist weder Zufall noch persönliche Marotte, sondern als Teil der emotionsorientierten Kommunikationsstrategie Forza Italias zu interpretieren.

7. Bündnisstrategie – Forza Italia macht Post-Faschisten hoffähig

Ausgangspunkt für Bündnisüberlegungen war das erklärte Ziel von Forza Italia, eine Regierungsübernahme durch Parteien der Linken zu verhindern. Die Bündnisstrategie für die Parlamentswahl 1994 ergab sich aus den politischen Kräfteverhältnissen, die die Ergebnisse der Kommunalwahlen Ende 1993 und aber auch Meinungsumfragen Anfang 1994 signalisierten[124]. Ein Mitte-Rechts-Bündnis, das nicht die DC-Nachfolgepartei PPI oder die Patto-Gruppe um den Referendumsführer *Mario Segni* an sich binden konnte, hatte nur dann Chancen, im neuen Mehrheitswahlsystem die Machtfrage zu stellen, wenn es gelang, die AN und die Lega Nord zusammenzuführen. Beide sind am rechten Rand des italienischen Parteienspektrums angesiedelt, allerdings unterscheiden sie sich deutlich in Programmatik und regionaler Verankerung. Die AN ist zentralstaatlich orientiert und hat ihre Hochburgen im Süden. Die Lega steht für ein regionalistisches Politikangebot, das den wirtschaftlich starken Norden begünstigt. Forza Italia konnte zum Bindeglied zwischen diesen beiden, programmatisch weit auseinanderliegenden Rechtsformationen werden, weil sie eine für AN und Lega akzeptable Führungsfigur stellt – *Silvio Berlusconi.* Im Norden schloß sich Forza Italia mit der Lega zum „Polo della libertà" (Pol der Freiheit) und im Süden mit der AN zum „Polo del buon governo" (Pol der guten Regierung) zusammen. Die zentrale Stellung Forza Italias im Bündnis ergab sich politisch-strukturell aus der regionalen Präsenz der

122 Vgl. *Duiz,* a.a.O. (Anm. 121), S. 14.

123 In einer Diskussion mit seinem Wahlkreiskonkurrenten, dem Wirtschaftsprofessor *Luigi Spaventa* vom Linksbündnis, beendete *Berlusconi* ein Wortgefecht mit dem Hinweis: „Gewinnen Sie erstmal, wie ich, mehrere Europapokale", vgl. *Renzo Rosati,* Un cavaliere a Roma. La campagna del candidato Silvio Berlusconi, in: Panorama, 18.3.1994, S. 30–33; *Stefano Brusadelli,* Spaventa di guerra. La strategia del ministro del Bilancio, in: Panorama, 18.3.1994, S. 33–36.

124 Sowohl die Kommunalwahlen als auch die Meinungsumfragen zeigten, daß die Parteien des Zentrums deutlich im Abstieg begriffen waren, während die Alleanza Nazionale sich klar im Aufwind zeigte. Die AN-Kandidaten bei den Bürgermeisterwahlen in Rom und Neapel scheiterten nur knapp in der Stichwahl.

Partner. Während Forza Italia im *gesamten* Land relativ gleichmäßig vertreten ist, sind sowohl AN als auch die Lega stark regional verankert und daher in ihrer nationalen politischen Reichweite beschränkt.

Der problematischste Aspekt der Bündnisstrategie Forza Italias vor der Parlamentswahl 1994 war die Einbindung der AN. Die AN unter *Gianfranco Fini* ist bis Ende 1994 eine Ergänzungsorganisation des Movimento Sociale Italiano (MSI) gewesen. Die Gründung der AN im Januar 1994 sollte den Abschied von den neofaschistischen Traditionen, die die Geschichte des MSI geprägt haben, und den Beginn „einer modernen, regierungsorientierten Rechten"[125] markieren. Der MSI, von ehemaligen Mitgliedern der faschistischen Bewegung *Mussolinis* gegründet[126], bestand aber zunächst weiter und stellte die organisatorische Basis sowie – bis auf wenige Ausnahmen – die Führungselite der AN[127]. Erst am 24. Oktober 1994 hat der MSI beschlossen, sich auf einem Sonderparteitag im Januar 1995 aufzulösen und vollständig in die AN überzugehen[128]. Im Gegensatz zu den Erneuerungsprozessen in der italienischen Linken seit dem Ende der 80er Jahre hat es in der extremen italienischen Rechten immer eine personelle und organisatorische Kontinuität gegeben. Auf der linken Seite des Parteienspektrum haben sich die Altkommunisten vom sozialdemokratisch orientierten PDS als Nachfolgepartei des PCI abspalteten und die Rifondazione Comunista gegründet. Bei der AN ist der altfaschistische Flügel des MSI um *Pino Rauti* trotz aller Erneuerungsbekenntnisse *Finis* nach wie vor Teil der AN.

Trotz der problematischen Organisationsgeschichte der italienischen Rechten war *Berlusconis* politische Öffnung gegenüber der AN unerläßlicher Teil erfolgsorientierter Machtstrategie. Nur mit einer als politik- und potentiell auch regierungsfähig akzeptierten AN war ein Mitte-Rechts-Bündnis unter Führung Forza Italias in der Lage, Mehrheiten zu gewinnen. *Berlusconis* Unterstützung verhalf der AN zu eben dieser Akzeptanz.

So wenig Spielraum Forza Italia Anfang 1994 bei der Auswahl ihrer Bündnispartner hatte, so stark ist ihre Position gegenüber diesen Bündnispartnern nach den Erfolgen bei der Parlaments- und der Europawahl geworden. Es hat sich gezeigt, daß im neuen Wahlsystem sowohl die Lega Nord, als auch die AN ohne Forza Italia nicht mehrheitsfähig sind. Bei den Europawahlen 1994 verlor die Lega überall im Norden ihre führende Stellung an Forza Italia, die AN im Süden ist nur in wenigen Bezirken stärker als die *Berlusconi*-Partei. Beide erscheinen perspektivisch im Bündnis mit Forza Italia in den Rollen der Juniorpartner. Außerdem müssen sie im Bewußtsein agieren, daß Forza Italia über Alternativen verfügt: Durch die Wahl des gemäßigt rechtsorientierten *Rocco Buttiglione* zum neuen Parteichef des PPI hat sich die Bündnisperspektive für Forza Italia auch zur Mitte hin erweitert.

125 *Gianfranco Fini*, Dalla forte avanzata del Msi-Dn è nata la grande destra di governo, in: Secolo d'Italia, 12.12.1993, S. 2.

126 Vgl. *Roberto Chiarini*, Il MSI: il problema storico di una destra illegittima, in: Democrazia e diritto, 34. Jahr, Nr. 1, Januar-März 1994, S. 83–108.

127 Vgl. *Ignazi* (1), a.a.O. (Anm. 100); *Jörg Seißelberg*, Mussolinis Erbe, in: Die Woche, 7.4.1994, S. 17.

128 Vgl. Berichterstattung über die Sitzung des Zentralkomitees des MSI in der Parteizeitung Secolo d'Italia, 25.10.1994, S. 1–5.

8. Die Wähler Forza Italias – jung, weiblich, rechts und mit mittlerer Bildung

Forza Italia hat bei den Parlamentswahlen im März 1994 bei den Zweitstimmen zwar 21,0 Prozent erreicht und wurde damit stärkste Partei vor dem PDS (20,4%), der AN (13,5%), dem PPI (11,1%) und der Lega Nord (8,4%). Bedingt durch den Wahlmechanismus (Mehrheitswahlrecht mit proportionalen Ergänzungen) und personelle Wahlabsprachen mit den Bündnispartnern stellt Forza Italia jedoch nur 131 Parlamentarier (97 Abgeordnete und 34 Senatoren) und damit lediglich die viertgrößte Parlamentsgruppe hinter Lega Nord, PDS und AN. Bei den Europawahlen im Juni 1994 konnte Forza Italia ihre führende Stellung im neuen italienischen Parteiensystem allerdings ausbauen. Sie kam auf 30,6 Prozent der Stimmen und wurde damit deutlich stärkste Partei vor dem PDS (19,1%), AN (12,5%), PPI (10,0%) und Lega Nord (6,6%).

Zu den Wahlerfolgen von Forza Italia haben unter anderem die früheren Anhänger von DC und PSI beigetragen. Forza Italia ist es gelungen, das durch den Niedergang der ehemaligen Regierungsparteien freigewordene Wählerpotential an sich zu binden. Fast ein Viertel (24%) des ehemaligen DC-Klientels und sogar mehr als jeder Vierte (27%) der früheren PSI-Wähler stimmte bei der Parlamentswahl für Forza Italia. Aber auch am rechten Rand des Parteienspektrums konnte Forza Italia gewinnen: 31 Prozent der Lega-Wähler und 18 Prozent der ehemaligen MSI-Wähler wanderten zur *Berlusconi*-Partei ab. Bei der Europawahl bestätigten fast alle Forza-Italia-Wähler ihr Votum (89,5%) – die neue Partei hat sich auf Anhieb einen festen Wählerstamm verschafft. Die Stimmenzugewinne kamen vor allem von den Bündnispartnern AN (1,7%) und Lega (1,7%), aber auch von den Zentrumsparteien PPI (1,2%) und Patto Segni (1,0%)[129].

In der Selbsteinschätzung der Anhänger bestätigt sich die Einschätzung Forza Italias als Mitte-Rechts-Partei. 21 Prozent der Forza-Italia-Wähler bezeichneten sich als „rechts", 52 Prozent gaben ihre politische Grundeinstellung mit „moderat rechts" an[130].

Große Erfolge konnte Forza Italia mit ihrem Politikangebot vor allem bei karriere- und konsumorientierten Jungerwachsenen erzielen. In der Altersgruppe zwischen 25 und 34 Jahren erzielte die Partei bei den Parlamentswahlen überdurchschnittliche Erfolge. Bei den älteren Wählergruppen, die offensichtlich noch stärker von subkulturellen Bindungen beeinflußt sind, votierten durchschnittlich weniger für Forza Italia. Daß sie zur stärksten Partei in Italien wurde, hat Forza Italia insbesondere den Frauen zu verdanken. Während die *Berlusconi*-Partei bei den Männern hinter dem PDS nur an zweiter Stelle liegt, ist sie bei den weiblichen Wählern klar die Nummer eins. Ein überdurchschnittlicher Zuspruch ist hier vor allem in der Gruppe der Hausfrauen festzustellen (vgl. Tab. 4).

Mit ihrem wirtschaftspolitischen Programm hat Forza Italia nicht nur die Unternehmer und Freiberufler überzeugt – sie sind unter den Wählern überrepräsentiert –, sondern auch die wirtschaftlich Marginalisierten. Die Gruppe der Jugendlichen, die auf der Suche nach ihrer ersten Anstellung sind, haben stärker für Forza Italia votiert, als für jede andere politische Partei. Deutlich unterrepräsentiert sind vor allem Rentner, aber auch Studenten. In den hoch gebildeten Schichten hat Forza Italia generell nur eine geringe Wählerresonanz gefunden. Sehr stark sind dagegen die Stimmengewinne unter den Wählern, die über einen mittleren Bildungsabschluß verfügen.

129 Vgl. *Istituto CIRM*, a.a.O (Anm. 28), S. 15.
130 Vgl. *Renato Mannheimer*, Elettori in libera entrata, in: Panorama, 25.6.1994, S. 21.

Tabelle 4: Über- und Unterrepräsentationen sozialer Gruppen in der Wählerstruktur Forza Italias[131]

Geschlecht:		*Beruf:*	
Männlich	– 2,8	Unternehmer	+ 1,4
Weiblich	+ 2,8	Freiberufler	+ 0,9
Alter		Angestellte	– 1,5
18 – 24 Jahre	+ 0,7	Arbeiter	+ 0,3
25 – 34 Jahre	+ 3,2	Hausfrauen	+ 2,8
35 – 44 Jahre	– 0,7	Jg.Arbeitslose	+ 1,1
45 – 54 Jahre	+ 0,7	Studenten	– 1,8
55 – 64 Jahre	0	Rentner	– 4,2
über 65 Jahre	– 3,7		

Quelle: *Mannheimer*, a.a.O. (Anm. 1), S. 36.

9. Zusammenfassung

Forza Italia ist eine durch Unterstützung eines Wirtschaftskonzerns aufgebaute, neoliberale Persönlichkeitspartei mit weitgehend undemokratischen Organisationsstrukturen, die in Ausarbeitung und Umsetzung ihres politischen Angebots in großem Umfang Marketingmethoden nutzt und sich um eine möglichst professionelle mediale Vermittlung ihrer Politik bemüht.

Mit ihrer neoliberalen Politikofferte hat Forza Italia eine politische Marktlücke im italienischen Parteiensystem besetzt. Im traditionell staatsskeptischen Italien ist eine – durch die Folgen der Partitocrazia der Ersten Republik noch verstärkte – Nachfrage nach einem politischen Konzept der Deregulation vorhanden.

In ihrer Organisationsstruktur stellt die Persönlichkeitspartei Forza Italia das Gegenstück zum Modell der Mitgliederpartei und deren Idee innerparteilicher Demokratie dar. Die Macht- und Kommunikationsstrukturen bei Forza Italia verlaufen von der Parteispitze (mit *Berlusconi* als oberster Autorität) nach unten zu den Mitgliedern. Eine Einflußnahme ist für die Basis aufgrund des insoweit faktisch geltenden „Führerprinzips" nicht einklagbar. Dies ist der entscheidende Unterschied zum Organisationsmodell der Mitgliederparteien. Die Mitgliederparteien mögen sich in ihren real existierenden Machtstrukturen von der ursprünglichen Idee innerparteilicher Demokratie entfernt haben[132], der *Anspruch* auf Einflußnahme der Basis ist in ihren Statuten aber festgeschrieben. Dieses Recht auf Teilnahme an einem von unten nach oben verlaufenden Willensbildungs- und Entscheidungsprozeß, vor allem an Abstimmungen über Kandidaten und Programme, ist für jedes Mitglied einklagbar[133].

131 Die Daten stellen den Unterschied zwischen der Repräsentation der einzelnen Gruppen unter den Wählern Forza Italias und den gesamten Wählern dar. Wenn z.B. 45,2% der Wähler Forza Italias männlich sind und in der Gesamtwählerschaft die Männer 48,0% ausmachen, ist in der Tabelle als Differenz –2,8% angegeben.

132 Vgl. diverse Veröffentlichungen von *Hans Herbert von Arnim*, u.a. Patronage: Dezifite der Parteiendemokratie, in: *Haungs/Jesse* 1987, a.a.O. (Anm. 2), S. 202–209.

133 Zur Problematik bei einzelnen Parteien vgl. *Winfried Steffani*, Parteimitgliedschaft als Geheimsache?, in: Merkur, Nr. 532, Heft 7, Juli 1993, S. 586–600.

Die hierarchieorientierte interne Organisation und der geringe Einfluß der Basis im Parteimodell Forza Italias mögen demokratietheoretisch bedenklich sein, für den Erfolg dieser politischen Formation sind sie höchst funktional. Das Organisationsmodell der Persönlichkeitspartei stellt einen Parteitypus dar, der der hohen, stark personenbezogenen Kommunikationsdynamik in der medienvermittelten politischen Auseinandersetzung angepaßt ist. Politik-Marketing und flexible Steuerung der politischen Kommunikation, die Forza Italia auszeichnen, sind mit maximaler Effektivität nur von einem Parteiapparat realisierbar, der auf eine möglicherweise unbewegliche oder kritische Basis in seiner Entscheidungsfindung und -umsetzung keine Rücksicht zu nehmen braucht. Der politische Erfolg, dem innerdemokratische Ansprüche untergeordnet werden, ist die Leitlinie des politischen Handelns Forza Italias.

Ob die Parteibasis sich auf Dauer mit ihrer subalternen Rolle im Organisationsmodell zufriedengeben wird, bleibt abzuwarten. Denkbar ist, daß Forza Italia schon in absehbarer Zukunft in eine Reform-Klemme geraten wird. Wenn die Basis mehr Mitspracherecht in der Partei fordert, müssen eventuell genau die Strukturen in Frage gestellt werden, die bislang entscheidend zum Aufstieg Forza Italias beigetragen haben.

Für die Mitgliederparteien in Europa ist der Erfolg der Persönlichkeitspartei Forza Italia eine Herausforderung. Nach überzeugenden Antworten darauf wird noch gesucht. Als positivste Option vorstellbar ist eine Wiederentdeckung der innerparteilichen Demokratie als politischen Wert an sich – ein Wert, mit dem dann auch in der parteipolitischen Tagesauseinandersetzung zu wuchern wäre.

Das griechische Parlament. Kontinuität und Wandel seit 1974

Peter Zervakis

1. Einführung

Der demokratische Transitionsprozeß in Südeuropa, der zur friedlichen Ablösung der Militärdiktaturen in Spanien, Portugal und Griechenland führte, schien sich zunächst weitaus weniger stark auf die „klassischen" Funktionen des griechischen Parlaments (*Vouli*) ausgewirkt zu haben als dies in den beiden anderen betroffenen Ländern der Fall war.[1] Dies ist zunächst mit der im Vergleich zu Spanien und Portugal relativ kurzen Dauer der Obristen-Diktatur in Griechenland (1967–1974) zu erklären.[2] So darf nicht vergessen werden, daß die „parlamentarische Demokratie (*Koinovoulevtiki Dimokratia*)" (Art. 1 der Verfassung vom 11. Juni 1975) der dritten griechischen Republik[3] als Regierungsform auf eine über 120jährige, zwar ungeschriebene, beinahe jedoch ungebrochene liberale Parlaments-Tradition zurückblicken kann. Diese hatte klientelistische Netzwerke und lange etablierte eigentümliche Verhaltensweisen der politischen Akteure (Populismus) hervorgebracht, welche sich gegenüber den autoritären Militärregimen als widerstandsfähig erwiesen haben.[4] Das ist allerdings auch der eigentliche Grund dafür, warum sich im griechischen Parlament trotz der konstitutionellen Neuerungen der Dritten Republik viele Praktiken aus der Zeit vor der Diktatur erhalten konnten und weitergeführt wurden (Ämterpatronage, Nepotismus, Klientelbeziehungen, *Rousféti*[5], Dominanz der Parteiführer), die die heutige politische Kultur des Landes belasten (*Giórgos Koskotás*-Skandal).[6]

Dennoch hat das griechische Parlament nach 1974 verfassungsrechtlich wie verfassungspolitisch einen einschneidenden Wandel erlebt, den die griechische Politikwissenschaft, sofern sie sich mit dem Parlamentarismus als Forschungsobjekt überhaupt beschäftigt, bis heute

1 Zur Diskussion der theoretischen Erklärungsansätze einer demokratischen Transition autoritärer Regime in Südeuropa vgl. *Geoffrey Pridham*, Comparative Perspectives on the New Mediterranean Democracies: A Model of Regime Transition?, in: *ders.* (Hrsg.), The New Mediterranean Democracies: Regime Transition in Spain, Greece and Portugal, London 1984, S. 1–29.

2 Für einen systematischen politologischen Vergleich der drei südeuropäischen Demokratien vgl. *Arend Lijphart/Thomas Bruneau/P. Nikoforos Diamantouros/Richard Gunther*, A Mediterranean Modell of Democracy? The Southern European Democracies in Comparative Perspective, in: West European Politics (WEP), 11/1, 1988, S. 7–25.

3 Die erste Republik in Griechenland ging von der Zeit des Unabhängigkeitskrieges bis zur absoluten Monarchie des bayerischen Regenten *Otto I.* Die zweite Republik erstreckte sich von 1924–1935 und die gegenwärtige dritte Republik begann mit dem positiven Ausgang des Referendums zur Staatsform vom 8.12.1974.

4 *Nikos Alivizatos*, The Difficulties of ‚Rationalization' in a Polarized Political System: the Greek Chamber of Deputies, in: *Ulrike Liebert/Maurizio Cotta*, Parliament and Democratic Consolidation in Southern Europe: Greece, Italy, Portugal, Spain and Turkey, London 1990, S. 131–153, bes. 147.

5 *Rousféti* ist die griechische Form der Korruption („Gefälligkeiten") von Staatsbeamten und Politikern durch deren engere Parteifreunde.

6 *Kevin Featherstone*, The ‚Party-State' in Greece and the Fall of Papandreou, in: WEP, 13/1, 1990, S. 101–115.

nicht wahrhaben will.[7] Das Repräsentativorgan entwickelte sich durch eine bedeutende institutionelle Erweiterung zum Zentrum des erneuerten politischen Systems Griechenlands, was sich im Staatsorganisationsrecht seit der Verfassungsreform von 1986[8] dann voll ausgewirkt hat. Seit die politischen Parteien (Art. 29) und ihre Parteivorsitzenden (Art. 37 II) sowie das parlamentarische Abberufungsrecht der Regierung (Art. 84) erstmals in der verfassungsrechtlichen Geschichte Griechenlands zusammen und ohne Beschränkungen in der republikanischen Verfassung von 1975 voll anerkannt wurden, verlagerte sich das klassische Spannungsverhältnis zwischen den Verfassungsorganen Staatspräsident und Regierung (Exekutive) sowie Parlament auf die politischen Institutionen des parlamentarischen Regierungssystems, Regierungsmehrheit und Opposition.[9] Erst jetzt kann die Parlamentsmehrheit und das Regierungspersonal nach dem Wählerwillen entsprechend organisiert werden. Dies erlaubt den im Parlament majorisierenden Parteien die Bildung der Verfassungsinstitution „Regierungsmehrheit", die ihren politischen Widerpart in der parlamentarischen Opposition der Parteien der Minderheit findet. Denn Parlament und Regierung stehen sich nicht länger gegenüber, sondern sie bestimmen in der Regierungsmehrheit gemeinsam über die Kompetenzen beider Verfassungsorgane. Zwar werden dabei alle die der Mehrheitsregel unterliegenden Entscheidungskompetenzen jetzt von der Regierungsmehrheit kontrolliert, doch muß sie sich ständig mit der öffentlichen Dauerkritik der Opposition auseinandersetzen, die dem Wähler zugleich regelmäßig als legitime Alternative zur Verfügung steht, sollte er die amtierende Regierungsmehrheit abwählen wollen. Mit Hilfe dieser neuen institutionellen Gewaltenteilung zwischen Regierungsmehrheit und Opposition, die von der Zusammenarbeit der organschaftlichen wie der institutionellen Handlungsträger abhängig ist, erlebte das griechische Parlament nach 1974 einen entscheidenden Funktionswandel auf dem Weg zu seiner demokratischen Konsolidierung.

Ziel des vorliegenden Beitrags ist es, gleichberechtigt die historisch bedingten Kontinuitäten und den verfassungspolitisch induzierten Wandel im Funktionsgefüge der *Vouli* zu analysieren, weil gerade dieses Spannungsverhältnis die institutionelle Stärkung des Parlaments über einen evolutionären Funktionswandel der politischen Institutionen bewirkt hat, der bisher erst wenigen griechischen Verfassungsrechtlern bewußt geworden ist.[10] Bezeichnenderweise

7 Parlamentarismus-Forschung wird auch heute noch in Griechenland trotz verbesserter institutioneller Voraussetzungen systematisch nicht betrieben, weil die politischen Partei-Eliten dafür kein Interesse und keine Gelder des von ihnen beherrschten Staats zur Verfügung stellen. *Alivizatos*, a.a.O. (Anm. 4), S. 147. Vgl. dazu auch *Michael J. Tsinisizelis*, Recent Political Science Writing in Greece, in: European Journal of Political Research, 23/1993, S. 483–501.

8 Die griechische Verfassung von 1975/86 ist abgedruckt in: *Elevtheros V. Venizelos* (Hrsg.), To Syntagma tis Elladas 1975/86 (Die Verfassung Griechenlands), Thessaloniki 1986. Eine aktuelle deutsche Übersetzung dieser Verfassung findet sich in *Adolf Kimmel* (Hrsg.), Die Verfassungen der EG-Mitgliedstaaten, München [3]1993.

9 *Peter Zervakis*, Regierungsmehrheit und Opposition in Griechenland seit 1975, in: ZParl, 19. Jg. (1988) H. 3, S. 392–414. Zu diesen Begriffen *Winfried Steffani*, Regierungsmehrheit und Opposition, in: *ders.* (Hrsg.), Regierungsmehrheit und Opposition in den Staaten der EG, Opladen 1991, S. 11–35, bes. 31ff. und *ders.*, Regierungsmehrheit und Opposition, in: *Everhard Holtmann* (Hrsg.), Lexikon der Politik, München [2]1994, S. 552–556.

10 *Aristovoulos Manessis*, L'évolution des institutions politiques de la Gréce, in: Les Temps Modernes, Dezember 1985, S. 772–814. Dagegen hält sich der Verfassungsspezialist *Alivizatos* in seiner ansonsten streng empirisch gehaltenen Untersuchung zur parlamentarischen Funktionsweise (a.a.O. (Anm. 4), S. 131) an das klassische Gewaltenteilungsschema (Gesetzgebung, Kontrolle der Exekutive).

haben die an der Regierung befindlichen linken Parteieliten mit der Verfassungsrevision von 1986 die drei 1975 von *Kóstas Karamanlís* eingeführten Verfassungselemente (Parteien, Parteiführer, Abberufungsrecht) unverändert gelassen und lediglich die faktisch nie zur Anwendung gekommenen „Superkompetenzen" (*Andréas Papandréou*) des Staatspräsidenten zugunsten des parlamentarischen Regierungschefs abgebaut, was die Legitimität des Parlaments und die seiner Parteien als Zentrum des politischen Systems weiter stärkte. Sowohl die Bedeutung einer von der Mehrheit der Parlamentsabgeordneten getragenen Regierung als auch der immanente politische Einfluß der Parteivorsitzenden bestätigten sich dann auch in der Lösung der Regierungskrise von 1989–1990. Daher kam es zu den bis dahin ungewöhnlichsten Koalitionen im griechischen Parlament, weil von den Parteiführungen zu diesem Zeitpunkt systemkonformes Handeln verlangt war, um auf diese Weise die Legitimität des Wählerwillens wie die Stabilität des Regierungssystems zu erhalten.[11]

2. Die historische Entwicklung des griechischen Parlamentarismus

Griechenland gehörte zu den ersten europäischen Staatsnationen in der ersten Hälfte des 19. Jahrhunderts, die die parlamentarische Demokratie als ihr Repräsentativ-System in enger Anlehnung an die eigene überlieferte Selbstverwaltung einführten.[12] Die revolutionären Verfassungen der ersten drei verfassungsgebenden Versammlungen (1822, 1823, 1827) im Unabhängigkeitskrieg gegen das Osmanische Reich (1821–1833) wurden jedoch sogleich aufgrund der „Notstandssituation" wieder außer Kraft gesetzt und von der „Präsidial-Diktatur" des *Ioánnis Kapodístrias* 1828 abgelöst, die den bis heute belastenden zentralistischen Staatsaufbau einführte. Nach einem Jahrzehnt Erfahrung mit der absoluten Monarchie des bayerischen Regenten *Otto I.* (1833–1843) erzwang dann eine Offiziers- und Politikerrevolte am Hof (3. September 1843) die Wahl der ersten Nationalversammlung (8. November 1843), die die Verfassung von 1844 nach französischen und belgischen Vorbildern (1830/31) verabschiedete.[13]

Der Vertrag zwischen König und Volksvertretern sicherte die elementaren Grundrechte und garantierte eine indirekte parlamentarische Kontrolle der Minister der Krone. Eine Abhängigkeit der Regierung vom Parlament wurde damit jedoch nicht institutionalisiert. Die Begriffe „Partei" oder „Parteiführer" waren der Verfassung unbekannt. Mit der revolutionären Einführung des eingeschränkten Männerwahlrechts durch ein Wahlgesetz wurden jedoch die Rahmenbedingungen für die Parteientätigkeit geschaffen. Griechenland gehörte mit dieser Regelung noch vor Frankreich (1848) zum ersten europäischen Staat, der *de facto* das allgemeine Männerwahlrecht einführte; seinen Frauen dagegen verweigerte er dieses

11 Vgl. dazu *Geoffrey Pridham/Susannah Verney*, The Coalitions of 1989–90 in Greece: Inter-Party Relations and Democratic Consolidation, in: WEP, 14/4, 1989, S. 42–69 und *George Doukas*, Party Elites and Democratization, in: Parliamentary Affairs, 46/1992, S. 507–516.

12 *Gunnar Hering*, Die politischen Parteien in Griechenland 1821–1836, Teile 1 und 2, München 1992, S. 116, 127. Die Ausführungen in diesem Abschnitt halten sich eng an diese erschöpfende Darstellung des politischen Systems Griechenlands im 19. Jahrhundert aus der Perspektive der Parlamentsparteien.

13 *Nicholas Kaltchas*, Introduction to the Constitutional History of Modern Greece, New York 1940, S. 100ff.

Recht bis 1956![14] Doch die konstitutionelle Monarchie war in der politischen Praxis nicht willens, die langsame Verschiebung des politischen und staatsrechtlichen Machtzentrums von der Krone zum Parlament anzuerkennen. *Otto* verweigerte der Parlamentsmehrheit sogar, die ihnen verfassungsrechtlich gegebenen engen Möglichkeiten zur Kontrolle der königlichen Regierung (Haushaltsberatung, Gesetzentwürfe) wahrzunehmen und kündigte 1848 seine Zusammenarbeit mit der Mehrheit der Abgeordneten in der Frage der Besetzung seiner Kabinette auf. Diese kompromißlose Haltung führte schließlich 1862 zum Sturz des Königs. Nach einem kurzen bürgerkriegsähnlichen Interregnum wurde 1863 der dänische Prinz *Georg* zum neuen griechischen König durch die griechische Nationalversammlung gewählt.

Die Verfassung von 1864 fußte nicht länger auf dem monarchischen Prinzip, sondern auf dem der Volkssouveränität, d.h. alle Staatsgewalt sollte nun von der „Nation“[15] *('Ethnos)* ausgehen. Der König war ein vom Ein-Kammer-Parlament gewähltes Staatsorgan mit allen ihm zustehenden Rechten und Pflichten, der jedoch deswegen an zukünftigen Verfassungsänderungen nicht teilhaben durfte. Die neu entstandene Demokratie mit einem König als Staatsoberhaupt führte zwar den liberalen Rechtsstaat ein und erweiterte die Kompetenzen des Parlaments gegenüber dem König (Parlamentarische Anhörungen, Einsatz von Untersuchungsausschüssen, egalitäres Männerwahlgesetz). Eine ausdrückliche Bestimmung über die Abhängigkeit der Regierung von der Nationalversammlung sah sie allerdings nicht vor, so daß *Georg I.* weiterhin seine Regierungen ernennen und entlassen konnte, ohne auf die Mehrheitsverhältnisse im Parlament achten zu müssen. Minderheitenregierungen, Wahlfälschungen, *Rousféti* und willkürliche Interventionen des Monarchen gehörten zum politischen Alltag. Erst im Verfassungskonflikt von 1875, der beinahe zum gewaltsamen Sturz des Königs geführt hätte, gelang es dem langjährigen Premierminister und Parteiführer *Chariláos Trikoúpis, Georg I.* dazu zu bewegen, offiziell das Prinzip anzuerkennen, wonach eine verfassungskonforme Regierung des erklärten Vertrauens des Königs und der Mehrheit der Abgeordneten im Parlament bedürfe (*I Archí tis Dediloménis*).[16] Im Parlament wurde es fortan zur Regel, daß der Mehrheitsführer erst für das Amt des Parlamentspräsidenten kandidierte, um hiernach zum Premier berufen zu werden; ebenso stellte der Regierungschef immer dann die Vertrauensfrage, wenn er sich bei wichtigen Entscheidungen die andauernde Unterstützung der Kammermehrheit sichern wollte. Zur besseren Wahrnehmung dieses Rechts entstanden nach britischem Vorbild zwei miteinander konkurrierende, an Führungspersönlichkeiten orientierte Parlamentsparteien auf Kosten der unabhängigen Kandidaten und der Splittergruppen, obwohl das Verfassungsrecht immer noch keine Parteien dem Namen nach kannte. Die Wurzeln des Funktionswandels des Parlaments werden hier erstmals praktisch deutlich: Der vom Volk indirekt gewählte und von der Parlamentsmehrheit getragene Premierminister und Parteiführer beherrscht das griechische Kabinett und das Parlament. In der Exekutive steht er in einem dualistischen Verhältnis zum König. Allerdings konnte sich in Griechenland anders als in England nicht das Gewohnheitsrecht durchsetzen, daß der König sich auch bei der Parlamentsauflösung an den Willen der

14 *Hering*, a.a.O. (Anm. 12), S. 233 und *Richard Clogg*, Parties and Elections in Greece. The Search for Legitimicy, London 1987, S. 34. Die erste Frau wurde in einer Nachwahl in Thessaloniki 1953 ins Nationalparlament gewählt (*Clogg*, ebenda, S. 30).

15 Zur Ambivalenz des Begriffs „Nation“ *Hering*, a.a.O. (Anm. 12), S. 379f.

16 Ebenda, S. 469–480.

Regierungsmehrheit halten mußte. Eine Mehrheitsregierung konnte somit zurücktreten, ohne Neuwahlen veranlaßt zu haben; in diesem Fall war der Weg für ein Minderheitskabinett offen. Außerdem durfte der Regierungschef in besonderen Fällen (vorzeitige Parlamentsauflösung, Ferien, keine klaren Mehrheiten) nach seiner Ernennung durch den König die Vertrauensfrage stellen. Wollte nun der Monarch seinen verfassungsrechtlich garantierten Handlungsspielraum als Chef der Exekutive wahrnehmen und die Macht der Parlamentsregierung begrenzen, brauchte er die Mithilfe jener unabhängigen Kammerabgeordneten, die ständig gegen die Machtkonzentration des Mehrheitsführers und Premierministers polemisierten und über ein schrankenloses Obstruktionsrecht im Parlament verfügten. Die Ermessensfreiheit der Krone bei der Parlamentsauflösung wurde von der parlamentarischen Opposition – besonders von den Splittergruppen – als notwendiges Gegengewicht zur Macht der Mehrheitsregierung aufgefaßt, da nach ihrer Auffassung nur die Monarchie als „Schiedsrichter“ *(Rythmistís)* des Regierungssystems Meinungsunterschiede zwischen Volks- und Parlamentsmehrheit erkennen könnte. Deswegen war bis zur Auflösung der Monarchie (1923) der König frei, seine Prärogativen mit Hilfe der oppositionellen Parlamentsgruppen immer so einzusetzen, daß sich seine Parteinahme in Zeiten der Regierungskrisen auf Kosten der Regierungsmehrheit wie der Opposition, die der heftigen Kritik durch die Öffentlichkeit wie der Parlamentsmehrheit ausgesetzt war, durchsetzte.
Auch die erstmals militärisch (Putsch von *Goudí)* erzwungene Verfassungsänderung von 1911, die den Ermessensspielraum des Königs gegenüber dem Premier weiter einengte, das parlamentarische Regierungshandeln (Beschränkung des Obstruktionsrechts, Zentralisierung des Wahlrechts, Festlegung des Wahlmodus durch die Parlamentsmehrheit) effektiver organisierte und die Justiz vor staatlichen Eingriffen besser schützte, verhinderte schließlich nicht den Ausbruch der Verfassungskrisen von 1915 bis 1917, die die „nationale Spaltung“ *(Ethnikós Dichasmós)* der griechischen Parteienlandschaft und der Institutionen auf der Suche nach der geeigneten Staatsform zur Konsequenz hatte.
Der Anlaß, der Streit zwischen König und Premier um die außenpolitischen Kompetenzen der Krone wegen des Eintritts Griechenlands in den Ersten Weltkrieg, führte zur widerrechtlichen zweifachen Parlamentsauflösung aus gleichem Grund durch den Sohn des 1913 ermordeten *Georg I.* Deutlich wurde dabei, daß sowohl die reformwilligen Republikaner, vertreten durch den charismatischen Führer der Liberalen Partei, *Elefthérios Venizélos*, als auch die konservativen Monarchisten der Volkspartei um König *Konstantínos I.* immer dann das Verfassungsrecht unter dem Aspekt der politischen Opportunität zu beugen bereit waren, wenn sie ihre persönlichen Ziele gegen die parlamentarischen Institutionen nicht durchsetzen konnten.[17] Beide Führer der griechischen Exekutive bedienten sich dazu auch der Unterstützung der europäischen Großmächte, die dies wiederholt zum Anlaß nahmen, in die griechische Innenpolitik zu intervenieren.[18] Die Folge war eine schwere Legitimations- und Partizipationskrise des politischen Systems Griechenlands. Der Fundamentalkonsens (Volkssouveränität, Repräsentativsystem und Vertrauensabhängigkeit) zwischen Liberalen und Konservativen über die Methoden dieser Konfliktaustragung brach nach der Hin-

17 Ebenda, S. 694. Die Zeit von 1911–1915 war zugleich gekennzeichnet von einer Flut von Parlamentsgesetzen zur rechtlichen Erleichterung der wirtschaftlichen Entwicklung (Modernisierung) des Landes im Zeichen der nationalchauvinistischen *Megáli Idéa.*

18 *Theodore A. Couloumbis/John A. Petropoulos/Harry J. Psomiades*, Foreign Interference in Greek Politics. A Historical Perspective, New York 1976, S. 39–45.

richtung der sechs politischen Führer der Konservativen, die für das Debakel in Kleinasien 1922 willkürlich von den Venizelisten verantwortlich gemacht wurden, endgültig auseinander und mündete zunächst in die „Diktatur der Liberalen" ein.[19] Diese sogenannte „Exekution der Sechs" hatte eine solch traumatische Polarisation der Parteien zur Folge, daß Verfassungsorgane wie politische Institutionen in der Zwischenkriegszeit auf Dauer destabilisiert wurden.[20]

Auch die Ausrufung der zweiten griechischen Republik (1924–1935) konnte diese Entwicklung nicht mehr aufhalten. Nach den Wahlen von 1923, die von den Venizelisten wegen der weitgehenden Enthaltung der anderen Parteien erdrutschartig gewonnen wurden, schaffte das neue Parlament die dänisch-deutsche Dynastie *Glücksburg* ab und führte zugleich die Republik ein. 70 % des Wahlvolks bestätigten nachträglich im Referendum von 1924 dieses zweifelhafte Verfahren.[21] Symptomatisch für die Zeit war der große Unterschied zwischen dem hohen Grad an politischer Partizipation und Mobilisierung der Wähler, schließlich hatten in Griechenland die Männer das allgemeine Wahlrecht am frühesten in Europa erhalten, und dem niedrigen Grad politischer Institutionalisierung aufgrund des verlorenen Kriegs gegen die Türkei und der nun offensichtlich gewordenen inneren sozialen Klassengegensätze. Hinzu kamen die den Staat überfordernden Flüchtlingsmassen aus Kleinasien und die parteipolitische Polarisierung als Folge der nationalen Schismas. Eine republikanische Verfassung nach dem Vorbild von Weimar kam wegen eines Staatsstreichs der griechischen Berufsoffiziere erst 1927 zustande. Diese erwähnte erstmals in einer Reihe von Vorschriften die politischen Parteien, ohne sie jedoch näher institutionell zu charakterisieren.[22]

Seit die Armeeführung den griechischen Politikern die Schuld am kleinasiatischen Debakel gab, beanspruchte sie als einziger „überparteilicher" Machtträger die höchste Entscheidungsinstanz in zentralen Fragen der Politik.[23] Durch die häufigen Regierungs- und Wahlsystemwechsel gewöhnten sich außerdem die tief miteinander verfeindeten Parteien der konservativen „Royalisten" und der liberalen „Venizelisten" der Zwischenkriegszeit so sehr an den Mißbrauch der Ermächtigungsgesetze und der widerrechtlichen polizeistaatlichen Eingriffe (Grundrechtsverletzungen, Deportationen), daß sie sich die Lösung der schweren sozioökonomischen Probleme einzig von einer starken, vorübergehend auch außerparlamentarischen Regierungsexekutive nach italienischen und deutschen Vorbildern versprachen. Die kontinuierliche Selbstentmachtung des griechischen Parlaments war die unvermeidliche Folge. Das angeschlagene parlamentarische Regierungssystem wurde schließlich nach der Restauration des Königtums durch eine konservative Regierung zur leichten Beute des autoritären Regimes von *Ioánnis Metaxás* und *Georg II.*[24]

19 *Hering*, a.a.O. (Anm. 12), S. 792.

20 Vgl. dazu *George Th. Mavrogordatos*, Stillborn Republic: Social Coalitions and Party Strategies in Greece, 1922–1936, Berkeley 1983 und *Nikos Alivizatos*, Les Institutions Politiques de la Grèce à travers les Crises 1922–1974, Paris 1979.

21 *Hering*, a.a.O. (Anm. 12), S. 929.

22 *Lefteris Axelos* (Hrsg.), Ta Ellinika Syntagmata (Die griechischen Verfassungen), 1822–1952, Athen ^{2}1972, S. 115ff.

23 *Thanos Veremis*, The Officer Corps in Greece, 1912–1936, in: Byzantine and Modern Greek Studies, 2/1976, S. 113–133.

24 *Hering*, a.a.O. (Anm. 12), S. 903, 906f., 908ff., 914, 918. Vgl. dazu auch *Robin Higham/Thanos Veremis* (Hrsg.), The Metaxas Dictatorship. Aspects of Greece 1936–1940, Athen 1993.

Die gemeinsamen Erfahrungen mit der Metaxas-Diktatur, der Okkupationszeit im Zweiten Weltkrieg und dem Widerstand sowohl gegen die Besatzer als auch gegen die neue soziopolitische Kraft der nach Moskau hin orientierten griechischen Kommunisten führten schließlich mit Hilfe der Anglo-Amerikaner zur Annäherung der alten bürgerlichen Kräfte *(Politikós Kósmos)* aus der Vorkriegszeit. Im griechischen Parlament setzten sie in kurzfristig wechselnden Parteiformationen einvernehmlich die Verfassung von 1911, die 1936 das letzte Mal zum Vorteil der Diktatur verändert worden war, sofort wieder in Kraft, um sie anschließend durch Notverordnungen praktisch wieder obsolet werden zu lassen *(Parakrátos)*.[25] Darüber hinaus erreichten sie über eine Volksabstimmung im Herbst 1946 die Rückkehr des Königs, der 1941 vor dem deutschen Einmarsch nach London geflohen war. Doch der Bürgerkrieg (1944–1949) zwischen den etablierten politischen Parlamentsparteien und den linken außerparlamentarischen Kräften aus der Widerstandszeit teilte die griechische Nachkriegsgeschichte erneut in zwei ideologisch extrem polarisierte Lager: Auf der einen Seite befanden sich die repressiven, ausschließlich antikommunistisch geprägten Regierungen mit ihren teils illegalen Sicherheitsapparaten, die vom König, der nationalistischen bürgerlichen Rechten (*ethnikofrónes*) und dem Zentrum dominiert und von Großbritannien und den USA unterstützt wurden; auf der anderen Seite führte die 1947 auch offiziell verbotene Kommunistische Partei Griechenlands (KKE) ein Linksbündnis an, das zeitweise Unterstützung bei den neuen sozialistischen „Volksdemokratien" auf dem Balkan fand.[26] Als Folge der schweren Niederlage der Linken wurde 1952 die Verfassung von 1911 in einer Art von Kompromiß zwischen Parlament, König und Ministerpräsident erneut revidiert.

Diese Verfassungsrevision stellte im Vergleich zu der von 1927 einen Rückschritt dar, weil sie die Ausdrücke „parlamentarische Demokratie", „konstitutionelle Monarchie" und „Rechtsstaat" zu Recht vermied und die staatstragende Exekutive (Art. 32: Der König ist „oberstes Staatsorgan") in Krisenzeiten wesentlich stärkte. Wohl erhielt das Parlament jetzt erstmals verfassungsrechtlich bestätigt, daß die Amtsführung der Regierung, die der König ernennt, vor allem vom Vertrauen der Abgeordnetenkammer abhänge (Art. 78). Auch die Gesetzgebung über die Aktivitäten der politischen Parteien wurde stark verfeinert. Wie weit jedoch in Wirklichkeit der institutionelle Niedergang des einzigen repräsentativen und direkt gewählten Verfassungsorgans schon fortgeschritten war, wurde zunächst 1955 deutlich, als nicht der Mehrheitsführer, sondern ein Minister, *Kóstas Karamanlís*, vom König mit der Regierung betraut wurde, und dann im letzten Verfassungskonflikt vor der Obristenherrschaft im Sommer 1965: Im Streit zwischen König und Premier um die Frage der Ablösung des Verteidigungsministers akzeptierte eine knappe Mehrheit der Abgeordneten im Parlament gefügig die Entlassung des damaligen siebzigjährigen Mehrheitsführers *Geórgios Papandréou* durch den 25jährigen König *Konstantínos II.* und die Ernennung von verschiedenen Minderheitskabinetten königlicher Wahl. Die Mehrheit der 45 Parlamentarier aus der Zentrumspartei *Papandréous*, die ihm unter der Führung von *Konstantínos Mitsotákis* die Gefolgschaft verweigert hatten und so als *„Apostátes"* (Abtrünnige) bis heute in der griechischen Öffentlichkeit diffamiert werden, wurde dabei mit Ministerposten belohnt, ein Aus-

25 *Nikos Alivizatos*, The Emergency Regime and Civil Liberties, 1946–1949, in: *John O. Iatrides* (Hrsg.), Greece in the 1940s: A Nation in Crisis, London 1981, S. 219–228.

26 *Peter Zervakis*, Justice for Greece. Der Einfluß einer gräkoamerikanischen Interessengruppe auf die Außenpolitik der USA gegenüber Griechenland, 1945–1947, Stuttgart 1994 [Studien zur modernen Geschichte, 47], S. 65–81.

druck der traditionellen königlichen Günstlingswirtschaft.[27] Die Thronfolger *Georgs I.* waren als eigenständige politische Institutionen im griechischen Parlamentarismus immer darum bemüht gewesen, die Staatsgewalt an sich zu reißen, und viele der politischen Akteure im Parlament suchten die Gunst des Königs, um an die Regierungspfründe zu gelangen. Auf diese Weise höhlten sie gemeinsam die Prinzipien der parlamentarischen Demokratie zur Befriedigung eigener Machtambitionen aus.[28] Die Epoche von 1946–1967 hatte die zentrale Prüfung eines funktionsfähigen Parlamentarismus, den demokratisch geregelten Machtwechsel, nicht bestanden.

Interessanterweise haben auch die Obristen in ihrer nicht mehr in Kraft getretenen Verfassungskonstruktion von 1968–1973 die symbolische und einzig den Wählerwillen legitimierende repräsentative Ausstrahlungskraft des griechischen Parlaments trotz substantieller Beschränkungen nicht verändern wollen.[29]

Der Zivilregierung des aus dem Pariser Exil zurückgekehrten konservativen *Kóstas Karamanlís* gelang es schließlich, nach dem Zypern-Debakel und dem Aufstand der Studenten des Athener Polytechnikums die friedliche schrittweise Übertragung der politischen Macht von der Militärdiktatur (1967–1974) zu sichern.[30] Die heutige dritte parlamentarische Republik wurde nach einer erstmals von keiner politischen Seite in Frage gestellten Volksbefragung über die Staatsform[31] ausdrücklich und bindend in die grundsätzlich neue Verfassung von 1975[32] aufgenommen (Art. 1, Abs. 1), nachdem zuvor alle Parteien des gesamten politischen Spektrums, also auch die griechischen Kommunisten, förmlich wieder zugelassen und alle übrigen rechtlichen Schranken für Parteiaktivitäten, die z.T. noch aus der zweiten Republik stammten, aufgehoben worden waren. Der anschließende sanfte Demokratisierungsprozeß der Parteien und der Regierung im Parlament erstreckte sich über ein Jahrzehnt und förderte den Aufbau eines Fundamentalkonsenses über Rechtsstaat, politische Freiheiten, Verfassung und parlamentarische Demokratie. Doch die unmittelbaren parlamentarischen Auseinandersetzungen um die organschaftlichen Kompetenzen des Staatspräsidenten (1975) und des Ministerpräsidenten (1986) zwischen den beiden dominierenden Parlamentsparteien, *Néa Dimokratía* (Neue Demokratie = ND) und *Panellínio Sosialistikó Kínima* (Panhellenische Sozialistische Bewegung = PASOK), bei der es schließlich zum demonstrativen Auszug der jeweiligen Opposition vor der entscheidenden Abstimmung im Plenum kam, bewiesen anschaulich, daß der öffentlich ausgetragene politische Kampf der

27 *Clogg*, a.a.O. (Anm. 14), S. 51ff. Vgl. dort auch alle Wahlergebnisse aus der Nachkriegszeit.

28 *Nikolaus Wenturis*, Das politische System Griechenlands. Eine soziopolitische Analyse, Stuttgart 1984, S. 95.

29 *Alivizatos*, a.a.O. (Anm. 4), S. 132, 148.

30 *Karamanlís* verwandelte dabei die Todesstrafen gegen die drei für den Staatsstreich von 1967 verantwortlichen Obristen in lebenslange Haftstrafen, um sowohl eine mögliche militärische Gegenwehr zu vermeiden als auch um keinen Anlaß für eine erneute Spaltung der Bevölkerung wie nach 1922 zu geben. *P. Nikiforos Mavrogordatos*, Transition to, and Consolidation of Democratic Politics in Greece, 1974–1983: A Tentative Assessment, in: *Pridham*, a.a.O. (Anm. 1), S. 58, 69.

31 Dies war das erste Referendum in der griechischen Verfassungsgeschichte, das auch von den Unterlegenen nicht bestritten wurde und in der die Exekutive sich demonstrativ von jeglicher Parteinahme enthielt. *Alivizatos*, a.a.O. (Anm. 4), S. 148.

32 *Dimitris K. Katsoudas*, The Constitutional Framework, in: *Kevin Featherstone/Dimitris K. Katsoudas*, Political Change in Greece. Before and After the Colonels, London 1987, S. 14–33, bes. 21.

Parteien um die Regierungsmacht auch auf Kosten der institutionellen Stabilität geführt werden konnte. Mit dieser symbolischen Handlung verdeutlichten die jeweiligen parlamentarischen Minderheiten zugleich ihr historisch begründetes Mißtrauen vor der Möglichkeit einer abermaligen Schwächung ihrer Stellung im Parlament gegenüber der Exekutive bzw. dem legalen Machtmißbrauch durch einen autoritären Premierminister auf Kosten der Opposition.[33]

Erst der Ausgang der Krise um die von Korruptionsvorwürfen erschütterte Regierungspartei PASOK in den Wahlen zwischen Sommer 1989 und Frühjahr 1990 erzwang wegen unklarer Mehrheiten die Wende in der parteipolitischen Polarisation der Nachkriegszeit. Der Wille der Parlamentsparteien zur Vermeidung instabiler Verhältnisse führte zur faktischen Integration der Kommunisten als gleichwertige Regierungspartner. Zunächst fanden unter dem Banner der „nationalen Aussöhnung" *(Ethniki Symfiliosi)* Kommunisten und Konservative zusammen, obwohl sie sich im ideologischen Parteispektrum der 12 EG-Staaten am weitesten entfernt befinden.[34] Anschließend kam es dann sogar zu einer Allparteienregierung *(Oikoumeniki Kyvérnisi)* mit 98 % der Wählerstimmen und 298 von 300 Parlamentssitzen, was einen einmaligen Wert für die parlamentarische Unterstützung einer Regierung in der westeuropäischen Nachkriegsgeschichte bedeutete.[35]

Nach 15 Jahren demokratischer Konsolidierung hat sich das griechische Parlament damit erstmals in seiner Geschichte nicht nur verfassungsrechtlich, sondern auch praktisch zum zentralen Staats- und Verfassungsorgan Griechenlands entwickeln können, weil alle griechischen Parlamentsparteien trotz unterschiedlicher ideologischer Antagonismen und Machtopportunitäten erstmals in ihrer langen parlamentarischen Kultur gelernt haben, die konstitutionellen Organisationsnormen zu achten und im Sinne einer lebendigen Verfassung weiterzuentwickeln.

3. *Das Parlament als zentrales Verfassungsorgan*

Die Verfassung von 1975 übernimmt den verfassungsrechtlichen Status des Parlaments und die bewährten Kompetenzregelungen ihrer Vorgänger (1952/1911) und versucht, diese aus den konfliktbestimmten Erfahrungen der 60er Jahre, einschließlich der Diktatur, weiterzuentwickeln. Die griechische *Vouli* setzt sich seit 1952 traditionsgemäß aus 300 Abgeordneten zusammen, die in unmittelbarer, allgemeiner und geheimer Wahl auf vier Jahre gewählt werden (Art. 51 I, III).[36] Die Verfassung garantiert dem einzelnen Mandatsträger die traditionellen Rechte der Indemnität, Immunität und Diäten (Art. 61–63). Obwohl Wahlpflicht für alle wahlberechtigten Bürger herrscht (Art. 51 V), liegt die durchschnittliche Wahlbeteiligung bei 80 Prozent.[37]

33 *Peter Zervakis*, Republik Griechenland, in: *Steffani*, a.a.O. (Anm. 9), S. 195–219, 198f.

34 *Yannis Papadopoulos*, Parties, the State and Society in Greece: Continuity Within Change, in: WEP, 12/2, 1989, S. 55–71, bes. 63.

35 *Pridham/Verney*, a.a.O. (Anm. 11), S. 43. Als Ausnahmen von der Wahlpflicht, die seit 1932 in Kraft sind, gelten hohes Alter (über 70 Jahre), attestierte Krankheit oder eine Entfernung von über 200 km vom eigenen Wahlkreis.

36 *Clogg*, a.a.O. (Anm.14), S. 252f.

37 *Zervakis*, a.a.O. (Anm. 33), 201.

Kennzeichnend für die veränderte Zusammensetzung des griechischen Parlaments sind die vielen parlamentarischen Inkompatibilitäten (Art. 56, 57), die dazu geführt haben, daß alle Staatsbeamte – mit Ausnahme der Hochschullehrer – und alle Sicherheitskräfte nicht für ein Mandat kandidieren dürfen. Dadurch ist die Zahl der Selbständigen, meist Rechtsanwälte, im Parlament vergleichsweise hoch, während der Anteil der Frauen bei unter 10 Prozent stagniert.

Die Bemühung um eine personelle Erneuerung der Abgeordneten seit 1974 wird an ihrem relativ niedrigen Durchschnittsalter und der geringer gewordenen Wiederwahlquote deutlich: Während 1964 noch 40 Prozent der Abgeordneten ein Durchschnittsalter von 50–59 Jahren aufwiesen und 53,6 Prozent schon mindestens vier Legislaturperioden dem Parlament angehörten, zählten 1981 nur 22,6 Prozent zu dieser Altersgruppe, und nicht mehr als 14,6 Prozent befanden sich länger als drei Legislaturperioden im Parlament, so daß seither die Verteilung der Alterspyramide insgesamt ausgeglichener aussieht. Selbst in der Altersgruppe der „Dinosaurier" (über 70 Jahre) konnte zwischen 1964 (7 %) und 1985 (5,6 %) ein Rückgang um 1,4 Prozent verzeichnet werden. Bis auf die Wahlen von 1910, als die Venizelisten die alten Parteihonoratioren aus dem Parlament verdrängt hatten, hatte es in Griechenland keine einschneidendere Verjüngungskur bei den Mandatsträgern gegeben als nach den Wahlen von 1974 und 1981.[38]

Dem Parlament steht das Recht auf die Verabschiedung einer eigenen Geschäftsordnung zu (Art. 65 I). In der alten Geschäftsordnung von 1975 und in der im Juni 1987 überraschenderweise in voller Übereinstimmung zwischen beiden großen Parlamentsparteien beschlossenen erneuerten Fassung fällt, wie auch schon in der Verfassung (Art. 35 III), die zentrale Stellung des Parlamentspräsidenten auf. Er trägt allein für das Funktionieren der parlamentarischen Arbeit die Verantwortung, indem er beispielsweise die Tagesordnung festlegt (Art. 11 GO). Er hat darüber hinaus für die Einrichtung eines neuen Präsidialgremiums Sorge zu tragen, in dem fünf weitere Vertreter, von denen mindestens zwei aus den zwei größten Oppositionsparteien stammen müssen, sitzen und sich mit von ihm delegierten Aufgaben beschäftigen. Es ist allerdings ungeregelt, ob seine Stimme auch bis zur politischen Entscheidungsmacht in kritischen Abstimmungen reicht oder vielmehr gerade dann seine herausgehobene Stellung im Parlament wie im Staat (Vertreter des Staatspräsidenten) parteipolitische Enthaltsamkeit verlangt.[39]

Andere verfassungsrechtliche Innovationen, die unter dem beherrschenden Einfluß der Regierung *Karamanlis* und der damals fehlenden Mitwirkung der oppositionellen Linken zustande kamen, gelten der zeitlichen Straffung, der Steigerung der Effizienz sowie der deutlichen Mitwirkung der Regierung bei der Gesetzgebungstätigkeit (Art. 71–76) und den sonstigen Aktivitäten des Parlaments (Art. 40; 64). Dazu wurden die alten Regeln aus der Verfassung von 1952 vereinfacht (Art. 67; 71; 76 I, IV). Das Parlament übt heute seine Kontrollfunktion hauptsächlich dahingehend aus, daß es nach Art. 84 II 1 sowohl der gesamten Regierung wie jedem einzelnen Minister aus dem Kabinett des Ministerpräsidenten das politische Vertrauen entziehen kann. Nach Art. 84 I ist die vom Präsidenten ernannte Regierung unmittelbar „nach der Eidesleistung des Ministerpräsidenten" verpflichtet, „das Vertrauen des Parlaments" einzuholen. In der bisherigen Parlamentspraxis müssen

38 *Alivizatos*, a.a.O. (Anm. 4), S. 138f.

39 Vgl. dazu den Fall *Athanásios Alefrás* (1986) bei *Zervakis*, a.a.O. (Anm. 33), S. 201.

dafür mindestens 151 Abgeordnete für die Regierung stimmen. Die Regierung ist danach „jederzeit berechtigt, den Vertrauensantrag zu stellen." (Art. 84 I 2). Ein Vertrauensantrag kann dabei nur mit der absoluten Mehrheit der anwesenden Abgeordneten angenommen werden (Art. 84 VI), wobei es dann ausreicht, wenn die Regierung mindestens 120 Abgeordnete (2/5 der Gesamtzahl) für sich gewinnt. Enthaltungen wirken sich dabei jedoch wie Nein-Stimmen aus. Ein Mißtrauensantrag hingegen bedarf der absoluten Mehrheit der Gesamtzahl der Abgeordneten (mindestens also 151). Ziel dieser seit 1975 unverändert gebliebenen Bestimmungen aus Art. 84 ist die Stärkung der Regierungsstabilität während der gesamten Legislaturperiode.

Das Parlament ist weiterhin dazu berechtigt, alle Regierungsmitglieder und Vizeminister nach dem Ministerverantwortungsgesetz anzuklagen (Art. 86 I 1). Dieser Artikel spielte zusammen mit dem noch aus der Diktatur stammenden entsprechenden Gesetz (802/1971) eine kritische Rolle während der strafrechtlichen Aufarbeitung der Finanzskandale aus der ersten *Papandréou*-Ära *(„Kathársis")*. Die im Gesetz enthaltene kurze Verjährungsfrist (eine Legislaturperiode), die von der Junta zur Verhinderung der Strafverfolgung ihrer Regierungsmitglieder aufgenommen und nach 1974 nicht mehr verändert wurde, galt als das Hauptargument der Verteidigung zunächst im parlamentarischen Ermittlungsverfahren zur Aufhebung der Immunität *Papandréous* und zwei seiner sozialistischen Minister sowie anschließend im Strafprozeßverfahren wegen des Verdachts der Untreue und Korruption.[40]

Darüber hinaus entscheidet die zahlenmäßige Stärke der einzelnen Parteien im Parlament über die Ernennung des Regierungschefs (Art. 37 II–IV; 38 II), die der Staatspräsident auszuführen hat. Die übrigen Regierungsmitglieder werden von ihm auf Vorschlag des Ministerpräsidenten *(Prothypourgós)* ernannt und entlassen (Art. 37 I). Zum Ministerpräsidenten muß dabei zunächst derjenige Parteivorsitzende mit Sitz im Parlament ernannt werden, dessen Partei die absolute Mehrheit der Parlamentsmandate auf sich vereinigt hat (Art. 37 I). Wird dies von keiner Partei erreicht, erteilt der Staatspräsident Sondierungsaufträge (Art. 37 II 2-IV). Nach ihrer Ernennung durch den Staatspräsidenten kann die Regierung von ihm – wie in der V. französischen Republik – nur noch „auf deren Antrag" oder nach einem erfolgreichen Mißtrauensantrag des Parlaments entlassen werden (Art. 38 I). Der Präsident der Republik ist seit 1986 auch verpflichtet, das Parlament umgehend aufzulösen, wenn die Regierung dies „zur Bewältigung einer Frage von außerordentlicher nationaler Bedeutung" für nötig erachtet (Art. 41 II). Die letzte vom Parlament getragene Regierung führt dann die Neuwahl des Parlaments durch (Art. 41 I 2).

Der Staatspräsident *(Próedros tis Dimokratías)* ist nur vom Parlament wählbar (Art. 32 I). Gemäß dem Wahlmodus der 1986 revidierten Verfassung (namentliche Abstimmung im Parlament, mehrere Wahlgänge mit abgestuften Mehrheiten nach Art. 32 III, IV) besitzt das Staatsoberhaupt keine direkte, sondern eine vom Parlament und den dortigen Parteimehrheiten (Art. 37 II) abgeleitete Legitimation. Die generelle ministerielle Gegenzeichnungspflicht (Art. 35 I) hat bei eng geregelten Ausnahmen (Art. 35 II) die Handlungsfreiheit des Staatsoberhaupts von der direkten Kontrolle der Regierung bzw. des Parlaments abhängig gemacht. Ebenso darf nur das Parlament auf Vorschlag der Regierung den „Notstand" (Art. 48 I) ausrufen. Die Anberaumung eines Volksentscheids und die Ausrufung von Neuwahlen

40 *Papandréou* wurde zwar vom Obersten Gerichtshof „aus Mangel an Beweisen" freigesprochen, gegen seine beiden Minister konnten jedoch wegen „Beihilfe zur Korruption" Bewährungsstrafen verhängt werden (Frankfurter Rundschau vom 18.01.1992).

darf der Präsident seit 1986 nur noch nach Parlamentsbeschluß, auf Vorschlag der Regierung, beschließen (Art. 44 II).
Die organschaftliche Kompetenz des griechischen Parlaments ist vom Verfassungsgeber gegenüber der des Staatspräsidenten vor allem seit 1986 deutlich angehoben worden. Der aus dem Parlament stammende und von dessen Vertrauen abhängige Regierungschef wird auch verfassungsrechtlich zum Machtzentrum des politischen Systems in Griechenland.

4. Regierungsmehrheit und Opposition als zentrale parlamentarische Institutionen

Zum ersten Mal in der griechischen Verfassungsgeschichte enthält die Verfassung von 1975 eine ausführliche Bestimmung über die politischen Parteien (Art. 29). Die griechischen Verfassungsväter waren in dieser Hinsicht von der entsprechenden Vorschrift des deutschen Grundgesetzes (Art. 21 GG) beeinflußt und sahen die Mitwirkung der Parteien an der politischen Willensbildung des Volkes als öffentliche Aufgabe an, die deren verfassungsrechtliche Stellung begründet. Diese erstmalige verfassungsrechtliche Anerkennung des pluralistisch organisierten Parteiensystems und ihrer Parteivorsitzenden *(Archigoí tou Kommátos)* (Art. 37 II) begründen zusammen mit dem parlamentarischen Abberufungsrecht der Regierung (Art. 84) ein verändertes Verständnis der traditionellen Gewaltentrennung zwischen den Verfassungsorganen Regierung und Parlament in Griechenland. Diese drei Verfassungselemente bedingen eine verfassungspolitische Vertrauens- und Verantwortungsbeziehung der Parlamentsmehrheit mit dem Regierungspersonal, die im griechischen Parlament der letzten beiden Jahrzehnte einen ausgeprägt hohen Grad an politischer Homogenität erreicht haben.[41] Somit wurde eine dauerhafte, stabile und effektive Regierungsführung ermöglicht und zugleich die institutionelle Vorkehrung für das Wirken der Opposition geschaffen.

4.1 Regierungsmehrheit

Die griechische Regierungsmehrheit *(Kyvernitikí Pleiopsifía)* besteht seit 1974 – mit Ausnahme der beiden kurzen Koalitionsregierungen des Jahres 1989 – aus allen Mitgliedern der Regierung und der sie im Amt haltenden zahlenmäßig dominanten Parlamentsfraktion einer Partei. Die parlamentarische Gruppe innerhalb der jeweiligen Regierungspartei spielt jedoch traditionell eine vergleichsweise untergeordnete Rolle, weil die „Parteiführer" als Fraktionsvorsitzende den Willensbildungsprozeß beherrschen. So schreiben die Fraktionsregeln der PASOK vom 8. Januar 1982 vor, daß jede Art von Initiative der einzelnen Fraktionsmitglieder innerhalb oder außerhalb des Parlaments der vorherigen Zustimmung und Genehmigung durch die Fraktionsführung bedürfen.
Die Verfassung stellt in Art. 51 III die Grundbedingungen für die Abhaltung von Wahlen („unmittelbar, allgemein, geheim") auf, überläßt ansonsten jedoch traditionell dem Gesetzgeber die nähere Ausgestaltung des Wahlrechts (Auszählungsmodus, Wahlkreisziehung). Aus diesem Grunde hat noch jede – mit einer Ausnahme (Premier *Geórgios Rállis* 1981) –

41 *Lijphart*, a.a.O. (Anm. 2), S. 20f.; *Alivizatos*, a.a.O. (Anm. 4), S. 139.

Regierungsmehrheit seit 1974 mit dem grundsätzlichen Einverständnis der großen Oppositionspartei nach ihren eigenen taktischen Bedürfnissen Änderungen am Wahlmodus des „verstärkten (gewogenen) Verhältniswahlsystems", das seit 1958 ein spezifisch griechisches Phänomen ist, innerhalb von sechs Monaten vor dem Urnengang vorgenommen.[42]

Die Regierung *Papandréou* hatte Ende März 1989 das bisher am stärksten in der Auszählung am Proporz orientierte Wahlgesetz verabschiedet, damit die ND rechnerisch an der absoluten Mandatsmehrheit scheitern sollte, während erstmals die linken Klein- und Splitterparteien wahlarithmetisch begünstigt wurden.[43] Dadurch sollte die Tür zu einer Koalition mit dem Linksbündnis (Kommunisten) geöffnet werden. Als direktes Resultat verfehlten beide großen Parteien 1989 die zur Regierung erforderliche Stimmenmehrheit, so daß der vereinigten kommunistischen Linken erstmals seit vier Jahrzehnten eine Schlüsselrolle bei der erforderlichen Mehrheitsbeschaffung zukam. Außerdem ermöglichte das novellierte Wahlgesetz den Einzug von zwei unabhängigen Abgeordneten der moslemisch-türkischen Minderheit in West-Thrakien und den zweier Ökologinnen, auf die der griechische Staat überraschend rüde reagierte.[44]

Die Regierungskrise konnte allerdings mittelfristig nicht mehr vermieden werden, weil die Linkskoalition mit der PASOK aufgrund der „Katharsis" nicht zustande kam und das Bündnis mit der ND ideologisch keinen Bestand hatte. Selbst das Experiment mit einer Allparteienregierung nach den Novemberwahlen reichte nur bis zu einer Vereinbarung über den dritten Wahlgang (April 1990), den die Konservativen schließlich mit 46,88 Prozent der Stimmen (150 Parlamentssitze) denkbar knapp für sich gewinnen konnten, weil die umstrittene arithmetische Formel „plus eins" (*syn ena*) im Wahlgesetz von 1989 beibehalten wurde.[45] Da Premier *Mitsotákis* keine absolute Mehrheit hatte, war er gezwungen, mit Duldung des Abgeordneten einer Splitterpartei (DIANA) zu regieren. Deshalb entschloß er sich bereits im November 1990, zu dem bis 1985 geltenden Wahlrecht zurückzukehren, um erneut „stabile politische Verhältnisse" zu schaffen. Denn dieser traditionelle seit 1958 geltende und mit starken Elementen der Mehrheitswahl versehene Wahlmodus (drei Sitzverteilungen) verfolgt zwei Absichten: Nach jedem Wahlgang soll selbst bei einem niedrigen prozentualen Stimmenwähleranteil eine stabile Einpartei-Parlamentsmehrheit garantiert werden. Verstärkt wird diese Tendenz noch dadurch, daß bis zu 5 Prozent (= 12) der Abgeordneten als „Staatsdeputierte" (Art. 51 I; 54 III) ins Parlament gewählt werden können. Da sie über spezielle landesweite Parteilisten von den Parteivorsitzenden vorgeschlagen werden, können auf diese Weise bekannte Überwechsler aus kleineren Parteien und ihre Wäh-

42 *Clogg*, a.a.O. (Anm. 14), S. 192–210, 252f. *Mitsotákis* forderte von 1988–1990 ein fest in die Verfassung verankertes, für die jeweilige Regierungsmehrheit unantastbares Wahlsystem. Doch für eine Verfassungsänderung hätte er die Verständigung zwischen allen Parteien gebraucht, und die war nicht absehbar (Frankfurter Rundschau vom 27.10.1990).

43 Das Wahlgesetz Nr. 1847/1989 ist abgedruckt in: *To Pontiki* (Hrsg.), O Eklogikos Nomos (Das Wahlgesetz), Athen 1989. Für eine detailliertere Analyse vgl. *Susannah Verney*, Between Coalition and One-Party Government: the Greek Elections of November 1989 and 1990, in: WEP, 13/4, 1990, S. 131–138.

44 *Verney*, a.a.O. (Anm. 43), S. 137. Der griechische Staatsanwalt versuchte im November 1989 mit juristischen Spitzfindigkeiten die Kandidatur eines ehemaligen Abgeordneten der ethnischen Türken zu verhindern, indem er ihn wegen der angeblichen Verbreitung pro-türkischer Propaganda zu einer kurzen Gefängnisstrafe verurteilte.

45 Diese Formel aus dem alten Wahlsystem begünstigt die beiden großen Parteien bei der ersten Sitzverteilung unverhältnismäßig.

lerklientel öffentlichkeitswirksam abgeworben werden. So kandidierte im November 1989 der frühere Kommunist (Träger des Lenin-Ordens) und bekannte Künstler *Míkis Theodorákis* für eine solche Liste der ND, um gegen den (linken) Terror zu demonstrieren und erhielt dafür nach dem Wahlsieg der ND sowohl ein Abgeordnetenmandat als auch einen Ministerposten ohne Geschäftsbereich.[46] Zugleich wird mit diesem Wahlsystem der geregelte parlamentarische Wechsel in der Regierungsverantwortung zwischen beiden großen Parteien ermöglicht. Die zahlreichen Klein- und Splitterparteien werden dagegen im Vergleich zu ihren erreichten Stimmenanteilen in ihrem Sitzanteil im Parlament deutlich benachteiligt. Deshalb favorisiert der griechische Gesetzgeber, d.h. die jeweilige Regierungsmehrheit im Parlament, ein Zwei-Parteiensystem englischer Prägung.

Das von *Mitsotákis* revidierte Wahlgesetz 1907/1990 wies dann jedoch zwei Besonderheiten auf: Die zahlenmäßig stärkste Partei sollte rechnerisch in die Lage versetzt werden, die Parlamentsmehrheit zu stellen, selbst wenn sie in den Wahlergebnissen lediglich um ein halbes Prozent führen sollte. Und eine Drei-Prozent-Hürde sollte jetzt Splitterparteien wie die Ökologen oder die türkischen Moslems vom Einzug ins Parlament fernhalten und die Tendenz zum Mehrheitswahlrecht bestärken.[47]

Tabelle 1: Ergebnisse der griechischen Parlamentswahlen vom 10. Oktober 1993

Wahlberechtigte:	8 972 258
Abgegebene Stimmen:	7 019 193
Gültige Stimmen:	6 899 629
Wahlbeteiligung:	78,23 %

Parteien	Stimmen	%	Sitze
PASOK	3 234 777	46,88	170[1]
ND	2 711 241	39,30	111
POLA	336 316	4,87	10
KKE	313 087	4,54	9
Synaspismós	202 995	2,94	—

1 Bei der ersten Auszählung der Wahlergebnisse wurden der PASOK 171 Parlamentssitze zugesprochen, später wurde dieses Ergebnis korrigiert.

Quelle: Daten nach Neue Zürcher Zeitung vom 22. Oktober 1993, S. 7.

Abkürzungen:

DIANA:	*Dimokratikí Ananéosi* (Demokratische Erneuerung)
ND:	*Néa Dimokratía* (Neue Demokratie)
KKE:	*Kommounistiko Kómma tis Elládas* (Kommunistische Partei Griechenlands)
PASOK:	*Panellínio Sosialistikó Kínima* (Panhellenische Sozialistische Bewegung)
POLA:	*Politikí 'Anixi* (Politischer Frühling)
Synaspismós:	Linkes Bündnis

Papandréou konnte schließlich von diesen Neuerungen profitieren: Nach den Parlamentswahlen vom 10. Oktober 1993 (vgl. Tabelle 1) erzielte er mit 46,88 Prozent der Stimmen,

46 Frankfurter Allgemeine Zeitung vom 12.4.1990.

47 *Kevin Featherstone*, The Greek Election of 1993: Backwards or Forwards?, in: WEP, 17/2, 1994, S. 204–211, bes. 205.

also mit dem gleichen Stimmenanteil wie die ND zuvor im April 1990, diesmal die absolute Mehrheit an Parlamentssitzen (170), während die ND damals dafür lediglich 150 Sitze erhalten hatte.[48] Die kleineren Linksparteien verloren insgesamt 3 Prozentpunkte (KKE: 4,54 % = 9 Sitze; Linksbündnis: 2,94 % = keine Sitze) und die neue nationalistische Partei „Politischer Frühling" *(Politiki 'Anixi)*, die *Antónios Samarás* durch Abspaltung aus der ND im Juni 1993 gebildet hatte und die der eigentliche Grund für die Neuwahlen war, etablierte sich mit 4,87 Prozent der Stimmen (= 10 Sitze) als drittstärkste Parlamentspartei. Die PASOK verfügt zwar jetzt über die absolute Mehrheit im Parlament, nicht aber über die 2/3- (1./2. Wahlgang) bzw. 3/5-Mehrheiten (3. Wahlgang), die zur Wahl des Staatspräsidenten im Frühjahr 1995 erforderlich sind (Art. 32 III). Wenn *Papandréou* seinen Wahlsieg dazu nützen sollte, um für das Amt des Staatspräsidenten zu kandidieren, und er dafür im Parlament keine geeignete Mehrheit findet, dann müssen nach Art. 32 IV Neuwahlen ausgeschrieben werden. Somit belegen auch diese Wahlergebnisse erneut die Annahme, daß der griechische Wähler seit 1974 sowohl der ideologisch polarisierenden Zwei-Parteienstruktur im Parlament wie den reinen Einpartei-Regierungen den klaren Vorzug gibt.[49] Den „Opfern" der Drei-Prozent-Hürde, die Linksallianz, blieb nur übrig, eine technisch nicht unbegründete Debatte um die umstrittene regionale Stimmauszählung zu initiieren und die Wahlen zusammen mit der PASOK, der ein Sitz unmittelbar nach der Auszählung aberkannt wurde, auf dem zeitraubenden Rechtswege anzufechten. Damit könnte es zu einer beschränkten lokalen Umverteilung der Stimmen zwischen den Parteien kommen, die dem linken Bündnis den Weg ins Parlament schließlich doch noch ebnen könnte, um zusammen mit der Regierungspartei und den Kommunisten den Präsidentschaftskandidaten der PASOK 1995 im Parlament durchzubringen.

Die griechische Regierungsmehrheit, also das Verhältnis von Parlamentsmehrheit und Regierung, hat drei Hauptfunktionen zu erfüllen, die im folgenden näher zu erläutert sind:

1. die Regierung im Amt zu halten,
2. sie langfristig aktionsfähig zu machen und
3. zu gewährleisten, daß das Regierungsprogramm (Parteiprogramm) umfassend ausgeführt wird.[50]

4.1.1 Regierungsbestellung

Nach Art. 37 II muß der Vorsitzende derjenigen Partei zum griechischen Regierungschef ernannt werden, die im Parlament über die absolute Mehrheit der Sitze verfügt. Mit dieser in Westeuropa einzigartigen Weise der Regierungsbestellung ist das seit 1875 verfassungspolitisch geltende „Prinzip des erklärten Vertrauens der Stimmenmehrheit der Volksvertreter" in die griechische Verfassung von 1986 wörtlich eingefügt worden. Vertrauensvotum und Abberufungsrecht bringen den Regierungschef und die Gesamtheit seiner Minister in die politische Abhängigkeit der Parlamentsmehrheit, die zugleich für die Wahl des Staatspräsidenten verantwortlich ist. Der demokratische Konsolidierungsprozeß hat auch in Grie-

48 *Heinz-Jürgen Axt* (ext.), Griechenland nach den Wahlen vom 10. Oktober 1993: Zurück in die achtziger Jahre? in: Stiftung Wissenschaft und Politik, AP 2819, Ebenhausen Dezember 1993, S. 7f.

49 *Mavrogordatos*, a.a.O. (Anm. 30), S. 168.

50 *Steffani*, a.a.O. (Anm. 9), S. 206.

chenland eine funktionierende Parteiendemokratie hervorgebracht. Seit 1975 besteht eine so prinzipielle Interessenidentität zwischen Parlamentsmehrheit und Regierung, in der den parlamentarischen Mehrheitsfraktionen von ihren Regierungen nicht der geringste eigenständige Handlungsspielraum gelassen wurde. Diese Übereinstimmung innerhalb der Regierungsmehrheit wird durch die grundsätzliche Kompatibilität von Regierungsamt und Parlamentsmandat in Art. 81 und 84 weiter gestärkt. So bleiben gewöhnlich die Abgeordneten auch dann Mitglieder des griechischen Parlaments, wenn sie eines der zahlreichen Regierungsämter übernehmen, denn nur dann dürfen sie an allen Abstimmungen über den Vertrauens- und Mißtrauensantrag teilnehmen (Art. 84 VII). Die für Griechenland so kennzeichnende enge personelle Verzahnung von Regierung, Parlamentsmehrheit und Regierungspartei läßt sich durch einen Vergleich der Ministerlisten der Regierungen seit 1989 anschaulich vorführen:[51] Von den ca. 55 Mitgliedern (Ministerpräsident, Stellvertreter, Fachminister und – je nach Größe, Bedeutung und Arbeitsteilung in den Ministerien – stellvertretende Minister, Staatssekretäre, Minister ohne Portfolio) der letzten fünf Regierungen gehörten alle Regierungsmitglieder – bis auf wenige Ausnahmen – als Abgeordnete der jeweiligen Mehrheitspartei an. Das bedeutet wiederum, daß ein gutes Drittel der majorisierenden Parlamentarier einer Partei zugleich ihrer Regierung angehören. Das Vertrauens- und Abhängigkeitsverhältnis zwischen den der Regierung angehörenden Abgeordneten und den übrigen Repräsentanten innerhalb der Regierungsmehrheit wird durch eine derartige Integration der voll stimmberechtigten Regierungsmitglieder noch intensiviert. Diese Struktur der griechischen Regierungsmehrheit mit ihrer personellen Verzahnung zur Regierung ähnelt stark dem englischen Parlamentarismus-Modell.

Die Regierungsfähigkeit hängt nicht nur von der Stimmenmehrheit, sondern vor allem von der Aktionsdisziplin der Parlamentsmehrheit ab. Denn nur so braucht das Abberufungsrecht nicht ständig aktualisiert zu werden. In der griechischen Regierungsfraktion geht allerdings diese Einordnung unverhältnismäßig stark zu Lasten des einzelnen Abgeordneten, der von seiner Führung jegliche seiner Handlungen vorher genehmigen lassen muß und selbst in seinem Rederecht eingeschränkt wird, weil Meinungsunterschiede selten geduldet werden.

Letztlich gründet sich die politische Verbundenheit von Regierung und Parlamentsmehrheit auf die gemeinsame Parteizugehörigkeit ihrer Mitglieder und deren kollektive Verantwortlichkeit gegenüber dem Wähler. Die Parteien organisieren sowohl den politischen Willensbildungsprozeß wie die fraktionelle Parlamentsarbeit. Sie sichern besonders seit 1982, als die Präferenz-Stimmabgabe auf freien Listen abgeschafft und durch eine geschlossene Parteiliste für jeden Wahlkreis ersetzt wurde, die volle Abhängigkeit des Abgeordneten von seiner Partei- und Fraktionsführung. Da die Parlamentsmehrheit entscheidend an der Regierungsbildung beteiligt ist und ein positiver Anreiz für die Karrierechancen ihrer Mitglieder besteht, tritt die Regierungspartei mit ihrem einzigen Kandidaten für das Amt des Ministerpräsidenten auch geschlossen vor die Wähler. Dadurch verschafft sie der Bestellung

51 Da es in Griechenland kein Parlaments-Handbuch gibt, müssen solche Informationen mühevoll zusammengetragen werden. Vgl. die Zahlenangaben bei *Zervakis* a.a.O. (Anm. 33), S. 207, *Axt*, a.a.O. (Anm. 48), S. 30f., *George Th. Mavrogordatos*, Greece, in: European Journal of Political Research, 22/1992, S. 417ff., Athens News Agency vom 8. Juli 1994 und *Pantelís M. Panteloúris*, Leiter des griechischen Presse- und Informationsbüros für Norddeutschland in Hamburg.

des Regierungschefs bei einem Mehrheitserfolg die erforderliche demokratische Legitimität. Die Parlamentsmehrheit erwartet dann von „ihrem", faktisch direkt vom griechischen Wähler ernannten Regierungschef und seinen Ministern, die in der Regel Partei- und Fraktionsmitglieder sind, daß sie mit Hilfe der zentralisierten Ministerialverwaltung politische Führungsaufgaben wahrnehmen. Daher vermag ein starker Ministerpräsident, der sich im allgemeinen auf eine absolute (gegebenenfalls relative) Mehrheit seiner Partei im Parlament verlassen kann, normalerweise den parlamentarischen Charakter des griechischen Staates zu prägen.

Schwierig wird die Regierungsbildung erst, wenn – wie 1989 erstmals geschehen – keine der Parteien sofort nach den Parlamentswahlen allein regierungsfähig ist. Von 1952 bis Mitte 1989 waren in Griechenland bedingt durch das besondere Wahlrecht nur starke Einpartei-Regierungen bekannt, daher ist die Fähigkeit zur Koalitionsbildung traditionell nur gering ausgebildet. Der Staatspräsident *Christos Sartzetákis* sah sich deshalb nach offizieller Bekanntgabe des Wahlergebnisses vom 18. Juni 1989 genötigt, Art. 37 III der Verfassung von 1986 anzuwenden, um nacheinander die Parteiführer der drei größten im Parlament vertretenen Parteien mit der Regierungsbildung innerhalb von drei Tagen zu beauftragen. Als dies fehlschlug, mußte die Möglichkeit einer Allparteienregierung widerwillig erörtert werden. Hätten sich damals die Parteivorsitzenden der Konservativen und der Linksallianz nicht rechtzeitig auf ein zeitweiliges Regierungsbündnis geeinigt, dann wäre, wie nach dem November 1989 tatsächlich geschehen, ein Übergangskabinett zur Ausschreibung von Neuwahlen mit Unterstützung aller Parlamentsparteien gebildet worden. Hätten sich die Parlamentarier selbst darauf nicht einigen können, wäre der Präsident zur Ernennung eines Richters aus den Obersten Gerichtshöfen (Staatsrat, Areopag, Rechnungshof) verpflichtet gewesen, der innerhalb eines Monats unter dem dann gültigen Wahlrecht eine Regierung „auf möglichst breiter Grundlage" hätte bilden und danach Parlamentswahlen hätte durchführen müssen. Der Staatspräsident wäre anschließend verfassungsgemäß zur Auflösung des Parlaments angehalten worden.

4.1.2 Gesetzgeberische Initiativfunktion

Der Regierungschef wird über die Vermittlung der Regierungsfraktion, deren Vorsitzender er ist, versuchen, im Rahmen seiner Richtlinienkompetenz (Art. 82 II; 83 II) die Parlamentsmehrheit im Gesetzgebungsprozeß politisch zu lenken. Diese Intention des Ministerpräsidenten wird im griechischen Zentralstaat wesentlich erleichtert, weil Regierungs- und Gesetzgebungsmehrheit aufgrund der überzentralisierten politischen Organisation im Parlament zusammenfallen (Art. 67). Alle bisherigen Einpartei-Regierungen konnten und mußten sich auf eine absolute Parlamentsmehrheit stützen, ansonsten waren sie zur Ausrufung von Neuwahlen gezwungen. Das war auch ein gewichtiger Grund, warum die „Regierung der Sommerpause" 1989 keine politischen Befugnisse in der Gesetzgebung hatte, weil sich beide Koalitionspartner nur auf die „Kathársis" hatten einigen können, und die Allparteienregierung anschließend allenfalls den Termin für Neuwahlen festlegen konnte.

Im Gesetzgebungsprozeß steht die Gesetzesinitiative grundsätzlich sowohl der Regierung wie jedem einzelnen Abgeordneten im Parlament zu (Art. 73 I). Aber das Initiativrecht des einzelnen Abgeordneten im Haushaltsbereich wird schon inhaltlich und zeitlich verfassungsrechtlich begrenzt, weil er Gesetzesvorschläge, die beispielsweise alle Staatsausgaben bzw.

Staatsgehälter und Pensionen betreffen, nicht oder nur unter erschwerten Bedingungen einbringen kann (Art. 73 II–V; 74; 75 griech. Verfassung und 85 GO).[52] Die Regierung, deren Chef die Richtlinienkompetenz ausübt, ergreift in Griechenland mit besonderem Nachdruck die unmittelbare Gesetzesinitiative, um ihre politische Führungspflicht auszuüben (Art. 82 I). In der Zeit von 1978 bis 1982 kamen alle 491 vom Parlament verabschiedeten Gesetzentwürfe allein auf Initiative der griechischen Regierung zustande. Damit steht Griechenland in dieser Beziehung im Weltvergleich einzigartig da![53]

In den letzten zehn Jahren ist sodann die Tendenz zu bemerken, daß die Zahl der nicht parlamentarisch verabschiedeten Verordnungen mit Gesetzeskraft stark ansteigt.[54] Das Parlament macht dabei verstärkt von seinem Vorrecht Gebrauch, seine legislativen Kompetenzen der Regierung bzw. den untergeordneten Verwaltungsorganen über besondere Ermächtigungen zum Erlaß von Rechtsverordnungen willfährig zu übertragen (Art. 43 II), obwohl dies verfassungsrechtlich eigentlich nur in Ausnahmefällen erlaubt ist (Art. 44 I, 48). Das führt dann dazu, daß die direkte parlamentarische Verantwortlichkeit für die technische Ausgestaltung bestimmter Sachverhalte nicht mehr gegeben ist. Ein Grund hierfür ist sicherlich im strukturell bedingten Informationsmangel der Parlamentsabgeordneten zu suchen, zumal das griechische Parlament weder über einen ausgebauten wissenschaftlichen Hilfsdienst noch über geeignete Räumlichkeiten für alle Abgeordneten verfügt.[55] Die Beschäftigung wissenschaftlicher Mitarbeiter durch einzelne Abgeordnete bzw. durch die Fraktionen ist bis heute ebenso unüblich wie die Konsultation von Interessengruppen mit hohem technischen Sachverstand. Insoweit ist der Parlamentarier in Konkurrenz mit der Fachkompetenz der Ministerialbürokratie zur Vorbereitung und Verabschiedung von Gesetzentwürfen der eigentliche „Verlierer“, weshalb auch besonders die Staatsverwaltung nach 1974 von beiden führenden Parlamentsparteien systematisch infiltriert wurde, um der eigenen Klientel auf diese Weise Vorteile zu verschaffen und die eigene Machtbasis als Partei auf diese Weise abzusichern („Bürokratischer Klientelismus“[56]).

4.1.3 Kontrolle der Regierungstätigkeit

Die Parlamentsmehrheit zieht gewöhnlich bei der sanktionsfähigen Überprüfung der Gesetzgebung und der Haushaltserstellung die interne Kritik der öffentlich-kritischen vor. Um diese kontrollierende Funktion besser bewältigen zu können, werden zu Beginn der Legislaturperiode nicht-öffentlich tagende „Parlamentsausschüsse“ (Art. 68 I) gebildet. Ihre An-

52 Nach Art. 74 VI dürfen Parlamentsinitiativen nur einmal im Monat diskutiert werden. Zwischen 1977 und 1981 wurden von 94 solcher Gesetzentwürfe lediglich 33 intensiv beraten (*Alivizatos*, a.a.O. (Anm. 4), S. 150).

53 *Interparliamentary Union*, Parliaments of the World. A Comparative Reference Compendium, Bd. 2, London ^{2}1986, S. 912–920.

54 *Alivizatos*, a.a.O. (Anm. 4), S. 141, 151.

55 Bis heute gibt es praktisch keine systematische Parlamentsforschung in Griechenland, obwohl die rechtlichen Rahmenbedingungen dafür seit 1975 vorhanden sind (Art. 65 V der Verfassung; Art. 108 GO 1975). Erst 1988 wurde unter der veränderten GO von 1987 (Art. 160–163) mit dem Aufbau eines wissenschaftlichen Dienstes begonnen (Stellenausschreibungen), der allerdings m.E. bis heute noch keine verläßlichen Datensätze, Monographien etc. veröffentlicht hat.

56 *Christos Lyrintzis*, Political Parties in Post-Junta Greece: A Case of „Bureaucratic Clientelism“? in: *Pridham*, a.a.O. (Anm. 1), S. 99–118, 103f.

zahl ist nach den 1987 überarbeiteten Parlamentsstatuten, welche darin dem Beispiel der V. französischen Republik folgen, von den anfänglich fiktiven 20–25 (abhängig von der Anzahl der Ministerien) auf sechs verringert worden. Jeder Ausschuß besteht aus 30 Abgeordneten, von denen mindestens 16 der Parlamentsmehrheit angehören müssen, und tagt unter einem Vorsitzenden, den die Parteiführung der Mehrheit bestimmt. Für die Einsetzung der Ausschüsse ist der Parlamentspräsident zuständig, der ein Mitglied der Parlamentsmehrheit ist und wie jedes andere Mitglied des Parlamentspräsidiums wieder abberufen werden kann (Art. 65 III 3). Erstmals in der griechischen Parlamentsgeschichte haben die parlamentarischen Ausschüsse heute jedoch laut Geschäftsordnung das Recht, mit einfacher Mehrheit nicht-öffentliche Anhörungen anzuberaumen (Art. 38 der GO von 1987).[57] Die Ausschüsse überprüfen die Regierungsvorlagen insbesondere auf ihre politische und sachliche Beschluß- und Mehrheitsfähigkeit hin. Übereinstimmungen innerhalb der Regierungsmehrheit und die hierbei zu leistende Parteidisziplin sorgen dafür, daß die Gesetzentwürfe der Regierung, die auf dem Regierungsprogramm basieren, im Parlament üblicherweise schnell angenommen werden.

So handelt das griechische „Redeparlament" bei der Verabschiedung eines einfachen Gesetzes bzw. sogar bei der Haushaltsgesetzgebung außergewöhnlich schnell. In den parlamentarischen Ausschüssen wird selten mehr als fünf bis acht Tage über einen Gesetzentwurf debattiert. Die endgültige Verabschiedung einer Gesetzesvorlage entweder im Plenum, wo es zwei 150 Mitglieder umfassende legislative Abteilungen gibt (Art. 70 II), die jedoch seit 1980 faktisch nicht mehr funktionieren, oder – bevorzugt in den Sommerferien des Parlaments – in der aus nur 100 Abgeordneten bestehenden parlamentarischen Feriensektion dauerte, nach Schätzungen von *Giórgos Drakátos*, in der Zeit von 1974–1977 lediglich einen Tag; von 1977 bis 1981 wurden für die gleiche Prozedur bereits 11,1 Tage benötigt. Nach 1981 ermittelte *Níkos Alivizátos* schließlich immer noch einen leichten Anstieg der durchschnittlichen Zeitdauer, obwohl die Regierung seither vom verfassungsrechtlichen Instrument der „Dringlichkeit" bei der Verabschiedung eines Gesetzentwurfs (Art. 76 V, IV) häufigen Gebrauch machte, um z.B. in den verkleinerten Ferienabteilungen ohne allzu große öffentliche Aufmerksamkeit Gesetze schnell erfolgreich durchzubringen.[58]

Eine prinzipielle Kollision zwischen dem freien Mandat des Abgeordneten aus Art. 60 I und der zu leistenden Fraktionsdisziplin (Art. 29 I) entsteht selbst in Griechenland nicht, wo die Parteidisziplin im Parlament besonders auffällig geübt wird. Bei der Wahl des Staatspräsidenten durch das Parlament im März 1985 zögerte die PASOK-Führung nicht, bunte Wahlzettel vor laufenden Fernsehkameras auszuteilen, um die Einheitlichkeit und Transparenz der Stimmabgabe aller ihrer Abgeordneten für den einzigen Kandidaten zu sichern. Dies geschah, obwohl die zur Änderung anstehende Verfassung von 1975 damals noch eine geheime Abstimmung vorsah.[59] Auch in Griechenland sucht der einzelne Repräsentant

57 Nach der alten GO von 1975 (Art. 77, 74, 79) war die Funktion der parlamentarischen Ausschüsse traditionellerweise auf die einfache Berichterstattung in einem vom Parlamentspräsidenten anzusetzenden Zeitraum beschränkt. Die erste Expertenanhörung fand im Herbst 1988 statt und beschäftigte sich mit einem griechischen „Dauerbrenner", der düsteren Wirtschaftlage und ihrer Verbesserung. *Alivizatos*, a.a.O. (Anm. 4), S. 140, 150.

58 Die Zahl der „dringlichen" bzw. „sehr dringlichen" Gesetzesvorschläge stieg von sechs (1975-1981) auf 13 (1981–1985) und schließlich sogar auf 16 (1985–1987). Ebenda, S. 150.

59 Art, 32 I der Verfassung von 1975 wurde erst anschließend von der Regierungsmehrheit 1986

durch die faktische Bindung an seine Partei, seine eigenen politischen Interessen und Lösungsvorstellungen langfristig mehrheitsfähig zu machen. Seine Fraktion oder Partei darf ihn jedoch zu solchen politischen Bindungen nicht rechtswirksam zwingen (Art. 60 I). Der Abgeordnete kann nämlich bei schweren Meinungsverschiedenheiten mit seiner Partei jederzeit aus dieser ohne Mandatswechsel austreten und laut Geschäftsordnung (GO) des griechischen Parlaments „parteiunabhängig" werden. Die GO von 1987 hat die Bedeutung der unabhängigen Abgeordneten gegenüber den von ihren Parteiführern beherrschten parlamentarischen Gruppen bei der Dauer des Rederechts (Art. 13) und beim Vorschlagsrecht für die Wahl des Parlamentspräsidenten (Art. 140) langfristig sogar noch gestärkt. Kleine „parlamentarische Gruppen", die von der GO des Parlaments nicht als Parteifraktionen anerkannt werden, haben faktisch die gleichen Rechte wie unabhängige Abgeordnete, die unter bestimmten Umständen selbst für die Regierungsbildung bzw. den Regierungssturz von Bedeutung sein können. So konnte die Regierung *Mitsotákis*, als ihr unmittelbar nach der Wahl von 1990 eine Stimme zur absoluten Mehrheit fehlte, diese erst im Einvernehmen mit dem einzigen Parlamentsvertreter der Zentrums-Partei *Dimokratikí Ananéosi* (DIANA), *Konstantínos Stefanópoulos*, einem ehemaligen „Abtrünnigen" der ND, erreichen.[60] Ebenso sah sich der Parteiführer der ND und Regierungschef im September 1993 genötigt, vorzeitige Neuwahlen für den Oktober anzuberaumen, nachdem zwei Abgeordnete seiner Partei sich für unabhängig erklärt hatten, so daß *Mitsotákis* seine hauchdünne Mehrheit im Parlament einbüßte.[61] Der den Abgeordneten entmündigende Fraktionszwang ist somit verfassungswidrig, denn der Parlamentarier kann sich einem von ihm nicht verantwortbaren Parteidruck wirksam entziehen, ohne in der laufenden Legislaturperiode sein Mandat zu verlieren. Symbolisch drückt sich diese Unabhängigkeit des einzelnen Parlamentariers in seinem verfassungsrechtlich vorgeschriebenen Amtseid (Art. 59 I) aus, den er bei Amtsantritt öffentlich im Plenarsaal zu leisten hat.

4.2 Opposition

Während die Regierungsmehrheit die effektive Machtausübung erfolgreich zu sichern hat, trägt die parlamentarische Opposition *(Antipolítevsi)* Sorge für eine öffentlich wirksame Kritik und Kontrolle der Regierung. Darüber hinaus stellt sie Personal- und Sachalternativen zur Regierungsmehrheit, der ihre Fraktion(en) weder personell angehören noch politisch nahestehen, auf.

Ob in den letzten zwanzig Jahren einer starken griechischen Regierungsmehrheit auch tatsächlich eine politisch einflußreiche Opposition gegenüberstand, soll mit Hilfe der drei Hauptfunktionen einer Opposition (Kontrollrecht, Kontakt zur Öffentlichkeit, Personal- und Sachalternativen) näher untersucht werden. Denn nur bei hinreichendem öffentlichen

dahingehend verändert, daß nun die parlamentarische Wahl des Staatspräsidenten in namentlicher Abstimmung erfolgen muß.

60 Eine „parlamentarische Gruppe" erhält nach der GO von 1987 (Art. 15) nur dann den Fraktionsstatus, wenn sie mindestens aus zehn Abgeordneten besteht oder fünf Abgeordnete aufweist, die Parteien repräsentieren, welche in den letzten Wahlen zumindest drei Prozent der Stimmen und Kandidaten in mindestens 2/3 der nationalen Wahlkreise aufgestellt haben.

61 The Times vom 10.9.1993.

Druck steht die Regierungsmehrheit unter Rechtfertigungszwang. Nur so kann sie dem Informationsanspruch des griechischen Wählers genügen, werden die internen Kontrollen auf seiten der Parlamentsmehrheit verstärkt und kann sich die Opposition dem Wähler als regierungsfähige Alternative vorstellen.

4.2.1 Oppositionelles Kontrollrecht

Erstmals in der griechischen Parlamentsgeschichte versteht die Verfassung von 1975 die Opposition nicht mehr als einen im Grunde genommen unerwünschten Gegensatz zur einheitlichen Staatsnation *('Ethnos)*, die vorher in nationalistischer Selbstüberschätzung der Regierungseliten traditionell als der eigentliche Volkssouverän (Art. 1 III) anerkannt war.[62] Jetzt erscheint die Opposition in der Verfassung (Art. 37, 68) als numerische Minderheit der Parlamentsabgeordneten *(Meiopsifia)*. Bedeutsam ist in dieser Hinsicht auch die Geschäftsordnung von 1987 (Art. 20), die den „Führer der an Parlamentssitzen stärksten Oppositionspartei" mit besonderen Vorrechten bei der Besetzung des Parlamentspräsidiums und der Sitzverteilung in den Ausschüssen ausstattet, die allerdings nicht so weit gehen wie im englischen Modell. Der nachweisbare Wandel im Oppositionsverständnis des griechischen Verfassungsgebers geht jedoch noch nicht mit den gewährten parlamentarischen Minderheitsrechten einher. Eine Anzahl von Beschränkungen der parlamentarischen Kontrollrechte (z.B. unterschiedliche erforderliche Mehrheiten bei Mißtrauens- und Vertrauensanträgen, hohes Abstimmungsquorum nach Art. 72 V) zugunsten der Parlamentsmehrheit macht generelle, öffentliche Kritik im Plenum (Art. 70 VI) wichtiger als die sonstige parlamentarische Kontrolle.

Wenn man die Gesetzgebungsarbeit des Parlaments in den ersten vier Legislaturen von 1974–1987 analysiert, so fällt auf, daß die durchschnittliche Zahl an jährlich verabschiedeten Gesetzen dramatisch abgenommen hat (von 251 (1974–1977) auf 86 in der Zeit von 1985 bis Juni 1987).[63] Vier Gründe können dafür aufgeführt werden: 1. Der nach außen unversöhnlich erscheinende bipolare ideologische Gegensatz zwischen den beiden großen Parteien ND und PASOK behindert eine konstruktive, sachbezogene Zusammenarbeit im Parlament. 2. Das dadurch bedingte wenig kooperative Verhalten der Opposition, selbst in mit der Regierung übereinstimmenden Sachfragen, hat zu einer relativ hohen Zahl anhängiger Regierungsvorlagen geführt bzw. ihre vorzeitige Rücknahme durch die jeweiligen Fachminister bewirkt.[64] 3. Eine zunehmende Anzahl nicht zur Abstimmung gebrachter Gesetzentwürfe enthielt völlig gegensätzliche Maßnahmen und regulierte Sachverhalte, die normalerweise Gegenstand unterschiedlicher Gesetze hätten sein müssen. 4. Sogenannte „Omnibus-Gesetze", d.h. die verfassungswidrige Annahme von vielen Veränderungen am Gesetz in letzter Minute, ohne eine angemessene Debatte darüber in den dafür vorgesehe-

62 *Wenturis*, a.a.O. (Anm. 28), S. 89.

63 *Alivizatos*, a.a.O. (Anm. 4), S. 141.

64 Obwohl sich die parlamentarischen Verhinderungstaktiken der Oppositionsparteien durchaus innerhalb der von der GO gesetzten Grenze (z.B. je nach Behandlungsweise und Verfahrensart unterschiedliche zeitliche Beschränkungen des Rederechts der Abgeordneten) bewegen, blieben in der zweiten Legislaturperiode nach der Diktatur (1977–1981) 134 Gesetzesvorlagen im Parlament stecken bzw. 14 wurden von der Regierung freiwillig zurückgezogen. Ende 1987 waren es dann immerhin noch 63 unerledigte und 13 zurückgezogene Regierungsentwürfe. Ebenda, S. 150.

nen parlamentarischen Ausschüssen zu erlauben, sind in den letzten zehn Jahren zur Regel geworden und haben zur Nivellierung der Gesetzgebungsarbeit beigetragen. Obwohl eine solche Praxis gemäß Art. 74 V der Verfassung grundsätzlich verboten ist, haben die griechischen Gerichte bisher das interne Organisationsrecht des Parlaments nicht für rechtswidrig erklärt.

Die Geschäftsordnung des Parlaments (Art. 95/1975; 125/1987) unterscheidet vier Möglichkeiten zur Wahrnehmung der parlamentarischen Kontrolle (Auskunft, Fragen, Einsprüche (Interpellationen), Anfragen zur Offenlegung von Dokumenten). Eine Untersuchung zur Häufigkeit des Gebrauchs dieser Instrumente durch die Parlamentsabgeordneten zwischen 1974–1987 führte zu folgenden ernüchternden Ergebnissen: Vor allem die Auskunftsersuche an die Regierung, die eigentlich als mildeste Form der Kontrolle den Fachminister lediglich auf ein Problem aufmerksam machen sollen, führen immer seltener zu einem Meinungsaustausch im Plenum; deren Zahl sank von 860 Auskunftsersuchen (1974/77) auf 142 (1985/87).[65] In der Zeit von 1981–1987, die statistisch bisher am besten erfaßt ist, wurden zwischen Oktober bis Juni durchschnittlich 95–100 Plenarsitzungen bei einer Dauer von 2,5–3 Stunden je Sitzung und gewöhnlich bei einer geringen Beteiligung von Abgeordneten für die parlamentarische Kontrolle aufgewendet. Die Hälfte der Tagungen behandelte dabei die Erörterung von Einsprüchen (Interpellationen), die von 75–80 Prozent der Mitglieder der stärksten Oppositionspartei eingereicht wurden.[66]

Ein besonderes parlamentarisches Kontrollinstrument ist das Recht einer entsprechend starken Opposition (Minderheitenquorum) zur Einsetzung von Untersuchungsausschüssen nach Art. 68 II 1, ein Minderheitenrecht, das in der Europäischen Gemeinschaft nur noch in Deutschland und Portugal bekannt ist.[67] Allerdings ist dieses Minderheitenrecht – für dessen Anwendung mindestens 60 Abgeordnete benötigt werden, wozu die jeweils größte Oppositionspartei seit 1974 immer in der Lage war – auf den Einsetzungsbeschluß mit seiner Themenstellung beschränkt. Ansonsten entscheidet die Mehrheit gemäß ihrer Verantwortlichkeit für ihre Regierung, weshalb die Einsetzung derartiger Untersuchungsausschüsse relativ selten praktiziert wird, dann jedoch hohe öffentliche Aufmerksamkeit anzieht. So lehnte es z.B. der mit der Aufklärung des „*Koskotás*"-Finanzskandals von der parlamentarischen Minderheit einberufene Untersuchungsausschuß mit der Mehrheit seiner sozialistischen Parlamentarier ab, den hauptverdächtigen Zeugen *Giórgos Koskotás* anzuhören, weil dessen Vertrauenswürdigkeit angezweifelt wurde. Nach dem ersten Regierungswechsel von 1989 stimmte dagegen die neue Parlamentsmehrheit aus Konservativen und Kommunisten für eine juristische Untersuchung der Verantwortlichkeit des ehemaligen Regierungschefs in der Bestechungsaffäre und hob in diesem Zusammenhang sogar dessen Immunität auf, was als ein beispielloser Vorgang in der Geschichte der dritten griechischen Republik anzusehen ist und vom „Verfassungsvater" *Karamanlís* daher auch scharf kritisiert wurde.

Die Einsetzung von Untersuchungsausschüssen nach Art. 68 II 2 in den zentralen Bereichen der Außen- und Verteidigungspolitik, für die die absolute Mehrheit der Gesamtzahl aller Abgeordneten (mindestens 151) erforderlich ist, beherrscht dagegen eindeutig die Regierungsmehrheit.

Eine arbeitsfähige Regierung kann von der Opposition kaum gestürzt werden, denn ein

65 Ebenda, S. 143.
66 Ebenda, S. 142.
67 *Zervakis*, a.a.O. (Anm. 33), S. 211.

erfolgreiches Mißtrauensvotum bedarf der absoluten Mehrheit aller Parlamentsmitglieder (Art. 84 VI 2), obwohl für die Antragstellung die Unterschriften von mindestens 50 Abgeordneten genügen (Art. 84 II 3). Der Regierung dagegen reicht für einen erfolgreichen Vertrauensantrag die relative Mehrheit der anwesenden Abgeordneten. Vertrauensanträge der Regierung finden, bis auf wenige Ausnahmen (1980, 1987), vor allem nach Parlamentswahlen statt, wenn das neue Regierungsprogramm nach Art. 84 I 2 dem Plenum vorgestellt wird. Mißtrauensanträge werden viel seltener eingebracht (zwischen 1974 und 1994 nur zwei Anträge), weil sie von der Regierungsmehrheit mit an Sicherheit grenzender Wahrscheinlichkeit abgelehnt werden. Im Unterschied zu einigen westeuropäischen Parlamenten werden Mißtrauensanträge, die die Gelegenheit zu einer dreitägigen Auseinandersetzung mit der Regierungspolitik geben, im griechischen Parlament selten praktiziert. Die Möglichkeit zu einer verfassungsgerichtlichen Organklage der parlamentarischen Opposition gegen die Regierung besteht nicht.[68]

Ein Anrecht auf den nur mangelhaft funktionierenden wissenschaftlichen Hilfsdienst und die beengten Räumlichkeiten des Parlaments haben nur die Vorsitzenden der beiden stärksten Fraktionen. Daher nehmen die Abgeordneten nur relativ selten an den Parlamentsdebatten persönlich teil und wenden sich lieber verstärkt dem eigenen Wahlkreis zu, der ihnen die Wiederwahl dann ermöglicht, wenn sie ihre Klientel mit Staatspfründen versorgt hat. Im staatsdirigistischen Wirtschaftssystem Griechenlands (Art. 106) verhalten sich die einzelnen Parlamentarier gegenüber der übermächtigen und von der jeweiligen Mehrheitspartei durchsetzten Ministerialbürokratie wie Lobbyisten.

Bei dem seit jeher komplizierten Verfahren einer Verfassungsänderung nach Art. 110 I–VI erhält die Opposition allerdings die Möglichkeit, wegen der erforderlichen 3/5-Mehrheit entweder im ersten oder im zweiten Abstimmungsgang eine gewichtige Rolle zu spielen. Die letzte Verfassungsänderung von 1986 konnte jedoch noch ohne Mithilfe der Opposition realisiert werden, weil die *Papandréou*-Regierung zu dem Zeitpunkt eine sichere absolute Parlamentsmehrheit besaß.

Die parlamentarische Arbeit einer kontinuierlich handelnden, „strukturellen Opposition"[69], die regelmäßig eine der beiden großen Parlamentsparteien trifft, wird vom griechischen Verfassungsgeber grundsätzlich nicht mehr behindert. Dagegen fällt es den kommunistischen Linken wie den anderen Splitterparteien und unabhängigen Abgeordneten aufgrund ihrer kleinen Präsenz schwer, eine aktive Rolle im Parlament zu spielen. Allenfalls polemische Parlamentsdebatten können sie als nützliches Forum für ihre Wahlwerbung gebrauchen. Die Anerkennung der Wirksamkeit der griechischen Opposition hängt weit weniger von ihrer verfassungsrechtlichen Fähigkeit zur konstruktiven Zusammenarbeit mit der Regierungsmehrheit ab, als vielmehr – vor allem seit dem institutionellen Funktionswandel des griechischen Parlaments[70] – von der besonders seit dem Wegfall des liberalen Zentrums ideologisch polarisierenden, beschränkt pluralistischen Struktur des Parteiensystems[71] und von der traditionellen ideologisch-symbolischen Konfliktorientierung der poli-

68 Ebenda, S. 203.
69 *Kostas Simitis*, Diarrythmistiki Antipolitevsi (Strukturelle Opposition), Athen 1979.
70 *Alivizatos*, a.a.O. (Anm. 4), S. 145, befindet sich in bester Tradition mit der griechischen Staatswissenschaft, wenn er bewußt in seiner ansonsten sehr informativen Studie den prinzipiellen institutionellen Funktioswandel des griechischen Parlaments und die daraus folgende Aufgabenverteilung zwischen Regierungsmehrheit und Opposition nicht anerkennen will.
71 *Seraphim Seferiades*, Polarization and Nonproportionality. The Greek Party System in the Post-

tischen Kultur[72] des Landes. Der einzig erfolgversprechende Weg, der der griechischen „strukturellen Opposition" bleibt, um für mehr Transparenz im Parlament zu sorgen, ist die verstärkte Hinwendung zur außerparlamentarischen Öffentlichkeit.

4.2.2 Kontakt zur Öffentlichkeit

Da der systematische Umgang mit den von der Verfassung und der GO gewährten parlamentarischen Minderheitsrechten den Zugang zur Öffentlichkeit herausfordert, haben sich Opposition und öffentliche Meinung nach 1974 verfassungspolitisch ein neues Element der parlamentarischen Kontrolle erschlossen, das mit der Aufnahme in die GO von 1987 endlich institutionalisiert wurde (Art. 143), nachdem die PASOK es zeitweise (1981–1985) abgeschafft hatte. Die sogenannten „Debatten im Parlament zwischen den Parteiführern" finden halbjährlich statt: einmal auf Initiative der Regierung und das andere Mal auf Anforderung von mindestens zwei Parteien der Opposition. Sie dauern vier bis fünf Stunden und beschäftigen sich bevorzugt mit „nationalen Themen" (Außen-, Wirtschafts- und Erziehungspolitik). Dieser öffentliche Meinungsaustausch im Parlamentsplenum bietet auch dem Ministerpräsident die seltene Gelegenheit, persönlich an der Parlamentsarbeit teilzunehmen, weil die elektronischen Medien gewöhnlich die Debatten noch am selben Abend ausführlich landesweit übertragen.

Andere publikumswirksame Tätigkeitsfelder der griechischen Oppositionsparteien außerhalb der Nationalversammlung sind die örtlichen Selbstverwaltungsorgane der Gemeinden und Städte sowie seit 1981 die Direktwahl zum Europäischen Parlament. Kommunal- und Europawahlen[73] sowie Wahlen zu den diversen freien Berufsorganisationen (Ärzte, Anwälte), den Gewerkschaften und Universitäten sowie den anderen Körperschaften des öffentlichen Rechts werden von den nationalen Parlamentsparteien fast völlig beherrscht und spiegeln normalerweise die realen Machtverhältnisse im griechischen Parteienstaat wider. Aus dem Wahlverhalten der griechischen Bevölkerung entnehmen die Politiker in Athen regelmäßig Hinweise auf möglicherweise vorgezogene Parlamentswahlen, um das Vertrauen ihrer Wählerklientel zu überprüfen.[74] Dies ist um so wichtiger, als ein Vergleich der letzten zwölf

war Era, in: Comparative Politics, 19/1, 1986, S. 69–93 und *Ronald Meinardus* u.a., O Filelevtherismos stin Ellada. Filelevtheri Theoria kai Praktiki stin Politiki kai stin Koinonia tis Ellados (Der Liberalismus in Griechenland. Liberale Theorie und Praxis im politischen Leben und in der Gesellschaft Griechenlands), Athen 1991.

72 Zum Einfluß der traditionellen politischen Kultur Griechenlands auf das gegenwärtigen Parlamentarismus vgl. *Adamantia Pollis*, The Impact of Traditional Cultural Patterns on Greek Politics, in: Greek Review of Social Research, 29/1977, S. 1–14.

73 Bei den letzten Europawahlen vom 12. Juni 1994 erhielt die PASOK unter dem reinen Verhältniswahlrecht 37,6 %, die ND 32,7 %, die nationalistische Samaras-Partei 8,7 % und die KKE sowie die Linke Allianz je 6,3 % der Wählerstimmen, bei einer Wahlbeteiligung von 71,2 % (1989: 79,9 %). Europa Forum, Informationen aus dem Europäischen Parlament, 6/7, 1994, S. 4. Zum Wahlverhalten und der Parteipräferenz des griechischen Wählers bei den Europawahlen sowie den ambivalenten Einstellungen der griechischen Abgeordneten im EP vgl. den einzig empirisch angelegten Abschnitt bei *Nikolaus Wenturis*, Griechenland und die EG. Die soziopolitischen Rahmenbedingungen griechischer Europapolitiken, Tübingen 1990, S. 255–303 und 315–355. Außerdem *Heinz-Jürgen Axt*, Griechenlands Außenpolitik und Europa: Verpaßte Chancen und neue Herausforderungen, Baden-Baden 1992.

74 *Kevin Featherstone*, Elections and Voting Behaviour, in: *ders./Dimitris Katsoudas*, a.a.O. (Anm. 32), S. 34–63 und FAZ vom 18.10.1994.

Jahre ergeben hat, daß lediglich knapp 10 Prozent der griechischen Wähler aus dem ehemaligen liberal-bürgerlichen Zentrum regelmäßig zwischen den beiden großen Parteien hin- und herwandern und damit den Wahlausgang bestimmen.[75]

Deswegen ist für die Effizienz der parlamentarischen Opposition ihr freier Zugang zu den Medien ein wichtiger Faktor. Erst dieser Kontakt mit der Öffentlichkeit sichert den Erfolg ihrer kritischen Funktion. Daher eröffnen die staatlichen und privaten Massenkommunikationsmittel – Zeitung, Radio und Fernsehen – der jeweiligen parlamentarischen Opposition in unterschiedlicher Weise Wirkungsmöglichkeiten. Art. 14 der Verfassung garantiert die Presse- und Informationsfreiheit und verbietet jegliche Zensur. Dennoch enthält dieser Verfassungsartikel immer noch viele traditionelle strafrechtliche Einschränkungen, die wohl in der heutigen Praxis keine Anwendung mehr finden, aber auch bei der letzten Verfassungsrevision von 1986 nicht verändert wurden.[76] Im Pressewesen, bevorzugt in den parteipolitisch stark voneinander unterscheidbaren Tages- und Wochenzeitungen, findet öffentliche Kritik und Kontrolle der Regierungsarbeit statt. In den letzten Jahren hat jedoch die private Konkurrenz von Rundfunk- und Fernsehsendern zu einer organisatorischen Krisenstimmung in den Printmedien geführt, weil die Zahl der Käufer und Leser ständig abnimmt, so daß Anzeigenaufkommen und Auflagenhöhen rapide gesunken sind und die wachsenden Herstellungskosten nicht mehr auffangen können. Die Folge ist eine zunehmende Trivialisierung der politischen Berichterstattung, obwohl die Tageszeitungen immer noch das gesamte parteipolitische Spektrum abdecken.

Art. 15 II der griechischen Verfassung von 1975 und 1986 hatte lange Zeit die traditionelle staatliche Kontrolle über Hörfunk und Fernsehen normativ legitimiert und die audiovisuellen Medien zu einem Sprachrohr der jeweiligen Regierung verkommen lassen. Denn der Schutz der Pressefreiheit aus Art. 14 gilt nur für die Printmedien.[77] Erst seit den 80er Jahren haben erfolgreiche Initiativen der liberalkonservativen Opposition[78] auch zur faktischen Deregulierung des staatlichen Rundfunkmonopols geführt. Diese medienpolitische Vielfalt bedeutet heute hauptsächlich, daß Myriaden von privaten Radio- und Fernsehsendern das staatliche Rundfunkmonopol in der Medienpraxis soweit zum Einbruch gebracht haben, daß die anhaltende Kontrolle des Staatsfunks durch die Regierungsmehrheit heute aufgrund der völlig veränderten Hör- und Sehgewohnheiten der griechischen Konsumenten nur noch geringe Auswirkungen auf das Wahlverhalten hat. Die griechischen Privatsender organisieren selbständig ihr eigenes, nur teilweise an die Parteienlandschaft angelehntes, stark verbraucherorientiertes Programm und haben bereits bisher in Griechenland unbekannte neue Formen wie Talk-Shows eingeführt. Diese pluralistischen Entwicklungen auf dem medienpolitischen Markt haben die neue Regierung *Papandréou* veranlaßt, schon Ende November 1993 den bisherigen nationalen Rundfunkrat mit Hilfe einer Präsidentialverordnung (Nr. 172) gesetzlich so neuzuordnen, daß eine Art öffentlich-rechtliche Oberaufsicht über die

75 *Axt*, a.a.O. (Anm. 48), S. 7f.

76 Vgl. dazu die historische Einführung von *D. Katsoudas*, The Media: the State and Broadcasting, in: *Featherstone/Katsoudas*, a.a.O. (Anm. 32), S. 189–213 und die stärker verfassungsrechtlich ausgerichtete Analyse von *Dimitris Korsou*, Typos kai Radiotileorasi (Pressewesen und Rundfunk), Athen 1987.

77 Vgl. *Nikos Alivizatos*, Kratos kai Radiotileorasi. I Thesmiki Diastasi (Staat und Rundfunk. Die institutionelle Trennung), Athen 1986.

78 Zur Begründung dieser Bewertung der ND vgl. den Leserbrief des Autors an die FAZ vom 26.10.1994.

elektronischen Medien entstehen kann. Und im Juli 1994 wurde ein neues Medien-Ministerium mit der etwas unglücklich gewählten, weil an die Junta-Repressionen erinnernde Bezeichnung „Aufklärung der Presse und der Massenmedien *(Týpou kai Méson Masikís Enimérosis)*" aus der Taufe gehoben, das die Funktion eines bisher fehlenden „Bundespresseamtes" übernehmen soll. Zugleich soll dort jedoch auch nach den Vorstellungen des zuständigen Ministers die effizientere staatliche Regulierung des heutigen medienpolitischen Wildwuchses nach den Kriterien des „Pluralismus" und der „Polyfonie" organisiert werden.[79]

4.2.3 Alternativen

Die beiden größten griechischen Parlamentsparteien ND und PASOK stehen mit ihren „Führern" ebenso regelmäßig als Personalalternative wie als politisches Alternativprogramm, das meist in einprägsame, leicht verständliche Formeln wie *Allagí* oder *Kathársis* gepreßt wird, zur Wahl. Die Hoffnung auf einen Machtwechsel nach Neuwahlen sichert der jeweils größten Oppositionspartei ihre Identität und den Zusammenhalt, bindet sie dann als Regierungspartei jedoch an die Erfüllung ihrer Wahlversprechen zur Sicherung ihrer Wiederwahl. Beide großen Parteien scheinen nach 1974 zumindest die Kernelemente ihrer Wahlprogramme, die sie in der Opposition entwickelt hatten, erfolgreich umgesetzt zu haben. Die ND löste beispielsweise ihr Wahlversprechen einer engeren Westbindung durch den Beitritt in die EG (1981) ein, und die PASOK implementierte erfolgreich ihr soziökonomisches Reformprogramm schon in ihrer ersten Amtsperiode (1981–1985).[80]

Dennoch identifiziert sich der griechische Wähler seit langem mit seiner Partei viel stärker über den „Parteiführer" und dessen historisch-demokratische Legitimität in der Zeit vor 1967 (Links-rechts-Typisierung). Außerdem spielen für das Verhältnis zwischen Wähler und Parteiführung die regionale Herkunft ebenso eine wichtige Rolle wie der Grad des Wohlbefindens und die Altersidentifikation. Dagegen üben modernisierte parteipolitische Ideologien (Neoliberalismus, Reformsozialismus, Eurokommunismus) und ständig aktualisierte Parteiprogramme (Privatisierungen, soziale Solidarität) wenig Anziehungskraft auf das Wahlvolk aus.[81]

Als großer Nachteil für das griechische Parteiwesen erweist sich der vergleichsweise geringe Organisationsgrad[82], die starke Ausrichtung der Parteiapparate auf deren Parteiführer[83] und

79 So der neue Medien-Minister *Elefthérios Venizélos* in einer Pressekonferenz vom 8.7.1994.

80 *Efthalia Kalogeropoulou*, Election Promises and Government Performance in Greece: PASOK's Fulfilment of its 1981 Election Pledges, in: European Journal of Political Research, 17/1989, S. 289–311.

81 *Featherstone*, a.a.O. (Anm. 74), S. 60 und die Regionalstudie von *Betty A. Dobratz/George A. Kourvetaris*, Electoral Voting Preferences and Political Orientations of Athenians in Greece: A Three Perspective Model, in: European Journal of Political Research, 9/1981, S. 287–307. Zu den Parteiprogrammen vgl. *Clogg*, a.a.O. (Anm. 14), S. 217–240.

82 Wenngleich es hier graduelle Unterschiede gibt: So sind die regionalen und lokalen Parteiorganisationen von KKE und PASOK weit stärker im ganzen Land vertreten als die der ND, der *Politikí 'Anixi* oder des *Synaspismós*.

83 Wobei auch in diesem Punkt sich die Parteien unterscheiden: Während KKE, *Politikí Anixí* und PASOK immer noch am „Führerkult" hängen, entscheiden in der ND und im *Synaspismós* die demokratisch legitimierten Führungsgremien von Partei und Fraktion stärker über Wahl und Abwahl ihrer Vorsitzenden.

das Fehlen eines konkreten innerparteilichen Demokratiegebots in der griechischen Verfassung bzw. in den Parteigesetzen[84]. Die zwei maßgeblichen Massenparteien können zwar ideologisch, strukturell und nach Mitgliederzahlen sowie Abgeordnetensitzen zu den demokratischen Volksparteien westeuropäischer Prägung gezählt werden. Mit der innerparteilichen Diskussionsbereitschaft und Opposition gibt es jedoch immer noch graduelle Schwierigkeiten, die sich an den häufigen Parteiaustritten gerade bekannter Politiker ablesen lassen.[85]

Die vorhandenen gesellschaftlichen Organisationen und Interessengruppen (Gewerkschaften) sind darüber hinaus eng am bipolaren Parteiwesen ausgerichtet. Zudem werden sie wie auch die Parteien[86] finanziell und organisatorisch weitgehend vom Staat (Regierungsmehrheit) kontrolliert.[87] Hinzu kommt, daß die Verwaltungsstruktur Griechenlands hochzentralisiert, streng weisungsgebunden und ein Instrument zur Versorgung der Anhänger und des Personals der jeweiligen Regierungspartei ist.[88]

Das griechische Parteiensystem deckt weitgehend die politische Landschaft Griechenlands ab. Ihre langfristige Regierungsfähigkeit haben bisher allerdings hauptsächlich ND und PASOK unter Beweis stellen können. Trotz bestehender historischer und ideologischer Gegensätze haben sich beide Großparteien und die Kommunisten in den letzten beiden Regierungskrisen von 1989 erstmals auch grundsätzlich als koalitionsfähig in Personal- und Sachfragen erwiesen, wenngleich jeweils nur für einen kurzen Zeitraum.

5. *Griechischer Parlamentarimus zwischen Kontinuität und Wandel*

Griechenland und sein Parlament zählen seit 1974 ebenso wie Spanien und Portugal zu den „neuen" Demokratien[89], obwohl der griechische Parlamentarismus seit 1875 fest im politi-

84 Art. 29 I der griechischen Verfassung bestimmt im Gegensatz zum Art. 21 I GG die innere Struktur der Parteien nur mittelbar. Vgl. zum fragmentierten griechischen Parteienrecht ausführlich *Georgios Papadimitriou*, Parteienrecht in Griechenland, in: *Dimitris Th. Tsatsos/Dian Schefold/Hans-Peter Schneider* (Hrsg.), Parteienrecht im europäischen Vergleich. Die Parteien in den demokratischen Ordnungen der Staaten der Europäischen Gemeinschaft, Baden-Baden 1990 (Schriften zum Parteienrecht, Bd. 1), S. 264–299.

85 Vgl. *Kevin Featherstone*, Political Parties and Democratic Consolidation in Greece, in: *Geoffrey Pridham* (Hrsg.), Securing Democracy: Political Parties and Democratic Consolidation in Southern Europe, London 1990, S. 179–202.

86 Zu den Problemen mit der staatlichen Parteienfinanzierung, die erst spät (1984) gesetzlich geregelt wurde, mittlerweile jedoch schon mehrmals verändert wurde, wobei die großen nationalen Parteien finanziell übervorteilt werden vgl. *Georgios Papadimitriou*, Parteienfinanzierung in Griechenland, in: *Dimitris Th. Tsatsos* (Hrsg.), Parteienfinanzierung im europäischen Vergleich. Die Finanzierung der politischen Parteien in den Staaten der Europäischen Gemeinschaft, Baden-Baden 1992 (Schriften zum Parteienrecht, Bd. 4), S. 197–230.

87 *Papadimitriou*, a.a.O. (Anm. 84), S. 281. Zur sozialen Dimension der griechischen Parteien vgl. *Papadopoulos*, a.a.O. (Anm. 34), S. 64–68. Zu den Gewerkschaften vgl. *Rossetos Fakiolas*, Interest Groups: An Overview, in: *Featherstone/Katsoudas*, a.a.O. (Anm. 32), S. 174–188 und *Chris Jecchinis*, Greece, in: *Joan Campbell* (Hrsg.), European Labor Unions, Westport/London 1993, S. 197–213.

88 Der Zentralisierungsgrad des griechischen Regierungs- und Verwaltungssystems ist mit 96 % ein europäischer Spitzenwert und allenfalls noch mit dem Portugals (95 %) zu vergleichen. *Lijphart/Diamandouros*, a.a.O. (Anm. 2), S. 21.

89 *Pridham*, a.a.O. (Anm. 1), S. 26.

schen System verankert ist, und das Land nur kurze Zeiten nicht-parlamentarische Regime erfahren hat. Erst durch die Abschaffung der Monarchie über eine Volksabstimmung und die Einführung eines funktionierenden, auf Konkurrenz zielenden pluralistischen parlamentarischen Systems seit der Restauration der Demokratie nach 1974 (Zulassung aller Parteien, Abhaltung von Wahlen, Verabschiedung einer neuen Verfassung) wurden die Grundlagen für den institutionellen Funktionswandel des griechischen Parlaments gelegt. Die Lösung der monarchischen Frage im gegenseitigen Einvernehmen aller politischen Kräfte bedeutete das Ende des nationalen Schismas zwischen Republikanern und Monarchisten. Die Einführung des Rechtsstaats und die Demokratisierung der parlamentarischen Institutionen beendete die dauerhafte Ausgrenzung der politischen Linken unter dem Vorwand des Antikommunismus und die Akzeptanz des Prinzips des geregelten Machtwechsels zwischen den beiden großen Sammlungsparteien der linken und der rechten Mitte bei langfristigem Verlust des liberalen Zentrums. Kommunisten und Nationalisten sind heute in das parlamentarische System integriert und konkurrieren allenfalls miteinander als legale Daueropposition um die Position als drittstärkste (Splitter-) Parlamentspartei. Das griechische Parlament bekam durch diese sozio-politischen Entwicklungen und durch die erstmalige verfassungsrechtliche Akzeptanz seiner konstitutiven Triebkräfte, den Parteien, die Gelegenheit, die traditionelle Gewaltenteilung zwischen Legislative und Exekutive politisch um das Verhältnis von Regierungsmehrheit und Opposition zu erweitern. Die griechische Parlamentsmehrheit verhält sich daher funktionsgerecht, wenn und solange sie die Regierungsämter an Personen ihres Vertrauens überträgt und ihnen dann in deren politischer Führung folgt. Denn erst diese prinzipielle Interessenidentität zwischen Regierungspersonal und einfachem Abgeordneten schafft eine Arbeitsteilung innerhalb der Regierungsmehrheit. Die Regierung hat die Initiative in der Gesetzgebung und im Haushalt, während die Parlamentsmehrheit bei der Überprüfung der Regierungstätigkeit in den Ausschüssen mitwirkt und die Gesetzesvorlagen dort erst mehrheitsfähig macht. Mit Hilfe des Abberufungsrechts und der Fraktionsdisziplin leistet die Parlamentsmehrheit der Regierung grundsätzlich nur Folge, solange sie mit der Regierungsführung einverstanden ist und sie der Parlamentsmehrheit zu einem Wahlsieg verhilft.

Der Ministerpräsident ist das starke Bindeglied zwischen Regierung, Parlamentsmehrheit und Regierungspartei. Seit 1974 – nach 1986 auch verfassungsrechtlich – kontrolliert jeder parlamentarisch getragenen Regierungschef (mit zwei Ausnahmen) die drei Kernbereiche des politischen Lebens in Griechenland[90]:

1. Als „Parteiführer" der Regierungspartei beteiligt er gewöhnlich seine Parteigremien nur relativ wenig an seiner Entscheidungsfindung. Je charismatischer sein Führungsstil ist, desto wahrscheinlicher bevorzugt er die akklamatorische Bestätigung seiner Person durch die Parteibasis auf den Parteitagen. In der Opposition dagegen ist der pragmatische Parteivorsitzende viel eher bereit, den demokratischen Willensbildungsprozeß der eigenen Partei und der Parlamentsfraktion zu akzeptieren.[91]

2. Der Ministerpräsident ist zugleich Führer der parlamentarischen Mehrheitsfraktion, deren Mitglieder von ihm persönlich durch eine günstige Plazierung auf Parteilisten ausge-

90 *Manessis*, a.a.O. (Anm. 10), S. 805. Diese Regel wurde bisher nur im Krisenjahr 1989 zweimal durchbrochen (Kabinette *Tzannís Tzannetákis* und *Xenofón Zolótas*).

91 Vgl. dazu den Parteitag der regierenden PASOK in FAZ vom 15. April 1994 und Frankfurter Rundschau vom 29. 04.1994.

sucht werden. Diese Personenauswahl begünstigt die Zustimmungsbereitschaft der Fraktion gegenüber ihrem Regierungschef (Fraktionskohäsion).
3. Als Chef der Parlamentsmehrheit steht er verfassungsgemäß der Regierung vor, die er über sein Ministervorschlagsrecht, seine Richtlinienkompetenz und das Gesetz zur Neuordnung des Ministerialbetriebs (Nr. 1558/1985) streng hierarchisch leitet. Um sein enges Verhältnis zur Parlamentsmehrheit weiter zu stärken, wird er stets darum bemüht sein, möglichst viele Parlamentsabgeordnete seiner Partei über den Weg der regelmäßigen Regierungsumbildungen auch personell zu integrieren. Dabei macht er seine personellen Entscheidungen, wen er in die Regierung aufnimmt, eher von seiner nächsten außerparlamentarischen Umgebung abhängig, als vom individuellen Wahlerfolg seiner Abgeordneten.[92]

Der Regierungschef ist also heute in Griechenland für die weitgehende Personalisierung der politischen Macht verantwortlich. Trotz seines maßgebenden Einflusses kann er sich nie lange außerhalb des Machtgefüges der Regierungsmehrheit bewegen, ohne deutlich an Autorität zu verlieren. Eine Staatskrise und Neuwahlen könnten sonst die Folge sein. Hier sei nur an den vermeintlichen Wahlgewinner vom April 1990, *Kóstas Mitsotákis*, gedacht: Ein Konflikt mit seinem Parteifreund, designiertem Nachfolger und Außenminister, *Antónios Samarás*, in der leidigen Makedonienfrage führte zur Entlassung des Ministers, woraufhin *Samarás* die Fraktion verließ und mehrere Abgeordnete der ND ihm folgten. Die zerbrechliche Regierungsmehrheit von *Mitsotákis* schmolz dahin, und er mußte Neuwahlen zu einem denkbar ungünstigen Zeitpunkt ausrufen, die zum Sieg *Papandréous* führten.[93]

Wenn die vergangenen zwanzig Jahre des funktionierenden Parlamentarismus in Griechenland bilanziert werden sollen, dann fallen neben der nach westeuropäischem Maßstab außergewöhnlich weitreichenden Handlungsfreiheit des Regierungschefs *Papandréou* gegenüber der Regierungsfraktion und der Parteimaschine der PASOK die starken und selbstsicheren Einpartei-Mehrheiten auf, die von einem erstmals 1951 erprobten und dann seit 1958 ständig von der Regierung beibehaltenen, die beiden Großparteien begünstigenden Wahlrecht mitbedingt wurden. Eine demokratische Ausübung solcher politischen Machtfülle in den Händen eines auf eine charismatische Führungspersönlichkeit zugeschnittenen Regierungsamtes setzt die Bereitschaft der Parlamentsmehrheit voraus, ungeschriebene demokratische Spielregeln zu berücksichtigen, die sich in der stark polarisierten politischen Kultur des Landes mit seinen Eigenheiten nur schwer gegen den traditionellen, sich selbst genügenden Machtanspruch der Parteieliten durchsetzen können.

So gelingt es den politischen Parteifamilien *(Parátaxeis)* bis heute, sich trotz organisatorischer Wandlungen der Parteien zu behaupten. Klientelismus, Korruption und Personalismus beherrschen immer noch den politischen Alltag, obwohl sie jetzt von einer starken parteiorganisatorischen Basis abhängen. Die Eingriffe des Staates in die Gesellschaft sind durch eine von der jeweiligen Regierungs- und Einparteimehrheit abhängige Staatsverwaltung verstärkt worden.

92 Der jüngste Fall betraf das langjährige aktive Parteimitglied der PASOK, *Vásso Papandréou*, die nicht mit dem Parteivorsitzenden verwandt ist: Die geschickte Politikerin und ehemalige Kommissarin in Brüssel hatte bei den letzten Parlamentswahlen die meisten Stimmen von allen Abgeordneten in den 56 Wahlkreisen erhalten. Sie war jedoch wegen privater Animositäten mit der Ehefrau des Regierungschefs wie mit ihm selbst, der keinen „aufsteigenden Stern" neben sich duldet, nicht in die Regierung aufgenommen worden. *Featherstone*, a.a.O. (Anm. 47), S. 209.

93 Ebenda, S. 204.

Nach der Überwindung der politisch aktiven Monarchie (als Teil der Exekutive) und der wichtigsten gesellschaftlichen Spannungen wird dagegen die verfassungsrechtlich gesicherte freie Tätigkeit der parlamentarischen Opposition heute endlich auch von allen politischen Kräften Griechenlands anerkannt. Zwar wird die Opposition immer noch sowohl verfassungsnormativ wie politisch in der Ausübung ihrer parlamentarisch-kritischen Kontrollfunktion von seiten der Regierungsmehrheit behindert. Sie kann allenfalls politischen Einfluß, nicht aber politische Macht entwickeln. Eine Regierungsablösung ist daher auch eher über Neuwahlen, verstanden als Prozeß einer „freiwilligen Abdankung" oder eines völligen Versagens der Regierungsmehrheit, als über den Weg eines formellen Sturzes durch eine starke Opposition denkbar. Betrachtet man jedoch den realen politischen Spielraum einer Opposition im parlamentarischen System, dann stellt sich die angebliche institutionelle „Ohnmacht der (griechischen) Opposition"[94] *(Dimítris Tsátsos)* gegenüber der besonders ausgeprägten „Premierdominanz" *(Winfried Steffani)* weitaus weniger dramatisch dar, als die Fachliteratur gewöhnlich suggerieren will. Denn oppositionelle Kritik und Kontrolle der Regierungsmehrheit lassen sich effektiv und transparent nur über die Beeinflussung der öffentlichen Meinung eines demokratischen Staates wahrnehmen. Das Parlament wird von der Regierungsmehrheit beherrscht, deren Mitglieder auch das Regierungspersonal kontrollieren. Der Wähler entscheidet mit seiner Stimme über einen Regierungswechsel und übt zusätzlich Druck auf die Regierungsmehrheit aus, sich vor ihm und der Opposition zu rechtfertigen.

In der weit über 150jährigen parlamentarischen Tradition Griechenlands hat sich die Funktion seines Parlaments seit 1974 von einem organschaftlichen Gegner der monarchisch bestimmten Exekutive grundlegend zum öffentlichen Forum einer bipolaren, ideologisch-politischen Konfrontation zwischen den politischen Institutionen Regierungsmehrheit und Opposition gewandelt.

94 Vgl. *Dimítris Tsátsos*, Die neue griechische Verfassung. Parlamentarische Ohnmacht statt demokratischer Kontrolle, Heidelberg 1980.

3 Nationale Parlamente in Europa

Die Wahl zum norwegischen Storting 1993.
Ein deutliches Ja zu einem Nein

Detlef Jahn

Wahlen in Europa[1] haben jene Kontinuität, die ihnen über Jahrzehnte eigen war, verloren. Die prognostizierten Tendenzen über die nachlassende Bindefähigkeit der Parteien westlicher Industriegesellschaften der 70er und 80er Jahre werden in den 90er Jahren auf eindrucksvolle Weise bestätigt. Diese Entwicklungen werden durch eine wirtschaftliche Rezession und vor allem durch die Umbrüche in Osteuropa verstärkt. Gerade die veränderte Machtbalance in Europa führt zur Überprüfung der politischen und wirtschaftlichen Bündnispolitik vieler Staaten. Dieser Aspekt hat eine besonders wichtige Bedeutung für skandinavische Wahlen. Die europäische Integration ist in diesen Ländern, bis auf Finnland, besonders umstritten. Auch in Schweden mobilisieren sich die Befürworter und Gegner einer Mitgliedschaft in die Europäische Union (EU) für eine Volksabstimmung im Wahljahr 1994. Norwegen nimmt in diesem Konzert eine ganz besondere Rolle ein.[2]
Anfang der 70er Jahre polarisierte das Thema „Europäische Gemeinschaft" (EG) die politischen Lager in Norwegen wie kein anderes zuvor.[3] Der Konsens zwischen den politischen Lagern, der von der Bauernschaft bis zu den Klassengegnern Kapital und Arbeit reichte, schien in Frage gestellt. Regionale Unterschiede, in Norwegen immer eine Konfliktstruktur besonderer Art[4], traten durch die Frage der europäischen Integration in den Vordergrund. Die urbanen Zentren im Süden (Oslo und Bergen) sprachen sich mit knappen Mehrheiten für die Europäische Gemeinschaft aus; die ländlichen Gegenden im Norden, die in besonderem Umfang vom Fischfang leben, drückten ihren Unmut jedoch durch eine Ablehnung der europäischen Integration aus, wobei ihr Protest durch eine Dreiviertelmehrheit deutlich wurde.
Zwar verschwand das Thema der europäischen Integration für zwei Jahrzehnte von der Spitze der politischen Tagesordnung in Norwegen, jedoch veranlaßten die jüngsten Ereignisse die norwegische Regierung, ihre Positionen zu überdenken. Insbesondere die Annäherungen der Nachbarn Schweden und Finnland an die Europäische Union brachten Norwegen, wollte es nicht zunehmend isoliert werden, in Zugzwang.
Die europäische Integration besitzt in Norwegen besondere Sprengkraft, da sie nicht nur

1 Für konstruktive Kommentare zum Manuskript und für Informationen möchte ich mich bei Prof. *Stein Kuhnle* von der Universität Bergen und *Christopher Bratt* von der Universität Oslo recht herzlich bedanken. *Anita* und *Klaudia Siegmund* haben mich bei der redaktionellen Arbeit unterstützt.
2 Für einen aktuellen Überblick über die gesellschaftspolitische Entwicklung Norwegens siehe *Stein Kuhnle*, Norwegen, in: Aus Politik und Zeitgeschichte, B 43/92, 1992, S. 12–21.
3 Dieser Konflikt ist festgehalten in: *Henry Valen*, National Conflict Structure and Foreign Politics: The Impact of the EEC Issue on Perceived Cleavages in Norwegian Politics, in: European Journal of Political Research, 4 (1976); *Nils Petter Gleditsch/Ottar Hellevik*, Kampen om EF, Oslo 1977.
4 *Henry Valen/Stein Rokkan*, Norway: Conflict Structure and Mass Politics in a European Periphery, in: *Richard Rose* (Hrsg.), Electoral Behavior: A Comparative Handbook, New York 1974.

die politischen Lager polarisiert, sondern auch politische Parteien intern spaltet. Die liberale Partei konnte sich von den internen Bewegungen in den 70er Jahren nicht mehr erholen und verlor viel von ihrer politischen Bedeutung. Auch die im Parteiensystem dominante Norwegische Arbeiterpartei mußte in der Wahl 1973 empfindliche Einbußen hinnehmen. Die spätere positive Stellungnahme zur Mitgliedschaft in der EU war also nicht ohne Risiko, zumal die parteipolitische Loyalität in Norwegen Ende der 80er Jahre umstrittener war als je zuvor.

Die Wahlen in Norwegen hatten noch eine weitere Bedeutung. Nachdem das vielbeschworene „schwedische Modell" unter anderem durch die Regierungszeit der bürgerlichen Parteien demontiert worden schien[5], stand Norwegen allein als Bollwerk des skandinavischen Wohlfahrtsstaates.[6]

1. Die politischen Parteien in Norwegen

Der norwegischer Politikwissenschaftler *Stein Rokkan* entwickelte die These der *Cleavage*-Strukturen[7] wohl vor allem auf dem Hintergrund seiner unmittelbaren Erfahrungen in Skandinavien. Im wesentlichen bestehen die Parteien in Norwegen, wie auch in Dänemark, Finnland und Schweden, aus fünf Parteien bzw. Strömungen[8]: einer konservativen, einer liberalen, einer Bauern- (seit Mitte der 50er Jahre Zentrumspartei), einer sozialdemokratischen und einer kommunistischen Partei. Der These *Rokkans* zufolge haben sich diese Parteien durch gesellschaftspolitische Konfliktstrukturen, wie durch den Gegensatz zwischen Stadt-Land, Kapital-Arbeit, Katholiken-Protestanten, gebildet und sind deren institutionalisierte Gerinnung. Wenngleich diese Konfliktstrukturen schon um die Zeit der Jahrhundertwende Gültigkeit besaßen, so vermochten die Parteien, die sich hieraus ergaben, auch andere, nachfolgende Problemschübe zu absorbieren. Dies ist in Norwegen im besonderen Maße gelungen.[9] So entstand dort, im Gegensatz zu vielen anderen Ländern, zumal

5 *Detlef Jahn*, Das „Schwedische Modell" – Zukunfts- oder Auslaufmodell?, in: *Gunilla Rising Hintz* (Hrsg.), Das „Schwedische Modell" – Zukunfts- oder Auslaufmodell? Marburg 1993; bezogen auf die Entwicklungen im Lichte der Reichstagswahl von 1991: *ders.*, Die Wahl zum schwedischen Reichstag 1991: Das Ende des schwedischen Modells? ZParl, 23. Jg. (1992), H. 1.

6 Die Eigenart des skandinavischen Wohlfahrtsstaates unter besonderer Berücksichtigung des norwegischen Weges wird beschrieben von *Stein Kuhnle*, Den skandinaviske velferdsmodell: skandinavisk? velferd? modell?, in: *Rosenhayn Hovdum, Anders, Kuhnle, Stein, Stokke, Liv* (Hrsg.), Visjoner om velferds samfunnet, Bergen 1990, S. 12–20 sowie *ders.*, Das skandinavische wohlfahrtsstaatliche Modell im Zeitalter der europäischen Einigung, in: Zeitschrift für Sozialreform, 37 (10) 1991, S. 606–619. In komparativer Perspektive siehe auch *Gösta Esping Andersen*, The Three Worlds of Welfare Capitalism, Cambridge 1991.

7 *Seymour Martin Lipset/Stein Rokkan*, Cleavage Structures, Party Systems, and Voter Alignments: An Introduction, in: *dies.* (Hrsg.), Party Systems and Voter Alignments, New York 1967.

8 Die Ähnlichkeit der skandinavischen Parteiensysteme veranlaßte manche Autoren dazu, diese Länder unter der Betonung ihrer Gemeinsamkeit abzuhandeln. Siehe zum Beispiel *Sten Berglund/Ulf Lindström*, The Scandinavian Party System(s), Lund 1978; *Olof Petersson*, Die politischen Systeme Nordeuropas, Baden-Baden 1989.

9 Allgemeine Abhandlungen über das norwegische Parteiensystem finden sich u.a. in *Karl Kuhn*, Norwegen, in: *Joachim Raschke* (Hrsg.), Die politischen Parteien in Westeuropa: Geschichte-Programm-Praxis. Ein Handbuch, Reinbek 1978; *Francis B. Jacobs*, Norway, in: *ders.* (Hrsg.), Western European Political Parties. A Comprehensive Guide, Essex 1989.

insbesondere im Gegensatz zu anderen skandinavischen Ländern wie Finnland und Schweden, keine bedeutende genuine Umweltpartei.[10] Wie in Dänemark wurde dieses Thema auch in Norwegen von den etablierten Parteien aufgenommen. Sowohl die sozialistische Linkspartei einerseits, als auch die Liberalen und die agrarische Zentrumspartei andererseits vermochten das Umweltthema in ihre Programme zu integrieren. Aber auch die norwegische Arbeiterpartei hat in ihrer Ministerpräsidentin *Gro Harlem Brundtland* eine exponierte Vertreterin umweltpolitischer Anliegen.[11]

Die ältesten norwegischen Parteien entstanden schon in den 80er Jahren des vorigen Jahrhunderts. Gemäß der Sitzordnung im Parlament wurde zwischen der Rechten *(Höyre)* und der Linken *(Venstre)* unterschieden. Die *Höyre* war die Partei der Beamten, jener Schicht, die im Besitz der Macht war und die die konstitutionelle Ordnung repräsentierte. Seit den 20er Jahren ist die *Höyre* die zweitgrößte Partei Norwegens. Die *Venstre* vertrat zunächst die Interessen der Bauern und später auch die der städtischen Intellektuellen und der aufkommenden Mittelklasse. Insbesondere trat sie für die Ausweitung des allgemeinen Wahlrechts ein, das in Norwegen schon 1898 für Männer und 1913 auch für Frauen durchgesetzt wurde.

Durch die zunehmende Bedeutung von wirtschaftlichen Themen und das Wachstum der Arbeiterklasse differenzierte sich die *Venstre* aus. Dies führte zum einen zu der Norwegischen Arbeiterpartei *(Det Norske Arbeiderparti,* DNA), die sich 1887 gründete und seit den 30er Jahren die stärkste politische Kraft in Norwegen ist. Von 1935 bis 1963 stellte die DNA, ausgenommen die Kriegsjahre zwischen 1940 und 1945, die alleinige Regierungspartei. Von 1945 bis 1961 war die DNA in der Lage, eine Mehrheitsregierung zu bilden. Bis auf eine sehr kurze Zeit im Jahre 1945 war die DNA nie in einer Koalitionsregierung und führte das Land mit einer Minderheit der Abgeordneten fast zwei Drittel der Zeit zwischen 1961 und 1993 – nur unterbrochen im Jahre 1963 (einen Monat), sowie zwischen 1965 und 1971, 1972-1973, 1981-1986 und 1989-1990, als die bürgerlichen Parteien die Regierung stellten.

Die *Venstre* wurde zum anderen durch die Bildung einer eigenen Bauernpartei im Jahre 1920 – die sich seit 1959 in Zentrumspartei *(Senterpartiet,* SP) umbenannte, um eine größere Klientel anzusprechen – und durch die Gründung der Christlichen Volkspartei *(Kristelig Folkeparti,* KrF) 1933 geschwächt. Durch diese Ausdifferenzierung verschwammen auch die Grenzen zwischen der alten Rechten und der Linken. Die *Höyre* selbst entwickelte sich zu einer konservativen Partei, die zwar die wirtschaftlichen Interessen vertritt, aber dennoch keine wertkonservative Partei ist. Die *Venstre* repräsentiert heute liberale Werte und nennt sich seit 1988, als sie sich mit der Liberalen Volkspartei, die wiederum eine Abspaltung der *Venstre* war, assoziierte, die Liberalen *(Liberalerna).*

Auf der linken Seite des Parteienspektrums bildete sich 1923 die Kommunistische Partei

10 Es gibt lediglich einige kleinere Umweltparteien, von denen die größte *(De Grönne,* Die Grünen) bei der Wahl 1993 nur ca. 3.000 Stimmen oder 0,1 Prozent erhielt. Zu den Problemen der Grünen Partei in Norwegen siehe auch: *Bernt Aardal,* Green Politics: A Norwegian Experience, in: Scandinavian Political Studies, 13 (1990), S. 147–164. Im europäischem Kontext: *Ferdinand Müller-Rommel,* Grüne Parteien in Westeuropa, Opladen 1993, S. 84.

11 Mit 35 Jahren wurde *Gro Harlem Brundtland* 1974 Umweltministerin, und seit 1983 ist sie die Vorsitzende der Weltkommission für Umwelt und Entwicklung, auch *Brundtland*-Kommission genannt. Schließlich betonte auch die *Venstre* die Bedeutung der Umweltpolitik, so daß von einem weiten Konsens in dieser Frage in der norwegischen Politik ausgegangen werden kann.

Norwegens *(Norges Kommunistiske Parti*, NKP), die eine moskauorientierte Politik betrieb. Wie die Kommunistische Partei in den 60er und 70er Jahren erodiert auch seit den frühen 70er Jahren die Unterstützung der Liberalen Partei, welcher es in den beiden letzten Wahlen nicht gelang, in das Parlament *(Storting)* einzuziehen.
Die Beschreibung der Stabilität des norwegischen Parteiensystems bedarf einiger Einschränkungen. Der rapide Niedergang der kommunistischen Partei und die gleichzeitige Gründung der Sozialistischen Volkspartei 1961, die sich seither konsolidiert hat, haben das linke Parteispektrum nachhaltig verändert. Nach dem Wahlverbund mit dem eurokommunistischen Anteil der NKP zur Wahl von 1973 *(Sosialistitisk Valgforbund)* führte diese Verbindung zur heutigen Sozialistischen Linkspartei *(Sosialistisk Venstreparti*, SV). Die SV versuchte, sich in den 80er Jahren zunehmend als links-ökologische Partei zu profilieren.
Der Konflikt um Steuern und Bürokratisierung hat in den letzten beiden Jahrzehnten zu einer neuen Partei geführt. Die Fortschrittspartei *(Fremskrittspartiet)*, die sich zunächst von 1973 bis 1977 nach ihrem Parteivorsitzenden *Anders Lange* nannte, konnte sich seit den 70er Jahren festigen. Sie kann als eine rechte und vor allem populistische Partei betrachtet werden, wie sie auch seit den 70er Jahren in Dänemark und in ähnlicher Form seit 1991 in Schweden existiert.
Die Wahlergebnisse der Nachkriegszeit zeigen den Verlauf der parteipolitischen Konjunktur. In Abbildung 1 werden die parteipolitischen Entwicklungen anhand von Strömungen zusammengefaßt:[12]

Abbildung 1: Stortingwahlen in Norwegen, 1945–1993 (Prozent)

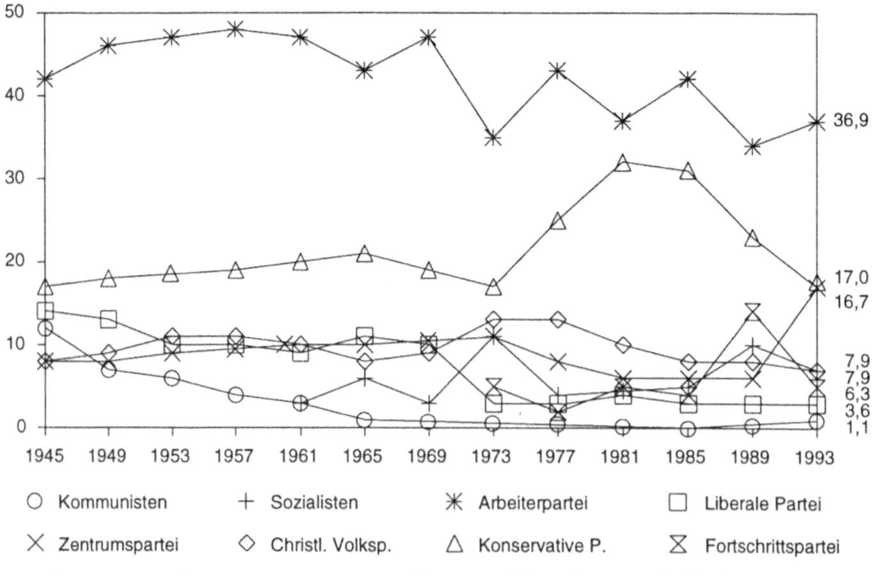

Anmerkung: 1993 gab es in Norwegen 3,2 Millionen Wahlberechtigte – das heißt 700.000 weniger als in Dänemark und nicht einmal die Hälfte der Wahlberechtigten Belgiens. Die Wahlbeteiligung betrug 75,8 Prozent.

12 Diese Darstellung beruht auf Daten von *Stein Kuhnle*, 1992 a.a.O., und eigenen Ergänzungen

Von 1945 bis 1973 war das norwegische Parteiensystem äußerst stabil. Die erste Eruption entstand durch die Frage des EG-Beitritts zu Anfang der 70er Jahre. Das Referendum über die EG-Mitgliedschaft 1972 war der erbittertste politische Kampf, der je in der norwegischen Nachkriegszeit ausgefochten wurde. Dieser verlief zunächst entlang der etablierten Konfliktstrukturen. Der Protest gegen den EG-Beitritt war eine generelle Reaktion der Peripherie gegen das Zentrum sowie der Land- und Fischereiwirtschaft gegen die industriellen Interessen. Ferner verbündete sich der urban-sozialistische Protest gegen den EG-Beitritt mit den oben genannten Gruppierungen. Diese Allianz führte dazu, daß das Referendum des Jahres 1972 über den Beitritt zur EG scheiterte.
Die Wahlergebnisse von 1973 reflektieren diese Auseinandersetzungen, welche zum Teil die etablierten Parteienunterschiede verfestigten, zum Teil aber auch innerhalb der Parteien zu ernsten Konflikten führten. Die *Höyre* trat dabei geschlossen für einen EG-Beitritt ein. Die Zentrumspartei und die Sozialistische Linkspartei sprachen sich gegen den EG-Beitritt aus. Die *Venstre*, die DNA und die Christliche Volkspartei (Krf) waren in sich uneins. Dies betraf insbesondere die *Venstre*, deren Stimmenanteil von 9,4 Prozent im Jahre 1969 auf 3,5 Prozent im Jahre 1973 abrutschte. Außerdem spaltete sich die Partei entlang der EG-Befürworter (Die Neue Volkspartei, ab 1980 Liberale Volkspartei) und EG-Gegner *(Venstre)*. Aber auch die DNA war in sich gespalten und verlor 1973 ihre dominante Stellung: Sie mußte Stimmeneinbußen von mehr als 11 Prozent hinnehmen. Außerdem erlangten Anti-Establishment-Gruppierungen einen Auftrieb. Der Sozialistische Wahlverbund erhielt 11,2 Prozent und verdreifachte damit seinen Wahlanteil von 1969 (um dann allerdings wieder auf 4,2 Prozent 1977 abzufallen). Auch der Fortschrittspartei gelang es 1973, fünf Prozent zu erreichen.
Die Frage des EG-Beitritts wirkt auf die etablierten politischen Parteien Norwegens wie ein Trauma, die dieses Thema, bis auf die jüngste Vergangenheit, nicht mehr auf die politische Agenda nahmen.
In der Folgezeit normalisierte sich die parteipolitische Lage, jedoch erreichten die DNA und vor allem die *Venstre* nicht mehr das vorherige Niveau. Die 80er Jahre können als ein Jahrzehnt der „konservativen Wende"[13] bezeichnet werden. Die *Höyre* vermochte ihre traditionelle Rolle als zweitstärkste Partei auszubauen. 1981 erhielt sie 31,7 Prozent der Stimmen, knapp sechs Prozent weniger als die DNA.
Die parteipolitische Loyalität unterlag, nachdem sich die Turbulenzen der EG-Frage in den 70er Jahren wieder gelegt hatten, am Ende der 80er Jahre einer ausgeprägten Erosion. Wesentlicher Ausdruck der zunehmenden Wechselwählerschaft *(volatility)* waren die niedrigen Wahlergebnisse der DNA, die 1989 einen Tiefpunkt erreicht hatten.[14] Dieser Einbruch wurde im linken Lager jedoch durch den fast gleich großen Zuwachs der Wählerschaft der

für die Wahl 1993, wobei die Strömungen wie folgt zusammengefaßt werden: Kommunisten (1945–1985: NKP, 1989 und 1993: Rote Wahlallianz); Sozialisten (1961–1969: Sozialistische Volkspartei; 1973: Sozialistischer Wahlverbund; seit 1977: Sozialistische Linkspartei); Arbeiterpartei (DNA); Liberale (1945–1989: *Venstre*, 1993: Die Liberalen); Zentrumspartei (SP); Christliche Volkspartei (KrF); Konservative (*Höyre*); Fortschrittspartei (1973–1977: Anders-Lange-Partei).

13 *Stein Kuhnle/Kaare Ström/Lars Svåsand*, The Norwegian Conservative Party: Setbacks in an Era of Strength, in: West European Politics, 9 (1986), S. 448–471.

14 Im Kontext anderer skandinavischer Staaten beschreibt diese Entwicklung *Jan-Erik Lane*, The Twilight of the Scandinavian Model, Political Studies, XLI, (1993), S. 315–324.

sozialistischen Linkspartei ausgeglichen. Auf der rechten Seite des norwegischen Parteienspektrums machte sich ein ähnlicher Austausch von Wählerstimmen bemerkbar, der zwischen der konservativen Partei und der Fortschrittspartei stattfand. Insbesondere die enormen Zuwächse der Fortschrittspartei von durchschnittlich vier Prozent in den 70er und 80er Jahren auf 13 Prozent im Jahre 1989 können als bahnbrechend interpretiert werden.

2. Ereignisse im Vorfeld der Wahl zum norwegischen Storting

Das dominante Thema im Vorfeld der Stortingwahl 1993 war der EU-Beitritt. Dieses Thema ist mindestens seit 1990 auf einem Spitzenplatz der politischen Agenda. Die letzte Wahl von 1989 hatte zu einer Dreiparteienminderheitsregierung von Konservativen, Zentrumspartei und Christlicher Volkspartei unter der Leitung des konservativen Ministerpräsidenten *Jan P. Syse* geführt. Im Herbst 1990 zerbrach die bürgerliche Koalitionsregierung an der Frage der Beziehung zur Europäischen Gemeinschaft. Die Parteien konnten sich weder über die inhaltliche Bestimmung eines Abkommens zwischen EFTA und EG, noch über die Frage einer EG-Mitgliedschaft einigen. Daraufhin bildete die Arbeiterpartei, unter Führung von *Gro Harlem Brundtland*, eine Minderheitsregierung bis zur Wahl von 1993. Obgleich die Arbeiterpartei die Regierung 1990 übernehmen konnte, sank die Zustimmung zu ihrer Politik. In Meinungsumfragen von 1992 erhielt sie weniger als 30 Prozent. Ausschlaggebend waren die, wenngleich gespaltene, EG-befürwortende Haltung der DNA und die anhaltend hohe Arbeitslosigkeit von ca. acht Prozent. Die geschlossen anti-EG-orientierten Parteien, die Zentrumspartei und die Sozialistische Linkspartei, konnten nach diesen Umfragen ihren Stimmenanteil auf ein Maximum von jeweils 13 bis 15 Prozent steigern.
Das EG-Thema polarisierte die Politik Norwegens zusehends. Zwischen Januar 1991 bis Mai 1992 bildeten die Befürworter, Gegner und Unentschiedenen etwa drei gleich große Lager. Im Gefolge der dänischen Volksabstimmung im Sommer 1992 gegen die Maastrichter Verträge nahmen die EG-Gegner zu. Im August 1993 stieg deren Zahl auf 54 Prozent.[15] Die Gegensätze, die das Referendum 1972 aufdeckte, scheinen in den 90er Jahren mindestens gleich groß zu sein. So sprachen sich 1972 53,5 Prozent gegen die EG-Mitgliedschaft aus. Die regionalen Unterschiede waren dabei immens: 66,5 Prozent sprachen sich im Gebiet um Oslo für die EG aus, dagegen nur 28,5 Prozent in Nordnorwegen. In einer Umfrage von 1991 sprachen sich in Oslo 71 Prozent für die EG aus, womit die Befürwortung hier wieder das Niveau zur Zeit der Volksbefragung erreichte. In Nordnorwegen hingegen nahm die Befürwortung zur EG weiterhin ab und lag nun bei lediglich 24 Prozent. Diese Polarisierung der EU-Frage bestimmte die Taktiken und Strategien der Parteien im Wahlkampf von 1993.
Das 1993 zu wählende Parlament hat die Aufgabe, über die EU-Mitgliedschaft zu entscheiden. Wenngleich ein konsultatives Referendum im November 1994 durchgeführt werden soll, fällt die endgültige Entscheidung im Storting. Die Zentrumspartei und die Sozialistische Linkspartei haben zu verstehen gegeben, daß sie sich nicht an einen knappen Volksentscheidsbeschluß zugunsten der EU-Mitgliedschaft halten werden. Darum versuchte ge-

15 Die Entwicklung wird in einem kürzlich veröffentlichten Bericht dargelegt: *Tor Björklund*, EF, Norge og 1990-årene, Oslo 1993.

rade die Vorsitzende der Zentrumspartei, das EU-Thema mit der Wahl zu verbinden, indem sie argumentierte, daß die Abgeordnetenzahl gegen einen EU-Beitritt möglichst groß sein müsse. *Gro Harlem Brundtland* bemühte sich dagegen, die Wahl und die EU-Frage zu entkoppeln. Sie war bestrebt, daß EU-Thema tunlichst zu ignorieren, indem sie darauf hinwies, daß dieses Thema Gegenstand eines Referendums sein werde, an deren Ausgang sich ihre Partei orientieren würde.

Neben der dominanten EU-Frage, die Norwegens Selbstbestimmung betrifft, stand zudem die Einstellung zur NATO und die wirtschaftliche Entwicklung, insbesondere die Arbeitslosigkeit, auf der Tagesordnung. Gerade die relativ günstige wirtschaftliche Situation in Norwegen führte dazu, daß die Zustimmung zur Regierung zunahm, was sich in Meinungsumfragen dadurch ausdrückte, daß sich im Sommer 1993 mehr Norweger für die *Brundtland*regierung aussprachen als in der Wahl von 1989.

Der Wahlkampf 1993 stand vor allem unter dem Einfluß von drei Frauen: *Gro Harlem Brundtland*, Ministerpräsidentin und Vorsitzende der Arbeiterpartei, *Anne Enger Lahnstein*, Parteivorsitzende der Zentrumspartei und *Kaci Kullmann Five*, Vorsitzende der Konservativen.

Die norwegische Regierungspräsidentin spielte ihre politische Routine im Wahlkampf aus. Mit ihrem internationalen Image als „Weltumweltministerin“ zeigte sie sich auf dem Gebiet der Umwelt- und Wirtschaftspolitik kompetent. Für ihre Haltung, daß die Stortingwahl keine Abstimmung für oder gegen die EU bedeute, erhielt sie des öfteren scharfe Kritik. Jedoch vermochte sie diesen Kurs durchzustehen, und wohl gerade ihre Kompetenz in wirtschaftlichen Fragen führte zum überzeugenden Wahlerfolg. Die erfolgreichen Vermittlungen des norwegischen Außenministers *Johan Jörgen Holst* zwischen der PLO und Israel wurden ebenfalls geschickt als internationale Kompetenz der DNA übersetzt.

Anne Enger Lahnstein, die Parteivorsitzende der Zentrumspartei, galt in Norwegen als Überraschungskandidatin. Im Gegensatz zu *Gro Harlem Brundtland* fixierte sie ihren Wahlkampf fast ausschließlich auf die EU-Frage. Die gelernte Krankenpflegerin verfügt über eine starke persönliche Ausstrahlung. Sie betonte die Bedeutung sozialer und persönlicher Aspekte und konnte damit ihre Schwächen auf dem Gebiet der Wirtschaftspolitik erfolgreich verdecken. Im Gegensatz zur Vorsitzenden der Zentrumspartei hat die Vorsitzende der Konservativen nicht die Fähigkeit, die Stimmung der Parteibasis zu reflektieren. *Kaci Kullmann Five* trat in der letzten Phase des Wahlkampfes äußerst unglücklich auf. So machte sie in Fernsehinterviews eine schlechte Figur und vernachlässigte in ihrer Wahlkampagne den Norden Norwegens, womit sie sich nicht überzeugend als die alternative Regierungschefin darstellen konnte. Der schwache Wahlkampf der *Höyre* drückte sich dann auch in Meinungsumfragen aus, in denen der Zuspruch der Norweger für die konservative Partei von August bis zur Wahl Mitte September von 21,6 auf 17 Prozentpunkte schrumpfte. Nachdem die Arbeiterpartei ihre Kompetenz auf dem Gebiet der Wirtschaftspolitik unter Beweis gestellt hatte, vermochte die konservative Partei keine Profilfrage im Wahlkampf zu formulieren. Überhaupt gelang es den bürgerlichen Parteien nicht, als eine Alternative zur DNA aufzutreten. Die Option schien zwischen der DNA und der effizienten Wirtschaftspolitik *Brundlandts* auf der einen Seite und dem „Chaos“ einer kleineren und in wichtigen Fragen zerstrittenen Minderheitsregierung der vier bürgerlichen Parteien auf der anderen Seite zu liegen. So präferierten viele bürgerliche Wähler und auch Unternehmer eine effiziente Regierung der Arbeiterpartei. Es schien, als ob nur diese Partei einen EU-Beitritt, der im Sinne der meisten

Unternehmer liegt, in der Bevölkerung plausibel machen könnte. All diese Aspekte machten es der Opposition schwer, die Regierung ernsthaft herauszufordern.

3. Das Wahlergebnis

Obgleich die Wahl von dem polarisierenden EU-Thema dominiert war, sank die Wahlbeteiligung auf den tiefsten Stand seit 1927. Ein Grund dafür mag darin bestehen, daß die Wähler keine Alternative zur *Brundtland*regierung sahen.[16] Nur 75,8 Prozent der 3,2 Millionen Wahlberechtigten beteiligten sich an der Wahl, was einen Rückgang gegenüber der Wahl von 1989 von 7,4 Prozent bedeutete. Das Wahlergebnis barg jedoch einige Überraschungen. Zum einen konnte die Arbeiterpartei ihre Stellung ausbauen und auf 36,9 Prozent der abgegebenen Stimmen kommen. Dieses Ergebnis ist erstaunlich, wenn man die niedrigen Zahlen in den nur ein Jahr zurückliegenden Umfragen in Betracht zieht. Dieses Ergebnis ermöglichte es der *Brundtland*regierung, ihre Minderheitsregierung fortzusetzen. Die große Gewinnerin der Wahl war jedoch *Anne Enger Lahnstein* und deren Zentrumspartei. Die Zentrumspartei erhielt ihr höchstes Wahlergebnis der Nachkriegszeit und wurde zum ersten Mal in dieser Zeit die zweitstärkste politische Partei im norwegischen Storting.[17] Gewinner waren auch die Liberalen und die Rote Wahlallianz *(Röd Valgallianse,* RV),[18] denen es 1993 gelang, in das Parlament einzuziehen. Beide Parteien verfehlten zwar die Vier-Prozent-Hürde (die *Venstre* erhielt landesweit 3,6 Prozent und die RV 1,1 Prozent), konnten jedoch durch Direktmandate in Hordaland bzw. Oslo jeweils Abgeordnetensitze erlangen.

Die großen Verlierer waren die Konservativen, die ihre Stellung als zweitstärkste politische Kraft einbüßten. Aber auch die Fortschrittspartei konnte ihr außergewöhnlich gutes Wahlergebnis von 1989 nicht halten und erhielt nur etwa halb soviele Stimmen wie in der letzten Wahl. Jedoch blieb sie damit noch immer über dem Durchschnitt der 70er und 80er Jahre. Erstaunlich war auch das schwache Abschneiden der Sozialistischen Linkspartei, die von 10,1 auf 7,9 Prozent abfielen und damit vier Abgeordnetensitze verloren. Es scheint somit, daß die Zentrumspartei in der Lage war, die Anti-EU-Stimmen auf sich zu vereinen.[19] Die neue Sitzverteilung im Storting kann der folgenden Abbildung entnommen werden.[20]

16 Für eine umfangreiche Wahlanalyse beruhend auf Umfragedaten siehe *Henry Vallen*, Norway: A Storting Election in the Shadow of the EU, in: Electoral Studies, 13 (1994), S. 169–179. Eine Zusammenfassung der Wahlkampagne und Ergebnisse gibt auch *Bert Aardal*, The 1994 Storting Election: Volatile Voters Opposing the European Union, in: Scandinavian Political Studies, 17 (1994), S. 171–180.

17 Die Zentrumspartei wurde zweitstärkste Partei im norwegischen Storting, obgleich der Stimmenanteil der *Höyre* um 0,3 Prozent über dem der Zentrumspartei lag. Die Zentrumspartei konnte jedoch durch den Gewinn von Direktmandaten einen Vorsprung von vier Mandaten gegenüber der *Höyre* erreichen.

18 Die Rote Wahlallianz ist das wahlpolitische Instrument der altkommunistischen AKP (m-l), die zum ersten Mal in den Storting einzog.

19 Dies drückt sich auch dadurch aus, daß eine Wählerliste gegen die EG *(Frihetspartiet mot EF-unionen,* Freiheitspartei gegen die Europäische Union) nicht mehr als 774 (0,0 Prozent) der Stimmen erhielt.

20 Durch Unregelmäßigkeiten in der computergesteuerten Auszählung im Bezirk Oslo war zunächst eine Nachwahl im Dezember 1993 diskutiert worden, die das Wahlergebnis nochmals

Abbildung 2: Sitzverteilung im neuen norwegischen Storting 1993 (in Klammern Veränderungen zum alten Storting)

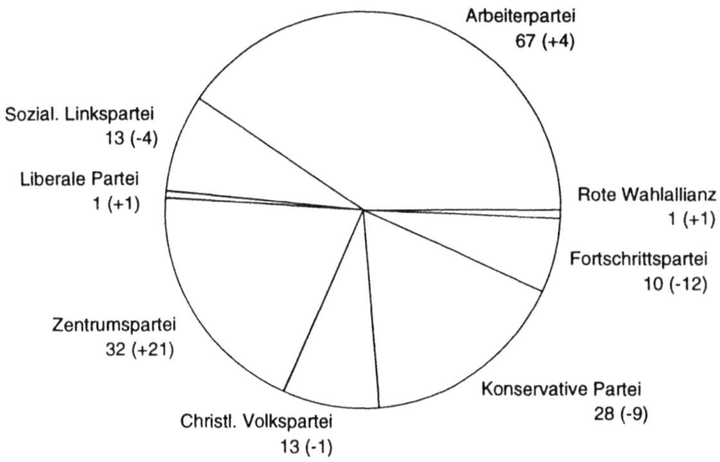

4. Der Storting nach der Wahl 1993: Theorie und Praxis des skandinavischen Modells der Minderheitsregierung

Die Zusammensetzung des neuen Stortings führte dazu, daß *Gro Harlem Brundtland* weiterhin eine Minderheitsregierung mit wechselnden Mehrheiten aus dem linken und bürgerlichen Lager bilden konnte. Dies bestätigte einmal mehr die Neigung skandinavischer Staaten, Minderheitsregierungen zu bilden.[21]
Die theoretische Debatte zu Minderheitsregierungen geht von der These aus, daß Politiker danach streben, Regierungsämter zu erlangen und Minderheitsregierungen nur einen anormalen Übergangszustand darstellen.[22] Jedoch hat das häufige Auftreten von Minderheitsregierungen[23] zu weiteren Hypothesen geführt, die gerade auf die skandinavischen Länder

verändert hätte. Diese hätte insbesondere den Sitz der RV gefährdet. Der Storting hat sich jedoch entgegen der *Höyre* und der Fortschrittspartei gegen eine Nachwahl in Oslo ausgesprochen. Dies stößt bei manchem Wahlbeobachter auf Kritik, da schon am Wahltag die Diskussion einer Nachwahl geführt worden war, die zum Wahlverzicht vieler Bürger geführt haben könnte.

21 So zog auch der neue schwedische Ministerpräsident *Ingvar Carlsson* nach der Wahl vom 18. September 1994 die Möglichkeit, eine alleinige sozialdemokratische Minderheitsregierung zu bilden, der Alternative einer durchaus möglichen Mehrheitsregierung mit liberalen oder anderen Parteien vor.

22 Diese Variante wird einmal von *Valentine Herman/John Pope*, Minority Governments in Western Democracies, in: British Journal of Political Science, 3 (1973), S. 191–212 formuliert. Eine andere Variante in dieser Tradition, die von *Michael Taylor/Michael Laver*, Government Coalitions in Western Europe, in: European Journal of Political Research, 1 (1973), S. 205–248, vorgebracht wurde, besteht in der „Beinahe-Mehrheitsregierung", die für Situationen zutrifft, in denen die Minderheitsregierungen *fast* die Mehrheit der Sitze im Parlament innehaben.

23 In *Michael Laver/Norman Schofield*, Multiparty Government: The Politics of Coalition in Eu-

besonders zutreffen. Diese gehen von der Annahme aus, daß Minderheitsregierungen das Ergebnis von „Politikbeeinflußungsstrategien“ seien.[24] Danach haben verschiedene Parteien durch parlamentarische und extra-parlamentarische Aktivitäten einen stärkeren Einfluß auf eine Minderheitsregierung als auf eine Mehrheitsregierung. Deshalb scheint eine Mehrzahl der Oppositionsparteien daran interessiert zu sein, eine Minderheitsregierung zu unterstützen. Empirisch stützt sich diese These darauf, daß Oppositionen einen starken Einfluß in den skandinavischen Ländern haben, wobei Norwegen dabei eine Spitzenstellung einnimmt. Nach dieser These treten Minderheitsregierungen besonders häufig im Zusammenhang mit konsensuellen und korporativen Politikstilen auf.
Wenngleich diese Hypothese für den norwegischen Fall äußerst plausibel erscheint, spielt bei der gegenwärtigen Situation ein weiterer Faktor eine Rolle, der von *Ian Budge* und *Michael Laver* in die Diskussion gebracht worden ist: unter der Bedingung, daß eine bestimmte Partei nicht aus der Regierung fernzuhalten ist, sind Minderheitsregierungen nicht zu vermeiden.[25] Dies ist der Fall für die DNA, ohne die in Norwegen zur Zeit nicht regiert werden kann.
Aber auch verfahrenstechnisch begünstigt gerade das norwegische Regierungssystem Minderheitenregierungen. Zwei Punkte sind in diesem Zusammenhang besonders erwähnenswert: einmal wird der Storting nach einem festen Vierjahres-Rhythmus gewählt. Es besteht nicht die Möglichkeit, das Parlament aufzulösen oder Neuwahlen auszurufen. Die gewählten Abgeordneten müssen sich auf eine Regierung einigen. Zum zweiten benötigt die Regierung nicht die Mehrheit der Stimmen der Abgeordneten, da sie ohne formelle Mitwirkung des Parlaments vom König ernannt wird. Es muß sich nach deren Ernennung eine Mehrheit im Parlament finden, die sich gegen die amtierende Regierung ausspricht. So kann eine Regierung durch ein Mißtrauensvotum auch mit einfacher Mehrheit abgesetzt werden.[26] Wenn sich nach einer Wahl die Mehrheitsverhältnisse ändern und die Regierung keine Unterstützung im Parlament mehr hat, kann sie ihre Abwahl antizipieren und selbst abtreten. Umgekehrt bedeutet dies, daß die Regierung nicht die Mehrheit der Stimmen der

rope, Oxford 1990, S. 70–72, wird demonstriert, daß Minderheitsregierungen nicht die Ausnahme, sondern eher eine etablierte Form von Regierungen in Westeuropa darstellen. Ein Drittel aller Regierungen in 12 westeuropäischen Ländern der Nachkriegszeit waren Minderheitsregierungen. Dabei ist der Anteil in Skandinavien besonders hoch. In Dänemark waren von den letzten 20 Regierungen 18 Minderheitsregierungen, in Schweden 13 von 19 und in Norwegen 14 von 20. (Für die beiden zuletzt genannten Länder wurden die Zahlen aktualisiert. Die norwegischen Daten gehen von den Schlußfolgerungen *Stein Kuhnles*, Norwegen, a.a.O., S. 15, aus.) Nur Finnland stellt mit 10 von 32 eine Ausnahme dar.

24 Diese Position wird insbesondere vertreten von *Kaare Strom*, Minority Governments in Parliamentary Democracies: The Rationality of Non-Winning Cabinet Solutions, in: Comparative Political Studies, 17 (1984), S. 199–227, siehe auch *dies.*, Minority Government and Majority Rule. Cambridge 1990, und *Gregory Luebbert*, Comparative Democracy: Policy Making and Governing Coalitions in Europe and Israel, New York 1986.

25 Formal bemerken die Autoren: „A protocoalition V will form a government if there is no alternative coalition A which is supported by parties controlling more legislative votes than those supporting V and which all supporters of A prefer to form rather than V.“ *Ian Budge/Michael Laver*, Office Seeking and Policy Pursuit in Coalition Theory, in: Legislative Studies Quarterly, 11 (1985), S. 488.

26 Siehe hierzu *Neil Elder/Alastair H. Thomas/David Arter*, The Consensual Democracies? The Government and Politics of the Scandinavian States (überarbeitete Fassung), Oxford 1988, S. 107.

Abgeordneten für eine Fortsetzung oder Bildung der Regierung benötigt. Es genügt, wenn sich keine Mehrheit *gegen* sie bildet. Im Fall nach der Wahl von 1993 sah die *Brundtland*-regierung eine gute Möglichkeit, an der Regierung zu bleiben, da sich die Oppositionsparteien nicht auf eine alternative Regierung einigen konnten. Demgemäß setzte die „alte" Regierung ihre Arbeit in der neuen Legislaturperiode einfach fort. Erst Anfang 1994 wurde die Regierung nach dem plötzlichen Tod des Außenministers *Johan Jörgen Holst* umgebildet. Diese Regierungsumbildung führte unter anderem dazu, daß Norwegen den höchsten Frauenanteil in einer Regierung hat.[27]

Die Regierungsarbeit geschieht in Norwegen mit wechselnden Mehrheiten. Die Zentrumspartei hat schon vor der Wahl signalisiert, daß sie die Wirtschafts-, Arbeitsmarkt- und Sozialpolitik der Arbeiterpartei mittragen wird. Aber auch die Sozialistische Linkspartei und die Christliche Volkspartei unterstützen die Regierung in einzelnen Themen, was allerdings nicht auf die EU-Frage zutrifft. In dieser Frage kann sich die DNA aber auf die Unterstützung der *Höyre* verlassen.

Ein weiterer Faktor, der die Bildung von Minderheitsregierungen verstärkt, besteht in der Erscheinungsform der bürgerlichen Opposition, welche in sich uneins ist.[28] So stehen die Zentrumspartei[29] und die Christliche Volkspartei in vielen Fragen der Sozial- und Wirtschaftspolitik neben der Sozialistischen Linkspartei der Politik der DNA näher als der der konservativen Partei. Die konservative Partei ist darüber hinaus in einer Krise, die sie davon abhält, als eine profilierte Oppositionspartei, wie etwa die schwedische Moderate Partei, zu agieren. Nach der Wahlniederlage legte *Kaci Kullmann Five* das Amt der Parteivorsitzenden nieder, und im April 1994 übernahm der außenpolitische Sprecher der *Höyre, Jan Petersen,* die Parteiführung. Ob dieser Wechsel die Führungskrise überwindet, ist ungewiß. Auch die Fortschrittspartei hat Probleme. Unzufriedenheit über den populistischen Führungsstil des Parteivorsitzenden *Carl I. Hagen* führte dazu, daß sich vier Abgeordnete von dem Kurs der Partei distanzierten.[30]

Die Konstellation erklärt dann auch, warum die sozialdemokratische Regierung die Krise im Mai 1994 unbeschadet überstand. Finanzminister *Sigbjörn Johnsen* wurde in seiner Vorgehensweise, wie er den Posten des Chefs der Norwegischen Bank besetzte, heftig kritisiert. In der Abstimmung über das Mißtrauensvotum stimmten zwar die Abgeordneten der Zentrums-, Fortschritts-, Sozialistischen Linkspartei und der *Höyre* gegen die Regierung. Für die Regierung stimmten jedoch nicht nur die Abgeordneten der DNA, sondern auch die der Christlichen Volkspartei und vier abtrünnige Abgeordnete der Fortschrittspartei. Das Ergebnis war 83 für und 80 gegen die *Brundtland*regierung.[31]

27 Dieser Rekord wurde im September 1994 durch die schwedische Regierung eingestellt. In beiden Ländern liegt der Frauenanteil bei über 40 Prozentpunkten.

28 Die These über die sozialdemokratische Vorherrschaft durch die Uneinigkeit der bürgerlichen Oppositionsparteien wurde populär gemacht von *Francis Castles*, The Social Democratic Image of Society: A Study of the Achievements and Origins of Scandinavian Social Democracy in a Camparative Perspective, London (1978).

29 Die anderen Oppositionsparteien werfen der Zentrumspartei eine zunehmende Linksorientierung vor, die eine Zusammenarbeit der bürgerlichen Parteien erschwere.

30 Die Fortschrittspartei ist seit jeher in eine Fraktion der „Populisten" und eine Fraktionen der „Liberalen" gespalten. Dieser latente Konflikt wurde nach der Wahl akut.

31 Dabei ist die Äußerung der vier Abgeordneten der Fortschrittspartei instruktiv, die, wenngleich sie die Kritik an den Finanzminister unterstützten, dennoch betonten, daß eine gegenwärtige

5. *Politik im Schatten der EU-Debatte*[32]

Das EU-Thema wird die Politik Norwegens zumindest bis zum Referendum im November 1994 stark bestimmen. In diesem Sinne interpretierte eine norwegische Zeitung das Wahlergebnis als ein „deutliches Ja zu einem Nein" und illustriert damit die Ambivalenz des Wahlausgangs: Wenngleich die Arbeiterpartei ein Votum für die Fortsetzung der Regierung erhielt, so wurde doch ebenso deutlich gegen einen Pro-EU-Kurs opponiert.

Die EU-Gegner haben zahlenmäßig stark im neuen Storting zugenommen. Von den 165 neu gewählten Abgeordneten sprechen sich 74 gegen und 90 für die EU aus. Die norwegische Verfassung verlangt eine Dreiviertelmehrheit für eine EU-befürwortende Entscheidung. Das bedeutet, daß nicht mehr als 41 Abgeordnete gegen einen EU-Beitritt stimmen dürfen. Diese Anzahl von Abgeordneten erbringen die Zentrumspartei und die Sozialistische Linkspartei zusammen, die sich deutlich gegen die EU aussprachen.[33] Aber auch innerhalb der Arbeiterpartei nehmen die Stimmen der EU-Gegner zu. Von 67 DNA-Abgeordneten sind etwa 16 bis 17 gegen eine EU-Mitgliedschaft.

Damit ergibt sich die Situation, daß zumindest eine Minderheit im Parlament gegen die EU-Mitgliedschaft besteht, die, falls das Referendum zugunsten einer EU-Mitgliedschaft ausfällt, deren Umsetzung im Parlament als Sperrminorität blockieren kann.

Bevölkerungsumfragen der Zeitung *Dagbladet* zeigen eine erstaunliche Kontinuität der EU-Gegnerschaft. Nach der Wahl erreichte diese einen Höchststand von 58 Prozent Beitrittsgegnern gegenüber 31 Prozent EU-Befürwortern und 11 Prozent Unentschiedenen. Danach gingen die Nein-Stimmen bis Oktober 1994 auf 45 Prozent zurück. Jedoch scheint die Domino-Taktik[34] der EU-Befürworter nicht aufzugehen. Der erhoffte Umschwung der öffentlichen Meinung nach der dem EU-Beitritt zustimmenden Volksabstimmung in Finnland blieb in Norwegen zunächst aus. Vielmehr stiegen nach Umfragen Ende Oktober die

Regierungskrise das Land in ein Chaos mit unvorhersehbaren wirtschaftlichen Folgen für die norwegische Gesellschaft stürzen würde.

32 Dieser Artikel konnte die Ereignisse nur bis Ende Oktober, also vor der Volksabstimmung vom 28. November 1994, berücksichtigen.

33 Jedoch könnte die EU-Frage noch durch andere Verfahren entschieden werden. So ist es denkbar, die norwegische Verfassung in der Frage der norwegischen Souveränität zu verändern. Fragen der norwegischen Souveränität bedürfen einer Dreiviertelmehrheit, die Verfassung kann ansonsten mit einer Zweidrittelmehrheit verändert werden (52 Stimmen). Es wäre also denkbar, daß die Verfassung mit einer Zweidrittelmehrheit dahingehend verändert wird, daß für die Frage der Souveränität nicht mehr eine Dreiviertelmehrheit notwendig ist. Jedoch ist die Praktikabilität dieses Weges davon abhängig, inwieweit er politisch legitimierbar ist. Außerdem scheinen auch Abgeordnete der anderen Parteien gegen eine EU-Mitgliedschaft zu stimmen, insbesondere die Abgeordneten der KrF, aber auch Teile der DNA. Jedoch haben sich *Brundtland* und die DNA-Abgeordneten dahingegehend geäußert, daß sie sich an den Ausgang des Referendums halten werden. Sowohl EU-Befürworter als auch EU-Gegner innerhalb der DNA versicherten, die Referendumsentscheidung zu respektieren.

34 Dieser Begriff weist auf die Folge der EU-Referenda in Österreich, Finnland, Schweden und Norwegen hin. Ausgehend von positiven Ergebnissen für den EU-Beitritt wird zunächst die Bevölkerung der „sicheren" Länder (Österreich und Finnland) befragt. Danach kommen die „unsicheren Kandidaten," die dann zunehmend unter dem Druck der Isolierung stehen. Norwegen hat nach dieser Auffassung den höchsten Unsicherheitsfaktor. Für eine Analyse der EU-Diskurse in den vier potentiellen Mitgliedstaaten siehe *Detlef Jahn/Ann-Sofie Storsved*, The EU-Referendums in Austria, Finland, Sweden and Norway. Manuskript, Universität Göteborg und Universität Åbo (1994).

Nein-Stimmen wieder auf 51 Prozent gegenüber 31 Prozent Ja-Stimmen und 18 Prozent Unentschlossener. Diese Situation verleitet zu der Schlußfolgerung, daß das EU-Thema auch weiterhin das Schicksal der norwegischen Politik bestimmen wird.
Das Beitrittsthema spaltet die Parteien. Die DNA und die Fortschrittspartei haben etwa gleich große Lager der EU-Befürworter und Gegner.[35] Aber selbst eine Partei, die nach Meinungsumfragen geschlossen erscheint, hat Probleme mit dieser Frage. Ein Drittel der Sympathisanten der konservativen Partei fühlte sich in der EU-Frage unsicher und entschied sich in der letzten Wahl für die Zentrumspartei. Und selbst der EU-Kurs der *Höyre* erschien vielen Sympathisanten unglaubwürdig, so daß sie dem der *Brundtland*regierung den Vorzug gaben. Die Folge war die gravierende Wahlniederlage der *Höyre*.

Resümee

Wahlen in Europa bleiben für Überraschungen gut. Wenngleich das norwegische Wahlergebnis den Anschein von Stabilität und Kontinuität erweckt, so macht eine genauere Analyse die Turbulenzen deutlich. Die dominante Arbeiterpartei konnte ihren Wahlsieg nur erreichen, indem sie das wichtigste politische Thema, das die Tagesordnung der Stortingwahl bestimmte, ignorierte und auf ein gesondertes Referendum verschob. Dabei kam ihr sicherlich die relativ gute Wirtschaftslage Norwegens zugute, die die Profilierung der konservativen Oppositionspartei ins Leere laufen ließ.
Andererseits zeigt das Wahlergebnis jedoch auch eine starke Diskontinuität. War die Fortschrittspartei 1989 die Nutznießerin von Proteststimmen, so konnte diesmal die Zentrumspartei den Protest gegen eine EU-Mitgliedschaft populistisch ausschlachten. Der Zentrumspartei gelang es, geführt durch ihre charismatische Parteiführerin, die in der Presse als „Nein-Königin" betitelt wird, die Wahl als „Single Issue Partei" erfolgreich zu gestalten. Politische Ignoranz und populistische Ausgestaltung führten zum Wahlerfolg.
Ein wesentliches Ergebnis der norwegischen Stortingwahl besteht zudem darin, daß jene Kräfte deutliche Stimmeneinbußen hinnehmen mußten, von denen angenommen wird, daß sie den Wohlfahrtsstaat abbauen wollen. Die DNA garantiert, daß die Errungenschaften auf diesem Gebiet zumindest gefestigt werden, und die Zentrumspartei hat sich deutlich dafür ausgesprochen, die DNA in dieser Politik zu unterstützen. Damit deutet sich an, daß Norwegen weiterhin als eine Bastion sozialdemokratisch regierter Wohlfahrtsstaaten bestehen bleibt.
Dabei darf jedoch nicht übersehen werden, daß die norwegischen Wählerinnen und Wähler durch eine geringere Wahlbeteiligung deutliche Zeichen gesetzt haben, Zeichen, die auf eine instabile Entwicklung in den nächsten Jahren hindeuten.

35 Siehe *Henry Valen*, a.a.O., S. 170–171.

Eine „Verwestlichung" Österreichs? Zum Wandel des politischen Systems durch den EU-Beitritt

Anton Pelinka

Österreich hat als erstes der vier Beitrittsbewerber in einer Volksabstimmung am 12. Juni 1994 mit überraschend eindeutiger Mehrheit alle Voraussetzungen für einen EU-Beitritt 1995 hergestellt.[1] Damit ist eine Weichenstellung erfolgt, die einem tiefgreifenden Wandel des politischen Systems entspricht: Österreich nähert sich dem Westen nicht nur – ausgedrückt in seiner EU-Mitgliedschaft – außenpolitisch, sondern auch in den meßbaren Merkmalen seines politischen Systems schlechthin.

Die Merkmale des österreichischen politischen Systems, die in den Jahrzehnten nach 1945 eine Besonderheit Österreichs gegenüber Westeuropa signalisierten, waren insbesondere:

— Eine ausgeprägte Parteienstaatlichkeit, die den Parteien generell und den beiden Großparteien SPÖ und ÖVP speziell eine signifikant über die Funktionen von Parteien in westlichen Demokratien hinausgehende Bedeutung gab. Der Rückgang der Parteienkonzentration und die wachsende Distanz einer wachsenden Gruppe in der Wählerschaft zu Parteien schlechthin und zu SPÖ und ÖVP im besonderen wurde bereits in den 80er Jahren diagnostiziert.[2]

— Eine ausgeprägte Verbändestaatlichkeit, die ein im internationalen Vergleich auffallend dichtes und zentralisiertes Netzwerk neokorporativer Institutionen hervorbrachte – die „Sozialpartnerschaft". Deren stabilisierende Funktion war vor allem vor dem Hintergrund der österreichischen Erfahrungen mit den destabilisierenden Entwicklungen der Ersten Republik (1918 – 1933/34) zu sehen. In Verbindung mit den Dekompositionstendenzen des Parteiensystems ist jedoch auch ein zumindest tendenzieller Bedeutungsverlust der Verbändestaatlichkeit und damit der Sozialpartnerschaft festzustellen.[3]

Diese beiden Merkmale waren auch für eine besondere „Bändigung" des österreichischen Parlamentarismus verantwortlich: Die Parteienstaatlichkeit, in Verbindung mit einem allgemeinen konkordanzdemokratischen Klima der politischen Kultur, machte aus dem österreichischen Nationalrat ein besonders auffallend parteiengesteuertes Parlament; und die Verbändestaatlichkeit bewirkte eine faktische Auslagerung wirtschafts- und sozialpolitischer Kompetenzen aus dem parlamentarischen Entscheidungsprozeß in neokorporative Institutionen.[4]

Der rasante Wandel des politischen Systems mußte sich daher auch in einem Wandel des österreichischen Parlamentarismus auswirken. Dessen Entflechtung von den ihn einengen-

1 *Anton Pelinka* (Hrsg.), EU-Referendum. Zur Praxis direkter Demokratie in Österreich, Wien 1994.

2 *Fritz Plasser*, Parteien unter Streß. Zur Dynamik der Parteiensysteme in Österreich, der Bundesrepublik Deutschland und den Vereinigten Staaten, Wien 1987.

3 *Emmerich Talos* (Hrsg.), Sozialpartnerschaft. Kontinuität und Wandel eines Modells, Wien 1993.

4 *Anton Pelinka*, Modellfall Österreich? Möglichkeiten und Grenzen der Sozialpartnerschaft, Wien 1981.

den Rahmenbedingungen einer primär an Stabilität orientierten politischen Kultur ist daher auch ein besonders auffallender Indikator für den allgemeinen Wandel des politischen Systems.
Diese Verlebendigung des Parlamentarismus muß auch in einem breiteren historischen Kontext gesehen werden. Denn es war ja nicht oder nicht nur die ausgeprägte Parteien- und Verbändestaatlichkeit der Zweiten Republik, die dem österreichischen Parlamentarismus so enge Rahmenbedingungen gesetzt hatte. Entscheidend war auch die allgemeine historische Spät- und Unterentwicklung des österreichischen Parlamentarismus.[5]

Spät- und unterentwickelter Parlamentarismus

Der österreichische Parlamentarismus ist ein vielfach verspäteter, vielfach gebrochener und vielfach fremdbestimmter. Erst ab 1867 gab es so etwas wie eine Kontinuität von Parlamentarismus in Österreich; und erst ab 1918 war der unfertige Parlamentarismus der Monarchie zu einem „echten" der Republik geworden. Doch nach kaum mehr als 14 Jahren war dieser echte Parlamentarismus auch schon wieder Geschichte – der „Selbstauflösung" bezichtigt, von einer zur Diktatur bereiten Regierung ausgeschaltet.[6]
Erst ab 1945 kann von einer kontinuierlichen Entwicklung eines modernen Parlamentarismus gesprochen werden. Verglichen mit dem Parlamentarismus in den meisten westeuropäischen Demokratien ist dies eine kurze Geschichte, bedeutet dies ein Defizit an tieferer Verwurzelung. Die meisten westeuropäischen Demokratien – Belgien ab 1833, Großbritannien ab 1834 als die dem Trend vorauseilenden Länder – hatten noch vor Österreich einen echten Parlamentarismus entwickeln können.[7] Der österreichische war zunächst unterentwickelt – und eben verspätet.
Der Parlamentarismus in der österreichischen Reichshälfte zwischen 1867 und 1918 wies einen doppelten Mangel auf:
— Die vom Kaiser ernannte Regierung war dem Reichsrat nicht politisch, sondern nur rechtlich verantwortlich. Dies führte dazu, daß die Mehrheiten im Reichsrat – ab 1907 legitimiert durch das allgemeine und gleiche Männerwahlrecht – sich nicht unmittelbar in der Zusammensetzung der Regierung konkretisieren konnten. Denn das direkt gewählte Abgeordnetenhaus (ebensowenig wie das überhaupt nicht gewählte Herrenhaus) konnte der Regierung keineswegs sein politisches Mißtrauen aussprechen. Die vom Kaiser ernannte und nur dem Kaiser verantwortliche Regierung war, politisch, vom Parlament und damit auch von der sich entwickelnden Demokratie unabhängig.[8]
— Ein intensiv genütztes Notverordnungsrecht brachte es mit sich, daß in der Schlußpha-

5 Die Ausführungen über die historische Dimension stützen sich auf einen Aufsatz des Autors im Jahrbuch des österreichischen Parlaments 1994 mit dem Titel: Parlamentarismus im Wachsen, Wien 1994, S. 9–17.

6 Zur historischen Entwicklung des österreichischen Parlamentarismus vergleiche insbesondere *Helmut Widder*, Parlamentarische Strukturen im politischen System. Zu Grundlagen und Grundfragen des österreichischen Regierungssystems, Berlin 1979, S. 178–310.

7 *Klaus von Beyme*, Die parlamentarischen Regierungssysteme in Europa, München 1970. *Von Beyme* bietet einen systematisch-vergleichenden Überblick über die Entwicklung des europäischen Parlamentarismus.

8 *Rainer Nick/Anton Pelinka*, Parlamentarismus in Österreich, Wien 1984, S. 27–34.

se der Monarchie die kaiserliche Regierung weitgehend auch ohne die legislative Tätigkeit des Abgeordnetenhauses auskommen konnte. Die Regierung war nicht nur vom Parlament unabhängig – sie konnte sich auch, ohne Rücksicht auf das Abgeordnetenhaus und die dort herrschenden politischen Mehrheiten, durch Notverordnungen die Gesetze geben, die sie zum Regieren brauchte. Die faktische Verfassung der österreichischen Reichshälfte am Beginn des 1. Weltkrieges war die eines autoritären Regimes.[9]

Diese für den Parlamentarismus der Republik an sich nicht günstigen Voraussetzungen wurden auch noch durch eine mehrfache Fremdbestimmung negativ beeinflußt. Der Parlamentarismus kam nach Österreich als Folge außenpolitischer Rückschläge und Niederlagen. Der von der Kremsierer Verfassung vorgesehene Parlamentarismus wurde vom Kaiser 1849 zur Seite geschoben, als dieser die äußeren (Piemont) und inneren Gegner (Revolution) militärisch niedergerungen hatte. Die schüchternden Ansätze zu einem Parlamentarismus waren dann auch die Folge der militärischen Niederlage von 1859; der Durchbruch zum – wenn auch unechten – Parlamentarismus, 1867, war die unmittelbare Konsequenz des verlorenen Krieges von 1866.

Und so war auch der Erfolg des „echten" Parlamentarismus, 1918 und – folgerichtig – durch das Bundes-Verfassungsgesetz von 1920, die Konsequenz der Niederlage Österreich-Ungarns im 1. Weltkrieg und des Zerfalls des Habsburger-Reiches.

Niederlagen bereiteten den Weg des österreichischen Parlamentarismus; und die Niederlage des Großdeutschen Reiches ermöglichte den parlamentarischen Neuanfang, der endlich zur Kontinuität führte. Zwar war und ist, vom Standpunkt der demokratischen Republik Österreich, diese Niederlage der Großdeutschen Wehrmacht keine Niederlage Österreichs – es bleibt aber die historische Tatsache, daß nur der Sieg der Alliierten Parlamentarismus und Verfassungsstaat in Österreich ermöglichte.[10]

Die Entwicklung des Parlamentarismus der 2. Republik ermöglichte eine allmähliche Emanzipation von der Fremdbestimmung. Zwar ist in Artikel 8 des Staatsvertrages vom 15. Mai 1955 eine Österreich bindende Verpflichtung zu Demokratie und Rechtsstaat festgeschrieben. Die aktuelle Entwicklung des Parlamentarismus, seine Stabilisierung und Verlebendigung kann jedoch wohl kaum mit diesem Rest an Fremdbestimmung kausal in Verbindung gebracht werden.

Wettbewerb im Österreichischen Nationalrat

Der österreichische Parlamentarismus ist, Ergebnis des hinter dem Bundes-Verfassungsgesetz von 1920 stehenden politischen Kompromisses, ein unechtes Zweikammern-System. Die zweite Kammer, der Bundesrat, ist in seiner gesetzgebenden Kompetenz dem Nationalrat eindeutig nachgeordnet; und nur dem Nationalrat, nicht aber dem Bundesrat ist die Bundesregierung politisch verantwortlich.

Dadurch ist die Realverfassung des österreichischen Parlamentarismus zu allererst die des Nationalrates. Und die Realverfassung ist, trotz formal gegenläufiger Tendenzen in der

9 *Robert A. Kann*, A History of the Habsburg Empire. 1526–1918, Berkeley 1974, S. 424–451.
10 *Gerald Stourzh*, Kleine Geschichte des Österreichischen Staatsvertrages, Graz 1975, S. 11–19. *Robert H. Keyserlingk*, Austria in World War II. An Anglo-American Dilemma, Kingston 1988, S. 123–184.

Novelle des Bundes-Verfassungsgesetzes von 1929, die eines parlamentarischen Systems: Die Bundesregierung, obwohl vom Bundespräsidenten ernannt, stützt sich politisch in erster Linie auf die Mehrheitsbildung im Nationalrat. Dies ist, verfassungsrechtlich, die Folge der politischen Verantwortlichkeit – der Nationalrat kann durch einfachen Mehrheitsbeschluß die Bundesregierung (oder einzelne Mitglieder derselben) „stürzen". Dieser parlamentarische Charakter des politischen Systems drückt sich im Zeitpunkt der Bildung bzw. des Wechsels der Bundesregierung aus: Nicht etwa die Wahl des Bundespräsidenten, sondern die des Nationalrates bestimmt den Zeitpunkt der Regierungsbildung und damit auch die Zusammensetzung des Nationalrates.[11]

Der faktisch parlamentarische Charakter des politischen Systems führt dazu, daß die „institutionelle Gewaltenteilung", also die Trennung zwischen exekutiver Gewalt (Bundespräsident und insbesondere Bundesregierung) und legislativer Gewalt (Parlament, insbesondere Nationalrat), obsolet ist. Bundesregierung und Nationalratsmehrheit sind politisch eins; die Gesetzgebung im Parlament wird dadurch, über die Bedeutung des vorparlamentarischen Raumes, von der Bundesregierung weitgehend vorherbestimmt; und die Kontrollkompetenz des Nationalrates gegenüber der Bundesregierung ist weitgehend – in der Realverfassung – auf die der opponierenden Minderheit zustehenden Rechte reduziert.

Die Lebendigkeit des Nationalrates ist damit vor allem vom Gegensatz zwischen regierender Mehrheit und opponierender Minderheit bestimmt. Die Wettbewerbssituation im Parlament bestimmt die Qualität des Parlamentarismus. Und diese Wettbewerbssituation hat im Laufe der 2. Republik tendenziell zugenommen:

— Die wachsende Intensität parlamentarischer Konkurrenz drückt sich in der wachsenden Zahl der parlamentarischen Akteure aus. Im parteienstaatlichen Parlamentarismus, keineswegs ein österreichisches Spezifikum, sondern der „Normalfall" parlamentarischer Systeme, ist diese Zahl der Akteure weitgehend die der im Nationalrat als Fraktionen agierenden Parteien. Am Beginn der 2. Republik kam es 1949 zunächst zu einer Ausweitung der parlamentarischen Fraktionen von drei auf vier. Mit dem Ausscheiden der KPÖ schien zunächst ein auf drei Akteure (d.h. Fraktionen) verringerter Wettbewerb zur Dauereinrichtung zu werden. Mit dem Einzug der Grünen als vierter Fraktion und mit der Etablierung des Liberalen Forums als fünfter Fraktion ist der Trend nun offenkundig längerfristig in Richtung auf Vermehrung der Fraktionen und damit der Akteure ausgerichtet. Dies hängt natürlich mit den dahinterliegenden Entwicklungstendenzen des Parteiensystems und des Wählerverhaltens zusammen.[12] Für das Parlament ist wichtig, daß damit das Entscheidungsverfahren komplizierter wird.

— Die wachsende Zahl der Fraktionen geht Hand in Hand mit einer abnehmenden Konzentration des Parteiensystems und damit des Parlamentarismus. Nimmt man als Konzentrationsmaß die Stimmenanteile (und aufgrund des Proportionalwahlrechtes damit indirekt

11 *Manfried Welan*, Der Bundespräsident. Kein Kaiser in der Republik, Wien 1992, insbesondere S. 17–22.

12 Die Aufweichungs- und Konzentrationstendenzen des österreichischen Parteiensystems sind systematisch insbesondere analysiert bei *Fritz Plasser*, Parteien unter Streß. Zur Dynamik der Parteiensysteme in Österreich, der Bundesrepublik Deutschland und den Vereinigten Staaten, Wien 1987 und *Peter A. Ulram*, Hegemonie und Erosion. Politische Kultur und politischer Wandel in Österreich, Wien 1990.

Tabelle 1: Rückgang der Parteienkonzentration (in Prozent)

	SPÖ	ÖVP	Zusammen	VDU/FPÖ	Vierte Parteien
1975	50,4	42,9	93,3	5,4	1,2
1979	51,0	41,9	92,9	6,1	1,0
1983	47,6	43,2	90,8	5,0	4,1[1]
1986	43,1	41,3	84,4	9,7	5,9[2]
1990	42,8	32,1	74,9	16,6	8,6[3]
1994	35,2	27,7	62,9	22,6	15,5[4]

1 Vor allem VGÖ und ALÖ (3).
2 Vor allem Grüne (4,8).
3 Vor allem Grüne (Grüne Alternative 4,8; VGÖ 2,0).
4 Grüne 7,0; Liberales Forum 5,7.

Tabelle 2: Konkurrenzsituation im österreichischen Nationalrat – Gegenüber von Regierung und Opposition

Parlamentarische Konkurrenzsituation in der 2. Republik (in Prozent)			
		Regierung	Opposition
1945-1947	Allparteienregierung ÖVP/SPÖ/KPÖ	100%	–
1947–1966	Große Koalition ÖVP/SPÖ	97,6/87,3%[1]	12,7/2,4%[1]
1966–1970	Alleinregierung ÖVP	51,5%	48,5%
1970–1971	Minderheitsregierung SPÖ	49,1%	50,9%
1971–1983	Alleinregierung SPÖ	51,9/50,8%[1]	49,2/48,1%[1]
1983–1987	Kleine Koalition SPÖ/FPÖ	55,7%	44,3%
(1987–1994)	Große Koalition SPÖ/ÖVP	85,8%/76,5%[1]	14,2%/23,5%[1]

1 Links ist die maximale Anzahl der Abgeordneten, rechts die Mindestanzahl der Abgeordneten Grundlage der Berechnung.

auch die Mandatsanteile) der traditionellen Großparteien, so ist der Rückgang der Konzentration und damit die Zunahme des parlamentarischen Wettbewerbs deutlich:
Die längerfristig wachsende Intensität parlamentarischer Konkurrenz muß folgerichtig zu einer abnehmenden Berechenbarkeit des Entscheidungsprozesses führen. Dies drückt sich in der langfristigen Abnahme der Einstimmigkeit im Gesetzgebungsverfahren aus. Der Prozentsatz der Gesetze, die vom Nationalrat einstimmig verabschiedet werden, ist seit längerer Zeit rückläufig – wechselnde Mehrheitskonstellationen bestimmen das Gesetzgebungsverfahren. Im Parlament der vier und jetzt schon fünf Fraktionen kann sich die regierende Mehrheit oft auf die eine oder die andere Oppositionspartei stützen; umgekehrt ist die Wahrscheinlichkeit, daß alle Oppositionsparteien mit der dominierenden Mehrheit übereinstimmen, immer weniger wahrscheinlich.
Diese Komplexität, diese Verlebendigung des Verhaltens geht auch Hand in Hand mit einer gewissen Emanzipation des Parlaments gegenüber der Regierung. Zwar bestimmen die Regierungsvorlagen nach wie vor als die mit Abstand wichtigsten Formen legislativer Initiative das Gesetzgebungsverfahren – aber die Mehrzahl der Regierungsvorlagen erfährt im Parlament Veränderungen. Auch wenn bei den meisten dieser parlamentarischen Eingriffe nicht auf eine substanzielle Abänderung der legislativen Intentionen der Bundesregierung ge-

Tabelle 3: Einstimmigkeit im Gesetzgebungsverfahren (in Prozent)

GP	SPÖ	ÖVP	SP + VP	SP + FP	VP + FP	einstimmig	Summe
XI.	–	12	8	–	8	72	100
XII.	–	–	4	7	5	84	100
XIII.	7	–	3	5	–	85	100
XIV.	9	–	8	3	–	79	99*
XV.	15	–	6	4	–	75	100
XVI.	–	–	–	20	–	80	100

* 1 % Rundungsdifferenz.

Quelle: Nevlacsil, a.a.O., S. 435.

Tabelle 4: Abstimmungsverhalten im Nationalrat, XVII. Gesetzgebungsperiode (1986–1990) und XVIII. Gesetzgebungsperiode (1991–1992)

Abstimmungsverhalten in der XVII. GP							
	einstimmig	SP + VP	SP + VP + FP	SP + VP + G	SP + VP + FP+ FP+ G	Gesamt	Abw. Abst.
absolut	218	112	140	32	33	535	55
in %	40,7	20,9	26,2	6,0	6,2	100	10,3

Abstimmungsverhalten in der XVIII. GP			
Vom Plenum beschlossen:		davon einst.	mehrst.
Gesetze	152	53	99
davon Bundesverfassungsgesetze	4	2	2

Quelle: Nevlacsil, a.a.O., S. 435, bzw. Angaben der Parlamentsdirektion.

schlossen werden darf – das langfristige Ansteigen dieser Abänderungstätigkeit des Nationalrates ist ebenfalls ein Aspekt der parlamentarischen Verlebendigung.

Struktur der Mitgliedschaft des Parlaments – Indikator gesellschaftlichen Wandels

Kein Parlament der Welt spiegelt in seiner sozialen Zusammensetzung seine Wählerschaft wider. Je mehr ein Parlament ein Arbeitsparlament ist, desto stärker ist seine Zusammensetzung – nach sozialen, kulturellen, religiösen, generations- und geschlechtsspezifischen Merkmalen – von der Zusammensetzung seiner Wählerschaft abweichend.

Am deutlichsten kann dieser Verzerrungsaspekt an der Transformation der vormals kommunistischen Systeme Mittel- und Osteuropas beobachtet werden. Die größtenteils nur Fassadencharakter besitzenden „Parlamente" der kommunistischen Systeme Europas waren in vielen Aspekten weitgehend repräsentativ – abgesehen vom Aspekt der politischen Widerspiegelung. Vor allem der Frauenanteil war in diesen Volkskammern fast dem Frauenanteil der Wählerschaft und damit der Gesellschaft entsprechend. Durch die Transformation und durch den Wettbewerbscharakter, der nach dem Ende der kommunistischen Diktatur nun die Parlamente der neuen Demokratien auszeichnet, wurde sofort ein stark verzerrender Aspekt in den Parlamentarismus dieser Länder gebracht. Dies drückt sich dort im extrem gefallenen Frauenanteil der nunmehr demokratisch gewählten Parlamente aus.[13]

Die „Repräsentativität", bzw. deren Verzerrung ist somit ein Indikator für den Wandel des Parlamentarismus. Im Parlamentarismus der 2. Republik Österreich hat es immer schon Verzerrungen gegeben: Der Nationalrat war immer viel stärker verbeamtet, viel stärker von den Repräsentanten der wirtschaftlichen Verbände besetzt, viel männlicher, viel älter und viel akademischer als seine Wählerschaft.[14]

Diese Verzerrung ist in den 80er Jahren wesentlich verändert worden – zwei Indikatoren der Verzerrung sind dramatisch in Bewegung gekommen. In beiden Fällen handelt es sich um eine Abnahme der Verzerrung, d.h. um eine Annäherung der sozialen Zusammensetzung des Nationalrates an die seiner Wählerschaft. Diese beiden Aspekte sind:

Feminisierung;

Entkorporatisierung.

Dieser Wandel kann als Zeichen der Verlebendigung gesehen werden: Der Nationalrat reagiert lebendig auf gesellschaftliche Veränderungen; er ist in seiner so verstandenen Nicht-Repräsentativität keineswegs vom gesellschaftlichen Wandel abgekoppelt.

Der erste auffallende Wandel in der sozialen Zusammensetzung des österreichischen Parlaments ist die Verdoppelung des Frauenanteils in einem Jahrzehnt. Während zwischen 1919 und 1979, sechs Jahrzehnte seit der Einführung des Frauenstimmrechtes, der Anteil der Frauen im Österreichischen Nationalrat sich bei ungefähr 10 Prozent stabilisiert hatte, stieg er in den 80er Jahren auf 20 Prozent – er wurde somit verdoppelt.

Tabelle 5: Frauenanteil im Österreichischen Nationalrat (in Prozent)

		SPÖ	ÖVP	FPÖ	Grüne	Gesamt
XIII. GP	Beginn	8	3	–	–	11
(1971–75)	Ende	9	3	–	–	12
XIV. GP	Beginn	9	5	–	–	14
(1975–79)	Ende	10	5	–	–	15
XV. GP	Beginn	11	7	–	–	18
(1979–83)	Ende	11	7	–	–	18
XVI. GP	Beginn	8	8	1	–	17
(1983–86)	Ende	11	7	1	–	19
XVII. GP	Beginn	9	7	3	1	20
(1986–90)	Ende	12	10	4	2	28
XVIII. GP	(ab 1990)	21	7	7	5	40

Quelle: Angaben der Parlamentsdirektion.

Dieser Wandel ist zum Ersten als „Verwestlichung" des österreichischen Parlaments zu sehen. In westeuropäischen Demokratien, insbesondere in solchen mit einer längeren Tradition eines „echten" Parlamentarismus – wie in den skandinavischen Ländern, war und ist

13 Journal für Sozialforschung, 1991, Heft 1, S. 90–102.

14 *Rainer Nick/Anton Pelinka*, Politische Landeskunde der Republik Österreich, Berlin 1989, S. 38f.

Tabelle 6: Verbändevertreter im Parlament

Haupt- und nebenamtliche Funktionäre wirtschaftlicher Verbände im Österreichischen Nationalrat (Prozentwerte in Klammern)

	SPÖ				ÖVP			
	1973	1978	1987	1991	1973	1978	1987	1991
Arbeitnehmer-verbände	45 (48,4)	42 (45,2)	33 41,3	30 (37,5)	11 (13,8)	13 (16,3)	13 (16,9)	7 (11,7)
Arbeitgeber-verbände	1 (1,1)	2 (2,2)	1 (1,3)	2 (2,5)	14 (17,5)	19 (23,8)	15 (19,5)	9 (15,0)
Agrar-verbände	3 (3,2)	2 (2,2)	1 (1,3)	– (–)	18 (22,5)	21 (26,3)	14 (18,2)	10 (16,7)
Verbände insgesamt	49 (52,7)	46 (49,5)	35 (44,0)	32 (40,0)	43 (53,8)	53 (66,3)	42 (54,5)	26 (32,5)

	FPÖ				Plenum			
	1973	1978	1987	1991	1973	1978	1987	1991
Arbeitnehmer-verbände	– (–)	1 (10,0)	– (–)	1 (3,0)	56 (30,6)	56 (30,6)	46 (25,1)	38 (20,8)
Arbeitgeber-verbände	2 (20,0)	2 (20,0)	2 (11,1)	2 (6,0)	17 (9,3)	23 (12,6)	18 (9,8)	13 (7,1)
Agrar-verbände	– (–)	– (–)	1 (5,6)	1 (3,0)	21 (11,5)	23 (12,6)	16 (8,7)	11 (6,0)
Verbände insgesamt	2 (20,0)	3 (30,0)	3 (16,7)	4 (12,1)	94 (51,4)	102 (55,8)	80 (43,7)	62 (33,9)

Quelle: Angaben der Parlamentsdirektion und entsprechende Zuordnungen von *Ferdinand Karlhofer*, bzw. *Anton Pelinka*.

der Frauenanteil seit langem signifikant über dem des Österreichischen Nationalrats.[15] Der Indikator „Frauenanteil" spricht damit für einen tendenziellen Aufholungsprozeß.

Der zweite Wandel betrifft die enge Verflechtung zwischen Sozialpartnerschaft und Parlamentarismus. Lange Zeit hindurch war die dominante Rolle der Wirtschaftsverbände im vorparlamentarischen Bereich und – durch die Verflechtung mit den Großparteien – auch im parlamentarischen Bereich ein in der wissenschaftlichen Literatur zentral behandeltes Merkmal des österreichischen Parlamentarismus.[16] Dieser Indikator „Korporatisierung" weist nun seit einiger Zeit einen Rückgang auf: Die Abgeordneten im Nationalrat, die – neben ihrer Funktion in ihrer Partei und im Parlament – auch eine Funktion in einem der großen Wirtschaftsverbände haben, ist seit einigen Jahren rückläufig.

15 Zur Frage des Trends in Richtung „Feminisierung" siehe *Vicky Randall*, Women and Politics. An International Perspective, 2nd ed. Houndmills 1987, insbesondere S. 95–156. *Donald Meyer*, Sex and Power. The Rise of Women in America, Russia, Sweden, and Italy, 2nd ed. Middletown 1989.

16 *Widder*, a.a.O. (Anm. 6), S. 251–259. *Joseph Marko*, Verbände und Sozialpartnerschaft, in: *Wolfgang Mantl* (Hrsg.), Politik in Österreich, Wien 1992, S. 460–465.

Die „Entkorporatisierung" kann einerseits mit dem Wachstum der Parteien im Parlament erklärt werden, die (anders als SPÖ und ÖVP) nicht sozialpartnerschaftlich verflochten sind; andererseits weisen aber auch die Fraktionen von SPÖ und ÖVP einen allmählich sinkenden Anteil von Vertretern der Wirtschaftsverbände auf.

Diese Entwicklung weist auf eine gewisse Entkoppelung zwischen Sozialpartnerschaft und Parlamentarismus und damit auf eine wachsende Autonomie des parlamentarischen vom sozialpartnerschaftlichen Prozeß. Die inneren Strukturen des Parlaments werden von den inneren Strukturen der sozialpartnerschaftlichen Institutionen und der sozialpartnerschaftlich eingebundenen Verbände immer deutlicher unabhängig.

Auch in dieser Hinsicht kann von einer „Verwestlichung" des österreichischen Parlamentarismus gesprochen werden. Die für Österreich ganz spezifische Dominanz von Verbändevertretern im Nationalrat geht zurück – der Anteil der Verbändevertreter entwickelt sich somit in Richtung auf ein (west)europäisches Durchschnittsmaß.

Bewertung des Wandels

Karl Loewenstein spricht, zur Kennzeichnung bestimmter Einschränkungen des „klassischen" Parlamentarismus, vom „kontrollierten" oder vom „gebändigten" Parlamentarismus.[17] Damit beschreibt er eine Entwicklung des europäischen Parlamentarismus, die auf historisches Lernen zurückzuführen ist – insbesondere auf die Erfahrungen mit der Weimarer Republik und mit der Dritten sowie der Vierten Republik Frankreich.

Auf Österreich übertragen, kann von einer allmählichen Befreiung des Parlamentarismus von einer allzu dichten Kontrolle, von einer allzu wirksamen Bändigung gesprochen werden. Die Kräfte, von denen sich der österreichische Parlamentarismus schrittweise emanzipiert, sind die im vorparlamentarischen Raum dominanten: Die großen Wirtschaftsverbände, die Bundesregierung und ihre Bürokratie.

An einem Mindestmaß an Verflechtung zwischen Regierung und Parlament wird sich unter den Spielregeln des parlamentarischen Systems – gewährleistet durch Mißtrauensvotum und Auflösungsrecht – nichts ändern. Freilich, ein gewisses Freischwimmen vom direkten und alles betreffenden Diktat der Regierung und ihrer Bürokratie ist möglich. Die Neigung, Regierungsvorlagen im parlamentarischen Bereich verstärkt zu verändern, spricht für diese Entwicklung.[18]

Das eigentliche Freispielen des Parlamentarismus findet jedoch gegenüber der Sozialpartnerschaft statt. Die Wettbewerbslogik des Parlamentarismus und der in ihm dominanten Parteien ist auf Dauer mit der Konsenslogik der Sozialpartnerschaft nicht harmonisierbar. Durch die abnehmende Prägekraft der Großparteien und der dahinterstehenden beiden großen politisch-weltanschaulichen Lager wird diese Unversöhnlichkeit der beiden Logiken immer deutlicher.

Damit in Verbindung ist freilich auch eine abnehmende Kontrolle des Parlamentarismus durch den Parteienstaat verbunden. Die Fraktionsdisziplin im österreichischen Nationalrat

17 *Karl Loewenstein*, Political Power and the Governmental Process, 2nd ed. Chicago 1965, S. 85–98.

18 *Anton Nevlacsil*, Der Nationalrat in der 17. GP, in: *Andreas Khol* u.a. (Hrsg.), Österreichisches Jahrbuch für Politik 1990, München und Wien 1991, S. 432–437.

ist zwar noch immer sehr ausgeprägt – sie ist aber nicht mehr ohne Ausnahmen.[19] Mit der tendenziellen Abnahme der Fraktionsdisziplin ist aber auch eine Abnahme der parteienstaatlichen Kontrolle über das Parlament verbunden. Deutlichster Ausdruck dieser Entwicklung war der Mißtrauensantrag, den Abgeordnete der steirischen ÖVP 1987 gegen den ÖVP-Verteidigungsminister stellten. Aber auch die Neigung der Frauen aller Fraktionen, sich in bestimmten – frauenspezifischen – Konflikten abzusprechen und einen parlamentarischen Konflikt entlang der Linie Frauen/Männer zu riskieren,[20] weist in die Richtung der abnehmenden Kontrolle des Parlaments durch die Parteien.

Freilich, wie bei der Verflechtung von Regierung und Parlament wird auch die Verflechtung von Parteien und Parlament im Rahmen der Spielregeln eines parlamentarischen Systems relativiert, nicht aber vollständig aufgehoben werden können. Die Fraktionen bestimmen nach wie vor das Geschehen im Parlament – durch die Schaltfunktionen der Präsidialkonferenz, durch die Kontrolle der Ausschußbesetzung, durch die Dominanz der Abläufe im Plenum. Allerdings ist diese Kontrolle keine perfekte, sie läßt immer mehr Ausnahmen zu; sie muß Ausnahmen offenkundig zulassen.

Die Entwicklung des österreichischen Parlamentarismus kann somit unter dem Aspekt einer sich verlebendigenden „Entaustrifizierung" zusammengefaßt und bewertet werden. Der österreichische Parlamentarismus verliert seine Besonderheiten; er paßt sich an (west)europäische Standards an; und er gewinnt dabei an autonomem Handlungsspielraum. Dieser Autonomiegewinn geht Hand in Hand mit einer deutlichen Bindung an gesellschaftliche Trends – am stärksten kommt dies in dem stark steigenden Frauenanteil im Parlament zum Ausdruck.

Der österreichische Parlamentarismus wurde oft als „postklassisch" bezeichnet[21] – gerade in seiner dichten Verschränkung mit der Sozialpartnerschaft. Die Entwicklungen in den 80er und frühen 90er Jahren sprechen für eine Abkehr von dieser postklassischen Entwicklungsphase. Wenn „klassischer" Parlamentarismus nach *Loewenstein* vor allem den Autonomiegewinn des Parlaments auf Kosten der Stabilität des Regierens bedeutet[22], dann ist der österreichische Parlamentarismus auf einem Weg zurück: Von der postklassischen zur klassischen Entwicklungsphase.

Freilich ist dieser Weg, historisch-empirisch, kein Weg zurück: Denn der klassische Parlamentarismus war in Österreich niemals Wirklichkeit; er war und ist ein an westeuropäischen Erfahrungen orientiertes Konstrukt. Insofern ist die postklassische Phase des österreichischen Parlamentarismus, wie sie in den Jahrzehnten nach 1945 zu beobachten war, offenkundig als praeklassisch einzustufen.

19 *Nevlacsil*, a.a.O. (Anm. 18), S. 436.

20 Zur Entwicklung dieser Konfliktlinie im politischen System Österreichs in den 80er Jahren siehe insbesondere *Sieglinde Rosenberger*, Frauenpolitik in Rot-Schwarz-Rot. Geschlechterverhältnisse als Gegenstand der österreichischen Politik, Wien 1992.

21 *Anton Pelinka*, Postklassischer Parlamentarismus und Sozialpartnerschaft, in: Österreichische Zeitschrift für Politikwissenschaft, 1974, Heft 3, S. 333–344.

22 *Loewenstein*, a.a.O. (Anm. 17), S. 90–94. Zu anderen vergleichenden und theoretischen Analysen des Parlamentarismus im allgemeinen und parlamentarischer Funktionen und Strukturen im besonderen siehe auch *Vernon Bogdanor* (ed.), Representatives of the People? Parliamentarians and Constituents in western democracies, Aldershot 1985. *Philip Norton* (ed.), Legislatures, Oxford 1990.

Österreich im europäischen Kontext

Österreich wird Mitglied der Europäischen Union in einer besonders einschneidenden Phase des Wandels seiner politischen Kultur und seines politischen Systems. Dieser Wandel ist eine „Verwestlichung" und eine „Entaustrifizierung":

— Der Rückgang der parteien- und verbändestaatlichen Besonderheiten nähert das politische System Österreichs den für Westeuropa zu beobachtenden Durchschnittswerten der Parteienkonzentration, der Wahlbeteiligung, der politischen Organisationsdichte, aber auch der Funktion von Parteien und Verbänden an.

— Die Verlebendigung des Parlamentarismus signalisiert ein neues „Mix" aus konkordanz- und konkurrenzdemokratischen Elementen – gekennzeichnet durch ein geringer werdendes Gewicht konkordanzdemokratischer Mechanismen, deren Bedeutung nach 1945 Österreich eine besondere Position innerhalb westlich-liberaler Demokratien gegeben hat.[23]

— Die Beteiligung Österreichs am europäischen Integrationsprozeß im Sinne der Verträge von Maastricht zeigt auch einen neuen, insgesamt wohl eindeutig geringeren Stellenwert der österreichischen Neutralität an. Österreich will sich, so die erklärte Absicht der Regierung, an der Entwicklung einer „Gemeinsamen Außen- und Sicherheitspolitik" Europas beteiligen – und allein diese Absicht ist eine kräftige Akzentverschiebung der Jahrzehnte hindurch herrschenden österreichischen Interpretation der immerwährenden Neutralität des Landes.[24]

Ohne daß ein Kausalzusammenhang behauptet werden kann, ist doch auffällig, daß sich Österreich in dem Augenblick „de-austrifiziert", in dem es Vollmitglied der Europäischen Union wird. Österreichs politisches System verliert seine Besonderheiten; sein Parlamentarismus erfährt einen signifikanten Belebungsschub; seine politische Kultur wird der anderer westlicher Demokratien, insbesondere der kleinerer Staaten, ähnlicher. Aber es ist weniger die Schweiz, die Jahrzehnte hindurch für Österreich Modellcharakter hatte.[25] Es sind eher die Niederlande und die skandinavischen Staaten, auf deren Qualitätsmerkmale die österreichische Entwicklung hinauszulaufen scheint.

Dem österreichischen Parlamentarismus kommt dabei eine doppelte Funktion zu: Der im Parlamentarismus eingebaute Wettbewerbscharakter macht den Parlamentarismus selbst zum Nutznießer und zur Speerspitze der Entwicklung. Die Freisetzung bisher kontrollierter Konflikte erlaubt dem Parlamentarismus eine bisher nicht gekannte Beweglichkeit. Der Parlamentarismus wird wichtiger als je zuvor.

Der dem Parlamentarismus immanente Öffentlichkeitscharakter gibt ihm aber auch die Aufgabe, wichtigster Indikator des Wandels des politischen Systems zu sein. Das Parlament als Bühne – auch der tief einschneidenden Veränderungen: Am Parlament kann abgelesen werden, welche politische Dynamik das gesamte politische System in welche Richtung treibt.

23 *Arend Lijphart,* Democracy in Plural Societies. A Comparative Exploration, New Haven 1977.

24 *Paul Luif,* Der Weg zum 12. Juni, in: *Anton Pelinka* (Hrsg.), EU-Referendum, a.a.O. (Anm. 1).

25 *Gerhard Lehmbruch,* Proporzdemokratie. Politisches System und politische Kultur in der Schweiz und in Österreich, Tübingen 1967.

Direkte Demokratie in der Schweiz. Ein Mittel zur Behebung von Funktionsmängeln der repräsentativen Demokratie?[1]

Silvano Möckli

Zum ausländischen Standardwissen über die Schweiz gehören nicht allein Produkte wie Käse, Schokolade und Uhren. Es ist geläufig, daß die Schweiz vielfältige und traditionsreiche direktdemokratische Institutionen kennt. Zwei Beispiele: (1) Die Arbeitsbelastung der schweizerischen Parlamentarier ist, wie jene aller nationalen Parlamentarier, recht hoch. Sie entspricht etwa 60 Prozent einer vollen Stelle. Entschädigung und Infrastruktur sind diesem Arbeitspensum aber bei weitem nicht angemessen. Die schweizerische Bundesversammlung hat deshalb 1992 eine Parlamentsreform verabschiedet. Einige wenige Parlamentarier, die über genügend außerparlamentarische Ressourcen verfügen, opponierten gegen diese Reform. Sie sammelten 50.000 Unterschriften und ergriffen so das Referendum gegen die entsprechenden Parlamentsbeschlüsse – oder besser: sie ließen es durch einige Studenten unserer Universität und ein PR-Büro ergreifen und finanzierten die Abstimmungskampagne. Zwei Gesetze, die eine bessere Entschädigung sowie die Möglichkeit zur Anstellung von Teilzeitmitarbeitern gebracht hätten, wurden am 27. September 1992 in einer Volksabstimmung hoch, mit 70 Prozent Nein-Stimmen, verworfen. (2) Während in den Parlamenten von fünf EFTA-Staaten die Genehmigung des Vertrages über den Europäischen Wirtschaftsraum (EWR) mehr oder weniger reibungslos über die politische Bühne ging, wurde sie in der Schweiz durch Volksabstimmung am 6. Dezember 1992 verworfen und in Liechtenstein am 13. Dezember 1992 nur relativ knapp gutgeheißen.

Ich möchte im folgenden die direkte Demokratie der Schweiz skizzieren und dabei auf folgende Fragen eingehen: Welches sind die Auswirkungen direktdemokratischer Institutionen auf das Parlament? Ist die direkte Demokratie vereinbar mit einem parlamentarischen Regierungssystem? Ließen sich die direktdemokratischen Institutionen der Schweiz auf andere politische Systeme übertragen? Ist die Wirkung von Volksabstimmungen über Sachfragen eher konfliktlösend oder konfliktverschärfend? Ist die direkte Demokratie ein „Allheilmittel“ gegen politische Funktionsmängel der repräsentativen Demokratie? Ist direkte Demokratie eine „höherwertige Form“ von Demokratie?

Meine Thesen lauten: (1) Direkte Demokratie, wie sie die Schweiz kennt, garantiert nicht „bessere“ Entscheide als die rein repräsentative Demokratie, und raschere Entscheide schon gar nicht. Direkte Demokratie ermöglicht aber eine breite Partizipation, einen breiten „Input“ in das politisches System. Dies kann durchaus als ein Wert an sich gesehen werden, der auch dann erhaltenswert ist, wenn infolge der hohen Zahl der Akteure und eines komplexen Entscheidungsverfahrens ein zäher Durchfluß durch das politische System und ein geringerer Output resultiert. (2) Die direkte Demokratie der Schweiz ist kein Exportartikel. Die gleichen Institutionen würden in politischen Systemen mit anderer Struktur und

1 Erweiterte Fassung eines Referats, gehalten am 12. Januar 1993 in Paris vor dem Subkomitee „Partizipative Demokratie“ der Parlamentarischen Versammlung des Europarats.

Tradition nicht die gleichen Auswirkungen haben. Mit den Mitteln der direkten Demokratie allein lassen sich die Funktionsmängel der repräsentativen Demokratie nicht beheben.

1. Direkte Demokratie in der Schweiz

1.1 Institutionen der direkten Demokratie

In keinem Staat der Welt gibt es so vielfältige und traditionsreiche direktdemokratische Institutionen auf kommunaler, gliedstaatlicher und nationaler Ebene wie in der Schweiz.

Die Schweiz kennt auf nationaler Ebene
- seit 1848 das obligatorische Verfassungsreferendum für Total- und Partialrevisionen der Verfassung
- seit 1874 das fakultative Gesetzesreferendum
- seit 1891 die Volksinitiative auf Partialrevision der Verfassung
- seit 1921 das Staatsvertragsreferendum
- seit 1949 das auflösende Referendum bei dringlichen Bundesbeschlüssen
- seit 1977 das erweiterte Staatsvertragsreferendum.

In der Schweiz wird strikt zwischen Plebiszit, Referendum und Initiative unterschieden. Das Plebiszit wird optional und ad hoc durch ein Staatsorgan (von oben) ausgelöst. Das Referendum ist eine dauerhafte, verfassungsrechtlich verankerte Institution und wird obligatorisch oder von unten ausgelöst, nach genau festgelegten Regeln. Die Initiative wird durch einen Teil der Stimmbürgerschaft ausgelöst. Nach der rechtlichen Wirkung kann man unterscheiden, ob das Abstimmungsergebnis für die Staatsorgane bindend (dezisiv) oder nichtbindend (konsultativ)[2] ist.

„Echte" direkte Demokratie nach schweizerischem und amerikanischem Verständnis liegt nur dann vor, wenn auch einer bestimmten Anzahl der Stimmbürger das Recht zusteht, einen Gegenstand eigener Wahl der Volksabstimmung zu unterbreiten, und das auch gegen den Willen von Staatsorganen.

Änderungen der Verfassung sind in der Schweiz zwingend der Volksabstimmung zu unterbreiten. Zu ihrer Annahme bedarf es einer Mehrheit der Stimmenden und einer Mehrheit der 26 Kantone. Das Abstimmungsergebnis in den einzelnen Kantonen zählt als Kantonsvotum. Über Bundesgesetze und allgemeinverbindliche Bundesbeschlüsse erfolgt eine Volksabstimmung, wenn dies von 50.000 Stimmberechtigten oder 8 Kantonen verlangt wird. Die Unterschriften sind innerhalb dreier Monate zu sammeln. Zur Annahme genügt die Mehrheit der Stimmenden. Nach Artikel 121, Absatz 2, der schweizerischen Bundesverfassung können 100.000 stimmberechtigte Schweizer Bürger das Begehren „auf Erlaß, Aufhebung oder Abänderung bestimmter Artikel der Bundesverfassung" stellen. Das ist die Verfassungsinitiative. Die Unterschriften sind innerhalb von 18 Monaten beizubringen. Eine Initiative ist angenommen, wenn die Mehrheit der Stimmenden und der Kantone ihr zustimmt.

2 Zum „konsultativen Referendum" siehe die gründliche Studie von *Ulrich Rommelfanger*, Das konsultative Referendum. Eine verfassungstheoretische, -rechtliche und -vergleichende Untersuchung, Berlin 1988. Er kommt zum Schluß, daß in den westlichen Demokratien den meisten konsultativen Entscheidungen faktische Bindungswirkung zukam, indem die Staatsorgane das Volksvotum akzeptierten und ihr Verhalten danach ausrichteten.

Das Verfahren bei der Initiative in Form eines ausgearbeiteten Entwurfes zur Partialrevision der Verfassung verdient im Detail dargestellt zu werden.

1) Ein Initiativkomitee, das aus mindestens sieben Urhebern bestehen muß, formuliert einen Initiativtext, der gemäß Artikel 121 der Bundesverfassung nur einen Gegenstand betreffen kann (Einheit der Materie) und ein ausgearbeiteter Verfassungsartikel sein muß (Einheit der Form). Zur Vorprüfung hat das Komitee der Bundeskanzlei einen Unterschriftenbogen einzureichen, der unter anderem den Initiativtext und eine vorbehaltlose Rückzugsklausel enthalten muß. Durch die Rückzugsklausel wird der Mehrheit des Initiativkomitees die Möglichkeit eingeräumt, eine zustandegekommene Initiative „zurückzuziehen", das heißt sie gelangt dann nicht zur Volksabstimmung.

2) „Die Bundeskanzlei stellt vor Beginn der Unterschriftensammlung durch eine Verfügung fest, ob die Unterschriftenliste den gesetzlichen Formen entspricht."[3] Sie kann den Titel der Initiative ändern, wenn er „offensichtlich irreführend" ist. Die Verfügung der Bundeskanzlei kann mit Verwaltungsgerichtsbeschwerde beim Bundesgericht angefochten werden. Titel und Text der Initiative werden im Bundesblatt (Amtsblatt der Eidgenossenschaft) veröffentlicht.

3) Nach der Veröffentlichung im Bundesblatt haben die Initianten 18 Monate Zeit, um die erforderlichen 100.000 beglaubigten Unterschriften zu sammeln. Jeder Unterzeichner der Initiative muß seinen Namen „handschriftlich und leserlich" eintragen sowie Vorname, Geburtsjahr und Wohnadresse angeben. Noch vor Ablauf der Frist von 18 Monaten sind die Unterschriftenlisten bei den zuständigen Amtsstellen – das sind gewöhnlich die Gemeinden – zur „Stimmrechtsbescheinigung" einzureichen. Erfahrungsgemäß erweist sich dabei eine Anzahl Unterschriften als ungültig. Die beglaubigten Unterschriften werden der Bundeskanzlei eingereicht, welche in einer Verfügung feststellt, ob die Initiative zustandegekommen ist.

4) Nun beginnt die verwaltungsinterne und parlamentarische Phase, in welcher die „Initiative" weitgehend an die Staatsorgane übergeht. „Ist das Zustandekommen festgestellt, so unterbreitet der Bundesrat der Bundesversammlung Botschaft und Antrag zur Volksinitiative."[4] Dazu hat der Bundesrat (die Regierung) längstens 24 Monate Zeit. Diese Frist verlängert sich indessen auf 30 Monate, falls er der Bundesversammlung einen Gegenentwurf „oder einen mit der Volksinitiative eng zusammenhängenden Erlaß unterbreitet"[5]. Die Bundesversammlung hat vom Zeitpunkt der Einreichung an vier Jahre Zeit, darüber Beschluß zu fassen, ob sie der Initiative zustimmt oder nicht. „Die Bundesversammlung kann die Frist um ein Jahr verlängern, wenn mindestens ein Rat über einen Gegenentwurf oder einen mit der Volksinitiative eng zusammenhängenden Erlaß Beschluß gefaßt hat."[6] Die Bundesversammlung ist befugt zu prüfen, ob die Erfordernisse der Einheit der Materie und der Einheit der Form erfüllt sind und kann, falls dies ihrer Meinung nach nicht der Fall ist, eine Initiative für ungültig erklären.[7] Hingegen kann die Frage der Verfassungsmäßigkeit einer Initiative nicht geprüft werden.

3 Bundesgesetz über die politischen Rechte, Artikel 69,1.

4 Artikel 23 des Geschäftsverkehrsgesetzes der eidgenössischen Räte.

5 Geschäftsverkehrsgesetz, Artikel 29,2.

6 Geschäftsverkehrsgesetz, Artikel 5bis.

7 Bislang wurden erst zwei Initiativen für ungültig erklärt: die „Chevallier"-Initiative für eine Rüstungspause 1955 und die Initiative der Partei der Arbeit gegen Teuerung und Inflation 1977.

Lehnt die Bundesversammlung die Initiative ab – was dem Normalfall entspricht –, so ist sie „dem Volk und den Ständen zur Annahme oder Verwerfung vorzulegen“[8]. Bis der Bundesrat den Abstimmungstermin festsetzt, kann eine Volksinitiative von der Mehrheit des Initiativkomitees zurückgezogen werden, was gewöhnlich dann der Fall ist, wenn das Parlament einen akzeptablen Gegenvorschlag oder eine Gesetzesrevision ausgearbeitet hat.
Das Parlament kann die Initiative Volk und Ständen zur Ablehnung empfehlen, und es kann der Initiative einen eigenen Revisionsvorschlag gegenüberstellen, der gleichzeitig mit der Initiative zur Abstimmung gelangt. War es vor 1987 dem Stimmbürger nicht erlaubt, sowohl bei der Initiative wie auch beim Gegenvorschlag mit Ja zu stimmen (wohl aber mit Nein), so wurde 1987 mit Artikel 121bis der Bundesverfassung eine neue Regelung eingeführt: Bei Initiative und Gegenentwurf gibt es neu auf dem Stimmzettel drei Fragen an den Stimmbürger: „1. ob er das Volksbegehren dem geltenden Recht vorziehe; 2. ob er den Gegenentwurf dem geltenden Recht vorziehe; 3. welche der beiden Vorlagen in Kraft treten soll, falls Volk und Stände beide Vorlagen dem geltenden Recht vorziehen sollten“. Das sogenannte „Doppelte Ja“ wurde damit erlaubt. Werden beide Vorlagen angenommen, so entscheidet das Ergebnis der dritten Frage. „Erzielt hingegen in der dritten Frage die eine Vorlage mehr Volks- und die andere mehr Standesstimmen, so tritt keine der Vorlagen in Kraft.“
Der direktdemokratische Prozeß in der Schweiz dauert heute sehr lange. Im Extremfall können von der Anmeldung einer Initiative bis zur Volksabstimmung bis zu sieben Jahre vergehen. Bis 1950 hatten die eidgenössischen Räte ein Jahr Zeit, um über eine Initiative Beschluß zu fassen. Nach 1950 waren es zwei Jahre bei einer Initiative in der Form einer allgemeinen Anregung und drei Jahre bei einem ausgearbeiteten Entwurf. Seit 1962 hat das Parlament die Möglichkeit, die Behandlungsfrist zu verlängern.
Die folgende Abbildung 1 faßt das Verfahren bei der Volksinitiative schematisch zusammen.
Auf Kantons- und Gemeindeebene sind die Institutionen der direkten Demokratie noch viel differenzierter. Im Bund nicht bekannte Formen sind beispielsweise das Finanzreferendum, das Verordnungsreferendum, das Dekretreferendum, das Behördenreferendum, die Gesetzesinitiative, die administrative Initiative, die Initiative auf Abberufung von Behörden. In fünf Kantonen gibt es noch versammlungsdemokratische Formen (Landsgemeinden). 84 Prozent der rund 3.000 Schweizer Gemeinden kennen die Bürgerversammlung.

1.2 Praxis der direkten Demokratie

Von 1848 bis 1993 haben die Stimmbürger (seit 1971 auch die Stimmbürgerinnen) auf Bundesebene 416 Sachentscheide gefällt. Knapp die Hälfte der Vorlagen haben sie angenommen. In den vergangenen 25 Jahren hat die Intensität der direkten Demokratie zugenommen. 46 Prozent aller Urnenentscheide in der Schweiz seit 1848 wurden nach 1969 gefällt.
Die Stimmbeteiligung ist gewöhnlich tief. Von 1970 bis 1990 betrug sie im Durchschnitt

8 Schweizerische Bundesverfassung, Art. 121, 6.
9 Aus: *Silvano Möckli,* Direkte Demokratie. Ein Vergleich der Einrichtungen und Verfahren in der Schweiz und Kalifornien, unter Berücksichtigung von Frankreich, Italien, Dänemark, Irland, Österreich, Liechtenstein und Australien, Bern und Stuttgart 1994, S. 105f.

Abbildung 1: Das Verfahren bei der Volksinitiative auf Partialrevision der Bundesverfassung in der Schweiz (ausgearbeiteter Entwurf)[9]

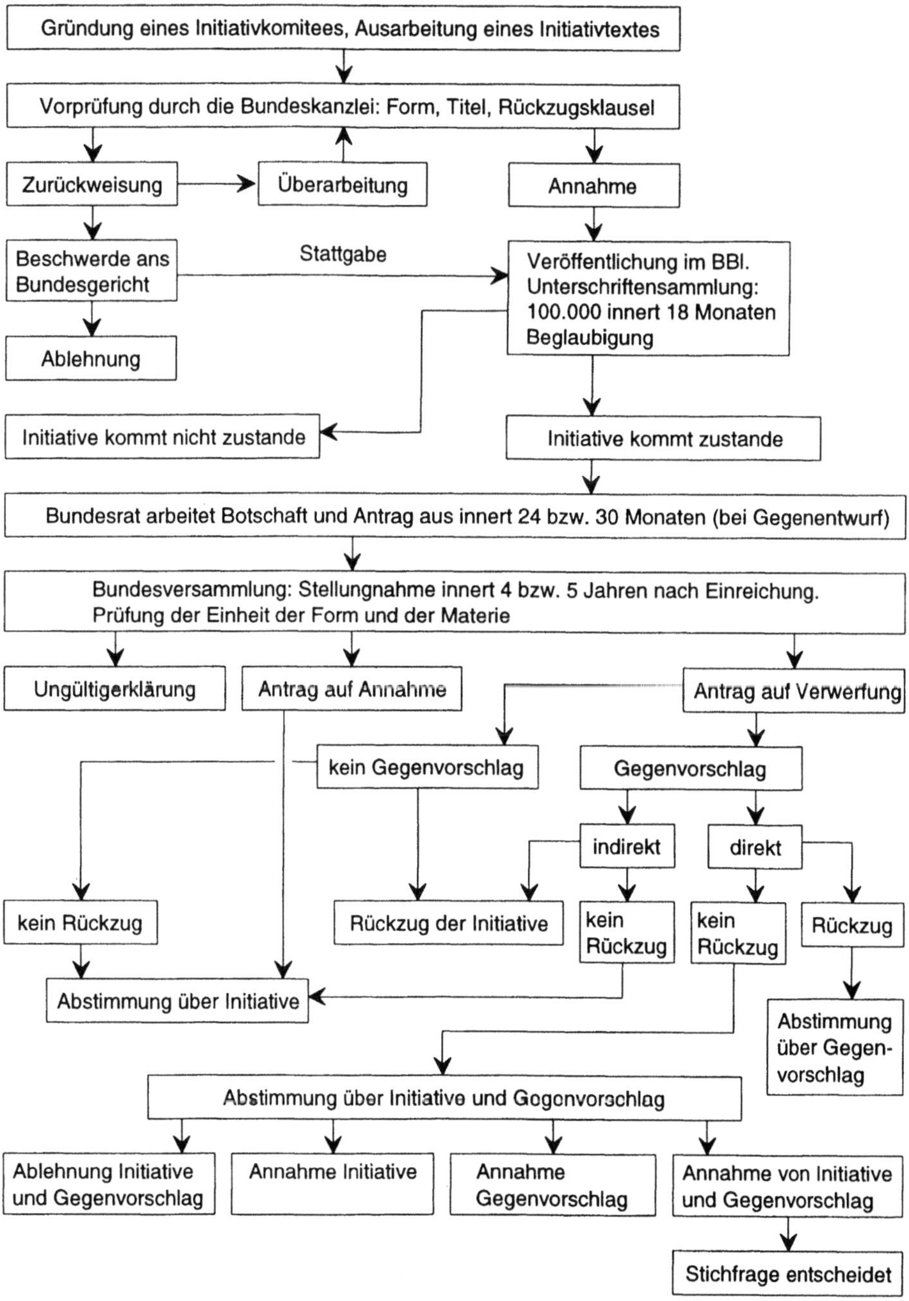

Tabelle 1: Sachabstimmungen in der Schweiz 1848 bis 1993

Rechtsform	*Vorlagen insgesamt*	*Vorlagen angenommen*
Obligatorische Verfassungsreferenden*	185	134
Fakultative Gesetzesreferenden	117	57
Volksinitiativen	114	11
Total	416	202

* eingeschlossen sind dringliche Bundesbeschlüsse sowie Gegenvorschläge zu Volksinitiativen

41,4 Prozent. Nur bei Abstimmungsgegenständen mit hoher Konfliktintensität erreicht die Beteiligung Werte wie bei Wahlen in rein repräsentativen westlichen Demokratien: etwa bei der Abstimmung über die Abschaffung der Armee am 26. November 1989 (68,6 Prozent) oder bei der Abstimmung über den EWR-Vertrag am 6. Dezember 1992 (78,3 Prozent). Zum Vergleich die Wahlbeteiligung: Sie betrug bei nationalen Parlamentswahlen 1947 noch 72,4 Prozent. Seither ist sie fast ständig gesunken. Bei den Wahlen 1987 lag sie bei 46,5 Prozent, 1991 bei 46,0 Prozent.
Die folgende Tabelle 2 zeigt für die Jahre 1970 bis 1990, daß unter den acht angeführten Staaten nur in der Schweiz und in Liechtenstein Sachabstimmungen zum politischen Alltag gehören. Die Schweiz weist die tiefste durchschnittliche Stimmbeteiligung auf.

Tabelle 2: Direkte Sachentscheidungen (auf nationaler Ebene) im internationalen Vergleich (1970 bis 1990)

Staat	Zahl der Urnengänge	Zahl der Urnenentscheide	Durchschnittliche Stimmbeteiligung in Prozent
Schweiz	63	158	41,4
Frankreich	2	2	48,8
Italien	7	18	70,2
Dänemark	4	4	77,9
Irland	7	9	48,6
Österreich	1	1	64,1
Liechtenstein	22	30	72,5
Australien	5	17	94,1

2. Fragen zur direkten Demokratie

2.1 Direkte Demokratie und Parlament

Direkte Demokratie bedeutet immer Ergänzung, nie Ersetzung der repräsentativen Demokratie. Hat es ein Parlamentarier in einem politischen System, welches direktdemokratische Elemente kennt, leichter oder schwerer? Es kommt darauf an, auf welcher Seite man steht und wie die aktuelle politische Situation aussieht. Ist ein Parlamentsmitglied oder eine

Fraktion im Parlament unterlegen, so bietet sich die Gelegenheit der direktdemokratischen Nachentscheidung. War man im Parlament bei der Mehrheit, so läuft man Gefahr, daß ein über Jahre mühsam ausgehandelter Kompromiß vom Volk verworfen wird. In der Schweiz dient die direkte Demokratie sowohl den beharrungs- wie den veränderungswilligen politischen Kräften. Das Referendum hat eher konservative, die Initiative eher innovative Funktion. Die direkte Demokratie nützt nicht generell einer bestimmten politischen Partei. In der Regel entscheidet aber das Volk konservativer als das Parlament. Tendenziell wird das Parlament durch das Vorhandensein direktdemokratischer Instrumente geschwächt, weil viele seiner Entscheide nicht endgültig sind und sich Gruppen außerhalb des Parlaments direkt ans Volk wenden können.

2.2 Direkte Demokratie und parlamentarisches Regierungssystem

In einer direkten Demokratie müssen Regierung und Parlament also damit rechnen, vom Volk desavouiert zu werden. In der Schweiz, in Liechtenstein und in den USA gehen Theorie und Praxis davon aus, daß das Abstimmungsergebnis keinen Einfluß auf den Bestand der Regierung haben soll.
Würde das Volk bei einem Nein-Votum stets den Sturz der Regierung riskieren, so machten nach schweizerischem Verständnis direktdemokratische Rechte wenig Sinn. Die Schweiz hat kein parlamentarisches Regierungssystem: das Parlament kann die Regierung nicht stürzen, und die Regierung kann das Parlament nicht auflösen. Die Schweiz ist darüber hinaus eine auf Konsens ausgerichtete Demokratie. Beides scheinen strukturelle Voraussetzungen für das Funktionieren der direkten Demokratie zu sein.
In einem Staat mit parlamentarischem Regierungssystem stehen Regierung, Parlamentsfraktionen, Parteien und Stimmbürgerschaft in einer anderen Entscheidungssituation als etwa in den nichtparlamentarischen Demokratien der Schweiz oder Kaliforniens, wo die Regierung nicht gestürzt werden kann.
Im parlamentarischen System – insbesondere in einem majoritären politischen System, wo die Macht in den Händen der parlamentarischen Mehrheit konzentriert ist[10] – muß sich die Partei- und Fraktionsdisziplin über das Parlament hinaus auf das Verhalten bei Volksabstimmungen erstrecken, soll die Regierung nicht gefährdet werden. Nicht mehr der eigentliche Abstimmungsgegenstand steht dann im Vordergrund, sondern das Vertrauen oder Mißtrauen in die Regierung beziehungsweise in ein Staatsoberhaupt. Die Abstimmung wird zu einem Surrogat für Wahlen, der Abstimmungskampf zum Wahlkampf, in dem es außer den Parteien kaum weiteren Akteure gibt. Sind die Parteibindungen stark, so wird das Abstimmungsergebnis das Kräfteverhältnis der Parteien widerspiegeln. Auf den Bestand der Regierung wirkt das Abstimmungsergebnis dann ähnlich wie eine Vertrauensfrage im Parlament: verliert sie, muß sie unter Umständen zurücktreten.

10 Siehe *Arend Lijphart*, Democratic Political Systems: Types, Cases, Causes, and Consequences, in: Journal of Theoretical Politics, Volume 1, Number 1, January 1989, S. 33–48.

2.3 Direkte Demokratie und Konfliktregelung

Es trifft zu, daß Referenden in einer scheinbar ausweglosen politischen Situation manchmal dazu beitragen, Konflikte friedlich auszutragen und das politische System zu deblockieren. Eine Garantie für die Beilegung eines Konfliktes durch eine Volksabstimmung besteht indessen nicht; es kann auch eine Konfliktverschärfung resultieren.

Abstimmungen über Sachfragen erlauben es, ein Problem zu isolieren und separat von generellen sozialen Konflikten zu entscheiden.[11] Sachabstimmungen können Konflikte zwischen oder innerhalb von Parteien beilegen, wenn die Kontrahenten bereit sind, den Volksentscheid als verbindlich zu akzeptieren. Voraussetzung dafür ist, daß ihnen bei der Formulierung der Fragestellung und der Kampagne eine faire Partizipationsmöglichkeit eingeräumt wird.

David Magleby meint, der Prozeß der direkten Demokratie in den Gliedstaaten der USA basiere nicht auf Kompromiß. Referenden seien „high-risk efforts at conflict resolution".[12] Initiativen enthalten oft extreme Forderungen, die Kampagnen werden dementsprechend leidenschaftlich geführt und können latente Konflikte offenlegen. Tendenziell konfliktverschärfend in einem Gemeinwesen wirkt der Recall (die Abberufung), der zur spitzen Waffe der Konfliktaustragung werden kann. Eine Recall-Kampagne legt gewöhnlich viel Emotionen frei.[13] Beizufügen ist, daß auch Wahlen konfliktverschärfend wirken können.

Verstärkend kommt in einer freien Gesellschaft hinzu, daß die Medien „clear cut issues" – Streitgegenstände, bei denen man klar eine Ja- oder Nein-Position beziehen muß – lieben, und sie sind, weil aufmerksamkeits- und absatzfördernd, an einer hohen Konfliktintensität interessiert.

In der Tat ist bei der direkten Initiative[14], wie sie Kalifornien kennt, Kompromißbildung unmöglich.

Anders in der Schweiz. Hier präsentieren Initiativen zwar auch Maximalforderungen, aber durch die Möglichkeit des Rückzugs der Initiative und durch direkte oder indirekte Gegenvorschläge bleibt der Kompromißweg offen. Die Initiative verarbeitet ein gesellschaftliches Problem dauernd und wirkt so als Spannungsabfluß. Der Schweiz sind im Ergebnis, nach Meinung von *Leonhard Neidhart*, „zahlreiche schwere Konflikte erspart geblieben"[15]. *Hans Werder* schreibt der Volksinitiative in der Schweiz durchaus positive Wirkungen bei der Problemlösung zu: „Die Volksinitiative hat ohne Zweifel wesentlich dazu beigetragen, daß das politische System der Schweiz die rasch zunehmenden Probleme der Nachkriegszeit wenigstens einigermaßen bewältigt hat – wie dies ähnlich schon in den dreißiger Jahren der Fall gewesen ist. Ohne die Initiative wären derart wichtige Probleme wie Überfremdung, Wohnungsnot oder Ausbau der Sozialversicherung während Jahren in den vorparlamentari-

11 *Leonhard Neidhart*, Regierbarkeitsfragen in der direkten Demokratie, in: Schweizerisches Jahrbuch für Politische Wissenschaft 23 (1983), S. 37.

12 *David B. Magleby*, Direct Legislation. Voting on Ballot Propositions in the United States, Baltimore and London 1984, S. 184f.

13 Siehe *Thomas E. Cronin*, Direct Democracy. The Politics of Initiative, Referendum, and Recall, Cambridge (MA) and London 1989, S. 144.

14 Die Initiative gelangt, ohne im Parlament beraten worden zu sein, direkt zur Volksabstimmung.

15 *Leonhard Neidhart* (Anm. 11), S. 39.

schen Aushandlungsprozessen stecken geblieben."[16] Allerdings, schreibt *Werder* weiter, könne die Initiative als nachträgliches Korrektiv „keine rechtzeitige und ursachengerechte Lösung der anstehenden gesellschaftlichen Probleme gewährleisten".
Erst recht kompromißbildend wirken obligatorisches und fakultatives Referendum in der Schweiz. Die ausgedehnten Vernehmlassungsverfahren und der lange Gesetz- und Verfassungsgebungsprozeß dienen auch dazu, möglichst jedes referendumsfähige Interesse zu berücksichtigen.
In Frankreich haben Plebiszite die Lösung der Algerienfrage ermöglicht. In Italien hat das Referendum Gesetzen über die Ehescheidung und den Schwangerschaftsabbruch breite soziale Anerkennung verschafft. In Dänemark brachte 1972 die Abstimmung über den Beitritt zur EG eine innenpolitische Beruhigung. Über die Einheitliche Europäische Akte wurde am 27. Februar 1986 ein „konsultatives Referendum" durchgeführt, und sowohl die Sozialdemokratische wie die Radikalliberale Fraktion im dänischen Parlament versprachen, sich an das Ergebnis zu halten.[17] Der Ja-Stimmenanteil betrug 56,2 Prozent, während er 1972 noch 63,4 Prozent ausgemacht hatte. Wirkte auch das Abstimmungsergebnis konfliktlösend, so war es die Abstimmungskampagne keineswegs. Sie wurde für dänische Verhältnisse unüblich hart geführt und „spaltete Parteien, Gewerkschaften, Ministerien, Hausgemeinschaften und Familien".[18]
Eher konfliktverschärfend wirkten die irischen Referenden über die Abtreibung von 1983 und die Ehescheidung von 1986.[19] 66,9 Prozent der Stimmenden befürworteten ein Abtreibungsverbot, nur 36,5 Prozent sprachen sich für die Ermöglichung der Ehescheidung aus. Damit war es der Regierung *Fitzgerald* nicht gelungen, den Einfluß der katholischen Kirche im Land zurückzudämmen, und das Problem der 70.000 zerrütteten Ehen blieb ungelöst.
In Australien führt das Verfassungsreferendum zu einer Blockierung beinahe aller Revisionsvorhaben. In Liechtenstein wurde das Frauenstimmrecht 1968, 1971 und 1973 verworfen, bevor seine Einführung 1984 knapp mit 51,3 Prozent Ja-Stimmen gutgeheißen wurde.
Reinhard Schiffers meint, die Referenden in der Weimarer Republik hätten indirekt vorwiegend zersetzend gewirkt. Durch die kompromißfeindliche Zuspitzung auf die Alternative Ja oder Nein hätten die Volksabstimmungen der Agitation Vorschub geleistet. Nicht Überwindung der Gegensätze, vielmehr ihre stärkemäßige Offenlegung war das Ergebnis.[20] Die Gruppen- und Klassengegensätze wurden damit verschärft. Auch *Ulrich Rommelfanger* ist skeptisch, was die Konfliktlösungsfunktion von Referenden angeht. „Die intendierte Befriedung und Erhöhung der Akzeptanz der konfliktträchtigen Entscheidung schlug in der Mehrzahl der Fälle fehl."[21] „Die Frage, ob das konsultative Referendum zur Erhöhung der Akzeptanz bei konfliktträchtigen politischen Entscheidungen beizutragen und so deren Le-

16 *Hans Werder*, Die Bedeutung der Volksinitiative in der Nachkriegszeit, Bern 1978, S. 164.
17 Vgl. *Ole Borre*, The Danish Referendum on the EC Common Act, in: Electoral Studies, Volume 5, Number 2, August 1986, S. 189–193.
18 EG-Magazin 2/1986, S. 15.
19 Vgl. *Cornelius O'Leary*, The Irish Referendum on Divorce (1986), in: Electoral Studies, Volume 6, Number 1, April 1987, S. 69–74.
20 *Reinhard Schiffers*, Elemente der direkten Demokratie im Weimarer Regierungssystem, Düsseldorf 1971, S. 287.
21 *Ulrich Rommelfanger* (Anm. 2), S. 271.

gitimität als auch die Handlungsfähigkeit der staatlichen Organe zu stärken vermag, ist grundsätzlich zu verneinen."[22]
Referenden und Plebiszite sind dann nicht zur Konfliktlösung geeignet, wenn sie in einem bereits eskalierten Konflikt als „letzter Rettungsanker" herhalten sollen. Auch wenn die Absicht in der Konfliktlösung oder Konfliktverminderung besteht, kann das Ergebnis ein ganz anderes sein. Nach *Leonhard Neidhart* ist eine Lösung der Probleme bei bereits hoher Konflikt- und Mobilisierungsintensität nicht mehr gut möglich.[23] Immer mehr Personen würden in den Konflikt hineingezogen, immer mehr Motive, Argumente und Emotionen prallen aufeinander. Wo alle mitentscheiden können, können auch alle miteinander streiten.

2.4 Ist direkte Demokratie ein „Allheilmittel" gegen politische Funktionsmängel?

Die repräsentative Demokratie hat gerade in bezug auf die Partizipation von unten Funktionsmängel. Das äußert sich in allen westlichen Demokratien in Entfremdung, Wahlabstinenz, Parteienverdrossenheit, Bürgerinitiativen, Demonstrationen und spontanen direkten Aktionen. Könnte die direkte Demokratie diese Funktionsmängel beheben? Gewiß in der Hinsicht, daß sie den Druck von unten klar signalisieren und in institutionelle Kanäle lenken würde und außerparlamentarischen Gruppen die Möglichkeit böte, Regierung und Parlament zu umgehen beziehungsweise zu desavourieren.
Diesen erwünschten Wirkungen können unerwünschte Nebenwirkungen gegenüberstehen. „... ein ganzer Politikbetrieb läuft anders, wenn eine Opposition vorhanden ist oder ein Verfassungsgericht existiert oder aber eben die Möglichkeit besteht, das Volk anzurufen."[24]
Direkte Demokratie ist ein wichtiges Strukturelement innerhalb eines politischen Systems, das – wenn die Initiative vorhanden ist – als Hebel dazu dienen kann, andere Strukturelemente des Systems zu verändern. Freilich ist es schwierig, generelle, für alle Staaten gültige Aussagen zu machen über die Funktionen von Initiative und Referendum. Die tatsächlichen Konsequenzen der direkten Demokratie für die Struktur eines politischen Systems und den Politikprozeß können je nach politischer Situation, institutionellen Rahmenbedingungen, politischer Kultur und politischen Akteuren höchst unterschiedlich sein. Fast jede Volksabstimmung hat ihre eigene Geschichte. Die direkte Demokratie mit Initiative und Referendum gehört nur in der Schweiz, in etwa der Hälfte der Gliedstaaten der USA und in Liechtenstein zum politischen Alltag, während Sachabstimmungen in anderen Staaten außergewöhnliche politische Ereignisse sind. Falls, nach allgemeinem Urteil, die direkte Demokratie in der Schweiz und in den USA zufriedenstellend funktioniert, so bedeutet das nicht, daß es bei ihrer Einführung in anderen Staaten so sein müßte.

22 *Ulrich Rommelfanger* (Anm. 2), S. 37.
23 *Leonhard Neidhart* (Anm. 11), S. 26.
24 *Otmar Jung*, Direkte Demokratie: Forschungsstand und -aufgaben, in: ZParl, 21. Jg. (1990), H. 3, S. 496.

2.5 Ist direkte Demokratie eine „höherwertige Form" von Demokratie?

Demokratie heißt im Kern Selbstregierung des Volkes. Direktdemokratische Entscheide haben, da sie das Elektorat stärker miteinbeziehen, eine höhere Legitimation als repräsentative. Die repräsentative Demokratie erscheint geradezu als minderwertiges Surrogat der direkten Demokratie.[25]

Nur: Selbstregierung des Volkes ist in der Praxis unmöglich. Der Volkswille bedarf der Formung durch Repräsentanten; er antwortet nur auf Fragen. Auch in der direkten Demokratie bedarf es einer aktiven Minderheit, welche die „Initiative" ergreift. Direkte Demokratie ist deshalb, wie erwähnt, immer nur Ergänzung, nie Ersetzung der repräsentativen Demokratie. Die handelnden Akteure sind oft dieselben. Direktdemokratische Instrumente sind eine zusätzliche Option im politischen Kampf. Entschieden wird zwar durch einen Teil des Volkes, Auslösung, Vorbereitung, Formulierung, Begründung der Entscheidung liegen aber bei einer politischen Elite.

Die meisten empirischen Untersuchungen über das Elektorat besagen, daß das Interesse an politischer Partizipation für die Mehrheit der Staatsbürger nicht sehr groß ist. Nur bestimmte Eliten schöpfen die Beteiligungsmöglichkeiten voll aus.

Auch in einer repräsentativen Demokratie kann der Zugang zum politischen System leicht und der Input breit sein, sofern die Repräsentanten ihre Aufgabe gut erfüllen. Das heißt, sie müssen über die formale Repräsentation hinaus auch zur inhaltlichen Repräsentation fähig sein: die Wählerinnen und Wähler müssen sich im Handeln ihrer Repräsentanten wiederfinden, sich mit ihnen identifizieren. Dies ist ein geistig-politischer Prozeß.[26]

3. Fazit

Demokratie ist nicht (allein) eine Frage repräsentativer oder direktdemokratischer Technik, sondern eine Lebenshaltung, eine politische Kultur. Die Qualität der Demokratie kann nicht ausschließlich nach ihren Institutionen beurteilt werden, sondern muß auch daran gemessen werden, wie die Akteure diese Institutionen mit politischem Leben erfüllen.

Direkte Demokratie hat, wo sie verwirklicht worden ist, weder die großen Hoffnungen ihrer entschiedenen Befürworter erfüllt noch die Befürchtungen ihrer erbitterten Gegner eintreten lassen. Sie ist ein nützliches, wenn auch kein magisches Instrument in einer (politisch) unvollkommenen Welt. Angesichts der internationalen, zumal der deutschen Idealisierung der direkten Demokratie in der Schweiz bleibt Skepsis angebracht.[27]

25 *Ernst-Wolfgang Böckenförde*, Mittelbare/repräsentative Demokratie als eigentliche Form der Demokratie, in: *Georg Müller* u.a. (Hrsg.), Staatsorganisation und Staatsfunktionen im Wandel, Festschrift für Kurt Eichenberger, Basel/Frankfurt a.M. 1982, S. 305.

26 *Ernst-Wolfgang Böckenförde* (Anm. 25), S. 319.

27 Die Entschiedenheit einer gewichtigen Gegenstimme sollte dabei jedoch zugleich stets gegenwärtig bleiben. *Woodrow Wilson*, US-Präsident von 1913 bis 1921, kam 1911 über die direkte Demokratie in den USA zu folgendem Schluß:
„For twenty years I preached to the students of Princeton that the Referendum and the Recall was bosh. I have since investigated and I want to apologize to those students. It is the safeguard of politics. It takes power from the boss and places it in the hands of the people." (Zitiert nach *Cronin* [Anm. 13], S. 38)

Wahlen im Baltikum seit 1990. Parlamente in den Paradoxien der Selbstbestimmung

Axel Reetz

Die baltischen Staaten Estland, Lettland und Litauen sind 1991 zum zweiten Mal in diesem Jahrhundert in die Unabhängigkeit entlassen worden – das ist gleichzeitig die zweite Chance in ihrer Geschichte, die von wechselnder Okkupation durch Deutsche, Dänen, Schweden und Russen gekennzeichnet ist.
Eine Beschreibung der politischen Kultur und der im Entstehen begriffenen Parteienlandschaften, wie sie sich nach den Wahlen der Jahre 1992 und 1993 darstellen, kann nicht erfolgen, ohne wenigstens eine kurze Zusammenfassung der Ereignisse im Rahmen des Zusammenbruchs der Sowjetunion zu geben. Anders als in den meisten Staaten Osteuropas, wo der Umbruch vorwiegend den Wechsel von der Diktatur zur Demokratie bedeutete, mußte das Baltikum erst seine Souveränität erringen. Dieser historische Abschnitt, also die Zeit der Volksfrontregierungen in den baltischen Sowjetrepubliken, ist jedoch so umfassend, daß er eine eigene Abhandlung füllen könnte. Darum wird es an dieser Stelle bei einer kurzen Darstellung bleiben.

I. Formierung der Unabhängigkeitsbewegung

Proteste in den 80er Jahren

Der Kampf der baltischen Staaten um ihre Unabhängigkeit beginnt keineswegs erst 1991 mit den spektakulären Ereignissen in Moskau, als *Boris Jelzin* die Macht übernahm und sämtlichen Unionsrepubliken die Freiheit schenkte. Vielmehr liegt die Wurzel dieser Entwicklung in der Politik von Glasnost und Perestroika[1], die mit KPdSU-Generalsekretär *Michail Gorbatschow* ab 1985 Einzug hielt. Schnell wurde deutlich – und das erklärte der neue Mann an der Spitze auch – daß die baltischen Sowjetrepubliken das Zugpferd der neuen Politik sein sollten.
Dort wurde der neue Wind aus Moskau dankend empfangen. Doch sehr bald sammelten sich Kräfte, die ganz andere Ziele anstrebten. Im Jahre 1987 gründete sich die „Gesellschaft des estnischen Erbes" unter Führung von *Mart Laar* und *Illar Hallaste*, deren Aktivitäten bis 1988 erheblichen Widerstand der Sowjetmacht hervorriefen. Kurz darauf bildeten Oppositionsgruppen die Estnische Volksfront (Eestimaa Rahvarinne), und der Oberste Sowjet der Estnischen Sozialistischen Sowjetrepublik (SSR) beschloß, daß seine Gesetze vor denen der Zentralmacht künftig Vorrang genießen sollten. Gleichzeitig befürwortete die Volksfront die Forderung der im selben Jahr ins Leben gerufenen „Estnischen Nationalen Unabhängigkeitspartei" (ERSP) nach der Wahl eines estnischen Volkskongresses als politische Repräsentation des estnischen Volkes.

1 Vgl. *Aigars Dāboliņš*, Die baltischen Übergangsgesellschaften, FAZ Januar 1991.

Auch in der lettischen SSR begannen 1987 die ersten Demonstrationen gegen die Sowjetmacht, wobei es durch das Eingreifen der Miliz immer wieder zu Straßenschlachten kam. Im Jahre 1988 gab es solche Behinderungen bei Kundgebungen nationalen Charakters bereits nicht mehr. In dieser Zeit trat *Anatolijs Gorbunovs,* in der kommunistischen Partei der lettischen SSR zuständig für ideologische Fragen, als Reformkraft hervor. Den Oppositionellen genügte dies freilich nicht, so wurde die „Lettische Nationale Unabhängigkeitsbewegung" (LNNK) gegründet.

Noch im Oktober 1988 verbanden sich nach estnischem Vorbild viele Oppositionsgruppen in und außerhalb der kommunistischen Partei zur Lettischen Volksfront (Latvijas Tautas Fronte – LTF), deren Programm damals allerdings weniger von der staatlichen Unabhängigkeit als von einer Union souveräner Republiken sprach. Damit wurde die Frage der lettischen Eigenstaatlichkeit nicht berührt.[2] Die ersten Erfolge erreichte LTF schon im Gründungsjahr: Die lettische Flagge wurde im offiziellen Raum wieder zugelassen und die lettische Sprache erhielt den Status einer Staatssprache.

Auch in Litauen vereinigten sich 1988 verschiedene Oppositionsgruppen zu „Sąjūdis", deren erklärtes Ziel, und darin besteht der wesentliche Unterschied zu den baltischen Nachbarn, von Beginn an die Unabhängigkeit des Landes war. Um den Zusammenhalt nicht zu gefährden, wurden andere politische Fragen zunächst ausgeklammert.

Schon im folgenden Jahr kam es zur Abspaltung der litauischen Kommunisten von der KPdSU. Die am 28. Dezember 1989 gegründete litauische kommunistische Partei unter *Algirdas Brazauskas* unterstützte die Forderung nach nationaler Selbständigkeit. So gab es schon mehr als 18 Monate vor Zusammenbruch der Sowjetunion in der litauischen SSR keine nennenswerten Kräfte mehr, die gegen die Unabhängigkeit des Landes eintraten.[3]

Die anderen baltischen Republiken zogen bald nach. Während die Kommunistische Partei Lettlands wenigstens die Umwandlung der Sowjetunion in einen Staatenbund unterstützte, diskutierte LTF über eine volle Souveranitat Lettlands. Im März 1989 erreichte sie bei den Wahlen zum sowjetischen Kongreß der Volksdeputierten (also dem gesamtsowjetischen Parlament) einen ersten Achtungserfolg und am 1. Mai erneuerte sich die sozialdemokratische Partei.[4] Im April 1990 spaltete sich „Lettlands Demokratische Partei der Arbeit" (LDDP) von der lettischen KPdSU ab.[5]

Als Demonstration des gemeinsamen Kampfes um die Unabhängigkeit organisierten alle drei baltischen Staaten am 23. August 1989 eine Menschenkette von Tallinn nach Vilnius. Diese Kundgebung wurde von der Sowjetmacht nicht behindert.

Die Wahlen zu den Obersten Sowjets der baltischen Sowjetrepubliken 1990

Am 24. Februar 1990 fand tatsächlich die Wahl des estnischen Volkskongresses statt. Nachdem sich die Leitung der Volksfront noch in letzter Minute zur Beteiligung entschlossen

2 Vgl. *Aigars Dāboliņš,* Die baltischen Übergangsgesellschaften, FAZ Januar 1991.

3 Vgl. Lithuanian political parties, political movements and political organisations, Supreme Council of Lithuania, Vilnius 22.08.1992, S. 1ff.

4 Vgl. *Egils Levits,* Lettland unter sowjetischer Herrschaft. Die politische Entwicklung 1940–1989, in: Beiträge zur Konfliktforschung, S. 101–130, 1989.

5 Vgl. *Daiņa Bara,* The development of political parties in Latvia, Riga 1993, S. 4f.

hatte, konnte sie gleichauf mit der ERSP 25% der 464 Mandate erlangen.[6] Eine Woche später folgten in Estland die letzten Wahlen zum Obersten Sowjet. Dank des Single-Transferable-Vote-Wahlsystems waren nur etwa zwei Drittel der Abgeordneten Vertreter irgendwelcher Parteien oder Gruppierungen. Die restlichen Mandate erhielten formell unabhängige Kandidaten. Weil die ERSP diese Wahlen als undemokratisch betrachtete und boykottierte, siegte die Volksfront. Ihr Führer, *Edgar Savisaar*, wurde Regierungschef.

Im Frühjahr 1990 wählten auch die südlichen Nachbarn einen neuen Obersten Sowjet. Es siegten in Lettland LTF und in Litauen Sąjūdis.[7] Die Unabhängigkeitsbewegung erhielt hier etwa die Hälfte aller Mandate, während für die Nationalkommunisten ungefähr ein Drittel der Wählerschaft votierte. Schon damals kandidierten sechs weitere Gruppierungen, darunter die in der KPdSU verbliebenen Kommunisten, die Christdemokraten, eine grüne Partei und die neubelebte sozialdemokratische Partei.

In den Parlamenten begannen nun unruhige Zeiten. Auf Grund einer provisorischen Regelung war es den Abgeordneten in Estland möglich, beliebig zwischen den Fraktionen zu wechseln und gar Mitglied zweier Gruppen gleichzeitig zu sein. Dies wurde erst im Juni 1990 geändert. Danach mußte sich jeder Abgeordnete für eine Fraktion entscheiden. Es blieb jedoch erlaubt, Fraktionen aufzulösen und neue zu bilden.[8] Die Uneinigkeit des Parlamentes äußerte sich schließlich in mangelnder Unterstützung für die Volksfrontregierung. *Savisaar* wurde im Januar 1992 gestürzt und *Tiit Vähi* neuer Ministerpräsident.[9]

Ähnlich turbulent verlief die Entwicklung in Litauen: Ständig veränderte sich die Konstellation der Fraktionen. Die Sitzverteilung entsprach schließlich überhaupt nicht mehr dem ursprünglichen Wahlergebnis. Lediglich die litauischen Nationalkommunisten, die sich bald in „Litauische demokratische Partei der Arbeit“ (LDDP) umbenannt hatten, konnten ihre Fraktion stabilisieren.[10] Eine wesentliche Ursache dafür war gewiß die von der alten kommunistischen Partei übernommene, straffere Organisation.

Innerhalb der Sąjūdis-Koalition entfalteten sich starke Zentrifugalkräfte. Selbst der charismatische Vorsitzende und Parlamentspräsident *Vytautas Landsbergis* war schließlich nicht mehr in der Lage, Sąjūdis zu einen und eine seinen persönlichen Wünschen entsprechende Politik durchzusetzen. Der von ihm für das Amt des Ministerpräsidenten vorgeschlagene ultrarechte Amtsinhaber *Gediminas Vagnorius* mußte schließlich zurücktreten[11], weil das Parlament ihm die Unterstützung versagte. Im Januar 1991 war schon *Kazimiera Prunskienė ausgeschieden. Nachfolger wurde Alexandras Abišala*, doch auch seine Amtszeit endete bereits im Juli 1992.

Im Frühjahr 1992 versuchte *Landsbergis*, der als Vorsitzender des Parlamentes gleichzeitig Präsident des Landes war, mit Unterstützung der konservativ-nationalen Kräfte seine Idee eines „Präsidialsystems“ mit Hilfe eines Referendums durchzusetzen. Doch am 23. Mai erlebte er eine persönliche Niederlage: das litauische Volk lehnte diesen Vorschlag ab. Bei einer Beteiligung von nur 57,6% votierten zwar 69,5% dafür, doch die geringe Beteiligung

6 Vgl. *Mari-Ann Rikken*, The restauration of Estonian independence, Tallinn 1993, S. 5f.
7 Vgl. *Aigars Dābolinš*, Die baltischen Übergangsgesellschaften, FAZ Januar 1991.
8 Gespräche mit Professor *Rein Toomla*, Tartu 1993.
9 Vgl. Archiv der Gegenwart, 1992, S. 36405.
10 Vgl. Lithuanian political parties, political movements and political organisations, Supreme Council of Lithuania, Vilnius 22.08.1992, S. 1ff.
11 Vgl. Lithuania today, March 1993, S. 1.

machte das Ergebnis unverwertbar. In Estland beschlossen Oberster Sowjet und Volkskongreß im August 1991 die Bildung einer paritätisch besetzten Verfassungsversammlung. Deren Entwurf nahmen die Esten am 28. Juni 1992 in einem Referendum an.[12]
In dieser Zeit verabschiedeten die Parlamente aller baltischen Republiken Resolutionen über ihre Unabhängigkeit und befragten die Bevölkerung hierzu in Referenden. Die darauf folgenden schweren Auseinandersetzungen mit KPdSU-Generalsekretär *Gorbatschow* endeten gewalttätig. Während sich die westlichen Medien im Januar 1991 auf den Krieg in Kuwait konzentrierten, starben in Vilnius und Riga mehrere Menschen durch Übergriffe der Roten Armee. Erst in Folge des Augustputsches 1991 in Moskau hatte KPdSU-Genralsekretär *Michail Gorbatschow* endgültig die Macht verloren. *Boris Jelzin* gab den baltischen Sowjetrepubliken am 6. September 1991 ihre Unabhängigkeit zurück.[13]
Die weiteren Ereignisse sind darum getrennt zu betrachten. Obwohl die baltischen Republiken nahe beeinander in den vergangenen 50 Jahren ein sehr ähnliches Schicksal erlitten hatten, unterschied sich ihre jeweilige Ausgangssituation doch wesentlich voneinander. Einer der wichtigsten Indikatoren ist die ethnische Zusammensetzung der Bevölkerung. Fünf Jahrzehnte erzwungener gemeinsamer Staatlichkeit begründen einen großen Wunsch nach Abschottung, der vom Ausland aus betrachtet freilich mehr wie ein Manko an nachbarschaftlicher Zusammenarbeit anmutet.

Die Bevölkerungszusammensetzung der baltischen Staaten[14]

	Estland	Lettland	Litauen
Esten, Letten, Litauer	61,5	52,0	79,6
Russen	30,3	34,0	9,0
Weißrussen	1,8	4,5	1,7
Ukrainer	3,1	3,5	
Polen		2,3	7,0

II. Parteien und Wahlen in Estland

Die Organe der estnischen Republik

Bei der Wahl des estnischen Einkammerparlamentes „Riigikogu" gibt der Bürger seine Stimme für eine Liste in dem betreffenden Wahlgebiet ab. Die Quote für die Erlangung eines Mandates in Riigikogu wird durch den Quotienten der im Wahlkreis abgegebenen Stimmen und der zu verteilenden Mandate berechnet. Die restlichen Sitze werden durch Addition der für eine Partei oder Koalition abgegebenen Stimmen in großräumigeren Regionen ermittelt. Bleiben danach noch immer Sitze unvergeben, so wird der Vorgang auf nationaler Ebene wiederholt. Hier partizipieren allerdings nur jene Listen, die landesweit mehr als fünf Prozent der Stimmen erhalten haben. Den Bürgern steht außerdem die Möglichkeiten der Partizipation durch Referenden offen.

12 Vgl. *Mari-Ann Rikken,* The restauration of Estonian Independence, Tallinn 1993, S. 7.
13 Vgl. Archiv der Gegenwart, 1991, S. 36005ff.
14 Vgl. Eesti Konjunktuuriinstituut, Baltic Facts, Tallinn 1992, S. 9.

Wenigstens der erste Wahlgang der Präsidentschaftswahlen im Jahre 1993 war direkt. Künftig werden Präsidenten grundsätzlich durch Zweidrittel-Mehrheiten im Riigikogu bestimmt. Können sich die Parlamentarier auf keinen Kandidat einigen, wird ein Wahlmännergremium aus Riigikogu und lokalen Volksvertretungen gebildet. Dem Präsidenten kommen aber weitgehend nur repräsentastive Befugnisse zu.[15]

Das Wahlergebnis vom 20. September 1992

Partei/Wahlkoalition	*Prozent*	*Mandate*
Vaterland (PP)[16]	22,0	29
Sichere Heimat (KK)	13,6	17
Volksfront (R)	12,2	15
Moderate (M)	9,7	12
Estnische nationale Unabhängigkeitspartei (ERSP)	8,7	10
Unabhängige Royalisten (SK)	7,1	8
Estnische Bürger (EK)	6,8	8
Pensionäre	3,7	
Bauernpartei	2,9	
Grüne	2,6	1
Unternehmer Partei	2,3	1
Linke Möglichkeit	1,6	
Nationalpartei	0,9	
Invalidenunion	0,4	
Erbarmung	0,4	
Demokraten	0,1	
Naturgesetzpartei	0,05	

Der erste Wahlgang zur estnischen Präsidentschaft war wie erwähnt 1992 ausnahmsweise eine Direktwahl, die am selben Tage wie die Parlamentswahlen stattfand. Die Bevölkerung konnte zwischen folgenden vier Kandidaten wählen:

1. *Arnold Rüütel,* Vorsitzender des Obersten Sowjets und ehemaliger Funktionär der Kommunistischen Partei. Er erhielt 41,84% der Stimmen.
2. *Lennart Meri,* früherer Außenminister der Volksfrontregierung. Er erhielt bei Unterstützung von PP 29,52%.
3. *Rein Taagepera,* einen von der Volksfront unterstützten Exilesten. Für ihn votierten 23,39%.
4. Die ERSP portierte den Dissidenten und früheren politischen Gefangenen, *Lagle Parek.* Für ihn stimmten 4,24%.[17]

Da keiner der Kandidaten in der Direktwahl eine absolute Mehrheit zu gewinnen vermochte, wurde die Stichwahl zwischen den beiden erfolgreichsten Amtsanwärtern durch das Parlament vorgenommen, wo sich dank der bürgerlich-konservativen Mehrheit *Lennart Meri* deutlich gegen den in der Volkswahl überlegenen *Rüütel* durchsetzen konnte.

15 Vgl. Republik of Estonia. Constitution, Tallinn 1993.
16 Die Abkürzungen jeder Partei sind der Landessprache entnommen, um Verwechslungen mit Parteien gleicher oder ähnlicher Namen in anderen Staaten zu vermeiden.
17 Vgl. Baltic Independent 11.–17.9.1992, 7 und 25.9.–1.10.1992, 8.

Die wichtigsten Parteien[18]

1. „Vaterland" (PP), estnisch „Isamaa", ist eine Koalition aus fünf konservativen und christdemokratischen Parteien, die sich selbst auch „Pro Patria" nennt. Sie ging aus der „Gesellschaft des estnischen Erbes" hervor. In ihrem Programm wird jede revolutionäre Veränderung als gewaltsame Zerstörung der intellektuellen und materiellen Basis der Kultur bezeichnet. Neben Freiheit, Sicherheit und Marktwirtschaft gehört die Förderung nationaler Identität zu den Grundprinzipien. PP will ein soziales Netz zwar aufbauen, nicht aber in einem Ausmaße, wie in Westeuropa üblich. Durch geringe Transferleistungen für Arbeitslose soll der Anreiz zur Arbeitssuche beispielsweise forciert werden, ein einheitlicher Prozentsatz in der Einkommenssteuer privates Engagement stärken.
2. Die „Estnische Koalitionspartei" beteiligte sich an den Wahlen in einer „Sichere Heimat" (KK) genannten Koalition mit der „Estnischen Bauernunion". Zu dieser Koalition zählte ebenfalls die „Estnische demokratische Rechtsunion". Das Programm fordert die Einführung der Marktwirtschaft mit konsequenter sozialer Absicherung.
3. Unter dem Listennamen „Volksfront" (R) kandidierten neben der „Estnischen Volksfront" die „Estnische Volkspartei des Zentrums", die „Estnische Frauenunion" und die „Estnische Vereinigung der Nationalitäten". Diese Koalition nennt sich im Parlament Zentrumsfraktion. Kern ist die „Estnische Zentrumspartei" unter Führung des ehemaligen Ministerpräsidenten *Edgar Savisaar*. Ihr Programm spricht vor allem von einer Förderung des Mittelstandes.
4. Die „Estnische sozialdemokratische Partei" (ESDP) ist eine sich in ihrem Programm selbst als mitte-links bezeichnende Partei, doch mit westeuropäischen Schwesterparteien der klassischen Sozialdemokratie nicht zu vergleichen. Über die Stärkung für mittelständische Betriebe mittels niedriger Steuersätze hinaus fordert das Programm zwar im Wortlaut „Unterstützung" für junge, alte und behinderte Menschen sowie solche mit geringen Einkommen. Doch in welcher Form und vor allem Höhe dies geschehen soll, darüber schweigt die Partei sich aus.
Im Wahlkampf ging sie eine Koalition mit der „Estnischen Bauernzentrumspartei" unter dem Namen „Moderate" (M) ein, die auch heute noch in Form einer Fraktionsgemeinschaft besteht. Das „Bauernzentrum" unterscheidet sich im wesentlichen durch eine stärkere Betonung der Interessen der Landbevölkerung von ihrem Partner. Der ökologische Aspekt, eine sparsame Nutzung natürlicher Ressourcen, wird gesondert erwähnt.
5. In der „Estnischen nationalen Unabhängigkeitspartei" (ERSP), der ältesten Partei Estlands, organisierten sich vorwiegend ehemalige Dissidenten. Die Partei tritt für den sofortigen Truppenabzug der russischen Armee ein ebenso wie für einen Umbau der jetzt noch als sowjetisch bezeichneten Gesellschaft.
Die Rückgabe von verstaatlichtem Eigentum ist nur ein Teil umfassender Privatisierung. Lediglich der Energiesektor soll im Staatsbesitz verbleiben. Zum Schutz der Arbeitnehmer soll eine Arbeitsgesetzgebung und für Arbeitslose soziale Absicherung geschaffen werden.

18 Die Auflistung der politischen Gruppierungen richtet sich nach den Fraktionen. Dies erscheint darum sinnvoll, weil Parteien häufig kleinste Vereinigungen sind, die über nicht mehr als ihren Namen verfügen und deren Mitgliederzahl der Zahl der Vorstandsmitglieder entspricht. Macht konzentriert sich allein in Fraktionen.

6. Die „Unabhängigen Royalisten" (SK) sind eine Partei, von der niemand so genau weiß, wie ernst sie ihre Forderung meint, ein neuzuschaffender estnischer Thron solle einem schwedischen Prinzen angetragen werden. Die Royalisten argumentieren, es sei sicherheitspolitisch vernünftig, sich von Rußland abzukoppeln, indem durch die Einführung der Monarchie eine quasi familiäre Beziehung zu Schweden hergestellt werde. Daß Estland keine monarchische Tradition habe, sei kein Einwand, da auch Norwegen erst nach der Unabhängigkeit eine eigene Dynastie begründet habe. Die Einführung der Monarchie solle jedoch nicht sofort geschehen, da Estland dafür noch nicht reif sei.
Daß die SK eine Gruppe von Humoristen und Entertainern aus Funk und Fernsehen ist, läßt Zweifel an ihrer Seriosität berechtigt erscheinen. Zumindest bescherte die alte Regierung den Royalisten einen Teilerfolg bei der Suche nach einem geeigneten Objekt als Kern der neuen Monarchie. Nachdem die Verwaltungsgliederung der Zwischenkriegszeit wieder eingeführt worden war, gab es auf dem südlichen Zipfel der Insel Saaremaa (dt. Ösel) keine Behörde mehr. Während dort vor dem Zweiten Weltkrieg wegen der hohen Einwohnerdichte eine eigene Verwaltungseinheit existierte, wurde diese auf Grund der heute schwachen Besiedlung weder erneuert, noch das Gebiet einem anderen Bezirk zugeordnet. Die Bürger riefen daraufhin mehr als Touristenscherz das „Königreich Torgu" aus. Auch „König Kirill I." ist Abgeordneter der SK-Fraktion im Riigikogu, jedoch nicht Mitglied der Partei.
7. Die Wahlkoalition „Estnische Bürger" (EK) vertritt den radikalsten Standpunkt in der Nationalitätenfrage. Auf dieser Liste kandidierte einer der wenigen Exilesten.

III. Parteien und Wahlen in Lettland

Die Organe der lettischen Republik

Nach heftigen Diskussionen über die Frage, ob dem Obersten Sowjet, der ja noch von allen Einwohnern Lettlands gewählt worden war, eine endgültige Entscheidung über die künftige Staatsordnung und ein Staatsbürgerschaftsgesetz zusteht, kam das Parlament zu einem negativen Ergebnis. Deshalb wurde nur eine vorübergehende Regelung getroffen: Alle Bürger der ersten lettischen Republik und deren Nachfahren erhielten das Wahlrecht für die Wahlen zur 5. Saeima[19], die auf den 5. und 6. Juni 1993 angesetzt wurden.
Die 5. Saeima setzte zunächst die alte Verfassung aus dem Jahre 1922 wieder in Kraft, in der das Verhältniswahlrecht mit lose gebundenen Listen verankert ist. Die Stimmabgabe erfolgt durch Auswahl einer der kandidierenden Listen, die vom Wähler verändert werden darf. Durch ein Plus kann Vorzug, durch Ausstreichen eines Namens Ablehnung ausgedrückt werden. An der folgenden Auszählung nehmen nur jene Listen teil, auf die landesweit mindestens vier Prozent der Stimmen entfallen. Die Zahl der Mandate wird nach der Saint Laque-Methode ermittelt.
Die Legislaturperiode des Einkammerparlamentes „Saeima" dauert grundsätzlich drei Jahre. Bei den meisten Abstimmungen ist nur ein Votum der absoluten Mehrheit aller anwesenden

19 Die baltischen Staaten haben völkerrechtlich nie aufgehört zu existieren, weil die sowjetische Annexion weder 1940 noch später international anerkannt wurde. Die Letten numerieren ihre Parlamente daher beginnend mit der ersten Republik zwischen den Weltkriegen.

Abgeordneten erforderlich. Zu den ausdrücklich betonten Ausnahmen von dieser Regel zählt die Wahl des Präsidenten, dessen Amtszeit an die des Parlamentes gekoppelt ist. Das Parlament bestimmt das Staatsoberhaupt in einer der ersten Sitzungen mit absoluter Mehrheit.

Der Präsident besitzt einige wichtige Rechte. Eine Regierung kann auch ohne Vertrauensvotum ernannt werden und – wenn ihr nicht das Mißtrauen ausgesprochen wird – im Amt bleiben. Der Präsident darf ferner das Parlament auflösen, doch muß darüber eine Volksbefragung durchgeführt werden. Fällt das Votum für den Präsidenten negativ aus, muß er zurücktreten.[20]

Das Wahlergebnis vom 6. Juni 1993

Partei/Wahlkoalition	*Prozent*	*Mandate*
Lettlands Weg (LC)	32,38	36
Lettlands Nationale Unabhängikeitsbewegung (LNNK)	13,35	15
Harmonie für Lettland – Wiedergeburt der Volkswirtschaft	12,0	13
Lettlands Bauernunion (LZS)	10,64	12
Gleichberechtigung (LT)	5,76	7
Für Vaterland und Freiheit (TB)	5,36	6
Lettlands Union der christlichen Demokraten (KDS)	5,01	6
Demokratische (Zentrums) Partei (DP)	4,76	5
Lettlands Grüne Partei (LZP)	1,20	
Russische nationaldemokratische Liste	1,16	
Lettlands demokratische Partei der Arbeit (LDDP)	0,94	
Lettlands Glück	0,88	
Unser Land	0,82	
Ökonomisch aktive Liga	0,75	
Lettlands Sozialdemokratische Arbeiterpartei (LSDSP)	0,66	
Antikommunistische Union	0,53	
Republikanische Platform	0,45	
Konservative und Union lettischer Bauern	0,25	
Unabhängigkeitsunion	0,18	
Lettlands liberale Partei	0,14	
Lettlands Partei der Einheit	0,1	

Die wichtigsten Parteien

1. „Lettlands Weg" (LC) ist die Partei der Exilletten aber auch vieler vormaliger Kommunisten. *Gunars Meierovics*, der Sohn eines Politikers der ersten Republik, lud den populären damaligen Parlamentssprecher *Anatolijs Gorbunovs* zur Organisierung dieser Wahlkoalition ein. Ihr elaboriertes Programm enthält die einzige Analyse der „sowjetischen" Gesellschaft. Die Rücksichtslosigkeit vieler Menschen gegenüber sich selbst und anderen wird schonungslos angeklagt.

20 Vgl. Verfassung der lettischen Republik (Latvijas Republikas Satversme), Riga 1993.

Inzwischen Partei, versteht sich LC als liberale Kraft. Man will Benachteiligten helfen, die Rechte der Frauen sichern und das alles natürlich in einem marktwirtschaftlich orientierten Staat. Dieses Anliegen ist so bedeutend, daß im Programm konkret die Gründung einer Privatisierungsagentur, vergleichbar mit der deutschen Treuhand, angekündigt wird.
Die Erlangung des Bürgerrechts soll vergleichsweise liberal gehandhabt, der Repatriierung aber nicht übergeordnet werden. Sprachkenntnisse, Loyalität und eine etwa zehnjährige Aufenthaltsdauer sollen die Kriterien sein.
2. Für „Lettlands Nationale Unabhängigkeitsbewegung" (LNNK) ist die Frage der Dekolonisierung der wichtigste Aspekt. Das Programm enthält jedoch ebenso interessante Stellungnahmen zu sozialen und ökonomischen Fragen: Arbeitslose sollen beispielsweise nur unterstützt werden, wenn sie lettische Bürger sind und spätestens nach sechs Monaten soziale Aufgaben als Gegenleistung für staatliche Transferzahlungen übernehmen. Beachtenswert auch der Standpunkt, in der gegenwärtigen Krise könne keine Rücksicht auf die Ökologie genommen werden.
Eine weitere Besonderheit ist die Kandidatur von *Joahims Zigerists (Joachim Siegerist)*, einem deutschen Geschäftsmann, der sich im Verlauf seiner Aktivitäten in Riga der LNNK anschloß, diese finanziell unterstützte und schließlich auf ihrer Liste in die Saeima gewählt wurde. Dank des Umstandes, daß sein Vater Lette war, hatte er die Bürgerrechte erlangen können. Seine aggressive Wahlkampagne mit Verbalangriffen gegen frühere Mitglieder der Kommunistischen Partei in teilweise ganzseitiger Zeitungswerbung hat der LNNK jedoch mehr geschadet als geholfen. Viele Sympathisanten der Unabhängigkeitsbewegung fühlten sich durch diesen Politikstil eher abgestoßen[21]. *Zigerists* aber nutzte an den Wahltagen die Tatsache, daß jeder Lette an einem beliebigen Ort wählen darf. Er bot seinen Anhängern Bustransfers in seinen Wahlkreis an, was ihm zu einem großen persönlichen Sieg verhalf.
Die Berichte des ZDF-Studios Riga, *Zigerists* habe als Hilfsgüter deklarierte Waren in seinem Rigaer Geschäft verkauft und der darauf folgende verlorene Rechtsstreit, haben seinem Ruf weiter geschadet. Daß er darüber hinaus immer wieder über Wochen in Deutschland ist und seine Abgeordnetenaufgaben nicht wahrnimmt, ja nicht einmal lettisch spricht, macht seine Kandidatur unverständlich. Sein Ausschluß aus der Fraktion wegen mangelnder Fraktionsdisziplin war schließlich abzusehen.
Die LNNK betreibt bis zu den bevorstehenden Kommunalwahlen ihre Umwandlung in eine konservative Partei.
3. „Harmonie für Lettland – Wiedergeburt der Volkswirtschaft" (SLAT) ist eine Wahlkoalition unter Führung des früheren LTF-Außenministers *Jurkāns*, in der sich viele ehemalige Mitglieder der Kommunistischen Partei, der LDDP sowie Funktionäre aus der Wirtschaft zusammengefunden haben. Das Programm präsentiert sich darum sozialdemokratisch: Die Landwirtschaft soll durch eine entsprechende Zollpolitik gestützt, den Menschen Arbeitsplätze geschaffen werden, damit sie nicht von der Fürsorge abhängig werden. Neben der Erschließung von Märkten im Westen dürften bestehende im Osten nicht verloren gehen. Doch wie das mit einer für die Marktwirtschaft nötigen stabilen Währung harmonieren soll, dafür gibt SLAT keine Erklärung.
Als Voraussetzung für eine Einbürgerung verlangt auch SLAT ohne erklärten Wunsch auf

21 Vgl. *Einars Semanis*, The transition of the political regime in Latvia, Preelection situation in 1993, Riga 1993, S. 9.

Repatriierung Sprachkenntnis, Treueeid und eine bestimmte Aufenthaltsdauer in Lettland. Das Ziel ist eine multikulturelle Gesellschaft.
Im Dezember 1993 erfolgte die Umwandlung der Wahlkoalition in die „Partei der Volksharmonie" (TSP).
4. „Lettlands Bauernunion" (LZS) beruft sich auf den letzten Staatspräsidenten Lettlands, *Kārlis Ulmanis,* dessen Partei, die in exakter Übersetzung „Union der lettischen Bauern" hieß, in den 20er und 30er Jahren wenn auch nicht immer die stärkste, so doch zumindest eine der führenden Parteien war. *Ulmanis* gilt als großer Staatsmann, obwohl er 1934 in einem unblutigen Staatsstreich das Parlament ausgeschaltet und alle Parteien einschließlich seiner eigenen verboten hatte.
Die kleine Namensänderung bei der Neugründung der LZS ist vermutlich darauf zurückzuführen, daß die Neubegründer der Partei jetzt nicht nur lettische Bauern, sondern die Bauern Lettlands ansprechen wollen. Auch in der LZS fanden viele Exilpolitiker und frühere Kommunisten eine neue Heimat.
Programmatisch unterscheidet sich die Partei nur wenig von anderen Zentristen. So wird die Einführung der Marktwirtschaft mit sozialen Elementen gefordert, natürlich detailliert im Hinblick auf die Landwirtschaft. Daß auch heute noch zwei Drittel der Bevölkerung Lettlands auf dem Lande leben, ist der LZS Grund genug, eine Notwendigkeit für eine Klientelpartei zu sehen.
5. Die Gruppe „Gleichberechtigung" (LT) ging aus der ehemaligen Interfront hervor, die ihrerseits früher den Gegenpol zur Volksfront bildete. Diese radikalsten Verfechter der Rechte der Russen warben mit der Feststellung, die Uhr könne nicht einfach 50 Jahre zurückgedreht werden. Statt dessen sollen alle Einwohner Lettlands die Staatsbürgerschaft erhalten, um das Land politisch zu stabilisieren. Angesichts der demographischen Entwicklung stünde schnell die ganze Unabhängigkeit in Frage, zumal LT ebenfalls die Aufwertung des Russischen zur Amtsprache fordert. Mitglied der LT-Fraktion ist theoretisch auch *Alfrēds Rubiks,* der als Trittbrett-Putschist während des Moskauer Umsturzversuches im August 1991 die lettische Volksfrontregierung zu stürzen trachtete. *Rubiks* sitzt deshalb im Gefängnis.
LT ist die einzige politische Organisation, deren ökonomisches Programm eindeutig sozialistische Merkmale aufweist. Die Industrie müsse möglichst im Besitz der Arbeiter sein und nur wenn das nicht zu verwirklichen sei, sollen Aktiengesellschaften gegründet werden. Niemals jedoch dürfe so umfangreiches Privateigentum entstehen. In der Landwirtschaft habe der Staat durch festgelegte und regelmäßig anzupassende Preise den Aufkauf der Ernte zu übernehmen.
6. Die Wahlkoalition „Für Vaterland und Freiheit" (TB) vertritt die schärfsten Bestimmungen in bezug auf die Staatsbürgerschaft. Das Programm beginnt mit den Worten, daß Lettland immer noch okkupiert und unfrei sei. TB will die ethnischen Minderheiten nicht nur zu illegalen Ausländern erklären, sondern verlangt von Russen und Deutschen Kompensationszahlungen für die Okkupation während des Krieges und die spätere Annexion. Die Rückgabe der an Rußland abgetretenen Abrene-Region schließt das selbstverständlich ein. TB strebt die faktische Erneuerung der ersten lettischen Republik an.
7. Die „Union der christlichen Demokraten" (KDS) erklärt sowohl Kapitalismus als auch Sozialismus zu Wirtschaftssystemen, die Gesellschaft und Menschen schaden. Das eher unpolitische, von einem Geistlichen verfaßte Programm fordert, das gesellschaftliche Leben

nach christlichen Grundsätzen zu ordnen. Die KDS versteht sich in Abgrenzung zu Interessengruppenparteien wie etwa den Liberalen oder Sozialdemokraten als solidarische Kraft. Der Staat müsse jedem, der arbeiten wolle, dies auch ermöglichen, damit Geld nicht die herausragende Bedeutung gewinne wie in westeuropäischen Staaten.
8. Die „Demokratische Zentrumspartei" (DCP) hat sich bereits wenige Monate nach der Wahl in „Demokratische Partei" (DP) umbenannt, um mehr als nur die Wähler des Zentrums anzusprechen. Das Programm enthält zwar ausführliche Vorstellungen, welche sozialen Dienste und Leistungen eingerichtet werden sollten; eine klare, sich von anderen Parteien abhebende politische Linie ist jedoch nicht erkennbar. Lediglich in Einzelfragen wie der Umsatzsteuererhöhung und der Hierarchiestruktur der Regierung macht die DP erbittert Opposition gegen die Regierung. In bezug auf die Staatsbürgerschaft dagegen befinden sich die DP-Positionen im Einklang mit deren Vorstellungen.
Die konkreteste Aussage macht die DP über das Wahlrecht. Am bestehenden und in der Satversme verankerten Verhältniswahlrecht will man festhalten, jedoch ein einheitliches Wahlgebiet bilden, bisher gibt es fünf. Diese Reform würde die Proportionalität noch erhöhen, also kleine Parteien begünstigen.
Unter den Parteien, die den Sprung in das Parlament verfehlten, sind folgende erwähnenswert. „Lettlands sozialdemokratische Arbeiterpartei" (LSDSP), nicht zu verwechseln mit der bereits genannten LDDP, ist eine sozialdemokratische Partei im klassischen Sinne.
Das Programm der „Konservativen" (K) wird beherrscht von edlen Prinzipien, die denen der Christdemokraten gleichen. Der Mensch gehöre nicht dem Staat, heißt es da, sondern der Staat den Menschen. Der Kampf gegen Okkupation und für die Unabhängigkeit gilt als unverwirklicht, und die Anklage ehemaliger Kommunisten auf den Listen von LC und LZS ist oberstes Gebot. Während der Wahl waren die K ein Listenbündnis mit der „Union lettischer Bauern" eingegangen, jener Partei, die sich gegenüber LZS als wahre Erbin Präsident *Ulmanis'* versteht. Der Vorsitzende der Konservativen, *Valdis Šteins,* ist eine der bekanntesten Personen der lettischen Politik. Er war sowohl Begründer von LTF als auch der LSDSP, verließ jedoch beide Organisationen wieder, als er der Auffassung war, sie seien von Kommunisten unterwandert.

IV. Parteien und Wahlen in Litauen

Die Organe der litauischen Republik

Litauens 141 Mandate umfassendes Einkammerparlament „Seimas" wird alle vier Jahre nach einem Grabenwahlsystem gewählt. Das Land ist in 71 Einmannwahlkreise unter Berücksichtigung von Bevölkerungsverteilung und Verwaltungsgliedereung eingeteilt. 25 Prozent Differenz zur durchschnittlichen Dichte werden noch toleriert. Die restlichen 70 Mandate werden in einem ganz Litauen umfassenden Wahlgebiet nach Proporz vergeben. Der Wähler hat demnach je eine Stimme für die Wahl des Abgeordneten im Wahlkreis seines Wohnortes sowie für die Wahl einer Partei oder Koalitionsliste.
Das Ergebnis eines Einmannwahlkreises wird nur gewertet, wenn sich bei der Wahl wenigstens 40% der Wahlberechtigten beteiligten. Gewählt ist der Kandidat, welcher mindestens 50% der abgegebenen Stimmen auf sich vereinigen konnte. Erreicht niemand dieses Ergeb-

nis, so findet innerhalb von zwei Wochen eine Stichwahl zwischen den beiden bestplazierten Kandidaten statt.
Das Ergebnis der nach Proporz zu bestimmenden Mandate wird dagegen schon bei einer Beteiligung von nur 25 Prozent gewertet. Alle Listen, auf die landesweit wenigstens vier Prozent entfielen, partizipieren an der Sitzverteilung. Die Quote für die Erlangung eines Mandates entspricht dem Quotienten aus gültigen Stimmen und den 70 zu vergebenden Sitzen. Bleibt ein Rest übrig, so wird er gestrichen und der Quotient stattdessen um eins erhöht. Diese Regelung gilt nicht für politische Organisationen ethnischer Minderheiten. Diese erhalten auch mit weniger als vier Prozent entprechend der erreichten Quote Mandate.
Mit der Mehrheit der anwesenden Abgeordneten bestimmt der Seimas eine Regierung. Spricht das Parlament in geheimer Abstimmung der Regierung ebenfalls mit der Mehrheit aller Abgeordneten das Mißtrauen aus, werden Neuwahlen angesetzt. In derselben Form kann der Seimas einem einzelnen Minister das Vertrauen entziehen und ihn zum Rücktritt zwingen.
Der Präsident wird vom Volk direkt für fünf Jahre gewählt. Erhält keiner der Kandidaten mehr als 50% der gültigen Stimmen, muß eine Stichwahl zwischen den beiden bestplazierten durchgeführt werden. Der Amtsinhaber bestimmt die grundlegenden Positionen in der Außenpolitik und implementiert seine Vorstellungen in Zusammenarbeit mit der Regierung. Gleichzeitig muß der Präsident aber seine parteipolitischen Aktivitäten ruhen lassen und darf nur ein weiteres Mal gewählt werden.[22]

Das Wahlergebnis vom 25. Oktober 1992

Partei/Wahlkoalition	*Kreise*	*Liste*	*gesamt*
Litauens demokratische Partei der Arbeit (LDDP)	37	36	73
Sąjūdis (S)	11	17	28
Konservative Koalition		10	23
a) Litauens christlich demokratische Partei (LKDP)	6		
b) Litauens demokratische Partei (LDP)			
c) Bürgercharta der Litauischen Republik (LRPCH)	2		
d) Litauens Volksunion (LTS)	3		
e) Litauens politische Gefangenen und Exilanten Union (LPKTS)	2		
Litauens sozialdemokratische Partei (LSDP)	3	5	8
Litauens polnische Union (LS)	2	2	4
Unabhängige	5	5	

Vier Kandidaten setzten sich in den Einmannwahlkreisen durch, deren Parteien auf nationaler Ebene die 4%-Hürde nicht überschreiten konnten. Ein weiterer kandidierte ohne Parteimitgliedschaft, beteiligte sich jedoch später an der Fraktion der Exilanten. Alle anderen sind weiterhin fraktionslose Abgeordnete. Zwei von ihnen gehören „Litauens Zentrumsbewegung" (LCJ) an, einer „Litauens christdemokratische Union" (LKDS), die nicht zu verwechseln ist mit der christdemokratischen Partei.

22 Vgl. Republic of Lithuania, Constitution, Vilnius 1992.

Aus der Präsidentschaftswahl am 14. Februar 1993 ging bei einer Beteiligung von 78,6% *Algirdas Brazauskas* (LDDP) mit 60,1% als Sieger hervor. Der von Sąjūdis unterstützte Exillitauer und Botschafter in Washington, *Stasys Lozoraitis*, unterlag mit 38,1%.[23] Weitere Kandidaten waren *Kazimieras Petraitis* von der Republikanischen Partei und *Kazimieras Antanavičius*, ein Mitgründer der Sozialdemokratischen Partei, der jedoch von dieser nicht unterstützt wurde.[24]

Die wichtigsten Parteien

1. „Litauens demokratische Partei der Arbeit" (LDDP) ist nahezu vollständig identisch mit den ehemaligen litauischen Kommunisten und dem litauischen Teil der KPdSU. Folglich wird nicht bestritten, daß die LDDP eine gewendete kommunistische Partei ist. Die hohe Zahl ehemaliger Funktionäre unter den Mitgliedern macht sich programmatisch bemerkbar. Die Interessen großer landwirtschaftlicher Betriebe, also die Erhaltung der alten Strukturen, ist erklärtes Ziel.
2. „Sąjūdis", die heutige „Heimat Union" (TS) ist der von Sąjūdis übriggebliebene Teil um *Vytautas Landsbergis*. Sie betrachtet sich als konservative Partei, deren Ziel eine schnelle Umsetzung sämtlicher Reformen ist. Zu den innenpolitischen Maximen zählen die schnelle Verabschiedung einer Kommunalverfassung und eine starke Polizei. In der Außen- und vor allem Sicherheitspolitik strebt die Partei eine schnelle Bindung an die internationalen Organisationen des Westens, gute Beziehungen zu den baltischen Nachbarn und eine Entmilitarisierung der russischen Kaliningrad-Region (Königsberg) an.
In der Wirtschaftspolitik soll ein neokonservativer Kurs mit niedrigen Steuern die Inflation gering halten und die gestoppte Privatisierung wieder aufgenommen werden. Flankierend dazu sind ein steuerfreies Mindesteinkommen und eine regelmäßige Rentenanpassung erwähnt. Um in der Energieversorgung unabhängig von den Nachbarn, vor allem Rußland, zu werden, soll ein litauisches Ölterminal errichtet werden.
3. Konservative Koalition
a) „Litauens christlich demokratische Partei" (LKDP) will in der litauischen Politik nicht nur Rücksicht auf alte Traditionen, sondern auch auf Gott nehmen. Mit dem Ziel allgemeinen Wohlstandes wird große Bedeutung auf ein transparentes und volksnahes System gelegt, dessen Kompetenzen in der Verfassung verankert sind. Um dieses Ziel zu erreichen, soll eine Privatisierung durchgeführt werden, die nur Litauer einbezieht und weniger auf ehemalige Besitzer, denn auf die heutigen Nutzer Rücksicht nimmt. Trotz grundsätzlicher Vermeidung von Monopolen, sollen die Preise von Tabak und Alkohol staatlicher Kontrolle unterliegen, sowie die Sektoren Energie und Verkehr ganz im Besitz des Staates verbleiben.
b) „Litauens demokratische Partei" (LDP) vertritt die Grundwerte der Verteidigung des Staates durch die Bürger und den Schutz der Bürger durch den Staat. Demzufolge müsse Litauen sich der Marktwirtschaft durch Privatisierung öffnen und den alten Besitzern ihr Eigentum zurückgeben.
Die Unterstützung des Staates erstreckt sich ferner auf eine Unternehmensgründungen begünstigende Politik, die Hilfe bei der Arbeitssuche und die Stärkung der Landwirtschaft

23 Vgl. Archiv der Gegenwart 1993, S. 37588.
24 Vgl. Lithuania today, March 1993, S. 2.

durch zinslose Darlehen an Bauern. Flankierende Maßnahmen in der Währungspolitik sollen den Außenhandel und die Inflation unter Kontrolle halten. Daß allerdings bei steigenden Preisen ein Inflationsausgleich verlangt wird, konterkariert diesen Wunsch. Gemeinsam kandidierten LDP und LKDS mit den Gruppierungen „Litauens politische Gefangenen und Exilanten Union" (LPKTS), „Bürgercharta der Litauischen Republik" (LRPCH) und „Litauens Volksunion" (LTS).

4. „Litauens sozialdemokratische Partei" (LSDP) beruft sich auf die erste Unabhängigkeitsphase und reklamiert die erste Parteigründung der nachsowjetischen Phase für sich. Wirtschaftspolitisch soll ein der traditionellen Struktur des Landes entsprechender ausgleichender Kurs zwischen Landwirtschaft und Industrie eingeschlagen werden.

5. „Litauens polnische Union" (LS) vertritt die besonders im Südosten des Landes um Vilnius ansässige polnische Minderheit.[25]

V. Politische Entwicklung nach den Wahlen

Nach dieser Darstellung der aktuellen Parteienlandschaft in den drei baltischen Staaten soll nun anhand der weiteren Entwicklung der Versuch einer Bewertung unternommen werden. Selbstverständlich ist es – ähnlich wie in anderen osteuropäischen Staaten – unmöglich, mit westlichen Maßstäben eine Analyse vorzunehmen. Insbesondere gilt dies natürlich für jene Staaten, die nicht nur die Transformation von der kommunistischen Diktatur zur Demokratie durchlebt haben, sondern deren nationale Selbständigkeit erst wieder gewonnen werden mußte.

Die baltischen Staaten haben gegenüber den restlichen Sowjetrepubliken, die sich alle mehr oder weniger freiwillig an der GUS beteiligen, allein den Erfahrungsvorsprung, in den 20er und 30er Jahren schon einmal selbständig gewesen zu sein. Während hier also die Parteiapparate die Macht nicht eingebüßt haben, bedeutete der Umbruch im Baltikum in der Regel den Niedergang der kommunistischen Parteien. Dies gilt ebenso für Blockparteien, wie sie beispielsweise in Polen immer noch existieren.

Noch 1990 gewannen die Volksfronten die Wahlen zum Obersten Sowjet. Bald verspielten sie alle das Vertrauen der Bevölkerung und verloren die ersten Wahlen in der Unabhängigkeit. Dennoch gibt es ganz erhebliche Unterschiede. In Estland siegten die Parteien des national-konservativen Flügels. Die eigentliche Opposition erwächst der Regierung von rechts. Zwar gibt es einige Vertreter solcher Parteien, die ihrem eigenen Verständnis nach liberal sind und eventuell, wären sie an der Regierung, weniger strenge Minoritätengesetze formulieren würden. Tatsächlich lägen die Unterschiede jedoch höchstens in Nuancen.

In Litauen wurde Sąjūdis nicht von rechts verdrängt, sondern die alten Eliten, die sich nun sozialdemokratisch bezeichnenden vormaligen Nationalkommunisten, gewannen die Wahl. Ihr Führer, *Algirdas Brazauskas*, war schon zu Sowjetzeiten Chef des litauischen Teils der KPdSU. Eine Ursache dafür ist die konsequent konservative Politik *Landsbergis'* während der vorangegangenen drei Jahre, die das Regierungslager spaltete und zu mehrfachem Wechsel an der Spitze der Regierung führte. Die alten Kräfte standen außerdem in Litauen, wo

25 Im Mittelalter gab es eine polnisch-litauische Union. Das Reich erstreckte sich bis zum Schwarzen Meer. Zwischen den Weltkriegen, also während der ersten Unabhängigkeit, gehörte das Vilnius-Gebiet zu Polen.

das Minoritätenproblem kaum ins Gewicht fällt, weniger als Synonym für die Okkupation durch die Russen.

Das litauische Parlament ist nun relativ polarisiert. Der Regierung der gewendeten Kommunisten stehen verschiedene, teilweise sehr konservative Gruppen gegenüber. Moderat sind Splitterparteien wie die LDP, obwohl auch sie gemeinsam mit den Konservativen kandidierte. Bleiben einzig die Sozialdemokraten, die weder mit der Regierung zusammenarbeiten noch gemeinsam mit den anderen Fraktionen opponieren.

In Lettland schließlich sind die Probleme mit der russischen Minderheit am größten. Die Volksfrontregierung unter Ministerpräsident *Ivars Godmanis* zögerte am längsten mit den Wahlen, weil ein Staatsbürgerschaftsgesetz nicht verabschiedet werden konnte. Zum Zeitpunkt der Wahl war also im Grunde noch nichts entschieden. Hauptthema während des Wahlkampfes wurden folglich die „Drei D's" – Deokkupation, Dekolonisation und Debolschewisierung[26]. Die Parteiprogramme lassen sich darum besonders in diesem Punkt unterscheiden, während konkrete ökonomische Konzepte fehlen. Fast alle Parteien bezeichnen sich expressis verbis als Zentrumsparteien[27] und bekennen sich zur Marktwirtschaft. Trotzdem eifern sie verschiedenen westeuropäischen Vorbildern nach. Bei näherer Betrachtung sind Aussagen zur angestrebten Wirtschaftspolitik eher etatistisch.

Ausgerechnet hier gewannen gemäßigte Parteien die Wahl. Die politischen Gegner im Parlament finden sich auf beiden Seiten. Mit TSP und LNNK ist der Regierung eine doppelte Opposition erwachsen, die daneben noch von weiteren kleineren und auch radikaleren Gruppen unterstützt wird.

In Lettland gab es darüber hinaus eine Kontinuität der Sympathieträger. Politiker aus Volksfrontzeiten wie Parlamentspräsident *Gorbunovs* und Außenminister *Andrejevs* gehören auch jetzt noch zur Elite. Beide Politiker wechselten vor der Wahl zu LC und besetzten auch später die gleichen Ämter.[28]

Es gilt nun also eine Erklärung für den scheinbaren Widerspruch zu finden, daß einerseits unterschiedliche Kräfte die Wahlen in Estland, Lettland und Litauen gewannen, andererseits aber in allen Fällen von einem wirklichen Parteiensystem, und entsprechenden ideologischen Unterschieden nicht die Rede sein kann. Dazu folgende Annahmen:

1. Weil nach 50 Jahren Sozialismus alle Formen von Wahrheit oder Ideologie diskreditiert sind, und zweitens die Menschen unter dem Stichwort Partei zunächst nur die kommunistische verstehen, sind die Politiker zur Adaption der Abneigung gegen Parteien und Weltanschauungen gezwungen. Allein einzelne Personen genießen Vertrauen in der Bevölkerung. Dies verlangt nach austauschbaren Parteien.

2. Außerdem ist feststellbar, daß – wie bereits erwähnt – auch Politik und Image der Volksfrontregierungen einen nicht unwesentlichen Einfluß auf die Parteienlandschaft gehabt haben. Diese Vermutungen zu belegen, bedarf einer detaillierten Beobachtung der weiteren Entwicklung der Parteiensysteme.

26 Vgl. *E. Semanis,* The transition of the political regime in Latvia, Preelection situation in 1993, Riga 1993, S. 3.

27 Vgl. *D. Bara,* The development of political parties in Latvia, Riga 1993, S. 14.

28 Nachdem im Sommer 1994 seine Mitarbeit beim KGB bekannt geworden war, trat *Andrejevs* vom Amte des Außenministers zurück und legte sein Mandat nieder.

Estland

PP, M und ERSP bildeten eine Koalitionsregierung gegen die Kräfte der vormals regierenden Volksfront. *Mart Laar* wurde Ministerpräsident, *Illar Hallaste* Vorsitzender der PP-Fraktion. Erste Krisenerscheinungen gab es im Sommer 1993, als der von der ERSP gestellte Verteidigungsminister wegen der Rebellion einer Einheit der Armee zurückgetreten war und zwei von der Partei vorgeschlagene Nachfolger von Ministerpräsident *Laar* abgelehnt worden waren. Von der ERSP spalteten sich die „Estnische nationale Fortschrittspartei" und die „Partei der estnischen Zukunft" ab. Beide unterstützen allerdings nach wie vor gemeinsam mit der Rest-ERSP die Regierung.
Aus der Fraktion EK traten zwei Abgeordnete aus und schlossen sich der ERSP-Fraktion an. Die anfangs knappe Parlamentsmehrheit der Regierung ist damit gewachsen. EK selbst verlor durch den Abgang dieser Abgeordneten – ein dritter schloß sich der PP an – ihren Fraktionsstatus. Während die M nach wie vor eine Fraktion aus zwei Parteien und unabhängigen Kandidaten bilden und auch keine Absicht zu Fusionen bekunden, wurde PP zwischenzeitlich in eine einheitliche Partei gleichen Namens umgewandelt.
In der Koalition unter Führung der Volksfront gab es kleine Veränderungen. Die vom ehemaligen Regierungschef *Savisaar* gegründete „Zentrumspartei" ordnete die letzten unabhängigen Abgeordneten der gemeinsamen Fraktion unter und übernahm faktisch die Führung. KK dagegen löste sich vollständig in zwei Fraktionen auf, die „Estnische Bauernpartei" und die „Koalitionspartei Allianz" mit jeweils acht Abgeordneten. Ein weiteres früheres Mitglied ist momentan unabhängig, beabsichtigt allerdings, sich in nächster Zeit im Hinblick auf künftige Wahlen für eine der Fraktionen im Riigikogu zu entscheiden. Als Grund für sein Ausscheiden nennt er die Unzufriedenheit mit der strikten Oppositionstrategie, nachdem noch im Wahlkampf Einigkeit darüber herrschte, soviel wie möglich an der Regierungsarbeit teilzunehmen.
Bis zu den folgenden Wahlen wird die Zusammensetzung der Fraktionen voraussichtlich dynamisch bleiben, denn gerade in Estland sind die Positionen so weit nicht voneinander entfernt und nur wenige Fraktionen identisch mit Parteien. Häufig ist ein großer Anteil der Abgeordneten überhaupt nicht Mitglied auch nur einer der beteiligten Parteien. So ist es auch wenig verwunderlich, daß sich inzwischen sogar die Fraktion der größten estnischen Partei Pro Patria gespalten hat, der kleinere, aber fast genauso große Rest firmiert nun als „Konservative und Republikaner". Ebenso verhält es sich mit der Zentrumsfraktion, aus der im wesentlichen die „Liberalen" und die „Freien Demokraten" hervorgingen.
Im September 1994 stürzte die Regierung unter *Mart Laar* schließlich nach einem Mißtrauensvotum der Royalisten, das von 60 Abgeordneten unterstützt worden war. Dem Ministerpräsidenten wurden Unregelmäßigkeiten bei der Währungsreform im Sommer 1992 vorgeworfen.[29] Präsident *Meri* nominierte den Vorsitzenden der estnischen Nationalbank *Siim Kallas* als Übergangspremier und hoffte auf die Unterstützung von PP, den Liberalen und der ERSP. Die Abstimmung im Oktober fiel jedoch mit 55 Gegenstimmen negativ aus.

29 Vgl. Die Regierung in Estland gestürzt, in: Neue Zürcher Zeitung 28.09.1994.

Fraktionen in Estlands Riigikogu – Frühjahr 1993/Sommer 1994

Vaterland (PP)	28	11
Konservative und Republikaner		10
Koalitionspartei Allianz[30]	8	8
Bauernunion Allianz	8	8
Zentrumsfraktion[31]	15	
Moderate (M)	12	12
Estnische nationale Unabhängigkeitspartei (ERSP)	11	8
Unabhängige Royalisten (SK)	8	8
Estnische Bürger (EK)	6	
Freie Demokraten		6
Liberale		6
Unabhängige	3	7

Lettland

Im lettischen Parlament begannen die Probleme viel frühzeitiger durch die Notwendigkeit, einen Präsidenten zu bestimmen. Es blieb also kaum Zeit, in langen Verhandlungen erst eine Regierung zu bilden. Dennoch konnte eine solche Abstimmung nicht ohne Einfluß auf spätere Verhandlungen bleiben.
Zur Wahl traten drei Kandidaten an. LC stellte *Gunars Meierovics,* die LZS *Guntis Ulmanis,* einen Neffen des letzten lettischen Präsidenten, und die KDS präsentierte *Aivars Jerumanis,* ebenfalls einen Exilletten aus den USA. Die KDS machte prompt ihre eventuelle Unterstützung der Regierung, die nur von LC geführt sein konnte, von der Wahl ihres Kandidaten abhängig. Dies geschah im ersten Wahlgang nicht. *Meierovics* zog seine Kandidatur aus Koalitionsraison zurück und empfahl der LC die Unterstützung von *Ulmanis.* Dieser erhielt daraufhin im zweiten Wahlgang 53 Stimmen und *Jerumanis* verzichtete auf die Aufrechterhaltung seiner Kandidatur.
Schon kurz darauf verkündete *Jerumanis* seinen vollständigen Rückzug aus der lettischen Politik, verbunden mit dem Wunsch, Botschafter Lettlands im Vatikan zu werden. Doch auch dies wurde ihm verwehrt. In einem öffentlichen Brief warf *Jerumanis* den Letten vor, für einen eindeutigen Schlußstrich nicht reif zu sein.
Bei den anschließenden Koalitionsverhandlungen stellte sich schnell heraus, daß LC den Vorschlag der LNNK, ein paritätisch besetztes Kabinett nationaler und lieberaler Kräfte zu bilden, nicht akzeptieren würde und LNNK somit in die Opposition gehen mußte. Der Widerstand *Zigerists'* gegen eine Zusammenarbeit mit LC war dabei von geringerer Bedeutung. Daß die (damals noch) DCP sich an der Regierung nicht beteiligte, war dagegen eher überraschend, gibt es doch mit LC und LZS viele programmatische Gemeinsamkeiten. Hier zeigte sich aber bald, daß persönliche Ambitionen eine gewichtige Rolle spielten, ebenso wie

30 Beide sich Allianz nennenden Fraktionen entsprechen den an der vormaligen Wahlkoalition Sichere Heimat (KK) beteiligten Parteien Estnische Koalitionspartei und Estnische Bauernunion.
31 Fraktion um *Edgar Savisaars* Volkspartei des Zentrums, zu Wahlzeiten noch als Koalition unter dem Namen Volksfront (R).

das Problem der Uneinigkeit innerhalb der Fraktionen. Nicht zuletzt in der DCP-Fraktion war kaum ein Abgeordneter Mitglied der Partei. Entscheidend war letztlich, daß der DCP von LC und LZS kein Ministerium zugebilligt wurde.

LC und LZS bildeten schließlich allein eine Koalition, die zwar nur über die Minderheit von 48 Mandaten verfügt, jedoch dank vieler Abgeordneter, die sich ihrer Fraktion nicht verpflichtet fühlen, mit ernsthaften Problemen bei Abstimmungen nicht rechnen muß. Außerdem sind wegen der Haft des Abgeordneten Rubiks in der Regel ohnehin nur 99 Abgeordnete anwesend.[32]

Innerparteiliche Probleme gab es in den folgenden Monaten insbesondere in der KDS. Ihr Vorsitzender *Saulītis* wurde im Herbst 1993 aus Partei und Fraktion ausgeschlossen, nachdem er an Sitzungen der Fraktion nicht mehr teilgenommen hatte. Weiter warfen Parteimitglieder ihm vor, auch Fraktionsbeschlüsse zu ignorieren oder solche eigenmächtig mit jenen Kollegen zu treffen, die lediglich der Fraktion, nicht aber der Partei angehören.

In einem offenen Brief erklärte ein weiterer Abtrünniger, die KDS sei jetzt eine andere Partei als vor den Wahlen. Anstatt Schwesterparteien in Westeuropa zum Vorbild zu nehmen, werde die KDS von klerikalen Sektierern unterwandert. Gleichzeitig wurde die Mißachtung des Beschlusses vom Juni bemängelt, in dem die Partei sich *gegen* eine Zusammenarbeit mit der regierenden Koalition ausgesprochen hatte.

Diese Behauptung entbehrt jedoch jeder Grundlage. Während der Diskussion über das Staatsbürgerschaftsgesetz unterzeichneten Mitglieder und Abgeordnete der konservativen Oppositionsparteien in und außerhalb des Parlamentes eine Deklaration zur Bildung des sogenannten „Nationalen Blocks" (NB). Die Erklärung verpflichtet zwar niemanden zu einem entsprechenden Stimmverhalten, setzt sich jedoch die Verhinderung eines liberalen Staatsbürgerschaftsgesetzes zum Ziel. Dieses Papier haben nicht nur Abgeordnete der KDS unterzeichnet, sondern eines ihrer leitenden Mitglieder war federführend an dieser Idee beteiligt. Von einer Zusammenarbeit mit der Regierung kann also nicht gesprochen werden, auch wenn die Bedeutung des NB unter den gegebenen Umständen noch in Frage steht.

Schwierig für die Regierung ist allein, daß mehr und mehr Abgeordnete der LZS sich in der Regierungsverantwortung nicht mehr wohlfühlen. Einige unterzeichneten bereits das NB-Dokument. Bei einem Mißtrauensantrag gegen Wohlfahrtsminister *Ritenis* im März 1994 stimmten gerade 36 Abgeordnete gegen seine Entlassung. Das entspricht exakt der Größe der LC-Fraktion.

Im Frühling folgte die Spaltung von TSP. Unter der Führung von *Edvīns Kide*, einem vormaligen Mitbegründer der LDDP, gründete sich die Fraktion „Politische Vereinigung der Volkswirtschaftler" (TPA). Die Rumpfpartei unter *Jānis Jurkāns* blieb bestehen. Diese erste Veränderung der Parteienlandschaft innerhalb des Parlamentes hat große Bedeutung, denn im Sommer weitete sich die schon lange schwelende Regierungskrise aus. Unter Führung von Landwirtschaftsminister *Jānis Kinna* (LZS) zogen sich die Kabinettskollegen der kleineren Koalitionspartei aus der Regierung zurück. In Interviews bezeichnete *Kinna* die mangelnde Kooperationsbereitschaft von Ministerpräsident *Valdis Birkavs* als Grund für seinen Rücktritt. In Wahrheit darf jedoch davon ausgegangen werden, daß eher die Angst vor einer drohenden Wahlniederlage bei dem im kommenden Jahr anstehenden nationalen Urnengang dafür verantwortlich war. Der Uneinigkeit zugrunde liegt außerdem sicher der innere

32 Gespräche mit Professor *Andris Runcis*, Riga 1993.

Widerspruch der Regierung zwischen LC als einer liberalen Partei und LZS, die mehr staatlichen Interventionismus in der Landwirtschaft wünscht. Kurz danach trat *Birkavs* mit seiner gesamten Regierung zurück.[33]
Präsident *Ulmanis* beauftragte daraufhin den LNNK-Politiker *Andrejs Krastiņš* mit der Regierungsbildung. Der Versuch, eine Regierung der konservativ-nationalistischen Kräfte unter Einschluß von LZS aber ohne LC zu bilden, schlug im August jedoch fehl. Bei 28 Enthaltungen und 27 Gegenstimmen votierten lediglich 35 Abgeordnete für die vorgelegte Kabinettsliste. Verantwortlich für das Scheitern war unter anderem der Rückzug von TPA. Im September bildete der vormalige Minister für Staatsreformen *Māris Gailis*, ebenfalls LC, eine Koalitionsregierung mit TPA, in der *Valdis Birkavs* das Außenministerium übernimmt. Für das Kabinett votierte die nötige relative Mehrheit von 45 Abgeordneten, darunter auch die Partei *Jurkāns'*.[34]

Fraktionen in der lettischen Saeima – Sommer 1994

Lettlands Weg (LC)	34	
Lettlands Nationale Unabhängigkeitsbewegung (LNNK)	13	(2)[35]
Partei der Volksharmonie (TSP)	5	(1)
Politische Vereinigung der Volkswirtschaftler (TPA)	7	
Lettlands Bauernunion (LZS)	12	(1)
Gleichberechtigung (LT)	7	
Für Vaterland und Freiheit (TB)	5	(1)
Lettlands Union der christlichen Demokraten (KDS)	6	(1)
Demokratische (Zentrums) Partei (DP)	4	(1)
Unabhängige	7	

Litauen

Nach den litauischen Parlamentswahlen trat Ministerpräsident *Alexandras Abišala* zurück. Die siegreiche LDDP und Sąjūdis einigten sich auf *Bronislowas Lubys* von der LDDP als Kompromißkandidaten, der die Nachfolge antrat. Seine Amtszeit blieb wegen der ausstehenden Präsidentschaftswahl ausdrücklich beschränkt auf die verbleibende Zeit. Nach dem Sieg *Brazauskas'* wurde am 26. Februar 1993 *Adolfas Šleževičius* zum Regierungschef ernannt.[36]
Nach der Konstituierung des Parlamentes spaltete sich die Listenkoalition aus LDP, LKDP, LPKTS, LRPCH und LTS aus vornehmlich taktischen Gründen in mehrere Fraktionen auf. Der Grund für diese Maßnahme war einerseits die Tradition des Obersten Sowjets, wo Fraktionen nach Belieben gebildet und aufgelöst wurden sowie die Hoffnung, durch die mehrfache Inanspruchnahme der Fraktionsrechte auch mehr opponieren zu können. Die genannten Gruppierungen durchmischten sich dabei ebenfalls mit der bei der Wahl noch

33 Vgl. Politische Zerstrittenheit in Lettland, in: Neue Zürcher Zeitung 16./17.07.1994.
34 Vgl. Lettlands neues Kabinett für Kontinuität, in: Neue Zürcher Zeitung 18./19.09.1994.
35 Einige Abgeordnete haben noch nicht endgültig ihren gegenwärtigen Status erklärt. Sie erscheinen daher in Klammern hinter ihrer alten Fraktion und werden als Unabhängige gezählt.
36 Vgl. Archiv der Gegenwart 1993, S. 37588.

allein angetretenen Sąjūdis-Fraktion. Gemeinsam bildeten alle konservativen Oppositionskräfte einen Block. Die nach Sąjūdis genannte Fraktion ist de facto nun die „Heimat Union" um *Landsbergis*.
Besonders für diese neue Partei bringt ein Beschluß des Seimas-Präsidiums vom Herbst 1993 große Probleme, nach dem das freie Bilden von Fraktionen untersagt und den Gruppen eine Neuformierung entsprechend der Listenkonfiguration während der Wahl einschließlich späterer Registration vorgeschrieben wird. Gegen diesen Entschluß protestierten die Oppositionsfraktionen heftig, er sei einzig deshalb formuliert worden, um ein Auseinanderbrechen der Regierungsfraktion zu unterbinden. Diese wandte ein, es stünde jedem Abgeordneten frei, sich einer der anderen Fraktionen anzuschließen, es sei nur nicht mehr gestattet, neue Fraktionen zu gründen.[37]
Interessant ist die Haltung der Sozialistischen Internationale zu den beiden sich sozialdemokratisch bezeichnenden litauischen Parteien LSDP und LDDP. Die Sozialdemokraten wurden nämlich bereits aufgenommen, der LDDP jedoch der Beitritt verweigert. Ihr Fraktionsvorsitzender betont, daß in bestimmten Fällen auch zwei Parteien aus einem Staat Mitglied werden könnten, und die besonderen litauischen Umstände rechtfertigten dies, immerhin sei die LDDP alleinige Regierungspartei.
Ein LDDP-Abgeordneter verließ im Juni 1993 seine Fraktion und behielt sein Direktmandat als jetzt unabhängiger Kandidat, der seinen politischen Standort links von der Partei lokalisiert.[38] Inzwischen gehört er ihr jedoch wieder an. Die LDDP konnte darüber hinaus den Zugang eines Sozialdemokraten verbuchen. Im konservativen Lager setzte sich die Konzentrationsbewegung auf die Heimat Union von *Landsbergis* fort. Ihr gehören inzwischen alle Mitglieder der ehemaligen Bürgercharta und ein großer Teil der Fraktion der „Politischen Gefangenen und Exilanten" an. Zwei ehemalige Sąjūdis-Abgeordnete sind dafür inzwischen fraktionslos, obwohl einer lediglich ein Listenmandat besaß.[39]

Fraktionen im litauischen Seimas – Herbst 1993/Frühjahr 1994

Litauens demokratische Partei der Arbeit (LDDP)	71	72
Heimat Union	16	24[40]
Politischen Gefangene und Exilanten (LPKTS)	12	5 (3[41])
Bürgercharta der Litauischen Republik (LRPCH)	10	
Litauens christlich demokratische Partei (LKDP)	10	11
Litauens sozialdemokratische Partei (LSDP)	8	6
Litauens polnische Union (LS)	4	4
Litauens demokratische Partei (LDP)	4	3
Unabhängige	5	12

37 Vgl. Lithuania today, July-August 1993, S. 6f.
38 Vgl. Lithuania today, June 1993, S. 4.
39 Department of press and public affairs, Factions of the Seimas of the republic of Lithuania, Vilnius 1994.
40 Vormalige Sąjūdis-Fraktion um *Vytautas Landsbergis*.
41 Der von der alten Fraktion unter „Union der litauischen Nationalisten" firmierende Teil.

VI. Fazit

Für das Ende der sozialistischen Diktaturen entwirft *Klaus von Beyme* drei Arten des Systemwandels:

1. *Erosion* der sozialistischen Regierung durch einen mit der Opposition ausgehandelten Wandel.
2. *Kollaps* durch den Druck einer oppositionelle Massenbewegung.
3. *Gelenkter Wandel* durch gewendete kommunistische Parteien.[42]

Charakteristisch für die ehemaligen Sowjetrepubliken ist, daß keine dieser Varianten wirklich zutreffend beschreibt, wie der Umbruch vonstatten ging. Den Anfang bildete der gelenkte Wandel von Glasnost und Perestroika. Es folgten der Moskauer Putsch im August 1991 und eine Massenbewegung, welche die Putschisten zur Aufgabe nötigte. Im Baltikum regierten aber schon seit 1990 Volksfrontregierungen, breite Koalitionen aus baltischen Kommunisten und verschiedenen Oppositionsgruppen, denen die Unabhängigkeit dank des Zusammenbruchs der Sowjetunion plötzlich und viel schneller als erwartet in die Hände fiel. Die vorangegangenen Massenproteste waren noch wenige Monate zuvor teilweise blutig niedergeschlagen worden.

Wesentliche Voraussetzung für das Verständnis der politischen Entwicklung in Osteuropa ist die Konstatierung, welche Folgen 50 Jahre Diktatur und Abschottung im Namen des Sozialismus für das Denken der Menschen hatten. Sozialistische Gesellschaften sind geprägt durch eine „gelernte Passivität im öffentlichen Leben"[43] und gleichzeitiges Fehlen sozioökonomischer cleavages auf Grund der egalisierenden Wirkung repressiver und stark zentralisierter Regierungsmacht.[44] Insbesondere in der ehemaligen Sowjetunion sind in erster Linie ethnische Konflikte verblieben. Typischerweise ist in der Bevölkerung darum ein grundsätzlicher, gegen die Kommunisten gerichteter, „Anti-Parteien-Effekt"[45] weit verbreitet. Andere Parteien haben – teilweise im wahrsten Sinne – noch keinen Namen.

Weil neben „Partei" auch der Begriff „sozial" diskreditiert war, konnten sich sozialdemokratische Parteien zunächst fast nirgends etablieren, obwohl sie unter den gegenwärtigen sozialen und wirtschaftlichen Umständen hätten erfolgreicher sein müssen.[46] Klassische Umverteilungsforderungen hätten sich mangels sozialer Unterschiede aber auch gegen keine „Klasse" richten können. Diese Beobachtung muß aus heutiger Sicht teilweise zurückgenommen werden. Sie gilt insbesondere für die ersten freien Wahlen. Später siegten durchaus linke Parteien, so etwa die Nationalkommunisten in Litauen. Als die erste freie Wahl hier muß der Urnengang von 1990 gelten, den Sąjūdis gewann.[47]

42 Vgl. *Klaus von Beyme,* Parteiensysteme und Demokratisierung in Osteuropa, S. 278, in: Geschichte und Gesellschaft 3/92, S. 271–291.

43 Vgl. *Jakob Juchler,* Schwierige Demokratisierungsprozesse. Zur politischen Entwicklung in den Reformländern Osteuropas, S. 125, in: Osteuropa 2/94, S. 125–141.

44 Vgl. *Geoffrey Evans* and *Stephen Whitefield,* Identifying the basas of party competition in eastern Europe, S. 528, in: British journal of political science, S. 521–548.

45 Vgl. *Klaus von Beyme,* Parteiensysteme und Demokratisierung in Osteuropa, S. 279, in: Geschichte und Gesellschaft 3/92, S. 271–291.

46 Vgl. *Jakob Juchler,* Schwierige Demokratisierungsprozesse. Zur politischen Entwicklung in den Reformländern Osteuropas, S. 136, in: Osteuropa 2/94, S. 125–141.

47 Vergleiche mit Polen und Ungarn zeigen, daß auch hier 1990 die Konservativen gewannen. Die folgenden Parlamentswahlen 1992, 1993 und 1994 brachten die gewendeten Kommunisten wieder an die Macht.

Identitätsstiftend waren und sind fast ausschließlich bekannte Führungspersonen: „This is the only objective option for the voter, if the party system is in embryonic phase of the development“[48]. Die politische Bedeutung über den Tag hinaus ist aber bis jetzt nebulös. Unzufriedenheit über den zu langsamen und entbehrungsreichen Wandel von der Planwirtschaft zur Marktwirtschaft und von der Diktatur zur Demokratie können jederzeit von heute auf morgen einen neuen Stern aufgehen lassen, während die alten gleichzeitig schnell in der Versenkung verschwinden.

Viele Politiker versuchten in diesem Sinne vor den Wahlen ihre Zukunft in einer Spitzenposition durch die Gründung einer eigenen Partei zu sichern. Manche bestanden nur aus Vorsitzendem und Stellvertreter, verfügten schon während des Wahlkampfes nicht über ein Büro und haben sich inzwischen völlig aufgelöst. Die Erfolgreichen drängen sich jedoch in den Vordergrund, stellen Forderungen, ganz unabhängig von der Größe ihrer Fraktion. Beispielhaft dafür ist die lettische DP. Ohne eigenes Profil, sich selbst als zentristisch bezeichnend wie viele anderen auch, änderte sie ihren Namen und strich das „Zentrum“, nachdem sie um den Eintritt in die Regierung zu hoch gepokert hatte. Die Demokratische Partei bekennt öffentlich, mit dieser Maßnahme mehr als nur die Wähler der Mitte für sich gewinnen zu wollen. Wenigstens ist es der DP inzwischen gelungen, die Mehrheit ihrer Fraktion zum Eintritt in die Partei zu bewegen.

Taktische Winkelzüge gehören häufig zum Alltag der Protagonisten, und zur Not widerspricht sich der Politiker auch einmal selber. Noch im Wahlprogramm von 1993 äußerten beispielsweise die LNNK-Strategen, eine Rücksichtnahme auf den Umweltschutz sei bei der gegenwärtigen Wirtschaftslage nicht möglich. Danach planten dieselben Politiker eine Wahlkoalition für die anstehende Kommunalwahl, an der sich auch die Grüne Partei beteiligt. Auch wenn in deren Reihen keine postmaterialistischen Gesellschaftvorstellungen vertreten werden wie in Westeuropa, gehört doch der Umweltschutz zu den zentralen Anliegen. In dieser Formation konnte LNNK die Kommunalwahl in der Hauptstadt Riga im Frühjahr 1994 für sich entscheiden.

Als Erklärung für die Bildung der Parteiensysteme in Osteuropa gibt es bereits mehrere theoretische Ansätze, die hier im Detail zu erörtern zu weit führen würde. Vielmehr soll ein Vergleich mit der aktuellen Situation in den baltischen Staaten stattfinden. Bei der Gründung neuer Parteien fanden sich sowohl Anknüpfungen an das Blockparteiensystem als auch an die Vorkriegsparteien. Darüber hinaus wurden aber auch völlig neue Parteien gegründet. Der „wie ein archaisches Relikt wirkende“ cleavage-Ansatz wurde nach den ersten freien Wahlen in den Staaten Osteuropas wieder angeführt, um Erklärungen für die „ahistorischen Voten“ zu finden.[49] Die Plausibilität eines oder weniger dominanter „althergebrachter“ Konflikte scheint jedoch gering. In negativer Anknüpfung an dieses Modell verweisen *Evans* und *Whitefield* auf den „missing-middle-approach“, der das Fehlen einer sozial diversifizierten Gesellschaftsstruktur konstatiert. Eine soziale Verwurzelung kann unter den gegebenen Umständen nicht Grundlage des Wahlverhaltens sein. Die Resultate sind darum eher unbeständig. Das legt eine Charakterisierung des Parteienwettbewerbs nach ökonomischen, ethnischen und historischen Aspekten nahe:

48 Vgl. *E. Semanis,* The transition of the political regime in Latvia, Preelection situation in 1993, Riga 1993, S. 9.

49 Vgl. *Klaus von Beyme,* Parteiensysteme und Demokratisierung in Osteuropa, S. 280f., in: Geschichte und Gesellschaft 3/92, S.271–291.

1. Eine sozio-ökonomische Basis für den Parteienwettbewerb würde ein Rechts-links-Spektrum schaffen.
2. Ethnische Konflikte führen zu liberal-autoritären Systemen.
3. Bei Abwesenheit beider Grundlagen werden Parteien mit der Fähigkeit, sich bestimmten Zielen zu verschreiben, hoch in der Wählergunst liegen.[50]

Die Parteien in den baltischen Staaten haben tatsächlich sehr wenig elaborierte wirtschaftliche Programmaussagen getroffen. In Lettland sind sie überdies meist eher etatistischer Natur. Daneben ist die große Bedeutung des ethnischen Konfliktpotentials überdeutlich. TB und LT besetzen die Flügelpositionen in der Bürgerrechtsfrage. LT hat darum ein klar definiertes Wählerpotential unter jenen lettischen Staatsbürgern, die von Russen abstammen oder in Einwandererfamilien eingeheiratet haben, deren Leben weitgehend russifiziert ist. Bemerkenswert sind eben die geringen wirtschaftspolitischen Unterschiede zwischen beiden Parteien.

Daneben standen LC als „Partei der Zuwendung zum Westen" und LZS als Anknüpfung an die 30er Jahre. Sie gewannen die Parlamentswahl, obwohl sie bezüglich der Staatsbürgerschaft moderate Ansichten vertraten. Andererseits ist die Spanne zwischen den ökonomischen Vorstellungen dieser beiden Fraktionen die denkbar größte im lettischen Parlament – dies natürlich wegen der vertretenen Klientel. Die daraus resultierenden Schwierigkeiten führten schließlich den Sturz der gemeinsamen Koalition mit herbei. Nach dem Ende der Regierung *Birkavs* gelang des den konservativen Parteien jedoch wieder nicht, eine nationalistische Regierung zu bilden.

Trotz der relativ großen Bedeutung des ethnischen Konfliktes auch in Estland, bilden die Parteien des estnischen Regierungsbündnisses – aber nicht nur diese – dazu einen Kontrast. In Litauen dagegen entspricht die Stellung von Regierung und Opposition auf den Flügeln dem Modell frappant.

Nach 50 Jahren Sozialismus und Okkupation fehlt in allen baltischen Staaten noch eine demokratische Streitkultur. Parteien und Politiker müssen erst noch lernen, mit alternativen Lösungsangeboten um eine Mehrheit zu werben. Unter dem Strich bedeutet dies, daß momentan, und wohl auch in näherer Zukunft, ein jeder – vermeindliche – Sympathieträger noch glauben darf und kann, durch die Gründung einer neuen eigenen Partei an Macht zu gewinnen. Parteien und Fraktionen bestimmen darum ihren Standort frei und scheuen nicht vor drastischen Änderungen zurück. Dies könnte sich jedoch als schwierig erweisen, versuchen doch alle, gleichzeitig Erfolgskonzepte aus dem Westen zu kopieren.

Weshalb aber nun in *Litauen* eine Regierung mit absoluter Mehrheit existiert und das Parlament so polarisiert ist, in *Estland* sich von der Regierung nicht arg unterscheidende Fraktionen dynamischen Veränderungen unterliegen und in *Lettland* der zentristischen Regierung eine Opposition von beiden Seiten erwachsen ist, kann gegenwärtig kaum erklärt werden. Erstaunlich ist auch, daß gerade in Lettland, wo die Fluktuation zwischen den politischen Gruppierungen am geringsten ist, zuerst die Regierung stürzte. Zwar befand sich die Koalition aus LC und LZS in der parlamentarischen Minderheit, doch dies war nicht der ausschlaggebende Grund.

50 Vgl. *Geoffrey Evans* and *Stephen Whitefield*, Identifying the basas of party competition in eastern Europe, S. 528 u. S. 539ff., in: British journal of political science, S. 521–548.

„Auch einzelne Personen werden (...) ihre Spuren hinterlassen",[51] schreibt *Dieter Segert* in bezug auf die demokratische Kultur von Politikern und Parteien in Osteuropa. Eine mögliche – wenn auch triviale – Erklärung könnte eine weitergehende Reduktion auf Personen sein. Nach einer derart zugespitzten Hypothese wäre die Parteienlandschaft und ihre Dynamik nur das zufällige Ergebnis der Vorlieben populärer Politiker.
Analog zu der in den 60er Jahren von *Lipset* und *Rokkan* aufgestellten Theorie, nach der gesellschaftliche Konflikte während der Nationwerdung und Industrialisierung im Parteiensystem quasi „eingefroren" werden, ist die Gefahr besonders groß, daß gegenwärtige Konflikte – insbesondere ethnische – sich im Baltikum in das politische System „einbrennen" und sich als cleavage dauerhaft etablieren. Unter diesen Umständen ist der Rückfall in ein autoritäres Regime durchaus denkbar. Die Frage der Demokratie im Baltikum ist darum als offen zu betrachten.

51 Vgl. *Dieter Segert,* „Diktatur und Demokratie in Osteuropa im 20. Jahrhundert", Antrittsvorlesung Humboldt-Universität zu Berlin vom 29.11.1993, S. 31.

Parlamentswahlen in Polen (1993). Beginn postkommunistischer Entmythologisierung

Jerzy Maćków

Die nach dem Zweiten Weltkrieg ersten freien und demokratischen Wahlen zum Sejm vom 27. Oktober 1991 erfolgten auf der Grundlage eines Wahlgesetzes, dem das Prinzip der Proportionalität zugrunde lag*. Der Einzug von 27 politischen Gruppierungen ins Parlament, von denen sich im Laufe der Legislaturperiode ca. zehn als Parlamentsfraktionen beziehungsweise -kreise etabliert haben, war die Folge (vgl. Tabelle 1). Um den kleineren Gruppierungen von vornherein den wiederholten Einzug ins Parlament zu versperren, hat das neue Wahlgesetz zwar das Prinzip des Verhältniswahlrechts beibehalten, seine Wirkung jedoch mit der Einführung der hohen 5-Prozent-Hürde für Parteien und der 8-Prozent-Hürde für Parteienbündnisse eingeschränkt. Diese Entscheidung bewirkte, daß insgesamt 4.727.972 (34,52%) abgegebene gültige Stimmen bei der Vergabe der Parlamentsmandate unberücksichtigt blieben. Daraus soll aber nicht geschlußfolgert werden, daß für diesen Zustand allein das Wahlgesetz die Verantwortung trägt. Der „menschliche Faktor" war in diesem Zusammenhang durchaus von Bedeutung.

Kleinere politische Parteien haben sich nämlich im Wahlkampf als unfähig erwiesen, ihre Kräfte zusammenzuschließen. Dies betrifft vor allem die in Polen mit dem Adjektiv „rechts" bezeichneten Parteien, wie die Bewegung für die Republik (RdR: Ruch dla Rzeczpospolitej) und die Allianz Zentrum (PC: Porozumienie Centrum). Die Parteichefs dieser Gruppierungen, fern jeglichen politischen Realitätssinns ehrgeizige Plänen verfolgend, wollten ihre Führungspositionen in den eigenen winzigen Parteien nicht aufgeben. Sowohl die PC mit 4,42 Prozent als auch die RdR mit 2,7 Prozent der Stimmen haben somit an der eigenen Niederlage entscheidend mitgewirkt. Aber auch diejenigen „rechten" Kräfte, die sich als fähig erwiesen haben, ein Wahlbündnis zu schließen, verfehlten knapp den Einzug ins Parlament: Das katholisch-konservative Wahlbündnis Vaterland (Ojczyzna) bekam gerade noch 6,37 Prozent der Stimmen. An der Sperrklausel scheiterten zudem andere im vorangegangenen Sejm wichtige Organisationen: der Liberal-Demokratische Kongreß (KLD: Kongres Liberalno-Demokratyczny) mit 3,99 Prozent, die Gewerkschaft „Solidarność" mit 4,9 Prozent und die Polnische Volkspartei-Volkspartei (PSL-SL: Polskie Stronnictwo Ludowe-Stronnictwo Ludowe) mit 2,37 Prozent. Alle diese Gruppierungen sind aus der früheren Gewerkschaftsbewegung „Solidarność" hervorgegangen. Sie und andere kleinere Parteien haben sodann alle zusammen über 25 Prozent der Stimmen erhalten. Wäre die Sperrklausel niedriger angesetzt gewesen oder weggefallen, hätten sie zwischen 15 und 25 Prozent der Mandate gewonnen.

Fazit: Das Wahlgesetz trug mit zum Ausmaß der Niederlage der „Rechten" bei. Das bisherige oppositionelle Lager aus der in der kommunistischen Zeit kompromittierten Parteien verdankt seinen Sieg unter anderem dem Umstand, daß es in den letzten Jahren einheitlich geblieben ist. Das frühere „Solidarność"-Lager konnte sich allerdings einen solchen Luxus

* Dieser Aufsatz beruht auf Untersuchungen, die Teil eines größeren, von der Volkswagen-Stiftung unterstützen Projektes sind.

Tabelle 1: Ergebnisse der Wahlen zum Sejm vom 27.10.1991

Parteien und Wahlbündnisse	*Stimmen in %*	*Mandate*	*Parteien und Wahlbündnisse*	*Stimmen in %*	*Mandate*
Unia Demokratyczna – UD (Demokratische Union)	12,8	62	Mniejszość Niemiecka (Deutsche Minderheit)	1,80	7
Sojusz Lewicy Demokratycznej – SLD (Bündnis der Demokratischen Linke)	11,65	60	Chrzescijańska Demokracja – ChD (Christliche Demokratie)	2,40	5
Wyborcza Akcja Katolików – WAK (Katholische Wahlaktion)	8,69	49	Polski Związek Zachodni – PZZ (Polnischer Westbund)	0,35	4
Polskie Stronnictwo Ludowe – PSL (Polnische Volkspartei)	8,89	48	Partia Chrześcijańskich Demokratów – PChD (Partei der Christlichen Demokraten)	2,35	4
Konfederacja Polski Niepodległej – KPN (Konföderation des Unabhängigien Polens)	7,45	46	Solidarność Pracy – SP (Solidarität der Arbeit)	2,10	4
Porozumienie Centrum – PC (Allianz Zentrum)	8,51	44	Unia Polityki Realnej – UPR (Union der Realpolitik)	2,19	3
Kongres Liberalno-Demokratyczny – KLD (Liberal-Demokratischer Kongreß)	7,14	37	Partia „X“ (Partei „X“)	0,50	3
Porozumienie Ludowe – PL (Volksverständigung)	5,63	28	Ruch Autonomii Śląska – RAS (Bewegung für Autonomie Schlesiens)	0,40	2
Solidarność (Solidarität)	5,90	27		insgesamt	insgesamt
Polska Partia Przyjaciół Piwa – PPPP (Polnische Partei der Bierfreunde)	3,24	16	Stronnictwo Demokratyczne Ruch Demokratyczny Społeczna Unia Wielkopolan Jedność Narodu Dla Wielkopolski i Polski Solidarność 80 Związek Ludowy Piast Prawosławni Koalicja Solidarni z Prezydentem Związek Podolan Sojusz Kobiet	8,73	11 1 1 1 1 1 1 1 1 1 1 1

der Einheitlichkeit nicht leisten; denn von ihm – und nur von ihm – konnten Impulse einer wahren Pluralisierung der politischen Landschaft Polens ausgehen. Was aber sein „rechtes" Spektrum angeht, so trugen diese Parteien selbst entscheidend zu ihrer Wahlniederlage bei[1].

Ergebnisse der Wahlen: Parteien im neuen Parlament

Klare Sieger der Parlamentswahlen vom 19. September 1993 waren das Bündnis der Demokratischen Linken (SLD: Sojusz Lewicy Demokratycznej) und die Polnische Volkspartei (PSL: Polskie Stronnictwo Ludowe) (vgl. Tabelle 2). Die Hauptkraft des Bündnisses stellt die Sozialdemokratie der Republik Polen (SdRP: Socjaldemokracja Rzeczpospolitej Polskiej) dar, die aus der kommunistischen Staatspartei PVAP (Polnische Vereinigte Arbeiterpartei) hervorgegangen ist. Die PSL wiederum ist die Nachfolge-Partei der in der kommunistischen Zeit aktiven Bauernpartei Volkspartei (SL: Stronnictwo Ludowe – „verbündete Partei der PVAP"). Der Sieg dieser postkommunistischen Parteien ist ein mächtiger – durchaus vergleichbar mit dem gewaltigen Sieg der „Solidarność" bei den Parlamentswahlen im Juni 1989, die den Beginn der institutionellen Systemumwandlung in Polen markieren[2]. Zwar bekamen 1993 das SLD und die PSL bei einer Wahlbeteiligung von lediglich 52 Prozent insgesamt nur 35,81 Prozent der abgegebenen Stimmen (20,41% entfielen dabei auf das Bündnis der Demokratischen Linken und 15,4% auf die Bauernpartei), während 1989 die demokratisch zu wählenden Mandate zu fast 100 Prozent an die „Wahlkomitees Solidarność" gingen. Dennoch reichten den heutigen Siegern diese 35,81 Prozent der Stimmen

Tabelle 2: Ergebnisse der Wahlen zum Sejm vom 19.10.1993

Parteien und Wahlbündnisse	*Stimmen in %*	*Mandate*
Sojusz Lewicy Demokratycznej – SLD (Bündnis der Demokratischen Linken)	20,41	171
Polskie Stronnictwo Ludowe – PSL (Polnische Volkspartei)	15,41	132
Unia Demokratyczna – UD (Demokratische Union)	10,59	74
Unia Pracy – UP (Union der Arbeit)	7,28	41
Konfederacja Polski Niepodłeglej – KPN (Konföderation des Unabhängigen Polens)	5,77	22
Bezpartyjny Blok Wspierania Reform – BBWR (Parteiloser Block zur Unterstützung der Reformen)	5,41	16
Mniejszość Niemiecka (Deutsche Minderheit)	0,61	4

1 Vgl. *Jerzy J. Wiatr*, Wybory parlamentarne 19 września 1993: Przyczyny i następstwa, Warszawa 1993, S. 93f.
2 Vgl. *Jerzy Maćków*, Polen im Umbruch: Die Wahlen 1989. Politische Hintergründe, Verlauf, Analyse, in: ZParl, 20. Jg. (1989), H. 4, S. 561–581.

aus, um im Sejm (insgesamt die bis zu den ungarischen Parlamentswahlen im Mai 1994 im europäischen Vergleich damals wohl einmalig „bequeme") Koalitionsmehrheit von 64 Prozent zu bekommen. Davon fielen dem SLD 171 und der PSL 132 Mandate zu. Damit haben die postkommunistischen Gruppierungen und die PSL auf demokratische Art und Weise die Parlamentsmehrheit errungen, die sie im Jahre 1989 nur auf Grund der Vereinbarung des Runden Tisches hatten erhalten können[3].
Die größte aus der „Solidarność" hervorgegangene Partei, die Demokratische Union (UD: Unia Demokratyczna), erhielt dagegen lediglich 10,59 Prozent der Stimmen (74 Mandate). Ihr folgen: die Union der Arbeit (UP: Unia Pracy) mit 7,28 Prozent (41 Mandate), die Konföderation des Unabhängigen Polen (KPN: Konfederacja Polski Niepodległej) mit 5,77 Prozent (22 Mandate) und der präsidentennahe Parteilose Block zur Unterstützung der Reformen (BBWR: Bezpartyjny Blok Wspierania Reform) mit 5,41 Prozent (16 Mandate). Vier Mandate fielen zwei Organisationen der deutschen Minderheit zu (die eine aus der Wojewodschaft Oppeln, die andere aus Kattowitz), und zwar nicht zuletzt dank des Wahlgesetzes, das die Vertretungen der nationalen Minderheiten von der 5 Prozent- beziehungsweise 8 Prozent-Sperrklausel ausnimmt.
Was die einzelnen bekannten Politiker angeht, so hat der Chef der Sozialdemokratie, der ehemalige Kommunist *Aleksander Kwaśniewski*, die meisten Stimmen auf sich vereinigt: 148500. In diesem „Popularitätstest" gewann die bisherige Premierministerin *Hanna Suchocka* den zweiten Platz mit ca. 109000 Stimmen. Die weiteren Plätze belegten: Ryszard Bugaj (UP) mit 86000 sowie *Leszek Miller* (SLD) und *Waldemar Pawlak* (PSL) mit jeweils 78000 Stimmen.
Während des Wahlkampfes hatten Demoskopen mehrfach vom bevorstehenden Sieg der Sozialdemokraten und der Bauernpartei gesprochen[4]. Deshalb konnte selbst das Ausmaß dieses Sieges nicht so recht überraschen. Es ist einerseits auf die dargestellten Bestimmungen des Wahlgesetzes und andererseits auf eine Vielzahl von gesellschaftlichen Faktoren zurückzuführen. Die letztgenannten sind freilich ausschlaggebend gewesen. Die durch die Parlamentswahlen eingeleitete Wende ist nämlich zu einschneidend, als daß man sie allein mit dem Verweis auf die unglücklich verfehlte Sperrklausel erklären könnte.

Gesamtgesellschaftliches Umfeld der Wahlen: Die Wichtigkeit der normativen Integration

Die Hauptschwierigkeit bei der Analyse von Parlamentswahlen in den postsowjetsozialistischen Reformstaaten besteht darin, der Vergänglichkeit des im Wandel begriffenen gesellschaftlichen Umfelds gerecht zu werden. Die soziale Struktur samt den an ihr „hängenden" Interessen weist sowohl alte sozialistische als auch neue marktwirtschaftlich-pluralistische Merkmale auf. Für politische Parteien der jungen polnischen Demokratie bedeutet dies, daß ihre soziale Basis so lange unsicher bleibt, solange die gewaltige Systemumwandlung nicht beendet ist. Die langsam vonstatten gehenden Veränderungen der „subjektiven Dimension" der Politik, also der politischen Kultur, tragen zusätzlich zur dieser Unsicherheit bei. Die

3 Ebenda.
4 Siehe „Rzeczpospolita" vom 7. Oktober 1993.

Probleme mit der Klassifizierung der politischen Parteien nach dem „links-rechts"-Schema sind ein signifikanter Ausdruck der „Unvollkommenheit" des neuen politischen Systems. Die Typologisierung der politischen Parteien in die „linken" und „rechten" wird in den meisten Demokratien sowohl auf der ideologischen Ebene als auch unter der Berücksichtigung des sozialen Standortes ihrer Wählerschaft vollzogen. Dies führt aber im polnischen Fall (und in den sonstigen postkommunistischen Staaten) unausweichlich zu Paradoxien, da die „flache" postsozialistische soziale Struktur immer noch kaum soziale Basis etwa für Volksparteien der (zufriedenen, bürgerlichen) Mitte bietet. So kommt es dazu, daß Parteien, die ideologisch als „rechts" definiert werden und sich selbst so bezeichnen, „linke" Wirtschaftsprogramme vertreten, mit denen sie um die Zustimmung der Wähler werben.

Diese aus der sozialen Struktur und der politischen Kultur resultierende Unsicherheit wird zusätzlich durch die Tatsache verstärkt, daß über die genaue Beschaffenheit der angestrebten sozialen Struktur innerhalb der politischen Klasse keineswegs Einigkeit herrscht. So etwa über die in Polen sehr wichtige Frage, wieviel Menschen in Zukunft noch in der Landwirtschaft beschäftigt sein sollen (heute sind dies noch über 25% der Bevölkerung).

Über die allgemeinen Zielsetzungen der Systemumwandlung herrscht freilich Übereinstimmung: Man will zur pluralistischen Demokratie und Marktwirtschaft gelangen. Die Erfahrung aller postkommunistischer Länder lehrt bezüglich des Aufbaus der Marktwirtschaft, daß dieser nicht zum Nulltarif zu haben ist. Die Marktwirtschaft ist ja ziemlich genau als das Gegenteil davon zu begreifen, was die zu wandelnde sozialistische zentrale Planwirtschaft bedeutet. Die Wesensmerkmale der letzteren – falsche Preisstruktur durch Subventionen, totale Überbeschäftigung, Fehlen eines Kapitalmarktes, absoluter Vorrang des Staatseigentums, Tendenzen eines Strebens nach nationaler Autarkie u.a. – kann man nicht bloß wegtuschieren, wenn man eine funktionierende Marktwirtschaft ernsthaft will. Die Freigabe der Preise, der Abbau von Überbeschäftigung (am besten in Verbindung mit einer Privatisierung der Staatsunternehmen), eine strenge Finanzpolitik, die Öffnung der Grenzen für Auslandswaren – all diese notwendigen Maßnahmen führen unausweichlich auch zu gravierenden sozialen Problemen. Die Entwicklung der ersten Jahre der wirtschaftlichen Umwandlung beweist: je besser die makroökonomischen Daten der konsequent umwandelnden Wirtschaft sind, desto höher ist in der ersten Transformationsphase der soziale Preis, den breite Bevölkerungsschichten dafür zu zahlen haben. Das Auftreten von sozialer Unzufriedenheit, von Spannungen, Frustrationen, Konflikten stellt deshalb den Indikator dafür dar, daß die politisch Verantwortlichen wirklich an einem Übergang zum neuen System arbeiten.

Mittlerweile arbeiten fast 60 Prozent der polnischen Beschäftigten in der Privatwirtschaft. Die Inflation geht konsequent zurück: Von der Hyperinflation des Jahres 1989 ist sie im Wahljahr 1993 auf ca. 30 Prozent gebracht worden. Die Warschauer Börse boomt: Sie hat die größten Umsätze aller postkommunistischer Volkswirtschaften. Als die einzige in Mittelosteuropa verzeichnet die polnische Wirtschaft schon das dritte Jahr in Folge Wachstum – im Jahr 1993 war ein Wachstum von 4,3 Prozent feststellbar. Ca. 15 Prozent Arbeitslosigkeit und ein Rückgang der Reallöhne in den Jahren 1989-1993 um ungefähr einen Viertel sind die Kehrseite der Medaille. Aufgabe der Politik muß daher – neben der Lenkung des wirtschaftlichen Wandels – sein, den berechtigten sozialen Unmut aufzufangen. Die Politik hat sozusagen die sozialen Spannungen hervorzubringen, um dann mit ihnen fertig zu werden. Wie kann aber die demokratische Politik integrierend wirken, wenn einerseits die soziale Basis der politischen Parteien im Wandel begriffen und daher unsicher ist und andererseits die politische Kultur immer noch in der sowjetsozialistischen Ära fußt? In den neuen Bundesländern der Bundesrepublik Deutschland sorgen die einmaligen Transferleistungen „aus dem Westen" dafür, daß die postkommunistische Systemtransformation von der gesellschaftlichen Desintegration nicht bedroht wird. In den sonstigen früher kommunistisch verfaßten Gesellschaften stellt die jeweilige meist national geprägte politische Kultur das Reservoire dar, aus dem Werte kommen, die zur Integration der betroffenen Gesellschaften beitragen können. Alles in allem: Da die neue, notgedrungen keineswegs großzügige Sozialpolitik die schmerzhaften Folgen der Systemumwandlung nicht „auffangen" konnte, mußten auch in Polen die gesellschaftlichen Integrationsprozesse vor allem auf die normative Ebene verlegt werden. Hier hatte die neue – vorwiegend aus dem früheren „Solidarność"-Lager kommende – politische Klasse anfangs viel anzubieten. Zum ersten unterschied sie sich in weltanschaulicher Hinsicht kraß von der früheren kommunistischen. Es konnte deshalb nach 1989 eine Versöhnung des polnischen Staates mit der katholischen Kirche stattfinden, die wesentlich zur Stabilität des Lage beitrug. Es wirkte sich – zweitens – positiv aus, daß viele mehr oder weniger prominente Angehörige der neuen politischen Klasse sich in der kommunistischen Zeit als Träger des antikommunistischen und patriotischen Widerstandes etabliert hatten. Ihre moralische Autorität konnte daher in den Dienst der Systemumwandlung gestellt werden. Es war – drittens – für nicht wenige Polen von Bedeutung, daß mit dem Anfang der postkommunistischen Ära ihr Land offensichtlich dauerhafte Bedingungen einer souveränen Entwicklung erlangte, die es seit Mitte des 18. Jahrhunderts nicht gehabt hatte. Nicht zu unterschätzen war zudem der positive Mythos der Gewerkschaftsbewegung „Solidarność", die die alte Ordnung zu Fall gebracht hatte. Die Angehörigen der neuen politischen Klasse Polens bedienten sich nach 1989 mehrfach politischer Symbolik, die ihre Verbindung mit der Religiosität sowie den Traditionen ihrer Nation und der „Solidarność" betonen sollten. Die Anziehungskraft dieser Symbolik ist freilich mittlerweile nicht mehr groß. Oft wird ihr mit Gleichgültigkeit begegnet. Diese kann zum einen auf die relativ verbreitete Überzeugung zurückgeführt werden, das politische Lager der „Solidarność" habe seine eigenen Prinzipien verraten. Zum anderen hat sie nicht zuletzt mit der politischen Passivität vieler Polen zu tun.

Das größte Kontingent: Die Nicht-Wähler

Die sowjetsozialistische Ordnung bedurfte eines passiven Untertanen. Seine politische Aktivität sollte sich auf bereitwillige Teilnahme an verschiedenen staatlichen Ritualen beschränken – unter anderem an plebiszitären Abstimmungen, die man „Wahlen zum sozialistischen Parlament" nannte. Wenn man sich diesem Ritual verweigerte, bedeutete dies schon bürgerliche Aktivität im Sinne eines Protestes gegen die offenkundige Verlogenheit des Wahlvorgangs. Im Polen der achtziger Jahre war der Prozentsatz der Nicht-Wähler so hoch, daß die kommunistische Partei halbwegs wahre Daten über die Beteiligung an Wahlplebisziten veröffentlichen ließ, um dem berechtigten Vorwurf vorzubeugen, ihre Statistiken seien gefälscht. Diese Verweigerung der Bürger, so mutig und rational sie erscheinen muß, ist allerdings nicht mit der in Demokratien so wichtigen bürgerlichen Mitbestimmung gleichzusetzen. Die Verweigerung ist zwar paradoxerweise als ein Anzeichen bürgerlicher

Aktivität anzusehen gewesen, sie blieb jedoch wie jede Verweigerung – passiv. Sie wirkte systemsubversiv, weil sie den antidemokratischen Charakter der sowjetsozialistischen Ordnung entblößte. Dadurch entstand aber lange noch kein demokratisches System.
Schon im Juni 1989 war die Beteiligung an den für die polnische Geschichte der Nachkriegszeit entscheidenden Parlamentswahlen nicht gerade hoch: Sie betrug etwa 62 Prozent. Bei den ersten freien Wahlen in der Tschechoslowakei ein Jahr später betrug sie hingegen über 95 Prozent. Dort hat die Euphorie über den Sturz des kommunistischen Regimes die Bürger aus ihrer langjährigen Passivität geradezu herausgerissen. In Polen 1989 gab es eine solche Euphorie nicht.[5] Die seit 1981 von der Führung der PVAP um *Wojciech Jaruzelski* angestrebte Desintegration der polnischen Gesellschaft zeigte damit ihre Wirkung. In Polen hatte es bereits in den Jahren 1980/81 eine Welle erstaunlich vielfältiger systemsubversiver Aktivitäten gegeben, gegen die der kommunistische Staat letztlich militärisch vorging. Soziologische Untersuchungen belegen, daß sich schon Mitte der achtziger Jahre ungefähr die Hälfte der polnischen Bevölkerung, von der Politik enttäuscht, ins Private zurückgezogen hat[6].
Der Ende der achtziger Jahre eingeleitete Systemwandel hat zusätzlich die Erwartungen vieler Bevölkerungsschichten enttäuscht. Die Wahlbeteiligung war in jenen Regionen besonders niedrig, wo die sozialen Kosten dieses Wandels besonders hoch waren[7]. Trotzdem verursachten nicht hauptsächlich Enttäuschung beziehungsweise Frustration die niedrige Wahlbeteiligung. Nicht derartige Stimmungsschwankungen, sondern die einer demokratischen Ordnung unangemessene postkommunistische Sozialstruktur ohne eine ausgeprägte Mittelklasse ist als die Ursache der Passivität anzusehen. Öfter als andere Polen machen die besser Gebildeten, die Fachleute, die Bürger in mittleren Jahren, die Bewohner der Regionen mit bürgerlichen Traditionen von ihrem Wahlrecht Gebrauch[8]. Interessant ist in diesem Zusammenhang, daß die polnischen „non-voters", was ihren Sozialstatus und ihre demographische Zusammensetzung angeht, sich von ihren „westlichen Prototypen" nicht unterscheiden[9]. Ein Unterschied ist freilich nicht zu übersehen: In Polen gibt es wesentlich mehr Nicht-Wähler als in den etablierten Demokratien. Mehr noch: Die Nicht-Wähler stellen in Polen die größte „Wählergruppe" dar. Dies blieb so, obgleich die Bischöfe der katholischen Kirche Ende Juni 1993 in einem Brief an die Gläubigen die Wahlenthaltung eine „Sünde des Versäumnisses" genannt haben.
Mit dem Fortschreiten der Systemumwandlung wird die Zahl jener steigen, die sich mit dem neuen System abfinden beziehungsweise (und) von ihm profitieren werden. Die Zahl der „non-voters" wird zurückgehen. Verglichen mit den Wahlen vom Oktober 1991 ist dementsprechend die Zahl der Wähler bereits von 43,2 Prozent auf 52,6 Prozent gestiegen. Die Gruppe der neuen Wähler hat dabei nicht stärker „links" gewählt als der

5 *Gerhard Mangott*, Parteienbildung und Parteiensysteme in Ost-Mitteleuropa im Vergleich, in: *Peter Gerlich/Fritz Plasser/Peter A. Ulram* (Hrsg.), Regimewechsel. Demokratisierung und politische Kultur in Ost-Mitteleuropa, Wien u.a. 1992, (S. 99–127), S. 116f.

6 Siehe *Władysław Adamski* u.a., Polacy 1980–1984: dynamika społecznego konfliktu i konsensusu, in: *ders./Krzysztof Jasiewicz/Andrzej Rychert* (Hrsg.), Raport z badania „Polacy 1984". Dynamika konfliktu i konsensusu, Warschau 1986, S. 774ff.

7 Siehe „Rzeczpospolita" vom 7. Oktober 1993.

8 *Tomasz Żukowski*, Wybory parlamentarne '91, in: „Studia Polityczne", Nr. 1/1992, S. 37.

9 *Radosław Markowski*, Polscy non-voters, in: ebenda, S. 32. Auf Englisch: ders., Non-Voters. The polish case, in: *Gerd Meyer* (Hrsg.), Die politischen Kulturen Ostmitteleuropas im Umbruch, Tübingen 1993, S. 339–354.

Landesdurchschnitt[10], obgleich die Anhänger der „Linken" in Polen in größerer Zahl als sonstige Wähler von ihrem Wahlrecht Gebrauch machen[11]. Dies könnte bedeuten, daß die „non-voters" kein Potential darstellen, das in der Zukunft die politische Landschaft „umwerfen" würde. Sollte aber der Transformationsprozeß scheitern, könnten die Passiven zum Protestpotential werden. Im Gegensatz zu den Protestwählern vom 19. September würde dieses Potential die Gefahr mit sich bringen, daß es sich außerhalb der Institutionen der jungen Demokratie entladen könnte.

Rationale Erwartungen an die Politik und der irrationale Umgang mit den Politikern

Zahlreiche soziologische Analysen beweisen, daß die Wahlen vom 19. September Protestwahlen waren[12]. Darauf weist alleine die recht erstaunliche ideologische Aussagekraft der Wahlergebnisse hin, die in der Publizistik mit dem Begriff „Linksrutsch" beschrieben wird. In der Tat wurden, sieht man vom BBWR sowie Teilen der Demokratischen Union und der Sozialdemokratie ab, politische Gruppierungen gewählt, die für einen „weniger liberalen" bis „staatswirtschaftlichen" Weg der Reformen plädieren. Bemerkenswert ist in diesem Zusammenhang der Erfolg einerseits der aus der Bewegung „Solidarność" kommenden kleinen Union der Arbeit (UP), deren durchaus antikommunistische Führung ein sozialistisches Wirtschaftsprogramm propagiert. Ähnliches läßt sich über die Konföderation des Unabhängigen Polen sagen (ihr Vorsitzender, *Leszek Moczulski*, würde sich allerdings über dieses Urteil empören). Andererseits hat das Scheitern der gar nicht so schwachen und einflußlosen Liberalen mit durchaus bekannten und populären Politikern wie *Jan Krzysztof Bielecki* oder *Donald Tusk* ebenso eine beinahe symbolische Bedeutung für den „Linksrutsch" in Polen. Die Liberalen haben nur die Hälfte der Stimmen der Arbeiter und ein Drittel der Bauernstimmen im Vergleich zum Oktober 1991 erhalten. Sogar ein Viertel ihrer Anhänger unter den Unternehmern hat der Liberal-Demokratische Kongreß verloren[13].

Die Niederlage jener Parteien, die kein konstruktives Programm anboten, sondern stets darum bemüht waren, die Stimmen der unzufriedenen beziehungsweise frustrierten Wähler zu gewinnen, stellt eine weitere Bestätigung der These dar, daß die Wähler relativ klare programmatische Vorstellungen unterstützten. Sie wollten keiner „Unzufriedenen-Partei" wie der Allianz Zentrum (PC), der Bewegung für Republik (RdR) oder der Partei „X" zum Erfolg verhelfen. Die Entscheidung der Wähler für die „Linke" ist daher nachvollziehbar. Es mangelt ihr dennoch an Rationalität; denn die Entscheidung für die „Linke" kann die für die Bürger spürbaren Probleme nicht lösen helfen. Mit dieser Entscheidung haben die Wähler bewiesen, daß sie immer noch einen Hang zu „magischem Denken" aufweisen. Der Glaube an die Möglichkeit einer schmerzlosen Besserung der Lage ist nun der ebenso irrationalen Überzeugung gewichen, man könne die neue politische Klasse Polens einfach „bestrafen", indem man für die alte abstimmt. Das „magische Denken" liegt wahrscheinlich

10 *Janina Parandowska/Mariusz Janicki/Radosław Markowski*, Mapa mandatów, in: „Polityka", Nr. 40 vom 2. Oktober 1993.
11 Siehe „Rzeczpospolita" vom 7. Oktober 1993.
12 Siehe hierzu etwa *Wiatr*, a.a.O. (Anm. 1), S. 26–42.
13 Siehe „Rzeczpospolita" vom 21. September 1993.

darin begründet, daß die im Wandel begriffene soziale Wirklichkeit für den Durchschnittsbürger nicht mehr verständlich ist[14]. Die Ergebnisse einer kurz nach den Wahlen durchgeführten Meinungsumfrage besagen, daß ungefähr 30 Prozent der erwachsenen Polen nach dem Sieg der postkommunistischen Kräfte auf eine Besserung der Lebensverhältnisse, der Wirtschaftslage und auf eine Senkung der Arbeitslosigkeit hofften. Sie erwarteten zugleich, daß die Zahl der Wirtschaftsskandale und Affären zurückgehen und das Tempo der Privatisierung verlangsamt wird[15]. Diese Einschätzungen zeigen, daß immer noch viele Polen sich dagegen sträuben, mittel- und langfristig einen Zusammenhang zwischen der auf Privatisierung beruhenden Besserung der Wirtschaftslage und ihrem Lebensstandard erkennen zu wollen. Ähnlich irrational ist die Erwartung, die postkommunistischen Seilschaften würden nach der Machtübernahme durch die postkommunistischen Parteien ihr korruptes Treiben einschränken. Immerhin befürchtete eine ähnlich große Zahl von Polen nach dem Regierungswechsel eine höhere Inflation und soziale Proteste[16].

Nicht zum ersten Mal protestierten die Wähler in Polen gegen die Folgen der Systemtransformation, indem sie irrational wählten. Am spektakulärsten war in diesem Zusammenhang der Wahlerfolg eines gewissen, damals im Lande eigentlich ganz unbekannten *Stanisław Tymiński* bei den Präsidentschaftswahlen im November/Dezember 1990. Das Elektorat von *Tymiński* wies Eigenschaften auf, die Ende 1990 partiell auch für viele Wähler *Wałęsas* typisch waren: sie fühlten sich politisch benachteiligt, hatten kein großes Vertrauen in die mit der neuen politischen Klasse assoziierten Institutionen (wie den Sejm, die katholische Kirche, die Regierung, die „Solidarność", den Senat), beurteilten ihre materielle Situation sowie die Chancen, ihren sozialen Status zu verbessern, pessimistisch und neigten dazu, die Periode nach 1989 als eine „Diktatur der Solidarność" zu betrachten[17]. Nachdem sich herausgestellt hatte, daß *Tymiński* eine offensichtlich gestörte Persönlichkeit ist, ist er samt seiner Partei (Partei „X") in politischer Bedeutungslosigkeit versunken. Dieses sowie die Tatsache, daß *Wałęsa* in seiner Eigenschaft als Staatspräsident keine Wunder zu vollbringen vermochte, hat die Protestwähler wieder zur Wählern der Sozialdemokraten gemacht. Es ist hilfreich, diese Suche nach einfachen Lösungen als „infantile Irrationalität" zu charakterisieren. Sie ist als eine Erscheinung der „heranwachsenden" Demokratie zu betrachten. Eine Summe von Erfahrungen mit dem demokratischen System ist notwendig, damit die Erkenntnis allgemein verinnerlicht wird, daß dem Wahlakt eine nüchterne Entscheidung vorauszugehen hat.

Geht man der Frage nach, warum ausgerechnet die Sozialdemokratie der Republik Polen (SdRP) Wahlsieger geworden ist, muß man zuerst feststellen, daß diese Partei in den vorangegangenen vier Jahren von der neuen politischen Klasse Polens isoliert wurde[18]. Ihr Sieg bestätigt daher den Protestcharakter der Wahlen. Es wurde nämlich so gewählt, daß der neuen politischen Klasse, die den Systemwandel eingeleitet und bisher gelenkt hat, ihre Niederlage möglichst unerträglich (peinlich) erscheint. Im Besonderen wurde gegen die

14 *Edmund Wnuk-Lipiński*, Standard życia a zachowania wyborcze, in: „Studia Polityczne", Nr. 1/ 1992, S. 18.
15 Siehe „Gazeta Wyborcza" vom 14. Oktober 1993.
16 Ebenda.
17 *Wnuk-Lipiński*, a.a.O. (Anm. 14), S. 18.
18 Siehe *Jerzy Maćków*, Der polnische Sejm der ersten Amtszeit: Eine Bilanz, in: ZParl, 24. Jg. (1993), H. 3, S. 427f.

anhaltenden Versuche, für eine gesellschaftliche Integration vor allem auf der normativen Ebene zu sorgen, gewählt. Erstens hat die Umbettung des Leichnams von General *Władysław Sikorski*[19] einige Tage vor den Wahlen nicht den von der neuen politischen Klasse erwünschten Einfluß auf das Wahlverhalten gehabt. Ähnlich verhielt es sich – zweitens – mit der ebenso propagandistisch ausgeschlachteten Tatsache, daß im September 1993 die letzten russischen Soldaten Polen verlassen haben. Drittens haben nicht einmal die von *Boris Jelzin* nach Warschau mitgebrachten Dokumente, die belegen, daß die Verhängung des Kriegszustandes durch General *Wojciech Jaruzelski* am 13.12.1981 offensichtlich nicht die Folge einer sowjetischen Drohung mit einem militärischen Einmarsch in Polen war, etwas an der Unterstützung der postkommunistischen Kräfte durch die meisten Wähler geändert.

Die Hypothese, daß die Versuche, die patriotisch-antikommunistische Symbolik im Wahlkampf zu instrumentalisieren, den Politikern des früheren „Solidarność"-Lagers eher geschadet haben, scheint begründet. Wenn sie zutrifft, muß man dem protestierenden Wähler durchaus rationale Erwartungen an den politischen Prozeß zubilligen. Die Politik ist dementsprechend eher dazu da, sich mit den gesellschaftlichen Problemen erfolgreich auseinanderzussetzen als normative Werte heraufzubeschwören. Man kann in diesem Zusammenhang von einer „Rationalität der Erwartungen" sprechen. Daß diese Erwartungen angesichts der Komplexität und Kompliziertheit der zu lösenden gesellschaftlichen Probleme überzogen sind, bleibt dennoch eine Tatsache. Die „Rationalität der Erwartungen" unter den schwierigen Umständen der Systemumwandlung nicht in eine „infantile Irrationalität" übergehen zu lassen, stellt eine große gesellschaftliche Aufgabe dar, der die Politik allein selbstverständlich nicht gewachsen ist. Ein allgemeines Verständnis dafür, daß kein politisches System jemals alle berechtigten Wünsche wird erfüllen können, muß sich in Polen erst noch herausbilden. Daß sich breite Bevölkerungsschichten dagegen sträuben, kann nicht überraschen. Es handelt sich ja dabei um einen Aspekt der in allen modernen Gesellschaften tagtäglich praktizierten „Ausgrenzung des Unharmonischen". Die als unangenehm empfundenen Reize werden ausgeklammert, was zu einer entsprechend selektiven Wahrnehmung der Wirklichkeit (manche nennen es „Dummheit") führt. In den postkommunistischen Gesellschaften kann die Verbreitung dieser Art, mit Wirklichkeit umzugehen, desintegrierend wirken. Sie sind nämlich zu arm, um für sich – wie dies in den zu ihren Vorbildern erklärten „westlichen" Gesellschaften der Fall ist – eine scheinbar harmonische (heile) Lebenswelt zu inszenieren. Die in der nachkommunistischen Zeit in Mittelosteuropa vonstatten gehende gesellschaftliche Säkularisierung, die auch in Polen zu beobachten ist, beschleunigt diese Desintegrationsprozesse zusätzlich, indem sie dem naiven Glauben an die Möglichkeit und Erstrebenswürdigkeit einer solchen Inszenierung Vorschub leistet.

19 *Władysław Sikorski* (1881–1943), während des Zweiten Weltkrieges Premierminister der Polnischen Exilregierung in London und Oberbefehlshaber des auf der Seite der Allierten kämpfenden polnischen Heeres; damals Hoffnungsträger im deutsch-sowjetisch besetzten Polen; starb unter bis heute ungeklärten Umständen in einer Flugzeugkatastrophe in der Nähe von Gibraltar.

Ende eines Modells der Partizipation der postkommunistischen Kräfte

Das politische System der Republik Polen zeichnete sich bis zu den Wahlen vom 19. September durch Führungsinstabilität aus. Polen hat seit dem Ende der kommunistischen Ära vier Regierungen und fünf Premierminister (dem vierten Premierminister, *Waldemar Pawlak*, gelang im Sommer 1992 seine erste Regierungsbildung nicht) gehabt. Nach den Wahlen vom 19. September schien sich freilich eine stabile Regierungsmehrheit von Sozialdemokraten und Bauernpartei abzuzeichnen.
Bisher blieben die antikommunistischen Kräfte an der Macht. Dies erleichterte wesentlich den Transformationsprozeß. Einerseits stellte keine der Regierungsparteien seine Zielsetzung in Frage. Angesichts der Tatsache, daß dies jedoch von der postkommunistischen Opposition auch nicht getan wurde, scheint ein anderer Aspekt dieses Sachverhaltes wichtiger zu sein. Da die postkommunistischen Kräfte in Verwaltung und Wirtschaft in diesen Prozeß miteinbezogen werden mußten, diente es durchaus der gesellschaftlichen Integration, daß dies unter der Leitung des früheren antikommunistischen Widerstandes erfolgte. Andererseits bewirkte so eine Politik des pragmatischen Arrangements mit der pragmatischen Duldung von Leuten des alten Systems, daß wirtschaftliche Skandale und Affären, in die gewöhnlich die „zu integrierenden" Vertreter des „Ancien régime" verwickelt waren, von der Bevölkerung dem früheren „Solidarność"-Lager angelastet wurden. Die Vertreter des früheren Widerstandes „opferten" auf diese Art und Weise Schritt für Schritt ihre in der kommunistischen Zeit gewonnene Autorität, um den Umwandlungsprozeß nicht mit den in der Vergangenheit angelegten Konflikten zusätzlich zu belasten. Die antikommunistischen Kräfte ebneten demzufolge den postkommunistischen Kräften den Weg zum Aufbau des „kapitalistischen" Systems. Dieses Modell der Partizipation der alten Kräfte wurde von der polnischen „Rechten" (PC, RdR, KPN), die die „Entkommunistisierung" der polnischen Gesellschaft forderte, heftig kritisiert[20]. Zu dieser Forderung äußerte sich nach den Parlamentswahlen Staatspräsident *Lech Wałęsa*:

> „Wir haben keine Entkommunistisierung durchgeführt, und ich wußte davon. Der gesamte kommunistische Apparat blieb weiterhin in den (Gesellschafts-) Strukturen und streute Sand ins Getriebe der Reform. Dagegen konnte man aber nicht so kämpfen, wie dies einige (die ‚Rechte' – J.M.) vorschlugen. Jetzt geben wir ihnen (den Leuten des alten Systems – J.M.) nochmals eine Chance, für das Land zu arbeiten. Ihre Arbeit wird beurteilt (...)"[21].

Dieses Modell der Partizipation der alten Kräfte garantierte zudem das absolut notwendige Maß an *Dis*kontinuität mit dem sowjetsozialistischen System. Weil die politisch Verantwortlichen vor allem der neuen politischen Klasse angehörten, konnten sie bei der Lösung konkreter gesellschaftlicher Strukturfragen insofern relativ unbefangen vorgehen, als sie nicht in die „postkommunistischen Seilschaften" integriert waren. Ähnliches betraf ihre personellen Entscheidungen, und zwar mit der durchaus erfreulichen Wirkung, daß es in Polen zu einer Verjüngung des Beamtentums auf allen Ebenen der staatlichen Verwaltung gekommen ist. Der von der *Jaruzelski*-Mannschaft in den achtziger Jahren verhinderte Generationenwechsel ist somit endlich in Gang gesetzt worden. Schließlich: Nur im Rah-

20 Vgl. *Jacek Kurski/Piotr Semka*, Lewy czerwcowy, Warszawa 1993.
21 „Jestem specem od krzyżówek. Wywiad z Lechem Wałęsą, prezydentem Rzeczpospolitej Polskiej", in: „Wprost", Nr. 41 vom 10. Oktober 1993.

men eines Modells, in dem die neue politische Klasse die Regierungsgewalt innehatte, konnte der Prozeß der geistigen „Entsowjetisierung" ansetzen. Für die durch den kommunistischen Staat Verfolgten hatte diese Tatsache wiederum zur Folge, daß sie zumindest dadurch eine Art lang ersehnte und gerechte Genugtuung erfuhren. Alles in allem: Ohne die Machtübernahme durch das ehemalige „Solidarność"-Lager hätte die „Enttotalitarisierung" des gesellschaftlichen Systems in Polen weder auf allen Gebieten begonnen noch unumkehrbar gemacht werden können. Es bleibt aber festzustellen, daß die Angehörigen des ehemaligen Widerstandes gegen das kommunistische System sich im Parlament als unfähig erwiesen haben, diesen Prozeß mit der Verabschiedung einer neuen Verfassung zu besiegeln. Zwar stellt das bestehende, mehrfach geänderte Grundgesetz der Republik Polen inzwischen eine bürgerliche Verfassung dar, doch steht dem Land eine endgültige Entscheidung der Konstituante noch bevor. Insbesondere muß über den Charakter des politischen Systems der Republik Polen entschieden werden: Soll das Parlament oder der Präsident oder die Regierung zum wichtigsten Machtorgan werden?[22]

Die Systemumwandlung wird auch unter den neuen politischen Vorzeichen fortgesetzt. Der politische und gesellschaftliche Modus dieser Fortsetzung wird zwischen der neuen Regierung, dem Staatspräsidenten und den gesellschaftlichen Kräften neu „eingespielt". Die zentrale Frage ist, ob man dabei eine starke, vielleicht sogar außerparlamentarische Polarisierung der relevanten politischen Kräfte vermeidet. Die durch das Verwerfen des bisher funktionierenden Modells der postkommunistischen Beteiligung am Aufbau des neuen Systems gewonnene Führungsstabilität kann deshalb unter Umständen kontraproduktiv wirken. Es stellt sich in diesem Zusammenhang die Frage, wodurch die normative Integration, wie dürftig sie sich auch während der Parlamentswahlen erwiesen hat, von dem neuen Regierungslager ersetzt werden kann?

Die Stärke des neuen Regierungslagers als seine Schwäche

Eines scheint sicher: Das neue Regierungslager kann nicht auf die normativen Werte des Sowjetsozialismus zurückgreifen. Da es sich umso weniger der antikommunistisch-patriotischen Symbolik bedienen kann, hat es auf der normativen Ebene höchstens eine Chance, die allgemein definierten Werte des Patriotismus und die der sozialdemokratischen Bewegung zu vertreten. Als glaubwürdige Patrioten können sich aber die polnischen Sozialdemokraten aus historischen Gründen längerfristig kaum erfolgreich darstellen. Wenn sie statt dessen auf die sozialdemokratischen Werte setzen, müßten sie Probleme mit den ehemaligen Privilegierten des kommunistischen Systems bekommen, die mittlerweile „Kapitalisten" geworden sind. Wie dem auch sei: Der Wähler erwartet von der neuen Regierungsmannschaft – wie dargestellt – nicht so sehr die normative Integration. Vielmehr interessiert er sich für die Lösung von konkreten gesellschaftlichen Problemen. Es wird sich unter diesen Umständen sehr schnell zeigen, daß insbesondere die Sozialdemokratie der Republik Polen über eine solch uneinheitliche Wählerschaft verfügt, daß man ihr gar nicht gerecht werden kann.

22 Siehe *Jerzy Pilczyński*, Trzecie podejście do konstytucji, in: „Rzeczpospolita" vom 14. Oktober 1993.

Verglichen mit den Wahlen vom Oktober 1991 hat das Bündnis der Demokratischen Linken 80 Prozent der damaligen Wähler bewahren können. Eine starke Unterstützung erfuhr das Bündnis von den Rentnern (verglichen mit Oktober 1991 ist diese Wählerschaft um 100% gewachsen), den Unternehmern (keine sonstige Partei hat übrigens so viele Stimmen von dieser Seite erhalten wie die Postkommunisten, was beweist, daß viele Leute des alten Systems sich im neuen System „behauptet" haben), den Arbeitern (ein Zuwachs um 200%), den Fachkräften (80% mehr als 1991) sowie den Schülern und Studenten (ein Zuwachs um 150%). Zum Lager des SLD sind viele Wähler übergegangen, die bei den ersten freien Parlamentswahlen die Demokratische Union, die KPN und die PSL gewählt haben[23]. Die Interessen der jeweiligen Wählergruppen schließen einander aber aus. Die wichtigste Trennlinie verläuft zwischen denjenigen, die mehr Sozialstaat und Staatswirtschaft wollen, und jenen, die auf Privatinitiative und Markt setzen. Schon Mitte Oktober 1993 deklarierten die Vertreter der postkommunistischen Gewerkschaft OPZZ, die dem Wahlbündnis SLD angehört, daß sie in der Parlamentsfraktion des SLD 61 Abgeordnete hätten, die sich ihrer Gewerkschaftsbasis und nicht „ihrer" Regierung verpflichtet fühlten. Daraus ist sogar eine latente Spaltung des Bündnisses der Demokratischen Linken in einen von der OPZZ abhängigen „sozialorientierten" und einen extrem „gewinnorientiert-kapitalistischen" Flügel entstanden.

Auch die soziale Basis der Bauernpartei ist keineswegs homogen. Die PSL hat zwar 45 Prozent aller Bauernstimmen auf sich vereinigt und sogar ihren ländlichen Konkurrenten, die aus der „Solidarność"-Bewegung kommende Polnische Volkspartei – Volkspartei (PSL-SL) aus der politischen Landschaft Polens verdrängt. Selbst die polnischen Landwirte setzen sich jedoch, grob skizziert, aus zwei Gruppen zusammen. Die eine kleinere ist relativ wohlhabend und nicht von Existenzängsten befallen. Die größere hingegen kann sich längerfristig nur mit staatlichen Subventionen behaupten. Hinzu kommt noch die relativ kleine Gruppe der Beschäftigten in der kollektivierten Landwirtschaft, die in der kommunistischen Zeit die eigentliche soziale Basis der SL (der Vorgänger-Partei der PSL) war, und heute – wie schon immer – auf staatliche Unterstützung angewiesen ist. Dennoch hat die PSL Chancen, an inneren Spannungen nicht auseinanderzubrechen. In einem viel geringeren Maß als die Sozialdemokratie ist sie mit den Vertretern der alten kommunistischen Nomenklatura verbunden. Sie hat zudem in nicht wenigen Arbeiter-, Unternehmer- und Rentnermilieus Fuß gefaßt. Sie bemüht sich um gute Beziehungen zur katholischen Kirche. Aus diesen Gründen prophezeihten ihr einige Beobachter sogar die Entwicklung hin zu einer modernen Volkspartei[24]. Schon die ersten Monate der neuen Regierung mit dem Vorsitzenden der PSL *Waldemar Pawlak* als Premierminister haben freilich gezeigt, daß diese Partei vor allem an der Sicherung der eigenen Macht interessiert ist. Von Ansätzen einer Entwicklung hin zu Volkspartei ist kaum etwas zu spüren.

Unabhängig davon, ob es den neuen Regierungsparteien gelingt, ihre jeweilige Einheitlichkeit längerfristig zu behaupten, wird es ihnen wohl unmöglich sein, ihre Anhänger zufriedenzustellen; denn weder eine konsequente Beschleunigung noch eine Verlangsamung der marktwirtschaftlichen Umwandlung ist für sie ohne beträchtliche politische Verluste möglich. Wie gezeigt, kann es ihnen ebensowenig gelingen, eine halbwegs schlüssige normative

23 „SLD zyskał u wszystkich", in: „Rzeczpospolita" vom 21. September 1993.
24 Vgl. *Parandowska/Janicki/Markowski*, a.a.O.

Regierungsplattform zu finden. Sie können zwar einen Zick-Zack-Kurs verfolgen; das würde allerdings weder dem Land noch ihnen Gutes versprechen. Ernüchternd kommt hinzu, daß sie zwar eine Zwei-Drittel-Mehrheit im Parlament erlangt haben, doch werden sie diese aller Voraussicht nach für die Verabschiedung einer neuen Verfassung nicht leicht mobilisieren können. Die noch vor dem Wahlkampf vorgelegten sonderbaren Verfassungsentwürfe der Sozialdemokratie und der PSL, die einen weitgehenden staatlichen Schutz der sozialen Rechte der Bürger vorsehen[25], scheinen insofern die polnische Systemumwandlung nicht zu gefährden.

Die Sozialdemokratie errang einen mächtigen Wahlerfolg, der bald zu einem Pyrrhussieg werden kann. Ihre größte Schwäche liegt paradoxerweise in ihrer Stärke, die sie zur Übernahme der Regierungsverantwortung zwingt. Die von ihr gemachten Wahlversprechen können nicht eingelöst werden. Nicht ganz unglücklich sind dementsprechend die führenden Politiker der SdR, daß der junge Politiker der PSL, *Waldemar Pawlak,* Premierminister geworden ist. Der Vorsitzende der Sozialdemokraten, *Kwaśniewski,* bemühte sich sogar zuerst darum, eine Regierungskoalition mit der Demokratischen Union zu bilden. *Hanna Suchocka* hätte dann Premierministerin bleiben können. Doch die UD sagte ab, weil es ihrer Führung klar ist, daß sie aus der Opposition gestärkt hervorgehen wird.

Die sozialen Proteste der ersten Monate des Jahres 1994, vor allem die Streiks in den staatlichen Großbetrieben, beweisen, daß die SLD-PSL-Regierung keine überzeugende Strategie der Fortsetzung der postkommunistischen Systemtransformation anzubieten hat. Den Vertretern der vorangegangenen Regierungen ähnlich, appellierten die Anhänger der neuen Regierungsmannschaft, daß die neue Regierung als „die Chance für Polen" anerkannt werden sollte: „Daß wir so eine Chance haben, ist der größte Gewinn der letzten Wahlen, vorausgesetzt: wir betrachten die Lage nicht aus der Perspektive der Parteien, die die Wahlen gewonnen beziehungsweise verloren haben, sondern aus der Perspektive des Staatsinteresses"[26].

Zur Haltung der Opposition und des Staatspräsidenten

Die größten politischen Chancen unter den oppositionellen Parteien hat die Demokratische Union, weil sie die größte Oppositionspartei und verantwortlich genug ist, um nicht die im Polen der letzten Jahre mehrfach ausprobierte Oppositionsstrategie der verbal-revindikativen Selbstdarstellung zu betreiben. Sie besteht darin, daß man zwecks der Popularitätsgewinnung öffentlich an die Regierung alle möglichen Forderungen stellt, ohne daran zu glauben, daß sie erfüllt werden können. Die Union hat sich im Mai 1994 entschieden, zusammen mit den Liberalen (KLD) eine neue Partei – Union der Freiheit (UW: Unia Wolności) – zu gründen. Sie hat dadurch an ideologischer und programmatischer Schärfe gewonnen, was ihr zugute kommen muß. Während der Parlamentswahlen hat sich nämlich ihre Anhängerschaft als äußerst „unberechenbar" erwiesen[27]. Die Union hat damals viele ihrer früheren Anhänger an die SLD, die UP, die PSL und die BBWR verloren. Dafür hat

25 Siehe *Stanisław Podemski,* Akty strzeliste. Projekty konstytucji SLD i PSL, in: „Polityka", Nr. 41 vom 9. Oktober 1993.
26 *Wiatr,* a.a.O., S. 141.
27 Siehe hierzu *Żukowski,* a.a.O., S. 49f. Vgl. *Parandowska/Janicki/Markowski,* a.a.O.

sie eine neue Unterstützung der ehemaligen Wähler von der „Solidarność", dem KLD und der KPN erhalten. Sie hat viele Stimmen bei jenen Wählern eingebüßt, die als ihr Stammelektorat gelten: bei den Intellektuellen, den Fachkräften und den Studenten.

Die gewöhnlich demagogisch agierende Konföderation des Unabhängigen Polen tritt der Regierung *Pawlak* gegenüber ebenso verbal-revindikativ auf wie die kultivierte „demokratisch sozialistische" Union der Arbeit (UP), die einige Zeit sogar eine Regierungskoalition SLD-PSL-UP anstrebte. Da auch der Gewerkschaftsflügel des SLD sich die verbal-revindikative Strategie zu eigen gemacht hat, institutionalisierte sich ein parlamentarischer Wettbewerb in der Deklaration guter Absichten.

Die meisten Gruppierungen wiederum, die nicht ins Parlament eingezogen sind, haben bisher wenig Fähigkeiten entwickelt, politisch konstruktiv zu handeln. Sie sind weiterhin vergeblich darum bemüht, eine neue „Mitte-rechts"-Partei zu gründen. Die wichtigsten Politiker aus diesem Kreis stehen in bewußter Opposition zum Staatspräsidenten *Wałęsa*, zur („kommunistischen") Regierung und zur („linken") Demokratischen Union. Sie bekennen sich zu den christlichen und nationalen Werten, zur Unabhängigkeit und Demokratie des polnischen Staates und der Marktwirtschaft[28].

Der präsidentennahe Parteilose Block zur Unterstützung der Reformen (BBWR) erhielt im September 1993 vor allem die Unterstützung der privaten Unternehmer. Trotz des Einzugs ins Parlament hat er doch mit einem miserablen Wahlergebnis (5,41% der Stimmen) eine Schlappe erlitten. Aus diesem Grund stellt sich Präsident *Lech Wałęsa* nicht bedenkenlos hinter dieser Gruppierung, obgleich er sie im Laufe des Jahres 1994 zunehmend als eine „Sonde" benutzt, die über seine Chancen, bei Präsidentschaftswahlen im Jahre 1995 wieder gewählt zu werden, Aufschlüsse geben könnte.

Wałęsa, die Symbolfigur des antikommunistischen Widerstandes und des Wandels in Polen, versucht vergeblich, die neuen Kräfteverhältnisse im Parlament zur Stärkung seiner Position und seines Amtes zu nutzen. Kurz nach den Wahlen deutete *Aleksander Kwaśniewski* in einem Interview für ein deutsches Nachrichtenmagazin an, daß das SLD dem Präsidenten in der Frage der Verfassung (der Stellung des Präsidentenamtes) unter Umständen entgegenkommen könnte[29]. Das SLD hatte nämlich zuvor eine weitgehende Reduzierung der Kompetenzen des Präsidenten – hin zu einer Beschränkung auf repräsentative Funktionen befürwortet[30]. Der Präsident nutzte seine Chancen, auf die Besetzung der Ministerien des Äußeren, des Inneren und der Nationalen Verteidigung entscheidenden Einfluß zu nehmen. *Lech Wałęsa* nimmt nichtsdestotrotz eine distanzierte bis feindliche Haltung gegenüber der Regierung *Pawlak* und insbesondere dem SLD ein. Er spekuliert darauf, daß die gesellschaftliche Enttäuschung über das postkommunistische Regierungslager bei der kommenden Präsidentschaftswahl ihm zugutekommen könnte.

28 Vgl. *Jarosław Kaczyński*, Pierwsze przykazanie: jednoczmy się, in: „Gazeta Polska" vom 24.03. 1994, S. 8f.

29 Vgl. „Der Spiegel" vom 27. Oktober 1993.

30 Siehe *Pilczyński*, a.a.O. (Anm. 22).

Schlußwort

Im „Westen", wo die polnischen Wahlergebnisse ein gewisses Erstaunen auslösten, sollten sie als wichtige Signale gewürdigt werden. Erstens muß Mittelosteuropa (Polen inbegriffen) im „Westen" noch „gelernt" werden. Die weitverbreiteten positiven und negativen Vorurteile über die sogenannten Völker des Ostens müssen durch Ansätze echten Wissens ersetzt werden. Speziell Polen hat sich jetzt so gezeigt, daß man es nicht mehr auf die im Laufe der Jahre westlich der Oder eingespielte oberflächliche Art und Weise mit Adjektiven wie „nationalistisch" beziehungsweise „katholisch" „erklären" kann. Des weiteren zeigen die neuen politischen Kräfteverhältnisse, daß weder die polnische Demokratie noch die Kontinuität der polnischen Außenpolitik bedroht sind. Ausgerechnet die Vertreter jener „westlichen" Staaten und Parteien, die mit früheren kommunistischen Regierungen gute bis freundschaftliche Beziehungen, zumeist ohne Rücksicht auf den antikommunistischen Widerstand, pflegten, haben heute keinen Grund, sich den demokratisch gewählten postkommunistischen Kräften, unter denen sie wahrscheinlich noch gute Bekannte haben, zu verschließen. Schließlich hat der „Westen" mit dem Bewußtsein zu leben, daß er wirklich kaum einen direkten Einfluß auf die postkommunistische Gesellschaftsumwandlung nehmen kann. Es ist eine ernüchternde Erkenntnis, die ihre Gültigkeit nicht nur bezüglich Polens besitzt. In manch „westlichem" Land gewinnt sie leider nur dann für eine vergleichsweise kurze Periode an Überzeugungskraft, wenn in den jeweiligen postkommunistischen Staaten akute soziale Konflikte, Staatsstreiche beziehungsweise unerwartete Wahlergebnisse sie besonders anschaulich machen.

Die Stärke der postkommunistischen Kräfte ist keine sonderbare polnische Erscheinung. Ihrem Wahlsieg in Polen ging die Entscheidung der litauischen Wähler im November 1992 für die postkommunistische Partei von *Algirdas Brasauskas* voraus. Im Dezember 1993, im Juni und im Oktober 1994 erzielte die PDS große Erfolge bei den Kommunal-, Europa- und Bundestagswahlen in Ostdeutschland. Ähnliches Erstarken der ohnehin äußerst einflußreichen postkommunistischen Gruppierungen war im Laufe der Jahre 1993-1994 in Weißrußland, in der Ukraine und in Rußland festzustellen. In Ungarn haben im Mai 1994 die postkommunistischen Sozialisten sogar die absolute Mehrheit im Parlament errungen. Es kann zudem nicht außer Acht gelassen werden, daß sowohl in der Tschechoslowakei als auch in deren Nachfolgestaaten die postkommunistischen Parteien seit Beginn der Systemtransformation über eine breite Wählerschaft verfügen, die – zieht man die extrem hohe Wahlbeteiligung mit in Betracht – mit dem postkommunistischen Elektorat der genannten mittelosteuropäischen Länder vergleichbar ist. Es kommt ergänzend hinzu, daß auch in Bulgarien und Rumänien die Kräfte des „Ancien régime" vom Anfang der Systemtransformation an unter Nutzung der demokratischen Verfahren sich zu behaupten wußten.

Daß die Bürger der Staaten des ehemaligen „Ostblocks" ihre Erfahrungen mit den politischen Kräften machen, von denen man 1989 glauben konnte, sie hätten keine politischen Perspektiven mehr, ist also keine Erscheinung, die im September 1993 in Polen angesetzt hätte. Möglicherweise ist sie zur Entmythologisierung des politischen Denkens notwendig. So scheint es sich zumindest in Polen zu verhalten: Erst der große Wahlsieg der postkommunistischen Parteien hat die endgültige Abrechnung mit ihnen möglich gemacht. Was für eine Periode der polnischen Geschichte danach einsetzen und – vor allem – wie dies geschehen wird, darüber geben die Ergebnisse der Wahlen vom 19. September 1993 keine Aufschlüsse.

Wahlen in Ungarn. Fakten und Folgen seit Mai 1994

Sándor Kurtán

Die Wahlen zum Parlament im Mai 1994 führten zu einer radikalen Änderung der Zusammensetzung der ungarischen Volksvertretung. Die bisherige Regierungskoalition wurde abgewählt, bisherige Oppositionsparteien wurden Sieger. Erstmals in der Geschichte Ungarns kam es seit 1918 zu einem demokratischen Regierungswechsel. In der folgenden Analyse soll versucht werden, die wichtigsten Fakten im Zusammenhang mit den Wahlen und deren Ergebnissen zusammenzufassen.

Zum Wahlsystem

Um die weiteren Angaben verstehen zu können, sollen kurz die wesentlichen Züge des ungarischen Wahlsystems in Erinnerung gerufen werden. In Ungarn wurde im Zuge des Systemumbruchs im Jahre 1989 ein Zweistimmen-Wahlrecht eingeführt[1]. Demgemäß werden von den 386 Abgeordneten 176 in Einzelwahlkreisen mit absoluter Mehrheit gewählt (was in den meisten Fällen praktisch einen zweiten Wahlgang bedeutet, bei dem dann die relative Mehrheit genügt) und 152 in 20 sogenannten territorialen Wahlkreisen (wonach jedes Komitat und die Hauptstadt Budapest je einen Wahlkreis bilden). Um einen Ausgleich zu sichern, werden die Reststimmen sowohl aus den Einzelwahlkreisen als auch den territorialen Wahlkreisen zusammengezählt und auf dieser Grundlage die weiteren 58 Plätze der Landesliste verteilt. Nach den Wahlen von 1990 wurde das geltende Wahlrecht im Herbst 1993 geringfügig verändert: die Sperrklausel stieg von 4 auf 5 Prozent.

Um ins Parlament gelangen zu können, muß eine Partei in Ungarn folgende Hürden überspringen:

- Zur Aufstellung eines Kandidaten in einem Einzelwahlkreis benötigt der Wahlbewerber 750 Unterstützer (dies ermöglicht, daß auch unabhängige Politiker antreten können).
- Die Bedingung der Aufstellung einer sogenannten Territorialliste besteht darin, daß die Partei innerhalb des gegebenen territorialen Wahlkreises je nach Einwohnerstärke eine bestimmte Anzahl von Kandidaten in Einzelwahlkreisen aufgestellt hat (in Budapest bedeutet das mindestens 8, in einem Komitat 4, in einem weiteren 3 und in den übrigen 17 zwei Kandidaten).
- Die Bedingung für die Aufstellung der sogenannten nationalen Liste ist, daß die Partei mindestens 7 Territoriallisten nachweist.
- Um überhaupt von der Landesliste bzw. den Territoriallisten Mandate zu erhalten, muß die Partei auf nationaler Ebene mehr als 5 Prozent der Stimmen (Sperrklausel) erreicht haben.

1 Zum demokratischen Wahlrecht siehe *István Kukorelli*, The Birth, Testing and Results of the 1989 Hungarian Electoral Law, in: Soviet Studies 43 (1991), S. 137–156.

Tabelle 1: Zahl der aufgestellten Kandidaten

Ungarische Sozialistische Partei (USP)	176
Ungarisches Demokratisches Forum (UDF)	175
Verband der Jungen Demokraten (VdJD)	172
Verband der Freien Demokraten (VdFD)	171
Christlichdemokratische Volkspartei (ChDVP)	163
Unabhängige Partei der Kleinen Landwirte (UPdKL)	158
Arbeiterpartei (AP)	155
Agrarbund (AB)	131
Republikpartei	83
Liberaler Parteibund – Partei der Unternehmer (LPB)	67
Partei der Ungarischen Wahrheit und des Ungarischen Lebens (PdULUW)	66
Nationaldemokratischer Bund (NDB)	58
Vereinigte Partei der Kleinen Landwirte (VPdKL)	54
Ungarische Sozialdemokratische Partei (USDP)	53
Ungarische Grünpartei (UGP)	18
Konservative Partei (KP)	13
Ungarische Marktpartei (UMP)	6
Ausgleich Kleinlandwirtepartei (AKLWP)	6
Grüne Alternative (GA)	6
Familienbund	5
Demokratische Koalition	4
Demokratische Partei	4
Solidaritätspartei der Zigeuner	4
Unabhängige Ungarische Demokratische Partei	4
Historische Unabhängige Kleinlandwirtepartei	2
Sozialdemokratische Partei	2
Union Ungarischer Naturheilkundler	2
Nationale Partei Ungarischer Mütter	1
Partei der Generationen	1
Partei der Pensionisten	1
Partei des Ungarischen Interesses	1
Partei für ein Historisches Ungarn	1
Ungarische Partei der Arbeitslosen	1
Ungarische Sozialistische Arbeiterpartei	1
Wahlbündnis für das Ungarntum	1
Unabhängige	103
Gemeinsame Kandidaten:	
VdFD-AB-LPB-VdJD	1
LPD-VdJD	1
VdFD-AB	2
VPdKL-ChDVP	1
Zusammen	1 874

Die Parteien

Die offizielle Wahlkampagne begann – gemäß einem Dekret des Innenministers – am 9. März 1994. Die Kandidaten konnten von diesem Tage an bis zum 8. April die erforderlichen 750 Empfehlungsscheine sammeln. Bis zum gleichen Zeitpunkt mußten auch die Parteien ihre Listen den zuständigen Wahlbehörden übergeben haben.
Das ungarische Wahlsystem hat eine stark selektive Wirkung und erlaubt nur wenigen Parteien den Zutritt ins Hohe Haus. Nach der „Überparteilichkeit" der Jahre 1988 und 1989 scheiterten viele von ihnen bei den Wahlen 1990. Einige verschwanden für immer, andere konnten noch genügend Kraft aufbringen, um als außerparlamentarische Parteien weiterzuexistieren. Der permanente Streit innerhalb der Partei der Kleinen Landwirte, die Krise der stärksten Regierungspartei, des Ungarischen Demokratischen Forums, aber auch Austritte aus anderen Parteifraktionen hatten zur Folge, daß im ungarischen Parlament zum Jahreswechsel 1993-94 neben den bestehenden 7 Fraktionen noch Vertreter von 10 anderen Parteien saßen (formal in den Reihen der „unabhängigen Abgeordneten"). Aber auch zahlreiche außerparlamentarische Parteien erneuerten ihre Aktivitäten – unter ihnen solche, die schon 4 Jahre zuvor versucht hatten, ins politische Leben einzubrechen. Etliche von ihnen waren Neugründungen. Anfang 1994 gab es in Ungarn 130 Parteien (44 davon wurden allein im Jahre 1993 bei den zuständigen Gerichten registriert).
In den 176 Wahlkreisen traten insgesamt 1874 Kandidaten als Bewerber von 35 Parteien bzw. als Unabhängige vor die Wähler (Tabelle 1)[2], das waren durchschnittlich 11 Kandidaten (10,6) pro Wahlkreis. (1990 betrugen die entsprechenden Zahlen 1614, also 9,2 Kandidaten pro Wahlkreis.) Das bedeutet, daß das politische Leben in Ungarn weiterhin äußerst fragmentiert und der Prozeß der Herausbildung eines festen Rahmens des Parteiensystems demnach lange noch nicht abgeschlossen ist. Dies hängt in starkem Maße auch mit dem Wesenszug der ungarischen Parlamentsparteien zusammen. Diese haben in den letzten vier Jahren sehr wohl relativ stabile Infrastrukturen ausbauen können, sie haben aber ihren „abgehobenen Charakter" d.h. ihren Elitencharakter und ihre geringe Verbundenheit mit weiten Kreisen der Bevölkerung in den meisten Fällen nicht überwinden können. Gleichzeitig ist sowohl in Kreisen der Intelligenz wie auch in anderen Gruppen der Staatsbürger eine Art Verdrossenheit gegenüber den größeren Parlamentsparteien zu spüren, was das Weiterleben kleinerer Parteien ermöglicht. Dies stärkt zugleich die Möglichkeiten unabhängiger, parteifreier Persönlichkeiten, in den Einzelwahlkreisen in den politischen Ring zu steigen. Von den Kandidaten deklarierten sich 103 als unabhängig (5,5 Prozent)[3].

2 Die Angaben der Tabellen 1–7 beruhen auf eigenen Berechnungen, basierend auf den Daten des Innenministeriums. Dank gebührt dafür der Hauptabteilung für Wahlen und Informatik, die mir diese Daten zur Verfügung stellte. Die Angaben der Tabellen 8 und 9 ergeben sich aus dem Vergleich der Liste der Abgeordneten des 1. Parlaments (1990-1994) mit den Kandidatenlisten bei den Wahlen 1994. Die Angaben der Tabellen 10–12 beruhen auf eigenen Berechnungen auf Grund der Beilage „Wer ist wer im Parlament" der Tageszeitung „Magyar Hírlap" vom 2.6. 1994, die die bibliographischen Daten der Abgeordneten enthält.

3 Ein interessantes Phänomen stellt die Tatsache dar, daß in 16 Fällen zwei Unabhängige im gleichen Wahlkreis antraten, in vier Fällen drei, in drei Fällen sogar mehr als drei. Ob dies auf eine niedrige Verankerung der Parteien in diesen Wahlkreisen hindeutet, müßte untersucht werden.

Tabelle 2: Anzahl der aufgestellten territorialen Listen

Agrarbund	20
Arbeiterpartei	20
Christlichdemokratische Volkspartei	20
Unabhängige Partei der Kleinen Landwirte	20
Ungarisches Demokratisches Forum	20
Ungarische Sozialistische Partei	20
Verband der Freien Demokraten	20
Verband der Jungen Demokraten	20
Republikpartei	17
Ungarische Sozialdemokratische Partei	15
Vereinigte Partei der Kleinen Landwirte	15
Liberaler Parteibund – Partei der Unternehmer	14
Nationaldemokratischer Bund	12
Partei der Ungarischen Wahrheit und des ungarischen Lebens	11
Ungarische Grünpartei	7
Konservative Partei	4
Ausgleich Kleinlandwirtepartei	2
Ungarische Marktpartei	1
Grüne Alternative	1

Diese weitgehende Fragmentierung spiegelt sich auch in der Tabelle 2 wider, wo jene 19 Parteien aufgelistet sind, die mindestens eine territoriale Liste aufstellen konnten. 15 von ihnen erfüllten die eingangs erwähnte Bedingung für die Aufstellung einer nationalen Liste: mindestens 7 Territoriallisten.

Werden diese 15 Parteien mit jenen 12 verglichen, die dies schon 1990 geschafft hatten, so kann eine weitgehende Übereinstimmung festgestellt werden: Der Verband der Jungen Demokraten, die Unabhängige Partei der Kleinen Landwirte, die Arbeiterpartei, die Christdemokraten, der Liberale Parteibund, der Agrarbund, die Ungarische Sozialistische Partei, das Ungarische Demokratische Forum, der Verband der Freien Demokraten und die Ungarische Sozialdemokratische Partei stehen auf beiden Listen. Verschwunden sind die Ungarische Volkspartei und der Patriotische Wahlbund[4]. 1994 kamen die Republikpartei, der Nationaldemokratische Bund, die Vereinigte Partei der Kleinen Landwirte und die Partei der Ungarischen Wahrheit und des Ungarischen Lebens als in den letzten zwei Jahren gegründete Parteien dazu. Die Ungarische Grünpartei war schon 1990 bei den Wahlen dabei, konnte damals aber nur 4 territoriale Listen aufstellen. Diese weitgehende Übereinstimmung deutet auf einen anderen Aspekt des ungarischen Parteiensystems hin, nämlich auf die relative Stabilisierung des neuen parlamentarisch-demokratischen Systems.

4 Die Ungarische Volkspartei vermochte 1994 keinen Kandidaten aufzustellen. Der Patriotische Wahlbund hat sich seit 1990 umbenannt, heißt nun Demokratische Koalition und konnte vier Kandidaten aufstellen.

Das Wahlergebnis

Der erste Wahlgang fand am 8. Mai 1994 statt. Von den insgesamt 7.959.228 Wahlberechtigten gingen 5.485.535, also 68,92 Prozent zu den Urnen (6,15 Prozent mehr als im Jahre 1990). Wenn auch die Wahlbeteiligung nicht den westeuropäischen Durchschnitt erreichte, so ist für die überwiegende Mehrheit der Bevölkerung die Wichtigkeit demokratischer Wahlen dennoch klar. Die Wahlen waren überall gültig, d.h. überall gaben mehr als 50 Prozent der Wahlberechtigten des gegebenen Wahlkreises ihre Stimme ab. Auch dies ist gegenüber 1990 ein positives Ergebnis, da damals in etlichen Wahlkreisen – wegen einer zu niedrigen Teilnahme – die Wahl wiederholt werden mußte.
Auf die Listen entfielen für die Parteien folgende Stimmenanteile:

Tabelle 3: Stimmenverteilung beim ersten Wahlgang

	1994		1990	
	Listenstimmen	Prozent	Listenstimmen	Prozent
USP	1.781.504	32.99	535.064	10.98
VdFD	1.065.889	19.74	1.050.799	21,39
UDF	633.770	11.74	1.214.359	24.73
UPdKL	476.272	8.82	576.315	11.73
ChDVP	379.523	7.03	317.278	6.46
VdJD	379.344	7.02	439.649	8.95
AP	172.109	3.19		
RP	137.561	2.55		
AB	113.384	2.10		
PdUWudL	85.373	1.59		
USDP	51.116	0.95		
VPdKL	44.292	0.82		
LBB	33.376	0.62		
NDB	28.075	0.52		
UGP	8.809	0.16		
AKLWP	5.918	0.11		
KP	2.046	0.04		
GA	849	0.02		
UMP	635	0.01		

Wenn auch der erste Wahlgang gültig war, so war er nur in zwei Einzelwahlkreisen erfolgreich, d.h. nur zweimal bekam einer der Kandidaten mehr als 50 Prozent der Stimmen. In den anderen 174 Wahlkreisen mußte ein zweiter Wahlgang durchgeführt werden. Auch in diesen Wahlkreisen spiegelten die Ergebnisse den gleichen Trend wie bei den territorialen Wahlkreisen wider, auch hier hatte die Ungarische Sozialistische Partei die besten Positionen (Tabelle 4). Auch in den Einzelwahlkreisen gab der ungarische Wähler – abgesehen von einigen Ausnahmen – nicht Persönlichkeiten, sondern Parteien bzw. Parteivertretern seine Stimme. Stimmen-Splitting blieb eine Ausnahme, beschränkt auf eine Minderheit. Die Differenz zwischen Listenstimmen und Stimmen in Einzelwahlkreisen schwankte auf nationaler Ebene zwischen 2.5 und 10.6 Prozent der Listenstimmen.
Der zweite Durchgang am 29. Mai 1994 war in bezug auf die Teilnahme wieder erfolgreich. Bei diesem Wahlgang genügte schon die Teilnahme von mindestens 25 Prozent. Der lan-

Tabelle 4: Ergebnisse des ersten Wahlganges in den Einzelwahlkreisen

	1. Stelle	2. Stelle
USP	160*	15
VdFD	12	129
UDF	1	17
UPdKL	0	5
ChDVP	1	7
VdJD	0	1
andere Partei	2	2
insgesamt	176	176

* Davon zwei sicher, da sie mehr als 50% der abgegebenen Stimmen erreichten.

Tabelle 5: Stimmenverteilung im 1. und 2. Wahlgang (Einzelwahlkreise)

	1. Wahlgang		2. Wahlgang	
	Stimmen	Prozent	Stimmen	Prozent
USP	1.688.835	31.26	1.934.616	45.34
VdFD	1.005.648	18.62	1.221.055	28.48
UDF	649.872	12.03	639.817	14.92
UPdKL	425.346	7.87	252.398	5.88
ChDVP	397.873	7.36	126.616	2.95
VdJD	416.116	7.70	29.391	0.68

desweite Durchschnitt lag bei 55 Prozent, die Aktivität der Wähler war auch diesmal höher als vor vier Jahren (1990: 45 Prozent). Die Grundtendenz der Stimmenabgabe war die gleiche wie beim ersten Mal: die Mehrheit sympathisierte mit der USP. Und auch jenes Phänomen wiederholte sich wie beim ersten Durchgang der Wahlen, daß nämlich die Wähler eigentlich Parteien ihre Stimmen gaben. In der Landespolitik völlig unbekannte Leute schlugen bekannte Politiker, unter ihnen auch erfolgreiche Persönlichkeiten[5].

Im zweiten Wahlgang konnten die zwei siegreichen Parteien (USP, VdFD) ihren Stimmenanteil sowohl absolut, als auch relativ erhöhen (siehe Tabelle 5). Das läßt die Vermutung zu, daß sie erstens jene, die im ersten Wahlgang die Stimme für sie abgegeben hatten, auch beim nächsten Mal mobilisieren konnten, und zweitens ein gewisser Wählerstrom in die Richtung dieser Parteien zu verzeichnen ist, also Zweitpräferenzen zum Zuge kamen. Bei der USP übte wahrscheinlich außerdem der Effekt seine Wirkung aus, „zu den Siegern zu gehören und dementsprechend zu stimmen". (Die politische Zielsetzung der Freien Demokraten, die Wähler davon zu überzeugen, nach dem starken Stimmenanteil der Sozialisten im ersten Wahlgang als „Ausgleich" ihre Partei zu stärken, war offenbar fehlgegangen.) So kam es nicht nur zur Abwahl der zwischen 1990 und 1994 regierenden Koalition, sondern auf Grund der Eigenheiten des ungarischen Wahlsystems sogar zur absoluten Mandatsmehr-

5 So erreichte beispielsweise *János Palotás,* einer der populärsten Politiker, kein Mandat. Der Sieger seines Wahlkreises war ein USP-Politiker, der in der nationalen Politik bisher keine Rolle gespielt hatte. *Iván Petö,* Vorsitzender der bisher oppositionellen VdFD, mußte – wenn auch nur knapp – einer Schauspielerin, die in USP-Farben auftrat, weichen.

Tabelle 6: Mandatsverteilung im ungarischen Parlament 1994

	EWK	TL	NL	Insgesamt	Prozent
USP	149	53	7	209	54.14
VdFD	16	28	25	69	17.88
UDF	5	18	15	38	9.84
UPdKL	1	14	11	26	6.74
ChDV	3	5	14	22	5.70
VdJD	0	7	13	20	5.18
LPB	1	0	0	1	0.26
AB*	1	0	0	1	0.26
insgesamt	176	125	85	386	100.00

Erklärung: EWK: Einzelwahlkreis; TL: Territorialliste; NL: Nationale Liste.

* Dieser Abgeordnete hat sich der Fraktion des VdFD angeschlossen.

Tabelle 7: Stimmenverteilung im 1. Wahlgang und prozentueller Anteil der Mandate (in Prozent)

	Listenstimmen am 8. Mai 1994	Mandatsanteil
USP	32.99	54.15
VdFD	19.74	17.88
UDF	11.74	9.84
PdKL	8.82	6.74
ChDVP	7.03	5.70
VdJD	7.02	5.18

heit der USP (Tabelle 6). Damit hatte erstmals in der ungarischen Geschichte eine linke Partei auf demokratischem Wege die Mehrheit im Parlament errungen.
Dieser Effekt, den der starke Listenanteil und die Ergebnisse der Einzelwahlkreise verursachten, kann aus der Tabelle 7 ersehen werden: der Sieger, der 33 Prozent der abgegebenen Stimmen und – bei 69-prozentiger Wahlbeteiligung – 22 Prozent der erwachsenen Bevölkerung hinter sich hatte, besaß nun 54 Prozent der Mandate.
Wieder konnten, wie bereits 1990, sechs Parteien eine Fraktion bilden (dafür waren laut der bis September 1994 geltenden Geschäftsordnung mindestens 10 Abgeordnete nötig) und zwar die gleichen wie vor vier Jahren. Dies bedeutet, daß sich das ungarische Parteiensystem, trotz der Beteiligung zahlreicher Parteien im Wahlkampf, stabilisiert hat. Die außerparlamentarischen Parteien (also jene, die die 5 Prozent-Sperrklausel nicht überspringen konnten) vermochten insgesamt 681.836 Stimmen (12,6 Prozent) auf sich zu vereinen. Bei den letzten Wahlen waren auf dieser Weise 777 777 Stimmen verloren gegangen (15,9 Prozent), was auf jeden Fall als ein negativer Aspekt des ungarischen Wahlrechts zu bewerten ist. Diese rund 16 Prozent verlorengegangener Wählerstimmen bedeuten zwar noch immer einen kleineren Prozentanteil, als das z.B. bei den letzten Parlamentswahlen in Polen der Fall war. Man sieht aber einen gewissen Konzentrationseffekt: denn sowohl absolut, als auch relativ hat sich das Gewicht der außerparlamentarischen Parteien verringert. Der ungarische Wähler kennt sich anscheinend besser unter den Parteien aus als im Jahre 1990, und auch die Parteipräferenzen haben sich relativ gefestigt. Darauf weist jene Tatsache hin,

daß verglichen mit 1990 laut Umfragen diesmal beinahe doppelt so viele Wähler, nämlich 51 Prozent, schon früher als zwei Monate vor dem Wahltag ihre Wahlentscheidung getroffen hatten (1990: 27 Prozent)[6]. Andererseits gaben die Staatsbürger ihre Stimmen auch rationaler ab. In den Einzelwahlkreisen bekamen insgesamt 390 Kandidaten weniger als 750 Stimmen. Das bedeutet, daß nicht einmal jener Unterstützerkreis, der ihren Start zu den Wahlen ermöglicht hatte, ihnen bei den Wahlen gefolgt war. Dabei handelt es sich vornehmlich um die Kandidaten solcher Parteien, die schon mit der Kandidaten- und Listenaufstellung Schwierigkeiten hatten. Die Wähler erkannten, daß diese Parteien nur geringe Chancen hatten, und orientierten sich deshalb in Richtung erfolgreicherer politischer Gruppen.

Trotz dieser verlorenen Stimmen sind alle drei wichtigen parteipolitischen „Lager" (konservativ-national, liberal-sozialliberal und sozialistisch-sozialdemokratisch) weiterhin im Parlament vertreten. Es kam nicht zu jener Situation wie in Polen nach den Wahlen von 1993, wo die konservativen Parteien wegen ihrer Zersplitterung den Weg in die Gesetzgebung verfehlten.

Das neue Parlament

Die Wahlen von 1994 mußten einen bedeutenden Wechsel der Abgeordneten zur Folge haben. Schließlich hatte jene USP, die jetzt die stärkste Fraktion (209 Mandate) stellt, in der vorangegangenen Legislaturperiode lediglich 33 Mandate besessen.

Viele Abgeordnete des „alten" Hauses hatten weiterhin im Parlament tätig sein wollen. Einer von *Gabriella Ilonszki* im Frühling 1992 durchgeführten Untersuchung zufolge wollten damals 36 Prozent der Abgeordneten eindeutig weitermachen, nur 24 Prozent von ihnen eindeutig aufhören. Die restlichen 40 Prozent waren sich ihrer Zukunftspläne noch unsicher[7]. Knapp zwei Jahre später mußten sie sich entscheiden. Aus Tabelle 8 ist ersichtlich, wie sich die Situation bei den verschiedenen Fraktionen entwickelte. Bei den beiden großen Fraktionen (UDF, VdFD) traten ca. 75 Prozent wieder in den Wahlkampf ein, bei den zwei kleinen (VdJD, ChDVP) waren es 92 bzw. 83 Prozent. Auch bei der USP lag der Prozentsatz jener, die weitermachten in dieser Größenordnung (91 Prozent). In der Tabelle ist auch eine im September 1994 neugebildete Fraktion, die der „Partei der Ungarischen Wahrheit und des Ungarischen Lebens", aufgeführt. Sie wurde von jenen Politikern gegründet, die nach den inneren Diskussionen und Streitigkeiten des UDF aus der Partei austraten oder von ihr ausgesperrt wurden. Von ihnen traten alle Fraktionsmitglieder wieder an. Ein spezieller Fall sind die Kleinen Landwirte. Die Partei war schon von Anfang an von Konflikten erschüttert gewesen. Im Jahre 1992 spaltete sich die Fraktion: eine Minderheit – unter der Führung des Parteivorsitzenden praktisch aber die gesamte Parteimitgliedschaft – verließ die Koalition, während die Fraktionsmehrheit weiterhin hinter der Regierung stand, „unter sich" jedoch die Partei verlor und erst gegen Ende der Legislaturperiode, Ende 1993,

6 Erhebung des Meinungsforschungsinstitutes Szonda-Ipsos. Népszabadság (ungarische Tageszeitung) vom 1.6. 1994.

7 *Gabriella Ilonszki*, Parliament and Parliamentarians in Hungary in a Comparativ Perspective, in: *Attila Ágh* (Hrsg.), The Emergence of East Central European Parliaments: The First Steps, Budapest 1994.

Tabelle 8: Aussteiger und jene, die weitermachen wollen

	Zahl der Abgeordneten vor den Wahlen	traten 1994 wieder an	erreichten 1994 ein Mandat
UDF	136	99	26
VdFD	83	63	49
VPdKL*	36	16	0
USP	33	31	31
VdJD	26	24	14
ChDVP	23	20	9
PdULdUW*	12	12	0
UPdKL	9	7	7
Unabhängige	28	20	0

* Die Partei erreichte bei den Wahlen 1994 nicht die 5-Prozent-Sperrklausel.

Tabelle 9: Erneuerung des Parlaments

	„alt"[1]		„neu"[2]		
USP	32[3]	(15.3%)	177	(84.7%)[3]	
VdFD	52[4]	(75.4%)	17	(24.6%)[4]	
UDF	26	(68.4%)	12	(31.6%)	
UPdKL	7	(26.9%)	19	(73.1%)	
ChDVP	8[5]	(36.4%)	14	(63.6%)	
VdJD	14	(70.0%)	6	(30.0%)	
AB			1	(100.0%)	
LPB			1	(100.0%)	
insgesamt	139	(36.0%)	247	(64.0%)	386

1 Mitglied des Parlaments am Ende der Legislaturperiode.
2 1994 erstmals Abgeordneter nach 1990.
3 Ein 1994 gewählter Abgeordnete war bereits zwischen Mai 1990 und Januar 1991 Abgeordneter gewesen.
4 Zwei 1994 gewählte Abgeordnete waren zwischen Mai 1990 und November 1993 Abgeordnete, einer vom Mai 1990 bis Dezember 1993.
5 Ein 1994 gewählter Abgeordneter war bereits von Mai 1990 bis August 1990 Abgeordneter gewesen.

eine neue Partei organisierte, nämlich die Vereinigte Partei der Kleinen Landwirte (VPdKL). Die Schwierigkeiten dieser Parteigründung werden unter anderem durch jene Tatsache verdeutlicht, daß sich nicht alle Abgeordneten der Kleinlandwirtemehrheit dieser Partei anschlossen, oder mit ihr wieder in den Wahlkampf ziehen wollten. Nur 16 (44 Prozent) von ihnen machten weiter.

84,6 Prozent der USP-Abgeordneten sitzen seit 1990 zum ersten Mal in den Bänken des Parlaments. Am entgegengesetzten Pol befinden sich die Jungen Demokraten und das Ungarische Demokratische Forum, die mit bloß 6 (30 Prozent) bzw. 12 (31,6 Prozent) neuen Abgeordneten dafür Sorge tragen, daß wenigstens ihre führenden Politiker wieder in das Gesetzgebungsorgan einziehen konnten. Die Freien Demokraten gehören eigentlich auch in diese Gruppe, da ihre Fraktion nur 17 neue Mitglieder aufweist (24,6 Prozent). Doch wegen ihrer Größe haben hier auch außer der engen Führung zahlreiche bewährte Experten

Platz gefunden. Die Kleinen Landwirte und die Christdemokraten haben sich ebenfalls stark erneuert (Tabelle 9).

Verglichen mit der Legislaturperiode 1990-1994 sitzen nun 247 (64 Prozent) neue Abgeordnete im ungarischen Parlament. Erwähnenswert ist, daß 8 von ihnen bereits vor 1990 dieses Amt schon einmal ausgeübt hatten. 6 von ihnen gehören jetzt der USP-Fraktion an, einer ist Mitglied der Fraktion der ChDVP. Auch der einzige Abgeordnete des Agrarbundes zählt zu dieser Gruppe.

Die bedeutende Erneuerung des Parlaments brachte auch in der sozialstrukturellen Zusammensetzung des Parlaments Änderungen mit sich:

— Das Durchschnittsalter stieg von 44 (Mai 1990) auf 47 Jahre, da einerseits der Anteil jener Abgeordneten, die jünger als 30 Jahre sind, sank, andererseits der Anteil der Altersgruppen zwischen 30 und 39 bzw. 40 und 49 Jahren bedeutend anstieg. Auch der Anteil der über siebzigjährigen ist erheblich gesunken (siehe Tabelle 10).

Tabelle 10: Die Zusammensetzung des Parlaments nach Altersgruppen

Alter Jahre	1990 Prozent	1994 Prozent
-29	6.2	1.6
30-39	27.7	22.0
40-49	32.4	39.6
50-59	18.4	25.9
60-69	10.9	9.2
70-	4.4	1.8

— Die Zahl der weiblichen Abgeordneten stieg von bisher 28 (7,3 Prozent, Mai 1990) auf nunmehr 43 (11,1 Prozent).

— Wie aus Tabelle 11 ersichtlich wird, ist das ungarische Parlament auch nach den Wahlen 1994 ein Akademiker-Parlament: weiterhin haben über dreiviertel der Abgeordneten eine Universitätsausbildung.

Tabelle 11: Die Zusammensetzung des Parlaments nach Schulabschluß

	1990	1994
Facharbeiter	5 (1.3%)	9 (2.3%)
Abitur	11 (2.8%)	3 (0.8%)
Abitur und Fachausbildung	26 (6.7%)	24 (6.3%)
Fachhochschule	48 (12.4%)	43 (11.1%)
Universität	295 (76.4%)	306 (79.3%)
unbekannt	0 (0.0%)	1 (0.3%)

— Geändert hat sich aber die Zusammensetzung dieser Gruppe: die Zahl der Agrarfachleute stieg von 4 Prozent im Jahre 1990 auf 11 Prozent. Der Anteil der Ökonomen stieg leicht (von 10 auf 13 Prozent). Die größte Gruppe wurde trotz einer leichten Abnahme die der Juristen, da der Anteil der „Philosophischen Fakultät" (Lehrer, Sozialwissenschaftler, Historiker) noch weit deutlicher von 20 auf 15 Prozent herabfiel (siehe Tabelle 12).

Tabelle 12: Die Zusammensetzung des Parlaments gemäß Universitätsausbildung und nach Art des Diploms (in Prozent aller Abgeordneten)

	1990	1994
Technische Universität	38 (9.8%)	34 (8.8%)
Agraruniversität	17 (4.4%)	43 (11.1%)
Philosophische Fakultät	78 (20.2%)	58 (15.0%)
Naturwissenschaftliche Fakultät	18 (4.7%)	8 (2.1%)
Juristik	75 (19.4%)	72 (18.7%)
Wirtschaftswissenschaften	39 (10.1%)	51 (13.2%)
Medizin	39 (10.1%)	19 (4.9%)
Veterinärmedizin	13 (3.4%)	8 (2.1%)
Kunsthochschule	6 (1.6%)	6 (1.6%)
Theologie	13 (3.4%)	4 (1.0%)
Militärakademie	3 (0.8%)	3 (0.8%)

— Die Parlamentswahlen hatten den Austausch eines der wichtigsten Anteile der politischen Elite mit sich gebracht. Dieser Wechsel ergab sich in erster Linie aus dem überwältigenden Wahlsieg der USP und damit dem Anwachsen der USP-Fraktion. Der Austausch geschah weniger wegen jener Abgeordneten, die sich für diese Tätigkeit, aus welchem Grund auch immer, ungeeignet fanden. Denn die 177 neuen Mandatare der USP-Fraktion stellen schon allein 71,7 Prozent der neuen Abgeordneten. Von einer Erneuerung der Fraktion kann man am ehesten bei der ChDVP sprechen. Der hohe Prozentteil der neuen Abgeordneten bei den Kleinen Landwirten ergab sich aus demselben Grunde wie bei den Sozialisten, nämlich aus dem Anwachsen der Fraktion. Freie Demokraten, UDF und Junge Demokraten tauschten – verglichen mit dem ersten demokratisch gewählten Parlament – ca. ein Viertel bzw. ein Drittel ihrer Mitglieder aus (Tabelle 9).

Wieder Koalitionsregierung

Die USP hatte die Wahlen gewonnen. Sie besaß die absolute Mehrheit der Mandate und hätte deshalb auch allein regieren können. Doch gleich nach dem Wahlsieg erklärte deren Parteivorsitzender *Gyula Horn*, daß die Partei nach allen Richtungen offen sei, und bezeichnete die Freien Demokraten als „natürliche Partner". Im Hintergrund dieser Entscheidung darf folgendes vermutet werden. Die USP hatte wohl die Mehrheit im Parlament, aber – wie schon erwähnt – bloß 33 Prozent der Bevölkerung hinter sich. Zur Realisierung ihres Modernisierungsprogramms, das auf kurze Sicht von der Bevölkerung nicht wenige Opfer verlangen wird, suchte sie nach einer breiteren Basis. Dazu brauchte sie einen oder mehrere Koalitionspartner. Durch eine Koalition wird – bei negativen Folgen der Politik – auch die Verantwortung geteilt.

Die angesprochenen Freien Demokraten reagierten positiv (dabei spielte sicher die frühere Zusammenarbeit von sozialistischen und liberalen Intellektuellen in der sogenannten Demokratischen Charta[8] eine wichtige Rolle). Am 7. Juni begannen die Koalitionsverhandlun-

8 Die Demokratische Charta war eine im Jahre 1991, in erster Linie von links- und liberal

gen, die dann in 10 Ausschüssen durchgeführt wurden, welche die wichtigsten Bereiche eines zukünftigen Regierungsprogramms abdeckten. Nach siebzehn Tagen führten die Unterredungen zum Erfolg: ein über 140 Seiten langes Koalitionsabkommen wurde von der USP und dem VdFD unterzeichnet. Das war etwas Neues in Ungarn, denn 1990 hatten die Koalitionspartner kein solches Dokument ausgearbeitet.

Einen gewissen zeitlichen Druck übte der 22. Paragraph der Verfassung auf die Koalitionsverhandlungen aus, der folgendes bestimmt: „Die konstituierende Sitzung des Parlaments wird – für einen Zeitpunkt innerhalb eines Monats nach der Wahl – vom Präsidenten der Republik einberufen". Dieser Vorschrift folgte Staatspräsident *Árpád Göncz,* als er für den 28. Juni das neugewählte Parlament zu seiner erste Sitzung zusammenrief. Am 15. Juli wurde *Gyula Horn* in offener Wahl mit 265 Ja- und 93 Nein-Stimmen bei einer Enthaltung zum Ministerpräsidenten gewählt. Anschließend legten die Minister ihren Eid vor dem Parlament ab.

Die neue Regierung hat neun sozialistische Fachminister und drei Minister der Freien Demokraten[9]. Die Koalition verfügt über 72 Prozent der Mandate. Damit ist in Ungarn eine qualitativ neue Situation entstanden. Denn mit dieser Mehrheit kann die Regierung selbst die sogenannten Zweidrittel-Gesetze ändern, also auch die Verfassung, ohne mit der Opposition verhandeln zu müssen. Diese übermächtige Mehrheit und die machtlose Opposition halten viele für problematisch. Denn für viele wichtige Gesetze[10], die mit dem Systemwechsel zusammenhängen und deshalb einer breiten Zustimmung bedürfen, besteht für die Regierung rein numerisch nicht der Zwang, nach einem Konsens zu suchen. Auch die Opposition ist in dieser Lage nicht gezwungen, konstruktiv vorzugehen.

orientierten Staatsbürgern gegründete Bewegung, die sich für den Schutz der neuen Demokratie engagierte. Siehe dazu *Csilla Machos,* Demokratische Charta 912. Von der „alten" zur „neuen" ungarischen Opposition. Berliner Debatte Initial. 1992/4.

9 Die Sozialisten erhielten folgende Ministerien: Außen-, Finanz-, Justiz-, Landwirtschafts-, Sozial-, Wirtschafts- und Handels-, Verteidigungsministerium, Ministerium für Arbeitswesen, Ministerium für Umwelt und Regionalentwicklung. Die Freien Demokraten besetzten das Innenministerium, das Unterrichtsministerium und das Ministerium für Verkehr, Kommunikation und Wasserwesen. In der Regierung gibt es einen Minister ohne Portefeuille (USP), der für die Geheimdienste zuständig ist.

10 Um nur einige aktuelle Beispiele zu nennen: das Gesetz über die Kommunalwahlen, das Gesetz über die öffentlich-rechtlichen Medien, das Gesetz über die Staatssicherheit; neuerdings wird auch viel über die Notwendigkeit einer neuen Verfassung diskutiert.

4 Vergleichende Parlamentsforschung

Vergleichende Parlamentarismusforschung als Schlüssel zum Systemvergleich. Vorschläge zu einer Theorie- und Forschungsdebatte

Werner J. Patzelt

I. Zielsetzung und Forschungsstand

Heute besitzen die meisten Staaten der Erde ein Parlament[1] oder wenigstens eine Art Parlament.[2] Ganz verschiedenen Typen politischer Systeme dürfte es also Vorteile bringen, über eine solche Institution zu verfügen.[3] Parlamente wieder abzuschaffen, gilt denn auch so gut wie nirgends als erstrebenswert.

1. Zielsetzung

Diese weltweite Verbreitung von Parlamenten ist erstaunlich und schafft Erklärungsbedarf. Schließlich sind zeitgenössische Parlamente recht junge Institutionen rein europäischer Abkunft: ihre Frühformen verlieren sich jenseits des 12. Jahrhunderts[4]; die für sie heute typische Bestellung durch mehr oder minder allgemeine Wahlen geht erst auf das 19. Jahrhundert zurück; und weltweit durchgesetzt haben sie sich erst in diesem Jahrhundert. Nimmt man eine rund 4500 Jahre währende Geschichte von Staatlichkeit an[5], so erweisen sich Parlamente als recht späte Entdeckungen politischer Organisationskunst. Dies gilt erst recht, wenn man den Blickwinkel hin zur neolithischen Revolution weitet: spätestens beim Übergang zur Seßhaftigkeit entstand Bedarf an Institutionen, welche verläßlich die Herstel-

1 Der in diesem Beitrag benutzte Parlamentsbegriff wird im Abschnitt III/1 expliziert. Zur Begriffsgeschichte siehe *Hans Boldt*, Parlamentarismus, in: *Otto Brunner* u.a. (Hrsg.), Geschichtliche Grundbegriffe. Historisches Lexikon zur politisch-sozialen Sprache in Deutschland, Bd. 4, Stuttgart 1978, S. 649–676.

2 Unter den in „The Statesman's Year Book" aufgelisteten Staaten hatten zu Anfang der 90er Jahre weniger als 15% kein Parlament; siehe *Philip Norton* (Hrsg.), Parliaments in Western Europe, London 1990, S. 1. *Norton* fährt fort: „The number of countries that never had one (predominantly in the Middle East) can be counted on one's fingers. Legislatures predominate on every continent. Indeed, wherever there is an inhabited land mass, there is usually a legislature. Even Pitcairn Islands, with fewer than 100 inhabitants, has one".

3 „Any organization so venerable and so prevalent must perform some very basic political functions", formulierten *Gerhard Loewenberg/Samuel C. Patterson*, Comparing Legislatures, Lanham u.a. 1979, auf S. 7.

4 *Colin Wells*, Das Römische Reich, München 1985, berichtet allerdings auf S. 266 von einem „Landtag der Städte Kleinasiens, der schon vor Augustus bestand" und „die Interessen der Städte gegenüber Rom und – später – dem Kaiser" vertrat. Siehe auch *Jürgen Deininger*, Die Provinziallandtage der römischen Kaiserzeit von Augustus bis zum Ende des dritten Jahrhunderts n. Chr., München 1965, und *Jakob A. Larsen*, Representative Government in Greek and Roman History, 1955.

5 Vgl. hierzu *Roman Herzog*, Staaten der Frühzeit. Ursprünge und Herrschaftsformen, München 1988.

lung und Durchsetzung allgemein verbindlicher Regelungen beziehungsweise Entscheidungen gewährleisten.[6]

Eine historisch orientierte politikwissenschaftliche Komparatistik könnte eine Fülle von institutionellen und prozeduralen Lösungsversuchen der dabei auftretenden Probleme darlegen. Erstaunlicherweise war die Spannweite *grundlegender* politischer Ordnungsformen allerdings relativ schmal; *Bernard Crick* etwa kommt auf deren nicht mehr als zwölf.[7] Hierfür mögen die Natur der Sache, nämlich die institutionenformende Eigenlogik politischer Prozesse, sowie beschränkte menschliche Erfindungskraft hinsichtlich politischer Ordnungsformen ursächlich sein. Einmal gefundene und bewährte institutionelle Lösungen scheinen nämlich eher angepaßt und weiterentwickelt als einfach ersetzt zu werden. Der heute so verbreitete Institutionstyp des Parlaments müßte also von Anfang an ein erhebliches Entwicklungspotential besessen haben. Spät enstanden, bewährte er sich, stellte zusätzlich wünschenswerte Nutzungsmöglichkeiten unter Beweis und wurde zum Standardelement von System- und Verfassungsdesigns.

Sollte mit diesem Siegeszug nicht der Institutions*typ* selbst zu tun haben? Liegt nicht die Vermutung nahe, daß ein Parlament zu besitzen einem politischen System Entwicklungs- und Überlebensvorteile bietet? Dürfte darum nicht das Studium von Parlamenten und ihrer vielfältigen Einbettung in ganz verschiedene Typen politischer Systeme den Schlüssel dazu bieten, die Bestandskraft und Funktionslogik unterschiedlicher politischer Ordnungsformen besonders gut zu verstehen?

2. Zum Forschungsstand

Alles in allem ist die vergleichende Parlamentarismusforschung[8], nach etlichen Jahren von Zurückhaltung und vielleicht auch Stagnation, auf internationaler Ebene wieder in eine

6 Politik wird im folgenden stets verstanden als jenes menschliche Handeln, das auf die Herstellung und Durchsetzung allgemein verbindlicher Regelungen beziehungsweise Entscheidungen in und zwischen Gruppen von Menschen abzielt. Eine ausführliche Diskussion dieses Politikbegriffs findet sich in *Werner J. Patzelt*, Einführung in die Politikwissenschaft, 2. Aufl. Passau 1993, S. 13–22.

7 *Bernard Crick*, Grundformen politischer Systeme. Eine historische Skizze und ein Modell, München 1975, S. 15–98.

8 Immer noch eine der besten Einführungen in ihre Aufgaben, Denkweisen und Methoden gibt *Gerhard Loewenberg*, Comparative Legislative Research, in: *Samuel C. Patterson/John C. Wahlke* (Hrsg.), Comparative Legislative Behavior: Frontiers of Research, New York 1972, S. 3–21. Überblicke zur Forschungsentwicklung sind *Heinz Eulau*, Introduction: Legislative Research in Historical Perspective, in: *Gerhard Loewenberg* u.a. (Hrsg.), Handbook of Legislative Research, Cambridge/Mass. 1985, S. 1–12, und *Suzanne S. Schüttemeyer*, Vergleichende Parlamentarisforschung, in: *Dirk Berg-Schlosser/Ferdinand Müller-Rommel* (Hrsg.), Vergleichende Politikwissenschaft. Ein einführendes Handbuch, Opladen 1987, S. 169–184. Zum Stand der deutschen Parlamentarismusforschung bis zum Beginn der achtziger Jahre siehe *Heinrich Oberreuter*, Legitimation durch Kommunikation. Zur Parlamentarismusforschung in der Bundesrepublik Deutschland, in: *Jürgen W. Falter* u.a. (Hrsg.), Politische Willensbildung und Interessenvermittlung, Opladen 1984, S. 238–253; zur internationalen Parlamentarierforschung bis zum Beginn der 90er Jahre: *Werner J. Patzelt*, Der Abgeordnete – ein unbekanntes Wesen? Bericht über das Schrifttum zur Abgeordnetenforschung, in: Neue Politische Literatur 36, 1991, S. 76–118. Im übrigen spiegelt sich die Entwicklung der deutschen Parlamentarismusforschung auf das beste in den 25 Jahrgängen der ZParl.

Phase des Aufschwungs gekommen.[9] Ganz allgemein wurden Institutionen als wichtige Gegenstände politikwissenschaftlicher Forschung wiederentdeckt, und im besonderen ist keine Rede mehr vom ‚Abstieg und Verfall der Parlamente'.[10] Im Gegenteil spielen Parlamente nach den Demokratisierungsprozessen der siebziger und achtziger Jahre in Südeuropa und Südamerika, gar erst seit der tastenden Neubegründung parlamentarischer Demokratie in den ehedem realsozialistischen Diktaturen, eine wichtigere Rolle denn je. Ob diese Blüten Frucht tragen werden, bleibt zwar abzuwarten. Doch das dort so unerhoffte Aufblühen des Parlamentarismus analytisch zu begleiten, gab der vergleichenden Parlamentarismusforschung wichtige Anstöße.[11]

Natürlich hat sie sich zunächst einmal, als *empirische* Parlamentarismusforschung, ihrer Gegenstände zu vergewissern. Das erste Ziel muß darum sein, Ausgangsdaten zu erarbeiten beziehungsweise eine laufende Berichterstattung über die Entwicklung bestehender Parlamente sicherzustellen: In welche Verfassungsgefüge sind sie eingebettet? Wie sind sie institutionell ausgeformt? Welche Verfahrensregeln prägen sie? Wie entwickelt und verfestigt sich, mit welchen Folgen, welche Rolle des Parlamentariers? Wie sind Parlamente und Gesellschaft vernetzt, und wie wird in diesem Netzwerk welcher Austausch von Informationen, Meinungen, Wünschen und Argumenten bewerkstelligt? Als Antwort auf diese Fragen braucht es Sammlungen von Rechtsnormen, Institutionen- und Verfahrenskunde, statistische Daten über Parlamente und Parlamentarier. Sodann geht es um, vor allem in qualitativen Forschungsdesigns zu gewinnende, ‚dichte Beschreibungen' der Alltagswelt und Alltagspraxis von Parlamentariern.[12] Zumal diese letztere Aufgabe wird, allenfalls mit Ausnahme des US-Kongresses, international wie national noch sehr unbefriedigend erfüllt. Alles in allem weist schon die idiographisch orientierte Parlamentarismusforschung erhebliche Defizite auf und erschwert von daher vergleichende Untersuchungen.

Zu vergleichen oder wenigstens auf Vergleichszwecke hin zu arbeiten, verlangt nach gemeinsamen Kategorien.[13] Und erst wenn in theoretischen Aussagen auf den Punkt gebracht

9 Äußere Anzeichen hierfür sind die 1991 erfolgte Begründung des Research Committee of Legislative Specialists innerhalb der International Political Science Association, sowie das Erscheinen einer Reihe wertvoller Sammelbände zur vergleichenden Parlamentarismusforschung allein im Jahr 1994, nämlich: *Attila Ágh* (Hrsg.), The First Steps. The Emergence of East Central European Parliaments, Budapest 1994; *Gary W. Copeland/Samuel C. Patterson* (Hrsg.), Parliaments in the Modern World: Changing Institutions, Ann Arbor 1994; und *Lawrence D. Longley* (Hrsg.), Working Papers on Comparative Legislative Studies, Appleton 1994.

10 Vgl. *Gerhard Loewenberg* (Hrsg.), Modern Parliaments: Change or Decline? Chicago 1971.

11 Verwiesen sei nur auf zwei Sammelbände: *Ulrike Liebert/Maurizio Cotta* (Hrsg.), Parliament and Democratic Consolidation in Southern Europe, London/New York 1990, und *Ágh*, First Steps, a.a.O.

12 Der Begriff der ‚dichten Beschreibung' stammt aus dem Bereich der qualitativen Sozialforschung. Gemeint sind sorgfältige Schilderungen des jeweiligen Gegenstandes anhand der Kategorien einer von ihm selbst abgeleiteten und ihm darum gewissermaßen auf den Leib geschneiderten gegenstandsbezogenen Theorie (‚grounded theory'). Siehe etwa *B.G. Glaser/A. Strauss*, The Discovery of Grounded Theory: Strategies for Qualitative Research, Chicago 1967; *dies.*, Die Entdeckung gegenstandsbezogener Theorie: Eine Grundstrategie qualitativer Sozialforschung, in: *Chr. Hopf/E. Weingarten* (Hrsg.), Qualitative Sozialforschung, Stuttgart 1979, S. 91–111.

13 Vgl. *Loewenberg*, Comparative Legislative Research, a.a.O., S. 4f: „Comparative research imposes a concern with theory, because comparison can take place only within a common theoretical framework. The failure to undertake extensive comparative research has permitted the neglect of theory".

wurde, was vergleichende Parlamentarismusforschung zutage förderte, hat diese zu Ergebnissen jenseits ‚paralleler Idiographie' geführt. Im Bereich der *Theoriebildung*[14] ist die Parlamentarismusforschung aber auch nicht von Schwächen frei.[15]

‚Theorie des Parlamentarismus' entpuppt sich nämlich oft genug als Systematisierung historischer Prozesse oder als normativer Entwurf der ‚eigentlichen' Aufgaben von Parlamenten beziehungsweise der hierfür nötigen Strukturen.[16] Beides ist lehrreich, verhilft mitunter zu praxisnützlicher Kritik, erfüllt aber nicht die der Theorie im empirischen Forschungsprozeß zukommende Funktion. Hierfür sind theoretisch unterfangene Klassifikationen von Parlamenten[17] viel nützlicher, desgleichen entsprechende Kataloge der Parlamentsfunktionen.[18] Beides liefert nützliche Auswahl- und Vergleichskriterien beziehungsweise weist den direkten Weg zu empirischen, vergleichenden Untersuchungen. Doch eine einladende Brücke hin zu Theorien der Funktionslogik politischer Systeme insgesamt und zu Kategorien des Systemvergleichs wurde noch nicht geschlagen.[19]

Potentiell am fruchtbarsten war diesbezüglich das Konzept des *legislative system*, das vor über drei Jahrzehnten *John C. Wahlke* und andere vorlegten[20]: im Rahmen der soziologischen Rollentheorie wurden Parlamente als komplexe Rollenstrukturen verstanden, die ihrerseits

14 Vgl. *Werner J. Patzelt*, Formen und Aufgaben von ‚Theorieforschung' in den Sozialwissenschaften, in: Ethik und Sozialwissenschaften 4, 1993, S. 111–123.

15 „Kaum Theorie, bloß Kumulation, dazwischen wenig echter Vergleich" – so bilanziert *Schüttemeyer*, Vergleichende Parlamentarismusforschung, a.a.O., auf S. 173. Und *Philip Norton*, Parliaments in Western Europe, a.a.O., S. 1, kam unlängst zum Ergebnis, es gelte trotz vielerlei Detailkenntnissen über zumal westliche Parlamente: „We know relatively little about legislatures as a particular species of institution. Country-specific knowledge has not been assimilated on any comprehensive and systematic basis to allow a substantial body of generalizations to be drawn".

16 Vgl. die zusammenfassende Darstellung von *Kurt Kluxen*, Zur Theorie des Parlamentarismus, in: *ders.*, Geschichte und Problematik des Parlamentarismus, Frankfurt 1983, S. 175–196. Eine adäquate und fruchtbare, doch weitgehend nicht systematisch explizierte Theorie des Parlamentarismus findet sich hingegen in *Heinrich Oberreuter*, Kann der Parlamentarismus überleben? Bund-Länder-Europa, 2. Aufl. Zürich 1987.

17 Siehe *Jean Blondel*, Comparative Legislatures, Englewood Cliffs 1973, S. 136ff.; *Michel Mezey*, Comparative Legislatures, Durham 1979; *Nelson W. Polsby*, Legislatures, in: *F.J. Greenstein/ders.* (Hrsg.), Handbook of Political Science, Bd. 5, Reading/Mass. 1975, S. 257–319, v.a. S. 262–277; und *Winfried Steffani*, Amerikanischer Kongreß und deutscher Bundestag – ein Vergleich, in: *ders.*, Parlamentarische und präsidentielle Demokratie, Opladen 1979, S. 327–345, bzw. *ders.*, Das präsidentielle System der USA und die parlamentarischen Regierungssysteme Großbritanniens und Deutschlands im Vergleich, ebenda, S. 61–104.

18 Siehe entsprechende Diskussionen in *Oberreuter*, Kann der Parlamentarismus überleben?, a.a.O., S. 44–50; *Robert A. Packenham*, Legislatures and Political Development, in: *Allan Kornberg/Lloyd D. Musolf* (Hrsg.), Legislatures in Developmental Perspective, Durham NC, 1970; und *Loewenberg/Patterson*, Comparing Legislatures, a.a.O., S. 43–67; *Steffani*, a.a.O., S. 121ff.

19 Als Überblicksdarstellungen zur vergleichenden Systemforschung siehe *Jürgen Hartmann*, Vergleichende Regierungslehre und vergleichende politische Systemforschung, in: *Berg-Schlosser/Müller-Rommel*, Vergleichende Politikwissenschaft, a.a.O., S. 25–44 (mit umfangreichen Literaturangaben); *Stein Rokkan*, Cross-Cultural, Cross-Societal and Cross-National Research (orig. 1970), in: Historical Social Research 18, 1993, S. 6–54; sowie *Richard Rose*, Comparing Forms of Comparative Analysis, in: Political Studes 39, 1991, S. 446–462.

20 *John C. Wahlke/Heinz Eulau/William Buchanan/LeRoy C. Ferguson*, The Legislative System. Explorations in Legislative Behavior, New York/London 1962.

durch – ebenso zu konzeptualisierende – Institutionen[21] wie Parteien, Interessengruppen und Verwaltungen mit der Gesellschaft vernetzt sind. Dieses Rollenmodell von Parlamenten und ihren ‚Satelliteninstitutionen' liegt – mit einigen Modifikationen – auch den folgenden Argumentationen zugrunde.[22] Leider wurde aus diesem großen Theorieentwurf vor allem die Beschreibung der Abgeordnetenrolle anhand der mißglückten Rollenkonzepte des ‚Trustee', ‚Politico' und ‚Delegate'[23] populär, weniger aber der Makro- und Mikroanalyse verschränkende *Gesamtansatz*.[24]

Der *Linkage-Ansatz* der Parlamentarismusforschung[25], der am fruchtbarsten am Rollenmodell des *legislative system* ansetzen konnte, konzeptualisierte zwar sehr wohl das Netzwerk zwischen Parlamenten und Gesellschaft. Jenes zwischen Parlamenten und Regierungen blendete er aber weitgehend aus. Dieser Verschränkungsbereich blieb darum weitgehend der Systemlehre zugewiesen, zumal der Analyse von parlamentarischem vs. präsidentiellem Regierungssystem und der Untersuchung von Konkordanzsystemen. Desgleichen sind mit einer Parlamentarismustheorie im engeren Sinn durchaus noch nicht verbunden die Theorien der wichtigsten Vernetzungsorganisationen von Parlamenten: der Parteien, der Interessengruppen, und vor allem der Massenmedien mit ihren so wichtigen Rückwirkungen – über öffentliche Meinung, Demoskopie und dadurch geprägte Wahlentscheidungen – auf die Parlamente. Die beste Integration gibt es noch mit Theorien des Wahlrechts und des Wahlverhaltens. Ebenso implizierten die Korrespondenzanalysen im Anschluß an *Miller* und *Stokes*[26] eine komplexe Mehrebenen-Theorie, indem sie Analysen politischer Ansichten im Wahlkreis auf solche des parlamentarischen Abstimmungsverhaltens bezogen. Doch einesteils war dieser Ansatz insofern theoretisch unterkomplex, als er von einer zu einfachen Modellierung der Beziehungen zwischen dem Abgeordneten und seinem Wahlkreis ausging; und andernteils läßt er sich methodisch schwer realisieren, müssen doch sowohl Daten über namentliche Abstimmungen als auch solche über die entsprechenden politischen Ansichten im Wahlkreis vorliegen.

Einzelbereiche der Abgeordnetentätigkeit, die ja den Gegenstand der Parlamentarismusfor-

21 Institutionen werden im folgenden durchweg aufgefaßt als Gefüge aus routinemäßig aufeinander abgestimmten Rollen.

22 Erstens werden Rollen im folgenden nicht nur als Rollen*orientierungen*, sondern stets auch als konkretes Rollen*verhalten* aufgefaßt; vgl. hierzu auch die forschungspraktischen Forderungen in *Loewenberg*, Comparative Legislative Research, a.a.O., S. 9. Zweitens bedarf das Rollenmodell von Wahlke et al. einiger Modifikationen, soll es nicht allein dem US-amerikanischen System angemessen sein; siehe hierzu *Werner J. Patzelt*, Wahlkreisstil und Abgeordnetenrollen: Grundzüge eines Forschungsprogramms, in: ZParl, 20. Jg. (1989), H. 1, S. 114–150.

23 Zur Kritik dieser Trias von Rollenorientierungen siehe *Werner J. Patzelt*, Wie fassen Abgeordnete ihr Amt auf? Wider zwei Legenden, in: Österreichische Zeitschrift für Politikwissenschaft 20, 1991, S. 191–211.

24 In Deutschland wurde selbst der in jener Rollentrias noch enthaltene Theoriegehalt von der eingefahrenen Debatte um ‚freies' vs. ‚imperatives' Mandat weitgehend erstickt.

25 Eine Darstellung seiner Grundgedanken findet sich in *Werner J. Patzelt*, Abgeordnete und Repräsentation. Amtsverständnis und Wahlkreisarbeit, Passau 1993, S. 46–55: ‚Die Linkage-Perspektive der Repräsentationsforschung'. Dieser Linkage-Ansatz wird beispielsweise durchgeführt in *Chong Lim Kim* u.a., The Legislative Connection: The Representative and the Represented in Kenya, Korea, and Turkey, Durham 1984, und in *Loewenberg/Patterson*, Comparing Legislatures, a.a.O., S. 167–195.

26 *Warren E. Miller/Donald E. Stokes*, Constituency Influence in Congress, in: American Political Science Review 57, 1963, S. 45–56.

schung überhaupt erst konstituiert, wurden durchaus vielfältig und gründlich untersucht.[27] Sie führten aber nur in wenigen Fällen zur Theoriebildung; vorbildliche Ausnahme ist *Richard F. Fennos* Theorie des Wahlkreisstils von Abgeordneten.[28] Solche gegenstandsnahen Teiltheorien blieben aber bislang voneinander meist isoliert. Und schon gar nicht gibt es Konsens über eine Rückbindung der genannten Fragmente einer komplexen Parlamentarismustheorie an eine überwölbende, unmittelbar zum Systemvergleich führende Repräsentationstheorie.

Unübersehbar sind also die Defizite und Desiderate im Bereich der Parlamentarismustheorie. Sie sind um so beklagenswerter, als nur Theorie die empirische Forschung zielsicher anleiten sowie die jeweils gewonnenen Ergebnisse bergen und übertragbar machen kann. Hoffentlich regt der neuerliche Aufschwung empirischer Parlamentarismusforschung, zumal er in ausdrücklich vergleichender Perspektive unternommen wird, auch die theoretische Parlamentarismusforschung an. Zu entsprechenden Anstrengungen einzuladen und ihnen Ansatz- beziehungsweise Reibungspunkte zu bieten, ist jedenfalls das Anliegen dieses Beitrags.

II. Evolutionäre Komparatistik

Die Institution des Parlaments verschafft politischen Systemen Bestands- und Entwicklungsvorteile: das ist die zentrale heuristische Hypothese.[29] Sie hat ihre Plausibilitätsgrundlage im historischen und internationalen Ausdehnungsmuster von Parlamenten, das an die Verbreitung einer evolutionär erfolgreichen Spezies erinnert.[30] Eine Erklärung dieses Musters läßt sich gewinnen, wenn man politische Systeme als erkenntnisgewinnende Systeme betrachtet.[31] Hierzu lädt die Evolutionäre Erkenntnistheorie[32] ein.

27 Vgl. den Literaturbericht von *Patzelt*, Der Abgeordnete – ein unbekanntes Wesen?, a.a.O.

28 *Richard F. Fenno*, U.S. House Members in Their Constituencies: An Exploration, in: The American Political Science Review 71, 1977, S. 883–917.

29 Sie ermöglicht es, der vergleichenden Parlamentarismusforschung komplexere Fragestellungen aufzugeben, als sie *Schüttemeyer*, Vergleichende Parlamentarismusforschung, a.a.O., auf S. 171 formuliert: „Welche Rolle spielen Parlamente im politischen Prozeß? Was können sie leisten? Womit sind sie überfordert?" Das Ziel bleibt indessen unverändert: „eine empirische Theorie des Parlamentarismus [...], die Existenz, Struktur und Funktionen von Parlament[en] erklärt" (ebenda, S. 172).

30 Als Skizze dieses Ausbreitungsmusters siehe *Loewenberg/Patterson*, Comparing Legislatures, a.a.O., S. 13–19.

31 Anklänge einer solchen Betrachtungsweise finden sich im entwicklungsgeschichtlichen Eingangskapitel von *Loewenberg/Patterson*, Comparing Legislatures, a.a.O., v.a. auf S. 10 und 19: „Like the people who serve in them, political institutions have inherited features. These are the genetic properties of legislatures which have made them distinctive and recognizable wherever they have subsequently appeared. ... But the instution is not endlessly pliable, even though it is constantly subject to changing environments. As we noted earlier, institutions have genetic characteristics. These characteristics are continously reinforced by a process called institutionalization".

32 Sie wurde begründet von *Konrad Lorenz*; siehe v.a. sein Buch: Die Rückseite des Spiegels. Versuch einer Naturgeschichte menschlichen Erkennens, München 1973 (Taschenbuchausgabe). Eine Zusammenfassung und Systematisierung ihrer Aussagen findet sich in *Gerhard Vollmer*, Evolutionäre Erkenntnistheorie, 3. Aufl, Stuttgart 1983. Ihr derzeit kreativster Verteter ist *Rupert Riedl* in seinen folgenden Büchern: Biologie der Erkenntnis. Die stammesgeschichtli-

1. Grundgedanken und komparatistische Konsequenzen der Evolutionären Erkenntnistheorie

Ihre Leitidee besteht darin, daß nur solche Organismen im Generationenwechsel zu überleben vermochten, welche die für sie bedeutsamen Merkmale ihrer Umwelt sich zu ‚in-formieren' verstanden und sich dergestalt ihrer Umwelt anpaßten. Für die unterschiedlich komplexen verhaltenssteuernden ‚Weltbildapparate'[33] der Organismen – vom Sensorium der Pflanzen bis hin zum Denkvermögen des Menschen – gilt entsprechend: sofern sie nicht für zwar selektive und perspektivische, doch für den praktischen Überlebenszweck korrekte ‚Abbildungen' der Umwelt im und für den Organismus sorgen, führen sie zum Aussterben der entsprechenden Spezies. Sowohl Weltbildapparate als auch Organismen insgesamt lassen sich darum als *unter evolutivem Anpassungsdruck erkenntnisgewinnende* Systeme auffassen. Dasselbe ist bei vielen *sozialen Systemen*[34] der Fall.

Ebenso verhält es sich mit dem *politischen* System und seinen Subsystemen. Ein durch eine bestimmte Rollenverteilung zwischen Staatsoberhaupt, Regierung und Parlament geprägtes Regierungssystem bewährt sich in verschiedenen Krisen, entwickelt sich fort, oder bricht – wie jenes der Weimarer oder der IV. Französischen Republik – unter Belastungen zusammen; und Parteien gewinnen aufgrund ihres zu den Wünschen der Wählerschaft passenden Politik- und Personalangebots Wählerstimmen, nutzen Stimmenverluste zur Personal- und Politikerneuerung, oder werden eben marginalisiert.[35]

Politische Strukturen beziehungsweise die aus ihnen aufgebauten politischen Systeme sind *erkenntnisgewinnende* Systeme in dem Sinn, daß sie immer wieder ihr Gefüge aus Institutionen und Organisationen, Ämtern und Behörden, Normen und Praktiken so umzugestalten und zu reformieren verstehen, daß sie trotz gesellschaftlichen und außergesellschaftlichen Wandels funktionstüchtig bleiben. Die Umfunktionierung bestehender Strukturen ist dafür ebenso ein Mittel wie die Umstrukturierung funktionserfüllender Systemteile, der Abbau von Strukturen ebenso wie deren funktionale oder strukturelle Ausdifferenzierung.[36]

chen Grundlagen der Vernunft, Berlin/Hamburg, 1979; und *ders.*, Die Spaltung des Weltbilds. Biologische Grundlagen des Erklärens und Verstehens, Berlin/Hamburg 1985. Versuche, die Evolutionäre Erkenntnistheorie für eine Vielzahl von Disziplinen zu erschließen, finden sich im aus dem 2. Internationalen Symposium zur Evolutionären Erkenntnistheorie hervorgegangenen Sammelband von *Rupert Riedl/Manuela Delpos* (Hrsg.), Die Evolutionäre Erkenntnistheorie im Spiegel der Wissenschaften, Wien 1995 (im Erscheinen); speziell siehe darin *Werner J. Patzelt*, Zum politikwissenschaftlichen Nutzen der Evolutionären Erkenntnistheorie.

33 Dieser Begriff bezeichnet jene biologischen Strukturen, die es Lebewesen ermöglichen, in einer auf ihr Überleben zugeschnittenen Perspektive den dafür unverzichtbaren Ausschnitt ihrer Umwelt abzubilden und zur Grundlage eigenen Verhaltens zu machen. Siehe *Lorenz*, Rückseite des Spiegels, a.a.O., S. 17ff. und passim.

34 Als soziales System wird im folgenden verstanden ein stabiles Gefüge sozialer Rollen, z. B. eine Institution oder Organisation.

35 Diese Beispiele zeigen, daß mit einer evolutionstheoretischen Forschungsperspektive keineswegs eine historizistische Geschichtstheorie verbunden sein muß. Eine solche führte ohnehin in die Irre; siehe hierzu *Karl R. Popper*, Das Elend des Historizismus, Tübingen 1979.

36 Die britische Verfassungsgeschichte seit dem Hochmittelalter zeigt, wie ein derartiger Lernprozeß eines politischen Systems mit wenigen Ausnahmen – Rosenkriege, Bürgerkrieg, Glorreiche Revolution – ohne größere Krisen verlaufen mag. Umgekehrt lehrt die französische Verfassungsgeschichte seit der Großen Revolution, wie mit rasch wechselnden Staatsstrukturen solange experimentiert werden kann, bis – im System der III. beziehungsweise V. Republik – eine

Natürlich sind im Fall politischer Systeme die Wirkungszusammenhänge zwischen einer Veränderung der Systemumwelt und der Anpassungsleistung des Systems an sie viel verwickelter als auf der Ebene von Weltbildapparaten, Organismen oder einfacheren sozialen Systemen. Einerseits sind politische Systeme nämlich ungleich komplexer als etwa mittelständische Unternehmen, und die vielfach vernetzten Rückkopplungsschleifen ihrer Subsysteme führen immer wieder zu chaotischem Systemverhalten. Andererseits können sich politische Systeme aus zwei Gründen mindestens zeitweise gegen umstrukturierenden Erkenntnisgewinn wappnen, weswegen sie nur im Prinzip und auf mittlere Frist, nicht aber in jedem Einzelfall erkenntnisgewinnende Systeme sind.

Weil das politische System oft ein faktisches Monopol an legitimer Zwangsgewalt besitzt, vermag es im großen Umfang materielle Ressourcen zu monopolisieren.[37] Der Einsatz der so gewonnenen Mittel wird dann wenigstens zeitweise eine unzulängliche Umweltanpassung abpuffern.[38] *Karl W. Deutsch* sprach hiervon, als er Macht definierte als die Chance, nicht lernen zu müssen.[39] Freilich zeigt beispielsweise der Zusammenbruch der realsozialistischen Staatenwelt, daß der Versuch von Systemen, eher die Umwelt sich anzupassen als sich ihrer Umwelt, bei hinlänglich großen Diskongruenzen zwischen System und Umwelt diese Systeme nach mehr oder minder langer Zeit tatsächlich in die Gefahr der Zerstörung oder zum Zusammenbruch selbst bringt.

Das zweite zu grundsätzlichen Lernproblemen führende Merkmal politischer Systeme ist die wichtige Rolle, welche politische Traditionen, Überzeugungen und Ideologien bei der Planung, Durchführung und Legitimation politischen Handelns spielen. Dies alles stiftet zwar in einem Staatswesen Identität beziehungsweise Kontinuität und verleiht dem politischen Denken und Handeln seine nötige Stabilität. Doch zugleich wird dadurch die Suche nach Alternativen, die bereitwillige Nutzung kreativer Zufälle, die Responsivität[40] im Hinblick auf Umwelteinflüsse reduziert. Kommen beide Gründe – lernunwilliger Strukturkonservatismus und abpuffernder Einsatz monopolisierter Ressourcen – zusammen, so werden politische Systeme lernunfähig und riskieren nach gewisser Zeit die Erfahrung ‚regulierender Katastrophen'.

Kehrt man nun die Betrachtungsperspektive um, so werden gerade jene politischen Strukturen und Institutionen interessant, die entweder in den einzelnen Systemen trotz aller Systemzusammenbrüche und vielerlei Wandels von deren Gesamtstruktur überdauerten, oder die in viele andere Systeme diffundierten und sich dort erhielten. In solchen Institutionen werden nämlich (einstweilen) *bewährte* Strukturen kenntlich, die sich (bislang) als ihrer wechselnden Umwelt *angepaßt* erwiesen haben. Ein derartiger Institutionstyp sind

der zu regierenden Gesellschaft und ihren Problemen wohl angemessene politische Ordnung entsteht.

37 Vgl. hierzu *Mancur Olson*, Dictatorship, Democracy and Development, in: American Political Science Review 87, 1993, S. 567–576.

38 Analoges ist in Großunternehmen und multinationalen Konzernen zu beobachten, die hierin politischen Systemen ähnlich und an derartiger ‚Widerständigkeit' gegenüber Umwelteinflüssen ja auch vielen Staaten überlegen sind.

39 *Karl W. Deutsch*, Politische Kybernetik. Modelle und Perspektiven, Freiburg 1973. Zur Rezeption derartiger Denkfiguren in der deutschen Parlamentarismusforschung siehe auch *Uwe Thaysen*, Parlamentsreform in Theorie und Praxis. Zur institutionellen Lernfähigkeit des parlamentarischen Regierungssystems, Opladen 1972.

40 Responsivität meint die Empfänglichkeit, Anregbarkeit, Reaktionsbereitschaft und Reaktionsfähigkeit eines Systems.

zweifellos Parlamente. Sie lassen sich ganz verschiedenen Systemtypen einfügen und erbringen anscheinend in allen willkommene Leistungen. Offenbar verkörpern solche Strukturelemente politischer Systeme wichtige ‚Erkenntniszuwächse' im evolutionären Sinn und stellen – dem ‚ratiomorphen Apparat'[41] des Menschen analog – ‚in Institutionen verankerte Intelligenz' dar. Die Betrachtung solcher evolutionär gewonnener und strukturell geborgener Kenntnisse kann dann zum Leitmotiv einer vergleichenden Analyse politischer Systeme werden.

2. Fragestellungen und Nutzen einer ‚evolutionären Komparatistik'

Die typischen Fragestellungen einer ‚evolutionären Komparatistik' lauten: Warum kehren einzelne Elemente politischer Systeme in ganz verschiedenen Kulturen wieder, etwa die Vererbung von Herrschaftsbefugnissen oder eine politisch relevante Priesterschaft? Warum werden etliche Systemelemente, einmal entstanden, immer wieder in ganz unterschiedliche politische Systeme eingebaut, etwa Parlamente, Parteien und Verbände? Warum erweisen sich bestimmte Konfigurationen von Bauteilen politischer Systeme auch unter wechselnden Umweltbedingungen als stabiler denn andere? Was ist aus Antworten auf diese Fragen über die Entwicklungs- und Konstruktionsmöglichkeiten politischer Systeme zu lernen?

Solche Fragen bringen die vergleichende Analyse politischer Systeme in die Nachbarschaft des so erfolgreich durchgeführten Anliegens von Botanik und Zoologie, durch morphologische Betrachtungen zu einer Typenbildung zu gelangen, die auch Entwicklungsstränge zu entdecken und zu rekonstruieren erlaubte. Im Rahmen einer derartigen ‚genetischen Typologie'[42] ließe sich sowohl die Beschränkung künftiger Freiheitsgrade der Systementwicklung durch die Festlegung einer Spezies auf einen bestimmten Grundbauplan erkennen, als auch verstehen, wieso die fulgurative Kombination[43] bislang getrennter Bauteile plötzlich neue, die Systemstruktur erweiternde Freiheitsgrade eröffnet und ganz neue Arten von Systemen ermöglicht. Indem diese Entwicklung als eine (möglicherweise auch) erkenntnisgewinnende verstanden wird, bei der es um das Eindringen von Systemen in neue ökologische Nischen oder um ihre Anpassung an Umweltveränderungen gehen mag, kann man eine genetische Typologie als *Protokoll des Lernens von Systemen* lesen.

Diesen in der Evolutionären Erkenntnistheorie ausgearbeiteten Gedanken gilt es nun für die vergleichende Analyse politischer Systeme nutzbar zu machen. Die Ausgestaltung der politikwissenschaftlichen Komparatistik als historisch-vergleichender Morphologie erlaubte es nämlich, sowohl über die synchron-vergleichende Analyse der Funktionslogik von politischen Systemen als auch über die diachron-vergleichende Beschreibung von Prozessen der Bildung und Verfestigung politischer Strukturen hinauszugehen. Beide Untersuchungswege

41 Vgl. *Riedl*, Biologie der Erkenntnis, a.a.O., S. 50ff.

42 Der Begriff einer *genetischen* Typologie wird gewählt, weil die ‚genetische Verwandschaft' von Systemteilen als typenbildendes Kriterium benutzt werden soll. Siehe hierzu im Abschnitt IV/1 die Diskussion der Untersuchung von Homologien.

43 Mit dem Begriff der ‚Fulguration' (von lat. *fulgur*, Blitzstrahl) bezeichnete *Konrad Lorenz* das plötzliche Entstehen neuer Systemeigenschaften, zu dem es bei der Kopplung von Systemen kommen kann, in welchen selbst die neuen Eigenschaften nicht einmal in Ansätzen vorhanden waren; siehe *Lorenz*, Rückseite des Spiegels, a.a.O., S. 47–55.

bleiben zwar unverzichtbare Grunddisziplinen der Komparatistik. Doch es würde überdies möglich, die Evolution und Ausbreitung politischer Strukturen, etwa von Parlamenten, analog der Evolution und Ausbreitung beispielsweise der Wirbeltiere zu verstehen. Konkret wäre zu diesem Zweck im historisch-interkulturellen Vergleich nachzuzeichnen, wie unter besonderen Umweltbedingungen bestimmte grundlegende Systemelemente entstehen; wie diese dann die Funktionslogik des jeweiligen Systemtyps so prägen, daß der künftigen Systementwicklung bestimmte Rahmenbedingungen vorgegeben und Freiheitsgrade beschnitten werden[44]; wie sich sodann innerhalb eines Grundbauplans unter spezifischen Umweltbedingungen verschiedene Varianten des gleichen Typs politischer Systeme herausbilden; wie sich unter dem Einfluß bestimmter Umwelteinwirkungen diese Varianten beziehungsweise einzelne ihrer Bauteile entweder weiterentwickeln oder so spezialisiert werden, daß sie nur in ökologischen Nischen überleben können beziehungsweise in ihren evolutiven Sackgassen durch ‚regulative Katastrophen' zugrunde gehen. Darüber hinaus wäre die auch Systemwechsel überdauernde Präsenz einzelner Systemelemente sowie deren Verbreitung in neuen Systemumwelten durch Institutionenexport beziehungsweise durch Nachahmung zu studieren, womit gegebenenfalls wieder die erstgenannte Untersuchungsaufgabe erreicht wäre.[45]

Eine solchermaßen *evolutionär-morphologische* Analyse politischer Systeme stellt natürlich nur eine neu akzentuierte Perspektive auf die klassischen Gegenstände der vergleichenden Erforschung politischer Systeme dar. Eben dieser Perspektivenwechsel ist aber wertvoll, denn es sollte wohl möglich sein, durch eine den gewiesenen Bahnen folgende systematische Sekundäranalyse des reichlich vorhandenen anthropologischen, geschichts-, rechts- und politikwissenschaftlichen Schrifttums über die verschiedensten historischen und zeitgenössischen politischen Systeme in überschaubarer Zeit wenigstens zu einer ersten Skizze einer solchen genetischen Typologie politischer Systeme zu gelangen. Dies wäre um so wünschenswerter, als sich mögliche Grundmuster und Regelmäßigkeiten der Evolution politischer Systeme wegen deren großer Komplexität – und folglich Individualität – nur auf der Grundlage großer Fallzahlen verglichener Systeme feststellen lassen, eine Vielzahl von Systemen nur im Rahmen einer Typologie überschaubar ist, diese aber ihren vollen Nutzen bloß dann entfaltet, wenn sie gerade die *strukturell verfestigten Erkenntniszuwächse* der Systemevolution faßbar macht.

III. Elemente einer komplexen Parlamentarismustheorie

Die Institution des Parlaments gibt es inzwischen in den unterschiedlichsten Gesellschaften, Kulturen und politischen Systemen. Selbst wohin sie, wie im Fall der afrikanischen Staaten, durch Institutionenexport gelangte, bedarf sie meist keiner erzwingenden Aufrechterhaltung mehr. Also muß die von ihr für ein jeweiliges politisches System erbrachte Leistung, der in ihr geborgene evolutive Erkenntnisgewinn, die in ihr ‚institutionell verankerte Intelligenz',

44 Hier ist von den aristotelischen Ursachenformen der *causa formalis* und der *causa materialis* die Rede; siehe *Riedl*, Spaltung des Weltbildes, a.a.O., S. 80–98 und *Werner J. Patzelt*, Sozialwissenschaftliche Forschungslogik, München/Wien, S. 174f.

45 Im Abschnitt III/2 wird dieser Katalog von Forschungsaufgaben skizzenhaft auf die vergleichende Analyse von Parlamenten angewandt.

wohl nennens- und untersuchenswert sein. Und allem Anschein nach erlaubte die Entstehung von Parlamenten das Aufkommen und die Entwicklung ganz neuer Typen politischer Systeme mit bis dahin unerreichten und heute faktisch konkurrenzlosen Eigenschaften.[46]

1. Begriffsklärungen

Im folgenden wird ein recht umfassender Parlamentarismusbegriff benutzt.[47] Als *Parlament* im weiteren Sinn[48] soll nämlich verstanden werden jede zu Beratungen zusammentreffende politische *Vertretungskörperschaft*, und zwar unabhängig davon, wie sie heißt, zustande kommt, arbeitet und welche Macht sie hat. Zentrales Kriterium ist, daß es sich um eine Institution handelt, die sich zwischen die Regierten und die regierenden Inhaber der Exekutivgewalt geschoben hat, welche die Regierten also gewissermaßen mediatisiert und dabei – zumindest dem Anspruch nach – einen beträchtlichen Teil gesellschaftlicher Inputs in das politische System übermittelt.[49]

Um den benutzten Begriff des *Parlamentarismus* darzulegen, soll vom engstmöglichen Parlamentarismusbegriff ausgegangen und dieser dann schrittweise erweitert werden. Jener engste Begriff ist der des *parlamentarischen Regierungssystems*. Es liegt vor, wenn die Regierung eines Staates aus dessen Parlament hervorgeht, von der Mehrheit des Parlaments getragen wird und mit ihr verbunden bleibt.[50] Weiter ist schon der Begriff der *parlamentarischen Demokratie*. Sie besteht, wenn demokratisch gewählte Parlamente auf die Regierungspolitik Einfluß nehmen können. Dies ist offenkundig nicht nur im parlamentarischen Regierungssystem, sondern auch in (semi-)präsidentiellen Regierungssystemen und in Konkordanzdemokratien der Fall. Noch weiter ist der Begriff der *parlamentarischen Oligarchie*. Er bezeich-

46 Von selbst versteht sich, daß gemeinsam mit dem Typ eines politischen Systems, in dem ein Parlament operiert, sich auch dieses wandelt: nicht nur der Teil wirkt auf das Ganze, sondern auch das Ganze auf seine Teile ein. Doch die Existenz eines neuen und dann beibehaltenen Subsystems beschneidet der Entwicklung des Gesamtsystems ihre Freiheitsgrade.

47 So verfährt auch *Schüttemeyer*, Vergleichende Parlamentarismusforschung, a.a.O., S. 170. Die Plausibilität der folgenden Argumentation sollte von einer Zustimmung zu den eingeführten Arbeitsdefinitionen freilich unabhängig sein.

48 Am Ende des Abschnitts III/3 wird überdies der Begriff des ‚Parlaments im engeren Sinn' eingeführt, welcher dem üblichen politikwissenschaftlichen Wortgebrauch entspricht.

49 Dieser Parlamentsbegriff entspricht weitgehend jenem, den *Antonio Marongiu* bei seiner vergleichenden Untersuchung mittelalterlicher Parlamente benutzte. Auch dessen Abgrenzungskriterium war „the exclusion of any direct and immediate participation by the inhabitants in the government because of the size of the territory, and hence the need of forms of representation"; siehe *Antonio Marongiu*, Medieval Parliaments. A Comparative Study. London 1968 (italienische Originalausgabe 1949), S. 48. *Marongius* Gesamtwürdigung dieses neuen Institutionstyps paßt vollständig zu den Leitgedanken der Linkage-Perspektive der Parlamentarismusforschung: „Once the new institution had arisen, it tended to act as an institutional link between the king and his subjects, while its members acted as personal links between all the subjects and the general representative body. By now this assembly or parliamentary institution was an important element in the organisation of the state. Its convocation and sessions assumed an entirely different value ...: it signified the recognition and exercise of the principle of representation, combined with those of collaboration and consent" (ebenda, S. 46).

50 Implizit wird zwar eine demokratische Wahl dieses Parlaments unterstellt; sie ist in systematischer Hinsicht aber nicht zwingend erforderlich, falls es nur um Parlamentarismus, nicht aber um parlamentarische Demokratie geht.

net politische Systeme, in denen es einflußreiche Vertretungskörperschaften gibt, die allerdings nicht in demokratische Willensbildungsprozesse eingebettet beziehungsweise von solchen unabhängig sind. Unter diesen Begriff fallen auch politische Systeme mit Ständevertretungen. Am umfassendsten ist der Begriff des *Parlamentarismus*. Er bezeichnet den Sachverhalt, daß es in einem politischen System eine Vertretungskörperschaft gibt, und zwar ganz unabhängig davon, ob sie politischen Einfluß hat oder – als *minimal legislature*[51] – machtlos und gegebenenfalls auch ohne gesellschaftliche Wertschätzung ist.[52]
Zentral für die hier vertretene Betrachtungsweise ist ferner die grundsätzliche Unterscheidung des *Repräsentations*prinzips vom *Demokratie*prinzip. Demokratie bezeichnet eine politische Ordnungsform, in der die Regierten durch Auswahl unter konkurrierenden Politik- beziehungsweise Personalangeboten auf die Regierenden und deren Ausübung politischer Herrschaft Einfluß nehmen können. Repräsentation meint indessen eine besondere, des Demokratieprinzips durchaus *nicht* bedürfende Form gesellschaftlicher Arbeitsteilung.[53] Beide Prinzipien entstanden voneinander unabhängig. Doch ihre – erst spät zustande gekommene – *Verbindung* ermöglichte die Entwicklung einer ganz neuen ‚Baureihe' äußerst leistungsfähiger politischer Systeme.

2. Gesellschaftliche Arbeitsteilung, Systembildung und der Aufstieg von Vertretungskörperschaften

a. Arbeitsteilung und Systembildung

Politik entstand zur Bewältigung der Aufgabe, halbwegs komplexe Gesellschaften mit den für sie nötigen Regeln und Entscheidungen zu versorgen. Politische Strukturen entwickelten sich also im Zug immer weiter ausdifferenzierter gesellschaftlicher Arbeitsteilung.[54] Mit der Zunahme gesellschaftlicher Komplexität steigt nämlich der Bedarf an Koordination und an verläßlichen Regeln, die solche Koordination überhaupt erst möglich machen. Die praktisch wie analytisch zentrale Frage lautet dann: Wie ist es möglich, daß eine große Anzahl unterschiedlich interessierter und verschieden spezialisierter Menschen überhaupt zu konzertiertem Handeln und zu einer gewissen Stabilität der dafür nötigen Verfahrensweisen und Spielregeln gelangt? Organisiert man, in praktischer Antwort auf diese Frage, die Herstellung und Durchsetzung der nötigen Regeln arbeitsteilig, so müssen sich nicht mehr alle Mitglieder einer Gesellschaft, gewissermaßen parallel zu ihren ‚eigentlichen Aufgaben', darum annehmen. Das wiederum erlaubt produktivitätssteigernde Spezialisierung auf Einzel-

51 Siehe *Mezey*, Comparative Legislatures, a.a.O.
52 Bisweilen wird im folgenden aus rein sprachlichen Gründen statt ‚Parlamentarismus' auch ‚parlamentarisches System' formuliert. Dieses darf aber keinesfalls mit dem parlamentarischen *Regierungs*systems verwechselt werden.
53 Hierzu siehe den Abschnitt III/3.
54 Diese trotz (oder wegen?) ihrer Offensichtlichkeit bislang selten thematisierte Tatsache machte zur Grundlage einer soziologischen Repräsentationstheorie *Johannes Weiß*, Stellvertretung. Überlegungen zu einer vernachlässigten soziologischen Kategorie, in: Kölner Zeitschrift für Soziologie und Sozialpsychologie 36, 1984, S. 43–55. Sie trägt auch die Argumentation in Polsby, Legislatures, a.a.O., S. 262ff.

aufgaben und führt zur weiteren Steigerung gesellschaftlicher Komplexität und somit zu einem Mehrbedarf an Koordinierung.[55]
Das auf dessen Befriedigung spezialisierte gesellschaftliche Teilsystem ist das politische System. Je nach dem Umfang und der Komplexität der zu regierenden Gesellschaft, je nach ihrer wirtschaftlichen Grundlage, technischen und geistigen Kultur, je nach den halbwegs regelmäßig durch Politik zu bewältigenden Aufgaben sowie geprägt von einer Vielzahl weiterer Faktoren nimmt das politische System dabei die – durchaus überschaubare – Vielfalt der aus Geschichte und Gegenwart bekannten Ordnungsformen an. Aufgabe der vergleichenden Systemforschung ist es, diese Vielfalt zu dokumentieren und zu klassifizieren, konkordanz- wie differenzanalytisch die in ihnen getesteten *Grundmöglichkeiten* politischer Arbeitsteilung zu diagnostizieren, und hieraus Lehren für die zeitgenössischen Aufgaben von Systembildung und Systemreform abzuleiten.
Die Grundform politischer Arbeitsteilung ist stets die zwischen wenigen Regierenden und vielen Regierten. Gewinnt diese grundlegende Rollenteilung Stabilität, so vollziehen sich weitere Schritte politischer Arbeitsteilung und der Ausdifferenzierung von Subsystemen. Beispielsweise entwickeln sich um den Herrscher feste Strukturen einer Gefolgschaft oder eines Hofes, die hinsichtlich der jeweiligen Positionsinhaber weitgehend invariant sind. Oder es entstehen mehr oder minder leistungsfähige Verwaltungsapparate, die bestimmt schon im pharaonischen Ägypten nach *Parkinsons* Gesetzen weiterwuchsen. Desgleichen verfestigen sich unter den Regierten politisch relevante Interaktionsmuster. In Rom erwartete etwa die *plebs* von den konkurrierenden Eliten *panem et circenses*, und sie akklamierte ihnen, verweigerte die Unterstützung oder ließ sich politisch funktionalisieren. Im europäischen Mittelalter wünschten Grundhold oder Bürger den Schutz und die Fürsorge des Grund- oder Stadtherrn, dessen Autorität man bei gesicherter Wohlfahrt nicht bestritt. Und bis zur Neuzeit organisierte sich die städtische Handwerkerschaft in Zünften, um eigene Interessen im Binnenbereich zu sichern und sie auch nach außen, etwa in Kämpfen um die Stadtverfassung, gegen Übergriffe zu wahren. Für zeitgenössische demokratische Verfassungsstaaten geben die geläufigen Input/Output-Modelle politischer Systeme eine Vielzahl von Institutionen derartiger politischer Arbeitsteilung auf Seiten sowohl der Regierenden als auch der Regierten an.[56]

b. Der Aufstieg von Vertretungskörperschaften

Eine bedeutende Innovation im letztlich sehr komplexen Gefüge politischer Arbeitsteilung war das Aufkommen von Vertretungskörperschaften[57], hießen sie nun *conventus*, *colloquia*,

55 Aus diesem Sachverhalt ergibt sich das Bestehen einer Obergrenze sinnvoller Arbeitsteilung. Sie wird regelmäßig etwa in den Debatten um eine ‚Überbürokratisierung' erörtert.
56 Siehe etwa *Patzelt*, Einführung in die Politikwissenschaft, a.a.O., S. 123–142.
57 Siehe die knappe Überblicksdarstellung bei *Loewenberg/Patterson*, Comparing Legislatures, a.a.O., S. 7–42: ‚The Development of Legislatures'. Ferner sei verwiesen auf *William O. Aydelotte* (Hrsg.), The History of Parliamentary Behavior, Princeton 1977; das von *John B. Henneman* 1982 herausgegebene Sonderheft des *Legislative Studies Quarterly*; *A.R. Myers*, Parliaments and Estates in Europe prior to 1789, London 1975; sowie die in *Heinz Rausch* (Hrsg.), Die geschichtlichen Grundlagen der modernen Volksvertretung, Die Entwicklung von den mittelalterlichen Korporationen zu den modernen Parlamenten, 2 Bände, Darmstadt 1974 und 1980, versammelten Aufsätze.

curiae generales, magna concilia, stati, stamenti, cortes, états, witanagemots, Synoden, Hoftage, Ständeversammlungen oder eben *parlamentum.*[58] Mit ihnen entstand nämlich eine weitere Systemebene: sie schoben sich zwischen die Regierten und die Regierenden, und in das Gefüge politischer Arbeitsteilung gelangte ein weiterer Akteur.[59] Ungleich Institutionen wie ‚Hof' oder ‚Bürokratie' waren Vertretungskörperschaften nicht vom Herrscher schlechterdings abhängig, standen doch hinter ihnen Machtpotentiale, die sich auch gegen diesen mobilisieren ließen: die Ressourcen des eigenen Herzogtums oder Hochstifts, und die Steuerkraft der repräsentierten Stadt. Solche Versammlungen waren also Machtfaktoren oder konnten es zumindest werden. Hierfür scheint vor allem die Durchsetzung des freien Mandats der entscheidende Faktor gewesen zu sein: unter mittelalterlichen Kommunikationsbedingungen erlaubte nur es ein flexibles politisches Taktieren und ein Machtchancen rasch nutzendes Agieren.[60]

Analytisch betrachtet, entstehen mit dem Aufkommen einer Vertretungskörperschaft in einem politischen System wenigstens drei zusätzliche Ansatzpunkte einer weiteren Ausdifferenzierung vermittelnder Subsysteme. *Erstens* müssen nun die Beziehungen zwischen Herrscher beziehungsweise Regierung und Vertretungskörperschaft geregelt werden.[61] Wo nämlich zwei Akteure im zentralen politischen Entscheidungssystem miteinander auskommen müssen, entstehen komplexe Wechselwirkungen. Man kann sie auf den Begriff der ‚Antizipationsschleife' bringen: A antizipiert mögliche Reaktionen von B und modifiziert im vorhinein sein Verhalten, was allerdings auch B verhaltensändernd antizipieren kann, und so wiederum A. Derart komplexe Beziehungen bedürfen rasch eingespielter Verfahrensweisen. Diese wiederum werden sinnvollerweise auch strukturell abgesichert, etwa durch gemeinsame Sitzungen oder Ausschüsse. Vor allem gibt es, solange der Herrscher beziehungsweise die regierenden Elite zumindest ein Stück weit von einer Vertretungskörperschaft abhängig ist, den Zwang zum Verhandeln und zur Kompromißfindung. Das aber heißt: Parlaments-

58 *Polsby,* Legislatures, a.a.O., gibt auf S. 282 drei Vorbedingungen für deren Entstehen an: „(1) the spread of prosperity sufficient to make widespread taxation feasible as a method of supporting central government; (2) the spread of arms sufficient to make it necessary for the central government to bargain over, rather than unilaterally impose, tax burdens; (3) some readiness to bargain about the rational restriction of arms and the supply of services to the populace". *Loewenberg/Patterson,* Comparing Legislatures, a.a.O., S. 9f, argumentieren ergänzend: „Today's legislatures arose in response to the need for communication among the scattered holders of power in medieval Europe, a need which could be met only by assembling representatives of the principal social groups at the king's palace. In the societies of that time, kings generally could not coerce their most powerful subjects. Consulting leaders to obtain their consent was the only way of conducting effective central government. Assemblies therefore arose from the need to represent the principal social groups in a territory, including its many separate communities, and from the need for consultation and consent on government policy. From the start, state building and consent to policy were the functions of assemblies; a representative membership and taking collective actions through the use of distinctive procedures were their structural characteristics".

59 *Polsby,* Legislatures, a.a.O., S. 301, nennt Vertretungskörperschaften entsprechend „an independent link between the populace and the government".

60 Dies wird etwa in der folgenden Vergleichsstudie herausgearbeitet: *Robert Fawtier,* Das englische Parlament und die französischen Generalstände im Mittelalter, in: *Rausch,* Geschichtliche Grundlagen, a.a.O., Bd 1, S. 346–358.

61 Ein wie weites Feld dies ist, wird sichtbar in den seit so langem geführten Diskussionen um konstitutionelle vs. parlamentarische Monarchie, um präsidentielles vs. parlamentarisches Regierungssystem, oder um Repräsentations- vs. Räteprinzip.

funktionen wie *Regierungskontrolle* und *Politikgestaltung*[62] entstehen mit dem Aufkommen von Parlamenten wie von selbst.[63]

Zweitens kann die Vertretungskörperschaft versuchen, über bloße Vertretungsverhältnisse hinaus vielfältige Wurzeln in der Gesamtgesellschaft zu schlagen. Dadurch entsteht als Parlamentsfunktion eine kontinuierliche doppelseitige *Kommunikation* von der Gesellschaft hin zum zentralen politischen Entscheidungssystem[64] und vom ihm zurück zur Gesellschaft.[65] Am deutlichsten zeigt sich dies in den Folgen eines Übergangs zur demokratischen Bestellung von Vertretungskörperschaften durch freie, allgemeine Wahlen. Diese verdichten regelmäßig die politische Kommunikation zwischen Parlament und Gesellschaft und führen, nicht zuletzt aufgrund einer Antizipationsschleife, zu einer oft sehr intensiven Wahlkreisarbeit der Parlamentarier. Die damit meist einhergehende Vernetzung von Parlamentariern mit den gesellschaftlichen Organisationen des ‚vorpolitischen Raums'[66] eröffnet überdies neue Rekrutierungs- und Sozialisationsmöglichkeiten für politische Akteure.[67]

Drittens werden sich bald um das Parlament herum ‚Satelliteninstitutionen' ausbilden, etwa intermediäre Organisationen wie Parteien und Interessengruppen. Diese vernetzen die Vertretungskörperschaft dann auch *mittelbar* mit der Gesellschaft sowie mit der Regierung und deren nachgeordneten Behörden. Im Parlament können dann vielfältige und weitverzweigte gesellschaftliche Kommunikationsverläufe auf Beratungen in zu Entscheidungen fähigen Gremien ‚herabtransponiert' werden.[68] Zumal nach der Durchsetzung des Demokratieprin-

62 Deren rechtssetzende Ausprägung ist die regelmäßig angeführte Gesetzgebungsfunktion von Parlamenten. *Loewenberg/Patterson*, Comparing Legislatures, a.a.O., ziehen auf S. 57–65 sowohl „lawmaking" als auch „policy making" unter den Oberbegriff „conflict management" als Parlamentsfunktion. Die einst von *Heinz Rausch* stipulierte ‚Iniviativfunktion' meint ebenfalls nur einen Aspekt dieser allgemeinen Parlamentsfunktion der Politikgestaltung (siehe *Heinz Rausch*, Der Bayerische Landtag in Verfassung und politischem Prozeß, in: *Reinhold Bocklet* (Hrsg.), Das Regierungssystem des Freistaates Bayern, Bd. 1, München 1977, S. 81–145, hier S. 103). Natürlich ist die Politikgestaltung in einem gewaltenteilenden System nicht allein dem Parlament, sondern auch der Regierung und ihrer Prärogative anvertraut. Desgleichen schließt die stets unumstrittene parlamentarische Gesetzgebungsfunktion ein wesentliches Agieren der Regierung nicht nur nicht aus, sondern erfordert dies sogar, zumal im parlamentarischen Regierungssystem.

63 Zur Funktionsentstehung durch Strukturbildung siehe die Ausführungen zu Beginn des Abschnitts IV.

64 Oft wird hier von der ‚Artikulationsfunktion' beziehungsweise ‚Repräsentationsfunktion' des Parlaments gesprochen.

65 Dies wird meist auf den Begriff der ‚Öffentlichkeitsfunktion' gebracht.

66 Siehe als empirische Studie eines solchen Entwicklungsprozesses *Werner J. Patzelt*, Societal Roots of New Parliaments: The Case of East Germany. Paper presented at the 16. World Congress of the International Political Science Association, Berlin 1994.

67 Bisweilen wird dem entsprechend der Begriff der ‚Rekrutierungsfunktion' von Parlamenten eingeführt.

68 *Loewenberg/Patterson*, Comparing Legislatures, a.a.O., bringen dies auf S. 44–51 auf den Begriff der *Linkage*-Funktion von Parlamenten. Auf S. 292f. formulieren sie erläuternd: „One way of viewing a political community is in terms of patterns of communication. ... Legislatures, because of their distinctive ability to link territorially scattered people with their government, promote ... common allegiance. By defining their constituencies, legislatures establish the geographic boundaries of the political system. ... In effect the process [der Entstehung des englischen Parlaments] established a pattern of communication between the government and its most influential citizens, and in so doing, gave to the participants a sense of their shared political community".

zips, und vor allem dessentwegen, entstanden in dieser Weise viele ‚Satelliteninstitutionen' der Parlamente. Parteien entwickelten sich als Akteure innerparlamentarischer Willensbildung, der Durchführung von Wahlen und der Einflußnahme auf die diesen vorausgehende politischen Meinungsbildung; Interessengruppen kamen auf als mehr oder minder schlagkräftige Organisationen zur Beeinflussung von Öffentlichkeit, Regierungen und Parlamenten; und die – allmählich sich aus den Fesseln der Zensur befreiende – Presse, seit wenigen Jahrzehnten auch die Vielzahl elektronischer Massenmedien, findet in den so vielfältig um das Parlament herum vernetzten Handlungsszenarien der Parteipolitik, des Verbandseinflusses und des Zusammenwirkens von Parlament und Regierung einen Großteil ihres publikumswirksamen Stoffes. Dadurch machen die Massenmedien, kraft einer historisch einzigartigen Anpolitisierung der Regierten, das politische Spiel derzeit erst recht komplex. Insgesamt entstanden auf diese Weise, vom Parlament ausgehend und auf das Parlament zulaufend, äußerst effiziente gesellschaftliche Interaktions- und Kommunikationskanäle.[69] Diese schaffen die Vorbedingungen einerseits der Responsivität des politischen Systems und andererseits politischer Führungsfähigkeit, was beides in demokratisch regierten Industriegesellschaften unverzichtbar ist.[70]

Durch ein derartiges institutionelles Gesamtarrangement steigt die Chance, politische Steuerungsfehler zu erkennen und zu vermeiden. Das wiederum macht es wahrscheinlicher, daß Vertrauen zu den Regierungen und eine auch belastbare Akzeptanz der ausgeübten Herrschaft als rechtens entsteht.[71] Wird die Vertretungskörperschaft über periodische freie Wahlen gar an die *unmittelbare* Zustimmungsbereitschaft der Regierten gekoppelt, so entsteht erst recht Druck daraufhin, für eine halbwegs sachgerechte Befriedigung gesellschaftlichen Steuerungsbedarfs zu sorgen. Und gelingt dies, so ist stabile Legitimität die Folge.[72]

Die dauerhafte Einrichtung einer Vertretungskörperschaft stiftet also eine Vielzahl höchst folgenreicher ‚Seiteneffekte'. Sie werden vor allem beim Vergleich mit politischen Systemen ohne Vertretungskörperschaft deutlich: eine solche zu besitzen, vermag ein politisches System, alles in allem, um ein Mehrfaches komplexer zu machen und *zugleich* steuerungsfähig zu halten. Solche Komplexitätssteigerung scheint nun ihrerseits eine Vorbedingung zu sein für die vom politischen System zu leistende Befriedigung des Steuerungsbedarfs immer komplexerer Gesellschaften. Und wohl darum verzichtet kaum eine ausdifferenzierte Gesellschaft, seit Vertretungskörperschaften bekannt wurden, auf ein Parlament.

Diese theoretischen Aussagen sollen nun durch einige historische Betrachtungen bezie-

69 Zur Analyse des hier gegebenen Kausalzusammenhanges reichen die üblicherweise herangezogenen Kategorien der Antriebs- sowie der Zweckursache (‚Weil-Motive' beziehungsweise ‚Um-zu-Motive' in der Begrifflichkeit von *Alfred Schütz)* nicht aus; vielmehr erweisen sich vor allem die Betrachtungsweisen der *causa formalis* und der *causa materialis* als erkenntniserschließend; vgl. die in Anm. 44 angegebene Literatur.

70 In der Sprache Evolutionärer Erkenntnistheorie ist auch jenes Netzwerk von ‚Satelliteninstitutionen' der Parlamente als ‚erkenntnisgewinnendes System' zu bezeichnen, welches in sich, als Vorbedingung seiner Funktionstüchtigkeit, die für sein Agieren relevanten Merkmale der gesellschaftlichen Umwelt ebenso ‚abgebildet' hat wie die Gestalt des Wals die Fortbewegungsmöglichkeiten im Wasser.

71 Hierfür ist die Rede von der ‚Legitimitationsfunktion' der Parlamente geläufig.

72 In der Sprache Evolutionärer Erkenntnistheorie läßt sich formulieren: Auf diese Weise tragen Parlamente zur Anpassung jener politischen Systeme, deren Teil sie sind, an ihre gesellschaftliche Umwelt bei; und folglich sind sie als Analoga funktionstüchtiger ‚Weltbildapparate' von Organismen aufzufassen.

hungsweise von ihnen abgeleitete Folgerungen ergänzt werden. Zum einen erlaubte es überhaupt erst die Existenz von Vertretungskörperschaften, den Grundsatz *quod omnes tangit ab omnibus tractari et approbari debet*[73] in politischen Systemen jenseits der Polis-Größe und vor dem Bestehen heutiger Kommunikationsmöglichkeiten praktisch handhabbar zu machen. Eine solche Möglichkeit wurde einerseits zu einer zusätzlichen Quelle von Legitimation des Herrscherhandelns, die sich aus der so gesicherten Zustimmungsbereitschaft der Vasallen (‚auxilium'),[74] gegebenenfalls aber auch aus der – aufgrund von Beratung (‚consilium') möglichen – größeren Sachdienlichkeit der getroffenen Entscheidungen speiste. Andererseits entstand über das – Verhandlungen und Kompromisse erzwingende – Steuerbewilligungsrecht der Vertretungskörperschaften eine Quelle jener Finanzmittel, deren eine sich verfestigende Staatlichkeit nun einmal bedarf.

Dergestalt geriet allerdings der Herrscher ein Stück weit in Abhängigkeit von der Vertretungskörperschaft – beziehungsweise von den Vertretungskörperschaften – seines Herrschaftsgebiets.[75] Durchaus auf faktische Macht der Vertretungskörperschaft, doch bald auch auf Recht und Herkommen zurückgehend, ließ sich diese prinzipielle Abhängigkeit der Regenten von Ständen oder Parlamenten in Europa nicht mehr völlig beseitigen.[76] Zwar gab es immer wieder diktatorische Intermezzi wie zuletzt jenes des Faschismus, und in den Epochen des Absolutismus und Realsozialismus gerieten Vertretungskörperschaften in Wegfall oder wurden marginalisiert. Keineswegs geschah dies aber flächendeckend, und mit historischer Elle gemessen, handelt es sich um vergleichsweise kurze Zeiten. In England verlor das Königtum ohnehin seinen Kampf gegen das Parlament. Dies machte die Bahn frei zur allmählichen Entwicklung der *Regierungsbildungsfunktion* des Parlaments und zu einer – im parlamentarischen Regierungssystem – ganz aus dem Parlament hervorgehenden Regierungsautorität.[77] Aufschlußreich ist ferner die Rolle von Vertretungskörperschaften beim Ende von Absolutismus und Realsozialismus. Finanzbedarf zwang die Französische Krone zur Wiedereinberufung der seit Generationen um eine politische Rolle gebrachten Generalstände, und im Gefolge der *von diesen* angestoßenen Revolution entstanden in mühevollen Verfassungskämpfen auf dem ganzen europäischen Kontinent Parlamente. Beim Übergang zum Post-Sozialismus wurde wiederum die Staatsmacht oft von parlamentarischen Führungspositionen aus ergriffen.

Zum anderen erlaubte es überhaupt erst die Existenz von Vertretungskörperschaften, zu-

73 Siehe hierzu etwa *Yves M.-J. Congar*, Quod omnes tangit ab omnibus tractari et approbari debet, in *Rausch*, Geschichtliche Grundlagen, Bd. 1, a.a.O., S. 115–182, und *Antonio Marongiu*, Das Prinzip der Demokratie und der Zustimmung, ebenda, S. 183–211.

74 Vgl. *Polsby*, Legislatures, a.a.O., S. 264, sowie *Norton*, Parliaments in Western Europe, a.a.O., S. 1: Vertretungskörperschaften haben „one core-defining function: they give assent, on behalf of a political community that extends beyond the executive authority, to binding measures of public policy".

75 Die in Anm. 58 zitierten Erläuterungen von *Loewenberg* und *Patterson* verweisen freilich auch darauf, daß erst eine relative Schwäche von Herrschern es Vertretungskörperschaften erlaubte, überhaupt zu Machtfaktoren zu werden.

76 Bis zum Aufkommen und Erstarken von Vertretungskörperschaften waren die meisten komplexeren politischen Systeme autoritäre Diktaturen, bei denen eine kleine Gruppe von Regierenden ohne institutionelles Widerlager sich der politischen Machtmittel bedienen konnte. Vgl. *Polsby*, Legislatures, a.a.O., S. 263f.

77 Vgl. die Beschreibung dieser Prozesse bei *Kluxen*, Geschichte und Problematik des Parlamentarismus, a.a.O., S. 15–172.

gleich weit ausgreifende und dennoch anders als durch Repression zusammenhaltbare Systeme aufzubauen. Nicht umsonst verwirklichte sich das Repräsentationsprinzip von Anfang an in den christlichen Orden des Hochmittelalters: dort galt es, weit auseinander liegende Konvente und Klöster über die Hierarchie von Provinzial- und Generalkapiteln zu integrieren und zu recht einheitlich auftretenden Akteuren zu machen.[78] Nicht minder wirksam war der systemkonstruktive Nutzen von Vertretungskörperschaften im Bereich politischer Institutionen: da die Landstände das Land weniger ‚vertraten', als vielmehr selbst *waren*, schuf ihr Zusammenwirken mit einem als legitim akzeptierten Herrscher die Voraussetzung weiträumiger politischer Integration. Deren praktische Aufrechterhaltung wurde im wesentlichen nur von der Reisefähigkeit des Herrschers oder der Ständevertreter beschränkt. Und das halbwegs regelmäßige Zusammentreten von Vertretern der Stände eines Landes oder Reiches stiftete im Lauf der Zeit überdies ein Zusammengehörigkeitsgefühl, welches die Großreiche des Altertums, die solche integrationsfördernden Vertretungskörperschaften nicht kannten, kaum je erreichten.[79]

c. Systemkonstruktive Möglichkeiten

Einmal entstanden und dann politischem Denken als Organisationsschablone vertraut, boten Vertretungskörperschaften also äußerst fruchtbare Möglichkeiten der Systemkonstruktion. In der Geschichte politischer Ordungsformen wurden sie denn auch mannigfach getestet und benutzt, wie die Klassifikationen der Parlamente etwa von *Blondel*, *Mezey*, *Polsby* oder *Steffani* zeigen.[80] Man konnte, je nach der Ausgestaltung des Zugangs zur Vertretungskörperschaft, ausgewählten Bevölkerungsgruppen, im Grenzfall allen, politische Mitspracherechte geben und sie dergestalt legitimitätssichernd in den politischen Willensbildungsprozeß einbinden. Man konnte Parlamenten Einfluß auf die gesetzlichen Grundlagen der Regierungsarbeit, auf die Regierungsarbeit selbst oder gar auf die Bestellung der Regierung geben. Man konnte Vertretungskörperschaften mittels ihrer ‚Satelliteninstitutionen' zum zentralen Knoten effizienter Kommunikationsnetze ausgestalten, welche das zentrale politische Entscheidungssystem mit allen Gesellschaftssegmenten und – über die Person der Parlamentarier – auch mit dem vorpolitischen Raum einer Gesellschaft und somit mit der Basis des politischen Systems verbanden. Als Folge dessen ließ sich, zumal bei demokratischem Bestellungsmodus der Vertretungskörperschaft, eine ziemlich gute Übereinstimmung zwischen der Regierungstätigkeit und den an diese gerichteten grundsätzlichen Erwartungen erreichen. Und selbst wenn man Vertretungskörperschaften alle echte politische Macht nahm, konnten ihre Versammlungen als Tribünen des Staatszeremoniells sowie als Stätten integrationsstiftender symbolischer Akte dienen, und vermochten ihre Mitglieder als Adressaten von Petitionen beziehungsweise als Instanzen politikfreier Bürgerhilfe legitimierend zu wirken.[81]

78 Vgl. *Marongiu*, Medieval Parliaments, a.a.O., S. 37–41: ‚The representative principle in the organisation of religious orders'.

79 Vgl. *Lowenberg/Patterson*, Comparing Legislatures, a.a.O., S. 292–299: ‚Legislatures and nation building', und *Abdo I. Baaklini/James J. Heaphey*, Legislative Institution Building in Brazil, Costa Rica, and Lebanon, Beverly Hils/London 1976, v.a. S. 5–15.

80 Siehe Anm. 17. Vgl. bei *Polsby*, Legislatures, a.a.O., auf S. 266–296 auch die Beschreibung des Nutzens, den ganz verschiedene Parlamentsarten in unterschiedlichen Systemen stiften.

81 Vgl. *Polsby*, Legislatures, a.a.O., S. 266–268.

In der Tat handelt es sich bei Parlamenten also um *multipurpose institutions*.[82] Sie bieten um so flexiblere systemkonstruktive Möglichkeiten, als schon geringe Änderungen in den Rahmenbedingungen parlamentarischer Tätigkeit die Lahmlegung oder Ingangsetzung äußerst folgenreicher Funktionsbereiche erlauben. Beides kann sogar ohne – gegebenenfalls schwer durchsetzbare – Änderungen an der *Struktur* der Vertretungskörperschaft gelingen. Zum Zweck der Lahmlegung genügt es beispielsweise, parlamentarische Strukturen durch zusätzliche Strukturen zu überlagern, so daß parlamentarische Funktionen von anderen Systemelementen übernommen werden; parlamentarische, das heißt hier: von der „Parlament" geheißenen Institution ausgehende, Tätigkeit läuft dann ins Leere. Hierfür ist das Zusammenstauchen der osteuropäischen Parlamente auf *minimal legislatures* (oder auf allenfalls *marginal legislatures*)[83] mittels Überlagerung durch die Strukturen kommunistischer Parteidiktatur ein gutes Beispiel. Umgekehrt braucht man überlagernde Strukturen beziehungsweise konkurrierende Systemelemente oft nur zu entfernen, um ein Parlament rasch wieder zu einem wichtigen politischen Akteur zu machen.[84] Der Wiederaufstieg parlamentarischer Demokratie in den nach-sozialistischen Staaten bietet hierfür bestes Anschauungsmaterial.

Sehr schnell und ohne sonderliche strukturelle Änderungen können sich also Vertretungskörperschaften, sind sie erst einmal etabliert und als Strukturelement eines politischen Systems vorhanden, auf wechselnde Aufgaben einstellen und ganz verschiedenen Gegebenheiten anpassen. Der Strukturtyp einer Vertretungskörperschaft beinhaltet also ein gewaltiges Funktions*potential*, über das zu verfügen zumindest *Chancen* bereithält. Besonders hier liegt es nahe, die Sprache Evolutionärer Erkenntnistheorie zu verwenden: Eine Vertretungskörperschaft stellt das strukturelle Ergebnis von Lernprozessen politischer Systeme dar; die dabei gewonnene ‚Intelligenz' ist einem Parlament als Institutionstyp ‚eingebaut'; und sie kann, falls die politische und gesellschaftliche Umwelt einer Vertretungskörperschaft dies erlaubt, sehr rasch genutzt werden.

82 So, als einer unter vielen, *Polsby*, Legislatures, a.a.O., S. 301–303: ‚In conclusion: legislatures as multipurpose institutions'. Seine Schlußbemerkung lautet denn auch: „What in the end seems most intriguing about legislatures is their all-purpose flexibility. They are not so efficient as a secret police in gaining for a ruling clique the short-run popular obedience that is necessary for them to govern. Yet in many systems they do the job of gaining legitimacy for government tolerably well and in addition serve as training grounds for future elites. Undoubtedly an experienced corps of experts can explore policy alternatives and select solutions to problems more expeditiously and more intelligently than a legislature, but legislatures have learned to do this, too, tolerably well and in addition can test alternatives against the demanding criterion of political acceptability in ways not readily available to experts. A modern, well-equipped army can generally stave off a revolt, but so may a legislature, by providing a regular forum fot the hearing and, occasionally, the redress of grievances. It is the fact that legislatures in different times and circumstances do all these things, and sometimes all of them at once, that makes them so baffling to the analyst. It also makes them fascinating and instructive organizations and commends them to the student of man's long and difficult struggle for self-government" (S. 302f.).

83 So die einschlägigen Begriffe von *Mezey*, Comparative Legislatures, a.a.O.

84 Natürlich läßt sich das Funktionspotential einer Vertretungskörperschaft aber nicht einfach ‚auf Knopfdruck' nutzen. Vielmehr hängt es wesentlich auch von der Kompetenz der Akteure, von sonstigen strukturellen Rahmenbedingungen und von vielerlei historischen Glücksumständen ab, ob ein Parlament in seiner neuen Funktionserfüllung wirklich *Stabilität* erreicht.

3. Grundzüge einer überwölbenden Repräsentationstheorie

Gibt es in einem politischen System eine Vertretungskörperschaft, so *kann* gesellschaftliche und politische Arbeitsteilung in Form von Repräsentation organisiert werden. Was ist damit gemeint?[85]

Repräsentation liegt nicht allein schon wegen des Bestehens einer Vertretungskörperschaft vor.[86] Allenfalls in rein formaler Weise ist dies der Fall: die Repräsentanten handeln verbindlich für die Repräsentierten. Doch in diesem Sinn repräsentiert auch eine Regierung einen Staat. Zumal für einen auf *Parlamente* fokussierten Systemvergleich ist ein so verengter Repräsentationsbegriff darum unergiebig. Außerdem sind die Wirkungszusammenhänge zwischen Repräsentanten und Repräsentierten in der politischen Wirklichkeit viel verwikkelter. Um sie zu erfassen, muß darum ein komplexerer Repräsentationsbegriff eingeführt werden. Die ihn tragende Theorie besagt, daß als Repräsentation das folgende, kunstvolle Arrangement von vielerlei Institutionen und funktional verschränkten Prozessen verstanden werden sollte:

a. Die Repräsentanten, d.h. die Mitglieder einer Vertretungskörperschaft, handeln *im Interesse der Repräsentierten* und hierbei *responsiv*.[87] Den Interessen der Repräsentierten verpflichtet, definieren sie diese aber nicht einfach nach eigener Interpretation und Überzeugung. Vielmehr legen sie Wert darauf, die Interessendefinitionen und Sichtweisen der Repräsentierten zu erfahren, und sie sind für entsprechende Bekundungen auch empfänglich beziehungsweise reagieren wenigstens auf sie. Responsivität meint also nicht, daß die Repräsentanten solchen Kundmachungen einfach folgten. Vielmehr geht es darum, sich auf diese einzulassen, und sei es in Form einer kontroversen und nicht zum Konsens führenden Diskussion. Repräsentation setzt darum zwar das Bestehen einer Vertretungskörperschaft

85 Die folgende Argumentation fußt auf jener sorgfältigen Analyse des Repräsentationskonzepts, die vor knapp dreißig Jahren *Hanna F. Pitkin*, The Concept of Representation, Berkeley/Los Angeles 1967, vorlegte. Eine Darlegung von Ansatz und Ergebnissen dieses bedeutenden Werks politikwissenschaftlicher Theorieforschung findet sich in *Patzelt*, Abgeordnete und Repräsentation, a.a.O., S. 19–40. Ganz ohne Zweifel ist *Pitkins* Buch weit mehr als „eine klug kommentierte Kollektion unterschiedlicher Repräsentationskostüme"; so *Uwe Thaysen*, Repräsentation in der Bundesrepublik, in: *ders./Roger H. Davidson/Robert G. Livingston* (Hrsg.), US-Kongreß und Deutscher Bundestag. Bestandsaufnahmen im Vergleich, Opladen 1988, S. 73–101, hier S. 73.

86 So auch – wenngleich bezogen auf systembedingte Typen von Parlamenten, nicht aber auf die *differentia specifica* zwischen Vertretung und Repräsentation – *Polsby*, Legislatures, a.a.O., S. 298: „Only for legislatures in open, specialized regimes is representation a problem. In closed regimes, as we have seen, the purpose of a legislature is essentially cosmetic, although it may also be an agency of cooptation, which increases in effectiveness as significant groups in the society are represented there. In open, unspecialized regimes there is no clear or permanent line between governors and governed or between the act of legislating and the ceremonial invocation of agreed-on customary norms, and the polity is in important aspects coextensive with the legislature".

87 Zum Responsivitätsbegriff siehe Anm. 40. Die *Art* der unter Beweis zu stellenden Responsivität läßt sich präzise und empirisch operationalisierbar in Form von vier ‚Responsivitätskomponenten' bestimmen. Es handelt sich dabei um Politik-, Allokations-, Service- und symbolische Responsivität; siehe *Heinz Eulau/Paul D. Karps*, The puzzle of representation: specifying components of responsiveness, in: *Heinz Eulau/John C. Wahlke* (Hrsg.), The Politics of Representation. Continuities in Theory and Research, Beverly Hills/London 1978, S. 55–71; vgl. auch *Patzelt*, Abgeordnete und Repräsentation, a.a.O., S. 43–46.

voraus; sie kommt aber nur zustande, wenn deren Mitglieder sich gemäß den beiden genannten Kriterien verhalten. Hingegen koppelt eine nicht den Interessen der Repräsentierten verpflichtete Vertretungskörperschaft das politische System von seiner Basis ab, und eine irresponsive Vertretungskörperschaft baut statt einer Repräsentationsbeziehung eine bloße Machtbeziehung auf: sie entscheidet zwar verbindlich für die Vertretenen, doch ohne sich um die Voraussetzungen für eine *freiwillige* Akzeptanz der Entscheidung zu kümmern.

b. Repräsentanten und Repräsentierte können *unabhängig voneinander handeln.* Die Repräsentanten sind weder normativ noch faktisch an die Willensbekundungen der Repräsentierten gebunden, sondern können sich, allerdings unter Inkaufnahme möglicher Nachteile, über sie hinwegsetzen. Zugleich haben die Repräsentierten jede Möglichkeit, politisch folgenreich ihr Mißfallen an den Meinungen und Handlungen der Repräsentanten zu bekunden. Sie vermögen zwar nicht, die Repräsentanten zu einer bestimmten Haltung oder Handlung zu zwingen; sie können ihnen aber hohe Kosten für irresponsives Verhalten auferlegen. Es braucht also *doppelseitigen Handlungsspielraum*: die Freiheit des Mandats muß sich mit effizienter gesellschaftlicher Kommunikations- und Organisationsfreiheit verbinden, und es muß zwischen Repräsentanten und Repräsentierten *konkurrierende* Willensbildung geben. Auch diesbezüglich genügt es keineswegs, daß eine Vertretungskörperschaft bloß besteht; vielmehr muß institutionell gesichert sein, daß es zwischen der Vertretungskörperschaft und den Vertretenen *zu Konflikten kommen kann.* Genau dieses Konflikt*potential* ist für das Bestehen einer Repräsentationsbeziehung *konstitutiv.* Verschwindet es, etwa durch Beseitigung von Kommunikations- und Organisationsfreiheit, so kann keine Repräsentationsbeziehung mehr entstehen, mag es auch eine Vertretungskörperschaft geben. Umgekehrt garantiert ein solches Konfliktpotential nicht das Entstehen einer Repräsentationsbeziehung; es bietet ihr lediglich den Ansatzpunkt.

c. Repräsentation besteht nämlich dann und nur dann, wenn das institutionell gesicherte Konflikt*potential* in der politischen Praxis auch *befriedet* wird.[88] Das heißt: Repräsentation tritt genau dann auf, wenn es die Repräsentanten schaffen, durch *praktizierte* Responsivität[89] und durch *angewandte* Führungskraft[90] die Anzahl und das Ausmaß tatsächlicher Konflikte in Grenzen zu halten, obschon Streit und Zerwürfnisse beliebigen Umfangs zwischen Repräsentanten und Repräsentierten jederzeit entstehen *könnten.* Eine solche Befriedung des repräsentationskonstituierenden Konfliktpotentials kann es nämlich nur dann geben, wenn die Repräsentierten in der Tat ihre Interessen von den Repräsentanten ernstgenommen fühlen und mit den Auswirkungen von deren Entscheidungen halbwegs einverstanden sind. Durchaus nicht schon die Existenz einer Vertretungskörperschaft gewährleistet dies; ganz im Gegenteil sind schon viele Parlamente an dieser Aufgabe gescheitert und machten autoritäre Auswege nötig. Doch falls es mit ziemlicher Zuverlässigkeit gelingt, ein

88 Hier befindet sich die Anschlußstelle zu jenen Argumentationen der Pluralismustheorie, welche das Vorliegen von Minimalkonsens über Werte, Verfahren und Strukturen als Voraussetzung freiheitssichernden Streites begründen.

89 Gemeint ist: die Repräsentanten müssen hinsichtlich der Anliegen und Wünsche der Repräsentierten ansprechbar und sensibel, reaktionswillig und handlungsfähig sein.

90 Gemeint ist: die Repräsentanten müssen fähig sein, ihre Haltungen und Entscheidungen vor den Repräsentierten plausibel zu machen und zu erklären, und ferner müssen sie von sich aus aktiv nach Handlungsbedarf suchen, Problemlösungsvorschläge ausarbeiten, sie den Repräsentierten unterbreiten, verständlich machen, um Unterstützung für sie werben und sie auch ins Werk setzen.

möglichst großes, institutionell abgesichertes Konfliktpotential wirklich befriedet zu halten, dann erreichen Freiheitsgehalt und Legitimitätsgrad einer politischen Ordnung Optimalwerte.

An dieser Repräsentationstheorie sind drei Aspekte hervorzuheben. *Erstens* erweist sich Repräsentation als eine *System*eigenschaft. Ihr Vorliegen ist nicht am Verhalten einer Dyade aus Repräsentant und Repräsentiertem zu erkennen, sondern nur an der Gesamtbilanz des Systems. *Zweitens* wird in der Konzeptualisierung des Zusammenwirkens von Responsivität und Führung, die beide zur Befriedung des repräsentationskonstituierenden Konfliktpotentials nötig sind, jenes inadäquate Begriffspaar vom ‚imperativen' und ‚freien' Mandat aufgehoben, das bisher der Angelpunkt repräsentationsanalytischer Diskussionen war. Denn nur der Inhaber eines freien Mandats kann sich auf die beschriebenen Konflikte einlassen, sie durch politische Führungskraft bewältigen und dergestalt den Nutzen gesellschaftlicher Arbeitsteilung stiften.[91] Umgekehrt kommt nur dann statt eines bloßen Herrschaftsverhältnisses eine Repräsentationsbeziehung zustande, wenn – gemäß der Leitidee des imperativen Mandats – ein Repräsentant responsiv sein will und danach strebt, die Interessen vor allem der Repräsentierten zu verwirklichen.

Drittens zeigt sich, daß Repräsentation zwar sehr wohl an die *Existenz* einer entscheidungsfähigen Vertretungskörperschaft gebunden ist, keineswegs aber an deren *demokratische Wahl*. Denn auch in parlamentarischen Oligarchien kann das repräsentationskonstituierende Konfliktpotential gesichert werden, und die Mitglieder von deren Vertretungskörperschaften mögen ebenfalls in der Lage sein, es durch Responsivität und Führung zu befrieden. Doch der Druck, diese schwierige Leistung immer wieder zu versuchen, ist selbstverständlich ungleich größer, wenn man nur durch Bestellung in freien Wahlen Mitglied eines Parlaments werden kann. So wird man zur Entfaltung von Führungskraft und zur Realisierung von Responsivität nämlich auch *gezwungen*. Das durch periodische, freie Wahlen konkretisierte Demokratieprinzip erweist sich dergestalt als äußerst leistungsstarker Hebel, zwischen Vertretungskörperschaft und Vertretenen wirklich eine *Repräsentations*beziehung zu stiften, und genau darum erlaubte die *Verbindung* beider Prinzipien ganz *neuartige* Systemkonstruktionen.[92]

Demokratisch zustande gekommene Vertretungskörperschaften sollen Parlamente *im engeren Sinn* heißen. Sie stellen in der Praxis den Hauptgegenstand vergleichender Parlamentarismusforschung dar. Historisch gesehen, sind sie indessen ein Sonderfall. Ihn wird man sicher besser verstehen und in leistungsfähigeren Theorien erklären können, wenn man konkordanz- und differenzanalytisch auch nach strukturellen und funktionellen Äquivalenten zu ihm und zu seinen Voraussetzungen fahndet. Diese Suche sollte beginnen in der Grundgesamtheit der politischen Systeme, in denen politische Arbeitsteilung die Form von *Repräsentation* annimmt, und sie sollte dann erweitert werden auf alle politischen Systeme, in denen es Vertretungskörperschaften *gleichwelcher* Art gibt.[93] Auf jeder Ebene – reine

91 Schließlich muß den Repräsentanten auch abverlangt werden, sich über bekundete Wünsche der Repräsentierten *hinwegzusetzen*, wenn sie nämlich zum Urteil kommen, kurzfristiger Wunsch und langfristiges Interesse paßten nicht zusammen! *Ernst Fraenkel* sprach diesbezüglich von der ‚Veredelung des empirisch vorfindbaren Volkswillens'.

92 Dem damaligen Evolutionssprung politischer Systeme dürfte an Bedeutung allenfalls die Entstehung der elektronischen Massenmkommunikationsmittel gleichkommen.

93 *Loewenberg*, Comparative Legislative Research, a.a.O., formuliert auf S. 20f. diese Forderung

Vertretungskörperschaften, echte Repräsentationsorgane, Parlamente im engeren Sinn – ist dabei das Gesamtarrangement jener politischen Institutionen und Verfahrensweisen zu betrachten, das Vertretungskörperschaften ihre Selbsterhaltung erlaubt, das gegebenenfalls Repräsentation als Systemeigenschaft entstehen läßt, und das, im evolutiv jüngsten Fall, repräsentative Demokratie funktionstüchtig macht.

IV. Grundzüge von Forschungsdesigns

Vertretungskörperschaften entstanden im Zug politischer Arbeitsteilung als Subsysteme des politischen Systems, als Zwischensysteme zwischen Regierenden und Regierten. Solche Prozesse struktureller Ausdifferenzierung sind aus der Entwicklung der Arten wohlbekannt. Dort entstehen Organfunktionen in der Weise, daß ein neues Subsystem Leistungen für sein Obersystem übernimmt. Funktionen folgen dergestalt aus Strukturen; diese aber entstehen eingebettet in Obersysteme und geprägt durch deren Freiheitsgrade. Darum läßt sich auch umgekehrt formulieren: Strukturen entwickeln sich aufgrund von Funktionsmöglichkeiten, und gleich der Rückbildung unbenutzter Muskeln schwinden beziehungsweise wandeln sie sich, falls Funktionsmöglichkeiten entfallen oder sich ändern.

1. Fragestellungen vergleichender Funktions- und Strukturanalyse

Aus den angeführten Gründen ist es sinnvoll, bei der Analyse von Parlamenten mit der Untersuchung ihrer möglichen Funktionen zu beginnen.[94] Darauf muß eine Analyse jener Strukturen folgen, welche diese Funktionen mehr oder minder gut zu erfüllen erlauben. Indem der Blick sodann vergleichend auf eine *Vielzahl* von Systemen mit *und* ohne Vertretungskörperschaften geweitet wird, fällt er auf

- die Unterschiede und Gemeinsamkeiten
  a) in den erfüllten System- beziehungsweise Subsystemfunktionen;
  b) in der Zuordnung von Strukturen zu Funktionen;

so: „The prerequisite is the formulation of theory, based on present findings, but containing implications to be tested by the observation of legislatures in unfamiliar settings. This means that students of legislative behavior have to expand their horizons to include the investigation of legislatures under the most varying possible conditions, even where access to data is difficult, allowing theoretical considerations to guide the selection of subjects, and employing a set of common concepts and equivalent measures. By studying legislatures on all levels of government, at all stages of historical development, and within dissimilar political systems, the number of units for analysis could be greatly increased, the amount of variance observed could be multiplied, and evidence could be obtained for increasingly accurate and parsimonious explanations of legislative behavior and its systemic consequences. Although this research direction poses many risks and obstacles, it is the only way of achieving what has so far eluded legislative research: a cumulative understanding of one of the central institutions of politics".

94 Zur hier angesiedelten sozialwissenschaftlichen Theoriedebatte um das korrekte Verhältnis von Funktions- und Strukturanalyse siehe die Beiträge in *Walter L. Bühl* (Hrsg.), Funktion und Struktur. Soziologie vor der Geschichte, München 1975. Speziell zu den einschlägigen Problemen in der Parlamentarismusforschung: *Loewenberg*, Comparative Legislative Research, a.a.O., S. 10–14.

c) in der jeweiligen funktionalen Leistungsfähigkeit von Strukturen;
- d) auf die Ausprägung funktionaler Äquivalente und der sie erfüllenden Strukturen;
- e) auf strukturelle Homologien beziehungsweise Analogien in ganz unterschiedlichen Systemen.

Wenige Beispiele genügen zur Verdeutlichung dieser Forschungsaufgaben. Im Bereich a) ist etwa zu untersuchen, auf wie unterschiedliche Weise – und in Abhängigkeit von welchen Faktoren – Parlamente die Funktion der Regierungskontrolle wahrnehmen. Im Bereich b) ist beispielsweise herauszufinden, durch welche Strukturen und in welchem Ausmaß in den unterschiedlichsten politischen Systemen Vertretungskörperschaften mit der zu regierenden Gesellschaft kommunikativ so vernetzt sind, daß einesteils Informationen, Forderungen und Impulse in das politische Entscheidungssystem gelangen und andererseits politische Führungsanstrengungen einen möglichst weiten Adressatenkreis erreichen können. Im Bereich c) geht es um den unmittelbaren Leistungsvergleich unterschiedlicher institutioneller Konfigurationen: welchen Kontrolleinfluß können, zum Beispiel aufgrund des geltenden Parlamentsrechts, in den Systemen X und Y die parlamentarischen Minderheiten nehmen, und wie wirkt sich dies – über Kontrollantizipation, Leistungsdruck oder entsprechendes Meideverhalten – jeweils auf die Qualität der Regierungstätigkeit aus?

Im Bereich d) können und müssen auch politische Systeme ohne Vertretungskörperschaften untersucht werden. Das folgende Beispiel zeigt, worum es geht. Parlamente haben eine doppelseitige Kommunikationsfunktion. Sie können (und sollten) aus möglichst allen Segmenten der Gesellschaft Informationen über Regelungsbedarf, Regelungsmöglichkeiten, Unterstützungspotentiale und Spielräume politischer Führung beschaffen, um sie Entscheidungsprozessen legitimitätssichernd zugrunde zu legen. Zugleich dienen sie dazu, vor beziehungsweise unter den Repräsentierten die getroffenen Entscheidungen verständlich zu machen sowie für deren Akzeptanz zu werben. Wenn ein politisches System nun aber – wie *Harun al Raschids* Abbasidenreich – über keine Vertretungskörperschaft verfügt, so ist zu fragen, welche funktionalen Äquivalente zu dieser doppelseitigen parlamentarischen Kommunikationsfunktion es in ihm gibt und durch welche Strukturelemente sie realisiert werden. Falls sich keine funktionalen Äquivalente finden lassen, ist herauszufinden, welche Folgen dies für das politische System hat: Welche Funktionsstörungen treten etwa auf? Welcher Zielsetzungen muß es sich möglicherweise enthalten, welche anderen aber, als nunmehr unverzichtbare Bestandsvoraussetzung, unbedingt zu erreichen versuchen?

Der Bereich e) ist der komparatistisch wohl anspruchsvollste. Seine Leitkonzepte ‚Homologie' und ‚Analogie' stammen aus der zoologischen beziehungsweise botanischen Morphologie.[95] ‚Homologie' bezeichnet Ähnlichkeiten, die in der Systemstruktur begründet sind.[96] In Homologien werden darum Verwandtschaftsbeziehungen sichtbar, und diese zu entdekken ist für eine evolutionäre Komparatistik zentral. Homologe Ähnlichkeit bleibt auch dann erhalten, wenn sich ganz unterschiedliche Umweltanforderungen an die von solchen Strukturen zu erfüllenden Funktionen richten und dergestalt Erscheinungsbilder der Strukturen bewirken, welche deren strukturelle Verwandtschaft leicht unkenntlich machen.[97] Im Be-

95 Siehe zu den folgenden Explikationen *Riedl*, Biologie der Erkenntnis, a.a.O., Glossar und passim.

96 Homolog sind beispielsweise die Skelettstrukturen der Vorderextremitäten von Wal, Vogel, Fledermaus, Pferd und Mensch.

97 Eine Diskussion derartiger ‚Umwelteinflüsse' auf Parlamente findet sich in *Loewenberg/Patterson*, Comparing Legislatures, a.a.O., S. 10–13.

reich politischer Systeme waren beispielsweise die Parlamente der realsozialistischen Staaten ihrer Struktur nach homolog zu jenen der demokratischen Verfassungsstaaten und ihnen darin ähnlich; doch eingebettet in andere Obersysteme und Systemumwelten erfüllten sie ein anderes Funktionsprofil und prägten sich darum recht verschieden aus.[98]

‚Analogie' bezeichnet hingegen jene Form der Ähnlichkeit, die aufgrund der Anpassung ganz unterschiedlicher Strukturen an gleiche Umweltbedingungen und Funktionserfordernisse entsteht. Beispielsweise sind die Flügel eines Insekts denen eines Vogels ähnlich, obschon ihr struktureller Bauplan ganz verschieden ist. Im Bereich politischer Strukturen sind Beispiele analoger Ähnlichkeit bei Strukturungleichheit die Verfassungsgerichtshöfe Deutschlands und Frankreichs oder der britische Monarch im Vergleich zum deutschen Bundespräsidenten.

Schon ganz allgemein wäre es polikwissenschaftlicher Komparatistik dienlich, differenzierte sie bei ihren Vergleichen nach homologer beziehungsweise analoger Ähnlichkeit, was bisher weitgehend unterbleibt.[99] Bei der vergleichenden Parlamentarismusforschung ist die gesonderte Suche nach Homologien und Analogien aber besonders wichtig. Denn einesteils läßt sich die Strukturgeschichte parlamentarischer Institutionen und Systeme nur so klären, daß man von den neuzeitlichen Parlamenten ausgeht und deren Homologien so weit in die Vergangenheit verfolgt, wie die historischen Quellen dies eben zulassen.[100] Andernteils ist die Suche nach Analogien zu Parlamenten deshalb nötig, weil viele Funktionen von Parlamenten auch in Systemen ohne Vertretungskörperschaften im Dienst der Legitimitätssicherung unverzichtbar sind und auf unterschiedliche Weise mehr oder minder gut bereits erfüllt wurden. Denn Regierungen zu kontrollieren war immer schon sinnvoll; auf die laufende Politik im Anschluß an systematische Informationsauswertung und gründliche Beratung Einfluß zu nehmen und ihr gegebenenfalls gar gesetzliche Rahmenbedingungen zu setzen, wurde längst vor der Etablierung einer Gesetzgebungsfunktion der Parlamente angestrebt; und das politische System mit der Gesellschaft kommunikativ zu vernetzen, versuchte nicht erst *Harun al Raschid* mit seinen – zum Vorbild für manchen Staatssicherheitsdienst gewordenen – beschränkten Mitteln. Die zentralen Fragen bei der Suche nach Analogien zu Vertretungskörperschaften beziehungsweise zu ihren ‚Satelliteninstitutionen'

98 Aus dem Tierreich kann auf folgendes Beispiel verwiesen werden: die Vorderextremitäten von Vogel und Pferd erfüllen verschiedene Funktionen und sind darum, trotz struktureller Ähnlichkeit, ganz andersartig ausgeprägt.

99 Von der trivialen, doch üblichen und – nicht zuletzt im ‚Historikerstreit' – äußerst folgenreichen Verwechslung von Ähnlichkeit und Vergleichbarkeit soll an dieser Stelle nicht weiter gehandelt werden; statt dessen sei verwiesen auf *Patzelt*, Einführung in die Politikwissenschaft, a.a.O., S. 148f.

100 Natürlich dürfen dabei ‚Seitenzweige' und ‚Sackgassen' der Systemevolution nicht übersehen werden, wie sie etwa Landstände in der Vergangenheit und Wirtschafts- und Sozialräte in der Gegenwart darstellen. Zweifellos teilt ein solcher Ansatz indessen das allgemeine Problem evolutionstheoretischer Betrachtungen, daß sich ‚Sackgassen' und ‚Seitenzweige' immer erst im Nachhinein feststellen lassen, so daß nicht auszuschließen ist, daß auch die Entwicklung der derzeit in der ganzen Welt verbreiteten Art von Vertretungskörperschaften eine ‚Sackgasse' darstellt. Ohnehin sind die Begriffe ‚Seitenzweig' und ‚Sackgasse', wenn auch kaum aufzugeben, in gewisser Hinsicht unglücklich. Stellt etwa eine so lange überlebende Art wie die Saurier wirklich eine ‚Sackgasse' der Evolution dar, nur weil die Spezies ausstarb? Hat denn Evolution überhaupt ein ‚Ziel', von dem ausgehend ‚Sackgassen' und ‚Seitenzweige' zu identifizieren wären? Glücklicherweise ist der Nutzen evolutionstheoretischer Analyse durchaus *nicht* von einer bejahenden Antwort auf diese letzte Frage abhängig.

lauten darum: Durch welche analogen Strukturen können Parlamentsfunktionen erfüllt werden? Mittels welcher Analogiebildungen begann darum in gewisser Hinsicht die Geschichte des Parlamentarismus, längst bevor seine heute weltweit durchgesetzten Strukturmerkmale entstanden waren?

Zweifellos sind die Untersuchungsbereiche d) und e) vor allem für die Weiterentwicklung der Parlamentarismus*theorie* von erheblicher Bedeutung.[101] Doch obschon es oft nichts Praktischeres gibt als eine gute Theorie, sind solche Studien wohl überwiegend von bloß intellektuellem Interesse und gehören der Grundlagenforschung an. Praktisch ungleich wichtigere Ergebnisse – zumal für die Verbesserung parlamentarischer Alltagsarbeit und die Daueraufgabe der Parlamentsreform – sind in den Arbeitsbereichen a), b) und vor allem c) zu gewinnen. Eine entwickelte Parlamentarismusforschung wird freilich sowohl die Grundlagenforschung als auch die angewandte Forschung pflegen.

2. Parlamentarismusforschung als Systemanalyse

Wählt man die vergleichende Analyse von Parlamenten als Schlüssel zur vergleichenden Analyse politischer Systeme, so setzt die Untersuchung zumindest heuristisch, im Fall machtvoller Parlamente auch praktisch, im zentralen politischen Entscheidungssystem an. Sie arbeitet sich dann einesteils an die Regierung als Zentrum, andererseits an dessen gesellschaftlicher Vernetzung und somit Peripherie vor. Dergestalt gerät schrittweise das gesamte politische System ins Blickfeld. Dies läßt sich besonders gut am Beispiel der Untersuchung von Parlamentsfunktionen zeigen, die – auch ohne evolutionstheoretische Perspektive – zum Kernbestand der vergleichenden Parlamentarismusforschung gehört.[102]

Für den hier verfolgten Zweck ist ein theoretisch unterfangener Schlichtungsversuch der Debatte um eine angemessene Typologie von Parlamentsfunktionen entbehrlich.[103] Vielmehr genügt die pragmatische Unterscheidung von fünf Funktionen:[104]

- Regierungs- und Verwaltungskontrolle;
- Politikgestaltung, unter anderem und nicht zuletzt in Form der Gesetzgebung;
- Sicherung von Kommunikation zwischen Gesellschaft und zentralem politischem Entscheidungssystem;
- Wahl von Amtsträgern, gegebenenfalls und mit weitreichenden Systemfolgen in Form der Regierungsbildung;
- institutionelle Selbstreproduktion.[105]

101 Um Mißverständnisse auszuschließen sei betont, daß der Weg zu einer solchen Theorie nicht durch theoretische, sondern allein durch empirische Studien – hier vor allem durch Sekundäranalysen geschichtswissenschaftlicher Arbeiten – zu beschreiten ist.

102 Systematisch durchgeführt wird ein solcher Ansatz etwa in *Loewenberg/Patterson*, Comparing Legislatures, a.a.O., und in *Emil Hübner/Heinrich Oberreuter*, Parlament und Regierung. Ein Vergleich dreier Regierungssysteme, München 1977. Ausführliche Literaturangaben zu derartigen Forschungen über den Deutschen Bundestag finden sich in *Peter Schindler*, Datenhandbuch zur Geschichte des Deutschen Bundestages. 1983 bis 1991, Baden-Baden 1994.

103 Vgl. hierzu die Literaturangaben in Anm. 18.

104 Vgl. im Abschnitt III/2b die Skizze der *Entstehung* dieser Funktionen.

105 Diese oft übergangene Parlamentsfunktion wird ausgiebig erörtert in *Packenham*, a.a.O.

Schon bei der vergleichenden Einzelanalyse jeder dieser Parlamentsfunktionen läßt sich, wenn auch in perspektivenbedingter Selektivität, die Gesamtstruktur politischer Systeme zum Gegenstand des Systemvergleichs machen. Eine simultane Vergleichsanalyse *aller* Parlamentsfunktionen führt sodann zu komplexen und trotzdem klar strukturierten Gesamtvergleichen. Dies soll im folgenden skizzenhaft, durch Auflistung entsprechender Forschungsfragen, dargelegt werden.

Die Leitfrage bei einer Analyse der Funktion der *Regierungskontrolle* lautet: Auf welche Weise, mittels welcher Strukturen und geprägt durch welche Faktoren üben Parlamente diese Funktion aus? Im Minimalfall heißt die Antwort, ein untersuchtes Parlament stelle nur eine Akklamationsinstanz dar. Dann wird die Analyse auf die Suche nach *alternativen* Kontrollmechanismen gelenkt beziehungsweise kommt zum Ergebnis, ein reines Willkürsystem liege vor. Gerade ein solches gilt es dann auf jene Praktiken und Folgen zu untersuchen, die durch *fehlendes* Kontrollpotential verursacht sind. Gewissermaßen *e contrario* läßt sich dergestalt Auschluß über die Funktionsweise von – eben auch parlamentarischer – Regierungs- und Verwaltungskontrolle gewinnen. Auch sofern sich parlamentarische Kontrollmöglichkeiten identifizieren lassen, muß freilich der Blickwinkel geweitet werden: Möglichkeiten und Aufgaben der Regierungskontrolle sind ja nie allein im Parlament verortet. Ohnehin können Parlamente auch ‚über die Bande' spielen und durch parlamentarische Aktionen *außer*parlamentarisches Kontrollpotential aktivieren. Dies ist sogar besonders effizient und eine verbreitete Praxis: parlamentarische Kontrollmittel wie Aktuelle Stunden oder Anfragen, doch auch Untersuchungsausschüsse dienen vor allem dazu, Öffentlichkeit herzustellen und auf diese Weise Kontrollmacht zu gewinnen. Schon gar in der für ein parlamentarisches Regierungssystem konstitutiven Funktionseinheit von Parlamentsmehrheit und Regierung wirkt kontrollierend auch die Konkurrenz von *Partei*eliten. Indem man also in der skizzierten Weise zunächst nach dem konkreten ‚Wie-es-gemacht-wird' *parlamentarischer* Kontrolle fragt und anschließend die *außer*parlamentarischen Ergänzungen beziehungsweise Voraussetzungen von deren Wirksamkeit klärt, bringt man das *gesamte* Kontrollpotential eines Regierungssystems in die Reichweite einheitlichen analytischen Zugriffs. Und dies wiederum erlaubt den umfassenden Vergleich von Systemen mit ganz unterschiedlicher Kontrollausstattung ihrer Parlamente.

Mit der Regierungskontrolle ist eng die Funktion der *Politikgestaltung* verbunden. Hier sind die folgenden Fragen zu beantworten: Auf welche Weise, mittels welcher Strukturen und geprägt durch welche Faktoren können Parlamente auf die Regierungspolitik und die Tätigkeit der Verwaltung Einfluß nehmen? Beschränkt sich parlamentarischer Einfluß auf die Wirkungsweise einer ‚Antizipationsschleife' dergestalt, daß eine Regierung unliebsame Kontrollmaßnahmen vorhersieht und von daher ihre Politik *mittelbar* vom Parlament prägen läßt? Oder verfügt ein Parlament auch über konkretes Druckpotential, etwa über ein *jährlich* auszuübendes Budgetrecht? Steht vielleicht sogar, wie im parlamentarischen Regierungssystem, die Staatsleitung der Regierung und der sie tragenden Mehrheit zur gesamten Hand zu? In welchem Verhältnis befindet sich dann ein wie ausgestaltetes Gesetzgebungsrecht des Parlaments zu den Prärogativbereichen der Regierung, und welches Einflußpotential auf ‚eigentlich' nicht vom Parlament gestaltbare Politikbereiche erwächst hieraus in der Praxis? Und auf welche Weise erfüllt ein Parlament konkret seine Gesetzgebungsfunktion als ‚harten Kern' der Politikgestaltung? Wie sind jene Willensbildungs- und Entscheidungsprozesse organisiert, welche zu dieser Form der parlamentarischen Politikgestaltung führen? Welche außerparlamentarischen Institutionen und Organisationen sind dabei in die innerparlamentarischen Abläufe mit welchen Machtpotentialen und aufgrund welcher formeller beziehungsweise informeller Abläufe verwickelt? Indem man dies alles klärt, rücken offenbar nicht nur die innerparlamentarischen Prozesse und das Zusammenspiel von Parlament und Regierung in das Blickfeld vergleichender Systemforschung, sondern überhaupt alle politisch relevanten Akteure.

Die zunächst am wenigsten anschauliche Parlamentsfunktion ist die der *Kommunikation*. Darum werden für sie oft konkretisierende Begriffe wie ‚Repräsentationsfunktion', ‚Artikulationsfunktion' oder ‚Öffentlichkeitsfunktion' gewählt. Stets wird durch solche Bezeichnungen die Aufmerksamkeit darauf gelenkt, daß ein Parlament verstanden werden sollte als ein äußerst komplexer Knoten im weitausgedehnten Kommunikationsgeflecht eines politischen Systems und als leistungsstarker Umschlagplatz für politisch wichtige Informationen. Von einem machtvollen Parlament müssen nämlich aus sämtlichen Bereichen der Gesellschaft Problemsichten, Wünsche, Meinungen, Argumente und Wissensbestände aller Art herangezogen und den getroffenen Entscheidungen zugrunde gelegt werden, sollen nicht Fehlentscheidungen oder zu öffentlicher Empörung führende Maßnahmen die Folge sein. Zugleich muß den Repräsentierten auch *vermittelt* werden, daß dies so geschieht und das politische System nicht losgelöst von der gesellschaftlichen Wirklichkeit agiert: die Bevölkerung muß ihre Sichtweisen im Parlament widergespiegelt finden. Und nicht zuletzt muß, soll Legitimitätssicherung gelingen, dem Volk erklärt werden, warum das Parlament welche – zumal umstrittene – Entscheidung getroffen hat und wozu sie dienen soll.[106] Will man diesen Gesamtprozeß *praktizierter* Responsivität und Führung untersuchen, so reicht es offenbar keineswegs, nur die am Sitz des Parlaments (oder gar nur die im Plenum) gepflogene Kommunikation zu betrachten. Vielmehr müssen *alle* zum Parlament führenden und von ihm ausgehenden Kommunikationsstränge einbezogen werden. Dabei geraten natürlich sämtliche wichtigen politischen Strukturen und Prozesse eines politischen Systems in den Blick des Analytikers und lassen sich vergleichend auf ihre Prägefaktoren befragen.

Neben der Gesetzgebung als Aspekt der Politikgestaltung ist die *Wahl von Amtsträgern* die einprägsamste Aufgabe von Parlamenten.[107] Hier ist zu fragen: Auf die Besetzung welcher öffentlichen Ämter hat in den verglichenen politischen Systemen, anhand welcher formeller und informeller Spielregeln, jeweils das Parlament wie großen Einfluß? Welches parlamentarische Druck- und Gestaltungspotential entsteht durch solche Zuständigkeiten, und wie wird es in der Praxis genutzt? Welche Grundmuster politischer Machtverteilung und Abhängigkeit kommen zumal je nachdem zustande, ob die Regierungsbildung unter Ausschluß des Parlaments, unter mehr oder minder großer Mitwirkung des Parlaments, oder gar in dessen alleiniger Verantwortung erfolgt? Wie prägt die dergestalt fixierte Grundstruktur eines Regierungssystems die ‚Satelliteninstitutionen' der Parlamente, vor allem das jeweilige Parteiensystem? Gründliche Antworten hierauf erschließen die Gesamtheit der Mechanismen und Praktiken der Machtzuteilung in den verglichenen politischen Systemen und gehören zu den zentralen Aufgaben politikwissenschaftlicher Analyse.

Nicht zuletzt hat ein Parlament die Aufgabe *institutioneller Selbstreproduktion*. Wie kommt

106 Nur machtlose Parlamente können auf derartige Kommunikationsanstrengungen verzichten, und umgekehrt kann man ein Parlament leicht machtlos machen, wenn man jene Kommunikationsflüsse unterbricht.

107 Analytisch läßt sich hier die *Ab*wahl von Amtsträgern subsumieren.

es zustande und wie erhält es sich im Wechsel der Mandatsträger? Welchen Einfluß nehmen Parlamente, mit wie bedingten Zielen und Motiven, jeweils auf ihre eigene Reproduktion? Welche Wege zur politischen Macht führen am Parlament vorbei, und welche Folgen hat dies einerseits für die Qualität und Funktionstüchtigkeit der Parlamente, andererseits für das politische System insgesamt? Für welchen Personenkreis ist überhaupt, abhängig von welchen Faktoren, eine politische Karriere im allgemeinen, für welchen speziell eine parlamentarische Karriere attraktiv? Welche Bevölkerungsgruppen werden durch die – in welchem Umfang? – vom Parlament zu verantwortenden Rekrutierungsmuster ausgegrenzt? Nach welchen Begabungen wird anschließend – je nach Stellung des Parlaments im Gesamtsystem und nach Typ des Parlaments – politisch selektiert und sozialisiert? Entsprechen diese Selektionskriterien beziehungsweise Sozialisationseffekte den Bedürfnissen der Parlamente beziehungsweise politischen Systeme? Indem dies alles geklärt wird, entstehen Gesamtbilder der politischen Rekrutierungs-, Selektions- und Sozialisationsprozesse in verschiedenen politischen Systemen. Deren Vergleich erlaubt sodann grundlegende Einsichten in die Möglichkeiten und Irrwege institutioneller Strukturbewahrung, Sicherung systemischer Lernfähigkeit und Ausschöpfung jener politischen Begabungen, die eine Gesellschaft hervorbringt.

Jeder der Fragenkataloge, in denen sich die vergleichende Analyse von Parlamentsfunktionen konkretisiert, bringt also nach und nach, mit wohl nur wenigen Lücken, die wichtigsten Bestandteile eines politischen Systems zur Aufmerksamkeit des Analytikers. So wird sein Blick gelenkt auf alle politisch relevanten Akteure, auf alle wirkungsmächtigen politischen Strukturen und Prozesse, auf die Mechanismen und Praktiken der Machtzuteilung und Machtausübung im zentralen politischen Entscheidungssystem, auf das gesamte Potential der Regierungskontrolle, sowie auf die Weisen institutioneller Bestandssicherung im Generationenwechsel. Die Erfüllung *aller* Parlamentsfunktionen *vergleichend* zu analysieren, erschließt darum recht vollständig die unterschiedliche Funktionsweise ganzer Systeme. Und indem so vorgegangen wird, vernetzt sich eine vergleichende *Parlamentarismus*forschung mit der vergleichenden Regierungs-, Parteien-, Verbände-, Massenkommunikations- und Elitenforschung.

Ferner lassen sich eigentlich alle Funktionen politischer Systeme, wie sie etwa *Almond* und *Powell* herausarbeiteten[108], sehr gut anhand der vorgestellten Fragestellungen einer vergleichenden Analyse von Parlamentsfunktionen untersuchen. Um dies nachzuweisen genügt es, den Funktionenkatalog von *Almond* und *Powell* einfach aufzulisten: politische Sozialisation und Rekrutierung, Interessenartikulation und -aggregation sowie politische Kommunikation im Input-Bereich eines politischen Systems; und im Output-Bereich die Funktionen der Regelsetzung sowie – hier zu untersuchen über das Studium von deren Kontrolle – der Regelanwendung. Allein die Funktion der Regelauslegung und insgesamt der richterliche Funktionsbereich entzieht sich weitgehend diesem Zugriff. Doch selbst das gilt nur eingeschränkt: Parlamente entstanden ja aus der Erfüllung gerade auch richterlicher Funktionen[109], und diese sind etwa dem US-Kongreß im Impeachment-Verfahren und dem Briti-

108 Siehe *Gabriel Almond*, A Functional Approach to Comparative Politics, in: *ders./James S. Coleman* (Hrsg.), The Politics of the Developing Areas, Princeton 1960, S. 43–65; und *ders./G.B. Powell*, Comparative Politics: System, Process, and Policy, 2. Aufl. Boston 1978.

109 Siehe hierzu etwa *Kluxen*, Geschichte und Problematik des Parlamentarismus, a.a.O., S. 22–41.

schen Oberhaus als Gerichtshof auch heute noch zu eigen. Selbst mit der hier nötigen Einschränkung eignet sich die vergleichende Parlamentarismusforschung also in der Tat, Gemeinsamkeiten und Unterschiede, Grundmuster und Variationen in der Funktionserfüllung und Funktionslogik unterschiedlicher politischer Ordnungsformen herauszufinden. Desgleichen läßt sie sich mit jenen Strukturanalysen gesamter politischer Ordnungsformen verbinden, die üblicherweise in Typologien politischer Systeme münden. Am leicht modifizierten Beispiel der Typologie von *Manfred Hättich*[110] sei dies gezeigt. Dort werden vier Dimensionen herausgestellt, anhand welcher politische Systeme zu gliedern sind. Deren erste drei – Herrschaftsstruktur, Willensbildung und politischer Gestaltungsanspruch – spannen einen anschaulichen Merkmalsraum auf, in dem man alle historischen und zeitgenössischen politischen Systeme verorten kann. Die vierte Dimension – der Grad der jeweiligen Offenheit oder Geschlossenheit des Systems – wird an ihrer Schnittstelle mit den anderen drei Dimensionen kenntlich. Auf dieses typologische Schema läßt sich die vergleichende Parlamentarismusforschung wie folgt beziehen:

- Die *Herrschaftsstruktur* kann monistisch oder gewaltenteilend angelegt sein, und ein politisches System ist je nach deren Ausprägung auf dem Kontinuum zwischen diesen beiden Polen zu verorten. Zunächst die Existenz sowie die Art, dann aber vor allem den tatsächlichen Machtumfang einer Vertretungskörperschaft offenzulegen, ermöglicht eine erste typologische Einordnung der verglichenen politischen Systeme. Sie wird verfeinert durch die Ergebnisse einer Analyse der Funktion der Regierungskontrolle: je größeres Gewicht die Vertretungskörperschaft hier hat, um so gewaltenteilender ist das politische System.
- Die *Willensbildung* kann in einem politischen System monopolisiert sein oder konkurrierend erfolgen. Die Analyse der Parlamentsfunktionen der Politikgestaltung, der Kommunikation zwischen politischem System und Gesellschaft sowie der Bestellung von Amtsträgern gibt darüber Auskunft, wo die zu vergleichenden Systeme auf diesem Kontinuum angesiedelt sind.
- Der *politische Gestaltungsanspruch* kann unbegrenzt oder begrenzt sein. Hier zeigt eine – etwa an den Klassifikationen von *Blondel, Mezey* oder *Polsby* orientierte – Strukturanalyse des Parlaments, ob dem Machtanspruch der Regierenden ein Wall im Wege steht, oder ob Parlamente möglicherweise zu Transmissionsriemen totalitärer Herrschaft umgestaltet wurden.
- Für die Analyse der *Offenheit oder Geschlossenheit* einer politischen Ordnungsform, wichtig vor allem hinsichtlich des Zugangs zur Herrschaftsstruktur, eignet sich die Analyse der institutionellen Selbstreproduktion der parlamentarischen und nicht-parlamentarischen Bestandteile des politischen Systems.

Analog könnte man den Brückenschlag zu anderen Typologien und Kategorien des Systemvergleichs bewerkstelligen. Dort wie hier erwiese sich, daß die vergleichende Parlamentarismusforschung tatsächlich einen passenden Schlüssel zum Verständnis der strukturellen Voraussetzungen jener Variationen liefert, welche in der Funktionslogik unterschiedlicher politischer Systeme aufzufinden sind. Bemühte man sich gar um eine *evolutionär-morphologische* Analyse, um eine *genetische Typologie* politischer Systeme, dann ließen sich – zentriert um

110 Vgl. *Manfred Hättich*, Lehrbuch der Politikwissenschaft, 3 Bde, hier Band 2, Mainz 1969, und *Patzelt*, Einführung in die Politikwissenschaft, a.a.O., S. 152–159.

die evolutionstheoretisch so faszinierende Entstehung des Parlaments – besonders gut die Vorbedingungen der Bestandskraft politischer Systeme aufklären.
Vergleichende Parlamentarismusforschung befaßt sich also nicht nur mit an sich interessanten und wichtigen Institutionen. Sie ist vielmehr auch ein besonders nützlicher Ansatz zum Systemvergleich. Und betreibt man sie in der Absicht einer evolutionären Komparatistik, so löst sie die Systemanalyse aus ihrer Gegenwartsfixierung und verleiht politikwissenschaftlicher Forschung historische Tiefe. Die aber braucht sie, sollen ihre Ergebnisse weise machen und nicht nur klug für den Tag.

Parlamentsvergleich auf subnationaler Ebene. Zur Theorie und Methode am Beispiel der Untersuchungsverfahren in den deutschen Landesparlamenten

Jürgen Plöhn

Im gesamten Bereich empirisch orientierter Wissenschaft[1] erfolgt die Gewinnung allgemeiner Erkenntnisse „nicht anders als durch Vergleich beziehungsweise durch die Überprüfung der Bewährung von Hypothesen an verschiedenen Objekten und unter verschiedenen Randbedingungen"[2]. Diese Feststellung umfaßt über die komparative Analyse sozio-politischer Strukturen und Prozesse hinaus sowohl das Experiment als den Spezialfall eines Vergleichs unter exakt kontrollierten Laborbedingungen als auch die Messung, d.h. den Vergleich mit einem festen Maßstab. Dabei liegt die Besonderheit des sozialwissenschaftlichen Vergleichs in seiner argumentativ geprägten Analyse vorhandener Fakten, wohingegen das Experiment die auszuwertenden Befunde selbst hervorbringen soll.
So kann die Komparatistik als wissenschaftliche Vorgehensweise auf eine große Tradition zurückblicken. Gleichwohl sind in der Politikwissenschaft explizit vergleichende Studien bis heute gegenüber strukturierten Einzeldarstellungen relativ selten geblieben. Dies gilt auch für die Parlamentarismusforschung[3]. In Deutschland sind selbst zwischen den Bundesländern nur wenige systematisch angelegte Vergleiche angestellt worden[4]. Vor allem unter Berücksichtigung der amerikanischen Politikwissenschaft erscheint in Deutschland dieses Feld subnationaler Vergleiche als ein tendentiell vernachlässigter Gegenstand des politologischen Teilbereichs der „comparative politics"[5].
Ohne die Relevanz international-komparatistischer Arbeiten in Zweifel zu ziehen, möchte ich im folgenden Hinweise darauf geben, welche Chancen sich aus subnationalen Vergleichen ergeben, sofern man die immanenten Grenzen eines solchen Vorgehens in Rechnung

1 Überarbeiteter und annotierter Vortrag vor der Sektion „Vergleichende Politikwissenschaft" der Deutschen Vereinigung für Politische Wissenschaft auf ihrer Tagung in Dresden am 30.4./1.5.1993. Den Teilnehmern sowie *Winfried Steffani* danke ich für ihre kritisch-konstruktiven Kommentare.

2 *Jürgen Hartmann*, Vergleichende Politische Systemforschung und komparative Methode, in: *ders.* (Hrsg.), Vergleichende Politische Systemforschung, Köln/Wien 1980, S. 51.

3 *Dirk Berg-Schlosser/Ferdinand Müller-Rommel*, Entwicklung und Stellenwert der Vergleichenden Politikwissenschaft, in: *dies.* (Hrsg.), Vergleichende Politikwissenschaft, 2. Aufl., Opladen 1992, S. 17, 22; *Suzanne S. Schüttemeyer*, Vergleichende Parlamentarismusforschung, ebd., S. 183.

4 Zu den umfangreicheren Studien aus der Politologie zählen *Eckhard Kowalewski*, Die Parlamente der Stadtstaaten Berlin, Bremen und Hamburg (1966-1971), Frankfurt a.M. u.a. 1984; *Manfred G. Schmidt*, CDU und SPD an der Regierung. Ein Vergleich ihrer Politik in den Ländern, Frankfurt a.M./New York 1980.

5 Zum Gegenstandsbereich der „Vergleichenden Politikwissenschaft" und zum Anwendungsfeld des Vergleiches in der Politikwissenschaft *Dirk Berg-Schlosser/Ferdinand Müller-Rommel* (Anm. 3), S. 12f.; *Klaus von Beyme*, Der Vergleich in der Politikwissenschaft, München 1988, S. 50.

stellt. Dabei weist vor allem der vorzustellende „Matrix-Vergleich" angesichts fortbestehender genereller Probleme politologischer Komparatistik[6] einige weiterführende Aspekte auf.

I. Voraussetzungen und Verwendungsvarianten eines institutionellen Vergleichs subnationaler Systeme

Bei einem institutionellen Vergleich, um den es im folgenden gehen soll, sind auf subnationaler Ebene zunächst die Freiheitsgrade zu ermitteln, die den Teileinheiten innerhalb des Gesamtstaates zugestanden werden. Hierbei ist nach organisatorisch-strukturellen Aspekten und politisch-materiellen Regelungskompetenzen zu differenzieren. Diese Unterscheidung gestattet, die strukturelle Frage nach dem Bestehen einer föderativen Ordnung von der Erörterung des Grades der innerstaatlichen Dezentralisation zu trennen. Die Verwendung des Begriffes „Föderalismus" kann und sollte hiernach auf Systeme beschränkt bleiben, deren subnationale Einheiten mit eigener Hoheitsgewalt, das heißt aber – innerhalb allgemeiner Rahmenbestimmungen der gesamtstaatlichen Verfassung – mit autonom gesetzten Verfassungsordnungen, ausgestattet sind.
So setzen etwa die Bundesverfassungen der USA und Deutschlands die Existenz von Einzelstaaten erkennbar voraus und normieren für deren Regierungssysteme nur nationale Mindeststandards:

„The United States shall guarantee to every state in this union a republican form of government, ..." (Art. 4, Sec. 4 US-Const.);
beziehungsweise: „Die verfassungsmäßige Ordnung in den Ländern muß den Grundsätzen des republikanischen, demokratischen und sozialen Rechtsstaates im Sinne dieses Grundgesetzes entsprechen" (Art. 28 Abs. 1 GG).
In Österreich sind die Vorgaben des Bundesverfassungsgesetzes hingegen weitaus detaillierter (Art. 95 B-VG ff.)[7].

Angesichts der kargen Vorgaben etwa der deutschen und der amerikanischen Bundesverfassung kann sich an dieser Stelle ein Vergleich der Länderverfassungen hinsichtlich der konkreten Ausformung der Regierungssysteme anschließen[8]. Trotz der Weite der grundgesetzlichen Vorgabe finden wir hierbei in Deutschland im Ergebnis nur *parlamentarische* Regie-

6 *Dirk Berg-Schlosser* und *Ferdinand Müller-Rommel* (Anm. 3, S. 23) betonen, daß „in der konkreten Verknüpfung unterschiedlicher Analyseebenen ..., der Verbindung qualitativer und quantitativer Ansätze, der Beziehungen zwischen komparativen und historischen Aspekten (z.B. auch der Verknüpfung von Querschnitts- und Längsschnittstudien), der sinnvollen Eingrenzung des jeweiligen Untersuchungsfelds ... und schließlich der Behandlung globaler Interdependenzen" noch „eine Reihe weiter bestehender Spannungsfelder" zu sehen seien.

7 Gleichwohl hält das österreichische Verfassungsrecht an dem Grundsatz der Verfassungsautonomie der Länder fest, vgl. z.B. Anm. 1 zu Art. 99 B-VG in der Ausgabe von *Hans R. Klecatsky/Siegbert Morscher*, Die österreichische Bundesverfassung, Wien 1993, S. 115.

8 Beispiele: *Manfred Friedrich*, Das Parlamentarische Regierungssystem in den Bundesländern, JböR N.F. Bd. 30, Tübingen 1981, S. 197ff.; *Herbert Schneider*, Länderparlamentarismus in der Bundesrepublik, Opladen 1979, S. 11ff.; *Hubert Weis*, Regierungswechsel in den Bundesländern, Berlin 1980. Zur Entstehung der ersten Verfassungen in den Einzelstaaten der USA *Willi Paul Adams*, Republikanische Verfassung und bürgerliche Freiheit, Darmstadt/Neuwied 1973.

rungssysteme, in den USA – ebenfalls ohne zwingende Verfassungsnorm – ausschließlich *präsidentielle.*
Als relevante Strukturen mit erkennbaren Unterschieden zwischen den deutschen Bundesländern lassen sich dagegen zumindest nennen[9]:

- Verfahren zur Verfassungsänderung;
- Formen direkt-demokratischer Partizipation;
- Wahlrecht;
- Struktur des Parlaments nach
  - Anzahl der Kammern,
  - Anzahl der Abgeordneten,
  - Dauer der Wahlperiode,
  - Auflösungsmöglichkeiten,
  - Ausschußstruktur,
  - Ausgestaltung des Gesetzgebungsverfahrens und der parlamentarischen Kontrollinstrumente,
  - Reichweite der Verhandlungsöffentlichkeit,
  - Professionalisierung der Abgeordnetentätigkeit;
- Verhältnis zwischen Regierung und Parlament
  - bei der Regierungsbildung,
  - hinsichtlich parlamentarischer Sanktionen und bei einem Mehrheitsverlust der Regierung;
- Struktur der Landesexekutive in bezug auf
  - die Organisation der Landesregierung,
  - die administrative Struktur;
- außerparlamentarische Kontrollinstitutionen;
- Finanzausstattung;
- Struktur und Kompetenzen des Landesverfassungsgerichts.

Diese überwiegend rechtlich geprägten, auf unterschiedlichen Ebenen des materiellen Verfassungsrechts angesiedelten Strukturen können für politologisch-institutionelle Analysen durch zwei Elemente in entscheidender Weise ergänzt werden: durch die Einführung der *Zeitdimension* und durch die Einbeziehung politisch relevanter *gesellschaftlicher Organisationen*, in erster Linie der Parteien.
Dabei können deren Regionalverbände wahlweise sowohl selbst das Untersuchungsobjekt darstellen als auch zur Erklärung anderer Vorgänge dienen[10]. Behandelt man Parteien und Verbände als unabhängige Variable, läßt sich mit ihrer Hilfe das staatliche Institutionengefüge „in Aktion", d.h. in der Wahrnehmung seiner Funktionen beobachten. Aus einer solchen Zugehensweise auf Verfassungsstrukturen und Handlungsträger lassen sich Konsequenzen für die analytische Verwendungsfähigkeit subnational-institutioneller Vergleiche ableiten:
(1) Der analoge Aufbau nationaler und gliedstaatlicher Strukturen gestattet deren *kategorial parallellaufende* Analyse[11].

9 *Christian Graf Pestalozza*, Einführung, in: Verfassungen der deutschen Bundesländer, 4. Aufl. München 1991, S. 9ff.; systematische Einzeldarstellungen der Länder bei *Jürgen Hartmann* (Hrsg.), Handbuch der deutschen Bundesländer, 2. Aufl., Frankfurt a.M./New York 1994.

10 Als Beispiele: *Josef Schmid*, Die CDU. Organisationsstrukturen, Politiken und Funktionsweisen einer Partei im Föderalismus, Opladen 1990; *Jürgen Plöhn*, Untersuchungsausschüsse der Landesparlamente als Instrumente der Politik, Opladen 1991.

11 Dies zeigt sich etwa an einem Vergleich der in nationalen und internationalen Darstellungen verwendeten Variablen. Siehe z.B. *Jürgen Hartmann* (Hrsg.) (Anm. 9); *Hiltrud Naßmacher/Herbert Uppendahl* (Hrsg.), Kanada. Wirtschaft, Gesellschaft, Politik in den Provinzen, Opladen

Daraus ergibt sich die erste spezielle Verwendungsvariante subnationaler Analysen: Sie können eingesetzt werden, um die Fallzahl zu erhöhen, mit deren Hilfe ein Phänomen zu beobachten ist[12]. In dieser Anwendungsform lassen sich inter- und subnationale Vergleiche miteinander verbinden. Ein Beispiel hierfür hat etwa *Klaus Troitzsch* mit seiner Untersuchung über Volksbegehren und Volksentscheide geliefert, in die er neben der Schweiz, Österreich, Dänemark und Italien auch die Bundesländer Bayern und Nordrhein-Westfalen, exkursorisch auch die kommunale Ebene der Länder Baden-Württemberg und Niedersachsen einbezogen hat[13].

Diese Kompatibilität der Ebenen bei institutionellen Vergleichen versteht sich nicht von selbst. So lassen sich zwar auch Policy-Analysen auf unterschiedlichen Ebenen durchführen. Autoritative Entscheidungen in Sachfragen sind jedoch an die konkrete Kompetenzverteilung zwischen den institutionellen Ebenen gebunden, so daß diese in bezug auf politisch-inhaltliche Fragen innerhalb eines bestimmten Staates ebenso wie zwischen verschiedenen Nationen voneinander abweichende Profile zeigen[14].

(2) Aus dieser Besonderheit der jeweiligen Aufgabenverteilung folgt andererseits die zweite Anwendungsvariante subnationaler Vergleiche: Sie können auch der Gewinnung von Erkenntnissen über ein spezielles Regierungssystem dienen, wobei sie die Möglichkeit zur Formulierung konkret-genereller Sätze bieten, d.h. verallgemeinerter Aussagen zum Funktionieren von Subsystemen unter relativ eng umgrenzten Rahmenbedingungen. Dies ist insofern bedeutsam, als in föderativen Ordnungen nicht nur die Verfassungen der Gliedstaaten, sondern auch diejenige des Gesamtstaates unvollständige Konstitutionen des politischen Gemeinwesens darstellen, so daß die Komplexität des Systems nur durch kombinierte Analysen angemessen erfaßbar ist[15].

1989; *Mavis Mann Reeves*, The States as Polities, in: Annals AAPSS No. 509, 1990, S. 83ff.; *Oscar W. Gabriel/Frank Brettschneider* (Hrsg.), Die EU-Staaten im Vergleich, 2. Aufl., Opladen 1994; *Winfried Steffani* (Hrsg.), Regierungsmehrheit und Opposition in den Staaten der EG, Opladen 1991.

12 *Klaus von Beyme* (Anm. 5), S. 56f.; *Frank H. Aarebrot/Pal H. Bakka*, Die vergleichende Methode in der Politikwissenschaft, in: *Dirk Berg-Schlosser/Ferdinand Müller-Rommel* (Hrsg., Anm. 3), S. 54.

13 *Klaus G. Troitzsch*, Volksbegehren und Volksentscheid, Meisenheim 1979.

14 Hierzu als spezielle oder vergleichende Darstellungen u.a. *Klaus von Beyme/Manfred G. Schmidt* (Hrsg.), Politik in der Bundesrepublik Deutschland, Opladen 1990; *Arnold J. Heidenheimer/Hugh Heclo/Carolyn Teich Adams* (Hrsg.), Comparative Public Policy, 3. Aufl., New York 1990; *Robert T. Kudrle/Theodore R. Marmor*, The Development of Welfare States in North America, in: *Peter Flora/Arnold J. Heidenheimer* (Hrsg.), The Development of Welfare States in Europe and America, New Brunswick/London 1981, S. 81ff. Aus den zahlreichen Vergleichen zwischen Einzelstaaten der USA z.B. *Ira Sharkansky/Richard I. Hofferbert*, Dimensions of State Politics, Economics, and Public Policy, in: APSR Vol. 63, 1969, S. 867ff.

15 *Wolfgang Graf Vitzthum*, Die Bedeutung gliedstaatlichen Verfassungsrechts in der Gegenwart, VVDStRL Bd. 46, Berlin/Köln 1988, S. 7ff.; *John Kincaid*, State Constitutions in the Federal System, in: *ders.* (Hrsg.), State Constitutions in a Federal System, Annals AAPSS Vol. 496, 1988, S. 12ff.

II. Vergleichsdimensionen und Vergleichstableaus

Politologische Vergleiche sind raum- und zeitgebunden. Sie lassen sich daher herkömmlicherweise in drei Kategorien teilen:
- synchrone Querschnittvergleiche verschiedener politischer Systeme,
- diachrone Längsschnittvergleiche zwischen verschiedenen historischen Phasen und
- asynchrone Vergleiche zeitlich und räumlich voneinander getrennter Phänomene[16].

Dabei ergibt sich in den einzelnen Staaten eine recht unterschiedliche Anzahl der potentiellen subnationalen Vergleichseinheiten: Die USA umfassen derzeit 50 Einzelstaaten, die Schweiz hat 26 Halb- und Vollkantone, Kanada 10 Provinzen, Belgien 3 Regionen, Österreich 9 und Deutschland 16 Bundesländer.

Weitaus vielfältiger wird das Bild unter Einbeziehung des Zeitfaktors: Während bei einer synchronen Querschnittsanalyse mehrerer Systeme beziehungsweise Subsysteme diese durch ihre Systemgrenzen eindeutig voneinander differenziert sind, bedarf es für einen diachronen Längsschnittvergleich auf einem bestimmten Territorium einer inhaltlich definierten Abgrenzung der miteinander zu vergleichenden und daher zunächst voneinander zu unterscheidenden Objekte. Dies erscheint unproblematisch bei einem zwischenzeitlichen Systemwechsel wie zwischen der IV. und V. französischen Republik oder zwischen Kaiserreich, Weimarer Republik, NS-Staat und Bundesrepublik. Für vergleichende Analysen, die Aufschluß über die Funktionswahrnehmung politischer Institutionen innerhalb desselben Systems geben sollen, bieten sich häufig – jedoch nicht durchgängig – systemimmanente Diskontinuitäten wie Amts- und Wahlperioden als Differenzierungskriterium an, da zwischen ihnen zentrale Stellgrößen des Systems zeitweilig konstant gehalten werden.

Indes läßt sich eine Orientierung an Wahlperioden nur in seltenen Fällen durchführen, wenn ein Vergleich zwischen mehreren Systemen oder Subsystemen zeitlich exakt parallel geführt werden soll. Sofern daher situative Faktoren, wie sie in Deutschland etwa in den Jahren 1968 und 1989/90 unübersehbar aufgetreten sind, kontrolliert werden sollen, muß eine künstliche, analytischen Zwecken dienende zeitliche Gliederung geschaffen werden. Als Grundlage hierfür kann insbesondere das Kalenderjahr genommen werden. Aus der formalen Kombination der verfügbaren Systeme mit dem beobachtbaren Zeitraum erhält man das der Analyse zugrunde liegende zweidimensionale Raum-Zeit-Kontinuum, das sich aus *Länderjahren* zusammensetzt. Dieses potentiell analysierbare Ereignisfeld befindet sich bei allen gegenwärtig existierenden Systemen in ständiger Expansion. Sie liegt – je nach der Zahl der einbezogenen Systeme – bei einem Mehrfachen des Zeitablaufs. Durch das Hinzutreten weiterer oder das Verschwinden bislang existierender Systeme treten dabei Beschleunigungen oder Verlangsamungen der Expansion auf (vgl. Schaubild 1).

Für Deutschland ergeben sich daraus seit 1946, also seit der Neugründung von Ländern nach dem Zweiten Weltkrieg, konkret folgende Zahlen[17]:

Westliche Besatzungszonen und Bundesrepublik bis 1989: 486 Länderjahre zuzüglich 11 Saarland-Jahre; 1990: elf Länderjahre im Westen und etwa ein Länderjahr der neuen Län-

16 Siehe z.B. *Dieter Nohlen*, Vergleichende Methode, in: *ders./Rainer-Olaf Schultze* (Hrsg.), Politikwissenschaft (Pipers Wörterbuch zur Politik Bd. 1), München 1985, S. 1082f.

17 Das Jahr 1945 ist hierbei unberücksichtigt geblieben, das Jahr 1946 insgesamt einbezogen worden.

Schaubild 1: Länderjahre in Deutschland nach dem Zweiten Weltkrieg

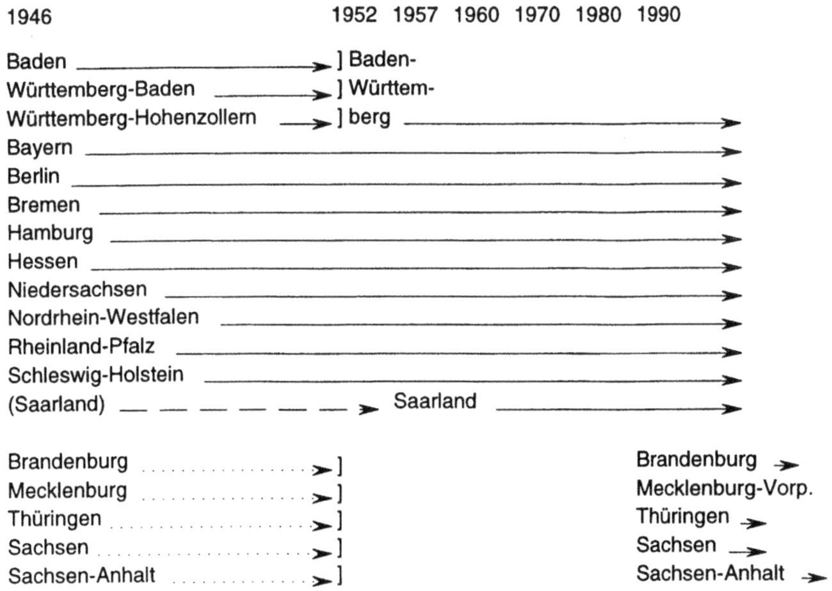

der; 1991–94: 64 gesamtdeutsche Länderjahre. Gegebenenfalls hinzugenommen werden können noch rund 33 Länderjahre der SBZ und DDR zwischen 1946 und 1952. Damit kommen wir auf insgesamt 573 Länderjahre unter nichtkommunistischer plus 33 unter kommunistischer Herrschaft.

Dieses Feld beschreibt rein formal die für empirische Untersuchungen über Struktur und Funktion von Institutionen der Bundesländer zur Verfügung stehenden historisch-systemischen Ereignisbestände. Inwieweit die einzelnen Felder des Gesamtkomplexes tatsächlich besetzt und damit untersuchungsrelevant sind, hängt von der jeweils verfolgten Fragestellung ab. Auch insoweit besteht kein grundsätzlicher Unterschied zwischen inter- und intranationalen Vergleichen. Doch lassen die äußeren Grenzen bei subnationalen Vergleichen die Grundgesamtheit schärfer hervortreten. Damit läßt die Vorstellung eines mit den Faktoren „Systeme mal Zeit“ beschriebenen Ereignisfeldes weiterhin die Komplexität des Problems der Formulierung konkret-genereller Aussagen über die Institutionen von Subsystemen erkennbar werden. Hieran schließen sich Fragen nach den Bedingungen für die Durchführbarkeit relevanter Vergleiche innerhalb des Raum-Zeit-Kontinuums an, wobei der interessierende Vergleichsinhalt durch das „tertium comparationis“ angegeben wird.

III. Kriterien für die Selektion der Vergleichsobjekte

Zunächst gilt die bekannte Gegenläufigkeit zwischen dem erreichbaren Grad an Allgemeingültigkeit durch hohe Fallzahlen einerseits und der inhaltlichen Bedeutsamkeit durch Detaillierheit beziehungsweise faktorielle Vielfalt der Untersuchung andererseits[18]. Unterhalb einer Totalerhebung ist die Verallgemeinerungsfähigkeit der Vergleichsresultate von der Objektauswahl abhängig. Typischerweise kann daher nur die Formulierung von Aussagen „mittlerer Reichweite", also vergleichend überprüfter Hypothesen, angestrebt werden.

In den USA sind vielfach systematisch unbefriedigend erscheinende Selektionsverfahren angewendet worden. Häufig sind Vergleiche zwischen Einzelstaaten – vor allem im Anschluß an *V.O. Key*[19] – auf einzelne Regionen beschränkt worden[20]. Teilweise wurden für die Auswahl die Verfügbarkeit vorhandener Datensätze[21] oder rigide zeitliche Eingrenzungen[22] herangezogen. Dabei haben auch Kombinationen von territorialer Repräsentation und Zufallsselektion Anwendung gefunden[23]. Im Bereich vergleichender Studien zur Kommunalpolitik wird insbesondere das formale Kriterium der Größe, gegebenenfalls zusammen mit engeren räumlichen Eingrenzungen, zur Reduzierung der Objekte herangezogen[24]. Demgegenüber läßt die Anzahl der deutschen und österreichischen Bundesländer oder der kanadischen Provinzen noch eine inhaltlich begründete Auswahl von Vergleichsobjekten zu. Eine solche ist im Bereich politischer Systeme vorzuziehen, da es sich jeweils um konkrete komplexe Gebilde handelt, zu denen mehr oder minder umfangreiche Vorinformationen vorliegen[25]. Dabei bietet der nationale Rahmen für eine gezielte Auswahlentscheidung zwischen den Vergleichseinheiten noch einige besondere Vorzüge.

Grundsätzlich können wiederum auch auf der Ebene von Gliedstaaten die allgemein gebräuchlichen Selektionsmethoden Verwendung finden. Hierzu sind die auf *John Stuart Mill* zurückgehenden Methoden einer Auswahl nach größtmöglicher Übereinstimmung oder nach maximaler Unterschiedlichkeit („most similar systems design" oder „most different systems design") vielfach beschrieben worden[26].

18 *Frank H. Aarebrot/Pal H. Bakka* (Anm. 12), S. 52-55; *Dieter Nohlen* (Anm. 16), S. 1082.
19 *Valdimer Orlando Key*, Southern Politics in State and Nation, New York 1949; *ders.*, American State Politics, New York 1956.
20 *Gary Moncrief*, The Increase in State Legislative Campaign Expenditures: A Comparison of Four Northwestern States, The Western Political Quarterly, Vol. 45, 1992, S. 549ff.
21 Beispiele: *Edward T. Jennings*, Competition, Constituencies, and Welfare Policies in American States, APSR 73, 1979, S. 414ff. (acht Staaten); *Joel Paddock*, Inter-Party Ideological Differences in Eleven Sate Parties: 1956-1980, The Western Political Quarterly Vol. 45, 1992, S. 751ff.; *David W. Allen*, Voting Blocs and the Freshman Justice on State Supreme Courts, The Western Political Quarterly Vol. 44, 1991, S. 727 (zwölf Staaten).
22 *Sarah M. Morehouse*, Money versus Party Effort: Nominating for Governor, AJPS Vol. 34, 1990, S. 706ff. (Ereignisjahr 1982).
23 Siehe z.B. *Fred W. Grupp/Alan R. Richards*, Variations in Elite Perceptions of American States as Referents for Public Policy Making, APSR Vol. 69, 1975, S. 850 (auf der Grundlage von *Norman R. Luttbeg*, Classifying the American States: An Empirical Attempt to Identify Internal Variations, Midwest Journal of Political Science 15. Jg., 1971, S. 703ff.).
24 Z.B. *Oscar W. Gabriel/Peter Haungs/Matthias Zender*, Opposition in Großstadtparlamenten, Melle 1984: Untersuchung der CDU-Fraktionen in nordrhein-westfälischen Großstädten mit mehr als 200.000 Einwohnern.
25 Zutreffend *Hiltrud Naßmacher*, Vergleichende Politikforschung, Opladen 1991, S. 25; *Frank H. Aarebrot/Pal H. Bakka* (Anm. 12), S. 54.
26 *Adam Przeworski/Henry Teune*, The Logic of Comparative Social Inquiry, New York u.a. 1970, S. 32ff.; *Frank H. Aarebrot/Pal H. Bakka* (Anm. 12), S. 56; *Hiltrud Naßmacher* (Anm. 21), S. 24. *John Stuart Mill*, A System of Logic Ratiocinative and Inductive, Book III, Chap. 8, §§ 1-4, in: Collected Works of John Stuart Mill, Vol. 7, Toronto/Buffalo 1973, S. 388ff. Dabei ist zu beachten, daß *Mill* seine beiden Ausdrücke, „Method of Difference" und „Method of

Die erstgenannte Auswahlvariante basiert auf möglichst ähnlichen Systemen, deren verbleibende Unterschiede als unabhängige Variablen zur Erklärung des untersuchten Phänomens herangezogen werden können. Das zweite Konzept geht von der Annahme einer systemunabhängigen Erscheinung aus und testet diese Hypothese anhand möglichst stark variierender Bedingungen. Wie *Aarebrot* und *Bakka* – im Anschluß an *Mill* – hervorgehoben haben, schließen sich die beiden Methoden nicht gegenseitig aus. Sie können vielmehr zu dem Zweck miteinander kombiniert werden, die Anzahl der als möglicherweise entscheidend anzusehenden Ursachen für die beobachteten Unterschiede zu verringern. Hierzu wählt man unter den einer relativ homogenen Gruppe zugehörigen Systemen gezielt solche mit relativ starken Abweichungen in den verbleibenden Faktoren aus[27]. Damit begegnet man zugleich dem Vorwurf, die zugrundegelegte Systemähnlichkeit diene dem Interesse an Bestätigung statt an kritischer Überprüfung von Hypothesen[28].

IV. Bedingungen für die Objektauswahl unter den deutschen Bundesländern nach Vergleichsarten

Konkret bietet sich für Untersuchungen zu den deutschen Bundesländern in bezug auf die angesprochenen Methodenfragen folgendes Bild:

Während in der Weimarer Republik das Land Preußen rund drei Fünftel des Gebietes und zwei Drittel der Bevölkerung des Reiches umfaßte, sind in der alten Bundesrepublik die nach Einwohnerzahl beziehungsweise Fläche größten Länder, Nordrhein-Westfalen und Bayern, nur auf Anteile von etwas mehr als einem Viertel der Wohnbevölkerung beziehungsweise des Territoriums gekommen. Heute liegt jedes von ihnen nur noch bei einem Fünftel. Darüber hinaus hat seit 1946 kein politisch-kulturelles Zentrum mehr existiert, das auch nur entfernt der ehemaligen Bedeutung Berlins in seiner Doppelrolle als Hauptstadt Preußens und des Reiches nahegekommen wäre.

Da deutliche Größenunterschiede zwischen den Einzelstaaten auch in anderen föderativen Systemen anzutreffen sind[29], erscheinen die vorhandenen Differenzen nicht ungewöhnlich, so daß nach der Überwindung der früheren Disproportionen die Verallgemeinerungsfähig-

Agreement", auf das jeweils interessierende Phänomen bezogen hat. Demgegenüber stellt die Begriffsbildung von *Przeworski* und *Teune* auf die Selektion der Vergleichspaare ab. Hieraus ergibt sich eine Gegenläufigkeit der Begriffe: *Mills* Method of Difference bezeichnet Vergleiche unter naturwissenschaftlich-exakt konstanten Bedingungen, unter denen ein Phänomen durch Einführung einzelner experimenteller Veränderungen auf seine Abhängigkeit von einem entscheidenden Faktor hin überprüft wird. Entsprechend versteht *Mill* unter der Method of Agreement eine Vergleichsanlage, bei der durch unterschiedliche Rahmenbedingungen gegebenenfalls einige intervenierende Variablen ausgeschlossen werden können.

27 *Frank H. Aarebrot*/*Pal H. Bakka* (Anm. 12), S. 63. Kombinationsvarianten bereits bei *John Stuart Mill* (Anm. 26), S. 394ff.

28 So aber *Dieter Nohlen* (Anm. 16), S. 1084.

29 Über 17% der Schweizer wohnen im Kanton Zürich, ein halbes Prozent wohnt in Uri, – 0,2% in Appenzell-Innerrhoden; knapp ein Fünftel der Österreicher lebt in Wien – 3,5% im Burgenland; über ein Drittel der Kanadier in Ontario, etwa ein halbes Prozent auf Prince Edward Island.

keit und Relevanz der Resultate bis heute nicht generell von der Berücksichtigung eines bestimmten Subsystems abhängig ist[30].
Von der über vierzig Jahre lang zutreffenden Grundannahme einer – in Relation zu denkbaren Vergleichsobjekten auf internationaler Ebene – besonders hohen politisch-kulturellen sowie sozio-ökonomischen Homogenität der Länder in der Bundesrepublik Deutschland kann nach der Wiedervereinigung nicht mehr generell ausgegangen werden. Insoweit ist an die Stelle des Eisernen Vorhangs eine interne Scheidelinie getreten, die – ähnlich wie der Schweizer „Röstigraben" – auf Jahrzehnte Stoff für sozialwissenschaftliche Untersuchungen zu liefern verspricht. Die Unterschiede zwischen den alten und den neuen Bundesländern betreffen neben gesellschaftlichen Werthaltungen und Problemlagen etwa mit der finanziellen Abhängigkeit, der Verwaltungsstruktur und dem verfassungsstrukturell ausgedrückten Staatsbild zugleich den engeren Bereich staatlicher Organisation, weiterhin in ausgeprägter Weise die Systeme der Parteien und Verbände.
Die Voraussetzung größtmöglicher Homogenität kann somit zunächst nur innerhalb der Teilgebiete der alten und der neuen Länder – jeweils ohne den „deviant case" Berlin – als gegeben angesehen werden. Die Erfüllung der Homogenitätsbedingung ist freilich stets in bezug auf die konkret verfolgte Fragestellung und die insoweit als potentiell relevant anzusehenden Variablen zu überprüfen. Gegebenenfalls kann gerade die innerdeutsche Scheidelinie in der Gruppe ähnlicher Systeme für die nötige Differenzierung sorgen[31].
Zu beachten ist die Narbe des Kalten Krieges in Deutschland auch hinsichtlich der Möglichkeiten für diachrone Vergleiche: Die Länder der alten Bundesrepublik waren mit Ausnahme Bayerns, Bremens und Hamburgs staatlich traditionslose Neuschöpfungen der Nachkriegszeit. Unter den neuen Ländern bietet Sachsen die größten Traditionsbestände, doch auch Mecklenburg-Vorpommern und Thüringen hatten staatliche Vorläufer in der Weimarer Republik.
Ist damit die Zahl der Ansatzpunkte für zeitliche Längsschnittvergleiche zwischen der Bundesrepublik und der Weimarer Republik auf Länderebene gestiegen, so schränken andererseits die „missing values" für den Zeitraum von 1952 bis 1989 die verfolgbaren Fragestellungen massiv ein. Dies wirkt sich nicht nur auf diachrone, sondern auch auf die von mir so genannten „Matrix-Vergleiche" (s.u.) aus.
Angesichts der epochalen Wandlungsprozesse der jüngsten Zeit erscheinen heute die in der Regel als etwas unsystematisch angesehenen „asynchronen" Vergleiche von aktuellem Interesse. Sie eignen sich insbesondere dazu, herausragende Phänomene, die in politischen Systemen selten oder – wie die Etablierung einer pluralistischen Demokratie – sogar nur singulär auftreten, miteinander zu vergleichen[32]. Demgegenüber bietet sich der Matrix-Vergleich für Phänomene an, die innerhalb des dargestellten territorial-temporalen Ereignisfeldes relativ häufig – und zwar in unterschiedlichen Systemen und zu unterschiedlichen Zeitpunkten – zu beobachten sind.

30 Bereits im nächsten Jahrzehnt können insoweit etwa hinsichtlich der politischen Kommunikation für Berlin-Brandenburg möglicherweise wesentlich andere Bedingungen gelten.
31 So bieten sich etwa für zahlreiche Fragestellungen auf der Grundlage partei- und finanzpolitischer Differenzen gezielte Selektionen sowohl alter als auch neuer Bundesländer an.
32 Hierzu abstrakt auch *Frank H. Aarebrot/Pal H. Bakka* (Anm. 12), S. 54f.

Schaubild 2: Vergleichsdimensionen bei zeitlichen Längsschnittanalysen

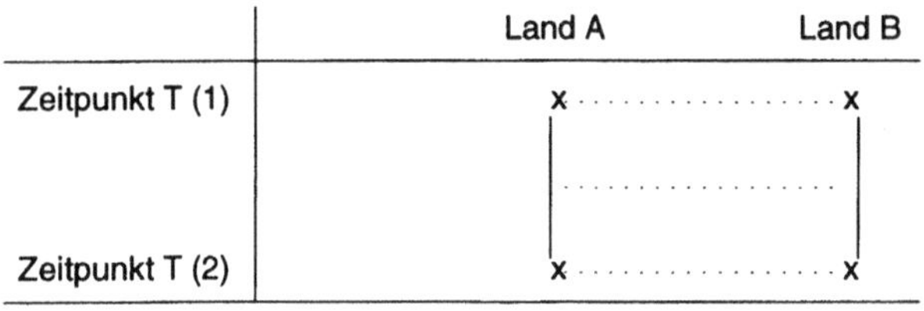

V. Der Matrix-Vergleich politischer Systeme

Unter einem Matrix-Vergleich verstehe ich eine Analyse mehrerer Systeme auf mehreren Zeitebenen (hierzu Schaubild 2). Er kombiniert einen zeitlichen Longitudinalvergleich mit einem Horizontalvergleich und gestattet damit

1. die komparative Untersuchung einer Ausgangssituation in unterschiedlichen Systemen beziehungsweise Subsystemen;
2. die komparative Untersuchung der Veränderung in jedem einzelnen analysierten System zwischen den gewählten Vergleichszeitpunkten;
3. die vergleichende Untersuchung der einbezogenen Systeme zu einem gesetzten Endzeitpunkt;
4. die komparative Untersuchung der Veränderungsabläufe in allen einbezogenen Systemen.

Der Matrixvergleich unternimmt somit den Versuch, die in dem Ereignisfeld ausgedrückte Unterschiedlichkeit mit Hilfe einheitlicher Kategorien in einer komplex angelegten Untersuchung sowohl nach räumlichen als auch nach zeitlichen Gesichtspunkten zu erfassen. Dadurch kann er einen strukturalistisch-funktionalen Ansatz mit einem historisch-genetischen Interesse verbinden. Er ist sowohl auf der Grundlage von Zahlenmaterial als auch in bezug auf Fragen inhaltlicher Beschaffenheit möglich. Bei ausgedehnten Vergleichsfeldern und hochkomplexen Problemen bietet sich eine Zerlegung in mehrere Vergleichsschritte an, durch die Gesamtabschätzungen und Detailanalysen miteinander kombiniert werden können.

Eine solche Vorgehensweise erscheint vor dem Hintergrund üblicher Vergleichspraxis als besonders aufwendig. Ihre konkrete Durchführbarkeit ist von der Verfügbarkeit hinreichend dichter Daten über jedes der einbezogenen Systeme zu jedem gewählten Analysezeitpunkt abhängig. Diesem hohen Informationsbedarf kommt eine – wissenschaftssystematisch nicht notwendige – Beschränkung des Vergleichs auf subnationale Systeme entgegen.

Unterscheidet man zwischen sozialwissenschaftlich relevanten Strukturdaten einerseits und Informationen über die Funktionswahrnehmung politischer Institutionen andererseits, besteht bei subnationalen Vergleichen in erheblichem Maße die Möglichkeit, für Strukturdaten auf nationale Datensammlungen zurückzugreifen. Diese gewährleisten die Beachtung gleichartiger Kriterien bei der Erhebung der Daten. Darüber hinaus liegen die für institutionelle Vergleiche zentral bedeutsamen Informationen zur Wahrnehmung der jeweiligen Systemfunktionen durch politische Organe innerhalb des jeweiligen nationalen Rahmens

Schaubild 3: Einordnung der analytischen Teile (AT) nach der Anzahl der einbezogenen politischen Systeme, Zeitspannen und berücksichtigten inhaltlichen Faktoren

Raum-Zeit-Diagramm				Raum-Faktoren-Diagramm			
Zeitspannen				*Anzahl der Faktoren*			
groß		AT3	AT1	*groß*	AT2		
mittel				*mittel*		AT3	
klein	AT2			*niedrig*			AT1
	niedrig	*mittel*	*hoch*		*niedrig*	*mittel*	*hoch*
	Anzahl der Systeme				*Anzahl der Systeme*		

typischerweise ebenfalls in einer zumindest relativ ähnlichen Form vor. Sekundäranalytische Fragestellungen bleiben allerdings auch subnational auf vorangegangene Einzeluntersuchungen angewiesen[33].

VI. Anlage und ausgewählte Ergebnisse eines Matrix-Vergleichs zu den Untersuchungsausschüssen westdeutscher Landesparlamente

Die Anwendbarkeit der vorgetragenen Konzeption kann exemplarisch anhand der Anlage und einiger Ergebnisse meiner Studie über Untersuchungsausschüsse westdeutscher Landesparlamente dokumentiert werden, wobei es hinsichtlich der Resultate im vorliegenden Zusammenhang primär auf deren Struktur, weniger auf konkrete Details ankommt[34].

Da es sich bei Untersuchungsausschüssen um eine in allen Bundesländern rechtlich vorgesehene und vielfach genutzte Institution handelt, wurde es erforderlich, zur Beherrschung der in den zwischen 1946 und 1989 angefallenen 497 Länderjahren aufgetretenen Vielfalt an Konstellationen den Vergleichsansatz auf unterschiedlich breiter Basis in drei aufeinander bezogenen analytischen Teilschritten mehrfach anzuwenden (Schaubild 3). Dabei habe ich aufgrund der Gegenläufigkeit von Detailliertheit und Allgemeinheit eine Vergleichskombination vorgenommen, die sich zusammensetzt aus

- einer quantitativen Darstellung der Einsetzungen sämtlicher Bundesländern im Analysezeitraum, entsprechend 100 Prozent der Fälle (davon ca. 91% quantitativ ausgewertet);
- einer qualitativen Auswertung der konkreten Untersuchungsfälle in den als gegensätzlich strukturiert ausgewählten Ländern Hamburg und Bayern in den Jahren 1946/47 bis 1957/58 entsprechend etwa 12 Prozent der Fälle, ergänzt um Kurzdarstellungen von weiteren 8 Prozent aus Nordrhein-Westfalen und Schleswig-Holstein;
- einer Analyse verschiedener quantifizierbarer Aspekte von Untersuchungsausschüssen der Länder Hamburg und Bayern, Nordrhein-Westfalen und Schleswig-Holstein (etwa 47 Prozent).

33 Hierzu die Sichtungen vorhandener Literatur zu amerikanischen Einzelstaaten in den zitierten Vergleichsstudien und mein Überblick, *Jürgen Plöhn* (Anm. 10), S. 26f.

34 Nähere Einzelheiten sowie Belege zu den im folgenden referierten Ergebnissen bei *Jürgen Plöhn* (Anm. 10).

Tabelle 1: Zusammenstellung zentraler systemprägender Merkmale der politisch-administrativen Systeme der Bundesländer Bayern, Hamburg, Nordrhein-Westfalen und Schleswig-Holstein in bezug auf Parlamentarische Untersuchungsausschüsse

	Bayern	*Hamburg*	*Nordrhein-Westfalen*	*Schleswig-Holstein*
Staatliche Vorgänger	eigene Tradition	eigene Tradition	Preußen	Preußen
Verfassungsgebung	2.12.1946 (früh)	6.6.1952 (spät)	18.6.1950 (mittel)	13.12.1949 (mittel)
Verwaltungsstruktur[35]	größeres Flächenland	Stadtstaat	größeres Flächenland	kleineres Flächenland
Anzahl der Parlamentskammern	2	1	1	1
Parlamentsgröße	180/204 (+60) (groß)	80/110/120/121 (mittel)	über 200 (groß)	69–74 (klein)
Parteiensystem[36]	1946–70 multipolar	1946–53, 1982–91 multipolar	1946–1958 multipolar	1946–62, 1967–71, 1987/88 multipolar
	1970–86 bipolar	1953–82 bipolar	1958–1990 bipolar	1962–67, 1971–87, 1988–92 bipolar
Einflüsse auf Verfassungsverständnis[37]	kontinental-konstitutionalistisch	angelsächsisch-parlamentarisch	kontinental-konstitutionalistisch	angelsächsisch-parlamentarisch
PUA-Einsetzungen (1946–1989)	42 hoch	32 hoch	20 mittel	22 mittel
PUA-Einsetzungsprofil	extrem schwankend	kontinuierlich	kontinuierlich	leicht schwankend

Die notwendige Auswahl der Länder ist nach Maßgabe des dargestellten Kombinationsansatzes aufgrund der in Tabelle 1 zusammengefaßten Strukturmerkmale erfolgt. Die zahlenmäßige Übersicht über die Untersuchungsausschüsse (Tabelle 2) vermittelt einen Eindruck von der Ausdehnung des untersuchten Problems. In der Summierung (Tabelle 3) zeigen sich

35 Zur Verwaltungsstruktur der Bundesländer u.a. *Frido Wagener*, Äußerer Aufbau von Staat und Verwaltung, in: *Klaus König/Hans Joachim von Oertzen/Frido Wagener* (Hrsg.), Öffentliche Verwaltung in der Bundesrepublik Deutschland, Baden-Baden 1981, S. 73ff. (83ff.).

36 Die Differenzierung der Parteiensysteme ist in Anlehnung an *Giovanni Sartori*, Parties and party systems, Cambridge 1976, S. 121ff., 131ff., erfolgt. Dabei wurde eine Gruppierung der Parteien in lediglich zwei einander gegenüberstehende, geschlossen operierende Akteursgruppen, Regierungsmehrheit und Opposition (jeweils als Koalition möglich), als Kennzeichen eines „bipolaren" Parteiensystems, die Existenz mehrerer, ideologisch disparater Oppositionsfraktionen oder die Bildung von Koalitionen aus mindestens drei ideologisch unterschiedenen Parteien als Beleg für ein „multipolares" System genommen. Gemäß *Sartoris* Zählregeln ist dabei in Schleswig-Holstein der seit 1962 jeweils einzige Abgeordnete des SSW nicht als eigenständige, systemrelevante Partei gezählt worden.

37 Hierzu *Ernst Fraenkel*, Deutschland und die westlichen Demokratien, erw. Neuausg., Frankfurt/M. 1990; *Martin Kriele*, Einführung in die Staatslehre, 5. Aufl. Opladen 1994, S. 235ff., 328ff.

Tabelle 2: Quantifizierte Übersicht: Untersuchungsausschüsse, Enquete-Kommissionen, Landesverfassungen und Untersuchungsgesetze

Jahr	BAD-W	BAY	BER	HB	HH	HE	NDS	NRW	RHPF	SL[h]	SH	Anzahl
1946			===		===							
	===	===	1		2	1					2	6
1947	= =			3	2	===	===		===			
	1[a]2[b]	6		===			1	4	2	===	1	22
1948	1[b]	3	2		1				2			9
1949	1[b]	3				2					3	9
											===	
1950	1[a]1[c]	1	===		2		1	1	1			8
								===				
1951	1[b]	3	1*	1			1	1			1	9
							===					
1952	1[a]				===							
	1[d]				1				1			4
1953	===	1					1		1	1*		4
1954		1	1				1					3
1955		1				1	1	1[e]		1		5
1956			1		1					1		3
1957	1				1							2
1958								1[e]	1			2
1959						1			1		3	5
1960			1			1						2
1961					2	1		1		1		5
1962						1		1[e]		1		3
1963											1	1
1964						0[f]						0
1965	1								1			2
1966					2			1				3
1967			2		1							3
1968		1		1					1	1		4
1969				1		2		1			1	5
1970		2	—*								1	3
1971			1		3+2	2		1				7+2
1972			+1		2		1		1		2	6+1
1973			1		+1					*	1	2+1
1974	1				+1				2			3+1
1975			+1	1		1	1			1	1	5+1
1976	1*	3	1	1		1				3[i]+1	1	11+1
1977	1	1			1			1	1		1	6
1978		1	1		2			1			1	6
1979	1	1			1	1			2[g]	—		6
1980		2	1	1						1[i]		5
1981			1		1							2
1982		1	1+3	*				1	2[g]			5+3
1983	1	4			1+1	1	1					8+1
1984	1		2+1		2	1	1	1*	1+1	1		10+2
1985	1	1	+1		3	1		1	1	1+1		9+2
1986		1	2+1				1	1		2	1	8+1
1987	1	+1	+1	—	1				+1		1	3+3
1988	1		2	2		2	1	1	+1	1	+1	9+2
1989	1	5	3+1		+1				2	1	+1	12+3
Sum.	22	42	25	11	32	20	12	20	23	17	22	246
		+1	+10		+6				+3	+2	+2	+24

Anm.: a: Baden. b: Württemberg-Baden. c: Württemberg-Hohenzollern. d: Baden-Württemberg. e: PUA für Grubensicherheit. f: Einsetzungsbeschluß rechtswidrig. g: Je einmal Selbstbezeichnung als Enquete-Kommission. h: Seit 1.1.1957 in der Bundesrepublik. i: Einschl. Selbsteinsetzungen des Ausschusses für Grubensicherheit als PUA. ===: Verfassung. —— : Verfassungsrevision. *: PUA-Gesetz. +x: Enquete-Kommissionen.

Tabelle 3: Einsetzungen von Untersuchungsausschüssen nach Ländern und Jahrfünften (1946–1985)

Jahr	BW	BAY	BER	HB	HH	HE	NDS	NRW	RPF	SL	SH	Anz.	DS/ Land
1946 bis 1950	7	13	3	3	7	3	2	5	5	0	6	54	4,2
1951 bis 1955	3	6	2	1	1	1	4	2	2	2	1	25	2,2
1956 bis 1960	1	0	2	0	2	2	0	1	2	1	3	14	1,3
1961 bis 1965	1	0	0	0	2	2	0	2	1	2	1	11	1,0
1966 bis 1970	0	3	2	2	3	2	0	2	1	1	2	18	1,6
1971 bis 1975	1	0	2 +2	1	5 +4	3	2	1	3	1	4	23 +6	2,1
1976 bis 1980	3	8	3	2	4	2	0	2	3	4 +1	3	34 +1	3,1
1981 bis 1985	3	6	4 +5	0	7 +1	3	2	3	4 +1	2 +1	0	34 +8	3,1
Gesamt	19	36	18 +7	9	31 +5	18	10	18	21 +1	13 +2	20	213 +15	2,39
DS/JF	2,375	4,5	2,25	1,125	3,875	2,25	1,25	2,25	2,625	1,625	2,5	26,375	

DS: Durchschnitt. JF: Jahrfünft.

(1) unterschiedliche Einsetzungshäufigkeiten zwischen den Ländern, die insbesondere auf den Zeitpunkt der Einführung eines minderheitlichen Untersuchungsrechts sowie auf Konkurrenzverhältnisse in den jeweiligen Parteiensystemen zurückgeführt werden können;
(2) unterschiedliche Einsetzungshäufigkeiten in den verschiedenen Zeitabschnitten, in denen sich gesamtgesellschaftliche Wandlungen ausdrücken;
(3) unterschiedliche Einsetzungsprofile in bezug auf eine kontinuierlich oder diskontinuierlich verlaufene Untersuchungspraxis. Hierin werden sowohl konkrete historische Erfahrungen – also situative Elemente – als auch Komponenten des Parteiensystems sichtbar.

Der anschließend durchgeführte Paarvergleich zwischen Hamburg und Bayern hat hinsichtlich des Verhaltens von politischen Akteursgruppen und der hierfür relevanten Einflußfaktoren Erträge unter anderem zu folgenden Punkten erbracht:
(1) Der Zeitpunkt der Verfassunggebung stellte sich insofern als ein relevanter Erklärungsfaktor heraus, als hiervon zum einen das Bestehen eines minderheitlichen Einsetzungsrechts, zum anderen der Verlauf des Etablierungsprozesses der Untersuchungen abhingen. Der bayerische Weg führte von einer frühen, inhaltlich kargen Verfassungsbestimmung mit einem minderheitlichen Einsetzungsrecht zu einer lebhaften, plötzlich abbrechenden Untersuchungspraxis. Die hamburgische Variante war hingegen anfänglich von einer provisorischen Verfassung ohne minderheitliche Einsetzungsansprüche geprägt, unter der sich Untersuchungsausschüsse parallel zu anderen Ausschüssen entwickelten. Erst relativ spät wur-

Tabelle 4: Quantifizierung der erfolgreichen Antragsteller nach Ländern und Position im parlamentarischen Regierungssystem

1946–1965	Bayern	Hamburg	NRW	Schl.-Holst.	Summe
Einsetzungsanträge insgesamt (*Regierungsmehrheit/ interfraktionell/Opposition)*	8/6/7	5/2/5	4/4/2	5/3/3	54
Ergänzende, konkurrierende, ändernde Anträge insgesamt (*Regierungsmehrheit/ interfraktionell/Opposition*)	2/3/3	1/0/0	0/0/0	0/0/0	+ 9
1966–1989					
Einsetzungsanträge insgesamt (*Regierungsmehrheit/ interfraktionell/Opposition*)	1/0/22	2/1/17	0/3/7	1/0/10	64
Ergänzende, konkurrierende, ändernde Anträge insgesamt (*Regierungsmehrheit/ interfraktionell/Opposition*)	4/0/2	1/0/4	0/0/0	4/0/1	+ 16

den auch in Hamburg parlamentarische Untersuchungen in einer ungewöhnlich umfangreichen Verfassungsnorm rechtlich fixiert.

(2) Die vorherrschende Verfassungsideologie in Bayern und Hamburg zeigte sich ebenfalls als ein gegensätzlich wirksamer Faktor: In Bayern war sie konstitutionalistisch geprägt, so daß den Untersuchungsausschüssen als Gremien einer als „Legislative" verstandenen Volksvertretung die Aufgabe einer interessenfreien Wahrheitsermittlung zugeschrieben wurde. Die strukturell notwendige Verfehlung dieses Leitbildes veranlaßte eine wachsende Enquêtekritik. Demgegenüber entwickelte sich das Verständnis der Untersuchungsausschüsse in der Hamburger Bürgerschaft im Rahmen der allgemeinen, parteipolitisch akzentuierten Wahrnehmung von Parlamentsfunktionen. 1956 instrumentalisierte der Führer der damaligen SPD-Opposition in der Bürgerschaft erstmals einen Untersuchungsausschuß konkret erfolglos, aber konzeptionell zukunftsträchtig für das Ziel eines parlamentarischen Regierungssturzes. In Bayern führte die Entwicklung nach einer Phase der Übernutzung der Untersuchungsausschüsse für den politischen Schlagabtausch unter dem Eindruck der Konkurrenz zwischen CSU und Bayernpartei zu den traumatischen Erfahrungen des „Spielbanken"-Ausschusses und einer nachfolgenden langjährigen Unterbrechung der diskreditierten Untersuchungspraxis.

Im dritten Analyseteil konnten in bezug auf die Frage der Anwendung eines Matrixvergleiches folgende Sachverhalte erhärtet werden:

(1) In der Frühphase aller analysierten Landesparlamente sind die Untersuchungen noch nicht primär auf oppositionelles Verhalten zurückzuführen. Hingegen ist heute der Gegensatz zwischen Regierungsmehrheit und Opposition in allen Subsystemen unübersehbar prä-

Tabelle 5: Öffentliche Sitzungen Parlamentarischer Untersuchungsausschüsse in Hamburg, Nordrhein-Westfalen und Schleswig-Holstein sowie in Bayern

	1946 –50	1951 –60	1961 –70	1971 –80	1981 –89	1946 –50	1951 –60	1961 –70	1971 –80	1981 –89
Hamburg, NRW, Schleswig-Holstein						Hamburg				
Anz. PUA	3	7	10	19	15	0	2	4	9	6
Ö. Sitz	18	56	57	202	327	0	6	19+x	97	174
DS	6	8	5,7	10,6	21,8	[0]	3	4,75 1x k.A.	10,8	21,75
Nordrhein-Westfalen						Schleswig-Holstein				
Anz. PUA	1	1	3	3	5	2	4	3	7	2
Ö. Sitz	1	16	22	32	113	17	34	16	73	40
DS	[1]	[16]	7,3	10,7	22,6	8,5	8,5	5,3	10,4	20
Bayern						Wegen der allgemeinen Ausschußöffentlichkeit sind in Bayern anfänglich öffentliche und nichtöffentliche Sitzungen nicht hinreichend deutlich unterschieden worden.				
Anz. PUA	13	6	3	6	9					
Ö. Sitz	k.A.	k.A.	24	101	132					
DS	–	–	8	16,8	14,7					

Anm.: Anz. PUA: Anzahl der Untersuchungsausschüsse mit öffentlichen Sitzungen. Ö. Sitz.: Anzahl der öffentlichen Sitzungen. DS: Durchschnitt (öffentliche Sitzungen je Ausschuß).

gend geworden. Der Wandel von einer durch politisch-programmatische Differenzen bestimmten Untersuchungspraxis zu einer Orientierung an der Position im jeweiligen Regierungssystem läßt in allen Ländern hinsichtlich der parlamentarischen Rollenverteilung einen mehrjährigen Etablierungsprozeß erkennen (Tabelle 4).

(2) Hinsichtlich der Öffentlichkeit der Ausschußsitzungen sind eine unterschiedlich früh einsetzende Praxis sowie ein langfristiger Anstieg zu beobachten, wobei Unterschiede in der Konstanz der Trends und in Bayern eine Sonderentwicklung angesichts der dortigen allgemeinen Ausschußöffentlichkeit und der langfristigen Herrschaft einer Partei zu beobachten sind (Tabelle 5).

(3) Die gleichfalls in allen analysierten Parlamenten erkennbare langfristige Zunahme des Umfangs der Untersuchungsberichte von unbedeutenden Anfängen zu umfangreichen Ausarbeitungen zeigt Variationen hinsichtlich der Verlaufskontinuität und der Steigerungsraten in den untersuchten Dekaden. Hierin drücken sich eine Zunahme an Komplexität der Untersuchungsgegenstände, gesellschaftliche Transparenzerwartungen, professionalisierte Zuarbeit und unterschiedliche Rollenwahrnehmungen von Regierungsmehrheit und Opposition aus (Tabelle 6).

(4) Schließlich läßt auch die Auswertung der Konsens- und Dissensverteilung Unterschiede zwischen der frühen und der späten Untersuchungspraxis sowie divergierende Wandlungsprozesse deutlich werden (Tabelle 7): Während die Fraktionen in Hamburg und Schleswig-Holstein vor dem Hintergrund eines an das britische Vorbild angelehnten Parlamentsverständnisses verschiedentlich schon früh divergierende Wertungen aufgedeckter Sachverhalte vorgenommen hatten, ohne die Ausschüsse als solche in Zweifel zu ziehen, traten in Bayern bereits frühzeitig Dissense über zentrale Verfahrensfragen auf. Dort haben sie sich fortge-

Tabelle 6: Gesamtumfang aller von Parlamentarischen Untersuchungsausschüssen in Bayern, Hamburg, Nordrhein-Westfalen und Schleswig-Holstein vorgelegten Berichte (Einschließlich der in Auftrag gegebenen und publizierten Gutachten)

	1946 –50	1951 –60	1961 –70	1971 –80	1981 –89	1946 –50	1951 –60	1961 –70	1971 –80	1981 –89
Bayern						Hamburg				
Anz.	13	6	3	6	9	5	5	5	9	8
Seiten	138,9	265,3	128,6	207,1	617,4	72,8	19,9	286,3	968,9	7043,5
DS	10,7	44,2	42,9	34,5	68,6	14,6	4,0	57,3	107,7	879,2
Nordrhein-Westfalen						Schleswig-Holstein				
Anz.	5	2	5	3	5	6	2	5	7	2
Seiten	27,3	36,6	160,4	536,4	2197,9	95,6	65,8	126	393,1	500
DS	5,5	18,3	32,1	178,8	439,6	15,9	32,9	25,2	56,2	250

Anz.: Anzahl der Untersuchungsausschüsse, Seiten: Gesamtzahl der bedruckten Seiten der Untersuchungsberichte (umgerechnet auf Standardseiten à 2400 Zeichen), DS: Durchschnittliche Seitenzahl je Bericht.

Tabelle 7: Quantifizierung von Konsens und Dissens nach Ländern und Zeiträumen (unter Zugrundelegung des jeweils weitestgehenden erkennbaren Dissenses)

a) Konsens/Dissens zwischen allen untersuchungsbeteiligten Fraktionen					b) Konsens/Dissens zwischen CDU/SPD bzw. CSU/SPD				
	K	W	S/W	V, V/W, V/S, V/S/W	K	W	S/W	V, V/W, V/S, V/S/W	Anz.
Bayern									
1946–1965	6	1	1	7	12	1	0	2	15
1966–1989	1	1	3	12	1	1	3	12	17
Hamburg									
1946–1965	5	3	0	1	7	1	0	1	9
1966–1989	3	8	6	2	4	11	3	1	19
Nordrhein-Westfalen									
1946–1965	5	1	2	1	6	1	2	0	9
1966–1989	6	2	1	1	6	2	1	1	10
Schleswig-Holstein									
1946–1965	4	4	0	1	5	3	0	1	9
1966–1989	1	2	1	7	1	2	1	7	11
1946–1989	31	22	14	32	42	22	10	25	99

Anm.: K: Konsens. W: Wertungsdissens. S: Sachverhaltsdissens. V: Verfahrensdissens.

setzt. In Schleswig-Holstein sind sie zwischen 1973 und 1987 vorherrschend geworden, in Hamburg und Nordrhein-Westfalen untypisch geblieben. Als erklärende Variable haben die angestellten Vergleiche die Hypothese bestätigt, daß insoweit insbesondere der Ausgestaltung des Beweiserhebungsrechts eine zentrale Bedeutung zukommt.

VII. Resümee

(1) Diese exemplarisch vorgetragenen Resultate verdeutlichen vor allem, daß der Matrixvergleich konkret anwendbar ist und angebbare Ergebnisse hervorzubringen vermag. Dabei sind sowohl deskriptive als auch analytische Erträge feststellbar, durch die über die einzelnen Subsysteme hinausreichende generelle Sätze zu dem konkreten politischen Gesamtsystem formulierbar werden.
(2) Im Sinne einer verstehenden Sozialwissenschaft knüpft der vorgelegte Matrixvergleich an bewußtes menschliches Handeln an, das in historischen Ereignissen und daraus gewonnenen Normen sichtbar wird. Politische Institutionen werden dadurch anhand konkreter politischer Konflikte dokumentiert. Die Institutionenanalyse wird systematisch auf die Aufnahme der politischen Wirklichkeit hin erweitert, ohne daß die erreichte kategoriale Exaktheit der an Struktur und Funktion orientierten Untersuchungen politischer Systeme aufgegeben wird[38].
(3) Das Erkenntnisziel bei subnationalen Vergleichen ist angesichts ihrer territorial begrenzten Reichweite typischerweise eher in der konkreten Funktionswahrnehmung strukturell einander entsprechender Institutionen als in der Entdeckung funktionaler Äquivalenzen zu sehen[39]. Denn der Vorzug einer relativ großen Exaktheit des Vergleichs im Sinne eines Ex-post-facto-Experiments beruht einerseits auf der größeren Homogenität, andererseits auf der besonders rational vornehmbaren Auswahl der miteinander zu vergleichenden Systeme. Erkauft wird dieser Vorteil durch die Spezialität des Gegenstandes sowie der Fragestellungen der Untersuchung. Die strukturellen Grundbedingungen des jeweiligen politischen Systems bezeichnen somit die Grenzen, an welchen bei Erklärungs- und Verallgemeinerungsversuchen jene Unschärfen auftreten, die bei internationalen Vergleichen bereits in Anlage und Durchführung einer komparatistischen Analyse berücksichtigt werden müssen und nach Möglichkeit beherrscht werden sollen.

38 Hiermit soll nicht implizit der Vorwurf wiederholt werden, politologische Institutionenforschung habe die historisch-politische Wirklichkeit bislang grundsätzlich unberücksichtigt gelassen. Es geht vielmehr um eine systematische Behandlung dieser Realität im Rahmen vergleichender Analysen und damit um das „Wie", nicht um das „Ob".

39 Anders bei internationalen Vergleichen, *Suzanne S. Schüttemeyer* (Anm. 3) S. 185; *Klaus von Beyme* (Anm. 5), S. 51.

Autoren dieses Heftes (ohne Redaktionsmitglieder)

Thomas Christiansen, B.Se., M.Se., FB Sozial- und Politikwissenschaft, Europäisches Hochschulinstitut, Florenz

Dr. *Detlef Jahn,* Universität Göteborg, Sprängskullgatan 19, S-41123 Göteborg

Dr. *Uwe Jun,* Zentrum für Europa- und Nordamerikastudien der Universität Göttingen, Humboldtallee 3, 37073 Göttingen

Dr. *Sándor Kurtán,* Lehrstuhl für Politikwissenschaft, Wirtschaftsuniversität Budapest, H-1093 Fövám tér 8

PD Dr. *Wolfgang Luthardt,* Schlüterstraße 28, 10629 Berlin

Dr. *Jerzy Maćków,* Wiss. Ass., Falkenried 59, 20251 Hamburg

PD Dr. *Silvano Möckli,* Inst. für Politikwissenschaft, Dufourstraße 45, CH-9000 St. Gallen

Dr. *Gerald Paschen,* Dipl. Pol., Freier Journalist, Schulstraße 41, 22113 Oststeinbek

Prof. Dr. *Werner Patzelt,* TU Dresden, Mommsenstraße 13, 01069 Dresden

Prof. Dr. *Anton Pelinka,* Universität Innsbruck, Inst. für Politikwissenschaft, Innrain 82, A-6020 Innsbruck

Dr. *Jürgen Plöhn,* Dipl. Pol., Institut für Politikwissenschaft, Martin-Luther-Universität, 06099 Halle

Klaus Pöhle, Generaldirektor a.D. des Europäischen Parlaments, 18, Rue du Grunewald, L-7392 Blaschette/Luxembourg

Christan Rath, Jurist, Doktorand, Malteserordenstraße 46, 79111 Freiburg

Axel Reetz, Diplom-Verwaltungswissenschaftler, Ansbacher Str. 5, 40597 Düsseldorf

Dr. *Thomas Saalfeld,* Wiss. Mitarb., Technische Universität Dresden, Inst. für Soziologie, 01062 Dresden

Jörg Seißelberg, Dipl.-Pol., Beltgens Garten 24, 20537 Hamburg

Peter Weber, StAss., Universität Triest, SSLM, Via d'Alviano 15/1, I-34144 Trieste

Dr. *Peter A. Zervakis,* Wiss. Mitarb., Universität Hamburg, Semperstr. 73, 22303 Hamburg

GPSR Compliance

The European Union's (EU) General Product Safety Regulation (GPSR) is a set of rules that requires consumer products to be safe and our obligations to ensure this.

If you have any concerns about our products, you can contact us on ProductSafety@springernature.com

In case Publisher is established outside the EU, the EU authorized representative is:

Springer Nature Customer Service Center GmbH
Europaplatz 3
69115 Heidelberg, Germany

Batch number: 10809472

Printed by Printforce, the Netherlands